국어 어문 문제 연구

홍윤표(洪允杓)

서울에서 태어나 서울대학교 국어국문학과를 졸업하고 동대학교 대학원에서 석·박사 과정을 수료하였으며, 연세대학교 교수로 정년퇴임하였다. 국어학회 회장, 한국어전산학회 회장, 국어사학회 회장, 한국어학회 회장, 한국사전학회 회장, 국제고려학회 서울지회장, 국어심의회 정보화분과 위원장, 국어심의회 언어정책분과 위원장, 국어심의회 전체 부위원장, 겨레말큰사전 남측 편찬위원장, 국립한글박물관 개관위원장 등을 지냈다. 동숭학술연구상, 세종학술상, 일석국어학상, 외솔상, 수당상, 용재상 등을 수상했으며, 대한민국옥조근정훈장, 보관문화훈장을 받았다. 『국어사문헌자료연구 1』, 『근대국어연구 1』, 『살아 있는 우리말의 역사』, 『국어정보학』, 『한글 이야기 1·2』, 『17세기 국어사전』(공편), 『조선 후기 한자어휘 검색사전』(공편), 『한글』, 『한자 학습 문헌자료 연구』, 『한글 서예와 한글 서체』, 『근대국어연구』(개정증보판), 『국어 어휘론』 등의 저서를 비롯하여 15세기 국어의 격연구 등 160여 편의 논문이 있다.

국어 어문 문제 연구

초판 1쇄 발행 2025년 4월 1일

지은이 | 홍윤표

펴낸곳 | (주)태학사
등록 | 제406-2020-000008호
주소 | 경기도 파주시 광인사길 217
전화 | 031-955-7580
전송 | 031-955-0910
전자우편 | thspub@daum.net
홈페이지 | www.thaehaksa.com

편집 | 조윤형 여미숙 김태훈
마케팅 | 김민선
경영지원 | 김영지
인쇄·제책 | 영신사

값 35,000원

ISBN 979-11-6810-343-6 (93710)

책임편집 | 조윤형
표지디자인 | 이윤경
본문디자인 | 최형필

국어 어문 문제 연구

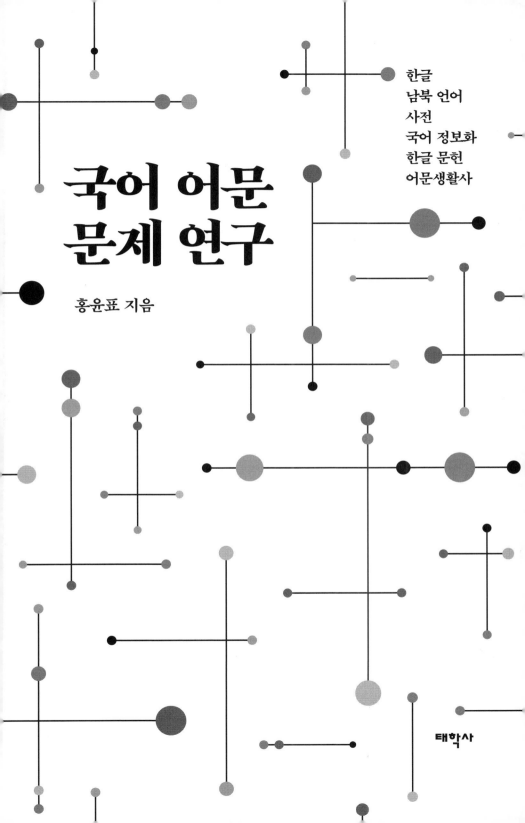

한글
남북 언어
사전
국어 정보화
한글 문헌
어문생활사

홍윤표 지음

태학사

머리말

제가 국어 연구의 길로 들어선 지도 어언 반세기가 지났습니다. 그동안 저 자신의 지난날들을 되돌아볼 새도 없이 앞으로만 달려오다시피 했습니다. 늘 할 일이 많다고 생각하고 그 할 일들을 한다고 바쁘게 지내다 보니까 지난 시간에 무엇을 했는지를 돌이켜볼 겨를도 없이 살아 왔습니다. 언젠가는 제가 공부해 온 내용들을 정리하는 시간이 있으리라 생각했었지만 그런 기회는 좀처럼 오지 않았습니다. 계속해서 저 스스로 할 일들을 만들어 와서, 제 앞에는 항상 할 일이 태산 같이 쌓여 있었기 때문입니다. 그러다가 최근에 제 나이를 생각하고 소스라쳐 놀라 지금까지 해 온 저의 과거를 정리하기 시작했습니다.

먼저 책을 정리하기 시작했습니다. 저희 집 지하실에는 학술대회 발표 자료집이 꽤나 많이 남아 있었습니다. 그중에서 제가 발표한 발표 자료집만 별도로 뽑아 모아 보았습니다. 평소에 학술지에 발표한 논문들은 업적 등록을 위해 그 목록을 만들어 두었었지만, 발표만 하고 논문으로 작성하지 않은 것이나 잡문으로 쓴 것들은 목록을 만든 적이 없었습니다. 그래서 그 발표 목록을 만들어 보았습니다. 그랬더니 저 자신도 깜짝 놀랄 정도로 많은 발표를 했다는 사실을 알게 되었습니다. 국내외를 돌아다니며 지금까지 약 200회 이상의 발표를 한 것이었습니다. 중국, 일본, 독일, 체코, 뉴질랜드, 오스트리아, 캐나다 등의 외국과 국내 곳곳에서 발표한 것들인데, 1984년 이전의 것은 없어서 빠진 목록도 있을 것이니, 이보다도 더 많이 발표했을 것이란 생각을 했습니다. 이 발표 목록을 제 연구논저 목록과 비교해 보니 발표만 하고 논문으로 쓰지 않은 것이 많다는 사실도 알게 되었습니다.

그 발표문 중에서 논문으로 재정리하였으면 좋겠다고 생각하는 발표문들을 주섬주섬 모아 놓고 이들 발표한 파일들이 제 컴퓨터 안에 남아 있는지를 검색하여 보니 다행스럽게도 대부분의 파일들이 남아 있었습니다. 그리고 컴퓨터에는 남아 있지만 발표 자료집은 없는 것도 꽤나 있었습니다. 이들을 몇 가지로 분류하여 놓았습니다. 분량이 너무 많은 발표문들은 빼어 버리고 이들을 한 책으로 묶어 출판하기로 마음 먹었습니다.

이들 학술 발표문은 제가 직접 나서서 발표하겠다고 자원한 적은 없었습니다. 모두가 학술대회 주최측의 발표 요청에 의한 것일 뿐만 아니라, 발표 주제도 이미 정해져 있었던 것입니다.

저에게 발표를 부탁한 분들께는 늘 고마워하는 마음을 갖자고 생각하고 있어서 발표 요청을 거절한 적이 거의 없었습니다. 그리고 고맙게도 저에게 요청한 발표 주제들은 제가 늘 생각해 왔던 문제들이어서 학술 발표문을 쓰는 데는 그리 큰 어려움은 없었던 것 같았습니다. 단지 그 발표문이 얼마나 새로운 것이며 또한 이 분야의 연구에 얼마나 기여할 것인가를 고민하였습니다.

여기에 실린 발표문들은 국어의 내적 구조를 밝히는 음운론, 형태론, 통사론 등에 대한 것은 없습니다. 그러한 발표문들은 다시 정리하여 논문으로 써서 논문집에 실렸기 때문입니다. 이 책에 실린 글의 내용은 한글에 대한 것을 비롯하여, 남북의 언어 관련 문제, 국어사전, 국어 정보화, 국어사 관련 한글 문헌 자료에 대한 것, 그리고 어문생활사 등에 관한 것입니다. 모두 우리 말과 글에 대한 문제들입니다.

국어를 연구한다고 하면서 저는 깊은 회의에 빠졌던 적이 있습니다. 뒤늦게 학문적인 철이 들어서, 새삼 "국어란 무엇인가?", "국어는 왜 연구하는가?", "국어 연구의 방법은?", "국어 연구의 도구는?", "국어 연구의 범위는?" 등등의 문제들에 대해 많은 고민을 하고 혼자 결론을 내린 후, 제가 내린 결정에 따라 저 스스로에게 최면을 걸어가면서 학문의 길을 걸어 왔습니다.

국어가 전 세계에서 쓰이고 있는데, 주로 사용되는 지역은 남한, 북한, 중국이라는 사실을 깨닫고 이들 언어에 대해 관심을 가졌습니다. 국어 사용 지역의 범위를 남한의 언어, 북한의 언어 그리고 중국의 조선어에까지 넓혀야 한다고 생각하였고, 국어를 표기하는 문자인 한글과 한자를 연구하여야 한다고 생각했습니다. 국어를 연구하기 위해서 컴퓨터를 이용하여야 하겠다는 생각을 하게 되었으며 국어 연구는 인간 생활과 직결되어야 한다는 생각도 했습니다. 이 때문에 어문생활에까지 어문 연구의 범위를 넓혀야 하겠다는 것이 평소의 제 소신이었습니다. 그리고 특히 의사전달의 기본 단위인 어휘에 더 많은 관심을 두어야 한다고 믿고 있었습니다. 그래서 이러한 주제들은 제가 평소에 많은 관심을 가지고 있었던 것입니다.

정부에 한글박물관 건립을 주장하여 임시로 디지털 한글박물관을 설립하여 추진하다가 이것이 국립한글박물관의 건립으로 이어져서 국립한글박물관 개관위원장으로 역할을 하여 왔기 때문에 한글에 대한 발표 요청이 많았을 것입니다.

제가 남북이 공동으로 편찬하고자 하였던 겨레말큰사전 남측 편찬위원장을 지냈기 때문에 남북한 언어 및 사전, 학술 용어 통일 등에 대한 발표 요청이 많았을 것입니다.

저는 남과 북이 국제표준기구(ISO)에 제출할 한글코드를 검토하여서 남북의 한글 코드를 통일시키는 노력을 하면서, 또한 옛한글과 구결 문자를 유니코드에서 사용할 수 있도록 준비하는 과정에 깊숙이 관여해 왔습니다. 또한 우리나라 국어 정보화 중장기 발전 계획인 21세기 세종계획의 입안 연구 책임자로서 국어 정보화 작업에 직접 참여해 온 계기로 국어 정보화에 대한 발표 요청이 있었을 것입니다.

한글 문헌에 대한 발표문이 여럿 있는데, 그 발표문들은 양이 많아서 따로 국어사 관련 한글 문헌 자료를 다루는 별도의 책으로 출판하고 싶은 욕심에서 이 책에서는 대부분 빼어 버리고 2편만 선정해 여기에 실었습니다.

국어와 한글을 단순한 의사소통의 도구로서만이 아니라 문화 창조와 문화

축적의 도구로서 인식하여야 한다는 주장을 하고, 한글 고문서를 비롯한 다양한 한글 문화유산을 통해 우리의 어문생활사를 밝혀보려는 욕심으로 글을 몇 번 쓴 적이 있어서 어문생활사 분야에 대한 발표 요청이 있었을 것입니다.

발표문들을 정리하면서 많은 발표문들을 버렸습니다. 많은 발표문들의 주제가 한정되어 있어서 내용상 겹치는 것들이 많고, 그것을 다 실으면 중언부언이 될 수 있기 때문입니다. 그렇게 했어도 본문 중에는 내용이 겹쳐 본인 표절의 경우가 보일 것입니다. 일일이 수정하는 일이 번거로워 수정하지 않고 그대로 두었습니다. 깊은 양해를 구합니다. 그 대신 뒤에 발표 제목과 발표 일자와 발표 장소를 대충 정리하여 붙였습니다.

이 책의 제목을 어떻게 붙일 것인가를 고민하였습니다. 처음부터 주제를 정하고 쓴 글이 아니라 여기저기에 단편적으로 발표한 글들을 모아 놓은 것이어서 책 제목이 먼저 정해진 것이 아니기 때문입니다. 그래서 이들을 모두 포괄할 수 있는 폭넓은 제목을 생각해 내었습니다. 책 제목을 '국어 어문 문제 연구'라고 붙이고 부제로서 '한글, 남북 언어, 사전, 국어 정보화, 한글 문헌, 어문생활사'를 붙였습니다. 제가 스스로 생각해서 정한 것이지만 그 제목이 제 마음에 와 닿지 않습니다.

학자는 한 우물을 파듯이 외길로 가야 하는데 그렇지 못하고 이 길 저 길로 마구 돌아다니면서 이것저것 주장만 하고 막상 실천 과정에서는 아무것도 하지 못한, 껍데기 학문만 해 왔다는 생각에 작업 도중에 컴퓨터 앞에서 멍하니 앉아 있기만 했던 때도 여러 번 있었습니다. 마치 제가 잡화상에다가 행상을 겸한 것 같다는 느낌을 받았기 때문입니다.

그러다가 미련을 버리지 못하고 이렇게 어설프게 책으로 출간하기로 마음먹었습니다. 그러니까 저희 민낯이 들어나 보여서 스스로 부끄럽다는 생각을 했습니다. 그러나 할 일이 딱히 없는 것보다는 그래도 책상 앞에서 끄적거릴 수 있다는 행복감을 더 중히 여기기로 하고, 부끄럽기보다는 할 일이 있다는 행복감을 더 누리기로 하였습니다. '바쁜 때가 행복한 때이다'라는 오래 전부터의 생각을 끝까지 유지하고 싶었습니다.

이렇게 책으로 묶어서 출판한다는 용기를 가질 수 있었던 것은 이 책을 출판해 줄 태학사가 항상 제 옆에 있다는 사실을 알고 있기 때문이기도 합니다. 제 책은 많지는 않지만 여지껏 다른 출판사에서 간행한 적이 한 번도 없습니다. 태학사 초창기부터 지현구 회장님과의 인연과 약속 때문입니다, 언제나 고마운 마음뿐입니다.

이 책은 제가 발표한 내용을 엮은 것이어서 이 글의 본문에서 저를 '필자'로 고치지 않고 발표문 그대로 '발표자'라고 지칭했습니다. 또한 이 글이 이전의 발표문이어서 현재 그 사정이 달라진 내용도 꽤나 있었습니다. 그것도 수정하지 않았습니다. 발표할 때의 그 글 그대로 두었습니다.

이 글은 논문도 아니고 수필도 아닙니다. 그래서 제 컴퓨터에서 이 파일을 담아놓은 폴더의 이름을 '준논문'이라고 붙여놓고 작업을 했습니다. '준논문'은 논문에 준하지만 논문은 아닌 글이란 뜻이어서 큰 부담 없이 글을 정리한 셈입니다. 그러한 글이라고 생각하고 이 글을 읽어 주신다면 고맙겠습니다.

2025년 2월

홍윤표

차례

제 3 부

국어사전

제 4 부

국어 정보화

제 5 부

한글 문헌

제 6 부

어문생활사

제 1 부

한글

1. 한글에 대한 연구 과제

1) 시작하면서

한글에 대해 궁금한 것이 있으면 어디에 있는 누구에게 가서 물어보면 자세히 알 수 있을까? 각 대학 국어국문학과 사무실이나 국어학 전공 교수나 국립국어원에 물어보면 속 시원한 대답을 들을 수 있을까? 아니면 '한글'이란 이름을 가진 학회인 '한글학회'에 물어보아야 하나? 아니면 어떤 책을 읽어야 하나?

한글에 대한 문제는 이미 다 연구되어 있다고 생각하는 사람이 많다. 그러나 발표자가 과문한 탓인지는 몰라도 한글에 대한 문제는 해결되지 않은 것이 해결된 것보다 더 많은 것처럼 보인다. 예컨대 '한글'이란 이름을 누가 처음 지은 것인지에 대해서도 '주시경'이란 설과 '최남선'이란 설, 그리고 이종일(李鍾一)이란 설들이 엇갈리고 있다. 마찬가지로 '한글'의 뜻이 '하나의 글'인지, '큰 글'인지, 아니면 '한나라글'인지도 명확히 밝혀져 있지 않다. 그 주장들이 명확한 근거를 바탕으로 한다면 이의를 제기할 필요가 없을 것인데, 설이 엇갈리는 것을 보면 그 주장들에 명확한 근거가 없는 것처럼 느껴진다. '작명자'에 대해서는 더 많은 것들이 알려져 있지 않다. '자음'과 '모음'에 해당하는 '닿소리'와 '홀소리'란 말은 누가 만들었는지는 관심조차도 없으니 알려고도 하지 않는다. 마찬가지로 '이름씨, 움직씨' 등의 최초 작명자도 알려져 있지 않다.

마찬가지로 한글 창제 당시의 명칭인 '훈민정음'에 대해서도 의문이 많다. 한글이 문자임에도 불구하고 구태여 이름을 '정음', 즉 '바른 소리'라고 한 이유도 의문이다. 지금까지 거의 의문조차도 갖지 않았던 편이다. 마찬가지로 문헌인『훈민정음』해례본과『훈민정음』언해본에 대해서도 궁금한 점이 많다.

이러한 의문점을 풀어줄 곳이 이제는 '국립한글박물관'이라고 할 사람이 많아졌을 것이다. 국립한글박물관은 단순한 전시 기능만을 가지고 있는 곳이 아니다. 박물관은 원래 ① 자료 수집 ② 자료 보관 및 관리 ③ 조사, 연구 ④ 전시 ⑤ 교육의 기능을 지니고 있어서 국립한글박물관은 '한글'에 대한 모든 것을 준비해 놓고 있지 않으면 안 된다.

특히 한글은 다양한 분야의 모든 사람들이 관심을 가지고 있어서 한글에 대한 다양한 방면의 지식과 자료를 갖추어 놓을 필요가 있다. 특히 전문가는 물론이고 일반 국민들 모두가 쉽게 이해할 수 있도록 해설해 놓은 자료를 마련해 둘 필요가 있다. 물론 이것은 국립국어원에서 준비해야 할 것으로 생각하지만 국립국어원이 개원된 지 20여 년이 지났어도 한글 문제를 체계적으로 종합적으로 다룬 적이 없어서 국립한글박물관으로 넘어온 것이 아닌가 생각한다.

오늘 발표에서는 국립한글박물관에서 앞으로 조사, 연구해야 할 내용들을 제시하고 그중에서 몇 가지 기본적인 내용에 대해 발표자가 생각하는 점을 간략히 제시하기로 한다.

2) 국립한글박물관에서 조사, 연구해야 할 내용

한글에 대한 전반적인 면을 조사, 연구하여야 하기 때문에 그 분야도 매우 다양하다고 할 수 있다.

(1) '한글'에 대한 문제

① '훈민정음'의 의미는 무엇인가?

② '한글'이란 이름은 누가 지었을까?

③ '한글'의 본래 뜻은 무엇일까?

④ 한글의 명칭은 어떠한 변화를 겪어 왔나?

⑤ 한글의 범위는 어디까지인가? 옛한글과 현대한글이라고 하는데, 구결은 어디에 해당하나?

⑥ 한글 자모의 명칭은 어떠한 변화를 겪어 왔나?

⑦ 한글 자모의 부분 명칭은 무엇인가?

⑧ 한글 자모의 배열 순서는 어떠한 변화를 겪어 왔나?

⑨ 훈민정음의 창제원리인 '상형이자방고전(象形而字倣古篆)'에서 '자방고전(字倣古篆)'은 무엇을 의미하나?

⑩ 한글의 문화적 의미는 무엇인가?

⑪ 한글 전용과 국한 혼용 문제는 언제부터 누구로부터 문제가 되어 오늘날까지 어떠한 과정을 거쳐 왔나?

⑫ 한글날의 유래는 언제부터 이루어졌나?

(2) 문헌 『훈민정음』의 문제

① 훈민정음 해례본은 간송본과 일명 상주본(원래는 안동본)의 차이가 무엇일까?

② 훈민정음 언해본은 언제 이루어진 것인가?

③ 훈민정음 해례본과 언해본의 내용상의 문제는 없나?

(3) 한글 자료의 문제

① 한글 자료의 분류

② 한글 문헌의 소장처

③ 한글 자료의 해제

④ 한글 자료 수집

⑤ 해외 소재 한글 자료의 조사

(4) 한글 서예

① 한글 서예의 역사

② 한글 서체의 명칭의 분류

③ 한글 서체의 변화

(5) 한글 디자인

① 한글 디자인의 역사와 변화

② 한글 캘리그래피의 역사

③ 한글 간판의 역사와 변화

(6) 한글의 과학화

① 한글 타자기의 역사

② 한글 코드의 변화

③ 한글 정보화의 역사

④ 한글 문서작성기(워드 프로세서)의 역사

⑤ 한글 속기의 역사

(7) 한글 교육

① 한글 교과서 수집 및 목록 작성

② 해외 한글 교과서의 수집 및 정리

③ 언문반절표의 조사

(8) 한글과 종교

① 한글과 불교

② 한글과 유교

③ 한글과 도교

④ 한글과 기독교

⑤ 한글과 민간신앙

(9) 한글과 생활

① 생활도구와 한글

② 한글을 통한 유희

이 이외에도 한글에 대해 가질 수 있는 수많은 문제들이 있을 수 있다.

위의 문제들 중에서 상당수는 이미 연구되어 있고, 그 결과도 알려져 있다. 그러나 그것은 대부분 국어학적인 면의 것이다. '한글'이 주로 국어학자의 전유물처럼 인식되어 왔기 때문에 국어학자들이 한글에 대해 연구한 결과가 많은 것이다. 그러나 한글과 연관된 다른 분야들은 학술적인 면보다는 예술적인 면에 관심이 많아서 그 분야에 대한 과학적인 연구의 역사는 극히 짧은 편이다. 한글 서체는 훈민정음 창제 이래 계속 변화되어 왔지만 이것을 학술적으로 연구한 역사는 연천하기 그지 없어서 한글 서예 연구의 역사도 발표자가 알기로는 무척 짧은 편이다.

한글 디자인도 그것은 예외가 아니다. 한글 디자인 교과서(이용제, 안상수, 한재준 저, 안그라픽스출판, 2009)가 나와 있지만, 이 책에는 한글의 역사는 소개되어 있어도 한글 디자인의 역사는 언급되어 있지 않다. 디자인이 서양의 개념이어서 그런지는 몰라도 오래전부터 필사본에 보이는 수많은 한글 자료에 보이는 한글 디자인이나 한글 캘리그래피에 해당하는 것으로 추정되는 자료들에 무관심한 것으로 보인다. 아니면 원래 한글 디자인이나 한글 캘리그래피 자료들은 우리나라에 없었다는 선입관이 작용하고 있는지도 모르겠다.

최근에 유행하는 한글 캘리그래피도 매 한가지다. 한글 옛문헌에는 오늘날의 한글 캘리그래피와 같은 자료들이 많은데, 캘리그래피를 작업하는 사람들은 우리 것을 모르고 있는 것으로 보인다.

한글에 대한 이러한 문제들에 대한 연구는 국어학자를 위시한 한글 관련 분야에 대한 연구들이 단편적으로만 남아 있어서 이들을 하나로 묶어 총서 형식의 출판을 하게 된다면 국민들이 한글에 대한 지식과 인식을 넓히는 데 크게 기여할 것으로 생각한다. 그러기 위해서는 각 분야의 전공자들이 한자리에 모여 한글에 대해 융합적으로 연구하는 모임이 절대 필요할 것으로 생각한다.

발표자는 위에서 제시한 문제 중에서 몇 가지만 선정하여 간략하게 논의해 보도록 한다.

3) 한글 자모의 명칭

한글 자모의 명칭에 대해서는 최세진의 『훈몽자회』 범례에 처음 언급된 것으로 알려져 있다. 그러나 그 명칭은 최세진이 지은 것이 아니라 이미 통상적으로 불리던 것을 최세진이 기록해 놓은 것이라는 주장이 설득력을 지니고 있다. 발표자도 여기에 찬동한다. 그 근거를 제시하면 다음과 같다.

3.1. 훈민정음 창제 당시의 한글 자모의 이름

훈민정음 창제 당시의 한글 자모의 이름은 기록된 바가 없다. 단지 우리가 알 수 있는 것은 훈민정음 언해본에 나타나는 자모 아래의 조사의 형태이다. 모든 자모들 뒤에는 '-ᄂᆞᆫ'이 사용되고 있음은 주지하는 바와 같다.

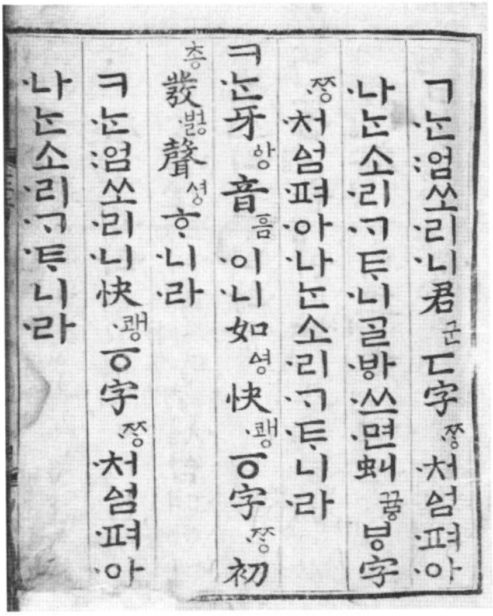

ㄱ‧는 엄쏘‧리‧니 君군ㄷ字‧ᄍᆞᆼ 처ᅀᅥᆷ 펴‧아
‧나‧ᄂᆞᆫ 소‧리 ‧ᄀᆞ‧ᄐᆞ‧니 ‧ᄀᆞᆯ‧ᄫᅡ ‧쓰‧면 虯끃ᇢ字
‧ᄍᆞᆼ 처ᅀᅥᆷ 펴‧아 ‧나‧ᄂᆞᆫ 소‧리 ‧ᄀᆞ‧ᄐᆞ‧니‧라
ㅋ‧ᄂᆞᆫ 牙앙音ᅙᅳᆷ‧이‧니 如ᅀᅧᆼ 快ᄏᆡᆼᅙ字‧ᄍᆞᆼ 初
총 發벓 聲셩ᄒᆞ‧니‧라
ㅋ‧ᄂᆞᆫ 엄쏘‧리‧니 快ᄏᆡᆼᅙ字‧ᄍᆞᆼ 처ᅀᅥᆷ 펴‧아
‧나‧ᄂᆞᆫ 소‧리 ‧ᄀᆞ‧ᄐᆞ‧니‧라

위의 그림에서 'ㄱ는 엄쏘리니', 'ㅋ는 엄쏘리니'를 볼 수 있다.

이 사실로 보아서 다음과 같은 몇 가지 사실을 알 수 있다.

① 자모 명칭은 모음으로 끝난다.

② 모음은 양성모음이거나 중성모음이다.

양성모음의 대표적인 것은 'ㆍ'이고 중성모음은 'ㅣ'이다. 그리고 그 자모의 음과 연관된 자모가 들어가 있을 것이다. 그래서 그 명칭은 'ㄱ'은 'ᄀᆞ'이거나 '기'일 것으로 보인다.

그런데 훈몽자회에 'ㄱ, ㄴ' 등을 '其役, 尼隱' 등으로 되어 있는 현상으로 보아서 '기'로 읽었을 가능성이 가장 높다.

3.2. 훈몽자회에서의 한글 자모의 이름

훈몽자회에 와서는 'ㄱ, ㄴ, ㄷ, ㄹ, ㅁ, ㅂ, ㅅ, ㆁ'을 '其役, 尼隱, 池(末), 梨乙, 眉音, 非邑, 時(衣), 異凝'으로 하고, 'ㅋ, ㅌ, ㅍ, ㅈ, ㅊ, ㅿ, ㅇ, ㅎ'을 각각 '箕, 治,

皮, 之, 齒, 而, 伊, 屎'로 하였으며, 모음 글자는 'ㅏ, ㅑ, ㅓ, ㅕ, ㅗ, ㅛ, ㅜ, ㅠ, ㅡ, ㅣ, ㆍ'를 각각 '阿, 也, 於, 余, 吾, 要, 牛, 由, 應(不用終聲), 伊(只用中聲), 思(不用初聲)'으로 기록해 놓았다.

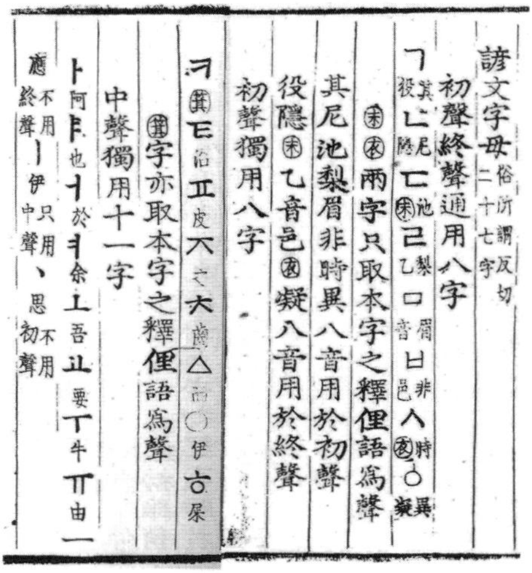

諺文字母 俗所謂反切 二十七字

初聲終聲通用八字

ㄱ 其役 ㄴ 尼隱 ㄷ 池末 ㄹ 梨乙 ㅁ 眉音 ㅂ 非邑 ㅅ 時衣 ㆁ 異凝

末衣兩字只取本字之釋俚語爲聲

其尼池梨眉非時異八音用於初聲

役隱末乙音邑衣凝八音用於終聲

初聲獨用八字

ㅋ 箕 ㅌ 治 ㅍ 皮 ㅈ 之 ㅊ 齒 ㅿ 而 ㅇ 伊 ㅎ 屎

箕字亦取本字之釋俚語爲聲

中聲獨用十一字

ㅏ 阿 ㅑ 也 ㅓ 於 ㅕ 余 ㅗ 吾 ㅛ 要 ㅜ 牛 ㅠ 由 ㅡ 應 不用終聲 ㅣ 伊 只用中聲 ㆍ 思 不用初聲

흥미로운 사실은 'ㄱ, ㄴ, ㄷ …' 등은 각각 '其役, 尼隱, 池末 …' 등으로 되어 있는데 비해 'ㅋ, ㅌ, ㅍ …' 등은 각각 '箕, 治, 皮 …' 등으로 되어 있다는 점이다. 'ㄱ, ㄴ, ㄷ' 등이 '其, 尼, 池' 등으로 되거나, 'ㅋ, ㅌ, ㅍ' 등이 '箕○, 治○, 皮○' 등으로 되어 통일시켜야 체계적인 명칭이 될 것 같은 생각이 들기 때문이다.

그러나 이것은 'ㄱ, ㄴ, ㄷ, ㄹ, ㅁ, ㅂ, ㅅ, ㅇ'은 초성으로도 쓰이고 종성으로도 쓰임을 나타낸 것이어서 '其役, 尼隱, 池末, 梨乙, 眉音, 非邑, 時衣, 異凝'으로 나타낸 것이다, 그러니까 '其役'으로 표시한 것의 '其'는 초성으로 쓰일 때를, '役'은 종성으로 쓰이었을 때를 보이기 위한 것이다. 'ㅋ ㅌ ㅍ ㅈ ㅊ ㅿ ㅇ ㅎ'을 각각 '箕, 治, 皮, 之, 齒, 而, 伊, 屎'로 표시한 것은 초성으로만 쓰이기 때문에 뒤에 종성으로 쓰일 때를 표시하지 않은 것이다. 이것은 종성으로 쓸 때에는 한 자로 표기하기도 쉽지 않을 것이다.

3.3. 한글맞춤법통일안에서의 한글 자모의 이름

그런데 1933년에 만들어진 '한글맞춤법통일안'에서는 'ㅈ, ㅊ, ㅋ, ㅌ, ㅍ, ㅎ'을 종성으로도 사용하게 규정되어 있어서 ㅈ, ㅊ, ㅋ, ㅌ, ㅍ, ㅎ의 명칭도 'ㄱ, ㄴ, ㄷ, ㄹ, ㅁ, ㅂ, ㅅ, ㅇ'과 같이 '지읒, 치읓, 키읔, 티읕, 피읖, 히읗'으로 정한 것이다.

4) 훈민정음 언해본

주지하는 바와 같이 훈민정음 언해본은 다음과 같은 대표적인 이본이 존재한다. 필사본은 제외한다.

(1) 월인석보 권두본 (서강대 소장본)
(2) (구) 박승빈 소장본 : 현 고려대 소장본
(3) 희방사판

이 중에서 가장 오래된 것으로 알려진 것은『월인석보』권1의 앞에 있는 서강대 소장본이다. 이『훈민정음』언해본은 그 앞부분이 마모되어 있다. 그리하여 여러 학자들이 훼손 마모된 부분을 복원한 복원본을 만들기도 하였다. 또한 이 책은 초간본이 아닌 것으로 알려져 있다. 그래서 이의 초간본의 모습을 재구한 재구본을 만들기도 하였다.

4.1. 복원본

복원본은 대표적으로 3가지가 있다.

(1) 김민수 교수 복원본

김민수(1986)와 김민수(1996)에서 서강대본의 마모 훼손된 부분을 복원한 것이다.

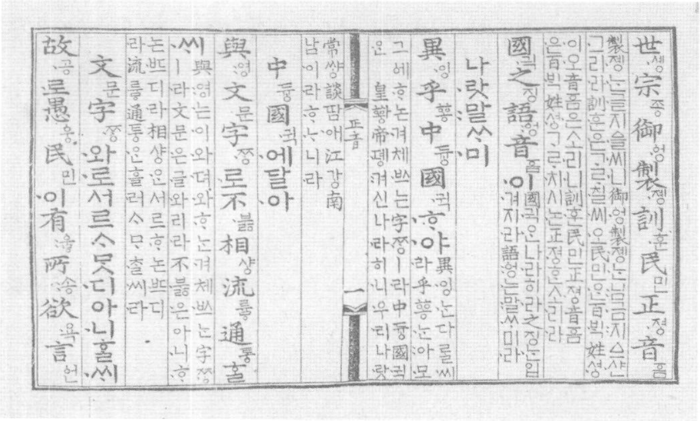

<김민수 교수 복원본>

(2) 정우영 교수 복원본

정우영(2005)에서 복원한 사진이다. 김민수 교수의 복원본과 별 차이가 없다.

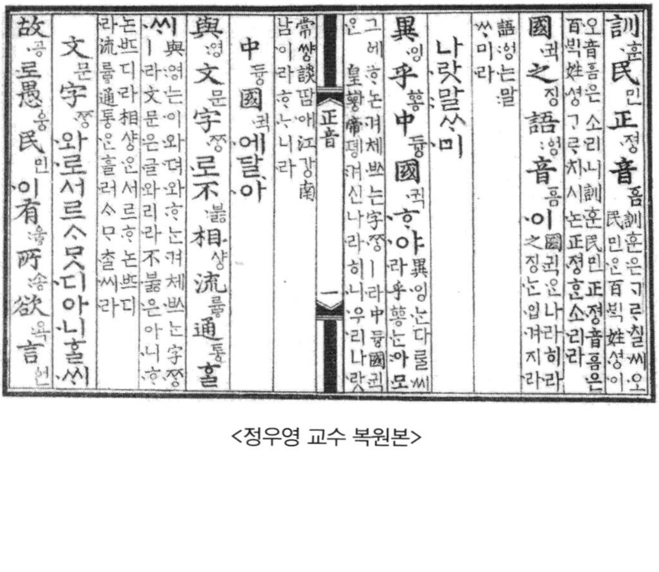

<정우영 교수 복원본>

(3) 문화재청 복원본

김주원, 이현희, 이호권, 정상훈, 정우영, 조규태 교수가 문화재청의 지원을 받아 『훈민정음』 언해본의 이본 조사 및 정본 제작 용역 사업'으로 복원한 것이다.

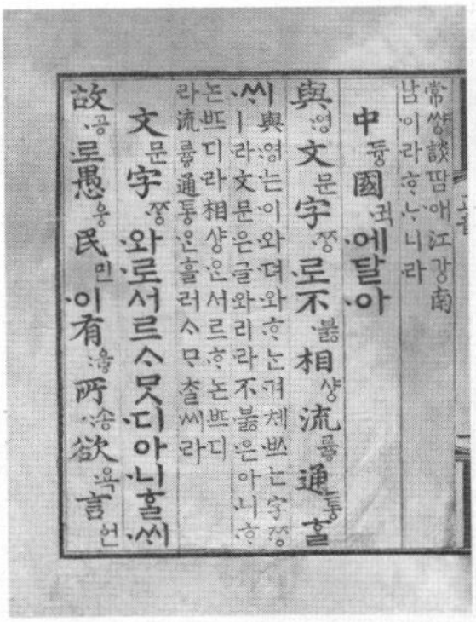

<문화재청 복원본 2>

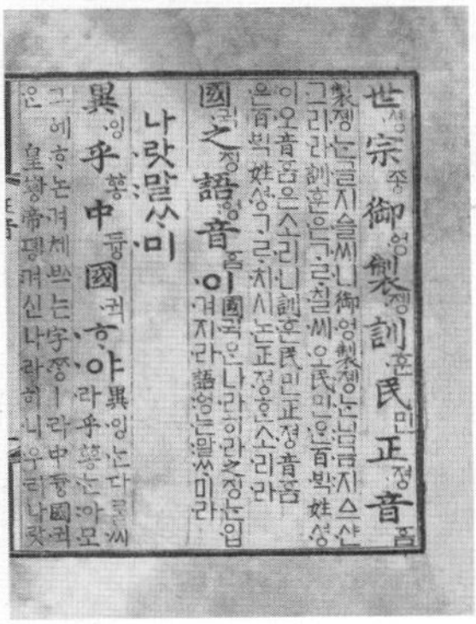

<문화재청 복원본 1>

4.2. 재구본

뿐만 아니라 이 언해본이 초간본이 아닌 것으로 판단하고 초간본을 재구하여 낸 것도 있다.

(1) 한글학회 재구본

한글 창간호(1927년)에서 재구해 놓은 것이다.

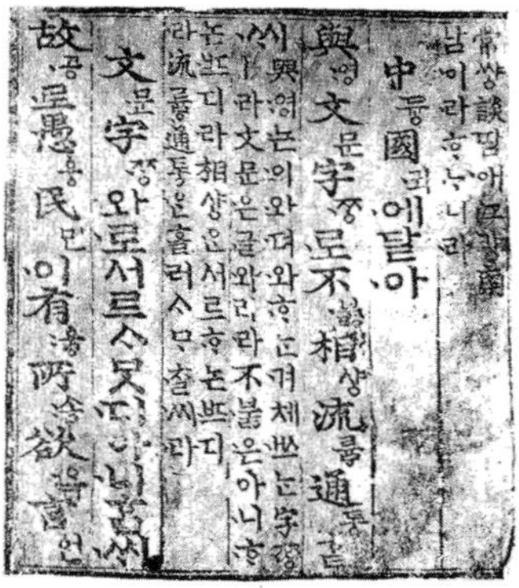

<한글학회 재구본 2>

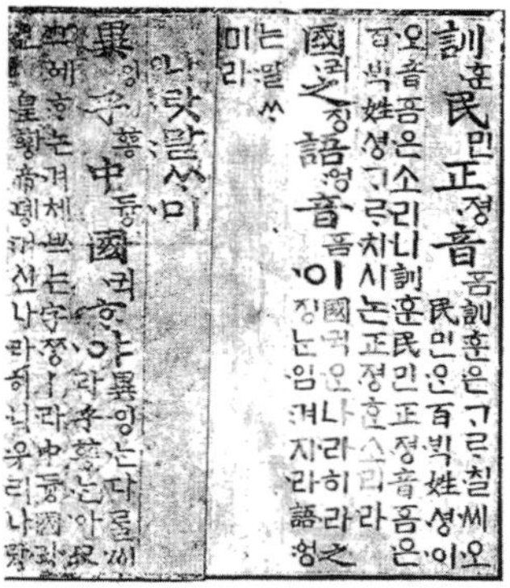

<한글학회 재구본 1>

(2) 정우영 교수 재구본

정우영(2005)에서 재구해 놓은 것으로 앞의 정우영 교수 복원본과 동일하다.

(3) 문화재청 재구본

문화재청의 재구본은 정우영 교수의 재구본과 다르지 않다.

4.3. 훈민정음 언해본의 서체로 본 문제점

훈민정음 언해본은 한 가지 서체로 되어 있지 않다. 대체로 세 가지 서체로 되어 있다고 볼 수 있다.

(1) 1a 1행~4행까지는 잘 알려진 바와 같이 다른 부분들이 모두 1행 16자임에 비하여, 1행 18자로 되어 있어서 변개된 것만은 틀림없다. 그런데 이 변개된 부분의 서체는 '월인석보 서문'의 서체와 동일하다. 특히 협주의 글자들이 그렇다. 사진으로 비교를 해 보도록 한다.

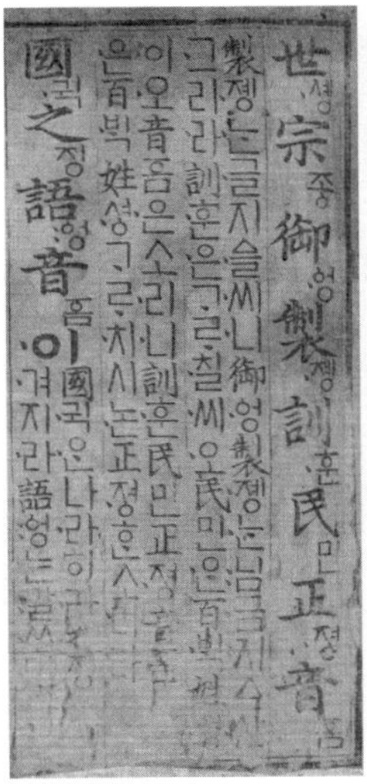

<훈민정음 언해본 1a (4행~7행)>

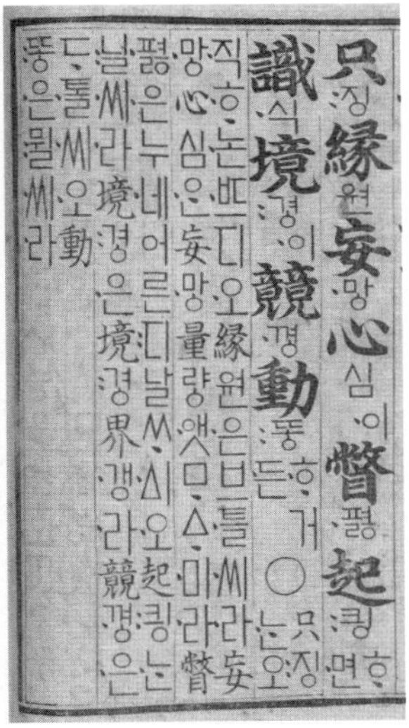

<월인석보서 2b>

따라서 이 부분은 『훈민정음』 언해본을 『월인석보』를 간행할 때에 교정을 거쳐서 앞에 붙였던 것으로 해석된다. 잘 알려진 바와 같이 이전의 원간본에서는 '世宗御製'가 없었던 것인데, '世宗御製'를 덧붙이고 이를 설명하기 위해 '製ᄂᆞᆫ 글 지ᅀᅳᆯ 씨니 御製ᄂᆞᆫ 님금 지ᅀᅳ샨 그리라'를 첨가한 것으로 보인다. 그래서 한 행의 자수도 18자로 늘어난 것이다.

1a 5행 부터 7행까지의 한글 서체는 계속 3b까지 이어진다. 이 서체는 박승빈본의 2a부터 3b까지의 서체와 동일하다.

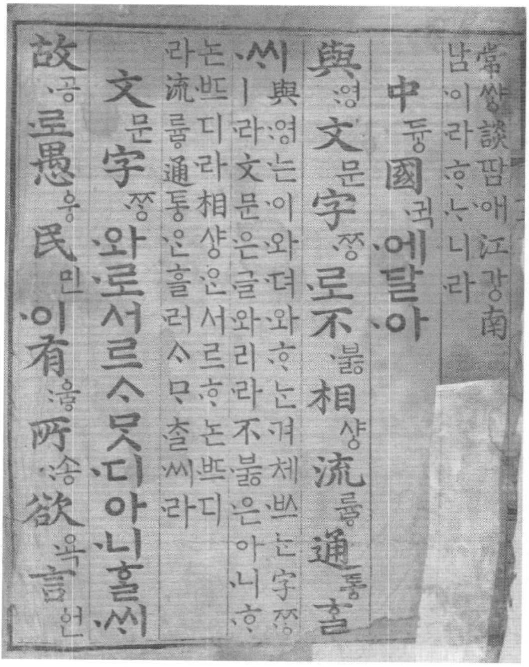

<서강대본 2a>

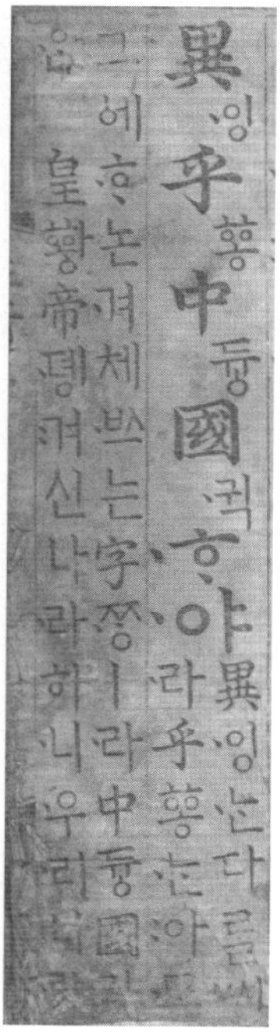

<서강대본 1a
5행 이후>

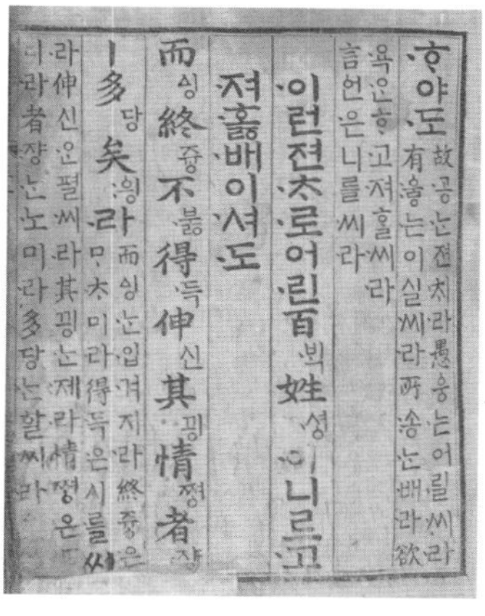

<서강대본 2a>

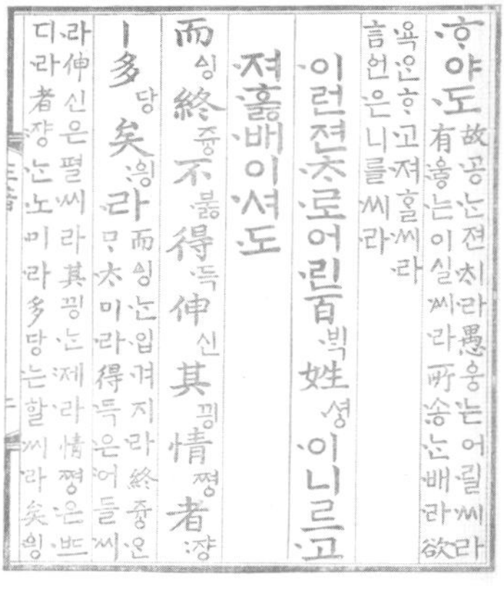

<박승빈본 2a>

언뜻 보면 박승빈본은 서강대본과 꼭 같다고 할 수 있다. 그래서 이미 국어 학계에서는 박승빈본을 '월인석보 원간본에서 따로 떼어내 단행본으로 장정하고 첫 장을 임의로 보사하여 내용이 달라진 데 지나지 않았던 것이다'(안병희, 1990)란 결론을 내리고 있다.

그러나 이 두 책은 동일한 판은 아니다. 왜냐하면 글씨가 동일하지 않고 내용도 다르기 때문이다(得은 시를 씨라 - 得 은 어들 씨라). 여기에 등장하는 '이런 젼ᄎᆞ로'의 'ᄎᆞ'를 비교해 보면 금세 알 수 있다.

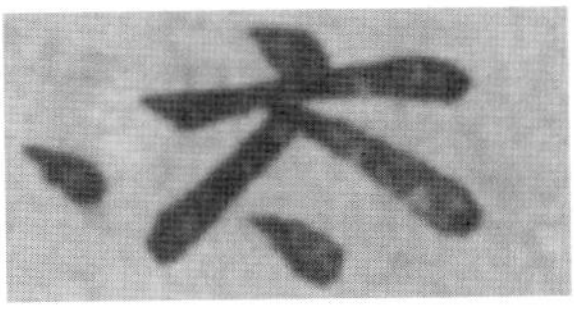

<서강대본>

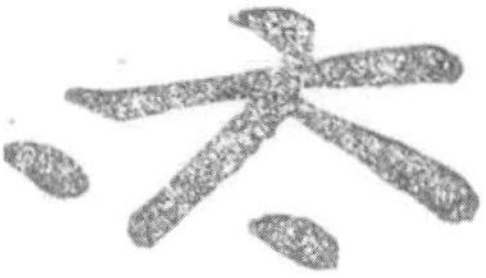

<박승빈본>

그리고 4a부터 7b까지 다른 서체로 바뀐다. 서강대본 3b 부분과 4a 부분을 비교해 보도록 한다. 서체가 4a 부분은 엉성한 느낌이 들지만 3b 부분은 꽉 찬 느낌이 드는 서체이다.

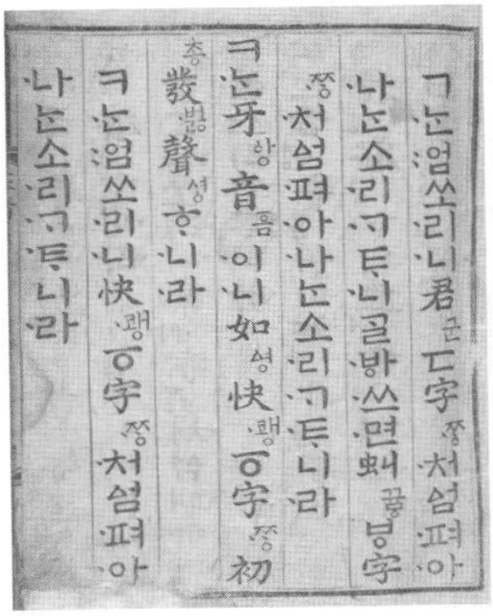

ㄱᄂᆞᆫ 엄쏘리니 君군ㄷ字ᄍᆞᆼ 처ᅀᅥᆷ 펴아
나ᄂᆞᆫ 소리 ᄀᆞᄐᆞ니 ᄀᆞᆯᄫᅡ 쓰면 虯끃ᇢ字
ᄍᆞᆼ 처ᅀᅥᆷ 펴아 나ᄂᆞᆫ 소리 ᄀᆞᄐᆞ니라
ㅋᄂᆞᆫ 牙앙音흠이니 如셩 快쾡ㆆ字ᄍᆞᆼ 初
총 發벓聲셩ᄒᆞ니라
ㅋᄂᆞᆫ 엄쏘리니 快쾡ㆆ字ᄍᆞᆼ 처ᅀᅥᆷ 펴아
나ᄂᆞᆫ 소리 ᄀᆞᄐᆞ니라

<4a>

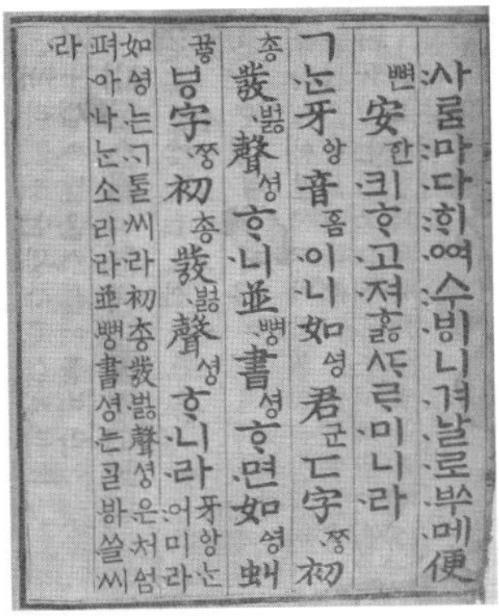

사ᄅᆞᆷ마다 ᄒᆡᅇᅧ 수ᄫᅵ 니겨 날로 ᄡᅮ메 便
뼌安ᅙᅡᆫ킈 ᄒᆞ고져 ᄒᆞᇙ ᄯᆞᄅᆞ미니라
ㄱᄂᆞᆫ 牙앙音흠이니 如셩 君군ㄷ字ᄍᆞᆼ 初
총 發벓聲셩ᄒᆞ니 並뼝書셩ᄒᆞ면 如셩 虯
끃ᇢ字ᄍᆞᆼ 初총 發벓聲셩ᄒᆞ니라 牙앙ᄂᆞᆫ 어미라
如셩ᄂᆞᆫ ᄀᆞᄐᆞᆯ 씨라 初총發벓聲셩은 처ᅀᅥᆷ
펴아 나ᄂᆞᆫ 소리라 並뼝書셩ᄂᆞᆫ ᄀᆞᆯᄫᅡ 쓸 씨
라

<3b>

그리고 8a부터 12b까지 다른 서체로 바뀐다. 4a부터 7b까지의 글씨와 동일한데 4a부터 7b까지의 서체보다 굵어졌다.

13a부터 15b(끝)까지는 석보상절 서문의 서체와 동일하다.

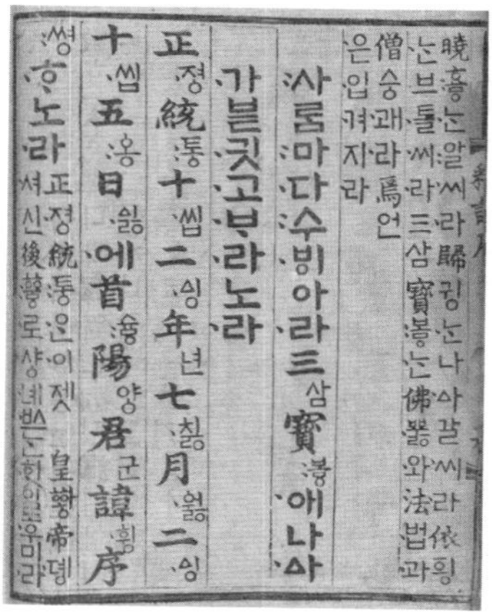

<석보상절 서문 마지막 부분>

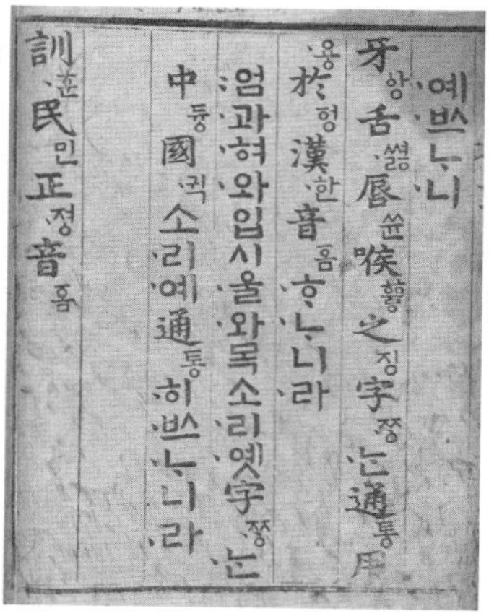

<훈민정음 언해본 마지막 부분>

『훈민정음』 언해본의 본래 모습은 8a부터 12b까지의 모습일 것으로 추정된다. 곧 『석보상절』을 간행할 때에 『석보상절』의 앞에 붙인 것이 『훈민정음』 언해본의 원본일 것으로 추정하는 것이다. 이 부분은 서체뿐만 아니라 책의 행격(行格)에서도 알 수 있다. 즉 『훈민정음』 언해본이 7행 16자인데, 『석보상절』의 서문도 마찬가지로 7행 16자인 점에서도 증명된다. 이에 비해 『월인석보』 서문은 7행 14자이다. 그리고 『월인석보』의 본문에 쓰인 『월인천강지곡』 부분은 7행 14자임에 비하여 석보상절 부분은 7행 16자이어서 훈민정음 언해본의 행격은 석보상절의 행격과 동일하다고 할 수 있다.

뿐만 아니라 한문 원문의 분절 방식도 석보상절의 서문과 같은 분절 방식을 택하고 있다. 훈민정음 언해본과 석보상절의 원문 분절방식은 주로 구두점이 찍히는 곳에서 분절된다. 그래서 월인석보 서문의 분절 방식보다 더 작은 단위이다.

훈민정음 언해본의 분절 : ① 國之語音이

② 異乎中國ᄒᆞ야

③ 與文字로 不相流通ᄒᆞᆯᄊᆡ

석보상절 서문의 분절 : ① 佛이 爲三界之尊ᄒᆞ샤

② 弘渡群生ᄒᆞ시ᄂᆞ니

③ 無量功德이

월인석보 서문의 분절 : ① 夫眞源이 廓寥ᄒᆞ고 性智湛寂ᄒᆞ며

② 靈光이 獨耀ᄒᆞ고 法身이 常住ᄒᆞ야

③ 色相이 一泯ᄒᆞ며 能所ㅣ 都亡ᄒᆞ니

따라서 훈민정음 언해본의 간행연도는 안병희(1990)에서 밝혀 놓은 바대로 석보상절이 간행된 해인 1447년이라고 할 수 있다.

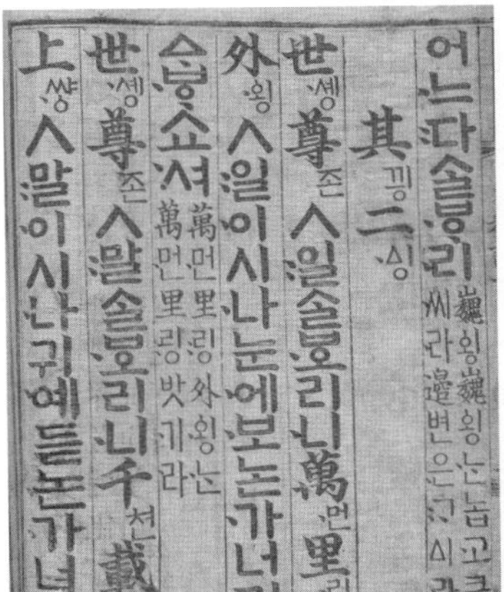

<월인석보의 월인천강지곡 부분>

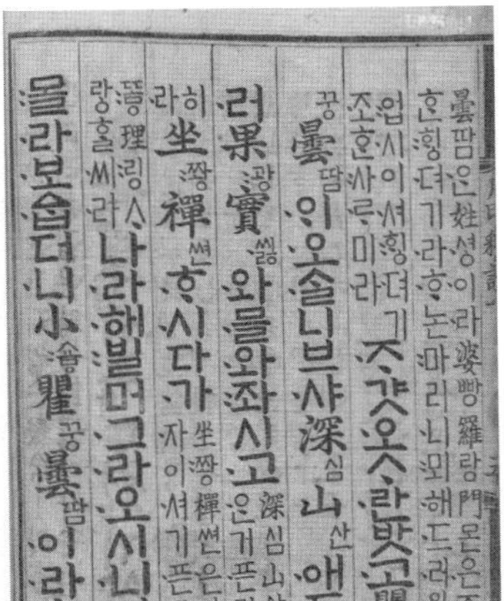

<월인석보의 석보상절 부분>

안병희(1990)에서 언급되었듯이, 훈민정음 언해본이 석보상절의 앞 부분에 있었다는 주장을 뒷받침해 준다고 할 수 있다.

그런데 여기에서 문제가 되는 부분은 1a 5행부터 3b까지의 부분이다. 이 부분에는 15세기에는 보이지 않는 자형이 나타난다. 대표적인 것이 'ᄯᆞ'이다.

'ᄯᆞ'는 훈민정음 언해본에 두 군데에 등장한다. 하나는 협주문의 '耳ᄂᆞᆫ ᄯᆞᄅᆞ미라 ᄒᆞ논 ᄠᅳ디라(3a)'에, 그리고 또 하나는 본문의 '便安킈 ᄒᆞ고져 ᄒᆞᇙ ᄯᆞᄅᆞ미니라(3b)'에 보인다.

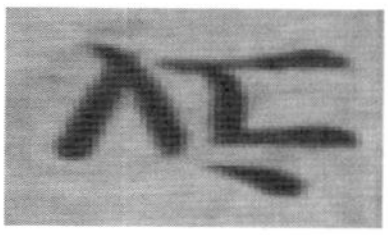

<협주 부분의 'ᄯᆞ'>

<본문 부분의 'ᄯᆞ'>

그런데 이 'ᄯᆞ'의 15세기의 서체는 '·'가 'ㅅ'과 'ㄷ'의 가운데에 위치하도록 되어 있다. 그러나 이 훈민정음 언해본의 'ᄯᆞ'는 '·'가 'ㄷ'의 아래에 위치해 있다. 이러한 변화는 16세기부터 일어나는 변화이다. 특히 필사본이나 지방판에서 보이는 것이다. 『순천김씨언간』이나 『장수경언해』에 처음 보이고 그 뒤에는 주로 17세기 이후부터 일반적으로 나타난다.

15세기에 각자병서나 합용병서의 자음 아래에 놓이는 모음 글자는 항상 두 자음 글자에 걸치도록 한다. 그리하여 'ᄭᅳ'로 쓰이지 'ㅅ그'로 쓰이지 않는다.

<석보상절 6,13b>

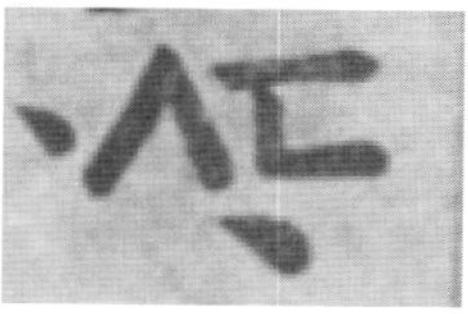

<월인석보 2, 2a>

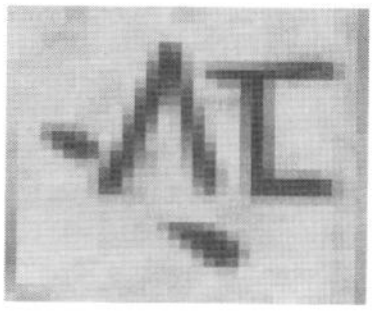

<월인석보 2, 23a>

이것은 다른 문헌에서도 쉽게 발견되는 모습이다.

그러나 16세기 이후부터 다음과 같은 모습으로 나타난다.

<장수경언해 10b>

<대학언해>

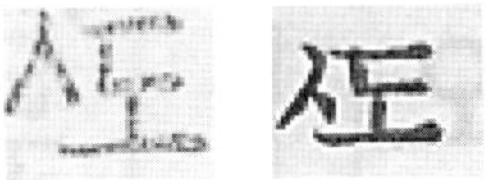

<천의소감언해>

따라서 이 부분은 후대에 쓴 것을 첨부해서 개장을 한 것이 아닌가 하는 의심을 하게 된다. 특히 서강대본의 장정이 4침 장정인 것을 보면 틀림없이 개장을 한 것이어서 그러한 의심을 가지게 한다.

이러한 내용을 보면 서강대본 훈민정음 언해본은 석보상절을 편찬할 때에 만든 것인데, 월인석보를 편찬할 때에 1a 부분을 고친 것이고, 나머지 부분은 박승빈본을 만들 때의 서체로 바꾸어서 다시 제책한 것이 아닌가 하는 생각을 하게 된다.

5) 한글 자료의 분류

한글 자료는 지금까지 대체로 국어국문학 연구자들에 의해 분류되어 왔기 때문에 문헌 중심으로 분류되어 왔다. 그러나 한글 자료가 확대되어 인식되면서 한글 고문서로, 그리고 다시 다양한 재질의 한글 자료까지도 포함되게 되었다. 그래서 한글 자료는 다시 분류하지 않으면 안 되게 되었다.

5.1. 재질에 따라

한글 자료는 1차적으로 재질에 따라 다음과 같이 분류할 수 있다.

				예
1	종이	인쇄(판본)	문헌	훈민정음 해례본 등
			문서	언문반절표 등
		필사 (필사본)	문헌	五臺山上院寺重創勸善文 등
			문서	安樂國太子傳變相圖, 宣祖國文敎書 등
2	돌	비(碑)	비문	한글 영비 등
		바위	암각문	
		돌		다듬잇돌, 담뱃갑 등
3	금속	화폐용	동전	효데례의
		활자용	금속활자	'석보상절' 한글 활자 등
		생활용		타자기, 담뱃통 등
		책출판용	판목	해남 고산유고 목판 등

4	나무		활자	각종 한글 목활자
		현판용	현판	
		생활용		실패, 등잔대, 화살대 등
5	도자기	한글 명문 도자기		
6	옹기	한글 명문 옹기		각종 항아리, 독 등
7	기와	한글 명문 기와		한글 명문 기와
8	직물	한글이 쓰인 직물		
9	유기	한글 명문 유기		
10	디지털	각종 디지털 자료		

5.2. 한글 문헌의 내용상 분류

한글 문헌을 내용상으로 분류하면 다음과 같다.

번호	종류	하위분류	예
1	詩歌類		청구영언, 악학습령 등
2	宗教書類	佛經類	지장경언해, 불설대보부모은중경언해 등
		經書類	논어언해, 맹자언해, 중용언해, 주역언해, 대학언해, 소학언해, 시경언해, 서전언해, 효경언해 등
		道經類	경신록언석, 삼성훈경, 과화존신, 조군영적지, 관성제군명성경언해, 관성제군오륜경언해, 남궁계적, 경석자지문, 태상감응편도설언해 등
		聖書類	마가복음, 누가복음, 신명초행, 셩교절요 등
		民間信仰類	각종의 당사주 등
3	技術書類	醫書類	벽온신방 언해, 동의보감, 제중신편, 마경초집언해 등
		兵書類	병학지남, 연병지남, 무예도보통지언해 등
		農書類	잠상집요 등
4	譯學書類	漢語類	노걸대언해, 박통사언해, 오륜전비언해, 역어유해 등
		蒙語類	첩해몽어, 몽어노걸대, 몽어유해 등
		倭語類	왜어유해, 첩해신어 등
		淸語類	동문유해, 삼역총해, 팔세아, 소아론 등
5	教民類	綸音類	어제유경기대소민인등윤음 등
		學習類	유합, 몽유편, 천자문, 훈몽자회, 물명고 등

		敎化類	오륜행실도, 어제내훈, 여사서언해, 여훈언해, 가례언해 등
6	史類		십구사략언해, 명의록언해, 천의소감언해 등
7	韻書類		삼운성휘, 규장전운, 전운옥편 등
8	散文記錄類		계축일기, 산성일기, 한중록 등
9	辭書類		국한회어, 한불자전 등
10	諺簡 및 文書類		한글로 된 편지나 소지, 노비문서 또는 한글족보 등

5.3. 한글 고문서의 분류

한글 고문서는 일반 고문서의 분류와는 분류체계가 동일하지만 실제로 존재하는 한글 고문서들을 대상으로 한다면 일반 고문서의 분류와는 다른 모습을 보일 것이다. 백두현(2005)에 의하면 한글 고문서를 다음과 같이 분류하고 있는데, 이 분류가 현실 자료를 중심으로 하였기 때문에 지금까지의 분류 중 가장 합리적이라고 생각한다.

1	官 문서	교령류	관에서 백성들에게 내린 훈령을 한글로 기록한 것, 윤음, 권농윤음
		청원 소지류	한글 소지(所知), 청원문 등
		호적과 호구단자	상주황씨가 한글 호적 등
2	매매 · 계약 문서	노비 매매 문서	
		전답 매매 문서	
		계약 문서	
3	의례(儀禮) 문서	혼례	혼수 물목, 홀기 등
		상례	상례물목, 祭文
		제례	제수기, 제수물목
		관례	관례홀기, 축문, 冠禮着示物種記, 東床案
4	신앙 · 종교 문서	무속, 동제, 불교 관련 문서	
5	의식주 문서	衣類	衣樣, 물목단자, 심의모형, 홀기, 버선본, 繡本, 옷본
		食類	음식조리서, 양조법
		住類	가옥, 건물, 기와에 쓰여진 한글

6	가족 · 친족 문서	家系類	가승, 가계
		문중류	문중계, 문중계안, 종계일기, 회문, 재산문서, 선영도
		상속류	분급문기, 별급문기, 분재기, 유서(遺書), 화회문기(和會文記)
7	공동체생활 문서	촌락 조직 문서	洞約, 契文, 동계, 동약언해, 동계안 (동계치부책, 동중전답안, 향규, 향안, 촌계 등)
		농업 관련	노동조직 문서 : 두레문서, 進貫冊, 農契流
		계 문서	족계, 서당계, 송계, 보민계, 상두계, 친목계
8	개인생활 문서	고목(告目)	
		일기, 장부, 치부, 추수기	

6) 한글 서체의 분류 및 명칭

한글 서체는 여러 분야와 연관이 있다. 한글 서예, 한글 폰트, 한글 디자인, 한글 활자 등과 직접 간접적으로 관련이 있다. 그래서 한글 서체의 명칭에 대해서는 여러 분야에서 관심을 가지고 있다. 그런데 이들 각 분야에서 쓰고 있는 한글 서체의 명칭은 매우 상이하다. 그 분야의 학문 성립 배경과 역사가 각각 다른 것에서 기인하는 것으로 추정된다.

과연 한글 서예계에서 한글 서체 명칭의 사용이 얼마나 혼란되어 있는가를 보이기 위해 지금까지 서체의 명칭에 대한 연구결과들을 간략히 그 목록만 검토하여 보기로 한다.

(1) 김응현(1973), 『동방 국문서법』, 동방연서회.

- 정음체
- 판본체
- 정자
- 흘림
- 진흘림

(2) 유탁일(1981), 『完板 坊刻小說의 文獻學的 硏究』, 학문사.

ㄱ. 역사적 관점에서

- 始源體
- 實用指向體
- 實用體

ㄴ. 努力經濟의 관점에서

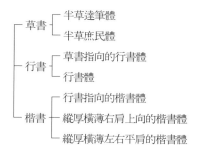

- 草書
  - 半草達筆體
  - 半草庶民體
- 行書
  - 草書指向的行書體
  - 行書體
- 楷書
  - 行書指向的楷書體
  - 縱厚橫薄右肩上向的楷書體
  - 縱厚橫薄左右平肩的楷書體

(3) 박병천(1983), 『한글 궁체 연구』, 일지사.

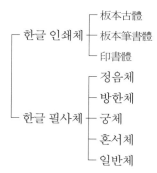

- 한글 인쇄체
  - 板本古體
  - 板本筆書體
  - 印書體
- 한글 필사체
  - 정음체
  - 방한체
  - 궁체
  - 혼서체
  - 일반체

- 전서체
  - 정음체
  - 판본체
- 예서체
- 해서체(정자)
- 행서체(반흘림)
- 초서체
  - 흘림
  - 진흘림

(4) 윤양희(1984), 『바른 한글 서예』, 우일출판사.

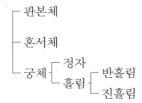

- 판본체
- 혼서체
- 궁체
  - 정자
  - 흘림
    - 반흘림
    - 진흘림

(5) 김양동(1986), 『한글 書藝의 現實的 問題性』, 한글 서예 학술 세미나.

- 정음 고체
- 언문 시체
  - 선비 언필체(남필)
  - 궁체(여필)
    - 정자
    - 흘림
    - 진흘림

(6) 김일근(1986), 『언간의 연구』, 건국대 출판부.

- 반포체
- 효빈체
- 궁체
- 잡체
- 조화체

(7) 손인식(1995), 「한글 서예 서체 분류와 명칭에 대한 연구」, 『월간서예』 1995년 2월호, 3월호.

- 반포체
- 고체
- 궁체
  - 정자
  - 반흘림
  - 흘림
  - 진흘림
- 한글시체

(8) 여태명(2001), 「민체의 조형과 예술성」, 『서예문화』 2001년 2월호.

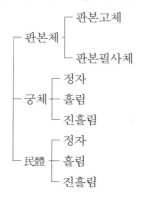

- 판본체
  - 판본고체
  - 판본필사체
- 궁체
  - 정자
  - 흘림
  - 진흘림
- 民體
  - 정자
  - 흘림
  - 진흘림

이들은 물론 하위분류된 용어까지도 포함하였지만, 한글 서예의 서체 명칭에 42개의 용어가 사용되고 있음을 보여 주어서, 서체의 명칭에 대혼란이 야기되고 있음을 증명해 주고 있다.

그렇다면 이와 같은 서체 명칭의 혼란은 어디에서부터 온 것인가? 발표자가 생각해 본 이유를 몇 가지 든다면 다음과 같다.

(1) 과학적 연구의 부족
(2) 서체 명칭 부여의 단편성
(3) 기본적인 용어 제정 미흡
(4) 명칭이나 용어의 제정 원리에 바탕을 둔 용어 제정 미흡
(5) 명칭 분류의 무기준성

한글 서체 명칭의 통일은 다음과 같은 단계를 거쳐야 할 것으로 생각한다.

(1) 용어 표준화에 대한 의지
(2) 학술 조사 및 연구
(3) 각 용어에 대한 정의를 조사, 기술
(4) 용어 통일에 대한 기준 마련
(5) 용어 통일
(6) 활용

그런데 이러한 용어들을 순화하고 표준화하기 위해서는 이 용어가 지녀야 할 다음과 같은 몇 가지 원칙이 필요하다.

(1) 국외자도 이해할 수 있는 쉬운 용어이어야 한다.
(2) 개념이 그 용어에 내포되어 있어야 한다.
(3) 용어에 역사성이 있어야 한다.
(4) 어문규범에 맞아야 한다.

7) 한글 디자인의 역사

한문 문헌 자료를 검토하다 보면 흥미로운 글씨들을 흔히 발견한다. 그 당시에는 캘리그래피란 용어도 또한 디자인이란 용어도 없었던 때이지만, 오늘날의 이들 말에 대응되는 글씨들을 발견할 수 있다. 그 몇 가지 예를 들어 보도록 한다(여태명(2005), 「한글 서체의 분류와 민체의 특징 연구」, 『서예학연구』 7에서 인용).

숙향전-①
숙향전-②
김진옥전-①
김진옥전-②
김진옥전-③
진대방전-①
진대방전-②
진대방전-③
월선전-①
월선전-②
월선전-③
월선전-④
월선전-⑤
유최헌전

위의 그림은 'ᄉᆞ람, ᄉᆞ름'을 쓴 예들이어서 이전에도 오늘날과 같은 캘리그래피의 서체가 있었음을 알려준다.

특히 필사본의 서체는 오늘날 손으로 멋을 내어 쓰는 글씨와 크게 다를 바 없는 자료가 부지기수이다. 한글 디자인이나 한글 캘리그래피의 작품활동을 하는 사람들이 우리나라의 다양한 필사본들을 참고한다면 우리나라의 전통적인 한글 캘리그래피나 디자인의 새로운 영역을 개척해 갈 수 있을 것이라고 생각한다.

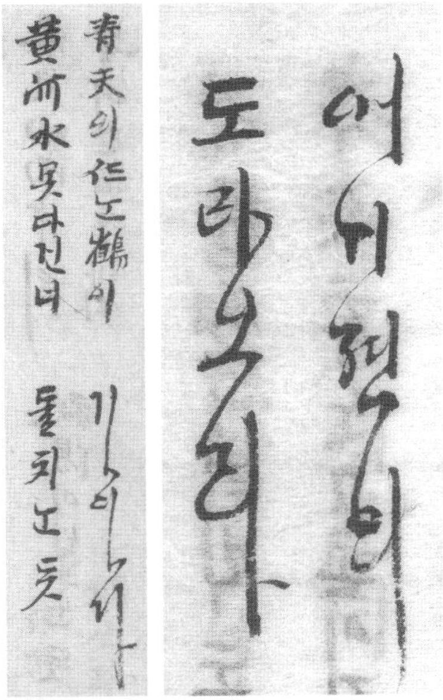

<오륜가>

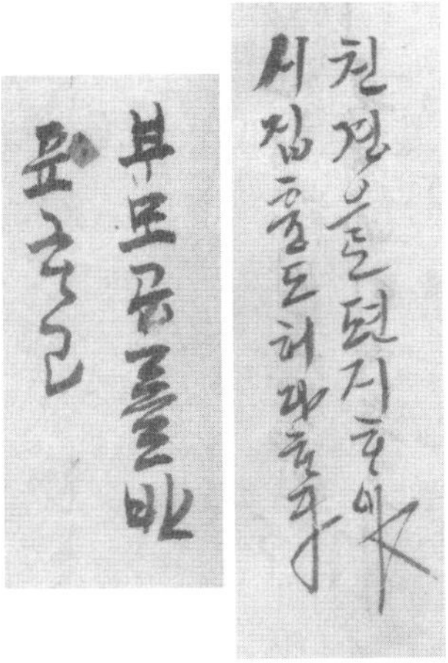

<人子須知>

8) 한글 문서작성기의 역사

현재 우리나라에서 가장 많이 사용되는 문서작성기는 '훈글'과 '워드'일 것이다. 그러나 이렇게 고착화되기 이전에는 매우 다양한 한글 문서 작성기가 사용되어 왔다.

서양에서 문서작성기가 나온 시기는 1964년으로 알려져 있다. IBM이 개발한 것으로서 마그네틱 테이프를 저장장치로 탑재하도록 개량한 '마그네틱 테이프 / 셀렉트릭 타자기(Magnetic Tape / Selectric Typewriter)가 그것이다. 그 이후에 1972년에 나온 Word Processor with CRT, 1976년의 Electric Pencil, 1979년의 WordStar와 EasyWriter, 그리고 1982년에 개발된 WordPerfect가 있었고, MS Word는 1983년에 등장하였다.

이에 비해서 우리나라의 한글 문서작성기는 1983년 8월에 고려시스템이 박동인 씨를 중심으로 하여 개발한 '명필'이 최초로 알려져 있다. 외국에 비해 약 20년 뒤진 것이었다. 그러나 이 '명필'은 소프트웨어만이 아닌 하드웨어와 입출력기까지 포함한 형태였다. 그 이후로 등장한 문서작성기를 보이면 다음과 같다.[1]

번호	개발연도	문서작성기 이름	제조회사	버전	한글코드	파일크기
1	1983	슈퍼 명필	고려시스템	1.0	KS 완성형	5.25"FD 5장
2	1983	으뜸글	큐닉스	1.0	조합형	5.25"FD 3장
3	1985	보석글 II	삼보컴퓨터	2.0	조합형	5.25"FD 3장
4	1987	하나 워드	금성소프트웨어	2.82	KS 완성형	5.25"FD 1장
5	1987	세종 한글	쌍룡컴퓨터	2.01	KS 완성형	5.25"FD 1장
6	1987	현대바른글+	현대전자	1.2	조합형	5.25"FD 2장
7	1988	마이 워드	삼성전자	1.1	KS 완성형	5.25"FD 1장
8	1988	OA-II 글벗	삼성데이터통신	2.10	KS 완성형	5.25"FD 2장
9	1988	아름글 II	OPC	3.20	조합형	5.25"FD 4장
10	1989	보석글 G	삼보컴퓨터	1.10	KS 완성형	5.25"FD 3장
11	1989	대우워드	대우전자	1.3	KS 완성형	5.25"FD 1장
12	1989	옴니 워드	옴니테크사	2.0	KS 완성형	5.25"FD 2장
13	1989	흔글	한글과컴퓨터사	1.51	그래픽 조합형	5.25"FD 6장
14	1989	팔란티어 워드	한글팔란티어	3.41	KS 완성형	5.25"FD 3장
15	1990	장원 16+	금성소프트웨어	2.5	KS 완성형	5.25"FD 1장
16	1990	화랑 워드	쌍룡컴퓨터	1.0	그래픽 조합형	5.25"FD 6장
17	1990	마이 글벗	삼성전자	1.0	KS 완성형	5.25"FD 2장
18	1991	사임당 워드	한컴퓨터연구소	1.1	그래픽 조합형	5.25"FD 2장
19	1998	한글 2000 워드	한컴퓨터연구소	3.1	그래픽 조합형	5.25"FD 6장

1 박찬열(1991), 「한글 워드 프로세싱패키지의 비교 및 분석에 관한연구 : PC용 워드 프로세싱 패키지를 중심으로」, 경성대학교 산업대학원 산업정보학과 석사학위논문.
오세욱(2014), 「소프트웨어 '흔글'의 행위자 네트워크 분석-ANT와 소프트웨어 연구의 통합적 접근-」, 서울대학교 대학원 언론정보학과 박사학위논문.

그 이후의 한글 문서 작성기의 변화는 이미 잘 알고 있는 것이어서 생략하도록 한다.

9) 언문반절표

훈민정음이 창제된 직후부터 한글 교육은 이루어졌을 것이지만 한글 교육의 구체적인 양상은 알려져 있지 않다. 처음에는 주로 '언문자모'에 의한 한글 교육이 초기의 한글 교육의 방법이었다고 한다면 그 다음 단계는 '언문반절표'에 의한 한글 교육일 것이다. '언문반절표'는 '언문자모'보다 더 구체적인 내용을 담은 것이다.

원래 '반절'이란 말은 '성모(聲母)'와 '운모(韻母)'로 한자음 1음절을 표시하는 방법이다. 예를 들어서 한자 '東(동)'의 음을 표시하기 위하여 '德紅反切(덕홍반절)'이라고 하였는데, '德(덕)'에서 성모 즉 't'를 따고 '紅(홍)'에서 운모, 즉 'oŋ'를 합쳐 이 한자의 음이 'toŋ(동)'이라는 사실을 밝히는 방법이었다. 한글의 초성과 중성이 결합하여 1음절을 표기하는 방법이 그와 유사한 데서 한글의 이름이 된 것으로 추정된다. 훈몽자회의 '언문자모'를 설명하면서 민간에서는 반절이라고도 한다는 기록(俗所謂反切二十七字) 때문에 한글을 반절이라고도 한 것이다.

(1) 객관최찬집(客館璀粲集)의 언문서(諺文書) (1719년)

지금까지 알려진 반절표 중에서 가장 이른 시기의 것으로는 1719년에 『객관최찬집(客館璀粲集)』의 '언문서(諺文書)'가 알려져 있다. 일본에서 간행된 것인데, 그 그림을 보면 다음과 같다.

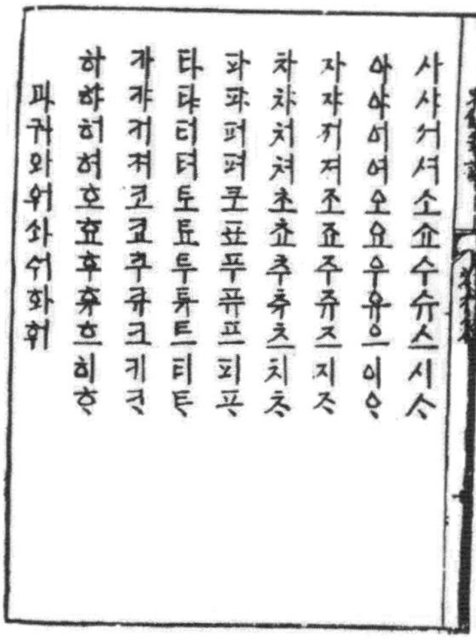

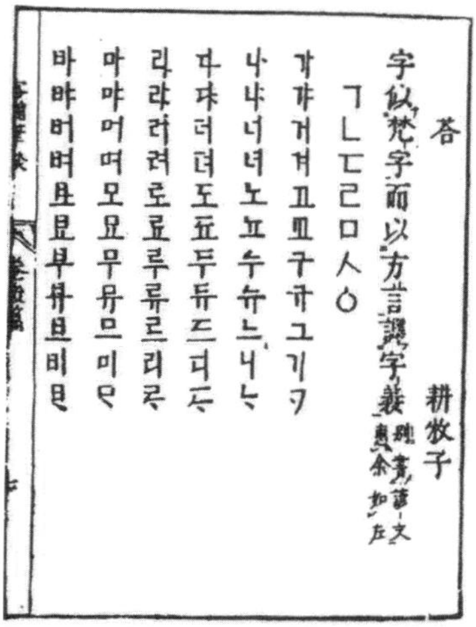

<객관최찬집2> <객관최찬집1>

이 반절표에서는 이미 자모의 명칭은 사라지고 자음 글자만 보이고 있는데 ㅂ 자가 빠져 있다. 아마 실수일 것이다. 모음자는 자음 글자와 결합한 형태로 나타나고 있다. 그래서 받침이 없는 음절 글자 154자에다가 '과 궈 와 워 사 숴 화 훠'의 8자를 합하여 162자의 음절을 제시하고 있다. 『훈몽자회』나 『진언집』에 보였던 ㅿ이 사라지게 된 것이다.

이 반절표는 초성과 중성의 모든 결합, 그리고 첫 행의 종성을 거기에 받침으로 쓰면 국어의 가능한 모든 음절의 표기를 보여 주게 된다.

즉 첫 행의 'ㄱ ㄴ ㄷ ㄹ ㅁ ㅂ(여기서는 빠졌지만) ㅅ ㅇ'이 있는데, 두 번째 행에 보이는 '가 갸 거 겨 고 교 구 규 그 기 ᄀᆞ'를 배우고 여기에 각각 '각 간 갇 갈 감 갑 강'이 되고 이어서 '갹 갼 갿 걀 걈 걉 걍' 등등으로 배워 나가는 것이다. 여기에 자모 8자만을 쓴 것은 그 당시에 종성으로는 이 여덟 자만을 썼기 때문이다. 마지막 행에 '과 궈 와 워 솨 숴 화 훠'를 넣은 것은 중성 'ㅗ, ㅜ'와 'ㅏ, ㅓ'의 결합을 가진 글자를 보인 것이다. 그래서 이 표는 초성과 중성이 결합된 국어의 음절을 적는 글자가 거의 다 나타난다. 다만 '개, 걔' 등은 나타날 수 없다.

그러니 이렇게 간단한 표를 만들어 가지고 있으면 한글을 배우는데 매우 십상일 것이다. 한글을 배우는 데 가장 능률적인 방법일 것이다.

(2) 화한창화집(和韓唱和集)의 조선언문(朝鮮諺文) (1719년)

1719년에 일본에서 간행된 『화한창화집(和韓唱和集)』에 실려 있는 '조선언문(朝鮮諺文)'에도 마찬가지 모습이 보인다.

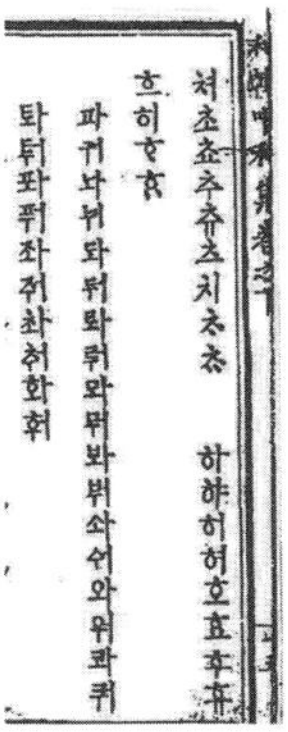
쳐초쵸추츄츠치ᄎᆞᄎᆡ 하햐허혀호효후휴
흐히ᄒᆞᄒᆡ
과궈놔눠돠둬롸뤄뫄뭐봐붜솨숴와워콰쿼
톼퉈퐈풔좌줘촤춰화훠

<조선언문3>

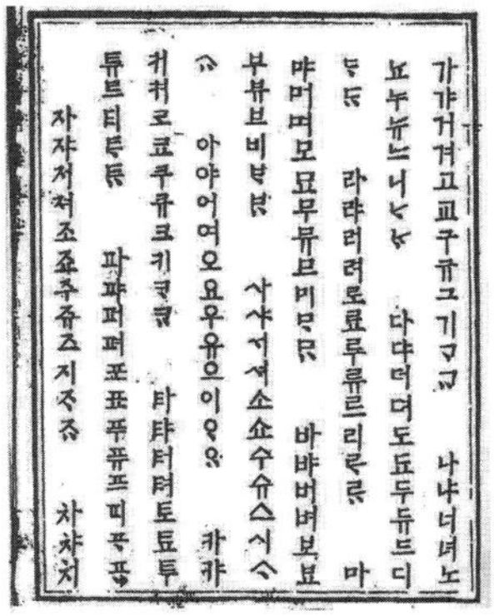
가갸거겨고교구규그기ᄀᆞᄀᆡ 나냐너녀노
뇨누뉴느니ᄂᆞᄂᆡ 다댜더뎌도됴두듀드디
ᄃᆞᄃᆡ 라랴러려로료루류르리ᄅᆞᄅᆡ 마
먀머며모묘무뮤므미ᄆᆞᄆᆡ 바뱌버벼보뵤
부뷰브비ᄇᆞᄇᆡ 사샤서셔소쇼수슈스시ᄉᆞ
ᄉᆡ 아야어여오요우유으이ᄋᆞᄋᆡ 카캬
커켜코쿄쿠큐크키ᄏᆞᄏᆡ 타탸터텨토툐투
튜트티ᄐᆞᄐᆡ 파퍄퍼펴포표푸퓨프피ᄑᆞᄑᆡ
자쟈저져조죠주쥬즈지ᄌᆞᄌᆡ 차챠처

<조선언문2>

됴션언문 朝鮮諺文
億 隂 極 乙 音 邑 玉 應 伊
ㄱ ㄴ ㄷ ㄹ ㅁ ㅂ ㅅ ㅇ ㅣ

<조선언문1>

여기에는 흥미롭게도 'ㄱ ㄴ ㄷ ㄹ ㅁ ㅂ ㅅ ㅇ'의 뒤에 'ㅣ'가 포함되어 있다. '개 걔' 등을 나타낼 수 없었던 것을 보완한 셈이다. 즉 그 'ㅣ'를 보통 '딴 이'라고도 하고 또 '외이'라고도 하는데, 일종의 받침자를 추가한 것이다. 이 '딴 이'가 있으면 '개, 걔' 등도 나타낼 수 있는 것이다. 또한 'ㄱ ㄴ ㄷ ㄹ ㅁ ㅂ ㅅ ㅇ ㅣ'에 대응되는 한자를 각각 '億 隂 極 乙 音 邑 玉 應 伊'에 대응시켰는데. '億'과 '邑'은 종성의 ㄱ과 ㅂ에 대응되지만 ㄷ 에 '極'을, ㅅ에 '玉'을 대응시킨 것은 아무래도 문제가 있다.

이러한 모든 면을 다 갖춘 반절표를 보이면서 설명을 하도록 한다.

(3) 일용작법(日用作法) (1869년)

1869년에 간행된 『일용작법(日用作法)』이란 책에는 '언본(諺本)'이라고 하는 반절표가 실려 있다. 스님들에게 한글을 가르치기 위해 만든 것일 것이다.

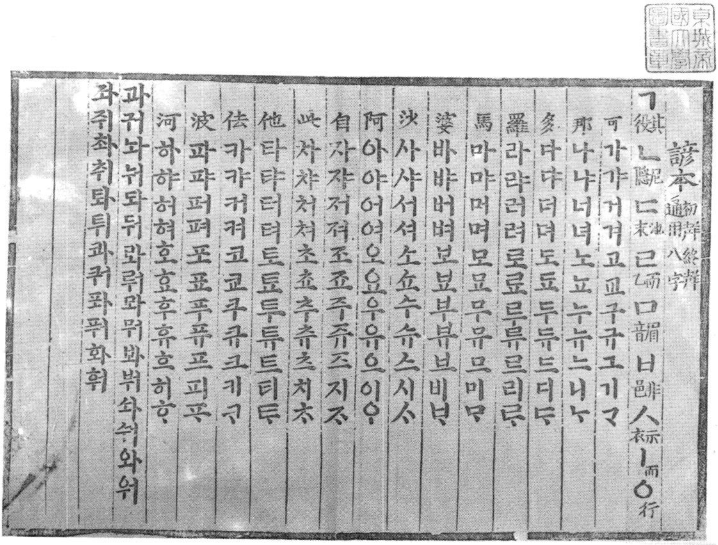
諺本
ㄱ ㄴ ㄷ ㄹ ㅁ ㅂ ㅅ ㅇ
可 가갸거겨고교구규그기ᄀᆞ
那 나냐너녀노뇨누뉴느니ᄂᆞ
多 다댜더뎌도됴두듀드디ᄃᆞ
羅 라랴러려로료루류르리ᄅᆞ
馬 마먀머며모묘무뮤므미ᄆᆞ
婆 바뱌버벼보뵤부뷰브비ᄇᆞ
沙 사샤서셔소쇼수슈스시ᄉᆞ
阿 아야어여오요우유으이ᄋᆞ
自 자쟈저져조죠주쥬즈지ᄌᆞ
此 차챠처쳐초쵸추츄츠치ᄎᆞ
他 타탸터텨토툐투튜트티ᄐᆞ
佉 카캬커켜코쿄쿠큐크키ᄏᆞ
波 파퍄퍼펴포표푸퓨프피ᄑᆞ
河 하햐허혀호효후휴흐히ᄒᆞ
과궈놔눠돠둬롸뤄뫄뭐봐붜솨숴와워
좌줘촤춰톼퉈콰쿼퐈풔화훠

<『일용작법』의 '언본'>

이 표에는 앞에 9자의 받침자가 있고, 16행의 음절표가 있다. 받침 없는 자모는 여기에 다 제시되어 있고, 이들 음절 글자에 받침자를 덧붙이면 '각 간' 등으로 될 것이다. 그런데 문제는 '개, 걔' 등이라고 했는데 그것도 소위 '딴 ㅣ'(而)를 붙이면 된다. 더 큰 문제는 된소리 표시의 각자병서인데, 이것은 소위 '옆받침'이라고 하여 '가'에 옆받침 'ㄱ'을 붙이면 '까'가 되도록 교육을 하는 것이다. '다'에 옆받침 'ㄷ'을 하면 '따'가 되고 여기에 '딴 ㅣ'를 붙이면 '때'가 되고 여기에 다시 종성의 받침 'ㄱ'을 붙이면 '땍'이 되도록 되는 것이다. 그래서 한글의 모든 음절을 다 표시할 수 있도록 가르치는 것이 이 반절표이다.

이 반절표는 오랜 역사를 가지고 이어져 왔다. 종이 한 장으로 된 표만 있으면 한글을 다 익힐 수 있으니, 이처럼 능률적인 것이 없으므로 이 언문 반절표는 오랜 동안 한글 교육의 중요한 교재가 되었다.

이들 반절표는 한 장의 목판본으로 간행되어 널리 유행하였던 것으로 보인다. 그 몇 가지 그림을 보이도록 한다.

(4) 정축 신간 반절표(丁丑 新刊 反切表) (1877년)

1877년에 간행된 것이다. 맨 왼쪽 중간에 '정축신간반절(丁丑新刊反切)'이란 간기가 보인다. 혼인궁합법, 삼재법, 직성법, 구구법, 육갑 등이 함께 인쇄되어 있다. 일상생활에 필요한 내용이 들어 있는 셈이다.

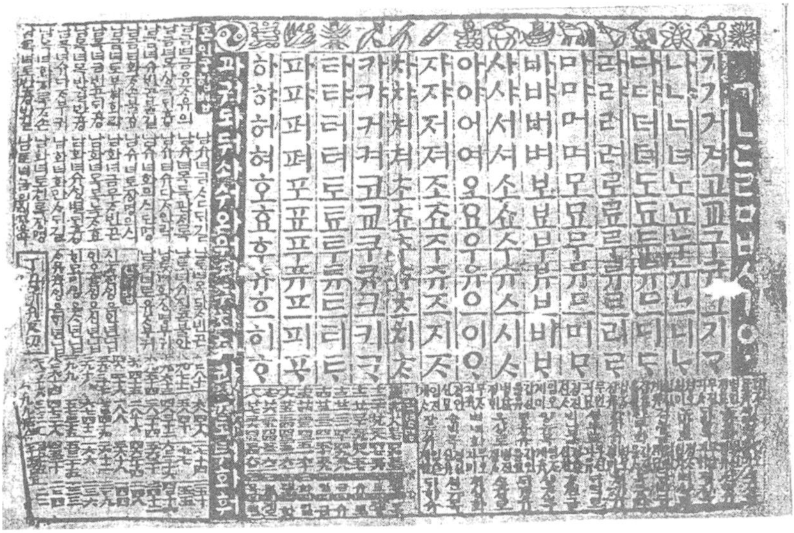

<정축신간 발절표>

여기에는 '가' 행에는 '개'를, '나' 행에는 '나비'를 '다' 행에는 '닭'을 '라' 행에는 '라팔'을 '마' 행에는 '말'을, '바' 행에는 '배'를, '사' 행에는 '새'를 '아' 행에는 '아기'

를 '자'행에는 '자'를, '차'행에는 '채'를, '카'행에는 '칼' 등등을 그려 넣어서 이해를 돕도록 했다.

(5) 기축 신간 반절표(己丑 新刊 反切表) (1889년)

1889년에 1장의 목판으로 간행된 반절표이다. 앞의 1877년 간행의 판본과 유사하다.

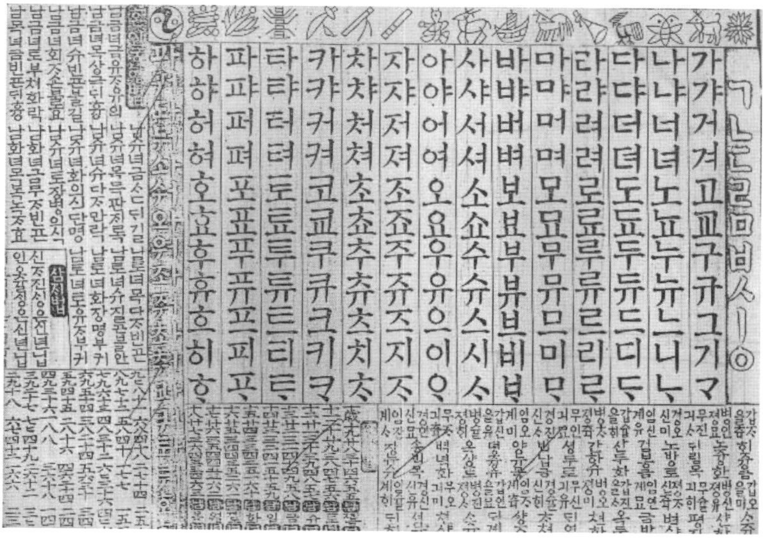

<기축 신간 반절표>

(6) 19세기 간본 반절표

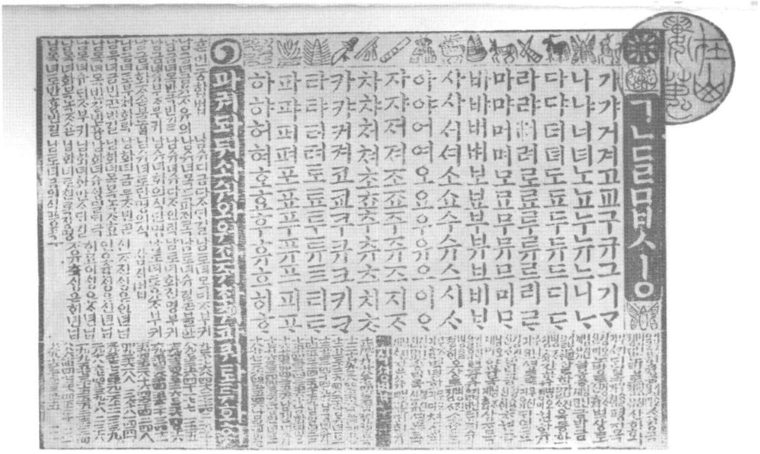

(7) 1918년 간행의 반절표

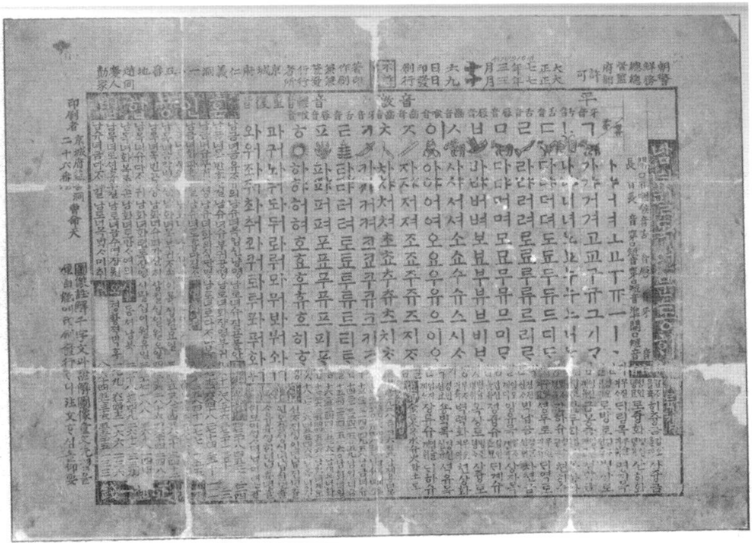

(8) 대한 국문(大韓 國文)

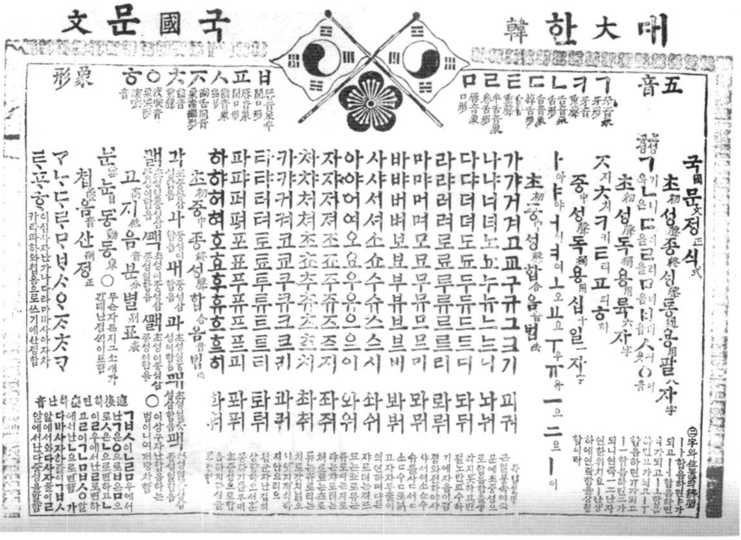
대 大 한 韓
국 國 문 文
五音
象形
국문정식

이 반절표는 매우 특이하다. 모음에 '=='가 추기되어 있다. 김민수 선생님의 연구에 의하면 이 반절표의 저자는 지석영 선생이고, 제작 연대는 1905년으로 알려져 있다.

(9) 언삼국지의 반절표

한글 소설을 읽으려면 반드시 한글을 해독하여야 하기 때문에 고소설에도 이 반절표가 들어가 있다. 『언삼국지』라고 하는 완판본 고소설에는 앞부분에 이 반절표가 들어가 있다.

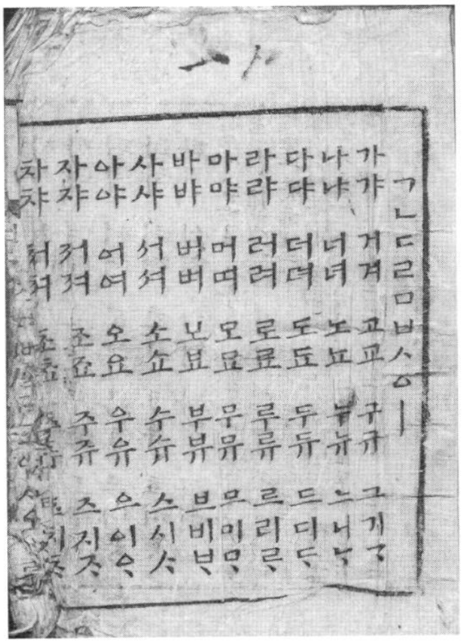

<언삼국지 1a>

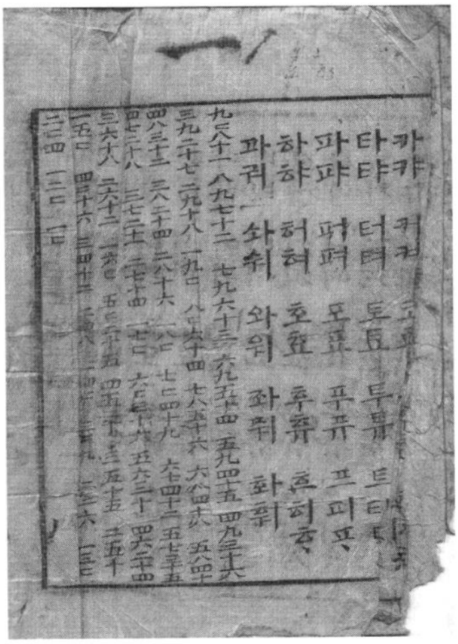

<언삼국지 1b>

(10) 신정심상소학(1896년)의 언문반절표

한글을 가르치기 위한 교과서에 등장하는 것들이다.

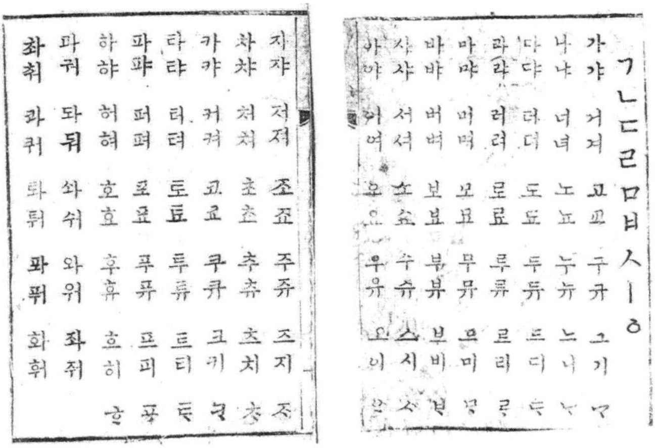

(11) 보통학교 학도용 국어독본(1906년)

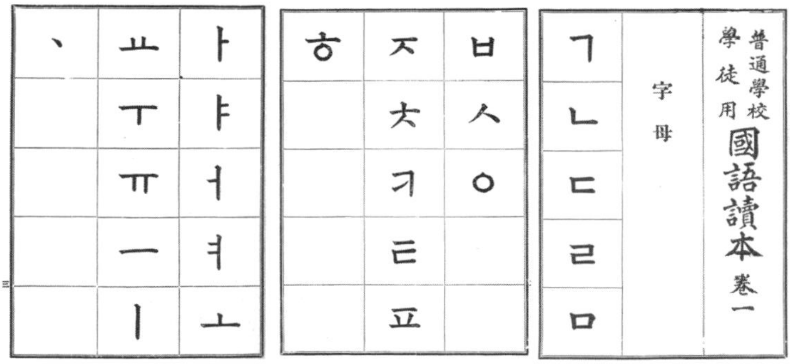

普通學校 學徒用 國語讀本 卷一

字母

ㄱ ㄴ ㄷ ㄹ ㅁ

ㅂ ㅅ ㅇ

ㅈ ㅊ ㅋ ㅌ ㅍ

ㅎ

ㅏ ㅑ ㅓ ㅕ ㅗ

ㅛ ㅜ ㅠ ㅡ ㅣ

ㆍ

(12) 신찬초등소학(1909년)

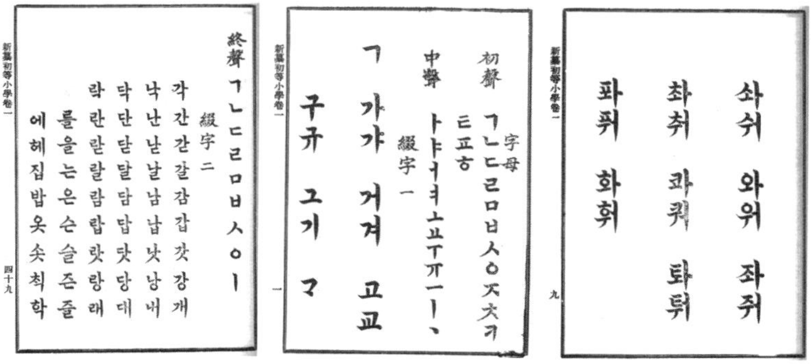

솨쉬 와위 좌줘

촤취 콰쿼 톼퉈

퐈퓌 화훠

新纂初等小學卷一 九

字母

初聲 ㄱㄴㄷㄹㅁㅂㅅㅇㅈㅊㅋ ㅌㅍㅎ

中聲 ㅏㅑㅓㅕㅗㅛㅜㅠㅡㅣㆍ

綴字一

ㄱ 가갸 거겨 고교

구규 그기 ᄀᆞ

新纂初等小學卷一 一

終聲 ㄱㄴㄷㄹㅁㅂㅅㅇㅣ

綴字二

각 간 갈 감 갑 갓 강 개

낙 난 날 남 납 낫 낭 내

닥 단 닫 달 담 답 닷 당 대

락 란 랄 람 랍 랏 랑 래

를 을 는 은 슨 슬 즌 줄

에 헤 집 밥 옷 솟 칙 학

新纂初等小學卷一 四十九

(13) 초등소학(1906년)

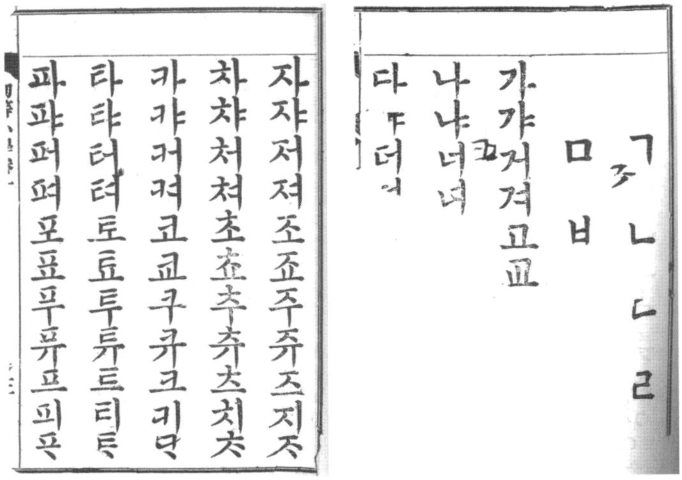

(14) 초등소학(1908년)

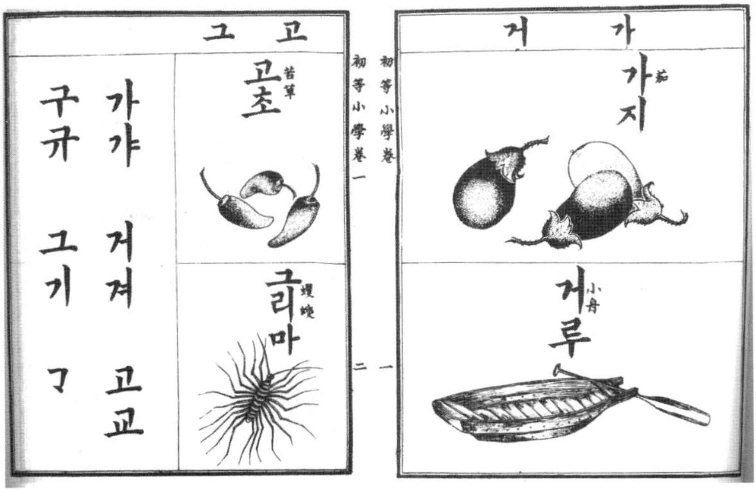
가지
거루
고초
그리마

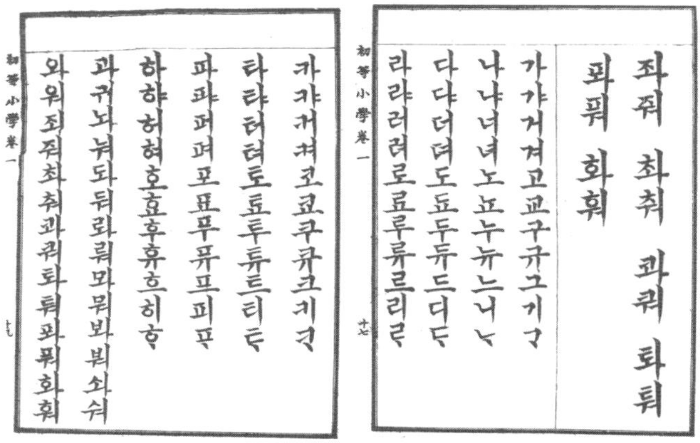

좌줘 촤춰 콰쿼 톼퉈
퐈풔 화훠

가갸거겨고교구규그기ᄀᆞ
나냐너녀노뇨누뉴느니ᄂᆞ
다댜더뎌도됴두듀드디ᄃᆞ
라랴러려로료루류르리ᄅᆞ

初等小學卷一 十七

카캬커켜코쿄쿠큐크키ᄏᆞ
타탸터텨토툐투튜트티ᄐᆞ
파퍄퍼펴포표푸퓨프피ᄑᆞ
하햐허혀호효후휴흐히ᄒᆞ
과궈놔눠돠둬롸뤄뫄뭐봐붜솨숴
와워좌줘촤춰콰쿼톼퉈퐈풔화훠

初等小學卷一 十七

(15) 최신초등소학(1908년)

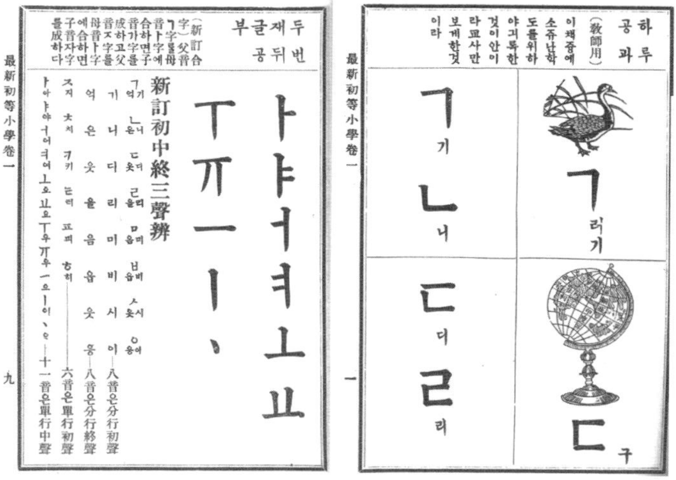

하루 공과
(教師用) 이책즁에 소쥬난학도를위하야 긔록한것이안이라 교사만보게한것이라

ㄱ 기
ㄴ 니
ㄷ 디
ㄹ 리

ㄱ 러기
ㄷ 구

最新初等小學卷一 一

두번재뒤글공부

(新訂合字) 父音ㄱ字를 母音ㅏ字에 合하면 子音가字를 成하고 父音ㅈ字를 母音ㅏ字에 合하면 子音자字를 成하다

ㅏ ㅑ ㅓ ㅕ ㅗ ㅛ
ㅜ ㅠ ㅡ ㅣ ㆍ

新訂初中終三聲辨

ㄱ기역 ㄴ니은 ㄷ디읃 ㄹ리을 ㅁ미음 ㅂ비읍 ㅅ시읏 ㅇ이응
기 니 디 리 미 비 시 이 — 八音은分行初聲
억 은 읃 을 음 읍 읏 응 — 八音은分行終聲
ㅈ지 ㅊ치 ㅋ키 ㅌ티 ㅍ피 ㅎ히 — 六音은單行初聲
ㅏ아 ㅑ야 ㅓ어 ㅕ여 ㅗ오 ㅛ요 ㅜ우 ㅠ유 ㅡ으 ㅣ이 ㆍᄋᆞ — 十一音은單行中聲

最新初等小學卷一 九

(16) 몽학필독(1908?)

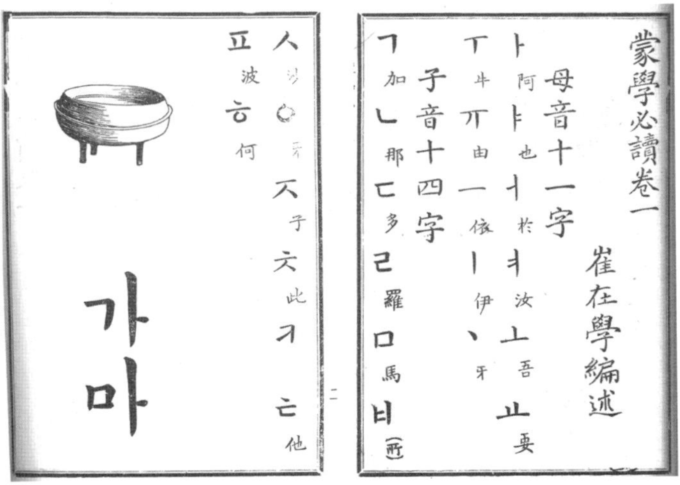
蒙學必讀卷一

崔在學編述

母音十一字

ㅏ阿 ㅑ也 ㅓ於 ㅕ汝 ㅗ吾 ㅛ要 ㅜ牛 ㅠ由 ㅡ依 ㅣ伊 ㆍ牙

子音十四字

ㄱ加 ㄴ那 ㄷ多 ㄹ羅 ㅁ馬 ㅂ[illegible] ㅅ ㅇ ㅈ子 ㅊ此 ㅋ ㅌ他 ㅍ波 ㅎ何

가마

(17) 필사본 반절표

이 반절표는 이렇게 인쇄된 것만이 있었던 것은 아니다. 필사본 언문반절표도 많다. 절첩본으로 되어 있는데, '초등국문집장'이란 제목이 붙어 있다. 이 반절표는 전남 임실군 성수면 양지리에 사는 박씨 문중에서 한글을 배우기 위해 만들어 놓은 것이다. 마지막에 '성수면 양지리 석현동 박씨 문중 자손게게'라는 기록이 있어서 그러한 사실을 알 수 있다.

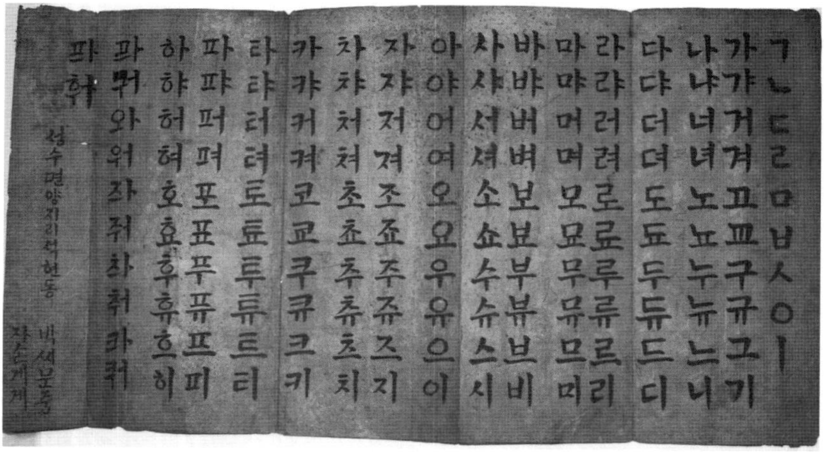
ㄱ ㄴ ㄷ ㄹ ㅁ ㅂ ㅅ ㅇ ㅣ
가 갸 거 겨 고 교 구 규 그 기
나 냐 너 녀 노 뇨 누 뉴 느 니
다 댜 더 뎌 도 됴 두 듀 드 디
라 랴 러 려 로 료 루 류 르 리
마 먀 머 며 모 묘 무 뮤 므 미
바 뱌 버 벼 보 뵤 부 뷰 브 비
사 샤 서 셔 소 쇼 수 슈 스 시
아 야 어 여 오 요 우 유 으 이
자 쟈 저 져 조 죠 주 쥬 즈 지
차 챠 처 쳐 초 쵸 추 츄 츠 치
카 캬 커 켜 코 쿄 쿠 큐 크 키
타 탸 터 텨 토 툐 투 튜 트 티
파 퍄 퍼 펴 포 표 푸 퓨 프 피
하 햐 허 혀 호 효 후 휴 흐 히

<전남 임실군 박씨 문중의 반절표>

(18) 종교계의 반절표에 의한 한글 교육

① 불교계

불교계에서는 『진언집』이나 『밀교집』 등의 앞에 한글을 배우기 위한 장치를 마련하여 놓았지만, 후대에는 한 장 짜리의 반절표를 만들어 사용하였던 것으로 보인다.

다음 반절표는 표지를 모두 비단으로 싸서 만들어 놓고 앞에는 언문 반절표를, 그 뒤에는 '한글다라니경'을 인쇄하여 두 장 짜리의 책자로 만든 것이다. 제첨에는 처음 글자는 안 보이지만 뒷부분에는 '반절(半切)'이라고 되어 있다('反切'이 아니다).

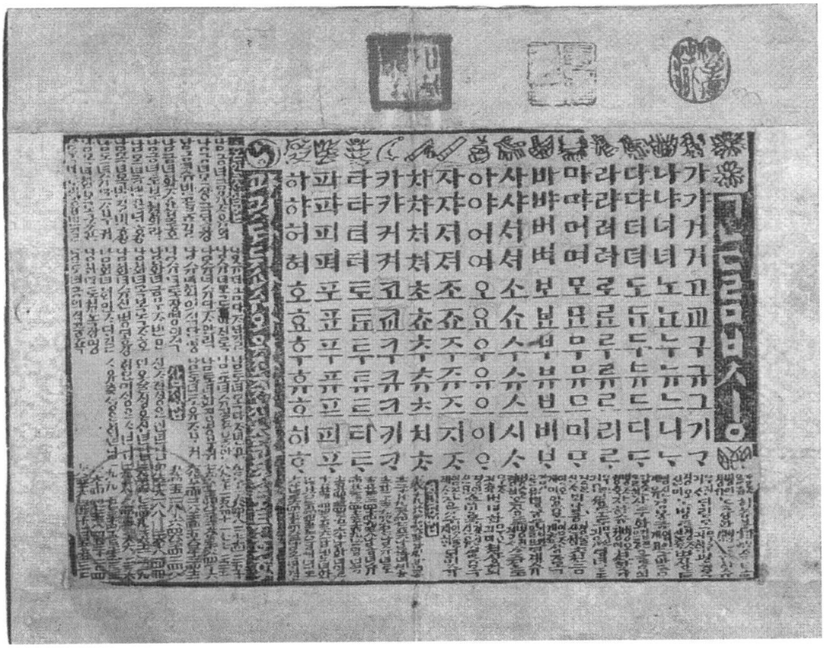
가나다라마바사아자차카타파하
갸냐댜랴먀뱌샤야쟈챠캬탸퍄햐
거너더러머버서어저처커터퍼허
겨녀뎌려며벼셔여져쳐켜텨펴혀
고노도로모보소오조초코토포호
교뇨됴료묘뵤쇼요죠쵸쿄툐표효
구누두루무부수우주추쿠투푸후
규뉴듀류뮤뷰슈유쥬츄큐튜퓨휴
그느드르므브스으즈츠크트프흐
기니디리미비시이지치키티피히
ᄀᆞᄂᆞᄃᆞᄅᆞᄆᆞᄇᆞᄉᆞᄋᆞᄌᆞᄎᆞᄏᆞᄐᆞᄑᆞᄒᆞ

② 기독교계

기독교에서도 이 반절표를 만들어 한글을 익히게 하고 한글 성경을 읽게 하였다. 연활자로 찍은 '언문초학'이란 제목의 언문반절표가 있다. 그리고 그 옆에는 성경구절이 있다. 1917년에 만든 것인데, 세로 19.0cm, 가로 27.2cm이다. 뒷면에는 앞에서 시작한 성경구절이 계속된다. 그리고 충북 청주군 금산리에 사는 미국인 민노아(閔老雅)가 만들었다는 기록이 나온다.

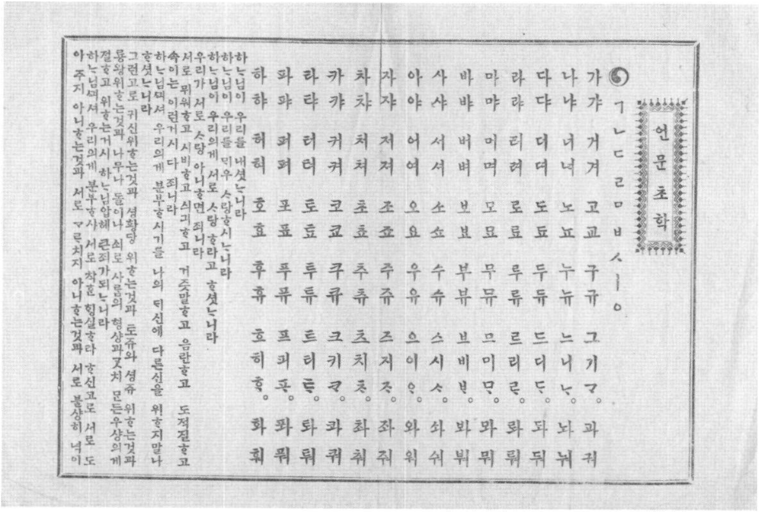
언문초학

<언문초학 앞면>

또한 간행연도는 알 수 없지만, '대영성서공회(大英聖書公會)'에서 만든 반절표도 있다.

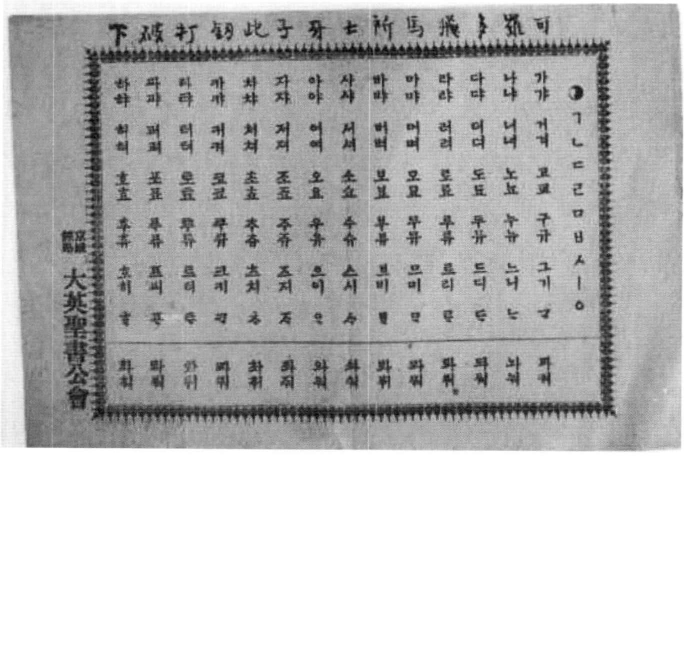
大英聖書公會

아래의 것은 외국인이 한글을 배우기 위해 각 음절 옆에 알파벳으로 그 음을 적어놓은 것이다.

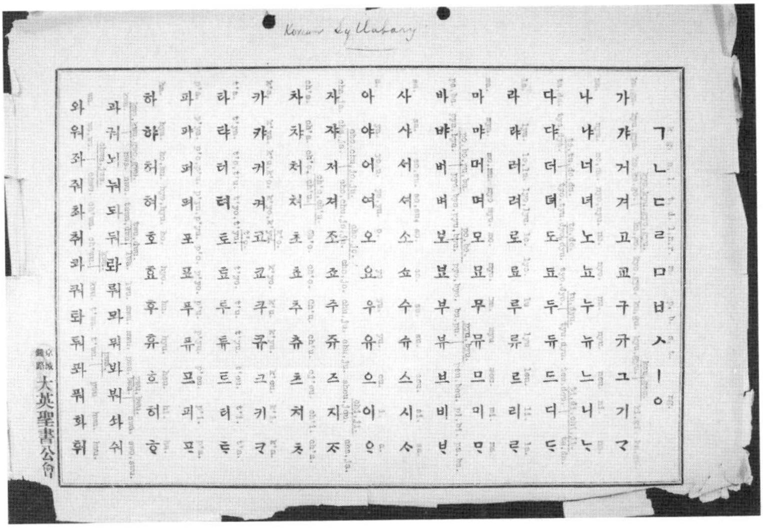
Korean Syllabary
京城鐘路 大英聖書公會

(19) 계몽운동으로서의 한글 교육

이 한글 교육은 20세기에 들어 와서 일종의 애국운동으로 번져 나간다. 그래서 각 지방자치단체에서나 또는 언론사에서 각각 한글 교육을 실시하는데, 그 교재들이 매우 다양하다. 몇 가지만 소개한다.

① 문교부

문교부의 성인교육국에서 군인들에게 한글을 가르치기 위해 만든 전단지가 있다. 오른쪽 부분이 찢겨져서 일부를 알 수가 없다. 여기에도 언문 반절표가 붙어 있다. 일부만 보이도록 한다.

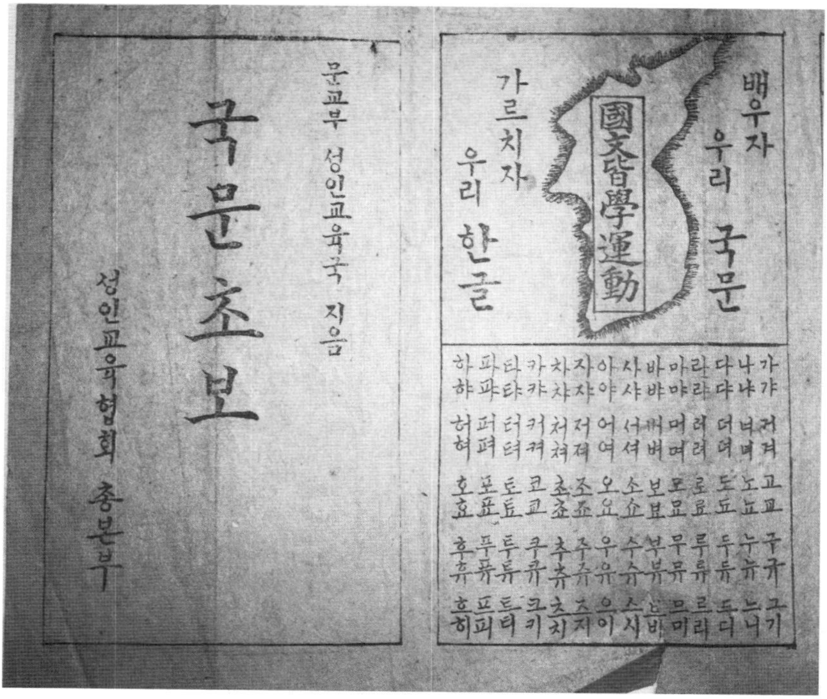
문교부 성인교육국 지음
국문초보
성인교육협회 총본부
배우자 우리 국문
가르치자 우리 한글
國文皆學運動
가나다라마바사아자차카타파하
갸냐댜랴먀뱌샤야쟈챠캬탸퍄햐
거너더러머버서어저처커터퍼허
겨녀뎌려며벼셔여져쳐켜텨펴혀
고노도로모보소오조초코토포호
교뇨됴료묘뵤쇼요죠쵸쿄툐표효
구누두루무부수우주추쿠투푸후
규뉴듀류뮤뷰슈유쥬츄큐튜퓨휴
그느드르므브스으즈츠크트프흐
기니디리미비시이지치키티피히

② 충청북도

충청북도에서 한글을 가르치기 위해 '국문초보'라고 하는 절첩본을 만든 것이 있다. 연도는 알 수 없고, 애국가와 함께 반절표가 나오고 뒤에는 '닿소리', '홀소리', '익힘' 등으로 되어 있는 한글 교육 자료들이 있다.

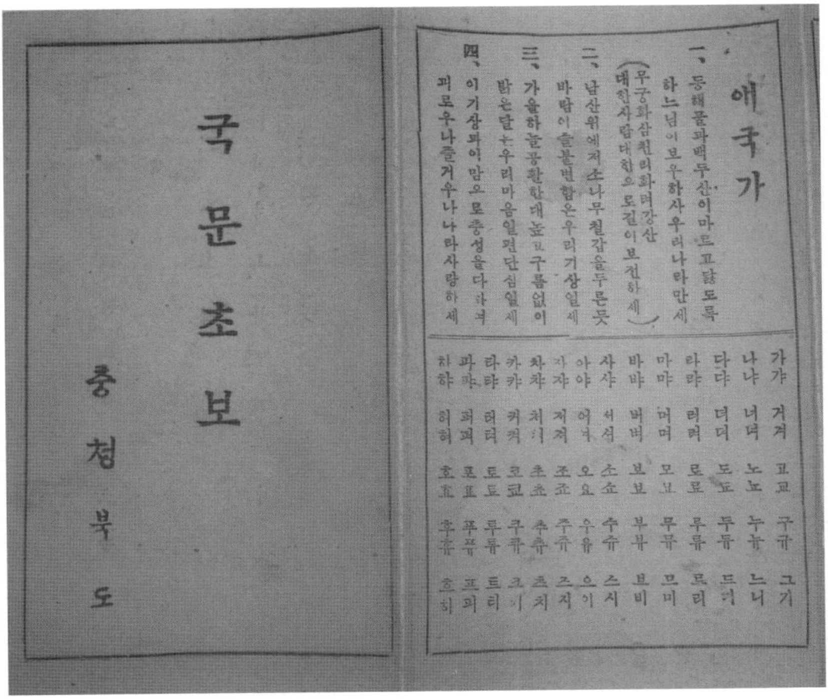
국문초보

충청북도

애국가

一、동해물과백두산이마르고닳도록 하느님이보우하사우리나라만세
(무궁화삼천리화려강산 대한사람대한으로길이보전하세)
二、남산위에저소나무철갑을두른듯 바람이슬불변함은우리기상일세
三、가을하늘공활한데높고구름없이 밝은달은우리마음일편단심일세
四、이기상과이맘으로충성을다하여 괴로우나즐거우나나라사랑하세

가갸 거겨 고교 구규 그기
나냐 너녀 노뇨 누뉴 느니
다댜 더뎌 도됴 두듀 드디
라랴 러려 로료 루류 르리
마먀 머며 모묘 무뮤 므미
바뱌 버벼 보뵤 부뷰 브비
사샤 서셔 소쇼 수슈 스시
아야 어여 오요 우유 으이
자쟈 저져 조죠 주쥬 즈지
차챠 처쳐 초쵸 추츄 츠치
카캬 커켜 코쿄 쿠큐 크키
타탸 터텨 토툐 투튜 트티
파퍄 퍼펴 포표 푸퓨 프피
하햐 허혀 호효 후휴 흐히

③ 계몽운동 경상북도협회

계몽운동 경상북도협회에서 만든 '성인교육용 한글 첫거름'이란 낱장짜리가 있다. 반절표이지만 매우 자세하게 기록되어 있어서 많은 도움이 된다. 이 시기에는 애국운동으로 제작된 것이 대부분이어서 항상 애국가가 같이 기록되어 있는 것이 그 특징이다.

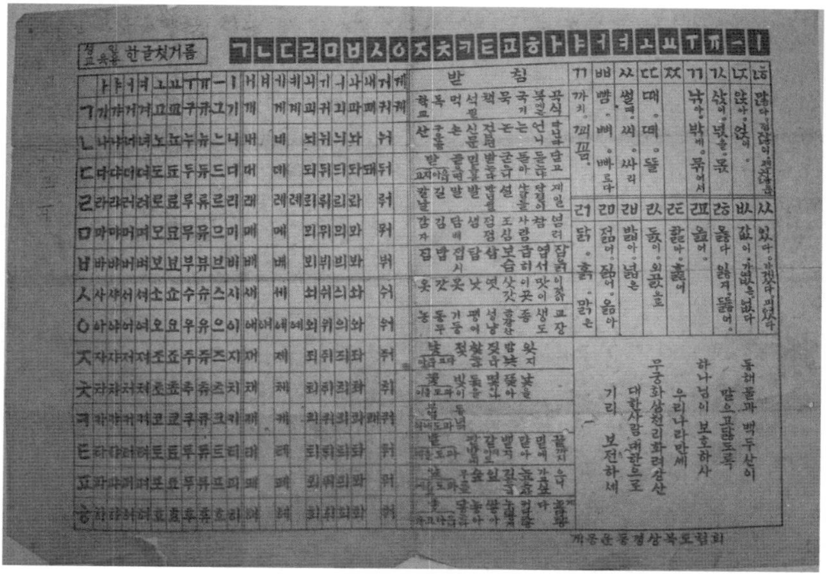

④ 외국인 용 한글 교재

국내인을 위해서가 아니라 외국인을 위해서 만든 반절표도 있다. 한국전쟁 때 참전했던 외국인에게 한글을 가르치기 위해 만든 낱장짜리 반절표인데 왼쪽에는 '연합군환영'이란 한글과 한자가 보이고, 알파벳까지 썼다. 그러나 오른쪽에는 한글 반절표가 있어서 외국인에게 한글을 가르치기 위한 것임을 알 수 있다. '속성 한글'이란 제목이 아래에 보인다.

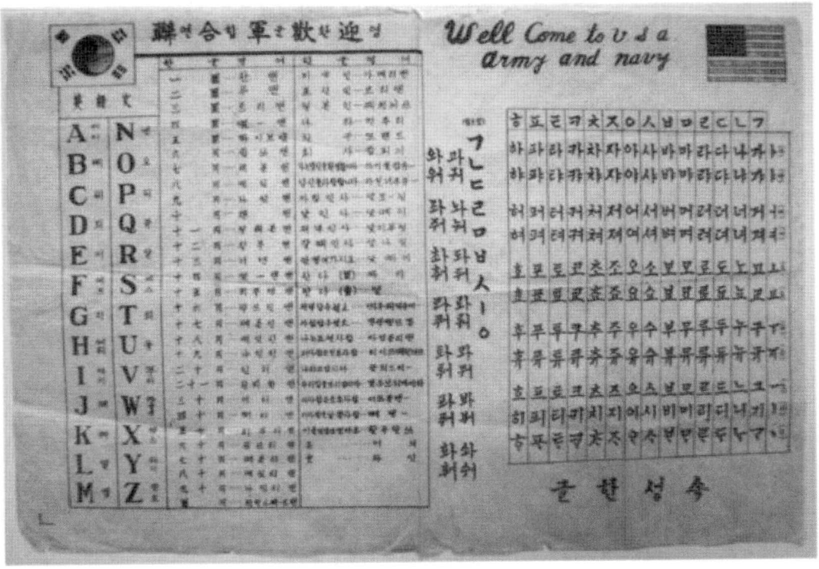
Well Come to U S A
army and navy

⑤ 동아일보사의 한글 공부

동아일보사에서 학생계몽대용으로 만든 '한글 공부'라고 하는 조그마한 책자가 있다. 1934년에 이윤재(李允宰) 선생이 만든 것이다. 모두 21쪽의 책자인데 마지막 쪽에는 '문맹타파가'가 들어 있다. '귀 있고도 못 들으면 귀먹어리요 입 가지고 말 못하면 벙어리라지 눈 뜨고도 못 보는 글의 소경은 소경에도 귀 벙어리 또 벙어리라'로 시작되는 글이다. 곡조는 '권학가'('소년은 易老하고'와 같음)와 같다고 하였다. 표지와 앞쪽만 보이도록 한다.

學生啓蒙隊用
한글공부
東亞日報社

<한글공부 표지>

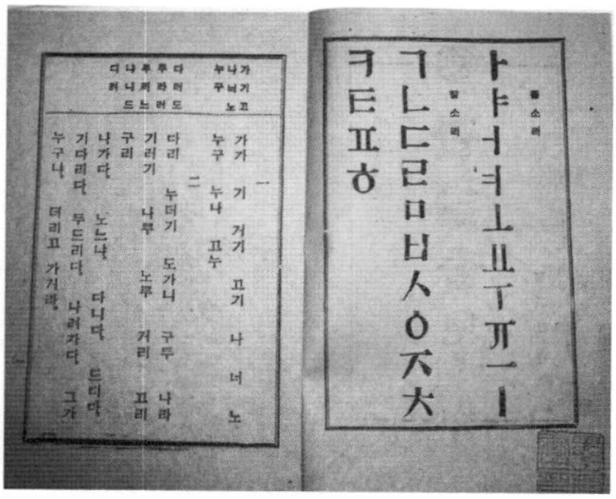

<한글공부 1~2쪽>

⑥ 조선일보사의 한글원본

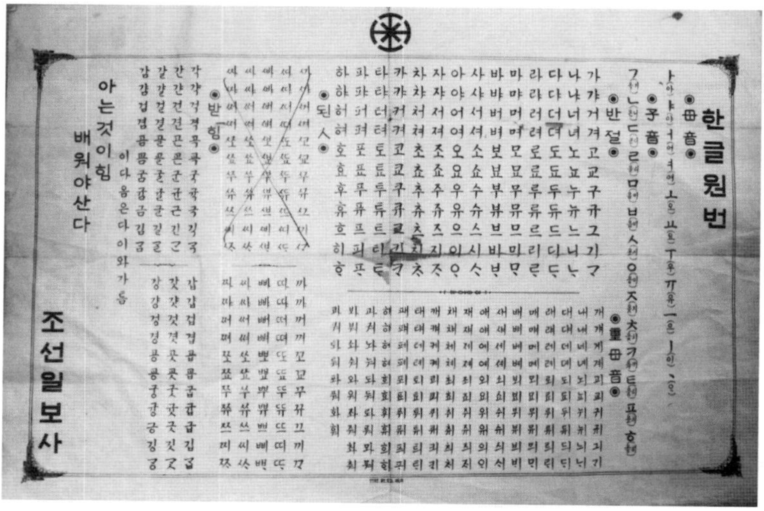
한글원번
아는것이힘
배워야산다
조선일보사

⑦ 조선일보사의 한글 원본

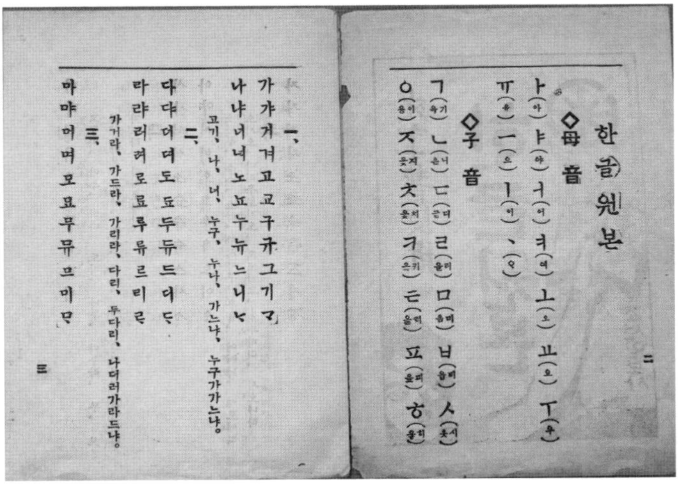

한글원본

◇母音

ㅏ(아) ㅑ(야) ㅓ(어) ㅕ(여) ㅗ(오) ㅛ(요) ㅜ(우)

ㅠ(유) ㅡ(으) ㅣ(이) ㆍ(ᄋᆞ)

◇子音

ㄱ(윽기) ㄴ(은니) ㄷ(귿디) ㄹ(을리) ㅁ(음미) ㅂ(읍비) ㅅ(옷시)

ㅇ(응이) ㅈ(읒지) ㅊ(읓치) ㅋ(읔키) ㅌ(읕티) ㅍ(읖피) ㅎ(읗히)

二

一、

가갸거겨고교구규그기ᄀᆞ

나냐너녀노뇨누뉴느니ᄂᆞ

二、

고기, 나, 너, 누구, 누나, 가느냐, 누구가가느냐.

다댜더뎌도됴두듀드디ᄃᆞ

라랴러려로료루류르리ᄅᆞ

三、

가거라, 가드라, 가리라, 다리, 두다리, 나더러가라드냐.

마먀머며모묘무뮤므미ᄆᆞ

三

⑧ 조선일보사 문자보급교재(1934년)

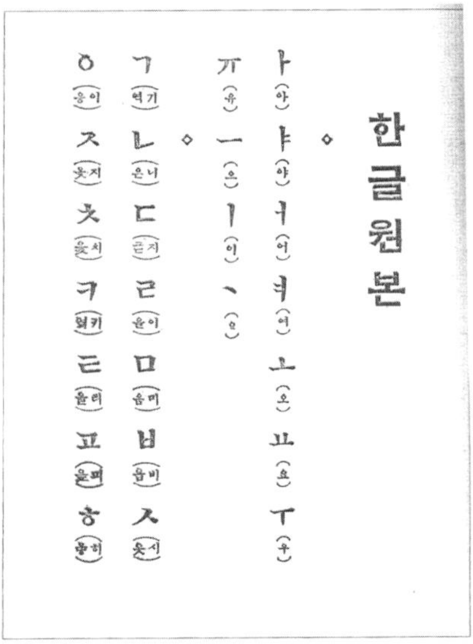

한글원본

◇

ㅏ(아) ㅑ(야) ㅓ(어) ㅕ(여) ㅗ(오) ㅛ(요) ㅜ(우)

ㅠ(유) ㅡ(으) ㅣ(이) ㆍ(ᄋᆞ)

◇

ㄱ(역기) ㄴ(은니) ㄷ(귿지) ㄹ(을이) ㅁ(음미) ㅂ(읍비) ㅅ(읏시)

ㅇ(응이) ㅈ(읒지) ㅊ(읓치) ㅋ(읔키) ㅌ(읕티) ㅍ(읖피) ㅎ(읗히)

⑨ 문자보급교재(1936년)

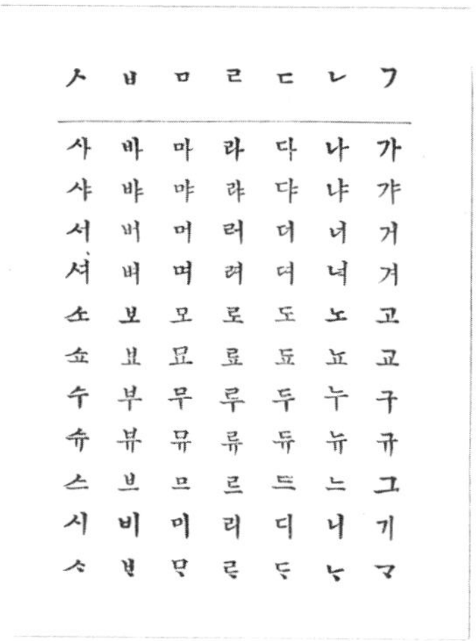

ㅅ	ㅂ	ㅁ	ㄹ	ㄷ	ㄴ	ㄱ
사	바	마	라	다	나	가
샤	뱌	먀	랴	댜	냐	갸
서	버	머	러	더	너	거
셔	벼	며	려	뎌	녀	겨
소	보	모	로	도	노	고
쇼	뵤	묘	료	됴	뇨	교
수	부	무	루	두	누	구
슈	뷰	뮤	류	듀	뉴	규
스	브	므	르	드	느	그
시	비	미	리	디	니	기
ᄉᆞ	ᄇᆞ	ᄆᆞ	ᄅᆞ	ᄃᆞ	ᄂᆞ	ᄀᆞ

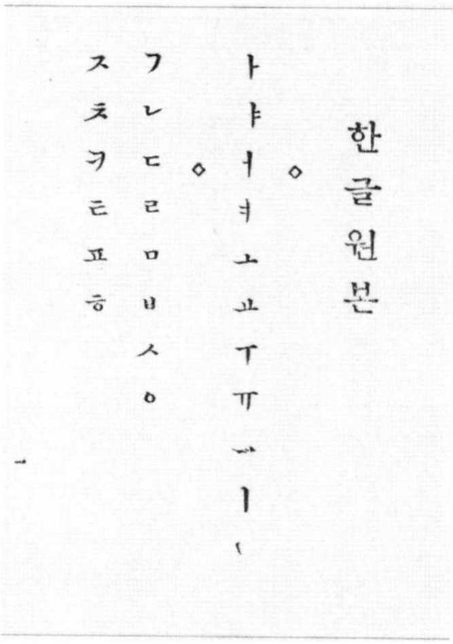
한글원본
ㅏ ㅑ ㅓ ㅕ ㅗ ㅛ ㅜ ㅠ ㅡ ㅣ ㆍ
ㄱ ㄴ ㄷ ㄹ ㅁ ㅂ ㅅ ㅇ
ㅈ ㅊ ㅋ ㅌ ㅍ ㅎ

10) 마무리

국립한글박물관에서 한글에 대한 연구를 진행할 때에 어떤 문제들을 대상으로 하여야 할 것인가를 염두에 두고 그것을 주제로 삼아 문제를 나열하고 그중에서 각 분야별로 몇 가지를 정하여 간략히 기술하였다.

앞에서도 언급한 바와 같이 여기에서 제시된 문제는 전부가 아니다. 좀 더 많은 문제점을 찾아 이들에 대한 연구를 진행하고 그 결과물을 묶어 총서로 간행한다면 국민들이 한글을 이해하는데 큰 도움이 될 것으로 생각한다.

물론 중요한 한글 자료들을 대상으로 하여 깊이 있는 연구를 진행하는 일과 함께 일반적인 문제점에 대한 연구도 동시에 진행할 필요가 있다. 발표자의 의견이 많은 사람의 공감을 얻어 연구가 진행되는 시기가 온다면 오늘 발표자의 발표는 그 뜻을 다할 것이라고 생각한다.

참고 문헌

고영근(2003), '한글'의 作名父는 누구일까: 이종일, 최남선 소작설과 관련하여, 새국어생활 13권 1호, 국립국어연구원.

김명자(1997), 한글 서예 字, 書體 名稱에 관한 연구, 단국대 교육대학원.

김민수(1986), 국어학사의 기본 이해, 집문당.

김민수(1996), 인공문자 한글, 문자의 역사 所收, 시공사.

김양동(1986), 한글 書藝의 現實的 問題性, 한글 서예 학술 세미나.

김응현(1973), 동방 국문서법, 동방연서회.

김일근(1986), 언간의 연구, 건국대 출판부.

김주원, 이현희, 이호권, 정상훈, 정우영, 조규태(2007), 훈민정음 언해본의 정본 제작에 관한 연구, 국어사연구 7.

박병천(1983), 한글 궁체 연구, 일지사.

박병천(2004), 한글 서체의 분류 방법과 용어 개념 정의에 대한 논의 제안, 성균관대학교 유학동양학부 서예문화연구소 개소 기념 서예학술대회 발표논문.

박정자 외(2001), 궁체 이야기, 다운샘.

박찬열(1991), 한글 워드 프로세싱 패키지의 비교 및 분석에 관한 연구 : PC용 워드 프로세싱 패키지를 중심으로, 경성대학교 산업대학원 산업정보학과 석사학위논문.

박창원(2014), 한국의 문자 한글, 이화여자대학교출판부.

백두현(2005), 한글 문헌학 강의 노트.

손인식(1995), 한글 서예 서체 분류와 명칭에 대한 연구, 월간서예 1995년 2월호, 3월호

송철의(2008), 반절표의 변천과 전통시대 한글교육, 세계 속의 한글, 박이정.

안병희(1990), 훈민정음 언해의 두어 문제, 이우성 선생 정년퇴임기념 국어국문학논총, 여강출판사.

여태명(2001), 민체의 조형과 예술성, 서예문화 2001년 2월호.

여태명(2005), 한글 서체의 분류와 민체의 특징 연구, 서예학연구 7.

오세욱(2014), 소프트웨어 'ᄒᆞᆫ글'의 행위자 네트워크 분석-ANT와 소프트웨어 연구의 통합적 접근-, 서울대학교 대학원 언론정보학과 박사학위논문.

유탁일(1981), 完板 坊刻小說의 文獻學的 研究, 학문사.

윤양희(1984), 바른 한글 서예, 우일출판사.

이용재, 안상수, 한재준(2009), 한글 디자인, 안그라픽스출판.

이호권(2011), 월인석보 권두 부속문자의 서지, 민족문화논총 48.

임용기(1991), 훈민정음의 이본과 언해본의 간행 시기에 관하여, 국어의 이해와 인식(갈음 김석득 교수 회갑기념논문집), 한국문화사.

임홍빈(1996), 주시경과 '한글' 명칭, 한국학논집 23, 계명대학교 한국학연구소.

임홍빈(2007), '한글' 命名者와 史料 檢證의 問題 : 고영근(2003)에 답함, 어문연구 35권 3호, 한국어문교육연구회.

정우영(2005), 훈민정음 언해본의 성립과 원본 재구, 국어국문학 139, 국어국문학회.

홍윤표(2013), 한글이야기(1)(2), 태학사.

<2014년 12월 5일(금), 국립한글박물관 개관 기념 국제학술대회,

주제: 국외 학자가 이야기하는 한글, 국립한글박물관 강당>

2. 미래 문화 · 문명의 발전을 위한 한글 접근 방안

이 글은 한글이 우리의 문화 · 문명을 창조하고 축적해 가는 중요한 원동력임을 밝히고, 우리 선조들이 이를 위해 한글을 어떻게 운용하여 왔으며, 미래 세계에서 한글이 어떠한 기능을 할 것인가를 살펴서, 앞으로 문화 문명을 발전시키기 위해 우리가 한글에 대해 어떠한 방법으로 접근하는 것이 바람직한가를 간략히 논의한 글이다. 특히 청주고인쇄박물관의 환경에서 어떠한 전략으로 한글에 대한 일을 하는 것이 좋은가에 대해 몇 가지를 제안한 글이다.

1) 한국어와 한글은 우리나라 문화 문명 창조의 원동력이다

인류는 말과 문자를 통하여 의사소통을 하고, 이러한 언어활동을 통하여 협동할 수 있다. 말을 통해서는 동시적 협동을, 문자를 통해서는 계기적 협동을 하여 왔다. 이 협동을 통해 인간은 문화와 문명을 창조하고 축적해 간다. 말과 문자가 없었다면 협동이 가능하지 않고, 협동이 없으면 문화 문명이 존재할 수 없다. 언어와 문자를 가지고 있는 인간만이 문화 문명을 이룩한 것이 그 증거이다. 따라서 말과 문자는 인간의 문화와 문명을 창조하고 전달하는 유일한 도구이다.

그래서 인간은 말과 문자를 효율적으로 표현하기 위한 끊임없는 노력을 기울여 왔다. 그 노력은 말과 문자가 지니고 있는 시간적, 공간적 제약에서 벗어나기 위한 것이었다. 그 결과로 다양한 언어 문자의 전달 매체들을 발명하여 왔다. 곧 책, 신문, 잡지, 전화기, 녹음기, 라디오, 텔레비전, 인터넷 등이 그것이다.

	전달자 1인 : 수신자 1인		전달자 1인 : 수신자 다중
	공간적 제약 극복	시간적 제약 극복	
말	확성기, 전화기	녹음기	라디오
문자	팩스	제약 없음	신문, 잡지
말 · 문자 · 동화상 (멀티미디어 방식)	컴퓨터를 이용한 인터넷		텔레비전

그러나 이렇게 발명된 각종 도구들에 이용되는 핵심 요소는 언어와 문자이다.

우리나라 사람들의 중요한 의사소통의 도구는 한국어와 한글이다. 따라서 한국어와 한글을 어떻게 활용하고 이용하는가에 따라 우리나라 문화 문명의 미래가 결정된다고 할 수 있다. 특히 한글 사용의 역사적인 변천과정을 보면 더욱 그러하다고 할 수 있다.

2) 인쇄문화의 등장과 문화 문명의 발달

사람의 언어활동, 즉 의사소통은 말하기, 듣기, 읽기 쓰기의 네 가지 활동으로 이루어진다.

사람은 처음에 듣기를 시작하고 다음에 들은 대로 말을 하며, 말할 줄 알게 되면 문자를 배우며, 문자를 배운 후에는 그 문자로 된 글을 읽으며. 글을 읽은 뒤에는 자기 생각과 느낌을 글로 쓰는 행위로 발전해 간다. 다른 사람의 생각과 느낌을 듣고 읽어서 전달받고, 자기의 생각과 느낌을 말하고 써서 전달한다. 그래서 말이 있으되 문자가 없으면 읽기, 쓰기가 가능하지 않고 단지 듣기, 말하기만 가능하여서 의사소통을 통한 협동은 동시적인 것에만 국한되므로, 문화 문명의 발달은 극히 제한적이다.

문자가 있어도 문자의 전달자와 수신자가 1대1이라면 그 전달속도나 전달의 범위가 축소된다. 이러한 이유로 인간이 제일 먼저 착안해 낸 것이 바로 인쇄를 통해 다중에게 정확하고 신속하게 전달하는 방법이었다. 곧 문자는 그 전달에 공간적, 시간적 제약이 없으므로 많은 정보를 한꺼번에 많은 사람들에게 전달하기 위해 책을 간행해 낸 것이었다. 그래서 인쇄 문화는 곧 그 나라나 민족의 문화 문명 발달의 척도가 된 것이다.

이 방법은 매우 오랜 동안 지속되어 왔다. 인쇄를 통한 정보 전달 방법이 인류 역사상 가장 오랜 동안 지속되었던 방법이어서 인쇄는 인류의 문화 문명을 발전시켜 온 가장 중요한 방법이었다. 그리고 이 방법은 오늘날까지도 큰 효용가치를 가진 의사전달 방법의 기본적인 도구로 기능을 하여 오고 있다.

3) 인쇄 문화의 변화

20세기에 한국의 문화 문명에 가장 큰 영향을 준 것은 의사소통 도구의 도입이다. 이 도구들은 대체로 19세기 말에 서양에서 발명된 것이지만, 우리나라에 도입된 것은 대부분이 19세기 말에서 20세기 초이다. 그리고 그 영향이 확대된 것은 20세기였다.

목판이나 금속활자에 의존했던 책의 출판이 신식연활자의 도입(1883년)으로 출판의 홍수가 일어난 것은 20세기의 컴퓨터의 도입으로 출판이 봇물처럼 터진 것에 비견할 만큼 커다란 변화였다. 양지(洋紙)의 수입은 신식 연활자의 도입에 맞먹는 괴력을 발휘하게 되었다. 양지가 없었다면 아마도 신문, 잡지의 출현은 가능하지 않았을 것이다. 이러한 변화로 언중들이 다양한 정보와 지식에 접촉하게 됨으로써 문화 발전의 촉매제 역할을 하였다.

이 시기에 먹 대신에 잉크가, 붓 대신에 펜과 연필이 등장하여 필기도구의 혁명이 일어났다. 또한 한글 타자기도 발명되었다(1913년 이원익 한글타자기). 문자만 알고 있다면 누구나 손쉽게 자신의 의견이나 감정을 표현할 수 있게 된 것이다.

책을 전문적으로 출판하는 출판사가 대거 등장하게 되었다. 물론 이전에도 전문 서사가 있어서 방각본 등을 출간하였으나 이 방각본들을 찍어내면서 동시에 신식활자본도 찍어내던 출판사가 등장하게 되었다. 전문 작가까지도 등장하게 되었다. 이전까지는 직업적으로 글을 쓰는 사람은 거의 없었던 것으로 보인다.

4) 대중매체와 통신 수단의 변화, 그리고 인터넷의 생활화

대중매체들인 신문, 잡지가 19세기 말에 등장하여 20세기에 와서 일반화되었다.

통신 수단의 하나인 전화기, 녹음기, 전보, 팩스 등도 20세기의 산물이다. 말과 문자가 지니고 있는 공간적, 시간적 제약을 모두 제거해 버린 것이다.

그러나 의사전달의 효용성을 위하여 청각적인 전달방식인 말이나 시각적인 전달방식인 문자보다도 더 효과적인 방식을 창안하게 되었다. 그것은 TV와 같이 청각적인 말과 시각적인 문자, 그리고 시각적인 화상(그것도 움직이는 화상)을 동시에 전달하는 방식인 것이다(1956년에 대한방송 시작, 1961년에 국영 KBS-TV 개통). 그래서 오늘날 TV는 가장 중요하고 영향력 있는 전달 매체로 급부상하게 된 것이다.

그러나 TV와 같은 대중 매체(매스미디어)들은 전달방식에 문제가 있다. 정해진 시간과 공간에서 일방적으로 전달만 하는 방식이기 때문이다. 이 방식은 '전달'일 뿐이지 '소통'이 아닌 것이다. 그래서 말과 문자와 화상을 동시에 개인과 개인, 개인과 단체, 단체와 단체 간에 서로 주고받을 수 있는 방식이 발명되었다. 그것이 바로 인터넷이다.

20세기의 컴퓨터의 도입(1967년, 국산컴퓨터의 생산 1976년)과 인터넷의 도입(1983년)과 일상화로 디지털 시대가 열리게 되었다. 컴퓨터를 이용한 디지털 시대가 되면서 정보들을 공유하게 되고 다양한 멀티미디어 방식의 정보(문자, 그림, 음성 등)로 가장 효율적인 의사소통 방식으로 변화하게 되었다. 즉 개인이 개인에게 보내는 모든 의사전달 방식에 멀티미디어 방식도 가능하게 만든 것이다. 뿐만 아니라 그 방법도 이용자가 원하는 시간과 공간에서 원하는 정보만 받아 볼 수 있게 되었고 또 개인의 정보를 수많은 사람들에게 전달할 수 있게 되었다.

디지털 시대의 가장 중요한 특징은 의사소통의 양방향 시대가 도래함으로써 언어 및 문화에 일대 변화를 가져 오게 된 점이다. 그래서 언어생활의 중요한 일부였던 편지를 거의 없애버리고, 전자우편이 그 자리를 차지하게 되어서 젊은이들에게 이것은 생활의 중요한 일부가 되었으며, 말하기 읽기 듣기 쓰기의 언어생활에 '치기'(터치)라는 새로운 언어영역을 탄생시켰다. 뿐만 아니라 문자를 읽고 쓰기 위한 도구로 사용하여 왔지만 의사소통 방식이 말이나 문자와 화상으로 동시에 전달하는 시대가 되면서 문자는 단순히 읽고 쓰기 위한 것이 아니라 눈으로 보기 위한 것으로도 이용되게 되었다. 그리하여 언어생활에 '말하기, 읽기, 듣기, 쓰기, 치기' 이외에 '보기'라는 새로운 영역으로 변화하기도 하였다. 문자를 그림으로도 인식하는 시기가 된 것이다. 그래서 오늘날에는 문자의 서체에 대한 관심이 높아지게 되었다. 이러한 기능을 가진 컴퓨터를 들고 다닐 수 있는 컴퓨터, 즉 휴대전화(1988년)로 대치하면서 언어·문자생활에 급격한 변화가 일어나게 되었다. SNS(social networking service), 즉 온라인상에서 이용자들이 인적 네트워크를 형성할 수 있도록 해 주어서 특정한 관심이나 활동을 공유할 수 있도록 해 주는 서비스가 언어·문자생활의 전반을 지배하게 되었다.

그 결과로 의사소통이 사람과 사람이 직접 대화하는 대신에 그 중간에 휴대전화가 개입되는데, 여기에 전달매체는 '문자', 특히 한글이다. 따라서 휴대전화에서 한글은 매우 중요한 역할을 하고 있다. 뿐만 아니라 모든 정보는 책을 통해서 얻는 것이 아니라 휴대전화를 통해서 얻는 경우가 대부분이 되었다.

더군다나 코로나 19로 인한 대인회피 경향은 이러한 현상을 더욱 부추기게 되었다.

모든 책은 물론이고 신문, 잡지도 휴대전화를 통해 보며, 심지어 학문적 연구성과인 논문도 휴대전화를 이용하여 보게 되어, 휴대전화가 모든 정보의 원천이 되고 있다.

그 결과로 정보의 홍수 속에서 유익한 정보를 선택하는 능력을 상실하게 되어 소위 '가짜뉴스'나 '가짜정보'들이 넘쳐나는 부작용도 매우 커졌다. 이에 대한 대처 방식은 아직 제안되지 않고 있다.

5) 한글 사용 환경의 확대

디지털 시대가 되면서 한글은 현대의 의사전달의 중간매체, 즉 미디어의 확대로 인하여 그 기능이 확대되었다. 특히 언어생활에서 한글이 '보는' 기능으로 확대되면서 한글에다가 예술적인 요소를 가미시키게 되었다.

이러한 한글 사용 환경의 확대로 한글 서예, 한글 폰트, 한글 디자인, 한글 캘리그래피(Calligraphy), 한글 무용 등이 크게 주목받기 시작하였다. 이들 분야들은 모두 한글이 지니고 있는 미적(美的) 상징성을 나타내기 위한 다양한 방안을 고안해 내고 있다. 그 결과로 다양한 한글 서체(한글 서예계에서는 '한글 서체'라고 하고, 한글 디자인계에서는 '한글 글꼴'이라고 한다)가 개발되어, 출판에는 물론이고, 광고문안이나 디자인 또는 한글 자막, 그리고 심지어 장식(도배지 등)이나 공예 등에 사용되어서, 한글이 종이 위에 쓰이던 시대를 뛰어넘어 다양한 재질에 쓰이고 있고, 특히 SNS가 일반화되면서 화면에서는 영상자료로 사용되어 쓰이고 있다.

이러한 추세 때문에 한글 서예, 한글 폰트, 한글 디자인, 한글 캘리그래피, 한글 무용 등은 독립된 영역이 아니라 이 모든 영역이 융합적으로 복합된 요소로 서로 긴밀한 관계를 맺으면서 발전해 가고 있다.

6) 미래 문화 문명에 대비한 한글 접근 방법

위에서 언급한 한글 사용 환경의 확대로 한글이 국어국문학도들의 전유물에서 벗어나 모든 분야 사람들이 공유하는 것으로 변화하였고, 이에 따라 일반인들의 한글에 대한 인식도 매우 깊어지고 넓어졌다.

이러한 이유 때문에 한글은 지금까지 지녀왔던 기능을 확대하여 접근하지 않으면 안된다. 그래서 훈민정음 창제가 위대했다거나 한글이 세계에서 가장 우수한 문자라는 이야기만 거듭하고 있어서는 안된다. 아날로그 시대의 한글이 아니라 디지털 시대, 더 나아가서는 인공지능 시대의 한글에 대해 관심을 가져야 한다.

미래 문화 문명의 변화에 대비하기 위해서, 즉 디지털 시대와 인공지능 시대에 대비하기 위해서 우리가 앞으로 해야 할 한글에 대한 접근은 이 방향으로 발전시키기 위해 한글에 대한 기본적인 정보를 갖추는 일이 필요하다.

한글에 대한 기본 정보는 지금까지 연구되어 보편적으로 인정되고 알려진 주제가 있고, 지금부터 조사 연구하여야 할 주제가 있다. 기존에 연구 조사되어 알려져 있는 주제들은 디지털 시대에 맞는 한글콘텐츠로 바꾸어 그 내용들을 모든 사람들이 쉽게 이해하고 이를 활용할 수 있도록 해 주어야 하는 일이 필요하고, 조사 연구가 미흡하여 새로 밝혀야 할 주제들은 새롭게 접근하여 이를 밝혀내고 이를 디지털화하여 공개하는 일이 필요하다.

기존에 알려져 있지만 구체적으로 잘 알려지지 않은 내용을 예로 든다면 다음과 같은 것이다.

① 한글의 명칭은 어떻게 변화하여 왔는가?

② 한글 자모의 이름은 어떻게 변화하여 왔는가?

③ '·'는 왜 그 명칭이 '아래아'인가? ㅿ ㅸ ㆆ의 이름은 무엇인가? 그리고 이 글자들의 음가는 무엇이었나?

④ 한글 자모의 자형은 어떻게 변화하여 왔는가?

⑤ 한글날은 언제부터 생겼나? 훈민정음은 1443년에 창제되었는데, 금년도(2021년)의 한글날은 왜 578돌이 아니고 575돌인가?

등등 꽤 많은 내용들이 있는데, 이들을 디지털 콘텐츠로 재편하는 일은 그리 어려운 작업은 아닐 것이다. 대신 이러한 내용을 올려 놓을 수 있는 사이트 설립이 필요한데, 현재 청주고인쇄박물관의 사이트가 매우 한산한 편이어서 여기에 보완을 하면 될 것으로 보인다.

미래의 문화 문명을 발전시키기 위해 한글을 대상으로 벌여야 할 주제로는 다음과 같은 것을 제안하고 싶다.

6.1. 새로운 한글 폰트의 개발

한글과 관련된 사업으로 가장 먼저 하여야 할 일을 국민들을 대상으로 조사를 하면 한글 서체의 개발, 특히 한글 폰트의 개발을 가장 많이 선호한다는 조사 보고서가 있다. 따라서 새로운 한글 폰트의 개발이 한글 산업화에서 가장 좋은 주제일 것이다.

이전에는 한글 폰트가 글자 하나하나를 그려서 작업을 했지만, 오늘날에는 인공지능을 이용하여 쉽게 폰트를 개발하고 있는 실정이다. 특히 한글 활자를 대상으로 인공지능을 이용하여 그 활자의 폰트를 개발하는 방법을 개발해내고 있는데, 청주고인쇄박물관에서 시행하고 있는 작업과 연관시킨다면 좋은 성과를 얻을 수 있을 것이다. 청주고인쇄박물관과 한국과학기술교육대학의 정재영 교수팀과 공동으로 작업하고 있다고 들은 그 사업을 확장시키면 될 것이다.

이러한 방법으로 한글 서체를 개발한다면 이에 더 나아가서 한자 서체도 동시에 개발할 수가 있을 것이다. 각종 활자본에 등장하는 한자들의 서체를 개발한다면 이 서체는 한국에서뿐만 아니라 일본과 중국, 대만과도 국제적인 교류를 하고 더 나아가 이를 상품화하는 일도 열릴 것이다.

6.2. 한글 서체의 총목록 작성

한글로 쓰인 고문헌에 사용된 한글 서체를 모두 모아 실제의 예를 몇 개씩 온라인상에서 공개하면 많은 사람들이 도움을 받을 수 있을 것이다. 훈민정음 해례본부터 시작하여 활자본, 목판본, 필사본들을 시대순으로 나열해 놓고 각 문헌의 서영을 소개하면 많은 사람들이 문헌에 대한 정보도 얻을 수 있을 뿐만 아니라, 한글 서체나 한글 캘리그래피에 대한 정보를 볼 수 있어서 여러 면으로 활용될 수 있다. 이 작업은 그리 어려운 작업이 아니므로 쉽게 착수할 수 있다. 2012년에 대한출판문화협회에서 서울국제도서전 특별전에 대비하여 만든 '잃어버린 한글 활자를 찾아서'가 92종의 문헌을 컬러로 인쇄하여 배포한 적이 있는데, 이 책은 일반화되지 못하여 널리 알려지지 않았다. 이러한 방식으로 책으로 간행하거나 온라인상에서 공개하는 방법이 있다. 단지 문제가 발생할 수 있는 것은 소장권을 해결하는 것인데, 공공기관에서 그 일은 쉽게 해결할 수 있다고 생각한다.

6.3. 한글 학습 교과서의 목록 및 소개

한글 학습은 한글이 소리글자이어서 뜻글자인 한자를 학습하는 교과서와는 많은 차이가 있다. 그래서 한글 학습서는 언문반절표 한 장이면 족했다. 그러나 한글 자모만 학습하는 것은 곧 글을 쉽게 읽기 위한 것이다. 글을 쓰기 위해서는 한글로 쓴 글을 학습하여야 하므로 19세기 말의 『국민소학독본』을 필두로 하여 많은 한글 학습서를 편찬하여 간행해 내었다. 그러나 아직까지 이에 대한 전문적인 조사가 한 번도 이루어진 적이 없는 것으로 알고 있다. 이에 대한 조사가 이루어지고 이를 온라인상에서 소개한다면 많은 관심을 가지게 될 것이다. 특히 청주에는 개화기 시기의 교과서를 다수 수장한 수장가들이 있는 것으로 알고 있다. 청주고인쇄박물관에 소장되어 있는 자료들을 조사해도 많이 찾아낼 수 있고, 교과서박물관과 협조해서 조사 연구를 해도 좋을 것이다.

6.4. 한글 캘리그래피의 자료 조사

한글 캘리그래피는 손멋글씨라고 하여 디자인 분야에서 큰 각광을 받는 분야이다. 이 손멋글씨는 현대에 탄생된 것이 아니라 옛날부터 있어 왔던 것임에도 불구하고 이러한 역사적인 고문헌들을 보지 못한 현대 캘리그래피 작가들은 전혀 이러한 사실을 알지 못한다. 한글고문헌 중에서 필사본들에는 이러한 현대의 한글 캘리그래피에 해당하는 글씨가 매우 많다. 이들을 찾아 그러한 자료들을 소개한다면 많은 관심을 가지게 될 것으로 생각한다.

지금까지 한글이 왜 문화 문명 발전의 원동력이 되는가를 언급하고 미래에 한글이 어떻게 변화하여 활용될 수 있을까를 살펴본 후에 앞으로 한글 관련 사업을 한다면 어떠한 일을 하는 것이 바람직한가에 대해 간략히 소개하였다.

<2021년 10월 15일(금), 청주고인쇄박물관 주관,
한글과 미래문명 토크 콘서트, 청주시 동부창고 다목적홀>

3. 21세기 한글의 미래

1) 서론

인류는 언어와 문자로 의사소통을 하고, 의사소통을 통해 지식과 감정과 정보를 전달하고 전달받는다. 개인적으로 획득한 지식과 정보는 다시 말과 문자를 통해 협동(동시적 협동과 계기적 협동)하여 공동의 문화로 재창조하고 축적한다. 이렇게 쌓인 것이 곧 오늘날의 문화이다. 인류에게 말과 문자가 없었다면 의사소통이 한정적이고 폐쇄적이어서 협동이 불가능하였을 것이고, 그 결과로 오늘날과 같은 인류문화를 이루어내지 못했을 것이다.

그래서 언어와 문자는 문화 발전의 원동력이다. 특히 문자는 말의 시간적 · 공간적 제약을 탈피하여 전달할 수 있는 기능을 지님으로써 문화 발전의 중추적인 역할을 해 왔다.

우리나라 사람들은 한반도에 정착했을 때부터 말은 우리말, 즉 한국어를 써 왔지만, 문자는 우리의 문자가 없어서 중국의 문자인 한자를 빌어 사용하여 왔다. 우리 문자를 가지게 된 것은 주지하는 바와 같이 세종이 훈민정음을 창제한 1443년이었다. 그러나 이때부터 즉각적으로 우리 문자만 사용하여 온 것은 아니었다. 우리말을 쉽게 우리 문자로 표기할 수 있었음에도 불구하고 오래 전부터 차용하여 왔던 한자를 버리지 못하고 한글을 한자와 함께 사용하여 왔다. 우리말을 표기하는 문자로 한글을 주로 사용하게 된 역사는 우리나라 문자 사용의 역사에서 볼 때 극히 최근의 일이다. 한자만 사용하여 오다가 훈민정음 창제 이후에 한자에 한글을 공유하여 사용하게 되었다(예: 한문에 한글 구결을 다는 경우). 한글에 한자를 공유하는 시대를 거쳐, 한글로만 쓰는 시대로 접어들게 되었다. 그랬더니만 어느새 한글에 알파벳을 공유하는 시대로 다시 급속도로 변화하고 있다. 바로 그 시대가 21세기 초인 현재이다.

오늘날의 한글의 변화는 이전 시대의 한글 사용의 변화와 비교하여 보면 비교할 수 없을 만큼 빠른 것일 뿐만 아니라, 또 그 변화의 방향도 예측할 수 없는 실정이다. 우리나라 문자생활의 역사를 돌이켜 보면 앞으로 21세기의 한글의 미래는 영어에 한글을 공유하는 시대가 오는 것은 아닌가 하는 걱정을 하기도 한다. 그래서 극단적인 예이지만 옛날에 한문에다가 한글로 구결을 달 듯이 영어에 한글로 구결을 다는 형식의 글이 쓰이지 않을까 하는 의구심을 갖게 된다. 그래서 "나는 학교에 간다"를 "I는 school에 go한다", 또는 "아이는 스쿨에 고우한다"로 말하고 쓰는 사회가 될 것이라는 자조적인 목소리도 들린다. 일부에서는 실제로 그러한 언어생활을 쉽게 목도한다. 특히 예술계와 이공계의 글들을 보면 그러하다. 이러한 현상은 정보사회와 디지털 시대의 도래가 그 원인인 것으로 파악된다.

이러한 걱정 아래 21세기의 정보사회와 디지털 시대에 한글이 어떠한 변화를 겪을 것인지, 그리고 그 변화에 우리가 어떻게 대처해야 할 것인지에 대한 논의가 시급하다고 생각하는 것은 발표자의 생각만은 아닐 것이다.

오늘 발표는 이러한 면에 초점을 맞추어 한글에 대해 논의할 것이다. 이 논의를 하기 위해 지나간 우리의 문자 생활사를 되짚어보도록 한다. 그 역사를 거울삼아 미래에 대처하기 위한 노력을 어떻게 해야 할 것인지를 살펴보기 위해서다. 즉 훈민정음 창제 이후에 한글이 어떠한 변화를 겪어 왔으며, 그 변화의 요인들이 무엇인지를 살펴서 21세기의 새로운 환경에서 한글이 어떻게 변화할 것이며, 우리가 이에 어떻게 대처할 것인가를 고민해 보고자 한다. 왜냐하면 훈민정음 창제 이후 오늘날까지 한글을 사용하여 언어생활을 영위하여 왔던 역사와 이를 통해 얻은 문화 발전과의 관계 등은 앞으로의 문화 발전과 밀접한 관계에 있다고 할 수 있기 때문이다.

2) 한글 사용의 험난한 여정

우리나라 문자생활의 역사는 매우 복잡하였다. 한 문자만을 사용하지 않고 매우 다양한 문자를 사용하여 온 역사 때문이다. 우리나라 사람들이 사용하였거나 접촉했던 문자는 대체로 다음과 같은 10개로 보인다.

- ① 우리나라 문자
  - 한글
    - 현대한글
    - 옛한글
  - 한국 한자
  - 구결 글자
- ② 외국문자
  - 동양 문자
    - 중국 한자
    - (여진 문자)
    - (몽고 문자)
    - 일본 문자
    - (싼스크리트 문자)
  - 서양 문자 — 알파벳

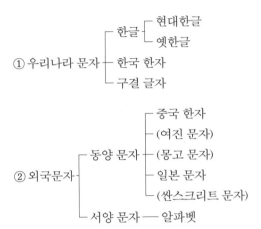

이 중에서 ( )를 한 문자들은 일부에서 특수한 목적 아래 쓰인 문자이지만 나머지는 우리 문자 생활과 밀접한 관계에 있는 문자들이다. 현재 우리의 컴퓨터에서 사용하고 있는 문서작성기에 이 문자들을 사용하기 위한 장치가 다 마련되어 있다는 점으로 보아 이러한 사실을 알 수 있다.

한글은 1443년에 우리말을 표기하는 문자로 만들어졌기 때문에 우리말을 표기할 때에는 당연히 한글로만 표기하는 것이 당연한 것 같지만, 실제로 한글로만 표기된 시대는 최근의 일이다. 어떤 면에서는 아직도 한글로만 쓰는 시대가 오지 않았다고 해도 부정하기 어렵다.

한글은 한자와 함께 쓰이어 왔으며, 일제강점기에는 일본 문자와 함께 사용되었었다. 그리고 현재는 알파벳과 함께 쓰이는 험난한 여정을 이어가고 있다.

한글은 또한 불가(佛家)에서는 범자(梵字)와 함께 쓰이어 왔으며, 외국어를 배우는 사람들을 위해 편찬된 문헌에는 만주 문자나 몽고 문자와도 함께 쓰이었다.

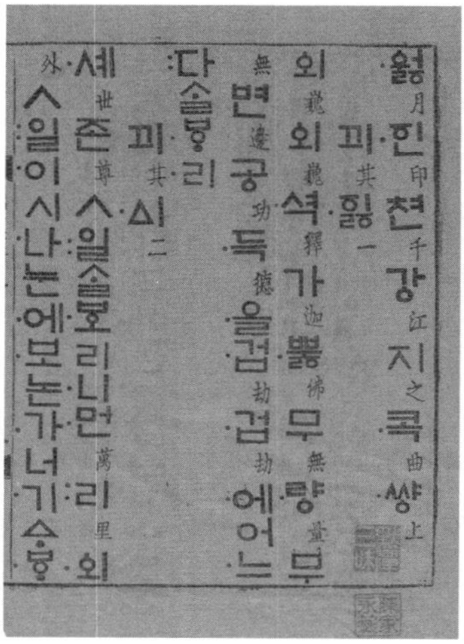

한자[한글(한자)형] <월인천강지곡>

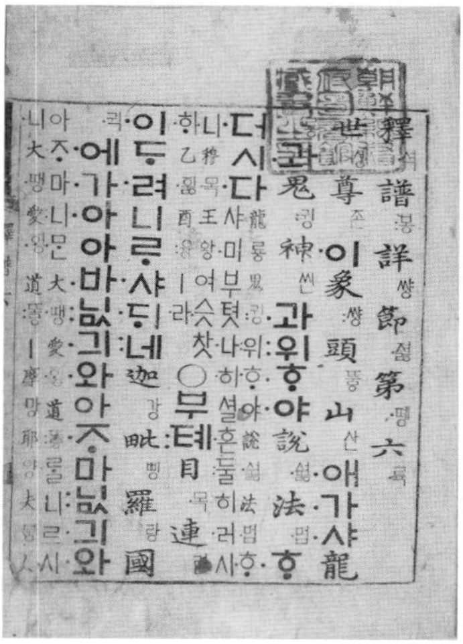

한자[한자(한글)형] <석보상절>

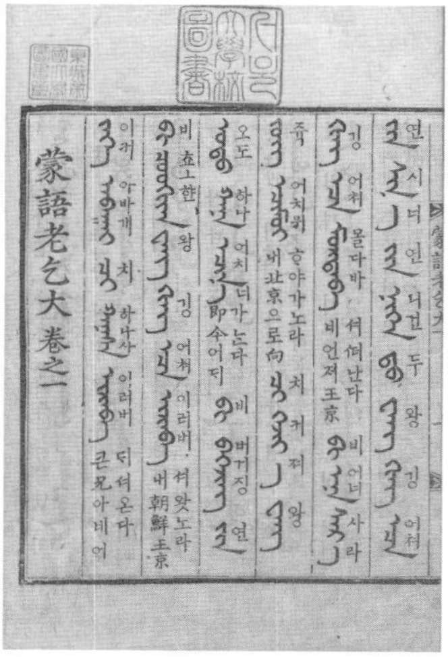

몽고 문자 <몽어노걸대>

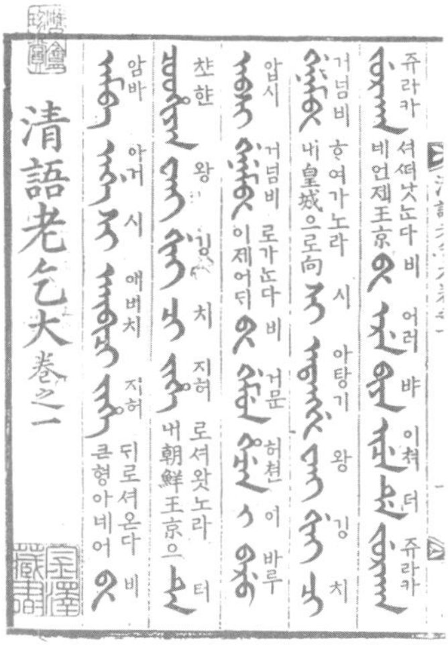

만주 문자 <청어노걸대>

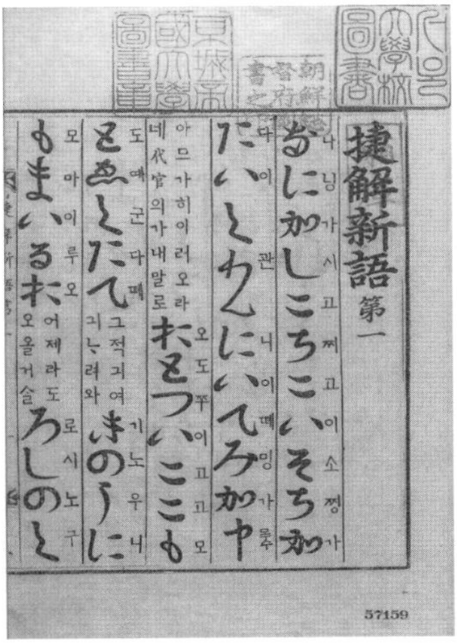

일본 문자 <첩해신어>

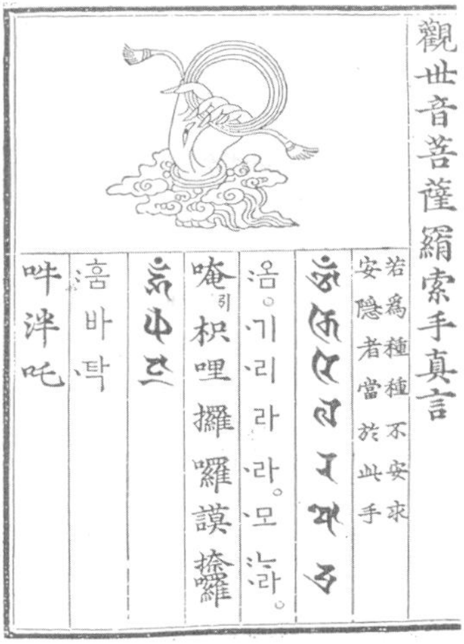

범자 <오대진언>

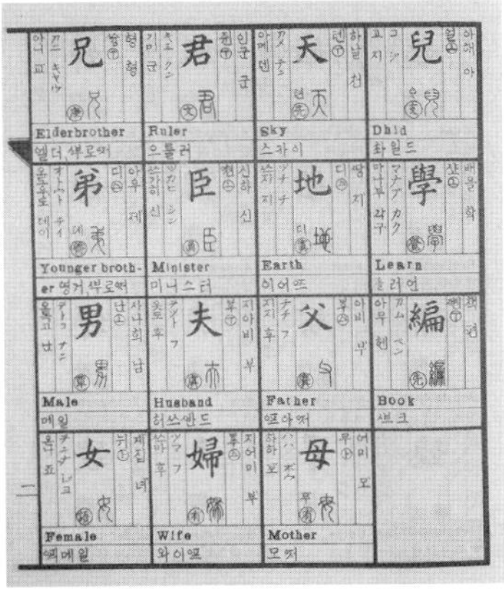

알파벳 <아학편>

한글 전용 문헌이 등장한 것은 훈민정음이 창제된 이후 약 3세기가 지난, 1755년에 목판본으로 간행된 『천의소감언해』이다. 그 이전에 필사본으로서 한글 전용으로 쓰인 문헌도 보이는데 1746년에 필사된 것으로 보이는 『어제자성편언해』가 그것이다. 그 이전에는 한글은 한자와 함께 사용되어 왔다. 가장 긴 역사를 가진 것은 국한 혼용 사용의 역사이다.

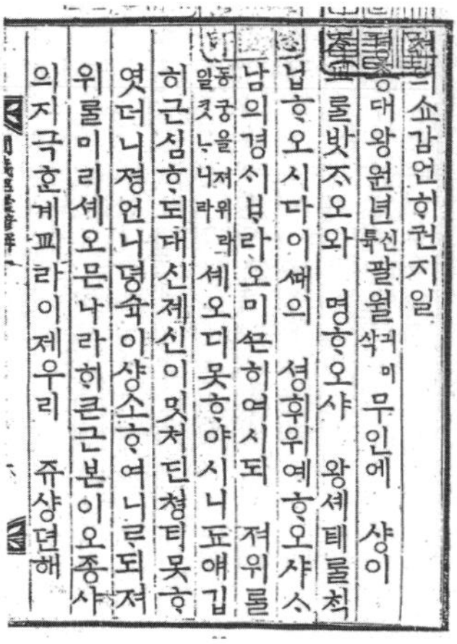

<천의소감언해>

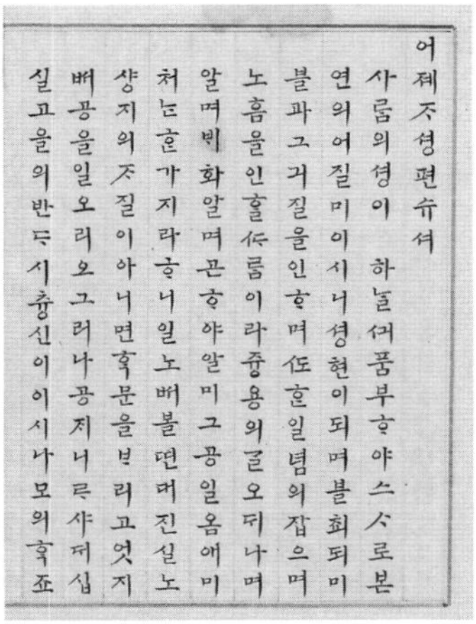

<어제자성편언해>

18세기 중기에 한글 전용 문헌이 나타났다고 하는 것은 18세기 중기 이후부터 한글이 널리 퍼져 성행했음을 알려 준다고 할 수 있다.

3) 한글 자모 사용의 양상

현대 한글의 기본 자모는 모두 24자이다. 자음 글자 14자(ㄱ, ㄴ, ㄷ, ㄹ, ㅁ, ㅂ, ㅅ, ㅇ, ㅈ, ㅊ, ㅋ, ㅌ, ㅍ, ㅎ)와 모음 글자 10자(ㅏ, ㅑ, ㅓ, ㅕ, ㅗ, ㅛ, ㅜ, ㅠ, ㅡ, ㅣ)이다. 그러나 훈민정음 창제 당시에는 모음의 'ㆍ', 자음의 'ㅸ, ㅿ, ㆆ'을 합쳐 모두 28자이었다. 현대 한글의 기본 자모는 이 4자가 소멸된 결과이다.

기본 자모의 수는 28자이었지만, 이들 기본 자모들을 결합시켜 다양한 자모를 만들었기 때문에, 한글 자모의 수는 매우 많았다. 현대의 한글맞춤법에는 이들 자모를 결합시키는 경우를 한정시켜서 그러한 자모의 다양한 모습을 볼 수는 없지만 1933년의 한글맞춤법통일안이 나오기 이전까지는 그러한 원칙이 없어서 그 자모의 수는 매우 많은 편이었다.

이들 자모의 결합은 고유어를 표기할 때와, 외래어(주로 한자음)를 표기할 때, 그리고 외국어(중국어, 몽고어, 만주어, 일본어, 범어 등)를 표기할 때의 자모가 각각 달라 매우 복잡하였다.

다음에 그 목록만 보이도록 한다. 물론 이들 자모들이 쓰인 시기가 각각 다르지만 여기에서는 전체목록만 제시하고 시대별 사용양상은 보이지 않는다.

(1) 초성 자모 (고유어와 외국어 표기에 필요한 초성 자모) (125 자모)

ᄀ ᄁ ᅚ ᄂ ᄓ ᄔ ᄕ ᄖ ᅛ ᅜ ᅝ ᄃ ᄗ ᄄ ᅞ

ꥠ ꥡ ꥢ ꥣ ᄅ ꥤ ꥥ ᄘ ꥧ ᄙ ꥨ ꥩ ꥪ ꥫ ꥬ

ꥭ ꥮ ᄚ ᄛ ᄆ ꥯ ꥰ ᄜ ꥱ ᄆᄋ ᄝ ᄇ ᄞ ᄟ ᄠ

ᄈ ᄡ ᄢ ᄣ ᄤ ᄥ ᄦ ꥲ ᄇᄋ ᄧ ᄨ ꥳ ᄩ ᄪ ꥴ

ᄫ ᄬ ᄉ ᄭ ᄮ ᄯ ᄰ ᄱ ᄲ ᄳ ᄊ ꥵ ᄴ ᄵ ᄶ

ᄷ ᄸ ᄹ ᄺ ᄻ ᄼ ᄽ ᄾ ᄿ ᅀ ᄋ ᅁ ᅂ ꥶ ᅃ

ᅄ ᅅ ᅆ ᅇ ᅈ ᅉ ᅊ ᅋ ꥷ ᅌ ᄌ ᅍ ᄍ ꥸ ᅎ

ᅏ ᅐ ᅑ ᄎ ᅒ ᅓ ᅔ ᅕ ᄏ ᄐ ꥹ ᄑ ᅖ ꥺ ᅗ

ᄒ ꥻ ᅘ ᅙ ꥼ

(2) 중성 자모 (고유어와 외국어 표기에 필요한 중성 자모) (91 자모)

ᅡ ᅶ ᅷ ᆣ ᅢ ᅣ ᅸ ᅹ ᆤ ᅤ ᅥ ᅺ ᅻ ᅼ ᅦ

ᅧ ᆥ ᅽ ᅾ ᅨ ᅩ ᅪ ᅫ ᆦ ᆧ ᅿ ᆀ ᆁ ힰ ᆂ

ᆃ ᅬ ᅭ ힲ ힳ ᆄ ᆅ ힴ ᆆ ᆇ ᆈ ᅮ ᆉ ᆊ ᅯ

ᆋ ᅰ ힵ ᆌ ᆍ ᅱ ힶ ᅲ ᆎ ힷ ᆏ ᆐ ᆑ ᆒ ힸ

ᆓ ᆔ ᅳ ힺ ힻ ힼ ᆕ ᆖ ᅴ ᆗ ᅵ ᆘ ᆙ ힽ ힾ

ퟀ ᆚ ퟁ ퟂ ᆛ ퟃ ᆜ ퟄ ᆝ ᆞ ퟅ ᆟ ퟆ ᆠ ᆡ

ᆢ

(3) 종성 자모(고유어와 외국어 표기에 필요한 종성 자모) (133 자모)

ㄱ ㄲ ㄱㄴ ㄱㄹ ㄱㅂ ㄳ ㄱㅅㄱ ㄱㅊ ㄱㅋ ㄱㅎ ㄴ ㄴㄱ ㄴㄴ ㄴㄷ ㄴㄹ

ㄴㅅ ㄴㅿ ㄵ ㄴㅊ ㄴㅌ ㄶ ㄷ ㄷㄱ ㄸ ㄸㅂ ㄷㄹ ㄷㅂ ㄷㅅ ㄷㅅㄱ ㄷㅈ

ㄷㅊ ㄷㅌ ㄹ ㄺ ㄹㄲ ㄹㄱㅅ ㄹㄱㅎ ㄹㄴ ㄹㄷ ㄹㄷㅎ ㄹㄹ ㄹㄹㅋ ㄻ ㄹㅁㄱ ㄹㅁㅅ

ㄹㅁㅎ ㄼ ㄹㅂㄷ ㄹㅂㅅ ㄹㅂㅍ ㄹㅂㅎ ㄹㅸ ㄽ ㄹㅆ ㄹㅿ ㄹㅇ ㄹㅋ ㄾ ㄿ ㅀ

ㄹㆆ ㄹㆆㅎ ㅁ ㅁㄱ ㅁㄴ ㅁㄹ ㅁㅁ ㅁㅂ ㅁㅅ ㅁㅆ ㅁㅿ ㅁㅈ ㅁㅊ ㅁㅎ ㅱ

ㅂ ㅂㄷ ㅂㄹ ㅂㅁ ㅃ ㅄ ㅂㅅㄷ ㅂㅈ ㅂㅊ ㅂㅍ ㅂㅎ ㅸ ㅅ ㅅㄱ ㅅㄷ

ㅅㄹ ㅅㅁ ㅅㅂ ㅅㅸ ㅆ ㅆㄱ ㅆㄷ ㅅㅿ ㅅㅈ ㅅㅊ ㅅㅌ ㅅㅎ ㅿ ㅿㅂ ㅿㅸ

ㅇ ㅇㄱ ㅇㄲ ㅇㅁ ㅇㅅ ㅇㅇ ㆁ ㆁㅅ ㆁㅿ ㆁㅋ ㆁㅎ ㅈ ㅈㅂ ㅉ ㅊ

ㅋ ㅌ ㅍ ㅍㅂ ㅍㅅ ㅍㅌ ㆄ ㅎ ㅎㄴ ㅎㄹ ㅎㅁ ㅎㅂ ㆆ

현재의 한글 자모수는 이에 비하면 이들 중 극히 일부이다. 매우 간소해진 것임을 알 수 있다.

(1) 초성 자모 (19 자모)

ㄱ ㄴ ㄷ ㄹ ㅁ ㅂ ㅅ ㅇ ㅈ ㅊ ㅋ ㅌ ㅍ ㅎ ㄲ ㄸ ㅃ ㅆ ㅉ

(2) 중성 자모 (20 자모)

ㅏ ㅑ ㅓ ㅕ ㅗ ㅛ ㅜ ㅠ ㅡ ㅣ ㅐ ㅒ ㅔ ㅖ ㅘ ㅙ ㅚ ㅞ ㅟ ㅢ

(3) 종성 자모 (26 자모)

ㄱ ㄴ ㄷ ㄹ ㅁ ㅂ ㅅ ㅇ ㅈ ㅊ ㅋ ㅌ ㅍ ㅎ ㄲ ㄳ ㄵ ㄶ ㄺ ㄻ ㄼ ㄽ ㄾ ㄿ ㅀ ㅄ

4) 어문생활사로 본 한글 사용의 양상

어문생활은 말하기, 듣기, 읽기, 쓰기의 네 영역으로 구분된다. 말은 말하기와 듣기에, 문자는 읽기와 쓰기의 영역에 쓰인다. 훈민정음이 문자로서의 기능을 다하기 위해서는 읽고 쓰기 위한 도구로서의 기능을 다하여야 하지만 안타깝게도 한글 사용의 역사를 보면, 읽고 쓰기 위한 도구로서의 기능을 다한 것 같지는 않다. 오히려 한글은 어느 시대에는 주로 읽기 위한 도구(또는 읽히기 위한 도구)로만 쓰이다가 어느 시대에는 읽고 쓰기 위한 도구로 이용되기도 하였다. 한글이 우리 역사 전반에 걸쳐 읽고 쓰는 도구로 쓰인 시대는 오늘날로부터 그리 먼 시기는 아닌 것으로 보인다.

뿐만 아니라 문화의 변화에 따라 어문생활의 양상도 바뀌어서 말하기, 듣기, 읽기, 쓰기 이외에 '치기(또는 터치하기)'와 '보기'라는 새로운 어문생활의 영역이 발생하게 되었다. 문자를 쓰기 위한 도구가 나오면서 한글을 '읽기, 쓰기' 이외에 '치기(또는 터치하기)'가 추가되어 한글을 치는 시기가 되어 지금도 자판을 치거나(두드리거나), 또는 휴대전화의 자판을 두드리는 시대가 되기도 하였다. 뿐만 아니라 멀티미디어 시대가 되면서 한글을 읽는 것이 아니라 한글을 '보는' 영역, 곧 '보기'의 새 영역이 발생하였다. 그래서 한글 사용은 주로 읽고, 쓰고, 치고, 보는 역사적인 흐름을 보인다고 생각한다.

4.1. 훈민정음 창제와 읽기 시대

훈민정음은 읽고 쓰기 위한 도구로 창제되었다. 그러나 훈민정음은 그 창제 목적과는 달리 주로 읽기 위한 문자로서만 사용되어 온 시기가 있다.

훈민정음 창제 이후에 많은 한글 문헌들이 간행되고 필사되었다. 그런데 판본들은 주로 중앙정부나 지방자치단체 또는 사찰이나 서원 등의 공공기관 등에서 간행한 반면, 개인이 간행한 한글 문헌은 거의 없다. 오히려 개인이 남긴 한글자료는 필사본이 대부분이다.

판본으로 남아 있는 한글 문헌들은 내용이 매우 다양한 편이지만 필사본으로 남아 있는 한글 자료들은 그 내용이 매우 한정적이다. 훈민정음 창제 이후의 한글 필사본들은 『오대산상원사중창권선문』, 『선조국문교서』 등도 있지만 대부분은 언간들이다. 판본들은 주로 지식을 전달하는 공공적인 요소를 지니지만, 언간들은 주로 개인 간의 정서적 감정을 전달하는 사적인 요소를 지니고 있다.

이러한 현상으로 보면 한글은 공공적으로는 읽기 위한(또는 읽히기 위한) 도구로 사용되어 왔지만, 쓰기 위한 도구로 사용될 때에는 대체로 사적인 것이었다고 할 수 있다.

이러한 사실은 한글로 쓴 문헌의 편저자가 일반 국민들이 아니라 일부의 특수층(예컨대 식자층)이라는 점에서 증명된다. 글은 문자로 쓰고 그것을 편집하여 문헌으로 간행하였을 때에 그 전파력이 있는 것인데, 대부분의 판본 문헌들은 중앙정부나 지방정부, 또는 사찰이나 서원 등의 기관에서 간행한 것들이다. 물론 개인이 편찬하여 지방에서 간행한 책들도 있지만, 그것도 대개 16세기 이후에 극히 드물게 보일 뿐이다. 물론 출판할 때의 비용 등이 문제가 되어 개인이 지은 책이 간행되지 못한 점도 고려할 수 있지만, 그래도 개인이 글을 써서 간행한 문헌이 너무 적다. 그리고 개인이 한글로 쓴 글들이 필사본으로 남아 있는 경우도 18세기 이후에서나 볼 수 있으며 그것도 매우 한정적이었다.

개인이 쓴 글 중에서 가장 많이 남아 있는 한글 자료들은 전술한 바와 같이 대부분이 한글 간찰이다. 책이 아니라 문서로 남아 있다. 물론 장서각의 장편 고소설이 한글 필사본으로 남아 있는데, 그것은 일부의 계층들이 사용한 흔적이지 전 국민들이 사용한 흔적이 아니다. 여러 계층의 사람들이 한글로 글을 써서 남기기 시작한 것은 19세기 말엽, 특히 20세기 초부터라고 할 수 있다.

또한 한글 문헌에 쓰인 한글 서체는 주로 훈민정음 언해본체가 주를 이룬다. 훈민정음 언해본체의 특징은 변별력과 속독력이 높은 서체이어서 이것으로 보아서도 이 서체로 쓰인 문헌들은 주로 읽히기 위해 편찬된 것임을 알 수 있다.

4.2. 한글의 국가 공식문자 지정과 한글의 읽고 쓰기 시대

한글이 읽기 위한 도구뿐만 아니라 쓰기 위한 도구로 공식적으로 인정된 것은 한글을 국가의 공식문자로 규정해 놓은 1895년부터이다. 그 이전에는 한글은 우리나라의 공식문자가 아니었다. 현재도 우리나라 헌법에 한국어가 우리나라의 공식언어이며, 한글이 우리나라의 공식 문자라는 조문이 없다. 1895년의 칙령 제86호 공문식에 "第九條 法律 · 命令은 다 國文으로써 本을 삼고 漢譯을 附ᄒᆞ며 或 國漢文을 混用홈"이라는 칙령으로 처음으로 한글이 우리나라의 공식문자임을 밝히게 되었다. 그래서 이때부터 한글은 쓰는 도구로서 자리잡기 위한 노력을 하여야 했다. 그래서 한글이 적극적으로 쓰기 위한 도구로 이용되기 시작한 역사는 이제 1세기밖에 되지 않았다고 할 수 있다. 훈민정음 창제 이후 약 6세기(약 570여 년) 동안 한글이 읽고 쓰는 도구로서 문자의 역할을 한 시기는 기껏해야 1세기밖에 되지 않았다고 할 수 있다. 물론 이러한 획기적인 결정은 어느 날 갑자기 이루어진 것은 아니다. 18세기 중기 이후부터 한글 사용의 융성기를 거치면서 이루어진 결과이다.

그리고 여러 계층의 모든 사람들이 책을 간행하기 시작한 것은 20세기 초부터인데, 이 시기에는 연활자와 양지의 도입으로 출판이 수월해졌기 때문이기도 하지만, 가장 큰 원인은 모든 사람들이 우리 글을 쓰고 읽을 수 있는 능력을 갖추었기 때문이다.

이 시기에는 모든 사람들이 한글로(물론 국한문 포함) 글을 읽고 쓰기 시작하였고, 양지와 연활자의 도입으로 신문과 잡지가 등장하였다. 이에 따라 글을 쓰면서 발생할 수 있는 여러 문제점들에 봉착하게 되었다. 그것이 국한 혼용 문제, 띄어쓰기 문제, 가로쓰기 문제, 맞춤법 문제 등이었다. 그리고 이에 대한 연구를 하는 각종 학회 등이 등장하고 활발히 논의한 결과가 1933년에 조선어학회에서 발표한 '한글맞춤법통일안'이다. 이들 문제는 글을 읽을 때보다는 글을 쓸 때 발생할 수 있는 문제들이다.

만약에 15세기부터 한글이 국가의 공식문자가 되었다면, 즉 그 시기에 한글이 쓰는 문자로서의 기능을 가졌다면, 아마도 그때부터 이러한 문제가 계속해서 논의가 되었을 것이다.[2] 발표자는 세종의 가장 큰 유일한 실수는 한글을 국가의 공식문자로 지정하지 않았다는 점이라고 생각한다.

4.3. 한글의 기계화와 정보화, 그리고 치기(또는 터치하기)와 보기

한글의 역사적 변화에는 세 번의 중요한 전환점이 있었다. 첫 번째는 1443년에 훈민정음을 창제하였을 때이고, 두 번째는 19세기 말의 필기도구인 연필과 펜의 도입과 출판의 도구 및 재료인 연활자와 양지의 수입, 그리고 한글 타자기를 발명하였을 때이며, 세 번째는 20세기 말의 컴퓨터를 도입한 때이다. 이 중에서 매우 중요한 사건은 훈민정음 창제와 컴퓨터의 도입이다. 특히 컴퓨터의 도입은 훈민정음 창제에 비견할 수 있을 만큼 한글에 엄청난 변화를 가져 오게 되었다.

연활자와 양지가 도입되면서 출판이 수월하게 되고 이에 따라 많은 계층의 사람들이 글을 써서 많은 사람들에게 읽히게 되는 시대가 되면서 한글은 모든 사람들이 읽고 쓰는 중요한 도구가 되었다.

또한 한글의 기계화 노력으로 타자기가 발명되어서 손으로 쓰던 것을 타자하게 되었지만, 한글 타자기의 활용이 일반적이지 않아서 사회적으로는 한글에 큰 변화를 가져오지는 못하였다. 그러나 컴퓨터의 입력기인 자판(키보드)은 한글 타자기의 자판과 연관되어 있으며, 이 자판으로 인하여 한글을 '치는' 시대로 전환시키게 되었다. 이것은 정보화와 직결된다.

---

2 이 문제는 여기에서 다루지 않는다. 실제로 세종은 한글을 쓸 때 발생할 수 있는 여러 문제에 대해 실험을 한 흔적이 곳곳에 나타난다. 국한 혼용일 때의 표기 방법, 맞춤법 문제, 띄어쓰기 문제, 외래어 표기 방법, 서체의 구별 등에 대한 실험이 있었다고 생각한다.

20세기 말의 컴퓨터의 도입과 인터넷의 일상화로 디지털 시대가 열리게 되면서 한글은 커다란 변화를 겪게 되었다. 컴퓨터를 이용한 디지털 시대가 되면서 정보들을 공유하게 되고 다양한 멀티미디어 방식의 정보(문자, 그림, 음성 등)가 가장 효율적인 의사소통 방식으로 변화하게 되면서 한글은 읽고 쓰는 문자가 아니라 '보는' 문자로 전환되게 되었다.

디지털 시대의 가장 중요한 특징은 의사소통의 양방향 시대라는 점이다. 그래서 의사소통 방법에 변화가 일어남으로써 언어생활의 중요한 일부였던 편지를 거의 없애버리고, 전자우편이 그 자리를 차지하게 되었고, 최근에는 이 전자우편마저도 소위 'SNS(Social Networking Service)'라는 새로운 정보통신 방식에 자리를 내어 주고 말았다. 그래서 한국에서는 소위 '카카오톡'(카톡)의 이용이 일상화되었다.

이러한 방식은 생활의 중요한 일부가 되어서 말하기 읽기 듣기 쓰기의 언어생활에 '치기'[타자하기]와 '보기'라는 새로운 언어영역을 탄생시켰다.

'치기'라는 언어행위는 결과적으로 어문생활에 큰 변화를 일으켰다. '치기'는 '자판'을 이용하는 것이어서 자판에 의해 입력되는 문자가 어문생활의 중요한 문자로 등장하게 되었다. 이제는 '치기'보다 더 간편한 방식, 즉 태블릿 PC에서 키보드 없이 손가락 또는 전자펜으로 직접 액정 화면에 글씨를 써서 인식하게 하는 터치 스크린 방식을 주 입력 방식으로 하여 프로그램을 실행할 수 있는 소위 모바일 인터넷 기기를 이용하게 되었다.

붓이나 펜으로 쓸 때에는 문자에 구애를 받지 않는다. 그러나 자판을 두드려 입력할 때에는 자판에 수록되어 있는 문자에 한정되어 사용할 수밖에 없다. 자판으로 쓸 수 있는 문자는 곧 한글과 알파벳이다. 그리고 숫자도 아라비아 숫자이며 문장부호도 서양식 문장부호이다. 이처럼 컴퓨터의 자판에 의해 입력되는 문자는 한글과 영문자이어서 한자는 언어생활에서 쇠퇴하게 되고 영문자가 그 자리를 차지하게 되었고, 이것은 언어생활에서도 그대로 적용되었다.

말과 문자만으로 의사소통을 하던 기존의 방식에서 탈피하여 말 · 문자 · 화상을 통한 복합적인 방식으로 변화하게 되면서 의사소통에서 주로 개념적 의미를 전달하던 시대에서 정서적 의미까지도 전달하려는 방안이 고안되어, 문자도 의미전달의 서체로부터 정서 전달의 서체로 변화시키는 등의 노력이 있었고, 그 결과로 문자 디자인이 중요한 가치를 가지게 되었다. 오늘날의 수많은 폰트가 등장한 것은 이러한 이유 때문이다.

5) 한글 자형의 변화

오늘날 사용되고 있는 한글 자모의 자형은 언뜻 보아 훈민정음 창제 당시의 자형과 동일한 것처럼 보이지만, 면밀히 검토하여 보면 변화한 부분도 꽤나 많다고 할 수 있다.

훈민정음 창제 당시에 글자는 각 자모의 변별력에 중점을 두고 만들어서 각 자모들을 그려서 표현하였지만, 실제로 실용단계에서는 붓으로 쓰는 단계로 이어가면서 변화가 이루어졌다. 즉 '그리기'에서 '쓰기'가 되면서 일어난 변화이다. 그리하여 변화된 자모들이 보이는데 그들을 보면 다음과 같다.

① '·'

'그리기'에서 '쓰기'로 변화하면서 일어난 가장 중요한 변화는 '·'의 변화이다.

아래의 그림에서 훈민정음 해례본에서는 '·'가 'ㅏ'나 'ㅡ'와 결합할 때에도 둥근 점으로 되어 있지만, 용비어천가에서는 '·'가 단독으로 사용될 때에만 동그란 점으로 남아 있고, 'ㅣ'와 'ㅡ'와 결합될 때에는 이미 선으로 변화하고 있음을 알 수 있다.

 → 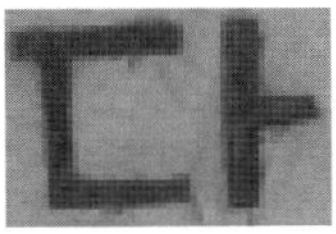

<훈민정음 해례본> <용비어천가>

이 ‘·’가 동그란 점에서 아래로 내리찍은 점으로 바꾸기 시작한 것은 ‘월인석보’(1459년) 때부터이다.

‘ᄃᆞ’ 자의 변화를 보이면 다음과 같다.

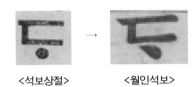

 → 

<석보상절> <월인석보>

즉 동그란 점으로 쓰던 ‘·’를 좌상(左上)에서 우하(右下)로 붓으로 찍어서 쓴 ‘·’로 변화한 것이다.

결국 ‘·’의 변화가 있었다고 할 수 있다. 처음에는 ‘·’가 단독으로 사용되는 경우에는 원래의 모습을 유지하면서 모음 글자에서 ‘ㅣ’나 ‘ㅡ’에 연결될 때에는 선으로 변화하게 되었고, 이것이 다시 단독으로 사용되던 ‘·’조차도 변화를 한 것이다.

이러한 모음 글자의 변화는 훈민정음의 창제원리에 변화를 가져오게 되었다. 즉 ‘천지인’ 삼재의 원리를 적용하였던 것이 ‘天’이 사라짐으로써 그 원리가 의미가 없어지게 되었다.

② ㅌ

 →  

③ ㅂ (ㅂ의 가로선이 ㅂ의 가운데 긋는 것으로 바뀜)

④ ㅍ (ㅍ의 세로선의 위치가 바뀜)

⑤ ㅈ (3획에서 2획으로)

⑥ ㅅ (오른쪽 삐침이 왼쪽 삐침의 가운데에서 시작)

⑦ ㅊ과 ㅎ의 꼭지점

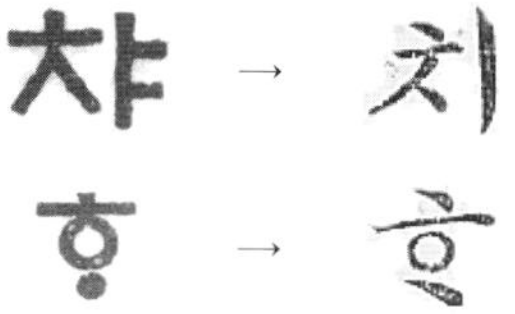

⑧ ㄹ

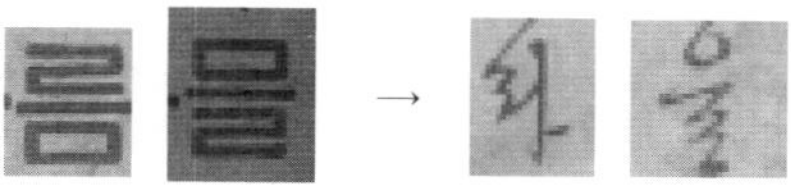

⑨ 위치에 따른 자형의 변화

'가, 거' 등에 나타나는 'ㄱ'의 세로선이 왼쪽으로 그어진다.

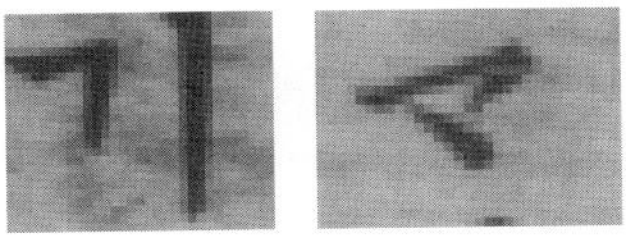

⑩ 모음 글자

모음 글자도 변화하지 않은 것 같지만 모두 바뀌었다. 원래 천지인(天地人)을 각각 본따서 'ㆍ, ㅡ, ㅣ'를 만들었다는 사실은 잘 알 것이다. 그런데 'ㆍ'가 점에서 선으로 바뀌었다. 흥미로운 사실은 'ㅣ'에 'ㆍ'가 결합할 때보다도 'ㆍ'가 'ㅡ'의 아래에 결합할 때에 그 선의 길이가 더 길어졌다는 것이다. 그래서 'ㅏ'의 가로로 그은 선보다는 'ㅜ'의 세로로 그은 선의 길이가 길게 보인다.

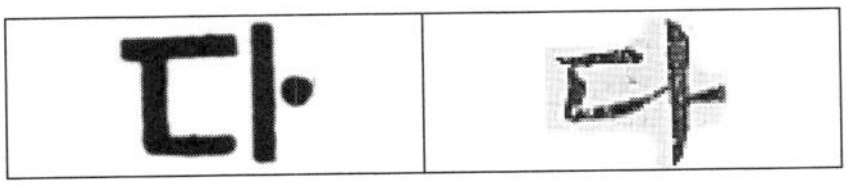

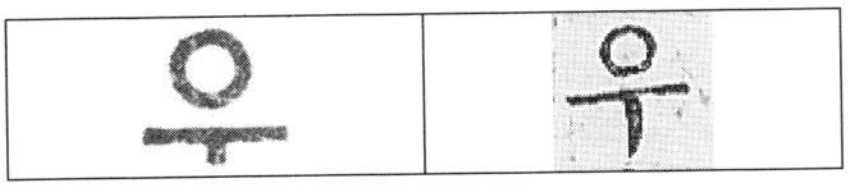

<훈민정음해례본>

<석보상절>

⑪ 워

모음 중에서 가장 특이한 변화 중의 하나가 '워'의 자형이다. '워'는 원래 'ㅜ'와 'ㅓ'가 합하여 만들어진 모음자이다. 따라서 'ㅜ'의 위에 'ㅓ'가 합쳐져서 'ㅓ'의 가로줄기가 'ㅜ'의 가로줄기 위에 자리 잡고 있었던 것이다. 그것은 'ㅣ'에 'ㆍ'가 결합될 때에는 'ㆍ'가 'ㅣ'의 가운데에 놓여야 하기 때문이다. 우리나라

주화 중 이전에 나온 주화나 이전의 지폐에 나타나는 '원'의 모습이 그 원래의 모습인 것이다.

<석보상절>

<삼성훈경>

〈참고〉

오백원

<오백원 동전>

십 원

<십원 동전>

천 원
1000

<천원 지폐>

오만원
50000

<오만원 지폐>

한글 자모는 모든 글자가 가로직선(ㅡ), 세로직선(ㅣ), 동그라미(ㅇ), 왼쪽 삐침선(ㅅ), 오른쪽 삐침선(ㅅ), 점(·)으로 구성되어 있다. 즉 한글 자모는 직선과 점과 원으로 구성되어 있다. 'ㄱ'은 가로선과 세로선으로 구성되어 있고, 'ㅈ'은 가로선과 왼쪽 삐침과 오른쪽 삐침으로 구성되어 있다. 'ㅏ'는 세로선과 점으로 되어 있다. 외국인이 한글을 배울 때 쉽게 터득할 수 있는 이유 중의 하나가 이렇게 한글이 단순한 직선과 점과 원으로만 이루어졌기 때문이다.

6) 한글 서체의 변화

훈민정음이 창제된 당시의 한글 서체와 오늘날 사용하고 있는 한글 서체 사이에는 상당한 변화가 있다. 여러 가지 요인에 의한 것이지만 대체로 읽고 쓰는데 필요해서 일어난 변화이다.

한글 서체의 분류와 그 명칭 부여에는 많은 논의가 있었지만, 이 논의들을 종합하여 정리한다면 한글 서체는 대체로 다음의 4가지로 구분된다.

① 훈민정음 해례본체　　② 훈민정음 언해본체

③ 궁체　　④ 민체

훈민정음 해례본체는 훈민정음 창제 당시의 한글 서체이다. 이 서체는 초기의 훈민정음의 서체를 보이는 『훈민정음 해례본』의 이름을 따서 '훈민정음 해례본체'라고 한다. 이 훈민정음 해례본체는 변별력이 뛰어난 서체이어서 오늘날의 서체로 말한다면 제목체 또는 고딕체라고 할 수 있다.

훈민정음 언해본체는 훈민정음 해례본체의 형태는 유지하되, 붓으로 쓰는 과정에서 자연적으로 선과 점과 원에 변화를 일으킨 서체이다. 이 서체는 대체로 변별력과 속독력을 동시에 유지하고 있는 서체라고 할 수 있어서 오늘날의 바탕체에 속하는 서체라고 할 수 있다.

민체는 서예 교육을 받지 않은 사람들에 의해서 쓰인 자유분방한 서체이다. 그것을 민체라고 한다.[3]

궁체는 인위적으로 개발하여 만든 서체이다. 주로 궁중에서 사용하였던 것인데, 한글의 직선을 최대한 곡선화시켜서 쓴 서체이다. 궁중에서 주로 사용하여 왔기 때문에 궁체라고 한다.

---

3 북한에서는 '민체'를 '머슴방체'라고 명명한 문헌도 있다(박영도(2008), 『조선 서예 발전사』, 과학백과사전출판사, 181면).

훈민정음해례본체 <훈민정음 해례본>(1446년)

훈민정음 언해본체

<시경언해>(1613년)

<경민편언해>(1661년)

궁체

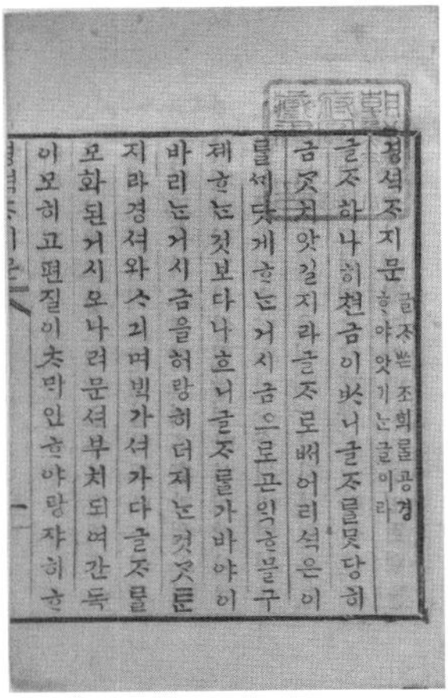

<경석자지문>(1882년)

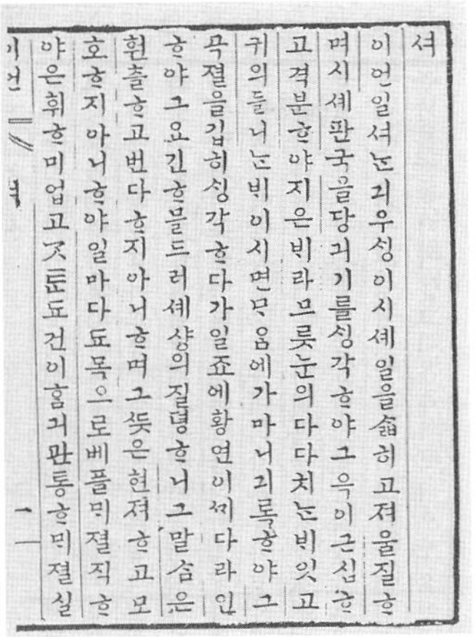

<이언 언해>(1883년)

민체

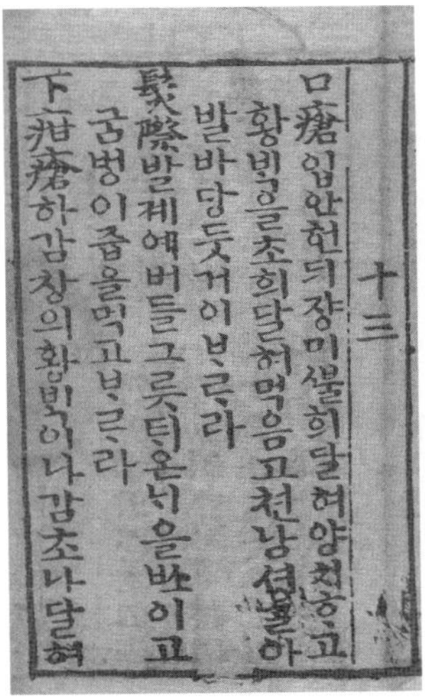

<백병구급신방>(19세기)

<연병지남>(1612년)

훈민정음 해례본체, 훈민정음 언해본체, 궁체, 민체의 네 가지 서체가 역사적으로 변천하여 온 과정을 표로 보이면 다음과 같다. (■는 전성기를 표시)

	15세기	16세기	17세기	18세기	19세기
	초 중 말	초 중 말	초 중 말	초 중 말	초 중 말
훈민정음 해례본체	■■				
훈민정음 언해본체	▬▬▬▬	▬▬▬▬	▬▬▬▬	■■	▬▬▬
궁체			▬▬▬	▬▬▬▬	▬ ■■
민체		▬▬▬▬	▬▬▬▬	▬▬▬▬	▬▬▬▬

이들 서체에 대한 특징을 간단히 말한다면 다음과 같이 언급할 수 있을 것이다.

훈민정음 해례본체 : 변별력이 가장 큰 서체

훈민정음 언해본체 : 정확하고 빠르게 읽기 위한 서체

궁체 : 점과 선을 아름답게 표현한 서체

민체 : 구조와 조형을 아름답게 표현한 서체

또한 현대의 서체와 비유한다면 다음과 같이 말할 수도 있을 것이다.

훈민정음 해례본체 : 돋움체(또는 '고딕체')

훈민정음 언해본체 : 바탕체(또는 '명조체')

궁체 : 필기체

민체 : 일종의 '캘리그라피'

한글을 읽히기 위해 쓰인 한글 서체들은 대부분 변별력이 높고 속독력이 높은 서체를 사용하여 왔다. 훈민정음 창제 당시의 훈민정음 해례본의 한글 서체는 변별력을 높이기 위해 기하학적 글자로 만들어졌다. 그러나 이 서체는 속독력에서는 그 기능이 매우 떨어지는 서체이었다. 그래서 훈민정음 언해본에 보이는 서체로 바뀌었다. 훈민정음 언해본의 서체는 매우 오랜 동안 사용되어 왔다. 이 서체는 변별력도 있지만 속독력도 매우 높아서 지금까지도 사용되고 있는 서체이다.

7) 21세기 정보사회와 디지털 시대의 한글의 변화와 대처 방안

현대 사회는 정보사회이다. 더 나아가서 이제는 디지털시대를 넘어 인공지능 시대로 옮아가고 있다. 역사 이래 인간이 알게 된 지식이 넘쳐나면서 그 지식 중에서 우리에게 필요한 정보만을 찾아내어 그 정보를 여러 측면에서 활용하는 시대가 정보사회이다. 또한 현대 사회는 수많은 지식 중에서 정보를 찾아내기 위해 축적된 지식을 디지털화하여 도서관처럼 한 곳, 즉 한 컴퓨터에 모아 놓고 그 속에서 정보를 검색해 내기 위해 노력하는 시대, 즉 디지털시대이다.

그래서 21세기의 시대적 특징은 정보사회와 디지털 시대라고 할 수 있다. 이전의 아날로그 시대와는 전혀 다른 환경에 처해 있다.

이러한 정보사회와 디지털 시대가 되면서 한글도 이에 따라 변화하고 있다. 그 변화는 앞에서 언급한 바처럼 예측불허라고 할 수도 있으나 그 사회가 어떻게 변화하는가에 따라 변화하는 것이어서 예상할 수도 있다고 생각한다.

정보사회와 디지털 시대의 특징으로서 발표자는 다음과 같은 점을 지적하고자 한다.

① 컴퓨터의 활용

② 정보의 중요성을 인식하고 공유

③ 의사소통의 양방향

④ 정보 형태의 다양성

⑤ 현실 세계의 일을 가상세계가 대체

⑥ 정보 수혜자의 다양성

⑦ 책을 읽지 않음

⑧ 연역적인 사고

이러한 21세기의 사회에서 한글과 연관되어 변화를 초래할 수 있는 것은 ①③④⑦이라고 생각한다. 즉 컴퓨터를 활용하고 의사소통이 일방적인 것이 아니라 양방향이며 정보 형태가 문자만이 아니라 음성, 화상까지도 포함하며, 책을 읽지 않고 눈으로 보는 사회와 시대가 한글의 변화와 직접적으로 관계가 있다고 생각한다. 특히 ③과 ⑦은 컴퓨터의 활용과 연관된 것이어서 한글의 변화와 연관된 것은 컴퓨터의 활용과 정보 형태의 다양성의 두 가지라고 할 수 있다.

7.1. 컴퓨터의 활용과 한글의 변화

모두가 컴퓨터를 도구로 하여 살아가고 있다. 직장에서나 집에서나 어른이나 아이나 모두 컴퓨터 또는 휴대전화, 즉 SNS (SNS도 일종의 컴퓨터의 이용인 셈이지만) 앞에 앉아 있거나 들여다보고 있다. 사무를 보는 사람, 공장에 있는 사람, 학자, 학생 모두가 컴퓨터 앞에 앉아 있다. 휴대전화와 컴퓨터에서 자료와 정보를 찾고 거기에서 자료와 정보를 처리 · 가공한다.

컴퓨터의 활용은 한글의 문자생활에 지대한 영향을 주고 있다. 그 영향을 몇 가지 제시하면 다음과 같다.

(1) 종이에서 화면으로

지금까지 한글은 종이에 쓰거나 인쇄된 형태로 읽히어 왔다. 그래서 그것은 종이의 수명이 다할 때까지 언제나 동일한 형태로 동일한 의미를 지닌 채 전달되었다. 그러나 디지털 시대에 한글은 종이에 쓰인 형태가 아니라 화면에 나타나는 형태로 더 많은 정보 전달의 기능을 하게 되었다. 따라서 종이에 쓰인 한글은 그 시간성에서 반영구적이라고 할 수 있지만, 화면에 쓰인 한글은 일시적인 것으로 보이는 것이다. 정보 전달에서도 종이에 쓰인 정보는 오래 기억되지만, 화면에 잠깐 나타났다가 사라진 한글에 의해 전달된 정보는 기억이 오래 가지 못한다. 이렇게 한글은 종이에 쓰이지 않고 화면에 보임으로 해서 변화한 양상도 있다. 이것은 문자를 입으로 소리 내어 읽거나 눈으로 읽지 않고 눈으로 보는 것으로 변화한 것임을 보여준다.

이러한 현상이 나타난지는 퍽 오래 되었다. 결과적으로 종이로 된 책의 판매 부수가 격감한 것은 이미 오래 전이다. 텔레비전 화면에서 사람의 목소리가 들리는데도 또 아래에 한글 자막으로 다시 보여주는 것은 청각장애자들을 위한 것으로 보이지 않는다. 심지어 시청자가 느껴야 할 감정을 자막으로 표시해 주는 것까지도 흔히 볼 수 있다(예: 깜놀). 모두 눈으로 보라는 것이다.

그러면 책을 통한 간접경험을 쌓지 않으므로 해서 발생하는 지식의 부족은 어떻게 메우고 있는 것일까? 그것은 화면을 통해서 얻는 것 같다. 종이책은 읽지 않고 화면을 통해서 얻는 것 같다. 종이책을 읽지 않고 화면으로 보거나 또는 그림으로 본다. 요즈음은 소설도 그림으로 그린 그림으로 보는 경우가 많아졌다. 또 그러한 작가도 많아진 것 같다. 그리고 그림에서 필요한 언어는 소위 '말풍선'에 들어있는 한글을 통해 본다. 그 말풍선에 들어있는 말은 문장 형식이 아니라 어휘의 나열 형식이다. 그림을 통해서 어휘의 나열을 문장으로 해독하는 것이다.

한글이 쓰인 책은 화면으로 보거나 또는 그림으로 본다. 그것도 커다란 화면에서 보는 것이 아니고 태블릿 PC나 휴대전화 화면으로 보는 경향이 뚜렷

하다.

이처럼 종이책이 아닌 화면으로 책을 보는 시대는 다시 옛날로 환원될 것 같지는 않다. 이러한 시대는 계속 이어질 것이며 더 심화될 것이어서 화면에서 한글을 보는 방법을 개선하여 부작용을 줄이고 이를 유용하게 활용하는 방안을 마련하는 일이 시급하다.

한글을 종이책으로 만들 때의 문서작성기는 대체로 '혼글'이나 '워드'이다. 그리고 이것을 화면으로 보기 위한 것은 소위 pdf 파일로 만들어 보는 방식이다. 이것은 결국 텍스트 파일을 그림 파일로 바꾸는 것인데 화면에서 볼 때에는 텍스트 파일을 보는 것과 크게 다를 바 없다.

텍스트 파일을 볼 때에는 흰 바탕에 주로 검은색 글씨(또는 필요한 경우 다양한 색의 글자)로 보게 되어 있다. 그러나 흰색 바탕에 검은색 글씨로 보는 일은 눈을 매우 피로하게 만든다. 그뿐만 아니라 그림 파일로 만들었을 때 화면에 맞는 페이지를 만들면 한글 글씨가 너무 작아 읽기에 불편하다. 텍스트 파일에서 글씨 크기는 대체로 10포인트 안팎의 크기인데, 이것은 책으로 만들었을 때의 글자 크기에 맞춘 것이다. 이것을 화면에서 볼 수 있도록 하려면 다시 화면을 확대하여야 하는데, 그렇게 되면 한 페이지의 모습은 한 화면에서 볼 수가 없어서 문자만 따라 읽게 되는 문제가 발생한다. 그리고 이를 페이지에 맞게 편집하려면 텍스트 파일에서 글자 크기를 바꾸어 다시 편집하는 수밖에 없어서 불편함이 이만저만이 아니다. 이것을 간편하게 보이기 위한 ppt 작업도 매우 번거롭다.

발표자가 제안하고자 하는 것은 한글 문서작성기인 '혼글'이나 '워드'를 인쇄용 문서작성기가 아니라 화면으로 보기 위한 문서작성기로 프로그램을 개발하자는 것이다.

눈을 보호하기 위해서 화면에서 바탕색은 무엇으로 하는 것이 바람직하며 글자의 색깔과 크기는 어떻게 하는 것이 좋으며, 줄 간격과 글자 간격 등을 어떻게 하여야 하는가 등등에 대한 심도있는 논의가 필요하다. 폰트를 개발할 때와 마찬가지로 디자인 전공자와 어문학자 그리고 안과 전문의 등도 참여하여 논의하는 것이 바람직하다.

(2) 자판으로 입력하기

지금은 한글을 쓰지 않고 자판으로 입력한다. 더 나아가서 자판 없이 손가락으로 화면을 쳐서 입력한다. 앞에서 언급한 바와 같이 자판의 문자는 한글과 알파벳으로 구성되어 있어서 영어 및 알파벳의 영향이 어문생활에 그대로 반영되어 국어와 영어, 한글과 알파벳을 혼합하여 사용하는 경향이 발생하였고, 이제는 그 정도가 매우 심각한 단계에 있다고 할 수 있다. 이것은 연령층이 내려갈수록 더욱 심각한 단계에 있다.

예컨대 K-Pop(Korean Popular Music)이란 용어도 그렇지만, 그 노래의 제목과 가사에는 영어인지 한국어인지 알 수 없을 정도의 합성이 많다. 예컨대 Jopping의 앞부분은 "I don't even care 여긴 우릴 태울 stage"(난 신경 안 써 여긴 우릴 태울 무대)로 되어 있다. 이처럼 노래 가사가 영어와 한국어, 그리고 알파벳과 한글이 뒤섞여 있어서 이 노래를 좋아하는 젊은이들에게 주는 영향은 상상을 초월한다.

실제로 거리의 광고판에서 국어의 연결어미 '-고'를 'go'로 쓴 경우를 흔히 발견한다. 아마도 앞으로는 '먹고 마시고'는 '먹go 마시go'를 거쳐 '이트하고 드링크하고'로 바뀌고 곧이어 'eat하고 drink하고'로, 마지막에는 'eat and drink'로 변화는 과정을 거치지 않을까 걱정이다. 국어에서 한자 차용(구결)의 역사적 변화를 경험한 역사를 알기 때문이다.

이에 대한 대안은 현재까지는 마련된 적도 없고 마련하려고 노력한 적도 없다. 뾰족한 수가 없기 때문일 것이거나 또는 무관심하기 때문일 것이다.

7.2. 정보 전달의 다양성과 한글의 변화

디지털 시대는 정보 전달 방식의 다양화와 복합화를 그 특징으로 한다. 왜냐하면 오늘날 정보화 시대가 필연적으로 오게 된 것은 의사전달의 가장 효과적인 방식을 추구한 결과에서 비롯되었기 때문이다.

인간의 의사전달 방법은 여러 단계로 변화하여 왔다. 개인 간의 의사소통 방식이 신문, 라디오, TV와 같은 대중 매체를 이용하는 방식으로, 그리고 음성이나 문자를 통한 단일한 전달방식에서 음성, 문자, 화상 등을 동시에 전달하는 멀티미디어 방식으로 변화한 것이다. 최근에는 컴퓨터의 활용으로 개인과 개인의 의사전달 방식도 멀티미디어 방식으로 바뀌게 되었다. 곧 의사전달 방식으로 보아, 음성과 문자의 시대에서 디지털 시대로 변화한 것이다. 디지털 시대에 들어서면서 글자의 모든 면에서 변화를 겪는다. 한글도 그 변화의 와중에 있다고 할 수 있다. 그 변화된 현상은 다음과 같은 것이다.

이러한 경향으로 다음과 같은 변화된 모습을 볼 수 있다.

(1) 한 가지 서체에서 다양한 서체로

문자의 기능을 확대 운용하는 일은 서체의 다양한 활용에서 비롯된다. 다양한 서체를 이용하여 의미 전달자의 복합적인 의미를 전달하려고 하는 것이다. 일반적으로 서체는 시각적으로 아름다움을 전달하는 대상으로만 인식되어 왔다. 그러나 서체는 미적인 감각만을 내포하는 것이 아니다. 다른 내부 의미도 포함하고 있다. 원래 서체는 실용성에 따라 자연적으로 발생한 역사적 산물이다. 따라서 서체 하나하나는 역사성을 내포하고 있으며, 그 역사성에 따라 그 서체의 의미도 부가되게 되었다. 예컨대, 우리나라 전국의 도로 표지판에 쓰인 한글은 모두 돋움체(또는 고딕체)로 되어 있는데, 이것은 돋움체가 문자 변별력이 가장 뛰어나다는 서체상의 특징에 기인한다. 문자 변별력이 뛰어나다고 해서 이 돋움체를 모든 본문에 사용한다면 그 글을 읽는 사람은 그 글의 내용 파악에 꽤 많은 시간이 소요될 것이다. 왜냐하면 이 돋움체는 속독하는 데에는 장애가 되는 것이기 때문이다. 마찬가지로 돋움체가 문자 변별력이 우수하다고 해서 시(詩)를 이 돋움체로 써 놓는다면 시의 모든 시적 정서가 고갈되고 말 것이다. 왜냐하면 돋움체는 뜻을 전달하는 데에는 정확하지만, 정서적으로는 딱딱하고 무뚝뚝한 감정을 내포하고 있기 때문이다.

오늘날처럼 한글에 이렇게 다양한 서체가 개발된 적이 없다. 그런데 흥미로운 사실은 소위 글의 본문에 쓰이는 바탕체의 개발은 거의 없다는 점이다. 이것은 한글 서체가 읽기 위한 서체의 개발보다는 보기 위한 서체의 개발에 더 주안점을 두기 때문이다. 최근에는 손멋글씨(캘리그래피)가 유행하는 것도 이것과 연관된다고 생각한다.

아마도 한글 서체는 지속적으로 개발될 것임에 틀림이 없다. 그리하여 이에 대해서는 별도로 언급하려고 한다.

(2) 정서적 의미의 전달과 한글의 변화

문자만으로 정보를 전달하던 시대에 문자는 그 문자가 표시하는 언어의 개념 의미만을 전달하였었다. 왜냐하면 문자 자체로는 글쓴이의 감정이나 정서를 담기가 수월하지 않았기 때문이다. 문자 자체의 형태로서 그 문자를 쓴 사람의 감정을 전달하지 못하는 것은 음성적 기능을 지닌 말을 시각적인 문자 기호로 바꾸어 놓으면서 그 음성 속에 내재되어 있던 감정 표현을 문자 속에 담지 못하였기 때문이다. 디지털 시대의 문자는 그 문자의 형태만으로도 그 글자를 쓴 사람의 감정까지도 전달하는 기능을 담당하게 되었다.

(3) 한글의 크기를 다양하게 조정

활판이나 사진식자 시대에는 한글의 크기를 늘리고 줄이는 일이 수월하지 않았었다. 그러나 컴퓨터로 조판하는 경우에는 글씨의 높이와 장평 또는 자간을 자유롭게 조절할 수 있어서 한글의 크기를 다양하게 조정할 수 있게 되었다. 화면에 보이는 한글의 크기를 자유자재로 조정함으로써 한글 서체의 조형성도 달라지게 되었다.

(4) 다양한 색채의 한글 사용

지금까지 책은 대개 흰 종이 바탕에 검은색의 한글을 인쇄하여 사용하여 왔다. 그러나 천연색 인쇄술이 발달하고, 컴퓨터에서 쉽게 활자의 색깔을 선택할 수 있게 되었으며, 또 컬러프린터의 보급으로 누구나 글을 쓰면서 다양한 색깔의 글자로 출력할 수 있게 되었다. 한 책의 모든 글자 색깔을 바꾸기도 하고, 한 책의 부분부분 또는 한 면의 부분부분들의 색깔을 달리하여 표현할 수 있게 된 것이다. 특히 화면에서의 한글의 색채는 매우 다양해졌다.

(5) 그림 위에 글자를 쓰는 방법의 다양화

정보화 시대 이전에는 사진이나 그림 등에 별도의 한글을 써 넣는 일이 자유롭지 못하였었다. 그러나 컴퓨터 프로그램의 발달로 이것이 가능해졌을 뿐만 아니라 동화상에서까지도 한글 처리가 가능해졌다.

오늘날 의사전달에서 가장 많이 활용하는 방법 중의 하나인데, 그 그림과 한글이 어떻게 조화를 이루어야 할 것인지에 대한 논의가 필요하다.

(6) 음성에 따라 문자의 변화가 있다

음악이나 발음에 따라 자막으로 처리된 한글의 글자 모양에 변화를 주는 방법으로서 한글 글자를 화면상에서 그 문자를 발음하는 시간에 맞추어 글자의 모양이나 속성에 변화를 주는 것이다. 오늘날 TV에서 흔히 사용하는 방법이다.

8) 언어문화적 측면에서 본 한글 변화의 이유

한글이 여러 가지 변화를 겪은 것은 언어문화적 측면에서 볼 때 다음과 같은 이유 때문이라고 생각한다.

(1) 의사전달의 정확성과 신속성을 위해서

의사전달의 생명은 정확성과 신속성이다. 의사전달의 정확성을 제고시키기 위해 등장한 것이 국어 표기법의 표준화이다. 한글맞춤법, 외래어표기법, 로마자표기법, 표준어 규정 등이 그러하다.

그중에서도 대표적인 것이 한글맞춤법인데 띄어쓰기나 문장부호 등은 특히 중요하다.

한글을 통해 의사전달을 할 때 신속하게 전달하는 방법은 결국 한글로 쓰인 그 문자를 빨리 인식하는 것일 것이다. 여기에는 대체로 두 가지 방식이 있어왔다.

하나는 속독력이 뛰어난 한글 서체를 쓰는 방법이고 또 하나는 인상적으로 글씨를 쓰거나 그림을 함께 제시하는 방법이다.

한글 서체는 커다랗게 변별력이 뛰어난 서체와 속독력이 뛰어난 서체로 구분된다. 변별력이 뛰어난 서체는 곧 고딕체이고 속독력이 뛰어난 서체는 명조체이거나 신명조체이다. 요즈음은 이를 바탕체라고 한다. 그래서 세계의 모든 도로표지판은 고딕체로 되어 있으며 모든 교과서의 본문은 명조체이거나 신명조체로 되어 있다.

한글은 뛰어난 문자이지만 동시에 선과 점과 원의 간단함 때문에 변별력이 떨어지는 문자이어서 정확성과 신속성을 해결하는 데 많은 노력을 해야 할 것이다.

그림을 함께 붙이는 방법의 대표적인 것이 만화일 것이다. 여기에는 문자를 압축적으로 쓰고 대신 그림을 통해 의미를 신속히 전달하는 것이다. 그러나 우리나라 만화의 한글 서체는 아직도 연구자의 손을 기다리고 있는 셈이다.

(2) 생각과 느낌의 전달 방법을 변화시키기 위해서

사람들이 서로 전달하려는 내용은 크게 두 가지이다. 즉 생각과 느낌이라고 할 수 있는데, 그중에서 정확하게 전달하여야 할 요소는 주로 '생각'이었다. '느낌'은 언어와 문자로서 정확하게 전달하는 데에 어려움이 있기 때문이다.

글 속에서 느낌을 전달하고자 하면 여러 방법을 사용하였는데, 그것은 문학작품에서의 '묘사'나 '기술'에 해당하는 요소였다. 이것을 서체를 변화시키거나 부가기호를 사용하여 생각과 느낌을 전달하려는 의도에서 한글은 변화를 겪게 되는 것이다.

(3) 정서 표시의 방법을 달리 하기 위해서

컴퓨터로 글을 쓰기 이전에는 글자를 손으로 써서 그 정성과 마음을 담는 애틋함이 글씨에 나타난다고 하여 글씨 쓰는 법을 배우곤 했지만, 디지털 시대에는 컴퓨터로 입력하는 과정을 거치기 때문에 손글씨의 맛이 없어서 쓴 사람의 정성이나 느낌을 전혀 느낄 수 없다.

디지털 시대에 정서 표시의 방법에 변화를 가져오게 되었다. 예컨대 'ㅠㅠ'나 'ㅜㅜ' 등으로 표현하여 눈물 흘리는 장면을 연상케 함으로써 시각적 효과를 담으려고 하거나 'ㅋㅋㅋ'처럼 써서 청각적인 요소를 담으려고 하는 것이다.

(4) 한글 표현의 새로운 방법을 강구하기 위해서

이러한 정서적 가치를 표현하는데 가장 다양한 표현방법이 등장한 곳은 인터넷상이다. 인터넷상에서 쓰이는 문자나 언어들은 여러 가지 이유로 한글이나 다른 부호들을 변형시켜 이용하고 있다. 이 통신언어와 통신 문자는 다음과 같은 데에 그 발생의 원인이 있다고 생각한다(여기에서는 일일이 구체적인 예를 제시하지 않는다).

① 문자는 개념적 의미만 전달할 수밖에 없는데, 그 문자에 정서적 의미까

지 전달하려는 목적에서

②평범한 표현을 사용하기보다는 다른 사람들이 깜짝 놀랄 만한 표현을 써서 자신의 개성을 두드러지게 나타내고자 하는 욕구에서.

③사람들의 의사를 전달하는 기호로 여러 기호가 있는데, 이 중에서 문자기호만을 선택하여 표현하였을 때에는 자신의 감정을 충분히 표현할 수 없다고 생각하여, 문자기호가 지니고 있는 제약을 깨뜨리고, 새로운 기호로 자기 자신을 표현하기 위해서.

④청소년들이 자신들의 감정이나 의견 또는 행동을, 늘 자신들을 감시하고 있다고 생각하는 어른들에게 숨기기 위해서.

⑤통신언어의 가장 큰 생명은 신속성이라고 할 수 있는데, 짧은 시간에 많은 양의 의사를 전달하려는 욕구에서.

⑥통신언어의 중요한 기능 중의 하나가 시각성이라고 할 수 있는데, 시각적으로 특이한 표현을 사용하여 기존에 문자들이 지니고 있는 제약성에서 벗어나기 위해서.

⑦문자가 지니고 있는 정서적 가치를 높이고 표현력을 극대화하기 위해 개발된 것이 각종의 서체인데, 이들 서체가 많이 개발되어 있어도, 그 서체들이 어떠한 감정을 표현하는데 사용되는지에 대한 사용법조차 알려져 있지 않고 또 알지도 못하는 상황이어서 적합한 한글 서체를 사용하지 않아서.

이처럼 다양한 이유로 인해 한글은 창제 당시에 비해 여러 면에서 변화를 겪어 온 것이다.

9) 정보화 시대의 한글 서체의 개발

정보화 시대는 급속도로 인터넷 시대로 달려 가고 있다. 이러한 시대에 한글 서체의 개발은 어떠한 방향으로 이루어져야 할 것인가?

(1) 한글 서체는 그 한글이 담을 내용과 걸맞아야 한다

책에 쓰인 정보와 전자 매체를 통해서 쓰인 정보는 그 특징이 각각 다른 것으로 보인다. 일반적으로 종이로 된 책에 담겨 있는 정보는 대체로 종합적이고 구조적이다. 따라서 학문적이고 체계적인 정보는 주로 종이책이 담당할 것이고 분석적이고 단편적이고 직관적인 지식과 정보는 전자미디어가 담당할 것으로 보인다. 특히 전자 미디어에서 다루는 정보는 검색이 빠른 것이 중요한 특징이다. 그래서 종이책에 쓰이는 한글 서체와 전자책에 쓰일 한글 서체는 이러한 정보의 특성에 따라 달리 개발되어야 한다. 종이책에 쓰이는 한글 서체는 약간의 중후함이 그 종합적인 정보에 합당할 것이며, 전자 미디어나 인터넷, 그리고 휴대용 전화기에 나타나는 한글 서체는 매우 특징적이고 인상적이어야 할 것이다. 그래야만 정보를 오래 기억할 수 있게 될 것이다.

(2) 다양한 서체를 선택할 수 있도록 개발되어야 한다

이전 시대에는 글자를 직접 썼었기 때문에 그 한글에는 그 글씨를 쓴 사람의 개성이 잘 드러났었다. 그래서 글씨는 곧 그 사람이라는 말까지 나오게 되었다. 그러나 이제는 쓰는 시대가 아니고 오히려 컴퓨터의 자판을 두드려서 타자를 통하여 입력하는 시대이다. 그래서 자신의 개성적인 글씨가 실현될 수 없다. 이러한 상황에서 자신의 개성이 드러날 수 있도록 하는 방법은 컴퓨터상에 많은 한글 서체들을 등록시켜 놓고, 그 글을 입력하고 쓴 사람의 개성에 따라 선택할 수 있는 여지를 충분히 만들어 주는 일이라고 생각한다. 따라서 상당히 많은 한글 서체가 개발되어야 할 것이다.

(3) 한글 서체는 생산과 유통과 소비단계를 고려하여 개발되어야 한다

정보는 생산과 유통과 소비의 단계를 거친다. 그러므로 한글 서체의 개발도 이와 연관시켜야 한다. 즉 서체의 개발은 생산 활동이다. 그래서 유통과 소

비를 염두에 두고 한글 서체의 개발은 이루어져야 한다. 소비 단계에서 그 서체를 소비할 사람이 누구이며, 그 소비를 통해 어떠한 정보를 얻을 수 있는가에 대한 면밀한 검토를 거쳐 서체 개발에 들어가야 할 것이다.

(4) 한글은 다른 표기 형식들과 조화가 되도록 개발되어야 한다

정보화 시대는 멀티미디어 시대이다. 따라서 한글은 그 하나만으로서의 특성과 속성만을 지닌 채 개발되어서는 안된다. 한글과 함께 사용될 각종의 요소들을 고려하여 그것들과 조화를 이루며 사용될 수 있도록 개발되어야 한다. 그러기 위해서는 한글과 한자의 조화, 한글과 문장 기호의 조화, 한글의 글자와 바탕화면의 조화, 한글과 알파벳의 조화 등을 고려하면서 개발되어야 한다. 옛 문헌은 한글과 한자 그리고 문장 기호 등을 쓴 사람이 동일인이어서, 그것들의 조화가 잘 이루어지고 있지만, 최근의 한글 서체 개발에는 이들이 각각 분업화되어 있어서 이것들이 함께 사용될 때에는 그 조화력을 잃어버리고 만다. 오늘날의 출판물에는 한글과 한자와 알파벳이 동시에 사용되는 경우가 많다. 그런데 아직도 한글 서체의 개발은 많이 되었지만, 한자나 알파벳의 서체 개발이 많이 이루어지지 않아서, 한글과 한자와 알파벳이 함께 쓰인 문장이나 제목 등이 서로 조화롭지 않게 보이는 때가 많다.

(5) 다양한 서체의 응용은 교과서부터 이루어져야 한다

한글 서체의 활용이 가장 활발해야 하는 곳은 아마도 가장 많은 부수를 간행하는 학교 교과서일 것으로 생각한다. 그러나 오늘날 우리나라의 교과서는 한글 서체의 이용에서 가장 뒤져 있는 형편이다. 그래서 서체의 변화를 가장 늦게 수용하는 출판물은 교과서이다. 교과서가 가장 보수적인 것이다. 우리나라의 각종 초 · 중 · 고등학교 교과서에는 아직도 다양한 한글 서체를 수용하지 않고 있다. 교과서에 다양한 한글 서체를 원용하고 운용한다면 새로운 한글 서체가 개발되고 사용되는 데 커다란 힘을 얻을 것으로 생각한다.

(6) 한글의 장점을 살려서 한글 서체가 개발되어야 한다

한글이 지니고 있는 장점을 최대한으로 살려서 한글 서체가 개발되어야 할 것이다. 한글은 다른 문자에 대하여 많은 장점을 지니고 있다. 우리가 '한글은 배우기 쉽다'고 하는데, 이 점이야 말로 한글이 지니고 있는 최대의 장점이다. 한글을 배우기 쉽다는 것은 한글의 어떠한 특성에 말미암은 것일까? 한글은 한글 자형이 단순하고, 가로쓰기와 세로쓰기가 자유로우며, 한글의 선형들이나 자모의 조합이 매우 규칙적이다. 또한 각 자모가 한 음절 글자 속에서 차지하는 공간적 위치도 매우 규칙적으로 배분된다는 특성이 있다. 한글은 다른 외국 문자들에 비해 선형(線形)이 단순하여, 그것을 배우는 사람에게 기억을 쉽게 해 준다. 우리가 주로 많이 알고 있는 알파벳이나 한자나 일본의 가나 등과 비교하여 보면 쉽게 수긍할 수 있을 것이다. 따라서 앞으로 개발될 한글 서체는 한글의 이러한 중요한 장점을 최대한으로 살리는 방향으로 이루어져야 한다. 왜냐하면 이러한 원칙에서 벗어나는 서체를 개발하면, 그 서체가 비록 예술적으로는 아름다운 글자라도 의사 소통이라는 문자의 가장 기본적인 기능을 해칠 위험이 있기 때문이다. 이것은 결국 조형미를 갖춘 한글 서체를 개발하는 일이다. 최근에 한글전용 운동이 벌어지면서, 한글 가로쓰기가 세로쓰기에 비해 마치 과학적인 운용 방법인 양 주장하는 사람들이 있다. 그리하여 신문과 잡지는 물론이고 모든 인쇄체들이 가로쓰기로 변환되었는데, 이것은 한글의 특성을 무시한 것으로서 가장 비과학적인 것이다. 문자를 가로로도 쓸 수 있고 세로로도 쓸 수 있다는 것은 한글을 자유롭게 운용할 수 있다는 것이다. 따라서 각각 필요에 따라 세로와 가로로 쓸 수 있어야 한다. 문서의 편집에서도 제목은 세로로 쓰고 본문은 가로로 쓴다거나 또는 그 역으로 할 수도 있어야 한다. 이렇게 하기 위해서는 컴퓨터로 문서를 작성하는 문서 작성기 프로그램에 이러한 기능들이 부가되어야 할 것이다. 그러나 한 면의 모든 글자를 가로와 세로의 어느 하나만을 선택하도록 하는 것보다는 문장이나 단어의 일부분들이나 문자들을 가로 세로로 자유롭게 쓸 수 있도록 하여야 한

다. 그러기 위해서는 모든 글자들을 상하좌우로 뒤집어 놓을 수 있게 하거나 상하좌우로 45도, 90도, 180도 360도 회전시키거나 할 수 있도록 프로그램이 짜여져야 한다. 이 프로그램은 결국 다양한 폰트를 만들 수 있는가 없는가에 따라 가능성의 여부가 결정될 것이다. 그래야만 모든 신문 잡지 등의 편집이 다양하여 의사 전달에 도움이 될 것이다.

(7) 한글 서체의 용법을 특징화할 수 있도록 개발되어야 한다

한글 서체의 개발에서 서체의 용법을 특징화하는 일이 중요하다. 우리나라에서는 최근에 들어 많은 서체들이 개발되어, 이의 활용이 빈번하다. 그러나 그 서체들이 어떠한 글에서 최대의 효용가치를 가지는지에 대해서는 서체 개발자도 인식하지 못하는 경우가 많은 것으로 보인다. 어느 서체가 어떠한 글에 사용되면 효과적인가를 설명하는 일이 중요하다. 왜냐하면 일반인들은 그 서체의 특징을 안다고 하여 그것을 필요한 글에 이용하기가 어렵기 때문이다. 따라서 각 서체를 개발하는 사람들이나 개발회사는 새로운 서체를 개발하여 그것이 어떠한 글에 쓰이면 효과가 있는지를 소개하여야 한다.

(8) 한 벌의 조화로운 스타일을 만들어 개발하여야 한다

한글 서체의 조화로운 사용을 위해 서체의 한 벌을 마련해 주는 일이 중요하다. 컴퓨터의 문서작성기에는 서체를 등록하여 놓고 각자 자유롭게 서체를 선택하여 쓸 수 있도록 하여 놓았다. 그래서 글을 쓰는 사람이나, 편집하는 사람들은 각자가 좋아하는 서체의 스타일을 만들어 사용하고 있다. 예컨대 글의 제목, 글쓴이의 이름, 본문, 작은 제목, 쪽번호, 각주, 예문, 머리말, 소제목 등에는 어떠한 서체를 사용하는지를 등록하여 놓고 사용하도록 하고 있다. 그런데 글은 어느 한 서체만으로 그 글 전체의 조화를 이루기가 어렵다. 그래서 최근에 간행된 문헌들에는 그러한 서체들끼리의 조화가 이루어지지 않아서 책의 모양이 흉측하게 된 것들이 많다. 따라서 앞으로 각 서체들이 어떻게

조화를 이루는지에 대한 연구가 필요하다. 서체 하나하나에 대한 개발과 함께, 각 서체들의 무리들을 특징화시켜 묶어 주는 일이 중요하다.

(9) 바탕체를 중심으로 개발되어야 한다

최근에 개발되는 한글 서체는 바탕체가 거의 없는 실정이다. 그 이유가 상업성이 없어서이겠지만, 그래도 가장 많이 활용되는 한글 서체를 배제한 채, 한글 서체가 개발되는 기현상은 사라져야 한다.

(10) 그림과 소리와 색채가 조화되도록 개발되어야 한다

한글은 그림과 소리와 색채가 서로 조화되어야 한다. 정보화 시대의 특징은 멀티미디어 방식의 전달 방식이라는 점이다. 따라서 복합적인 전달 방식의 개발을 위해서는 소리와 그림과 색채들이 서로 잘 조화가 되는 글자를 이용하여야 한다.

(11) 서체에 정감이 있도록 개발되어야 한다

한글은 개념 의미만이 아니라 글쓴이의 감정도 표현할 수 있도록 개발되어야 한다. 말은 그것을 구성하고 있는 음성, 형태, 문장의 유형, 그리고 억양이나 강세 등에 의해 화자의 의견 뿐만 아니라 감정까지도 전달할 수 있다. 그러나 문자는 단순히 화자의 의견만을 전달하는 것으로 인식되어 왔다. 따라서 문자의 모양은 가독성과 변별성만 충족하면 문자의 기능은 다하는 것처럼 인식되어 왔다. 그래서 아름다운 서체를 갖춘 한글을 개발하는 것이 지금까지의 경향이었다. 그러나 문자는 그것이 조합되어, 글쓴이의 의사만 전달하는 것이 아니라 감정까지도 전달할 수 있는 요소로 자리 잡고 있다. 예컨대 김소월의 '진달래꽃'을 소위 돋움체로 기록하였다고 한다면, 그 글자는 '진달래꽃'의 시적 정서를 전달하는 데에 아무런 기능을 하지 못할 것이다. 마찬가지로 대학생이 학교의 과제물을 쓰기체로 만들어 제출하였다면, 그리고 도로 표지

판을 역시 돋움체가 아닌 쓰기체나 궁체로 만들었다면, 그 서체는 아무런 기능도 하지 못할 것이다. 이제 서체는 의사를 전달하는 중요한 매체로 등장하게 되었다. 이 서체에는 사람의 말에 비유한다면 그 사람의 음색에 해당하는 것이라고 할 수 있기 때문이다.

이러한 다양한 정서를 전달하기 위해서는 초등학교에서 고등학교까지 사용되는 모든 교과서에 단일한 서체를 쓰는 것을 지양하고 학생들에게 다양하고 아름다운 한글의 모습을 보이기 위해서라도 다양한 서체를 이용하여 편집하는 것이 필요하다.

10) 마무리

21세기 정보사회와 디지털 시대에 한글이 어떻게 변화할 것인가를 간략히 살펴 보았다. 이를 위해서 한글이 걸어온 길을 더듬어 보고, 한글을 읽는 도구로 사용했을 때와 읽고 쓰기 위한 도구로 사용되었을 때, 그리고 현대의 기계화와 정보화로 치기와 보는 도구로 변화하였을 때의 한글의 변화 양상을 살펴 보았다.

그러나 이에 대처하기 위한 방안에 대해서도 몇 가지 제언을 하였다. 발표자의 이 발표로 이 문제에 대한 논의가 심화되기를 바랄 뿐이다.

<2022년 10월 22일(토), 국립한글박물관, 글로벌문화콘텐츠학회
2022 국제학술대회, 국립한글박물관 강당>

4. 옛한글의 개념에 대하여

1) 한글의 범위

우리나라 사람들이 현재까지 사용하였던 우리나라 문자는 다음과 같다.

- 우리나라 문자
  - 한글
    - 현대한글
    - 옛한글
  - 한국 한자
  - 구결문자(이두문자 포함)

우리나라 문자라고 해서 이들을 모두 '한글'이라고 할 수 없다. 국민들이 '한글'을 '훈민정음'과 자형상으로 연관이 있는 글자만을 의미하는 것으로 인식하고 있기 때문이다. 그런데 '현대한글'과 '옛한글'을 따로 분리시키지 않고 '한글' 속에 포함시킨 것은 '한글'을 '현대한글'에 국한시키지 않고 '옛한글'까지도 포함하는 개념으로 사용하여 한글 코드 속에 '옛한글'을 자동적으로 소속시키게 하기 위해서이다.

2) '현대한글'의 개념

'현대한글'이란 우리말과 외래어 및 외국어를 표기하기 위하여 1933년에 제정된 '한글맞춤법통일안' 및 '들온말 적기' 등에 의거한 표기체계에 사용된 한글을 말한다. 따라서 '현대한글'이란 1933년 이후에 사용된 한글을 의미할 것이다. 그러나 현대인들이 이러한 맞춤법에 따르지 않고 훈민정음 창제 이후에 사용되었던 문자를 복고적으로 사용하는 경우는 제외되어야 한다(예컨대 'ᄒᆞᆫ글' 등). 현대에 사용하는 문자라 하더라도 맞춤법에 따르지 않은 것은 현대한글이라고 할 수 없다. 이것은 '옛한글'에 포함시켜야 한다.

여기에서 특히 '현대한글'이라는 용어를 사용한 것은 '한글'은 한국어를 표기하는 우리나라 문자에 대한 총칭이어서, 훈민정음 창제 당시의 문자도 '한글'이요 현대에 쓰이는 문자도 역시 '한글'이므로, 옛날에 쓰이던 문자와 현대에 쓰이는 문자에 대한 명칭을 구별하기 위해서이다. 현대에 쓰이는 한글을 특히 '현대한글'이라 하고 이에 비해 옛날에 쓰이던 문자를 '옛한글'이라 한 것이다.[4]

3) 옛한글의 명칭

'한글'이란 한국어를 표기하는 우리나라 문자의 총칭이다. 그러나 최근에는 '한글'이 문자가 아닌 언어의 하나로 인식되어서, '한국어, 고유어'란 의미로도 사용되고 있다. 외국의 동포 사회에서 볼 수 있는 '한글 학교'의 '한글'은 '한국어'의 뜻으로, 그리고 국어운동의 하나로 벌이고 있는 '한글 이름 짓기 운동'의 '한글'은 '고유어'의 뜻으로 사용되고 있는 것이다. 원래는 문자의 뜻을 가지다가 차츰 언어의 뜻으로 확대되어 사용된 것이다.

---

4 '현대한글'을 김경석(1994)에서는 '요즘 한글'이란 명칭을 사용하고 있는데, 이 명칭은 '요즘'이 부사적인 기능을 가지고 있어서 중의성을 보이기 때문에 바람직한 용어가 아닌 것으로 생각한다. 또한 '요즘'과 대립되는 개념은 '옛'이 아니라 '옛날'이어서, '요즘 한글'은 '오늘날의 한글'이란 뜻이 강하여 '옛날 한글'과 대립될 것이다. 그러나 '옛날 한글'은 '옛한글'에 비해 그 개념이 다르다고 할 수 있다. 이에 대해서는 후술될 것이다. 오히려 '현대'와 용어상으로는 직접적으로 대립되지 않지만(오히려 '고대, 중세, 근대' 등과 대립된다), 개념상으로는 대립되는 '옛'이란 접두사를 사용하는 편이 좋을 것으로 생각한다.

이와 같이 언어와 문자를 혼동하여 한글을 명명하는 경우는 문서작성기에서도 발견된다. 한글의 하위분류인 '옛한글'에 대해서 'ᄒᆞᆫ글'에서는 '옛글자', '훈민워드 2000'에서는 '고어', '워드 2000'에서는 '옛한글'로 표시되어 있다.

이와 같은 혼란의 이유는 자명하다. 아직까지도 이 명칭의 통일이 이루어지지 않았고, 또 통일시키려는 노력이 없었기 때문이다. 한글 코드나 컴퓨터 용어 등의 통일 및 표준화에 대해서는 끊임없이 관심을 집중하여 왔지만, 문자 명칭의 통일은 그리 큰 문제로 생각하지 않았다. 글자의 명칭조차도 통일시키지 않고서도 그 코드는 표준화 내지 통일시키려고 했던 것이다. 부끄러운 일이 아닐 수 없다.

주지하는 바와 같이 우리나라 문자의 명칭은 창제 당시의 정식 명칭은 '훈민정음'이었고 그 이외에 '정음', '언문'이 쓰이었다. 그리고 오늘날에는 '한글'로 통용된다. 이 '한글'은 한국어를 표기하는 우리나라 문자에 대한 총칭이 되었다. 따라서 훈민정음 창제 당시의 문자도 '한글'이요, 현대에 쓰이는 문자도 역시 '한글'이어서, 옛날에 쓰이던 문자와 현대에 쓰이는 문자에 대한 명칭을 구별하고자 할 때에는 어려움이 있다.

일반적으로 옛날에 쓰이던 '한글'을 '훈민 워드 2000'에서와 같이 '고어(古語)'라 칭하기도 한다. 그러나 이 용어는 문자의 명칭이 아니라 언어의 명칭이라서 타당한 것이 아니다. 'ᄒᆞᆫ글'에서 보는 바와 같이 '옛글자'란 명칭도 보인다. 그러나 이 용어도 바람직하지 않다. 왜냐하면 이 말은 단지 옛날에 쓰이었던 문자라는 의미만을 지니고 있어서, '한글'이라는 문자 자체에 대한 개념이라기보다는 옛날에 쓰이었던, 한글을 비롯한 모든 문자, 예컨대 구결(口訣)을 표기하기 위한 생획자(省劃字)들도 포함될 가능성이 있기 때문이다.

'고자(古字)'라는 한자 용어도 사용되어 왔다. 이 용어는 '옛글자'에 대한 한자어이므로, '옛글자'나 '고자'는 동일한 용어이어서, 역시 바람직한 것이 아니다.

'한글'이란 내용을 포함하면서, 옛날에 쓰이었던 우리의 글자라는 의미를 포함하는 용어로는 '옛한글'이 가장 바람직한 것으로 보인다. 이 용어는 이전에 우리 선조들이 사용되어 왔던 문자 중에서 '한글'만을 지칭하는 것이며, 또한 현대에 쓰이는 한글과 구별할 수 있기 때문이다. 우리말을 표기하는 문자를 '한글'이라 하고, 이 '한글'을 다시 '옛한글'과 '현대한글'로 구분하여 사용할 수 있는 장점이 있다. 물론 이 '옛한글'도 '옛'의 개념이 모호한 점이 있다. 그러나 '고자', '옛글자', '고어' 등의 용어보다도 그 개념이 가장 명확하다고 할 수 있다.

4) '옛한글'의 개념과 범위

아직까지 '옛한글'에 대한 정확한 명칭과 개념이 규정되어 있지 않아 많은 혼란이 있어 왔다. 그 명칭과 개념을 정확히 제시하도록 한다.

(1) 옛한글의 이칭과 '옛한글' 용어의 타당성

일반적으로 옛날에 쓰이던 '한글'을 '고어(古語)'라 칭하기도 한다. 그러나 이 용어는 문자의 명칭이 아니라 언어의 명칭이어서 명칭으로서는 부적합하다.

'옛글자'란 명칭도 보인다. 이 '옛글자'는 '옛날에 쓰이었던 글자'라는 뜻이어서, 옛날에 쓰이었던 모든 문자를 포함하는 개념이므로 마땅치 않다.

'고자(古字)'라는 한자 용어도 사용하여 왔는데, 이 용어는 '옛글자'에 대한 한자어일 뿐이어서 '옛글자'와 함께 역시 바람직한 용어가 아니다.

옛날에 쓰이었던 우리의 글자라는 의미를 포함하는 용어로는 '옛한글'이 가장 합리적이다. 이 용어는 이전에 우리 선조들이 사용하여 왔던 다양한 문자(예컨대 한자나 구결문자) 중에서 '한글'만을 지칭하는 것이며, 또한 현대에 사용되는 현대한글과 구별할 수 있다. 우리말을 표기하는 문자인 '한글'을 다시 '옛한글'과 '현대한글'로 구분하여 사용할 수 있는 장점이 있다.

(2) 옛한글의 범위

'옛한글'이란 말은(비록 '옛글자', '고자' 등으로 불리어 왔지만) 이제까지 매우 막연하게 사용되어 왔다.

옛한글은 지나간 시기의 우리말과 외래어, 그리고 외국어를 표기하는 한글이기 때문에 옛한글은 현대국어 이전의 우리말과 외래어 및 외국어를 표기하기 위해 사용되었던 한글을 의미하는 것이어야 한다. 그렇다면, 옛한글은 "훈민정음이 창제된 1443년부터 한글맞춤법통일안이 만들어진 1933년까지의 시기에 국어와 외래어 및 외국어를 표기하던 문자"를 말하게 될 것이다.

'옛한글'은 일반적으로 현대국어의 정서법에 나타나지 않는 문자를 지칭하는 것으로 인식되어 왔다. 그러나 이론상으로는 '고어'가 '현대국어'에 사용되지 않는 국어만을 지칭하는 것이 아니라, 지나간 시기에 사용되었던 국어를 지칭하는 것과 마찬가지로, '옛한글'은 현대국어의 정서법에 나타나는 것이라 하더라도 옛문헌에 사용되었던 문자까지도 지칭하는 것이어야 한다. 그렇지만 '옛한글'을 이러한 개념으로 사용한다면, 옛한글 속에는 대부분의 현대한글도 포함될 것이다. 예컨대 'ㄱ'이라는 문자나, '가'라는 글자는 옛한글도 될 것이고, 현대한글도 될 것이다. '옛한글'을 이렇게 넓은 의미로 사용한다면, 일반적인 인식으로서의 옛한글과는 상당한 거리가 있게 된다. 즉 오늘날의 정서법에 나타나는 한글 문자를 '옛한글'이라 칭하기는 어렵기 때문이다. 그래서 이러한 개념으로서의 옛한글도 그 범위를 축소시키지 않으면 안된다. 즉 현대한글에서 사용되고 있는 한글은 제외시켜야 할 것이다.

그렇지만 옛날에 사용하였던 모든 한글(현대한글과 옛한글을 합쳐서)은 '옛날 한글'이라는 범주 속에서 처리하는 것이 바람직하다고 생각한다. 예컨대 '옛한글 음절 빈도'를 조사하면서, 현대한글에 나타나는 음절은 제외하고, '옛한글 음절'의 빈도만을 조사한다면, 그 효용가치는 절감될 것이다. 옛날에 사용하였던 모든 한글의 빈도를 조사하는 것이 그 당시의 언어생활을 이해하는데 도움이 될 것이기 때문이다. 이런 경우에는 '옛한글 음절'은 물론이고, 옛날에 쓰인 현대한글 음절도 포함하는 것이 바람직하다. 이 때에는 '어느 시기의 한글 음절 빈도수 조사 결과'로도 표현할 수 있겠지만, 쉽게 '옛날 한글 음절 빈도

수 조사 결과'라고 표현하여도 좋을 것으로 생각한다.

'옛한글'에는 옛 문헌에는 실현되지 않지만, 옛날의 우리 국어를 표기하기 위해 현대인들이 사용하는 글자들도 포함시켜야 한다. 즉 이전 시기에 사용되었던 단어 중에서 그 어간을 구분하여 밝혀 적기 위한 한글도 포함시켜야 한다는 의미이다. 예컨대 'ᄑᆞᆽ'(小豆)이란 글자는 옛 문헌에는 거의 등장하지 않지만, 'ᄑᆞ치, ᄑᆞ출' 등으로만 실현되는 이 단어의 어간을 밝혀 적을 필요가 있는 것이다.

옛한글에는 한어(漢語), 몽고어(蒙古語), 만주어(滿洲語), 범어(梵語), 일본어(日本語) 및 개화기 이후에 들어온 서구의 언어 등을 표기하기 위해 한글 자모를 조합하여 만든 특이한 글자도 존재한다. 이 문자들은 옛한글의 정의에 '국어와 외래어 및 외국어를 표기하기 위한'에 해당되기 때문에 이들도 '옛한글'의 범위 속에 포함시켜야 된다. 즉 외국어와 외래어를 표기하기 위한 한글도 옛한글 속에 포함시켜야 한다. 옛한글은 어느 언어를 표기하는가에 따라 각각 다른 모습을 보여 왔다. 고유어를 표기하기 위한 옛한글과, 외래어를 표기하기 위한 옛한글과, 외국어를 표기하기 위한 옛한글은 자모에서나 음절글자에서나 큰 차이를 보인다. 자모의 수나 음절글자의 수에서는 고유어를 표기하기 위한 것이 가장 적고, 점차로 외래어, 외국어를 표기하기 위한 글자로 갈수록 그 수가 늘어난다. 예컨대 'ᅇ, ᄥ, ᄴ, ᄢ, ᄣ' 등은 고유어만을 표기하기 위한 자모임에 비하여, 'ᄓ, ᄕ, ᅁ, ᅅ' 등은 외래어 및 외국어만을 표기하기 위한 자모이다. 그래서 한자음을 표기하기 위한 한글이나 영어 등을 표기하기 위한 글자들까지도 옛한글 속에 포함시켜야 할 것이다. 그래서 '옛한글'은 옛문헌에 사용되었던 문자뿐만 아니라 현대에 옛날의 우리말과 외래어 및 외국어를 표기하기 위해 사용하는 문자 및 글자를 총칭하는 개념을 지닌다.

한글의 범위를 이렇게 넓힌다고 하더라도 남는 문제가 있다. 옛한글은 시대와 그 용도에 따라 달리 사용되어 왔기 때문이다.

옛한글은 시대에 따라 쓰이던 자모가 달랐다. 자음과 모음이, 그리고 음절

글자 중에서 시대에 따라 차이를 보이는 것이 많다. 예컨대, 'ㅿ, ㅸ, ㆆ, ㆀ, ㆆㆆ' 등은 15세기부터 16세기에 걸쳐 사용되었던 자음글자이고, 'ᄤ, ᄥ, ᄴ, ᄳ, ᄇᄑ' 등은 주로 17세기 초에서 17세기 중기에까지만 사용되었던 자음글자이다. 그리고 'ㅅㅇ, ㅈㅇ' 등의 자모들은 20세기 초에 쓰인 것들이다. 그렇기 때문에 이 자모들이나 이 자모들이 포함된 음절글자의 출현빈도는 매우 적다. 심지어 한 예에 불과한 것들도 있다. 이들 자모의 결합으로 이루어진 글자들이 그 당시의 언어현상을 반영하기 위하여 합리적인 이유에 의해 출현한 것이라면, 이들은 당연히 옛한글의 영역 속에 포함되어야 한다. 어느 한 시에만 쓰이었던 글자라고 해서 이것을 옛한글에서 제외할 수 없기 때문이다.

옛한글의 자모 목록에 문헌에서 발견되는 모든 자모를 다 포함하는 것은 무리일 것으로 생각한다. 물론 발표자는 앞에서 언급한 옛한글의 개념에 따라 고유어 및 외국어까지도 표기하기 위한 것을 옛한글이라고 생각하기 때문에 발견된 모든 자모를 옛한글 자모 속에 포함하는 것이 바람직할 것으로 생각하지만, 표기자들의 개인적인 목적이나 주장에 따라 만든 모든 자모를 옛한글 자모에 포함하는 것은 문제점이 많다고 생각한다. 옛한글에 대한 납득할 만한 합리적인 표기들이 아닌 것에 사용된 모든 자모를 한글코드에 포함시킴으로써 오히려 한글에 대한 오해와 편견을 야기시키고, 문자생활의 혼란을 불러 일으킬 것이기 때문이다.

그러므로 이들 자모 중에서 일정한 기준에 따라 한글코드에 포함될 자모를 취사선택하여야 할 것이다. 다음에 그 취사선택의 기준을 검토하여 보도록 한다.

① 훈민정음 창제 이후 현대까지 간행된 문헌에 등장하는 한글을 대상으로 한다. 뿐만 아니라 한국, 북한, 중국 및 기타 외국에서 간행된 문헌에 등장하는 한글을 모두 대상으로 하여야 한다.

② 훈민정음의 제자원리에 맞는 것만을 대상으로 한다. 이 말은 창제 당시에 제시되었던 자모나 그 자모의 결합으로 한정하여야 할 것임을 의미한다.

이러한 기준에 따르면, 개인이 만든 자모는 제외시켜야 한다. 예컨대 앞의 자모에서는 빠져 있지만, '◇'과 같은 자모는 제외시켜야 한다. 그리고 'ㄸㅇ, ㅃㅇ' 등도 제외시켜야 한다. 왜냐하면 이들은 사실상 'ㅱ, ㅸ'과 동일한 것이기 때문이다.

③ 오각(誤刻)이나 오식(誤植)에 의한 잘못된 글자는 제외한다. 예컨대 『십구사략언해(十九史略諺解)』에 보이는 'ᄯᆯ'은 'ᄯᆞᆯ'의 오각이기 때문에 이 글자는 제외할 수 있다. 그러나 다른 문헌에서 종성자모에 'ㅅㄹ'이 등장하면 이를 자모 속에 포함시켜야 한다.

④ 한글맞춤법을 제정하기 위하여 각종의 문법서에서 제시되었던 자모 중 한글맞춤법통일안에서 채택되지 않은 것은 제외한다. 예컨대 '값' 등은 제외한다.

⑤ 어느 한 문헌에만 등장하는 자모 중에서 그러한 자모가 사용되게 된 이유가 분명한 것은 제외하지 않는다. 예컨대 'ᄢ, ᄤ, ᄣ, ᄩ, ᄦ' 등의 자모인 'ㅄ, ㅃㅂ, ㅆㅆ, ㅄㅌ, ㅄㅈ' 등은 주로 17세기 초에 된소리를 표기하기 위한 일반적인 표기방법이었기 때문에 이들 자모는 제외하지 않는다.

⑥ 어간을 밝혀 적는 방법 중에서 일반화되어 있지 않은 표기를 위하여 사용한 종성의 자모들은 제외한다. 예컨대 20세기 초의 각종의 문법서나 한글학회에서 간행한 사전에 보이는 '갈ㄹ, 값ㅍ, 갔ㅊ, 갔ㅎ, 넋' 등의 종성자모인 'ㄹㄹ, ㅂㅍ, ㅅㅊ, ㅅㅎ, ㄱㅋ' 등은 제외한다.

⑦ 외국어를 표기하기 위하여 사용한 자모들은 20세기 이전의 사역원에서 간행한 문헌에 등장하는 것은 비록 한 문헌에만 등장하는 것이라고 하더라도 그 자모들은 포함시키고 20세기 이후에 간행된 문헌에서 외국어를 표기하는 데 사용한 자모는 여러 문헌에 등장하는 경우에만 포함시킨다. 이와 같이 결정한 이유는 사역원에서 외국어를 표기하는 데 사용한 자모는 공식적인 것인데 비하여 20세기 이후에 개인의 저서에서 외국어를 표기하는데 사용한 자모는 개인적으로 사용한 것이 대부분이기 때문이다.

특히 20세기 초에 외국어로서 또는 외래어로서 한어(漢語)를 한글로 표기한 문헌들이 많은데, 이들 문헌 중 어느 것은 무원칙하게 표기함으로써, 국어학자로서 인정하기 힘든 것들이 있으며, 한글학회에서 편찬한 『우리말 큰사전』의 '옛말사전'에 어간을 표기하기 위한 것들 중에는 수긍하기 힘든 것들이 있다. 그중에서 옛한글을 포함한 한글 28자로서 모두 조합이 가능한 것은 옛한글의 범주 속에 포함시키도록 한다.

앞에서 언급한 옛한글의 범위를 정리하여 표로 보이면 다음과 같다.

구별	구분	비고	
표기 시기	후기 중세국어 시기	15세기 중기~16세기 말	훈민정음 창제(1443년)~한글 맞춤법통일안 제정(1933년)
	근대국어 시기	17세기 초~19세기 말	
	현대국어 시기	20세기 초(1933년까지)	
표기 대상	고유어		
	외래어	한국 한자음	
	외국어	한어(중국 한자음), 몽고어, 청어, 왜어, 범어, 영어 등 구미어	
출현 현상	문헌에 출현	ᄀᆞ, ᄂᆞ, ᄏᆞ, 숣 등	
	어간 표기	ᄑᆞᆽ, ᄙᆞᇂ 등	

이러한 관점에 따라 컴퓨터상에서 옛한글을 처리하는 문제와 그 범위가 바뀌어 왔다. 즉 KSC 5601에서는 옛한글을 거의 처리할 수 없었고, KSC 5657에서는 옛한글을 우리 고유어를 표기하는 데에 필요한 옛한글만을 포함시키고 있으며, 또 최근에 표준코드로 결정된 KSC 5700, 즉 유니코드는 여기에다가 외래어 및 외국어를 표기하기 위한 문자도 포함시키고 있는 것이다. 그 결과 옛한글의 범위가 점점 확대되어 갔다고 할 수 있다.

(3) 옛한글의 특징

고유어를 표기하기 위한 자모는 훈민정음에서 제시한 28자모에서 크게 벗어나지는 않았다. 그러나 외래어나 외국어를 표기하기 위해서, 우리의 선조들은 훈민정음 창제 당시의 자모 28자를 이용하여 표기하되, 구별표기를 위해서 28자의 자모에 부가기호를 사용하였던 것이다. 예컨대 'ᄕᅵ, ᄓᅡ, ᅁᅡ' 등이 그러한 표기이다. 그러나 그 부가기호도 결국은 훈민정음의 28자 중에서 선택하여 사용하였다. 즉 외래어나 외국어를 표기하기 위한 한글도 결국은 옛한글을 병서하거나(그것이 각자병서이든, 합용병서이든) 연서하거나(ᄫᅵᆼ ᅗᅩᆼ ᄬᅢᆼ ᄝᅩᆼ 등) 하여서 표기하였던 것이다. 그러므로 이러한 표기는 옛한글의 범위 속에서 처리될 수 있다.

(4) 옛한글에서 제외되어야 할 것들

훈민정음 창제 당시의 한글 서체는 오늘날의 서체와는 다르다. 그래서 훈민정음 당시의 문자 창제 과정을 설명하기 위해서는 다음과 같은 문자를 소개할 필요가 있다.

ㅏ ㅐ ㅑ ㅒ ㅓ ㅔ ㅕ ㅖ ㅗ ㅘ ㅙ ㅚ ㅛ ᆄ ㆉ ㅜ ㅝ ㅞ ㅟ ㅠ ㆊ ㆋ ㆌ
ㅡ ㅢ ㅣ ㆍ

그래서 이들을 컴퓨터에서 구현시키기 위해서는 옛한글에 이 서체의 자모를 포함시킬 필요는 없을 것이다. 단지 이러한 글자의 서체를 개발하여 구현시킬 필요가 있는데, 과연 몇몇 필요에 의해 그 서체를 폰트해 줄 사람이 있을지 궁금하다.

외국어 발음을 표기하기 위하여 만들어 사용하였던 부호들이 있다. 외국어 학습서에 나타난 구별기호들이 그것이다. 예컨대 『동문유해(同文類解)』나 『몽어유해(蒙語類解)』에는 √나 ㅇ와 같은 기호가 나타나는데, 이것은 만주어와 몽고어의 발음을 구별하여 표기한 것이다(다음의 『동문유해』와 『몽어유해』 참조).

이 기호들은 어느 한 문자의 일부를 이루는 것이 아니다. 문자에 그 문자의 음성적 특징을 표기하기 위한 부가기호이다. 따라서 방점처럼 별도의 기호로 처리하는 편이 낫다. 이들은 옛한글이 아니기 때문이다. 이에 비하여 'ᄁᆞ'는 'ᄀ'의 유성음을 표기하기 위한 글자이어서 옛한글에 속하는 것이다.

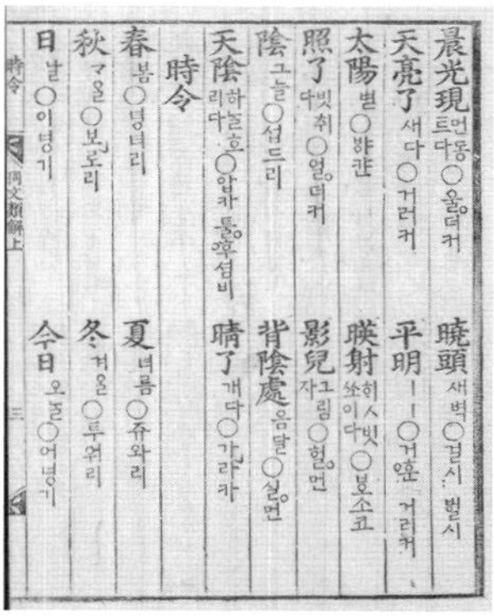

<동문유해>

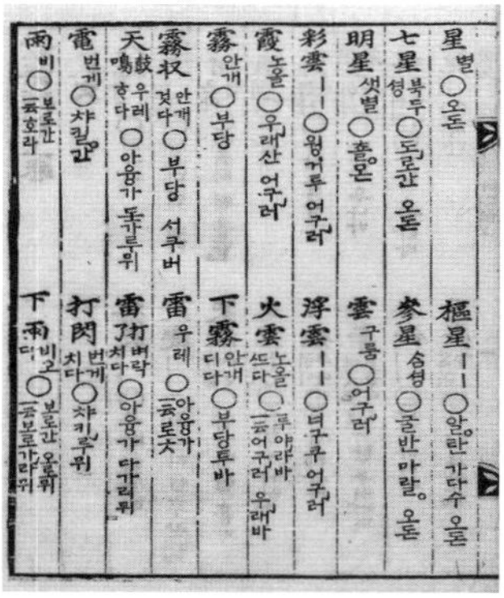

<몽어유해>

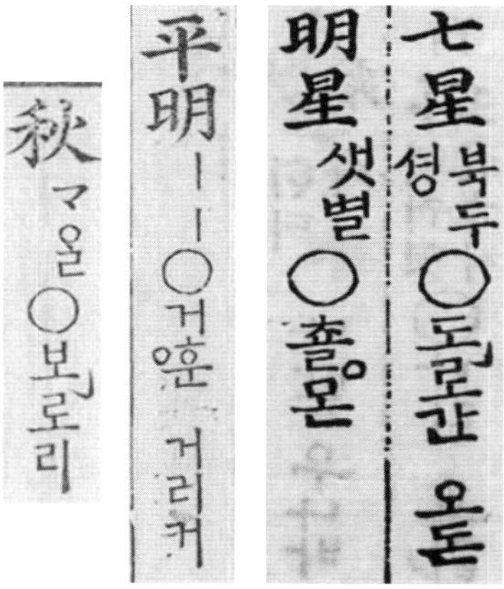

(5) 옛한글 자모의 명칭

옛한글은 현대의 문자생활에서 사용되지 않기 때문에, '한글맞춤법'에 그 자모의 명칭이 규정되어 있지 않다. 따라서 옛한글 자모의 명칭은 사용자에 따라 제각각 사용하고 있는 실정이다. 예컨대 'ㅸ'은 '순경음 비읍, 비읍 순경음, 순경음' 등으로 불리거나 '△'은 '반치음, 반치음 시옷, 시옷 반치음' 심지어는 '삼각형' 등으로 불리기도 한다. 'ㆆ'은 '꼭지없는 히읗'으로도 불린다.

옛한글 자모의 이름은 국립국어연구원에서 결정한 일이 있다. 즉 1992년에 국립국어연구원에서 UCS 및 UNICODE에 제출할 '자모 선정 및 배열'에 관한 회의에서 옛한글 자모에 대한 명칭을 정하였는데, 이 회의에서 결정된 옛한글의 자모 명칭을 다른 사전의 명칭과 함께 제시하도록 한다. 이 명칭이 공식적으로 사용되어야 하겠기 때문이다.

현재 이들 자모 중에서 유니코드에서 실현할 수 없는 자모는 '마름모 미음'이라고 명명한 '◇'뿐인 것으로 보인다.

	한글학회 (1955)	이희승 (1982)	신기철 (1986)	금성 (1991)	결정안	유니코드
ㅱ		경미음	경미음	순경음 미음	가벼운 미음	가벼운 미음
ㅸ	가벼운 비읍	가벼운 비읍	가벼운 비읍	순경음 비읍	가벼운 비읍	가벼운 비읍
△	반시옷	반시옷	반시옷	반시옷	반시옷	반시옷
ㆆ	된이응	된이응	된이응	된이응	여린 히읗	여린히읗
ㆁ	옛이응	옛이응	옛이응	옛이응	옛이응	옛이응
ㆄ		경피읖	경피읖	경피읖	가벼운 피읖	가벼운 피읖
ㅹ					가벼운 쌍비읍	가벼운 쌍비읍
ㆀ					쌍이응	쌍이응
ㆅ					쌍히읗	쌍히읗
◇					마름모 미음	없음
ᆞ ·	아래아	아래아	아래아	아래아	아래아	아래아
ᆡ ·ㅣ	아래애	아래애	아래애	아래애	아래애	아래아 이
ᆢ ‥					쌍아래아	쌍아래아
═ ═					쌍으	으으

물론 여기에는 유니코드에 들어 있으면서 빠진 글자들이 있다. 따라서 이들의 명칭도 정식으로 제정을 했어야 옳았으나, 그때에는 이들 자모들이 정식으로 제시되지 않아서 그 명칭을 공식화하지 못했다.

자모	명칭
ᄼ	치두음 시옷
ᄽ	치두음 쌍시옷
ᄾ	정치음 시옷
ᄿ	정치음 쌍시옷
ᅎ	치두음 지읒
ᅏ	치두음 쌍지읒
ᅐ	정치음 지읒
ᅑ	정치음 쌍지읒
ㅺ	시옷기역
ᅻ	어우
	나머지 합용병서 자음과 복모음 글자는 생략

이들 명칭은 그대로 공식화하는 것이 좋을 것으로 생각한다.

(6) 옛한글 자모의 구성 원리

주지하는 바와 같이, 훈민정음 창제 당시의 한글 자모는 자음 글자 17자와 모음 글자 11자이다. 현대의 자모 배열순서에 따라 배열하고 뒤에 없어진 문자를 따로 배열하면 다음과 같다.

자음 자모 : ㄱ ㄴ ㄷ ㄹ ㅁ ㅂ ㅅ ㅇ ㅈ ㅊ ㅋ ㅌ ㅍ ㅎ ㆁ ㅿ ㆆ (17자)

모음 자모 : ㅏ ㅑ ㅓ ㅕ ㅗ ㅛ ㅜ ㅠ ㅡ ㅣ ㆍ (11자)

이들 기본 자모를 바탕으로 하여 새로운 자모들이 생성되는데, 그 방법은 다음과 같다.

(1) 자음

① 각자병서 : 동일한 자모를 오른쪽에 겹쳐 써서 표현하는 겹자모이다.

ㄲ ㅥ ㄸ ᄙ ㅃ ㅆ ㅉ ᄽ ᄿ ᅏ ᅑ ㆅ ᄴ

이들의 명칭은 각각 홑자모의 이름 앞에 '쌍'을 덧붙여서 만든다. 단지 ᄴ만이 '시옷 쌍시옷'으로 정하여 이용하고 있다.

② 합용병서 : 서로 상이한 홑자모들을 오른쪽에 이어서 쓰는 방식이다. 즉 ᄓ ᄕ ᄖ ᄗ ᄘ ᄚ ᄜ ᄞ ᄟ ᄠ ᄡ ᄢ ᄣ ᄤ ᄥ ᄦ ᄧ ᄨ ᄩ ᄪ ᄭ ᄮ ᄯ ᄲ ᄳ ᄵ ᄶ ᄷ ᄸ ᄹ ᄺ ᄻ ᅁ ᅂ ᅃ ᅄ ᅈ ᅉ ᅊ ᅋ ᅍ ᅒ ᅓ ᅖ 등의 자모들이다. 이들의 명칭은 모두 각 자모 이름을 합쳐서 만들었다. 즉 ᄓ은 '니은 기역'으로 하였고 세 자 합용병서인 ᄢ도 '비읍 시옷 기역'으로 하였다. 이것은 이들의 음가를 제 각각 가지고 있기 때문에 붙여진 것이다.

③ 연서 : 두 개의 자음을 위 아래로 이어서 쓰는 방식이다. ᄝ ᄫ ᄬ ᅗ의 4개가 있다. 이들은 두 자음이 각각 독립된 음가를 가지지 못하고 새로운 음가를 형성하게 된다. 그리하여 이들의 이름은 ᄫ을 '비읍 이응'이라 하지 않고 '가벼운 비읍'으로 한다.

(2) 모음

모음 자모의 구성원리는 자음과 마찬가지로 기본 자모들을 좌우로 연결하는 방법과 상하로 연결하는 두 가지 방법이 있었다.

좌우로 배열하는 자모들은 자음의 각자병서처럼 동일한 모음을 연결하여 만들지는 않았다. 즉 'ㅏㅏ'와 같은 문자는 존재하지 않았다. 반면에 자음의 합용병서와 같은 방식으로 만드는 방법이 있었다. 즉 ㅏ + ㅣ 〉 ㅐ와 같은 일종의 합용병서가 존재했던 것이다. 그러나 그 자모의 명칭을 부여하는 방식이 다르게 되어 있다.

예컨대 기본자모들 중에서도 ㅐ, ㅒ 는 '아이, 야이'라 하지 않고 '애, 얘'라고 한다. 그리고 ㅔ ㅖ ㅘ ㅙ ㅚ ㅝ ㅞ ㅟ ㅢ 등은 'e, ye wa, wae, oe, weo, we, wi, yi'라는 명칭을 붙이고 있다. 그러나 같은 경우라도 ᅿ ᆀ ᆁ ᆄ ᆅ ᆆ ᆈ ᆉ ᆊ ᆌ ᆎ ᆏ ᆐ ᆑ ᆒ ᆔ ᆘ ᆙ ᆡ 등은 모두 각 자모 이름을 연결하여 명칭화하였다. 즉 ᅿ는 '오어'로 하는 것과 같은 방식이다. 이것은 현대국어에서 사용하고 있는 모음 글자는 오늘날의 음가대로 이름을 붙였고, 옛한글의 모음 글자는 각 자모의 음가를 가지고 있기 때문에 각 자모 이름을 연결하여 명칭화한 것이다.

상하로 배열하는 모음 자모는 우리 국어를 표기하는 데 사용된 적이 없다. 즉 자음의 연서 방식과 마찬가지의 방법을 사용하여 만든 것이다. 주로 외국어(예컨대 몽고어, 일본어, 한어, 여진어, 범어 등)를 표기하는 데에 사용되었다. 예컨대 ᆂ ᆃ ᆇ ᆍ ᆓ ᆕ ᆖ ᅩ ᅮ ᅳ ᆢ ᆃ 등인데, 모두 제 음가를 각각 보유하고 있어서 그 명칭도 ᆃ는 '오우'로 부르게 된 것이다. ᆂ ᆍ ᆖ도 각각 '오오, 우우, 으으'로 붙였지만, 이것은 '쌍오, 쌍우, 쌍으'로 했어야 옳을 것이다. 1992년도의 회의에서 결정한 것도 그랬었고, 또 동일한 자모를 좌우 상하로 합성을 한 경우에는 모두 '쌍'이란 이름을 앞에 붙여서 그 자모를 명명하여 왔기 때문이다.

(7) 옛한글 자모의 폰트

그런데 옛한글의 코드에 그 폰트가 잘못되어 있는 것이 있다. 그 목록을 보이면 다음과 같다.

자모	명칭	수정	
ᅇ	한글 초성 이응 시옷	ᅇ	ㅇ은 종성에만 사용되는 것임
ᅈ	한글 초성 이응 반시옷	ᅈ	ㅇ은 종성에만 사용되는 것임
ㅈ	지읒	ㅈ	기본글자는 3획이다. ᄌ과 다르다
ㅊ	치읓	ㅊ	ᄎ과 다르다
ㅉ	쌍지읒	ㅉ	ㅈ, ㅊ에 관한 폰트 전부

5) 한글 자모의 배열 순서

한글코드에서 한글 자모의 배열 순서는 어떠한 자모가 그 속에 들어가는가와 함께, 매우 중요한 문제 중의 하나이다. 특히 남한과 북한과 중국의 한글 자모 배열 순서가 서로 달라서 우리 민족의 한글코드 통일을 위해 가장 시급하게 해결하여야 할 문제 중의 하나다.

지금까지 한글코드의 자모 배열순서에서 등장되었던 문제점은 다음과 같다.

① 옛한글을 음가에 따라 배열할 것인가? 아니면 문자의 형태에 따라 배열할 것인가?

② 현대한글과 옛한글의 자모들을 각각 달리 배열할 것인가? 아니면 이들을 통합해서 배열할 것인가?

③ 기본자모와 겹자모를 따로 분리하여 배열할 것인가? 아니면 분리하여 배열할 것인가?

④ 초성글자인 'ㅇ'을 자음으로 볼 것인가? 모음으로 볼 것인가?

①의 문제인, 옛한글에서 특히 초성의 겹자모들(ㅺ, ㅼ, ㅽ, ㅲ, ㅳ, ㅶ, ㅴ, ㅵ 등)을 음가에 따라 배열할 것인가 자형에 따라 결정하여야 할 것인가에 대한 것은 국립국어연구원에서 결정한 원칙이 있다. 즉 1992년에 국립국어연구원에서 UCS 및 UNICODE에 제출할 '자모 선정 및 배열'에 관한 회의에서 결정한 원칙이 그것이다. 물론 이 회의에서 결정된 사항은 한글맞춤법에 나타나는 배열순서와는 그 성격을 달리한다고 할 수 있다. 특히 각자병서에서 차이를 보이는 것이다. 이 회의에서 결정된 옛한글의 자모순 배열에 관한 원칙은 다음과 같다.

㉠ 합용병서는 통속음 기준과 자형 기준으로 나누어지는데, 자형 기준으로 배열한다.

㉡ 각자병서는 합용병서와 섞어서 배열한다.

㉢ 순경음은 해당 자모 줄의 다음에 배열한다.

㉣ 'ㅿ' 은 순경음에 준해 처리한다.

㉤ 'ㆍ'는 모음 줄의 끝에 배열한다. 그리고 'ㆎ'는 'ㆍ'의 뒤에 배열한다.

㉥ 'ㆆ'은 'ㅎ'의 뒤에 배열한다.[5]

이 회의에서 결정한 사항은 자형을 기준으로 하여 배열한다는 것이다. 예컨대 'ᄶ'는 'ㅅ'의 뒤에 배열한다는 것이다. 대부분의 고어사전에서는 'ᄶ'는 'ㄲ'의 뒤에 배열하거나 'ㄱ'의 맨 뒤에 배열하거나 하는 태도를 가져 왔다. 이것은 음가에 따른 배열이었다. 그러나 'ᄶ'의 음가가 국어사 연구자들이 각각 달리 주장하는 바가 있으므로(즉 [k'a]와 [ska]), 이것을 자형 중심으로 하는 편이 낫다는 결론이었다. 이것은 그 명칭의 결정에 따라 그 순서 배열이 결정될 것이다. 즉 '시옷 기역'으로 할 때에와 '된소리 기역(?)'으로 할 때와는 배열 순서가 달라지게 될 것이다. 그러나 이 회의에서 결정한 사항은 어문규범에 명문화되어 있지 않다.

②의 문제, 즉 현대한글과 옛한글의 자모들을 분리할 것인가, 아니면 통합할 것인가 하는 것은 지금까지, 어떠한 규정에서도 이것을 명문화하지 않은 까닭으로, 문제시된 것으로 보인다. 예컨대 1933년에 만들어진 '한글 맞춤법 통일안'에서는 한글 자모의 수를 24자로 하고, 그 순서를 'ㄱ ㄴ ㄷ ㄹ ㅁ ㅂ ㅅ ㅇ ㅈ ㅊ ㅋ ㅌ ㅍ ㅎ ㅏ ㅑ ㅓ ㅕ ㅗ ㅛ ㅜ ㅠ ㅡ ㅣ'와 같이 정하고 그 '붙임'으로, 위의 자모로 적을 수 없는 소리는 두 개 이상의 자모를 어울러서 적는다고 하여 'ㄲ ㄸ ㅃ ㅆ ㅉ ㅐ ㅒ ㅔ ㅖ ㅘ ㅙ ㅚ ㅝ ㅞ ㅟ ㅢ'의 예를 들고 있다. 여기에는 물론 옛한글이 포함되어 있지 않다. 마찬가지로 1987년 4월에 완성된 국어연구소의 「한글 맞춤법 개정안」에서도, 사전에 올릴 때의 자모 순서를 'ㄱ ㄲ ㄴ ㄷ ㄸ ㄹ ㅁ ㅂ ㅃ ㅅ ㅆ ㅇ ㅈ ㅉ ㅊ ㅋ ㅌ ㅍ ㅎ'과 같이 정하여서 역시 옛한글에 대한 언급이 없다.

따라서 현대한글과 옛한글을 달리 배열할 것인지의 여부는 기존의 관행이 어떻게 되었는가를 검토하여 정할 수밖에 없다. 즉 각종의 국어사전과 한글

---

5 이 ㆆ은 그 명칭부터 논란이 있었던 자모다. 우선 명칭을 '된이응'으로 할 것인가 아니면 '여린 히읗'으로 할 것인가가 문제가 되었다. 그러나 일반 백성들이 '된이응'으로보다는 '여린 히읗'으로 더 많이 인식하고 있기 때문에 '여린 히읗'으로 결정하였다. 만약에 그 명칭이 '된이응'으로 결정이 되었다면 'ㅇ'의 뒤에 배열되어야 할 것이었다.

코드에서 현대한글과 옛한글을 어떻게 처리하였는가를 검토하는 일이다.

조선어학회에서 편찬한 『조선말큰사전』을 비롯하여 대부분의 국어사전은 현대한글과 옛한글을 통합하여 배열하고 있다. 단지 한글학회에서 편찬한 '우리말큰사전'만이 옛말을 '옛말과 이두'라는 별책으로 처리하고 있을 뿐이다.

이에 대한 것도 명문화되어 있지 않다. 단지, 국립국어연구원에서 편찬한 『표준국어대사전』의 '일러두기'에 다음과 같은 기록을 명문화하고 있을 뿐이다.

배열순서

(1) 표제어는 가나다순으로 배열하였으며 자모의 순서는 다음과 같다.

①초성 : ㄱ, ㄲ, ㄴ, ㅥ, ㅦ, ㄷ, ㄸ, ㄹ, ᄛ, ㅁ, ㅱ, ㅂ, ㅳ, ㅃ, ㅄ, ㅴ, ㅵ, ㅶ, ㅷ, ㅸ, ㅅ, ㅺ, ㅼ, ㅽ, ㅆ, ㅾ, ᄻ, ㅿ, ㅇ, ㆀ, ㆁ, ㅈ, ㅉ, ㅊ, ㅋ, ㅌ, ㅍ, ㆄ, ㅎ, ㆅ, ㆆ

②중성 : ㅏ, ㅐ, ㅑ, ㅒ, ㅓ, ㅔ, ㅕ, ㅖ, ㅗ, ㅘ, ㅙ, ㅚ, ㅛ, ㆈ, ㅜ, ㅝ, ㅞ, ㅟ, ㅠ, ᅲᅦ, ㆉ, ㆊ, ㆋ, ㅡ ㅢ, ㆍ, ㆎ

③종성 : ㄱ, ㄲ, ㄳ, ᇄ, ㄴ, ᇅ, ㅦ, ㅧ, ㅨ, ㄵ, ㄶ, ㄷ, ㄹ, ㄺ, ㅩ, ㅪ, ᇐ, ㄻ, ᇑ, ㄼ, ㄽ, ㄾ, ㄿ, ㅀ, ᇙ, ᄛ, ㅁ, ᇚ, ㅯ, ㅱ, ㅂ, ㅄ, ㅶ, ᄇᄒ, ㅸ, ㅅ, ㅺ, ㅼ, ㅆ, ㆁ, ㅇ, ᇬ, ㆀ, ㆁ, ᇱ, ㅈ, ㅊ, ㅋ, ㅌ, ㅍ, ㆄ, ㅎ

그런데 이 초성 자모 41자 외에 ㅲ이 빠져 있거나(사전의 표제항에는 이들 자모로 표기된 단어들이 등재되어 있다. 예: 'ᄢᅢ믈다' 등), 또는 한자음을 표기하기 위한 정치음과 치두음의 자모 등은 제외되어 있다. 중성 자모도 빠진 것이 많이 있다(예 ᅺ 등). 그리고 치두음의 ㅅ(ᄼ)과 쌍시옷(ᄽ)을 배열한 후에 정치음의 ㅅ(ᄾ)과 쌍시옷(ᄿ)을 배열하였는데, 치두음의 ㅅ(ᄼ)과 정치음의 시옷(ᄾ)을 배열한 후에 치두음의 쌍시옷(ᄽ)과 정치음의 쌍시옷(ᄿ)을 배열할 것인지의 내용도 논의를 하여야 한다. 그리고 이들을 명문화하는 작업이 필요하다.

유니코드는 현대한글과 옛한글을 별도로 배열하였다. 이처럼 현대한글과 옛한글을 분리하여 배열한 것은 옛한글의 음절글자가 이론적으로는 약 370억개 또는 약 18억개나 된다는 억측이나 ISO 10646의 한글 자모로 만들어지는 옛한글의 음절글자가 약 50만개나 된다는 억측과, 이에 따른 현대국어 처리의 능률이 저하된다는 우려와 이를 위한 막대한 경비의 손해, 그리고 복잡성을 유도하여 정보처리의 속도를 줄인다는 우려에 의한 것으로 생각되는데, 이것은 옛한글에 대한 잘못된 인식에서 비롯된 것이다. 실제로 옛한글 음절글자의 수는 현대한글의 음절글자수에 비해 훨씬 적다. 옛한글의 음절글자수는 현대한글의 거의 절반도 되지 않는 약 5,300여 자로서 충분한 것이다.[6]

현대한글과 옛한글은 따로 분리하여 배열할 수 없을 것으로 생각한다. 왜냐하면 옛한글의 음절글자는 옛한글 자모로서만 이루어질 수 없기 때문이다. 예컨대 '골'이라는 음절은 초성의 'ㄱ'과 종성의 'ㄹ'은 현대한글에 속하며, 단지 중성의 'ㆍ'만이 옛한글이며, '싹'은 초성의 'ㅺ'만이 옛한글이고, 중성과 종성의 'ㅏ'와 'ㄱ'은 현대한글이다. 따라서 현대국어만을 표기하려면, 옛한글이 필요하지 않지만, 옛말을 표기하려면 현대한글도 필요하게 된다. 국어사전이 현대국어의 단어만이 아니라 고어의 단어도 등재하는 것이므로 현대한글과 옛한글을 분리하여 배열할 수가 없다. 그럼에도 불구하고 유니코드는 현대한글과 옛한글이 분리되어 있다.

한글 자모의 배열순서는 그것이 현대한글이든 옛한글이든 전반적으로 'ㄱ, ㄴ, ㄷ, ㄹ, ㅁ, ㅂ, ㅅ, ㅇ, ㅈ, ㅊ, ㅋ, ㅌ, ㅍ, ㅎ'을 배열할 때의 원칙에서 벗어나고 있다. 기본자모를 배열할 때의 원칙은 역사적으로 초성에도 사용되고 종성에도 사용되는 글자 8자('ㄱ'부터 'ㅇ'까지)와 초성에만 사용되는 글자 6자('ㅈ'부터 'ㅎ'까지)를 배열하고 앞의 8 글자는 다시 '아설순치후'의 순서와 가획의 순서대로 배열한 것이었다. 그리고 초성에서만 사용되는 6자는 'ㅈ'과 'ㅊ'이 치음에서 구개음으로 변화하여 아설순치후(牙舌脣齒喉音)의 어느 것에도 해당되

6 현재까지 조사된 가장 많은 수의 옛한글 음절 수는 5,299개이다.

지 않기 때문에 앞에 놓이고 나머지는 역시 아설순치후음의 순서대로 배열한 것이다. 그런데 이러한 원칙에서 모두 벗어나서 배열하게 되어 그 원칙이 사라지게 되었다.

6) 남북한의 옛한글 코드 배열순서 공동안

1996년 8월 12일부터 14일까지 중국 길림성 연길시에 있는 연변시 빈관에서는 연변 조선족 자치주 과학기술협회가 주최하고 남한의 한국국어정보학회와 북한의 조선과학기술총연맹이 후원하는 제3회 코리안 전산처리 국제학술회의(3rd ICCL 96')가 개최되었다. 이 학술대회는 남한과 북한 및 세계 곳곳에서 사용하고 있는 컴퓨터에서의 한글 실현 방법을 통일시키기 위해 1994년부터 금년까지 동일한 주제를 가지고, 동일한 사람들이 세 번째로 모인 자리였다. 그러기에 중국, 남한, 북한, 일본, 미국 등에서 이 문제에 대하여 연구하거나 관심이 있는 학자들 약 120명이 참가하였다. 이 국제학술회의에서 남한과 북한의 참석자들은 우리 글자 배열 순서의 공동안을 마련하였다. 그 공동안은 다음과 같다(여기에서는 '옛글자'라는 명칭을 사용하였다. 북한에서는 '한글'이라는 용어를 사용하지 않기 때문이다).

(1) 공동안

가. 합의사항

1) 현대글자 배열순은 다음과 같다.

자음:

ㄱ, ᆪ, ㄴ, ᆬ, ᆭ, ㄷ, ㄹ, ᆰ, ᆱ, ᆲ, ᆳ, ᆴ, ᆵ, ᆶ, ㅁ, ㅂ, ᆹ, ㅅ, ㅇ, ㅈ, ㅊ, ㅋ, ㅌ, ㅍ, ㅎ, ㄲ, ㄸ, ㅃ, ㅆ, ㅉ

모음:

ㅏ, ㅑ, ㅓ, ㅕ, ㅗ, ㅛ, ㅜ, ㅠ, ㅡ, ㅣ

ㅐ, ㅒ, ㅔ, ㅖ, ㅘ, ㅙ, ㅚ, ㅝ, ㅞ, ㅟ, ㅢ

2) 옛글자 배열순은 다음과 같다.

자음:

ᄫ, ᄼ, ᄽ, ᄾ, ᄿ, ᅀ, ᅌ, ᅎ, ᅏ, ᅐ, ᅑ, ᅔ, ᅕ, ᅙ

모음 : ㆍ(아래 아)

3) 옛글자 배열순은 현대글자 배열순에 따르면서 일부는 자형의 유사성에 따라 배열한다. (부록2를 참조)

4) 각기 이 순서에 따르는 입출력 변환 프로그램을 개발한다.

나. 앞으로의 연구과제

이두자와 구결자는 앞으로 연구한다.

설명

①본 합의문의 우리 글자 배열순서는 컴퓨터 처리 부호계의 사용에 국한한다.

② 옛글자는 훈민정음 28자와 그에 기초하여 조합된 글자 가운데에서 현대맞춤법에 쓰이지 않는 글자를 가리킨다.

부록 2 :

옛글자

1. 자음 :

ㄱㄷ	ㄱㅅㄱ	ㄴㄱ	ㄴㄴ	ㄴㄷ	ㄴㅂ	ㄴㅅ	ㄴㅿ	ㄷㄱ	ㄹㄱㅅ
ㄹㄴ	ㄹㄷ	ㄹㄹ	ㄹㅁㄱ	ㄹㅁㅅ	ㄹㅂㅅ	ㄹㅸ	ㄹㅿ	ㄹㆆ	ㅁㄱ
ㅁㄹ	ㅁㅂ	ㅁㅅ	ㅁㅿ	ㅁㅎ	ㅱ	ㅂㄱ	ㅂㄴ	ㅂㄷ	ㅂㄹ
ㅂㅅㄱ	ㅂㅅㄷ	ㅂㅅㅂ	ㅂㅆ	ㅂㅅㅈ	ㅂㅅㅌ	ㅂㅈ	ㅂㅊ	ㅂㅋ	ㅂㅌ
ㅂㅍ	ㅸ	ㅹ	ㅅㄱ	ㅅㄴ	ㅅㄷ	ㅅㄹ	ㅅㅁ	ㅅㅂ	ㅅㅂㄱ
ㅅㅅㅅ	ㅅㅇ	ㅅㅈ	ㅅㅊ	ㅅㅋ	ㅅㅌ	ㅅㅍ	ㅅㅎ	ᄼ	ᄽ

ㅅ ㅆ ㅿ ᅁ ᅂ ᅃ ᅄ ᅅ ᅆ ᅇ

ᅈ ᅉ ᅋ ᅌ ᅅ ㅇㅎ ᅍ ᅎ ᅏ ᅐ

ᅑ ᅒ ᅓ ᅔ ᅕ ㅌㅌ ᅖ ᅗ ㅎㅅ ᅘ

ᅙ (91개)

2. 모음 :

ᅶ ᅷ ᅸ ᅹ ᆤ ᅺ ᅻ ᅼ ᆥ ᅽ

ᅾ ᆧ ᅿ ᆀ ᆁ ᆂ ힰ ᆃ ힲ ힳ

ᆄ ᆅ ힴ ᆆ ᆇ ᆈ ᆉ ᆊ ᆋ ힵ

ᆌ ᆍ ᆎ ힷ ᆏ ᆐ ᆑ ᆒ ힸ ᆓ

ᆔ ힹ ힼ ᆕ ᆖ ᆗ ᆘ ᆙ ힽ ힾ

ퟀ ᆚ ᆛ ퟂ ᆛ ퟃ ᆜ ᆝ ᆞ ᆡ

ᆢ (61개)

(2) 공동안의 특징

이 공동안의 특징은 다음과 같다.

1. 자음

① 북한에서 'ㅇ'을 'ㅅ'의 뒤로 양보하였다.

② 남한의 배열 순서인 ㄳ, ㄵ, ㄶ, ㄺ, ㄻ, ㄼ, ㄽ, ㄾ, ㄿ, ㅀ, ㅄ의 자모를 포함시켰다.

③ ㄲ, ㄸ, ㅃ, ㅆ, ㅉ을 중국과 북한에 양보하여 맨 뒤에 배열하였다.

④ 이 통일안은 현재 남한, 북한, 중국의 현행 배열 순서와 차이가 있다.

2. 모음

① 기본모음과 겹모음을 구분하여 배열하였다.

② 기본모음의 배열순서는 3국이 동일하다.

③ 겹모음의 배열순서는 한국의 배열순서와 동일하다.

3. 옛글자

① 남한은 국립국어연구원에서 정한 원칙이 있고 북한은 특정한 배열순서를 정하지 않고 있다. 또한 중국은 배열순서가 있으나 그 배열에 일정한 원칙이 없다. 따라서 이것을 남한의 연구진에게 일임하여 남한의 안을 택하였다.

7) 마무리

옛한글에 대해서는 옛한글의 개념부터 정의, 목록, 그리고 서체에 이르기까지 완벽하게 연구 검토되었다고 볼 수 없다. 앞으로 이들에 대한 전반적인 연구가 필요하고 또 검토되어야 한다.

<2002년 9월 12일(목), 옛한글 국제표준화 산학 협동 심포지엄,

주제: 유니코드 정보 환경과 옛한글, 고려대학교>

5. 옛한글 자모의 선정 및 배열에 대하여

1) 옛한글 자모의 범위

옛한글은 시대에 따라 자음과 모음, 음절글자의 목록에 차이를 보인다. 이것은 다음과 같은 이유에 근거한다.

(1) 국어의 변화에 따른 표기의 변화(중세국어, 근대국어, 현대국어에 따라)

(2) 표기법 체계의 변화(음소적 표기, 형태음소적 표기, 형태적 표기에 따라)

(3) 표기 대상 외국어에 따른 표기의 차이(한자, 중국어, 몽고어, 일본어, 청어, 영어 등의 차이에 따라)

(1)과 (2)는 주로 고유어와, (3)은 주로 외래어와 외국어와 연관된다고 할 수 있다.

'ㅿ, ㅸ, ㆆ, ㆀ, ㆅ' 등은 15세기부터 16세기에 걸쳐 사용되었던 자음글자이고, 'ᄤ, ᄥ, ᄴ, ᄳ, ᄪ' 등은 주로 17세기 초에서 17세기 중기까지만(특히 1630년대) 사용되었던 자음글자이다. 이러한 표기 양상은 국어의 변화와 연관이 된다. 즉 'ㅿ, ㅸ, ㆆ, ㆀ, ㆅ' 등은 음운체계의 변화와 관련이 있으며, 'ᄤ, ᄥ, ᄴ, ᄳ' 등은 음운변화(즉 어두자음군의 된소리화)에 따른 표기로 해석된다.

'ᄂᆞᆰ다'를 'ᄂᆞᆴ다'로 또는 'ᄇᆞᆲ다'를 'ᄇᆞᆴ다' 등으로 표기하기도 하였는데, 이것은 일견 형태음소적 표기를 보이는 것으로 해석된다.

'世宗御製訓民正音'의 각 한자 아래에 '솅종엉졩훈민졍음'이라고 표기한 것은 주지하는 바와 같이 우리나라에 들어온 한자음을 표기하기 위하여 마련된 것이다.

'南方來的蜜林檎燒酒一桶'(남경의셔 온 蜜林檎 燒酒 一桶)〈『번역박통사』〉의 한자음 표기는 두 가지로 하였는데 하나는 '난방레디미린킨샤쥐'란 표기와 '난방래딍밍린낀샿'란 표기의 두 가지다. 첫 번째 것은 正音을 그리고 두 번째 것은 俗音을 표기한 것인데, 위의 '세종어제훈민정음'의 한자음 표기와는 다른 모습을 보인다. 즉 'ㅅ'이나 'ㅈ'의 표기에서 우리나라의 한자음 표기에는 정치음과 치두음을 구별하여 표기하지 않고, 중국음을 표기할 때에는 이들을 구별하여 표기하는 것이다.

이것은 외래어와 외국어의 표기를 달리 하였음을 의미한다. 이 외래어와 외국어의 표기는 표기법만 다른 것이 아니라 서체까지도 달리 하여 표시하였다. 다음 그림의 월인석보의 서문 부분과 다라니경 부분을 비교하여 보면 그러한 사실을 쉽게 알 수 있다.

<『월인석보』 서문 부분>

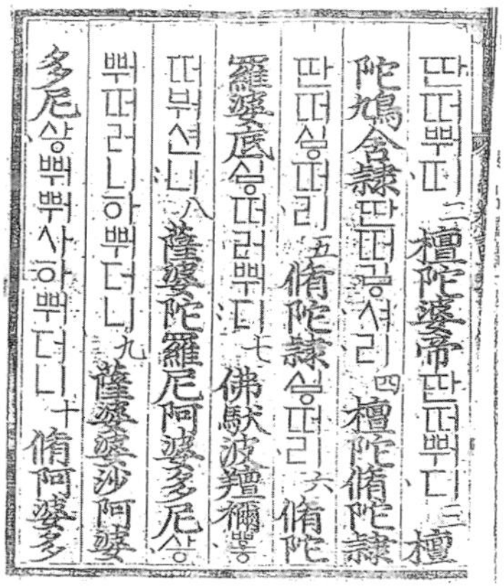

<『월인석보』의 '다라니경' 부분>

이에 비해 '妹夫'를 '더구 쿨건'으로, '兒子'(아ᄃᆞᆯ)를 '퀀컨'으로, '正房'(몸채)을 '튭ㄷ걸'로 표기한 『몽어유해』의 표기방식은 위의 표기와는 조금 다르다. 이것은 몽고어의 발음 표기에 사용하였던 것이다.

위에서 살펴본 바와 같이 훈민정음은 다음과 같은 사용상의 목적에 따라 창제되었다. 즉

① 고유어를 표기하기 위하여
② 외래어(특히 한자음)를 표기하기 위하여
③ 외국어를 표기하기 위하여
창제된 것이다.

②의 외래어는 한국 한자음을 말하고, ③의 외국어는 역사적으로 보아서 조선시대의 사학(四學)인 한학(漢學), 몽학(蒙學), 청학(淸學), 왜학(倭學)의 대상이 되었던 한어(漢語), 몽고어(蒙古語), 청어(淸語), 왜어(倭語)와, 조선시대의 불경에 보이는 범어(梵語), 그리고 19세기에 접하기 시작하였던 영어(英語) 및 서구의 제언어(諸言語)들이다.

이들 표기에는 다음과 같은 표기상의 차이가 있다.

① 고유어 표기에는 음절에 초성 중성 종성의 모든 자모를 다 사용한다는 원칙을 지키지 않았다. 그리하여 한자음은 '솅종엉졩훈민졍ᅙᅳᆷ'이라고 표기한 데 비하여 '나랏 말ᄊᆞ미 中國에 달아 文字와로 서르 ᄉᆞᄆᆞᆺ디 아니ᄒᆞᆯ ᄊᆡ' 식으로 표기하였다. 그래서 이 언해문 중에 보이는 한자인 '文字'도 한자음 표기인 '문ᄍᆞᆼ'로 표기한 것은 그러한 이유 때문이다.

② 외래어인 한자음 표기에는 초성 중성 종성을 다 표기하여 종성이 없는 한자음에는 소위 간접문자인 'ㅇ'을 표기하였다. 그러나 이것은 동국정운식 한자음을 표기하던 시대에 이루어진 것이고 『육조법보단경언해』(1496년)에 오면 이 표기도 사라지게 된다.

③ 외국어 표기에는 옛한글에 다음과 같은 몇 가지 특징이 나타난다.

㉠ 치음에 정치음과 치두음의 구별이 있다. 즉 ᄾ과 ᄼ, ᅐ과 ᅎ 등의 구별이 있다.

㉡ 자음과 모음에 고유어나 한자음에 보이지 않는 표기가 보인다. 즉 고유어나 한자음 표기에서 'ㄴㄷ, ㆁㄱ, ㆁㄷ' 등이나 'ㆇ, ㆊ' 등과 같은 표기는 전혀 나타나지 않는데 비하여 외국어 표기에서는 이러한 표기가 흔하게 나타난다.

㉢ 한글 표기에 구별기호가 보인다. 즉 다음 그림과 같은 예들이 보인다. 물론 이것은 일부의 예일 뿐이다.

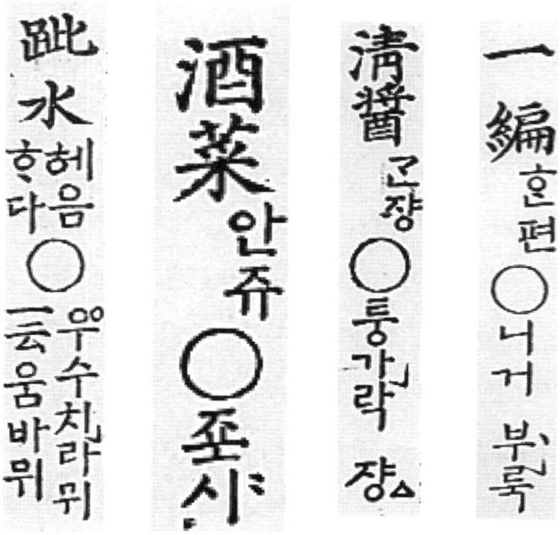

一編
清醬
酒菜
안쥬

이러한 예들로 보아 옛한글은 어느 언어를 표기하는가에 따라 각각 다른 모습을 보여 왔다. 즉 고유어를 표기하기 위한 옛한글과, 외래어까지도 표기하기 위한 옛한글과, 고유어와 외래어는 물론이고 외국어까지도 표기하기 위한 옛한글은 자모에서나 음절글자에서나 그 목록에 큰 차이를 보인다. 자모의 수나 음절글자의 수에서는 고유어를 표기하기 위한 것이 가장 적고, 점차로 외래어, 외국어를 표기하기 위한 글자로 갈수록 그 수가 늘어난다. 예컨대 'ㆀ, ㅂㅆ, ㅆㅆ, ㅄㄱ, ㅄㄷ' 등은 고유어만을 표기하기 위한 자모임에 비하여, 'ㄴㄱ, ㄴㄷ, ㆁㄱ, ㆁㅂ'

등은 외국어만을 표기하기 위한 자모이다.

그러나 자모의 목록에 차이가 있다고 하여도 고유어, 외래어, 외국어를 표기하는 옛한글에는 일정한 원칙이 있음을 간과해서는 안된다.

고유어를 표기하기 위한 자모는 훈민정음에서 제시한 28자모에서 크게 벗어나지 않은 것은 당연할 것이다. 그러나 외래어나 외국어를 표기하기 위해서, 우리의 선조들은 훈민정음 창제 당시의 자모 28자를 이용하여 표기하되, 구별표기를 위해서 28자의 자모에 부가기호를 사용하였다. 예컨대 'ㄸ, ㅱ, ㆀ'(일본어 표기) 등이 그러한 표기인데, 이들 'ㄸ, ㅱ, ㆀ'는 'ㅺ, ㅼ, ㅲ, ㅽ' 등에 보이는 표기와는 그 성격이 다르다. 즉 후자는 15세기에 어두자음군을 표기하던 것이었으나, 전자는 후행하는 자음인 'ㄷ, ㄱ' 등의 음이 우리 국어의 'ㄷ, ㄱ'과 다른 음임을 표시하기 위하여 붙인 부가기호인 셈이다. 물론 'ㅺ, ㅼ, ㅲ, ㅽ' 등의 'ㅅ'이나 'ㅂ'도 17세기 이후에는 동일한 기능을 가진 부가기호에 지나지 않았다고 할 수 있다. 그러나 그 부가기호도 특수기호를 제외하고는 결국은 훈민정음의 28자 중에서 선택하여 사용하였다. 즉 외래어나 외국어를 표기하기 위한 한글도 결국은 옛한글을 병서하여(그것이 각자병서이든, 합용병서이든) 표기하였던 것이다.

이것은 우리에게 많은 것을 시사한다. 즉

첫째로, 합용병서들을 한글 자모 28자를 조합식으로 단위화하는 방식보다는 자음군들을 각각 단위화하는 방식이 정당함을 말해 준다고 할 수 있다. 즉 'ㅺ'을 두 코드의 합이 아니라 하나의 코드로 처리한다는 것이다.

둘째로 고유어를 표기하기 위한 옛한글이나, 외래어나 외국어를 표기하기 위한 모든 옛한글을 옛한글의 범위 속에 포함시켜야 함을 의미하는 것이다. KS C 5657에서는 옛한글을 우리 고유어를 표기하는 데에 필요한 옛한글만을 포함시켰지만, KS C 5700은 여기에다가 외래어 및 외국어를 표기하기 위한 문자도 포함시켰는데, 이것은 옛한글의 범위를 점점 확대시켜 나간 것으로, 너무 당연한 결과였다고 생각한다.

그리하여 옛한글의 범위를 다음과 같이 정할 수 있다.

옛한글
- ㉠ 고유어를 표기하기 위한 옛한글
- ㉡ 외래어를 표기하기 위한 옛한글
- ㉢ 외국어(한어, 몽고어, 청어, 왜어, 범어, 영어 등의 歐美系 언어)를 표기하기 위한 옛한글

그리하여 옛한글이란 훈민정음 창제 이후 현대(주로 19세기 말 또는 20세기 초까지)까지 사용되어 왔던 한글 중에서 현대 국어 정서법에서 허용하지 않는 자모나 음절글자를 지칭하는 것이라고 할 수 있다.

2) 옛한글 자모의 목록

옛한글 자모 목록은 그 선정 기준이 달라지고 또 조사에 따라 여러 번 변화를 겪었다.

옛한글 자모의 선정 및 목록화는 체계적으로 이루어지지 않은 듯하다. 발표자도 1992년 4월 25일과 5월 2일에 각각 국립국어연구원에서 개최된 '자모 선정 및 배열 회의'에 참석하였지만, 이 회의에서 제시된 자모는 오랜 기간의 조사와 연구를 거친 것이 아니라 몇몇 사람이 단기간 내에 조사하여 제시된 것이었다. 그래서 회의 때마다 계속해서 새로운 자모들이 추가되곤 하였다. 즉 몇몇 학자나 학회에서 제시한 옛한글 음절목록을 종합하여 놓고 그 옛한글 음절에 사용된 자모를 선정한 것으로 보인다.

결과적으로는 외국어나 외래어를 표기하는 자모까지도 포함되어 있지만, 외국어나 외래어를 표기하기 위한 문자라는 인식을 가지고 수집 · 정리한 것은 아닌 것이다. KS C 5700의 옛한글 자모 중에서 어느 자모가 외국어, 그중에서도 특히 어느 외국어를 표기하기 위한 자모인지를 구분할 수도 없게 되어

있는 것이다. 이러한 결과를 보면, 이 자모의 선정은 비체계적이라고 할 수 있다.

KS C 5700의 옛한글 자모 중, 고유어 표기를 위한 자모의 선정은 여러 전문가들의 손을 거쳤기 때문에 비교적 완벽한 자모를 선정하였다고 할 수 있으나, 외국어나 외래어를 표기하기 위한 자모는 그러한 검증을 거치지 않았기 때문에 발표자가 개략적으로 검토하여 보아도 많은 문제점이 발견된다.

그러나 이에 대한 실증적 조사가 필요하여 발표자는 다음과 같은 조사표를 만들어 옛한글의 분포를 조사한 적이 있다. 그 표는 다음과 같은데, 이에 대한 것은 초성, 중성, 종성으로 나누어 조사하였다.

초성

		고유어			외래어 및 외국어					빈도			목록			코드		
		현대한글	옛한글															
			일반	어간	漢語	倭語	淸語	蒙古語	西歐語	여러문헌	한문헌	유일예	김홍규	김병선	김정수	5657	5700	중국
001	ㄱ	+	+	+	+	+	+	+	+	○			◎	◎	◎	◉	◉	◉
002	ㄲ	+	+	+	+	+	−	−	+	○			◎	◎	◎			
003	ᅚ	−	+	−	−	−	−	−	−		○				◎	◉	◉	◉
004	ㄴ	+	+	+	+	+	+	+	+	○			◎	◎	◎	◉	◉	◉
005	ᄓ	−	−	−	−	+	−	−	−	○			◎	◎	◎		◉	
006	ᄔ	−	+	−	+	+	−	−	−	○			◎	◎	◎	◉	◉	◉
007	ᄕ	−	−	−	−	+	−	−	−	○			◎	◎		◉	◉	
008	ᄖ	−	−	−	−	+	−	−	−	○			◎	◎			◉	
009	ᅛ	−	−	−	+	−	−	−	−		○			◎			◉	

중성

		고유어			외래어 및 외국어					빈도			목록			코드		
		현대한글	옛한글															
			일반	어간	漢語	倭語	淸語	蒙古語	西歐語	여러문헌	한문헌	유일예	김홍규	김병선	김정수	5657	5700	중국
001	ㅏ	+	+	+	+	+	+	+	+	○			◎	◎	◎	◉	◉	◉
002	ᅶ	−	−	−	+	−	+	+	+	○			◎	◎	◎		◉	
003	ᅷ	−	−	−	−	−	+	+	−	○			◎	◎			◉	
004	ᆣ	−	+	−	−	−	−	−	−			○			◎			
005	ㅔ	+	+	+	−	+	+	+	+	○			◎	◎	◎	◉	◉	◉
006	ㅑ	+	+	+	+	+	+	+	+	○			◎	◎	◎	◉	◉	◉

007	ᅩᅣ	−	−	−	+	−	+	+	−	○			◎	◎	◎		◉	
008	ᅭᅣ	−	−	−	−	−	−	−	−		○		◎	◎			◉	
009	ᅮᅣ	−	−	−	−	−	−	+	−		○							

종성

		고유어			외래어 및 외국어					빈도			목록			코드		
		현대한글	옛한글															
			일반	어간	漢語	倭語	清語	蒙語	西歐語	여러문헌	특수문헌	유일예	김홍규	김병선	김정수	5657	5700	중국
001	ㄱ	+	+	+	−	+	+	+	+	○			◎	◎	◎	◉	◉	◉
002	ㄲ	+	−	+	−	−	−	−	−	○			◎	◎	◎	◉	◉	◉
003	ᇺ	−	−	−	−	−	−	−	+		○				◎			
004	ᇃ	−	+	+	−	−	−	−	−	○			◎	◎	◎			
005	ᇻ	−	−	+	−	−	−	−	−		○				◎			
006	ㄳ	+	+	+	−	−	−	−	−	○			◎	◎	◎	◉	◉	◉
007	ᆨᆽ	−	−	+	−	−	−	−	−	○			◎	◎	◎	◉	◉	
008	ᆨᆾ	−	−	+	−	−	−	−	−		○			◎				
009	ᆨᆿ	−	−	+	−	−	−	−	−		○			◎				

이 표는, 실제로 각 자모의 목록이 어느 곳에 분포되어 있는가를 조사한 것이다. 이 표에서 '+' 표시는 그 예가 나타나는 것을, 그리고 '−' 표시는 그 예가 나타나지 않는 것을 의미한다. 그리고 ○ 표시는 여러 문헌에 나타나는 자모인가 아니면 특수한 문헌에만 나타나는 자모인가, 그리고 특수한 문헌이라고 하더라도 여러 곳에서 나타나는 것인지 아니면 유일한 한 예인지를 밝히기 위한 것이다. 만약 유일한 예로써 나타난다면, 그 표기는 誤刻이거나 잘못 표기된 것일 수도 있음을 의미한다. ◎◉ 표시도 각 목록 속에 포함되어 있는가 아닌가를 밝힌 것이다. 이러한 조사의 기준은 다음과 같다.

첫째, 각 자모들이 고유어, 외국어의 어느 곳에 나타나는가를 조사하였다. 나타나는 곳에는 +를, 나타나지 않는 것에는 -로 표시하였다.

둘째, 여러 문헌에 나타나는 것과 한 문헌에만 나타나는 것, 그리고 한 문헌에서도 유일한 한 예로만 등장하는 것들을 조사하였다. 어간을 밝히는 기준의 차이에 따라 어느 한 사전에만 등장하는 예들도 한 문헌에만 등장하는 것으로 처리하였다. 특히 종성 자모들에서 그러한 예들이 두드러지게 나타난다. 예컨대 한글학회에서 나온『우리말 큰사전』의 예가 그러하다.

셋째, 지금까지 목록화되어 있는 것들을 조사하였다. 그 조사된 목록은 다음과 같다.

김흥규(1993),「차세대 정보기술을 위한 데이터 코드 및 데이터 세트 개발에 관한 연구」, 상공자원부 연구보고서.

김병선(1993),「컴퓨터 자판 옛자모 배열 연구」, 국립국어연구원 보고서.

김정수 외(1994),「옛 한글의 음절 조사 연구」, 한국출판연구소.

넷째, KS C 5657과 KS C 5700에 포함되어 있는 자모와 역시 중국에서 제정한 중국 국가표준안에 들어 있는 자모도 함께 조사하였다. KS C 5601을 제외한 것은 이것에는 옛한글의 자모가 많이 포함되어 있지 않기 때문이다.

이상의 조사에서 발견되는 자모들의 특징을 든다면 다음과 같다.

(1) 모든 자모는 홑자모와 겹자모로 구분할 수 있다. 다음에 홑자모와 겹자모를 초 · 중 · 종성별로 제시한다.

① 초성자모

㉠ 홑자모 (23 자모)

ㄱ ㄴ ㄷ ㄹ ㅁ ㅂ ㅅ ᄼ ᄾ ㅿ ㅇ ㆁ ㅈ ᅎ ᅐ

ㅊ ᅔ ᅕ ㅋ ㅌ ㅍ ㅎ ㆆ

㉡ 겹자모 (102 자모)

ᄁ ᅚ ᄓ ᄔ ᄕ ᄖ ᅛ ᅜ ᅝ ᄗ ᄄ ꥠ ꥡ ꥢ ꥣ

ꥤ ꥥ ꥦ ᄘ ꥨ ᄙ ꥩ ꥪ ꥫ ꥬ ꥭ ꥮ ꥯ ᄚ ᄛ

ꥯ ꥰ ᄜ ꥱ ᄆᄋ ᄝ ᄞ ᄟ ᄠ ᄈ ᄡ ᄢ ᄣ ᄤ ᄥ

ᄦ ꥲ ᄇᄋ ᄧ ᄨ ꥳ ᄩ ᄪ ꥴ ᄫ ᄬ ᄭ ᄮ ᄯ ᄰ

ᄱ ᄲ ᄳ ᄊ ꥵ ᄴ ᄵ ᄶ ᄷ ᄸ ᄹ ᄺ ᄻ ᄽ ᄿ

ᅁ ᅂ ꥶ ᅃ ᅄ ᅅ ᅆ ᅇ ᅈ ᅉ ᅊ ᅋ ꥷ ᅍ ᄍ

ꥸ ᅏ ᅑ ᅒ ᅓ ꥹ ᅖ ꥺ ᅗ ꥻ ᅘ ꥼ

② 중성자모[7]

㉠ 홑자모 (11 자모)

ㅏ ㅑ ㅓ ㅕ ㅗ ㅛ ㅜ ㅠ ㅡ ㅣ ㆍ

㉡ 겹자모 (80 자모)

ᅶ ᅷ ᆣ ㅐ ᅸ ᅹ ᆤ ㅒ ᅺ ᅻ ᅼ ㅔ ㅖ ᅽ ᅾ

ᆥ ᅿ ힰ ᆂ ힱ ᆉ ᆊ ㅝ ᆋ ㅞ ힵ ᆌ ᆍ ㅟ ힶ

ᆎ ힷ ᆏ ᆐ ᆑ ᆒ ힸ ᆓ ᆔ ힺ ힻ ힼ ᆕ ᆖ ㅢ

ᆗ ᆘ ᆙ ힽ ힾ ퟀ ᆚ ퟁ ퟂ ᆛ ퟃ ᆜ ퟄ ᆝ ᆞ

ᆟ ퟆ ᆠ ᆡ ᆢ

③ 종성자모

㉠ 홑자모 (17 자모)

ㄱ ㄴ ㄷ ㄹ ㅁ ㅂ ㅅ ㅿ ㅇ ㆁ ㅈ ㅊ ㅋ ㅌ ㅍ ㅎ ㆆ

㉡ 겹자모 (116 자모)

ᆩ ᇺ ᇃ ᇻ ᆪ ᇄ ᇼ ᇽ ᇾ ᇅ ᇿ ᇆ ퟋ ᇇ ᇈ

7 이 홑자모에는 훈민정음 창제 당시의 모음 글자형인
ㅏ ㅐ ㅑ ㅒ ㅓ ㅔ ㅕ ㅖ ㅗ ㅘ ㅙ ㅚ ㅛ ㆇ ㆉ ㅜ ㅝ ㅞ ㅟ ㅠ ㆊ ㆋ ㆌ ㅡ ㅢ ㅣ ㆍ
그리고 ㆈ ᆏ ㆎ 의 30자는 제외하였다.

ㄴㅈ ㄴㅊ ㄴㅌ ㄴㅎ ㄷㄱ ㄸ ㄸㅂ ㄷㄹ ㄷㅂ ㄷㅅ ㄷㅅㄱ ㄷㅈ ㄷㅊ ㄷㅌ ㄹㄱ

ㄹㄲ ㄹㄱㅅ ㄹㄱㅎ ㄹㄴ ㄹㄷ ㄹㄷㅎ ㄹㄹ ㄹㄹㅋ ㄹㅁ ㄹㅁㄱ ㄹㅁㅅ ㄹㅁㅎ ㄹㅂ ㄹㅂㄷ ㄹㅂㅅ

ㄹㅂㅍ ㄹㅂㅎ ㄹㅸ ㄹㅅ ㄹㅆ ㄹㅿ ㄹㅇ ㄹㅋ ㄹㅌ ㄹㅍ ㄹㅎ ㄹㆆ ㄹㆆㅎ ㅁㄱ ㅁ

ㄴㄴ ㅁㄹ ㅁㅁ ㅁㅂ ㅁㅅ ㅁㅆ ㅁㅿ ㅁㅈ ㅁㅊ ㅁㅎ ㅱ ㅂㄷ ㅂㄹ ㅂㅁ ㅃ

ㅂㅅ ㅂㅅㄷ ㅂㅈ ㅂㅊ ㅂㅍ ㅂㅎ ㅸ ㅅㄱ ㅅㄷ ㅅㄹ ㅅㅁ ㅅㅂ ㅅㅸ ㅆ ㅆㄱ

ㅆㄷ ㅅㅿ ㅅㅈ ㅅㅊ ㅅㅌ ㅅㅎ ㅿㅂ ㅿㅸ ㅇㄱ ㅇㄲ ㅇㅁ ㅇㅅ ㆀ ㆁㅅ ㆁㅿ

ㆁㅋ ㅇㅎ ㅈㅂ ㅈㅈ ㅍㅂ ㅍㅅ ㅍㅌ ㆄ ㅎㄴ ㅎㅁ ㅎㅂ

(2) 모든 홑자모는 훈민정음 창제 당시의 자모인 28자의 자모 이외의 것은 발견되지 않는다.[8]

(3) 모든 겹자모도 훈민정음 창제 당시의 자모인 28자의 자모의 결합으로 이루어진 것뿐이다.[9]

이상의 조사를 통하여 얻을 수 있는 목록을 보이면 다음과 같다.

(1) 초성 자모 (고유어와 외국어 표기에 필요한 초성 자모) (125 자모)

ㄱ ㄲ ㄱㄷ ㄴ ㄴㄱ ㄴㄴ ㄴㄷ ㄴㅂ ㄴㅅ ㄴㅈ ㄴㅎ ㄷ ㄷㄱ ㄸ ㄷㄹ

ㄷㅁ ㄷㅂ ㄷㅅ ㄷㅈ ㄹ ㄹㄱ ㄹㄲ ㄹㄴ ㄹㄸ ㄹㄹ ㄹㅁ ㄹㅂ ㄹㅃ ㄹㅸ ㄹㅅ

ㄹㅈ ㄹㅋ ㄹㅎ ᄛ ㅁ ㅁㄱ ㅁㄷ ㅁㅂ ㅁㅅ ㅁㅇ ㅱ ㅂ ㅂㄱ ㅂㄴ ㅂㄷ

ㅃ ㅂㅅ ㅂㅅㄱ ㅂㅅㄷ ㅂㅅㅂ ㅂㅆ ㅂㅅㅈ ㅂㅅㅌ ㅂㅇ ㅂㅈ ㅂㅊ ㅂㅋ ㅂㅌ ㅂㅍ ㅂㅎ

ㅸ ㅹ ㅅ ㅅㄱ ㅅㄴ ㅅㄷ ㅅㄹ ㅅㅁ ㅅㅂ ㅅㅂㄱ ㅆ ㅆㅂ ㅆㅅ ㅅㅇ ㅅㅈ

ㅅㅊ ㅅㅋ ㅅㅌ ㅅㅍ ㅅㅎ ᄼ ᄽ ᄾ ᄿ ㅿ ㅇ ㅇㄱ ㅇㄷ ㅇㄹ ㅇㅁ

ㅇㅂ ㅇㅅ ㅇㅿ ㆀ ㅇㅈ ㅇㅊ ㅇㅌ ㅇㅍ ㅇㅎ ㆁ ㅈ ㅈㅇ ㅉ ㅉㅎ ᅎ

ᅏ ᅐ ᅑ ㅊ ㅊㅋ ㅊㅎ ᅔ ᅕ ㅋ ㅌ ㅌㅌ ㅍ ㅍㅂ ㅍㅎ ㆄ

---

8 물론 여기에서는 朴性源의 『華東正音通釋韻考』에 나오는 '◇' 은 제외시켰다.
9 이 자모 중에서 특히 주목할 만한 것은 겹자모 중에서 'ㅁㅇ, ㅂㅇ, ㄹㅇ' 등이 발견되는 점이다. 이 자모는 'ㅱ, ㅸ, ᄛ'과는 다른 것이다. 그러나 그 빈도수가 거의 한정되어 있다.

ᄒ ꥻ ᅘ ᅙ ꥼ

(2) 중성 자모 (고유어와 외국어 표기에 필요한 중성 자모) (91 자모)

ᅡ ᅶ ᅷ ᆣ ᅢ ᅣ ᅸ ᅹ ᆤ ᅤ ᅥ ᅺ ᅻ ᅼ ᅦ

ᅧ ᆥ ᅽ ᅾ ᅨ ᅩ ᅪ ᅫ ᆦ ᆧ ᅿ ᆀ ힰ ᆁ ᆂ

ᆃ ᅬ ᅭ ힲ ힳ ᆄ ᆅ ힴ ᆆ ᆇ ᆈ ᅮ ᆉ ᆊ ᅯ

ᆋ ᅰ ힵ ᆌ ᆍ ᅱ ힶ ᅲ ᆎ ힷ ᆏ ᆐ ᆑ ᆒ ힸ

ᆓ ᆔ ᅳ ힺ ힻ ힼ ᆕ ᆖ ᅴ ᆗ ᅵ ᆘ ᆙ ힽ ힾ

ퟀ ᆚ ퟁ ퟂ ᆛ ퟃ ᆜ ퟄ ᆝ ᆞ ퟅ ᆟ ퟆ ᆠ ᆡ

ᆢ

(3) 종성 자모(고유어와 외국어 표기에 필요한 종성 자모) (133 자모)

ᆨ ᆩ ᇺ ᇃ ᇻ ᆪ ᇄ ᇼ ᇽ ᇾ ᆫ ᇅ ᇿ ᇆ ퟋ

ᇇ ᇈ ᆬ ퟌ ᇉ ᆭ ᆮ ᇊ ퟍ ퟎ ᇋ ퟏ ퟐ ퟑ ퟒ

ퟓ ퟔ ᆯ ᆰ ퟕ ᇌ ퟖ ᇍ ᇎ ᇏ ᇐ ퟗ ᆱ ᇑ ᇒ

ퟘ ᆲ ퟙ ᇓ ퟚ ᇔ ᇕ ᆳ ᇖ ᇗ ퟛ ᇘ ᆴ ᆵ ᆶ

ᇙ ퟜ ᆷ ᇚ ퟞ ᇛ ퟠ ᇜ ᇝ ᇞ ᇟ ퟢ ᇠ ᇡ ᇢ

ᆸ ퟣ ᇣ ퟥ ퟦ ᆹ ퟧ ퟨ ퟩ ᇤ ᇥ ᇦ ᆺ ᇧ ᇨ

ᇩ ퟪ ᇪ ퟫ ᆻ ퟬ ퟭ ퟮ ퟯ ퟰ ퟱ ퟲ ᇫ ퟳ ퟴ

ᆼ ᇬ ᇭ ᇮ ᇱ ᇮ ᇰ ᇱ ᇲ ᇯ ퟶ ᆽ ퟷ ퟹ ᆾ

ᆿ ᇀ ᇁ ᇳ ퟺ ퟻ ᇴ ᇂ ᇵ ᇶ ᇷ ᇸ ᇹ

이 중에서 옛한글에 해당하는 것만 제시하면 다음과 같다.

(1) 초성 자모 (106 자모)

ᅚ ᄓ ᄔ ᄕ ᄖ ᅛ ᅜ ᅝ ᄗ ᅞ ꥠ ꥡ ꥢ ꥣ ꥤ

ꥥ ᄘ ꥧ ᄙ ꥨ ꥩ ꥪ ꥫ ꥬ ꥭ ꥮ ᄚ ᄛ ꥯ ꥰ

ᄜ ꥱ ᄆᄋ ᄝ ᄞ ᄟ ᄠ ᄡ ᄢ ᄣ ᄤ ᄥ ᄦ ꥲ ᄇᄋ

ᄧ ᄨ ꥳ ᄩ ᄪ ꥴ ᄫ ᄬ ᄭ ᄮ ᄯ ᄰ ᄱ ᄲ ᄳ

ꥵ ᄴ ᄵ ᄶ ᄷ ᄸ ᄹ ᄺ ᄻ ᄼ ᄽ ᄾ ᄿ ᅀ ᅁ

ᅂ ꥶ ᅃ ᅄ ᅅ ᅆ ᅇ ᅈ ᅉ ᅊ ᅋ ꥷ ᅌ ᅍ ꥸ

ᅎ ᅏ ᅐ ᅑ ᅒ ᅓ ᅔ ᅕ ꥹ ᅖ ꥺ ᅗ ꥻ ᅘ ᅙ

ꥼ

(2) 중성 자모 (70 자모)

ᅶ ᅷ ᆣ ᅸ ᅹ ᆤ ᅺ ᅻ ᅼ ᆥ ᅽ ᅾ ᆦ ᆧ ᅿ

ᆀ ᆁ ᆂ ힰ ᆃ ힲ ힳ ᆄ ᆅ ힴ ᆆ ᆇ ᆈ ᆉ ᆊ

ᆋ ힵ ᆌ ᆍ ힶ ᆎ ힷ ᆏ ᆐ ᆑ ᆒ ힸ ᆓ ᆔ ힺ

ힻ ힼ ᆕ ᆖ ᆗ ᆘ ᆙ ힽ ힾ ퟀ ᆚ ퟁ ퟂ ᆛ ퟃ

ᆜ ퟄ ᆝ ᆞ ퟅ ᆟ ퟆ ᆠ ᆡ ᆢ

(3) 종성 자모 (106 자모)

ᇺ ᇃ ᇻ ᇄ ᇼ ᇽ ᇾ ᇅ ᇿ ᇆ ퟋ ᇇ ᇈ ퟌ ᇉ

ᇊ ퟍ ퟎ ᇋ ퟏ ퟐ ퟑ ퟒ ퟓ ퟔ ퟕ ᇌ ퟖ ᇍ ᇎ

ᇏ ᇐ ퟗ ᇑ ᇒ ퟘ ퟙ ᇓ ퟚ ᇔ ᇕ ᇖ ᇗ ᇎ ᇘ

ᇙ ퟜ ᇚ ퟞ ᇛ ퟠ ᇜ ᇝ ᇞ ᇟ ퟢ ᇠ ᇡ ᇢ ퟣ

ᇣ ퟥ ퟦ ퟧ ퟨ ퟩ ᇤ ᇥ ᇦ ᇧ ᇨ ᇩ ퟪ ᇪ ퟫ

ퟬ ퟭ ퟮ ퟯ ퟰ ퟱ ퟲ ᇫ ퟳ ퟴ ᇬ ᇭ ퟵ ᇱ ᇮ

ᇰ ᇱ ᇲ ᇯ ퟶ ퟷ ퟹ ᇳ ퟺ ퟻ ᇴ ᇵ ᇶ ᇷ ᇸ

ᇹ

이에 비하여 KS C 5700의 옛한글 자모 목록을 보이면 다음과 같다.

(1) 초성 자모 (71 자모)

(2) 중성 자모 (45 자모)

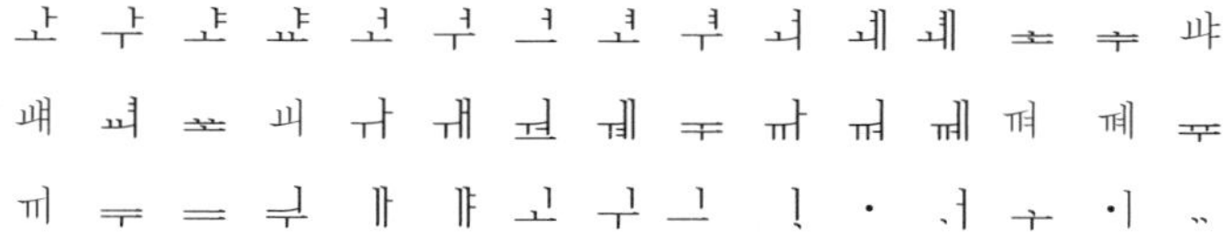

(3) 종성 자모 (55 자모)

이것을 KSC 5700과 비교하여 보면 다음과 같은 차이가 있다. 즉 발표자가 조사한 자모가 초성 자모 35자, 중성 자모 25자, 종성 자모 51자, 모두 111개의 자모가 증가한 셈이다.

① 초성 자모 (35 자모)

② 중성 자모 (25 자모)

ᆣ ᆤ ᆥ ᆦ ᆧ ힰ ힲ ힳ ힴ ힵ ힶ ힷ ힸ ힺ ힻ

ힼ ힽ ힾ ퟀ ퟁ ퟂ ퟃ ퟄ ퟅ ퟆ

③ 종성 자모 (51 자모)

ᇺ ᇻ ᇼ ᇽ ᇾ ᇿ ퟋ ퟌ ퟍ ퟎ ퟏ ퟐ ퟑ ퟒ ퟓ

ퟔ ퟕ ퟖ ퟗ ퟘ ퟙ ퟚ ퟛ ퟜ ퟞ ퟠ ퟢ ퟣ ퟥ ퟦ

ퟧ ퟨ ퟩ ퟪ ퟫ ퟬ ퟭ ퟮ ퟯ ퟰ ퟱ ퟲ ퟳ ퟴ ퟵ

ᇱ ퟶ ퟷ ퟹ ퟺ ퟻ

이와 같이 자모의 수가 많이 늘어난 것은 특히 중국의 표준 코드에 들어 있는 자모를 포함하였기 때문이기도 하지만, 근대 시기에 외국어를 표기한 문헌들을 정밀하게 조사한 데에 기인한다. 초성 자모가 늘어난 이유는 외국어를 표기한 문헌과 19세기 말 내지 20세기 초의 국어 및 외국어를 표기한 문헌들을 조사한 결과이다. 그리고 중성 자모가 늘어난 이유도, 역시 근대 시기의 외국어를 표기한 문헌을 조사하였고, 특히 중국의 표준 코드에서 나타난 자모를 포함시켰기 때문이다. 또한 종성자모가 특히 많이 늘어난 것은 전술한 바와 같이 어간 표시의 방법이 다른 한글학회의 『우리말 큰사전』이나 20세기 초에 간행된 많은 문법서를 참고하였기 때문이다.

그러므로 이들 자모 중에서 일정한 기준에 따라 한글코드에 포함될 자모를 취사선택하여야 할 것이다. 다음에 그 취사선택의 기준을 검토하여 보도록 한다.

(1) 훈민정음 창제 이후 지금까지 알려진 문헌에 등장하는 한글을 대상으로 한다.

(2) 훈민정음의 제자원리에 맞는 것만을 대상으로 한다. 유명한 학자라도

개인 만이 주장하는 문자는 제외한다. 예컨대 '◇'과 같은 자모는 제외시켜야 한다. 그리고 'ㅁㅇ, ㅂㅇ' 등도 제외시켜야 한다.

(3) 오각(誤刻) 또는 오식(誤植)으로 판단되는 문자는 제외한다.

(4) 20세기초에 한글맞춤법을 제정에 관여하여 제청된 문자로서 한글맞춤법에 수용되지 않은 글자는 제외한다. 예컨대 '긻' 등은 제외한다.

(5) 어느 한 문헌에만 쓰이었으되 그 글자가 역사적인 이유로 설명할 수 있는 자모들은 제외하지 않는다. 예컨대 'ᄥᅳ, ᄤᅧ, ᄴᅳ, ꥲᅡ, ᄦᅳ' 등의 자모인 'ᄥ, ᄤ, ᄴ, ꥲ, ᄦ' 등은 주로 17세기 초에 된소리를 표기하기 위한 일반적인 표기방법이었기 때문에 이들 자모는 제외하지 않는다.

(6) 어간을 표기하는 방법 중 일반화되어 있지 않는 표기는 제외한다. 예컨대 20세기 초의 각종의 문법서나 한글학회에서 간행한 사전에 보이는 '가ᇐ, 가ᇤ, 강ᆾ, 젓ᇂ, 녁ᆿ' 등의 종성자모인 'ᇐ, ᇤ, ᆼᆾ, ᆺᇂ, ᆨᆿ' 등은 제외한다.

(7) 사역원의 역학서에서 외국어를 표기하기 위해 창안된 문자는 비록 한 문헌에 등장하더라도 이를 포함시킨다.

위와 같은 원칙에 의하여 자모들을 취사선택하면 다음과 같다.

(1) 초성 자모 (70 자모)

ᄓ ᄔ ᄕ ᄖ ᅜ ᄘ ᄙ ꥯ ᄜ ᄝ ᄞ ᄠ ᄡ ᄢ ᄣ

ᄤ ᄥ ᄦ ꥲ ᄧ ᄨ ꥳ ᄩ ᄪ ᄫ ᄬ ᄭ ᄮ ᄯ ᄱ

ᄲ ᄳ ᄴ ᄵ ᄶ ᄷ ᄸ ᄹ ᄺ ᄻ ᄼ ᄽ ᄾ ᄿ ᅀ

ᅁ ᅂ ᅃ ᅄ ᅅ ᅆ ᅇ ᅈ ᅉ ᅊ ᅋ ꥷ ᅌ ᅍ ᅎ

ᅏ ᅐ ᅑ ᅒ ᅔ ᅕ ᅗ ꥻ ᅘ ᅙ

(2) 중성 자모 (73 자모)

ᅶ ᅷ ᅸ ᅹ ᆤ ᅺ ᅻ ᅼ ᆥ ᅽ ᅾ ᆦ ᆧ ᅿ ᆀ

ᆁ ᆂ ퟰ ᆃ ퟲ ퟳ ᆄ ᆅ ퟴ ᆆ ᆇ ᆈ ᆉ ᆊ ᆋ

ힵ ᆌ ᆍ ᆎ ힷ ᆏ ᆐ ᆑ ᆒ ᆇ ᆃ ᆔ ힺ ᆂ ᆕ

ᆖ ᆗ ᆘ ᆙ ᆄ ힾ ퟀ ㅚ ㅟ ᆈ ㅟ ᆔ ㅢ ᅵ ᆞ

ᆟ ᆡ ᆢ

(3) 종성 자모 (34 자모)

ᇃ ᇄ ᇅ ᇆ ᇇ ᇈ ᇊ ᇌ ᇎ ᇑ ᇒ ᇓ ᇕ ᇗ ᇘ

ᇙ ᇚ ᇛ ᇜ ᇝ ᇟ ᇠ ᇢ ᇣ ᇦ ᇧ ᇨ ᇫ ᇬ ᇱ

ᇰ ᇱ ᇲ ᇹ

<2003년 7월 3일, 발표 장소 등 확인 불가>

제 2 부

남북 언어 문제

1. 언어 문제에 대한 남북 학술 교류의 역사와 앞으로의 과제

1) 시작하면서

남북 분단 후, 특히 한국전쟁 이후 남북의 학술적 교류는 완전히 막혀 있었다. 중국(그 당시에는 중공)이나 러시아(그 당시에는 소련)를 통한 북한 자료의 접근도 차단되어 있었다. 소련과 중공이 적성국가이어서 이 나라에서 간행된 북한 관련 자료도 소지는커녕 열람조차도 허용되지 않았었다. 가끔 일본을 통해 북한 자료에 접근했던 학자들은 어김없이 간첩으로 처벌받았다.

발표자가 처음으로 접한 북한 자료는 1973년도 8월에 극동문제연구소(중앙정보부 소속?)에서 발간한 『북한 언어 정책 자료집(北韓 言語 政策 資料集)』이었다(발표자 소장본 : 150부 발간 중 41번 책). 북한의 언어정책에 대한 각종 자료가 들어 있었는데, 김일성 담화, 김일성 교시 해설, 논설, 논문 등의 글이 실려 있었다(총 373면). 주지사항에 "본 자료는 제공대상자 이외의 취급 회람을 금하며 복제, 복사를 금합니다. 본 자료는 원형대로 보관하며 만약 망실하였을 시는 즉시 발행처에 신고해야 합니다. 본 자료는 계속 보관의 필요가 없을 시는 발행처에 자진 반환해야 합니다" 등의 내용이 있어서 이 자료를 가지고 있다는 사실조차도 남에게 알릴 수가 없었다.

남북 학술교류의 서광이 비치기 시작한 것은 중국과의 외교관계가 이루어지면서부터였다. 노태우 정권 때의 북방정책의 변화로부터 시작되었다.

발표자가 중국에 처음 발을 디딘 것은 1990년 2월 3일이었다. 중국 파견 교수단의 일원으로 참석하였지만, 북한 학자들과의 만남은 없었다. 오히려 '모란소조'라는 북한의 첩보원들이 우리 일행을 감시하고 있으니 조심하라고 하여 호텔 바깥을 나가기도 조심스러울 정도였다. 그러나 이 때에 중국 우리 동포 언어학자들을 처음 만날 수 있었다. 북경대학의 최응구 교수와 북경 중앙민족대학의 장흥권 교수였다. 그러나 북한에 대한 정보는 전혀 알 수 없었다. 1990년 여름에 한라산의 물과 흙을 가지고 백두산에 가서 통일을 기원하는 합수 합토식을 했을 때에는 연변대학의 여러 학자들을 만나게 되었고, 그 학자들을 통해서 북한의 실상을 듣게 되었다. 김일성종합대학에서 공부한 언어학자들이 여럿 있었기 때문이다. 그러나 그 정보는 매우 피상적이었다.

연변대학교의 우리 동포 학자들의 통일에 대한 열정은 대단해서 그들의 도움으로 남과 북의 학자들이 만나는 자리가 마련되게 되었다. 그들의 노력으로 남북 학술교류의 물꼬가 트이기 시작하였는데, 국제고려학회가 주관한 1991년 7월 29일부터 31일까지 3일간에 걸쳐서 중국 길림성 연길시에서 개최된 '제1차 Korea학 소장학자 국제학술토론회'가 발표자가 알고 있는 최초의 남북 학술 교류다. 국제고려학회와 중국 길림성 사회과학원의 공동주최로 이루어졌는데, 한국의 언어학자 6명이 참석하였으나 북에서는 문학 전공자 2명이 참석하였으니 실질적으로 언어 문제에 대한 교류는 없었다고 할 수 있다.

그 이후 남북의 언어 관련 학술교류는 주로 중국 연길시와 북경에서 이루어지게 되었다. 후에는 중국의 심양, 상해 등으로 그리고 중국 이외의 다른 나라에서 남북 학자들의 만남이 이루어졌다.

언어 관련 남북의 학술교류는 이렇게 중국 동포 학자들의 가교 역할로 이루어지게 되었다. 그래서 남북 학술교류는 남북의 학자들만 만나는 것이 아니라 남과 북 그리고 중국의 우리 동포 학자들이 같이 만나는 3자 대면으로부터 시작되었다. 중국 우리 동포 학자들의 이러한 노력은 남과 북이 언어 문제에 갈등을 겪고 있는 문제들을 해결하는 데 많은 도움을 주었다.

이러한 양상이 남과 북의 양자 모임으로 변화를 가져온 것은 한참 뒤의 일이었다. 즉 중국 동포들의 도움 없이 직접 연락하여 교류할 수 있게 된 것이었다. 그때부터 중국 우리 동포 학자들의 남북 가교 역할의 기능은 사라지게 되었다. 가교 역할을 하던 그 주역들이 퇴임하고 또 한중 수교로 한국어교육의 열기가 일어나서 중국 동포 학자들이 중국인을 위한 한국어 교육에 몰두하면서 남북 학술 교류의 가교 역할은 거의 사라진 셈이다.

이와 같은 길고 복잡한 과정을 통하여 이제는 어느 정도 북한의 언어 연구 실상이나 언어 사용의 실상 등을 짐작할 수 있게 되었다. 특히 발표자가 북의 학자들로부터 구한 여러 자료, 예컨대 『언어학연구 논문 색인사전』(전자파일의 책)을 통해 연구 경향을 대충 파악할 수 있게 되었고, 또한 북한의 사회과학원 언어학연구소로부터 받은 『조선어학전서』(총 47책)를 통해 그 내용을 더욱 자세히 알 수 있게 되었다.

그러나 발표자가 북의 언어 연구에 대한 정보를 더 많이 알 수 있었던 것은 북한에서 간행된 많은 문헌자료를 구입하여 그것을 읽어 보았기 때문일 것이다. 북한의 언어 연구 서적들은 대체로 중국 길림성 연길시의 연변대학 도서관, 연길시 도서관, 연변교육출판사, 중국조선어문잡지사 등을 통해서 또는 연길시의 많은 낡은책점(헌책방)에서 구입한 것이었다. 겨레말큰사전 편찬회의 차 평양에 갔을 때, 평양의 서점에서는 이들 자료는 볼 수 없었다. 왜냐하면 신간들만 서가에 진열되어 있었기 때문이다.

발표자는 북한의 언어 연구를 위해 필요한 다양한 자료(말뭉치 약 7천만 어절, 북한의 방언지도 수십 점, 북한 방언 조사 자료집-음성 포함-)들을 가지고 있다. 남북 접촉이 금지되어서 북한 자료를 전혀 대할 수 없었던 시대와 비교하면 엄청난 변화를 가져온 셈이다.

2) 학술 교류의 현황

남과 북의 언어학자들이 만나서 이루어 놓은 대표적인 학술 모임을 보이면 대체로 다음과 같다.

(1) 코리안 컴퓨터 처리 국제학술대회

코리안 컴퓨터 처리 국제학술대회는 1994년에 시작하여 1995년과 1996년에 이어 2001년까지 모두 4회에 걸쳐 이루어졌다. 국어정보학회(남), 과학기술총연맹(북), 연변전자정보센터(중국) 및 조선어정보학회(중국)가 주최가 되어 중국 연길시에서 개최되었다.

남과 북의 언어학자들을 연결하여, 우리가 안고 있는 어학적 문제들을 해결하려는 중국의 우리 동포 학자들의 노력이 그 밑바탕이 되어 이루어진 결과이다. 동일한 주제로 가장 오랫동안 지속된 학술모임이었다. 4회에 걸쳐 남과 북 그리고 중국의 언어학자들이 모두 117편에 달하는 논문을 발표할 정도로 활발한 교류였다. 이 학술모임을 통해서 이루어진 가장 중요한 결과는 남과 북이 서로 신뢰를 쌓기 시작하였다는 점이다. 이 학술대회를 통해 맺어진 남북 학자들 간의 관계는 그 뒤의 지속적인 남북 학술교류의 중요한 밑거름이 되었다고 생각한다. 그 과정을 표로 보이면 다음과 같다.

연도	일시	장소	주관	주최	특징
1994년	8월 6일 ~8일	중국 연길시 연변빈관	중국 연변 조선족 자치주 과학기술협회	(남) 국어정보학회 (북) 과학기술총연맹 (중) 연변전자정보센터	남북 언어학자들의 최초 단체 학술회의
1995년	9월 13일 ~16일	중국 연길시 연변빈관	중국 연변 조선족 자치주 과학기술협회	(남) 국어정보학회 (북) 과학기술총연맹 (중) 연변전자정보센터	우리글 자모순, 부호계, 자판, 전산용어 등에 대한 집중적인 토의.
1996년	8월 12일 ~14일	중국 연길시 시빈관	중국 연변 조선족 자치주 과학기술협회	(남) 국어정보학회 (북) 과학기술총연맹 (중) 연변전자정보센터	우리글 자모순 통일안 합의, 통일 글자판 제정 합의, 글자판의 특징 합의, 전산용어 2,100개의 통일안 제시
2001년	2월 22일 ~24일	중국 연길시 개원호텔	중국 중문정보학회	(남)국어정보학회 (북)과학기술총연맹 (중)중국조선어정보학회	우리글의 명칭을 '정음자'로 합의

(2) Korean 어문규범과 관련한 국제학술회의

1995년에는 우리글 어문규범과 관련한 학술회의가 열렸었다. 그러나 남한에서는 1995년에는 국립국어연구원 담당자 한 사람만 참석하고 주로 북한과 중국의 우리 동포들이 참석하였기 때문에 이 학술대회를 통해서는 남과 북의 본격적인 교류가 이루어지지 못하였다. 그러나 남과 북의 어문규범에서 발생하는 문제점들을 처음으로 논의하여 우리가 해결하여야 할 어문규범상의 문제점들을 논의하기 시작한 중요한 모임이었다. 첫 모임에서는 모두 14편의 논문이 발표되었다. 제2회는 '조선어(한국어) 언어학자 국제 학술 토론회'라는 이름으로 진행되었다.

명실상부한 남과 북의 대표자(안병희, 최정후, 심병호)들이 모여 우리말과 글에 대한 규범화 문제를 논의할 수 있는 좋은 기회를 마련하였다. 그러나 원론적으로 남과 북이 어문규범을 고칠 때에는 지금보다 더 차이가 나지 않도록 하며, 또한 그 모임을 정례화한다는 데에 합의를 했을 뿐이었다. 상징적인 합의였지만, 이 합의는 그 뒤에 지켜지지 않았다.

일시	장소	주관	주제
1995년 8월 3일~4일	중국 연변대학	연변대학 조선어문학연구소	어문규범
1996년 8월 3일~7일	중국 장춘	중국 동북삼성 조선어문사업협의소조 판공실 중국 조선어사정위원회	어문규범

(3) 남북 언어 동질성 회복을 위한 국제 학술회의

남한에서는 국가 정부기관인 국립국어연구원이, 북한에서는 역시 국가기관인 사회과학원 언어학연구소가 서로 직접 교류를 시도한 모임이었다. 이 모임은 다음과 같이 4차에 걸쳐 이루어졌다.

연도	일시	장소	주최	주관	주제
제1차(2001년)	12월 14일 ~16일	중국 베이징 중원빈관	중앙민족대학 조선어문학부 조선학연구소	(남) 국립국어연구원 (북) 조선사회과학원 언어학연구소	세계 속의 조선어(한국어) 어휘 구성의 특징과 어휘 사용 실태에 관한 연구
제2차(2003년)	11월 6일 ~9일	중국 베이징 21세기호텔	중국 베이징대학교 조선문화연구소	(남) 국립국어연구원 (북) 조선 사회과학원 언어학연구소 (중) 국제고려학회 아시아분회 및 평양지부	민족 고유어의 통일적 발전과 방언 조사 연구
제3차(2004년)	6월 22일 ~25일	중국 베이징 21세기호텔	중국 베이징대학교 조선문화연구소	(남) 국립국어연구원 (북) 조선 사회과학원 언어학연구소 (중) 국제고려학회 아시아분회 및 평양지부	민족어 유산의 수집 정리와 고유어 체계의 발전 풍부화
제4차(2005년)	12월 13일 ~15일	심양 三隆中天酒店		(남) 국립국어연구원 (북) 조선 사회과학원	민족어 어휘구성의 변화와 통일적 발전에 관한 국제학술회의

(4) 정보화 시대에 따르는 민족어의 통일적 발전과 언어정보 산업표준에 관한 학술모임

이 학술모임은 남과 북에서 선결해야 할 국어 정보처리의 문제들을 해결하기 위해 2002년 8월에 중국 북경에서 이루어졌다. 주로 정보화의 현황과 표준화의 문제점들을 논의하였다. 모두 18편의 논문이 발표되었다. 이 모임은 이전의 모임이 언어학자들이 중심이 되었던 것에 비해, 남에서는 주로 자연언어처리 연구자나 컴퓨터 관련 학자들이 중심이 되었다. 안타깝게도 1회로 끝나고 말았다.

일시	장소	주최	주관
2002년 8월 3일~7일	중국 베이징 21세기 반점	국제고려학회 아시아분회 북경대 조선문화연구소	(남) 남북언어정보산업표준위원회 기술표준원 언어정보표준기술연구회 (북) 사회과학원 언어학연구소 (중) 중국조선어학회 중국조선어신식학회

(5) 남북 공동 겨레말 큰사전 편찬

『겨레말큰사전』은 1989년에 문익환 목사가 방북하였을 때, 북한의 김일성 주석에게 남북통일 국어사전 편찬의 필요성을 제시하였고, 김일성 주석도 이에 동의함으로써 그 발판을 마련하였다. 몇 번의 실무 접촉을 거쳐 2004년 12월 13일에 남과 북의 사전 편찬위원들 중 일부(남측 대표: 홍윤표, 북측 대표:정순기)가 금강산에서 만나 합의서를 교환하였다. 그리고 2005년 2월 19일에는 금강산에 남과 북의 모든 관계자들이 모인 가운데 사전 편찬을 시작하는 결성식을 함으로써 겨레말큰사전의 편찬이 시작되었다.

겨레말큰사전의 규모 및 성격에 대해서는 몇 번의 논의 끝에 대략적인 내용을 합의하였다. 합의 내용을 소개하면 다음과 같다.

① 겨레말큰사전은 7천만 우리 겨레가 오랜 기간에 걸쳐 창조하고 발전시켜 온 고유어를 기본으로 하는 민족어 유산을 남김없이 조사 발굴하여 총집대성하는 사전이다.

② 겨레말큰사전은 남과 북, 어느 한쪽의 언어규범으로 통일시키지도 않으며 기계적으로 합쳐 놓지도 않은 사전으로서 사전편찬에서 제기되는 여러 가지 문제들을 남과 북이 공동으로 합의 해결하는 통일지향적인 사전이다.

③ 겨레말큰사전은 작품 창작을 비롯한 문필활동에 도움을 줄 목적으로 의미와 사용실태를 친절하게 보여 주는 실용사전이다.

④ 겨레말큰사전은 정보화 시대의 요구에 맞게 전자사전을 동시에 발행할 수 있도록 각종 언어 정보를 주는 현대사전이다.

⑤ 겨레말큰사전은 남과 북에서 이미 간행한 대사전들에서 불필요한 외래어와 한자말, 고유명칭과 좁은 분야에서만 쓰이는 전문용어를 제외한 모든 고유어와 일상 용어, 새로 찾아낸 수만 개의 어휘를 올려 30만 이상의 올림말을 보장하는 대사전이다.

그리고 『겨레말큰사전』 편찬의 필요성은 다음과 같이 강조되었다.

① 우리 민족의 언어 문화 유산을 수집하고 보호하며 이를 정리하는 기초를 마련한다.
② 남과 북이 각각 국어사전을 편찬해 온 경험을 바탕으로 하여, 민족 능력의 결집 방법을 모색한다.
③ 남과 북 및 해외 동포들이 서로 달리 규정하여 사용하고 있는 어문 규범의 문제를 해결하면서 통일에 대비한다.
④ 남과 북 및 해외 동포들이 각각 달리 사용하고 있는 각종 규격(예컨대 한글 코드, 학술용어 등을 위시한 각종의 표준 규격)의 표준안을 모색하여 통일시키는 기초를 마련한다.
⑤ 이 과정을 통해 남북 언어학자 및 해외 동포 국어학자들의 학문적 교류를 지속하고 확대하여 한국어학의 조화로운 학문의 발달을 도모한다.
⑥ 우리말과 우리글 연구자의 저변인구를 확충함과 동시에 국어에 대한 인식을 제고한다.

이 과정은 지금도 계속되고 있는 것으로 알고 있다. 그러나 초기에 합의한 내용에 얼마나 가까워졌는지에 대해서는 아직도 회의적이다. 초기에는 사전 편찬의 합의 내용이 국민들에게 모두 알려져 있었으나 오늘날에는 그 편찬과정이 전혀 공개되어 있지 않아 다른 국어학자들이나 국민들은 그 정보를 거의 알지 못하는 것으로 보인다. 가끔 뉴스를 통해 알려지는 정보는 매우 추상적이다. 뉴스에 의하면 지금까지 약 70%의 공정이 이루어졌고, 속도를 내면 3년 안에 마무리될 수 있다고 한다. 그러나 아직도 어문규범의 통일이 되어 있지 않고, 또한 책으로 출판할 수 있는 여건(예컨대 한글 폰트)도 마련되어 있지 않은 것으로 보인다.

(6) 국제고려학회의 국제학술대회

국제고려학회의 국제학술대회에서 남과 북의 국어학자들이 만나 언어 문제에 대한 다양한 발표가 진행되어 남과 북의 언어 연구 실태를 파악하고 남북 학자들의 신의를 굳건히 하는 데 많은 도움을 주었다.

국제고려학회는 남북 학술교류의 중추적 역할을 담당하여 왔다. 그리하여 가장 큰 남북 학술 교류의 실질적이고 지속적인 역할을 해 온 단체다. 어문 관련 남북 학술 교류의 대부분이 중국에서 이루어졌는데, 그 교류를 가능케 한 단체는 국제고려학회 아시아분회였다. 일본에 그 본부가 있어서 남과 북에 객관적으로 접근할 수 있었기 때문일 것이다.

그러나 국제고려학회 국제학술대회에서는 언어 문제만을 주제로 하여 토의한 적은 거의 없었다. 교류 분야가 다양하여 이 문제를 종합적으로 논의할 수 있는 여건을 마련하기가 쉽지 않았을 것이기 때문이다.

다행히 금년도 8월 17, 18일에 중국 심양에서 몇 가지 주제(남북 경제교류 재시도, 평화 공존 구축 모색, 남북 언어 통일, 코리아의 술과 음식문화, 남북 유적 조사 · 연구, 아리랑 등)를 갖고 연구와 논의를 하기로 되어 있어서 앞으로의 진척이 기대된다.

연변대학교에서 매년 개최하는 두만강 포럼(2017년에 제10회)도 간접적으로 남북 학자들이 만나는 기회이어서 간접적 학술교류라고 할 수 있다.

3) 학술 교류의 주제

이러한 교류를 통하여 민족어의 발전을 위한 진지한 의식들을 확인할 수 있었고, 이러한 발전을 위한 구체적인 사항들이 심도 있게 논의되기도 하였는데, 대부분 관심의 대상은 다음과 같은 것이었다.

○ 어문규범의 통일 문제

① 한글 자모순　　② 한글 자모 명칭

③ 띄어쓰기　　④ 문자의 명칭

○ 국어 정보화의 표준화

① 한글 코드 통일　　② 한글 자판 통일

③ 전산용어 통일

○ 공동사전 편찬

○ 남북 언어(방언) 조사

○ 자료 교류(말뭉치 등)

4) 남북 어문 관련 학술 교류의 성과

이러한 남과 북의 교류 과정을 통해 이루어진 성과는 다음과 같은 것이라고 생각한다.

①가장 중요한 것은 남과 북의 신뢰가 쌓여 가고 있다는 점이다. 오랜 동안 서로의 존재와 차이를 인정하고 존중하면서 모두가 우리말과 글을 통해 통일을 이루고 우리 민족문화를 발전시키려는 학자들의 내면의 노력이 결실을 맺은 결과라고 생각한다.

② 이러한 신뢰의 결과로 몇 가지를 합의하기에 이르렀다. 우리글 자모순 통일, 컴퓨터 자판 통일, 컴퓨터 용어 통일, 남과 북의 방언 조사 합의, 겨레말 큰사전의 편찬 등등 많은 합의가 이루어졌다.

5) 문제점과 반성

이러한 성과가 있었음에도 불구하고 우리가 곱씹어 보아야 할 문제점도 많다고 생각한다. 그 예를 들어 보면 다음과 같다.

① 남북 학술교류를 총괄하는 기구가 없어서 각 분야별로 체계적인 계획이 없이 남북 학술 교류가 이루어진 것으로 보인다. 즉 언어 문제에 대해 남과 북이 해결해야 할 과제들에 어떠한 것이 있는지에 대한 전반적인 논의가 거의 없었기 때문일 것이다. 그래서 외형적으로 보이는 어문규범에만 집착한 것이다. 어문규범 중에서도 한글맞춤법만 논의했을 뿐, 가장 차이점이 많은 외래어 표기법이나 로마자 표기법, 그리고 표준어 문제는 논의조차 하지 못했다. 마찬가지로 가장 기본적인 문제들은 회피해 갔다. 예컨대 우리나라 문자의 명칭이 '한글'인가 '조선글'인가에 대한 문제가 대표적이다.

② 남북이 열띤 토론을 거쳐 합의를 해도 그 합의를 실제의 언어생활에서 구속력을 가지지 못하였다. 예컨대 국가기관인 국립국어원 등에서는 남북이 합의한 내용에 대해 아무런 후속조치를 취하지 않았고 북한도 마찬가지였다. '만남' 그 자체에 의미를 두었기 때문인 것으로 보인다.

③ 남북의 언어 문제는 남과 북의 문제만이 아니라 전 세계의 다른 지역에 거주하는 해외 동포들과 직결되는 문제임에도 불구하고 남북 접촉의 후반으로 갈수록 해외 동포 학자들은 남북 학술 교류에서 소외되어 갔다.

④ 남북 학술회의에 참석하는 단체나 개인에 따라 의견이 서로 상충되어 엉뚱한 문제를 야기하기도 하였다. 휴대전화의 한글 입력 방법이 그러한 일례라고 할 수 있다.

6) 과제와 제안

남북의 언어 관련 학술교류는 한 동안 활발하게 진행되다가 또 상당 기간 중단되었다. 이제 그 교류가 다시 시작되려고 한다. 이 시점에서 우리는 지난 시기의 남북 학술 교류의 실상을 면밀히 검토하고, 그 과정에서 우리가 얻은 중요한 교훈이나 문제점들을 파악하여 재시작될 남북의 학술교류가 이전보다 더 알차고 바람직한 결과를 가져올 수 있도록 대비하여야 할 것이라고 생각한다. 그래서 발표자는 이 시기에 우리가 대할 태도와 과제에 대해 몇 가지를 제안해 보도록 한다.

(1) 새로운 대화 상대자 선정

1990년대부터 현재까지 남북 학술 교류를 해 왔던 주역들은 남과 북 모두 70대를 넘은 퇴임 학자들이 되었다. 발표자가 듣고 있는 정보에 의하면 북한의 언어학연구소의 문영호 소장이 물러나고 젊은 학자 방정호가 그 자리에 앉았다고 한다. 대체로 언어 관련 북한의 대표는 대체로 사회과학원은 문영호 언어학연구소 소장이고, 김일성종합대학은 김영황 교수였었다. 그리고 문영호 소장의 상대는 주로 남기심 전 국립국어원장과 발표자였었는데, 두 사람의 은퇴로 이제는 새로운 대화상대를 선정해야 할 시점에 놓여 있다고 생각한다. 남북한의 학술교류는 공식적이긴 하지만 교류하는 사람들 간의 신뢰가 바탕이 되지 않으면 매우 형식적인 교류로 끝나고 마는 모습을 수없이 보아 온 발표자로서는 빨리 그 대책을 마련해서 북한의 대표자와 파트너가 될 수 있고 신뢰가 쌓일 수 있는 학자를 선정해야 할 것이라고 생각한다.

(2) 체계적인 학술 교류 주체의 선정

단계적이고 체계적인 남북 학술 교류가 이루어지게 하기 위해서는 이것을 총괄하는 국가적인 기구가 반드시 필요하다. 그것이 통일부에 소속되어 있든, 문화부에 소속되어 있든, 민간 학술교류도 체계적인 접근을 할 수 있도록 유도하는 기관이 필요하다는 의미이다. 이 기관에서는 북한에 대한 학술정보를 갖추어 놓고 학자들에게 제공하는 일도 해야 한다. 지금도 통일부 등에 북한정보센터(또는 북한 정보 포털) 등이 있지만 어문 관련을 비롯한 학술 관련 정보는 찾아보기 힘들다.

뿐만 아니라 남북 학술 교류를 하기 위한 절차도 매우 어려운 편이어서 문제를 해결하는 일도 이곳에서 하여야 할 것으로 생각한다. 남한에서 북한의 학술단체와 직결하여 학술교류를 한 경우는 단 한번도 없는 것으로 알고 있다. 법적으로도 가능하지 않았을 것이다. 대개 외국의 동포 학자 개인이나 단체를 매개로 하여 학술교류가 이루어진 것이 대부분이다.

앞으로 이러한 어려운 과정을 생략하고 남한의 학술 기구와 북한의 학술기구가 직접 소통할 수 있도록 하는 기구의 설립이 절실하다. 이것은 남북 정부 간의 문제라고 생각한다. 정부에서는 이러한 기구의 설치를 위해 노력해 줄 것을 제의한다.

(3) 국제 기구에 공동으로 대응

어문 관련 표준화는 어느 표준안을 국제기구에 등록하여 전 세계적으로 표준화시키는 작업을 해 왔다. 한글 코드 등이 그러하다. 남과 북이 각각 다른 안을 제시하기보다는 공동안을 제안하여 채택됨으로써 남북이 표준안을 동시에 사용할 수 있도록 하는 것이 통일에 대비하는 중요한 과정이라고 생각한다. 예컨대 ISO(국제표준기구)가 대표적이다.

(4) (가칭) 민족어 발전을 위한 남북 공동위원회 구성

계속적으로 시행될 이러한 학술적 교류를 위해 우리가 해야 할 가장 시급하고 구체적인 중요한 일은 가칭 '민족어 발전을 위한 남북 공동위원회'가 구성되어야 한다는 것이다. 이 위원회는 그 주체가 남과 북의 국가기관이어야 한다고 생각한다. 예컨대 국립국어연구원(남)과 사회과학원 언어학연구소(북)가 담당한다면 매우 바람직할 것으로 생각하며, 여기에 해외(특히 중국)의 우리글과 우리말을 다루는 기관이 동참할 필요가 있다. 운영 예산은 현실적으로 가능한 곳에서 담당하고, 공식적인 창구를 미련해 두는 것이 필요하다. 각 위원들은 남과 북에서 각각 독립적으로 선정할 수 있을 것이다.

(5) 앞으로 논의하여야 할 어문 관련 주제들

앞에서 제시한 위원회가 설립된다면 이 위원회를 중심으로 다음과 같은 사업들이 시행되어야 할 것으로 생각한다.

(1) 어문규범

① 문자의 명칭

② 자모의 명칭

③ 외래어 표기법

④ 로마자 표기법

(2) 외래어 및 신어 심의

(3) 남북 방언 조사

(5) 공동논문집 간행

(6) 남북 공용 한글 서체 개발

(7) 남북 학술용어 대조표 작성과 학술용어 통일 방안

(8) 자료 교류

(9) 국어 어휘 순화

(10) 한자어 사전 편찬

(11) 남북 타자기 자판 통일

(12) 휴대전화 한글 입력 방안 표준화

7) 마무리

지금까지 언어 관련 남북 학술 교류가 어떻게 진행되어 왔으며 그 성과는 어떠하였고 이 과정에서 드러난 문제점은 무엇인가를 살펴보고 앞으로의 언어 관련 남북 학술 교류에서 이룩해야 할 과제에 대해 생각해 보았다.

1990년대 중반부터 지금까지 약 25년간 남북 학술교류를 해 온 지난날을 뒤

돌아보면, 어찌 보면 감개무량하고 또 통일에 다가가기 위한 초석을 쌓아 왔다는 자긍심도 있지만, 실은 앞으로의 남북 학술 교류에 대한 걱정이 앞서는 것도 숨길 수 없는 사실이다. 왜냐하면 학문적 세대교체가 이루어지면서 남북 학술 교류의 의의가 점차로 약화되어 가고, 그 필요성을 인식하는 젊은 학자들이 많지 않은 것 같다는 노파심이 생기기 때문이다.

남북 학술 교류는 통일을 염원하는 간절한 소망과 진심으로부터 출발해야 할 것이다. 그래야만 남북 학술 교류가 지니는 진정한 의미가 빛을 발할 수 있을 것이며 그것이 곧 우리 민족이 번영하는 유일한 길인 것이다.

언어 관련 남북 학술 교류의 주제에 대한 논의는 다른 기회에 상세하게 발표자의 의견을 개진할 것이다.

<2018년 7월 14일(토), 국제고려학회 서울지회 창립 20주년 기념 국제학술대회 주제: 한국학과 조선학, 그 쟁점과 코리아학의 모색, 건국대학교 새천년관 우곡국제회의장>

2. 통일 시대를 위한 북한어 연구 방향

1) 머리말

'통일 시대를 위한 북한어 연구 동향'이란 주제를 발표자에게 제시한 것은 발표자에게 통일에 대비하여 북한어를 어떻게 연구하여야 할 것인가를 제안하라는 의미일 것이다. '통일에 대비한다'는 뜻은 무엇일까? '통일을 위한 대비'보다는 다음 단계의 대비, 즉 통일이 되었을 때를 상정하고 그 때에 국어를 연구할 적에 발생할 수 있는 문제점을 최소화시키는 방안을 검토하라는 뜻할 터인데, 통일을 위해 국어학계에서 북한어를 어떻게 연구할 것인가를 언급하는 것보다 훨씬 어려운 주제로 생각된다. 통일에 대비하기 위해서는 어문규범을 통일시키는 문제, 학술교류를 활성화시키는 문제, 국어 문제에 대해 남북이 공동으로 연구하는 문제, 전문용어를 통일시켜 통일되었을 때 일어날 수 있는 혼란을 최소화시키는 문제, 남북이 공동으로 언어조사를 실시하는 문제, '겨레말큰사전'처럼 남북이 공동으로 국어사전을 편찬하는 문제 등등 매우 다양한 방안들을 제시할 수 있지만 통일 후를 대비하여 북한어를 연구하는 방안을 검토하는 일은 아무래도 발표자에게는 구체적인 방안을 마련하기가 쉽지 않을 것 같다.

그래서 발표자는 '통일 시대를 여는 북한어 연구 방법'이란 아마도 남북 분단 상태에서 북한어에 대한 연구가 충분치 않으니 현재 처해 있는 북한어 연구에 대해 그 방향을 올바로 설정하는 방법을 제시하라는 의미일 것으로 판단된다. 오늘 발표는 이러한 시각에서 이루어진 것이다.[1]

2) 한국어의 범위

최근에 남한어만 연구하지 말고 전 세계의 국어를 연구하여야 하다는 명제가 생겨나면서 '민족어'란 용어가 등장하였다. 오늘의 학술대회 발표 제목에도 '민족어'란 용어가 보인다. '민족어의 수호와 발전'(고영근, 제이앤씨, 2008)의 '민족어'는 국어, 한국어, 조선어, 표준어, 문화어, 고려어 등 관점에 따라 달리 불리는 우리말을 포괄하는 뜻으로 쓴 것이다.

민족어라는 말은 현재 남한과 북한, 그리고 전 세계에서 사용되는 우리말을 지칭할 때 발생하는 문제를 해결하기 위하여 고육지책으로 제시한 용어로 보인다. 남한에서는 '한국어'(문자 명칭은 '한글'), 북한에서는 '조선어'(문자 명칭은 '조선글'), 중앙아시아에서는 '고려말'(문자명은 '고려글')이라고 부르고 있다. 중국에서는 '한국어'는 남한어를, '조선어'는 북한어와 중국 소수민족인 조선족의 언어를 지칭하기도 한다.[2] 이 중 어느 용어도 남북이 동시에 인정할 수 있는 용어가 되지 못하여 '민족어'란 용어가 등장한 것으로 보인다. 이 다양한 명칭들을 통일하려고 해도 그 이견을 좁히기가 어렵자, 이를 총괄하는 명칭으로 '민족어'라고 지칭하게 된 것으로 보인다. 그러나 '민족어'란 용어는 우리 민족 내부에서 부르는 명칭일 뿐이다. 세계의 다른 나라에서는 사용하지 못하는 명칭이다. 그렇다고 '한 민족어'란 말을 쓰기도 어렵다. '한'이란 형태는 북한에서 극구 반대하는 것이기 때문이다.

전 세계 어느 곳에서나 사용되고 있는 '영어'를 다른 명칭으로 부르지 않듯이, 전 세계에서 사용되고 있는 우리말을 다른 명칭으로 부르는 것은 바람직

1 이 발표는 2006년 한겨레신문사에서 주관한 '국어발전과 신문의 사명' 발표회에서 발표한 '남북한 언어 통합 방안'과 2013년 한말연구학회에서 발표한 '남북한 언어의 통합적인 연구'의 두 발표문을 재정리하고 수정 보완한 것이다.

2 중국 동포 사회에서는 '한국'은 '남한'을, '조선'은 '북한'을 지칭하는 용어로 굳어진지 오래다. 남북한 어느 편에서도 이러한 분단국가 이름을 고착시키는 데 우려를 표명하는 사람은 없다. 심지어 학술발표장에서는 이 '한국어'와 '조선어'를 피하기 위해 '표준어'와 '문화어'로 지칭하기도 하는 현상이 벌어지기도 한다.

하지 않다. '미국'에서 사용되고 있는 언어는 '영어' 또는 '미국영어'이지 '미국어'가 아니듯이, 전 세계에서 사용되고 있는 우리말은 '한국어'일 뿐이다. 그래서 '남한에서 사용되는 한국어, 북한에서 사용되는 한국어' 등일 뿐이다. 그렇다고 중국 연변대학교에서처럼 '조선어 · 한국어'란 말을 쓰기도 어렵다. 연변대학교의 단과대학인 '한국학 대학'의 명칭이 '조선학 · 한국학 학원'이어서 우리의 마음을 어둡게 한다.

국어(國語, national language)는 원래 국가어(國家語)라는 의미를 가지고 있는 공용어(公用語)를 말한다. 따라서 우리나라의 국어는 '한국어'라고 할 수 있다. 오늘날 '국어'와 '한국어'가 공존하고 있는데, '국어'란 말은 '한국어'를 우리의 처지에서 지칭하는 말이다.

'한국'이란 단어는 '대한민국'의 약자로 알고 있는 사람이 많다. 북한에서 '한'이란 용어를 극구 회피하는 이유도 여기에 있다. 그러나 '한국'은 실은 '삼한국(三韓國)'의 약자이다. 그래서 '한국'이란 단어는 중국의 사서(史書)에서 일찍부터 사용되어 왔던 단어다. 예컨대 진수(陳壽, 233~297)가 편찬한 삼국지 위지 동이전(三國志 魏志 東夷傳)에 '한국(韓國)'이란 단어가 여러 번 쓰이고 있음을 볼 수 있다.

> "辰韓在馬韓之東 其耆老傳世自言 古之亡人避秦役 來適<u>韓國</u> 馬韓割其東界地與之" (진한은 마한의 동쪽에 있다. 노인들이 세상에 전하기를 스스로 "옛날에 진역을 피하여 도망 온 사람들이 한국에 왔다. 마한이 그 동쪽 경계의 땅을 그들에게 나누어 주었다."고 말했다.)

> '從郡至倭 循海岸水行 歷<u>韓國</u> 乍南乍東 到其北岸狗邪<u>韓國</u> 七千餘里) ((대방)군으로부터 倭에 이르기까지는 海岸을 따라 물길로 가서 韓國을 거치고, 남쪽으로 갔다가 또 동쪽으로 가면 狗邪韓國의 북안에 이르는데 거리가 7천 여리이다.) (狗邪韓國 : 지금의 김해 지역으로 해석됨)

이러한 역사적 관점에서 볼 때 전 세계에 분포되어 있는 우리말은 그 공동 명칭이 '한국어'이어야 한다. 마찬가지로 문자명도 '한글'이어야 한다. '한글'이 '한국의 글'이라고 해석하여 이를 회피하는 일은 바람직하지 않다.

국어 연구는 한국어 연구다. 따라서 국어 연구의 범위는 전 세계에서 사용되고 있는 한국어를 포괄하여야 한다.

문제는 남북이 우리말의 명칭을 '한국어'로 통일시키는데 합의하지 못한다는 점이다. 임시방편으로 코리안(Korean)이란 말을 사용한 적도 있다. 그러나 '코리안'은 국어 어휘로 받아들이기 쉽지 않다.

우리말에 대한 명칭의 역사는 여러 단계를 거쳐 왔다. 우리 민족의 말은 여러 가지 명칭으로 불려 왔다. 고려 시대에는 '고려화(高麗話)'란 용어가 쓰이었다.

> 李火者來了兩三番也 見達達說達達話 見一般火者說<u>高麗話</u> 見漢兒說漢兒話 〈高麗史 44卷, 世家44, 恭愍王22:7 壬子〉
>
> 〈환관 이씨는 두세 차례 왔는데, 달달인을 만나면 달달어로 이야기하고 일반 환관을 만나면 고려말을 하며, 중국인을 만나면 중국어를 말했다고 한다〉

그리고 조선시대에 와서는 『훈민정음 해례본』에 '국지어음(國之語音)' 이외에 이미 '국어(國語)'라는 표현을 사용하였다.

> 半舌有輕重二音 然韻書字母唯一 且<u>國語</u>雖不分輕重 皆得成音 若欲備用 則依脣輕例 ㅇ 連書 ㄹ 下 爲半舌輕音 舌乍附上齶 〈훈민정음 해례본, 합자해〉
>
> ㆍ ㅡ起 ㅣ 聲 於國語無用 兒童之言 邊野之語 或有之 當合二字而用 如 ᄀᆝ ᄀᆜ 之類
>
> 〈반설음에도 경중 두 가지 음이 있으나, 중국 운서의 자모에서는(이를 구별하지 않고) 하나로 하였고, 또한 국어(글자)에서도 경중을 나누지 아니하나 모두 소리를 이룰 수 있다. 그러니 만약에 갖추어서 쓰고 싶으면 순경음(글자)의 예를 좇아 ㅇ를 ㄹ의 아래에 이어 써서 반설경음(글자)을 만들고 혀를 잠깐 웃잇몸에 닿도록

해서 발음한다. ㅣ음이 앞에 와서 ㆍ음이나 ㅡ음과 결합된 음(중모음)은 국어에서 쓰이지 않으나 아이들 말이나 변두리 시골말에는 간혹 있으니 마땅히 두 글자를 합하여 써서 ᄀᆝᄀᆜ 따위와 같이 한다〉(강신항(1987), 『증보판 훈민정음 연구』, 성균관대학교 출판부)

그러나 어떠한 이유에서인지, 이 국어란 단어는 우리 민족의 말을 지칭하는 뜻으로 계속 사용되지 않고, '중국의 문헌명'으로서의 '국어'를 사용하여 왔다. 중국에서 사용하던 '국어'는 대부분 나라의 언어란 뜻이 아니라 문헌 이름을 지칭한다. 즉 춘추전국시대(春秋戰國時代)의 역사를 국별(國別)로 기록한 책이다. 원래 좌구명(左丘明)이 편찬했던 것인데 뒤에 위소(韋昭, 吳)와 송상(宋庠, 宋) 등이 해(解)와 보음(輔音)을 붙여 명나라 이래로 속간(續刊)되었다.

또한 16세기부터(『번역노걸대』) '高麗ㅅ말'(高麗言語)이 쓰이었고, 이것은 17세기 말까지도 그대로 사용된 것으로 보인다. 『노걸대언해』(1670년)에도 그대로 나타난다.

이제 됴뎡이 텬하를 一統ᄒᆞ야 겨시니 셰간애 쓰노니 漢人의 마리니 우리 이 <u>高麗ㅅ 말소믄</u> 다믄 高麗ㅅ ᄯᅡ해만 쓰ᄂᆞᆫ 거시오 義州 디나 中朝 ᄯᅡ해 오면 다 漢語 ᄒᆞᄂᆞ니 아뫼나 ᄒᆞᆫ 마를 무러든 ᄯᅩ ᄃᆡ답디 몯ᄒᆞ면 다ᄅᆞᆫ 사ᄅᆞ미 우리를다가 므슴 사ᄅᆞᄆᆞᆯ 사마 보리오 〈번역노걸대,상,6a〉

이제 朝廷이 天下ᄅᆞᆯ 一統ᄒᆞ여시니 셰간에 쓰ᄂᆞᆫ 거슨 한말이니 우리 이 <u>高麗ㅅ 말</u>은 다만 高麗ㅅ ᄯᅡ희만 쓰고 義州 디나 漢ㅅ ᄯᅡ희 오면 다 한말이라 아믜나 ᄒᆞᆫ 말을 무러든 ᄯᅩ ᄃᆡ답디 못ᄒᆞ면 다ᄅᆞᆫ 사ᄅᆞᆷ이 우리ᄅᆞᆯ다가 므슴 사ᄅᆞᆷ을 사마 보리오 〈노걸대언해,상,5a〉

그러다가 18세기에 와서 '고려ㅅ말'은 '朝鮮ㅅ말'로 바뀌게 된다. 『노걸대언해』(1670년)에서 '高麗ㅅ말'이라 지칭하던 것이 '朝鮮ㅅ말'(朝鮮話)로 바뀌게 된다.

이제 朝廷이 天下ᄅᆞᆯ 一統ᄒᆞ여시니 간 곳마다 ᄡᅳᄂᆞᆫ 거시 다 이 한말이오 우리 이 朝鮮ㅅ 말은 다만 朝鮮ㅅ ᄯᅡ히만 ᄡᅳ고 義州 지나 中國ㅅ ᄯᅡ히 가면 다 이 한말이라 만일 사ᄅᆞᆷ이 ᄒᆞᆫ 구 말을 무러든 ᄯᅩ 니ᄅᆞ지 못ᄒᆞ면 다ᄅᆞᆫ 사ᄅᆞᆷ이 우리ᄅᆞᆯ다가 므슴 사ᄅᆞᆷ으로 보리오 〈노걸대신석언해,상,6b〉

그러다가 '국어'가 나타나기 시작한 것은 1894년 갑오년 11월 21일에 공포된 '공문식(公文式)'에 관한 칙령(勅令) 14조("법률칙령 총이국문위본한문부역 혹혼용국한문, 法律勅令 總以國文爲本漢文附譯 或混用國漢文)를 통해 우리 문자가 '국문(國文)'으로 정식 명칭으로 불리게 되고 이후 1907년에 학부(學部) 안에 국문연구소(國文研究所)가 개설되자, 이에 따라 우리말인 '조선어'를 '국어' 또는 '국문'으로 부르게 되었다. 이봉운(李鳳雲)의 『국문정리』(1897), 주시경(周時經) 선생이 조직한 '국문동식회'(國文同式會), 신정국문(新訂國文, 1905년), 이능화의 '국문 일정 의견'(國文 一定意見, 1906년), 독립신문에는 모두 '국문'으로 기록하고 있는 것 등이 그 당시의 현상을 보여 준다. 그리고 그 당시에 간행된 많은 문법책들이 그러한 제목을 붙이고 있었다(『국문철자첩경』(國文綴字捷徑), 1908년), 주시경의 『국문문법』(1905년경 필사) 등).

그리고 '국어(國語)'나 '한어(韓語)'를 썼던 책들도 간행되게 되었다. 주시경 선생의 『대한국어문법』(1906년), 『국어문전음학』(1908년), 고등국어문전(1909년경 유인본), 김희상의 『초등국어어전(初等國語語典)』(1909년), 안영중의 『한어(韓語)』(일본 오사까에서 간행, 1906년) 등이 그러한 예들이다.

그러나 '국문'과 '국어'는 모두 '조선문'이나 '조선어'로 바뀌게 된다. 유길준의 『조선문전』(1906년)이 대표적이고 그리고 1910년 4월에 간행된 주시경 선생의 『국어문법(國語文法)』은 아듬해 재판 때에는 『조선어문법(朝鮮語文法)』으로 바뀌게 되었다. 일본은 '대한제국'이란 우리나라의 국호를 인정하지 않고 새 식민지의 이름을 '조선'이라고 하였기 때문이다. 그리고 우리가 써 왔던 '국어'는 '일본어'를 지칭하는 것으로 하여 각종 '국어' 교과서는 '일본어' 교과서를 지칭하고 한국어를 가르치는 교과서는 '조선어' 교과서로 지칭하게 되었다.

'한국어'라는 용어는 심의린(沈宜麟)이 편찬한 『조선어사전(朝鮮語辭典)』(1926년)에도 등재되어 있지 않으며, 문세영의 『조선어사전』(1938년)에도 '조선말'(우리가 늘 쓰는 한글로 된 말, 朝鮮語)이란 표제항은 있어도 '한국어'란 표제항은 등장하지 않는다. 대신 '한국'(국호를 대한으로 개칭하였던 조선)이란 표제어는 등장하고 있다. 그러니 조선총독부에서 편찬한 『조선어사전』(1920년)에도 '한국어'가 등재되어 있을 리가 없다. '한국'만 '합병 전의 조선(合併 前의 朝鮮)'으로 제시되어 있을 뿐이다. 대신 '한문'(韓文)이 등재되어 있는데, '언문과 같다'는 기술이 있다.

'한국어' 대신에 등장한 것이 '우리말'이다. 최현배의 『우리말본』(첫재매, 1929년), 문교부에서 간행한 우리말 도로찾기(1948년), 정인승의 『표준우리말본』(1955년) 등이 그러한 것이다.

'한국어'의 등장은 아주 최근의 일로 보인다. 아마도 외국어와 대비하는 경우에 붙인 명칭이 아닌가 생각한다. 대개 1960년대 중반에 '한국어'라는 이름을 붙인 논문들이 등장하는 것이 그러한 추측을 가능케 한다.

국어(國語, national language)는 원래 국가어(國家語)라는 의미를 가지고 있는 공용어(公用語)를 말한다. 따라서 우리나라의 국어는 '한국어'라고 할 수 있다. 오늘날 '국어'와 '한국어'가 공존하고 있는데, '국어'란 말은 '한국어'를 우리의 처지에서 지칭하는 말이다. '한국학'을 '국학'이라고 지칭하는 것과 동일하다. 물론 '한국어'를 반드시 '국어'라고 지칭해야 옳은지, 또는 그 역으로 '국어'를 반드시 '한국어'라고 해야 옳은지에 대해서는 이의가 없는 것도 아니다.

이러한 역사적 맥락 속에서 남북 학자들이 모여 '고려어'라는 말을 제안한 적도 있었다. '고려'에서 '코리아'가 발생하였기 때문이다(고려 + -a). 그러나 한국어가 우리에게 가장 알맞고 합리적이다.

'한국어'라고 해도 이 명칭은 잠정적이다. 실은 남과 북이 통일되었을 때의 국호에 따라 그 명칭은 재조정될 것이기 분명하다. 그렇다고 지금부터 통일된 국가의 국호부터 논하는 일은 '떡 줄 사람은 생각도 않는데 김치국부터 마시는 격'이 될 것이다. '한글'에 대해서는 남북 학자들이 모여 '정음'이라는 용어를 사용하자는 제안이 있었으나 완전한 합의에 이르지는 못했을 뿐만 아니라 남북의 당국자들은 이에 전혀 관심을 보이지 않아서 그냥 논의로 그쳐 버린 결과가 되었다.

3) 북한어의 개념

'남한어, 북한어'라는 이름은 방언이나 지역어의 범주에서 벗어난 명칭이다. 방언이나 지역어는 한 언어가 지역적으로 분화된 현상을 말하는 것인데, '남한어'나 '북한어'는 지역적으로 분화된 국어를 지칭하지만, 방언이나 지역어의 개념으로 쓰이고 있는 것 같지는 않다. 이 이름은 학술적으로 정립된 용어는 아니면서도 실제로는 널리 쓰이고 있다. 한 언어의 분화이면서도 그 분화의 요인이 '국가나 민족의 분단'이라는, 언어학적으로 전혀 정의되지 않은 명칭으로 사용되고 있는 것이다.

민족이나 국가가 분단 또는 분열되면서 분단 또는 분열된 지역에서 사용하는 언어에 대한 이름을 붙인 경우가 거의 없기 때문에, 쉽게 분단된 지역의 이름을 붙여 '남한어, 북한어'라고 부른 것으로 보인다.

'남한어, 북한어'란 말은 남과 북이 분단된 뒤에 남한에서 생겨난 용어이어서 그 사용의 역사는 짧다. 그래서 '남한어, 북한어'는 단순히 '남한 지역에서 쓰이는 말, 북한 지역에서 쓰이는 말'이란 뜻을 가지고 있다. 중국의 동포 사회에서는 이전에 '남조선어, 북조선어'가 사용되다가 최근에는 아예 '한국어', '조선어'로 굳어져 버렸다.

그렇지만 '북한어'란 말의 의미는 그렇게 단순하지는 않다. 남과 북이 분단되기 이전에 북한 지역에서 쓰이는 말은 '북한어'라고 하지는 않는다. 그래서

'북한어'는 '분단된 뒤의 북한 지역에서 쓰이는 말'로 쓰이는 것 같지만, 엄밀히 검토해 보면 또 그렇지도 않다. '반딧불'(벌레 이름)을 북한의 일부 지역에서(양강도) '에디벌레'라고 한다고 해서, 그리고 '수수'를 '가내수끼'(함북)라고 한다고 해서, '에디벌레'와 '가내수끼'를 '북한어'라고 하지는 않는다. 이 말들은 '북한 방언'이라고 할 뿐이다. 대신에 북한에서 '도넛'은 '가락지빵'이라고 하고, '전업주부'를 '가두녀성',[3] '양배추'를 '가두배추'[4]라고 하는데, 이 말들은 '북한 방언'이라고 하지는 않고, '북한어'라고 한다. '가락지빵, 가두녀성, 가두배추'는 분단 이전부터 있었던 말이 아니라, 그 이후에 만들어진 말이기 때문이다. 그래서 '북한어'는 '분단 뒤에 북한에서 새로 만들어 쓰는 말'로 인식하기 쉽다. 그런데 실제로 북한에서 쓰이는 말 중에 남한의 말과 다른 뜻을 가지고 있는 말들도 '북한어'라고 하기도 한다. 예컨대 북한에서 '일 없다'는 '초연하다, 괜찮다'란 의미를 가지고 쓰이거나, '바쁘다'가 '힘에 부치거나 참기 어렵다'란 뜻을 가지고 있는데, 이들이 비록 15세기부터 우리말에서 쓰이던 것이었음에도 불구하고 이들을 북한어라고도 한다.

그래서 북한어는 ① 북한 지역에서 쓰이는 말 ② 분단 후에 북한 지역에서 쓰이는 말 ③ 분단 후에 북한에서 새로 만들어낸 말 ④ 남한의 말과 다른 뜻을 가지고 있는 말 등의 의미를 가지고 있는 것으로 생각된다.

그렇다면 '북한어'까지도 수록범위에 넣은 국립국어원 편찬의 『표준국어대사전』에서는 '북한어'를 어떻게 규정하고 있을까? 그런데 안타깝게도 이 사전에서 '북한어'란 올림말은 찾을 수가 없다. '일러두기'의 '수록범위'에 분명히 "표준어를 비롯하여 북한어, 방언, 옛말을 두루 수록하였으며 흔히 쓰는 비

3 '가두녀성'은 '街頭女性'이다, 그러나 이때의 '街頭'는 북한에서 '기관'이나 '직장'에 대비하여 '살림집'이 있는 지구(장소), 곧 '살림집 지구'를 지칭한다. 그래서 '살림집'에서 살림하는 여성을 '가두녀성'이라고 하는 것이다.

4 '가두배추'의 '가두'는 중국어 차용어 '大頭'의 변화된 발음이다. 이 발음은 '다두'인데 '가두'로 변화한 것이다. 아직도 연변 지역이나 북한 지역에서 '다두배추'가 흔히 사용된다. '머리가 큰 배추'란 뜻이다.

표준어도 올렸다"고 하였는데, '북한어'란 단어는 사전에서 찾을 수가 없는 것이다. 이것은 다른 사전들도 예외는 아니다. '북한어'란 단어를 올린 국어사전이 거의 없는 것이다.

최근에 인터넷에서 검색이 가능한 개정판의 『표준국어대사전』에서는 '북한어'를 '남북으로 분단된 대한민국의 휴전선 북쪽 지역에서 사용하는 언어를 가리키는 말'이라고 간단히 풀이하고 있다. 『고려대 한국어대사전』에는 '국토 분단 이후 북한에서 쓰는 말'이란 뜻풀이가 있다. 표준국어대사전의 '남한어' 항목에는 '남북으로 분단된 대한민국의 휴전선 남쪽 지역에서 사용하는 언어를 가리키는 말'이란 뜻풀이가 있다.

『표준국어대사전』의 '일러두기'에 다음과 같은 내용이 있어서, '북한어'의 개념을 유추할 수 있다.

> 북한어는 〈조선말 대사전〉(1992)에 수록된 단어 가운데 남한에서 쓰임이 확인되지 않은 단어와 어문규정의 차이로 달리 표기하는 단어를 편찬원칙에 따라 선정하여 수록하였다. 남한에서 쓰는 단어라도 북한에서만 쓰는 용법이 있다면 북한어 뜻풀이를 덧붙였다

『표준국어대사전』에서 '북한어'란 ① 남한에서는 쓰이지 않는 말 ② 어문규정의 차이로 남한과 달리 표기하는 말 ③ 남한과 뜻이 다른 말이라고 볼 수 있다.

일반적으로 쓰이는 '북한어'의 개념과 표준국어대사전에서 암시하고 있는 '북한어'의 개념을 종합한다면 다음과 같이 될 것이다.

① 북한 지역에서만 쓰이고 남한 지역에서는 보이지 않는 말

② 남북 분단 후에 북한 지역에서 새로 형성되거나 만들어낸 말

③ 남한의 단어와 형태는 동일하지만 뜻을 달리하여 쓰이는 말

④ 어문규정의 차이로 남한과 달리 표기되는 말

그런데 일반인들은 '북한어'가 모두 김일성 주체사상이나 사회주의 사상을 선전하는 내용이 들어가 있는 것으로 인식하는 경우가 있는데, 그것은 과장된 것이다. 일부 단어의 뜻풀이에 그러한 내용이 들어가 있는 것은 사실이지만, 그러한 단어만을 북한어라고 한다면 북한어 어휘 수는 몇 개 되지 않을 것이다. 그리고 소위 남한어에도 그러한 단어가 없는 것은 아니다.

발표자는 '남한어'와 '북한어'를 통일의 대상으로 생각하지 않는다. 그래서 발표자는 '남북한 언어의 동질성 회복을 위하여'라거나 '남북한 언어의 이질성 극복을 위하여'라는 주제들에 대하여 반감을 가지고 있다. 이 말은 '경상도 전라도 말의 동질성 회복을 위하여'나 '경상도 전라도 말 이질성 극복을 위하여'란 말과 동일하기 때문이다.

민족과 국가는 통일의 대상이지만, 언어는 통일의 대상이 아니다. 언어의 어문규범과는 다른 것이다. 따라서 발표자가 생각하는 '남한어'와 '북한어'의 개념은 오히려 더 큰 의미를 지닌 용어로 쓰고자 한다. 즉 남한어와 북한어란 현재 남한과 북한에서 쓰이는 국어를 말하려고 한다. 그렇기 때문에 오늘날의 남한 지역어와 북한 지역어도 각각 다른 언어가 아니라, 한 언어의 방언형인 것이며, 그래서 남북한의 언어는 통일의 대상이 아니라고 보는 것이다.

그래서 오늘 발표의 '북한어'는 '북한 지역어'란 의미로 사용하고자 한다. '북한 지역어'란 '남북으로 분단된 휴전선의 북쪽에서 사용되는 지역어'를 말한다.

4) 남북한 언어 차이와 그 배경

그럼에도 불구하고 남한의 언어와 북한의 언어가 이질화되었다고 계속 주장되는 이유는 무엇일까? 남북이 분단되기 이전에 국어학자들은 남한 지역과 북한 지역의 국어는 방언의 관점에서 분류 · 기술 · 설명하여 왔다. 그렇다고 국어의 방언을 남한 방언과 북한 방언으로 크게 구분하지는 않았었다. 단지 도별로 함경도 방언, 평안도 방언 등으로 구분하였을 뿐이었다. 그러던 것이 남과 북의 언어가 차이가 있음을 인식하게 된 것은 분단 이후, 한참 이후의 일이었다. 6.25 한국전쟁이 끝나고 1970년대에 남북이 접촉하면서(7.4 공동성명 발표 및 남북 적십자회담 등), 회담장에서 시중들던 북한 여성에게 '아가씨'라는 호칭을 썼더니, '접대부'라고 불러 달라고 하는 말이 전래되면서, 남북의 언어가 달라졌다는 소문이 크게 나돌게 되었다. 한편으로는 6.25 한국전쟁 이후 남한에서도 그 이전에는 흔히 사용하여 왔던 '동무, 인민' 등의 단어가 사라지게 되었다. 만약에 이러한 단어를 쓰는 사람이 있다면 당국에 신고할 대상이 되었다. 즉 간첩으로 인정하는 중요한 증거가 되었던 것이다. 그러면서 계속 남과 북의 언어 차이는 과장되어 갔다. 반공 이데올로기를 높이기 위한 수단으로 북한의 언어, 즉 북한어가 이용되기도 하였다.

발표자는 학술회의나 겨레말큰사전 편찬을 위해 북한 학자들과 수많은 만남을 가졌었으나 의사소통에 장애를 받은 적은 거의 없다. 오히려 경상도나 전라도 지역어 사용자와 만났을 때 의사소통의 장애를 받은 편이 더 많았다.

그렇다면 남과 북의 언어는 과연 얼마나 차이가 있는 것일까? 한 언어 안에서 두 지역의 언어가 차이가 있다고 하는 데에는 몇 가지 기준이 있다,

① 언어학적으로는 언어체계에 차이가 있음을 의미한다. 즉 음운체계, 문법체계, 어휘체계 등에 차이가 있을 때 두 지역어는 차이가 있다고 하고 그것을 방언이라고 한다. 특히 지금까지 중부방언, 동남방언, 서남방언 등의 '방언'이라고 하는 개념이 바로 언어체계가 달라졌을 때에 일컫는 것이다. 그러나 일반인들에게 이러한 개념은 별로 의미가 없다. 일반인들이 두 지역어가 다르다는 결론을 내리기 위해 언어체계를 검토한 적이 없으면서도 말이 다르다고도 하는 것이다.

② 그 지역어의 억양 등의 특색이 다를 때 그 말이 다르다고 한다. 우리가 북한 사람들이나 북한 출신 사람의 말을 듣고 북한말이라고 하는 것은 곧 그들의 말씨를 통해 인식하는 것이다.

③ 그 지역어의 어휘가 서로 다를 때, 그 지역어가 다른 지역어와 다르다고

인식한다. 그래서 표준어와 다른 어휘를 '사투리'라고 하여 '사투리가 심하다'는 표현을 하기도 한다. 원활한 의사소통을 막는 것은 주로 어휘다. 그래서 어휘가 다르거나, 그 어휘의 의미가 서로 다를 때, 우리는 두 지역어가 차이가 난다고 한다.

남북 언어의 차이를 이야기하는 경우에도 대개 이 세 번째의 경우이다. 그래서 남한어, 북한어란 말은 주로 그 어휘가 남한에서 쓰이는 것인가 북한에서 쓰이는 것인가를 기준으로 하여 부르는 것이다.

그렇다면 남한과 북한의 어휘는 얼마나 다른 것인가? 이 문제는 남한어와 북한어의 어휘가 형성되는 과정을 검토해 보아야 알 수 있는 일이다.

어느 어휘가 형성되는 경우는 몇 가지가 있다.

① 어휘가 생성되는 경우이다. 이것은 자연발생적으로 어휘가 만들어지는 경우인데, 이때에는 어느 한 개인이 쓰기 시작했던 것이 널리 알려져서 모든 사람들의 동의 아래 한 언어의 어휘로 정착되는 경우이다. 대부분의 어휘들은 이러한 방법에 의해 만들어진다. 그렇지만 전혀 새로운 어휘를 만들어내는 것이 아니라, 기존에 있었던 형태소들을 결합하여 만드는 것이 일반적이다. 예컨대 서양에서 새로운 물건이 들어오면, 기존에 있었던 사물의 명칭에 '양(洋)'이나 '서양'(西洋)이라는 접두사를 붙여 만든 어휘들이 널리 통용되어 '양복, 양말, 양재기, 양철. 양초, 생철(서양철)' 등처럼 국어 어휘로 정착된 것들이 많은데, 이제 '양'의 의미를 의식하지 못한 채 사용되고 있는 것이다.

② 인위적으로 어휘를 만드는 경우이다. 이것은 대체로 관련 단체나 국가기관(예컨대 '국립국어원' 등)이 제정하여 보급하는 것이다. 상당수의 전문용어나 학술용어들이 이에 해당할 것이다. '갓길, 말뭉치, 말모둠, 먹거리' 등이 대표적인 예일 것이다.

③ 외국어에서 어휘를 차용하여 쓰는 경우이다. 대부분이 외국어를 음차하여 들여온다. 어느 것은 국어로 정착하기도 하고 어느 것은 외국어로 남아 유행어처럼 쓰이다가 사라지곤 한다. '딴따라, 컴퓨터, 와인, 알바' 등이 정착된

예들이다.

④ 어휘를 순화하여 또는 다듬어서 만드는 경우이다. 이 경우는 외국어 또는 외래어로 쓰이는 것을 우리 고유어로 바꾸어 대치시키는 것인데, 일제 강점기에 들어온 일본어의 흔적을 지우기 위한 목적으로 순화시킨 경우와 최근에 영어로 들어온 말들에 대한 표준화 내지는 순화 차원에서 다듬어진 경우가 대부분이다. 예컨대 '인터체인지'를 '나들목'이라고 다듬어서 성공하였고, 북한에서도 '엘리베이터'를 '승강기', '에스컬레이터'를 '계단 승강기'라고 하여 대치시켜 성공하고 있다.

⑤ 어휘의 형태는 그대로 있되, 어휘의 의미가 변화하는 경우이다. 북한에서 '동무'가 '늘 친하게 어울리는 사람'이란 뜻에서 '노동계급의 혁명위업을 이룩하기 위하여 혁명대오에서 함께 싸우는 사람을 친근하게 이르는 말'이란 뜻으로 변화한 것이 대표적이다.

어휘가 자연발생적으로 만들어지는 경우에는 그 어휘가 만들어지는 일정한 규칙, 즉 조어법이 적용되고 또 검증된다. 그래서 이렇게 만들어진 어휘들은 그것이 지역적인 특색을 지니고 있어도 다른 지역 사람들이 이상하다고 생각하지 않는다. 예컨대 전라도 어느 지역에서 '깍두기'를 '똑딱지'라고도 하는데, 이 말을 들은 사람은 무를 '깍둑깍둑' 썰었다는 의미와 연관시켜 '똑딱똑딱' 썰었다는 의미를 연상하게 될 것이며 또한 '짠지, 오이지, 싱건지, 단무지' 등의 '지'에 유추되어 쉽게 이해함으로써 국어 어휘로서 정착할 가능성이 높아지는 것이다. 따라서 이러한 어휘들은 남한과 북한에 각각 존재한다고 해도 남과 북이 서로 의사소통하는 데에 큰 장애가 되지 않으며, 오히려 표현의 다양성을 보여 주어 국어 어휘를 풍부하게 한다고 할 수 있다. 따라서 남과 북에서 자연발생적으로 생성된 어휘들에는 큰 차이가 없거나 의사소통에 무리를 주지 않는 것으로 보인다. 그래서 이러한 어휘들을 남한어나 북한어로 지칭하는 경우가 없는 것이다.

남과 북의 어휘 차이를 보이는 것에는 주로 어휘를 인위적으로 만드는 경우와 외래어 차용과 다듬어 쓰는 경우, 그리고 어휘 의미가 변화한 경우에서 찾아볼 수 있다.

어휘를 인위적으로 만들어 쓰는 경우의 대부분은 학술용어나 전문용어들인데, 남과 북의 학술적 발달이 주로 광복 이후에 이루어졌고 또 남북의 학문 발달의 배경이 다르며 남북이 상의하지 않은 채로 학술용어가 만들어졌기 때문에, 남북의 학술용어 차이는 자못 심각하다고 할 수 있다(물론 남한 내의 학술용어 차이는 더욱 심하다고 할 수 있다). 학술용어는 과학적 개념을 정확히 표현하여야 하기 때문에 단일성과 규범성을 요구한다. 뿐만 아니라 국가의 과학기술의 발전 · 보급 · 응용과 직접 연관되기 때문에 이의 통일이나 표준화는 시급한 실정이다.

외국에서 어휘를 차용하여 쓰는 경우에는 남과 북이 각각 다른 외래어 표기법에 따라 표기하기 때문에, 동일한 어휘이면서도 다른 어휘로 인식될 만큼 달라지는 경우도 흔하다. 예컨대 북한에서는 '베트남'을 '웰남', '헝가리'를 '웽그리아'로 표기함으로써 남한과 북한의 두 어휘가 전혀 관계 없는 어휘로 인식될 가능성이 높은 것이다.

남한과 북한은 들어온 외래어들을 순화시키거나 다듬어 왔다. 남한에서는 '우리말 도로 찾기'를 시작한 8.15 광복 직후(1948년)부터 현재까지 꾸준히 국어 순화운동을 벌여 왔다. 1947년에 '국어정화위원회'를 구성하여 우리말을 도로 찾는 운동으로 주로 일본어투 심의를 하기 시작한 이래 오늘날까지 각종 용어를 계속해서 순화하여 왔다. 국립국어원에서 1992년부터 2002년까지 순화한 어휘 수만도 약 20,000개가 넘을 정도였다. 민간단체에서 순화한 단어는 더 많은 편이다.

북한에서도 이 작업은 1946년부터 약 3, 4년간 문명퇴치운동을 벌이고, 1949년에 한자 폐지를 단행한 후, 계속하여 말다듬기 운동을 하여 왔다. 지난 10여 년간에 약 5만여 단어를 다듬었다.

남북한의 국어 어휘 순화, 또는 말다듬기 작업은 서로 상의 없이 지금까지 계속해서 이루어져 왔다. 그러나 남한의 국립국어원과 북한의 사회과학원 언어학연구소가 협력하여 남북한에서 순화한 자료를 통합해 검토한 결과 순화한 내용은 거의 80퍼센트가 유사하다는 결론을 내린 적이 있다.

의미가 달라진 어휘도 있을 것이지만, 이것은 대개 기본적인 개념의미가 바뀐 것이 아니라 내포의미가 바뀐 것이 많은 편이어서, 광의의 변화로 본다면 그리 큰 문제는 아닐 것이다. 그리고 그 수도 그리 많지 않을 것이다.

결론적으로 남북한의 언어는 광복 이후에 새로 만든 어휘들이나 차용한 어휘에서 차이가 나는 것이라고 할 수 있다. 결과적으로는 남북한 간의 언어차이가 되었지만, 본질적으로 그것은 남북한의 언어차이라고 하기 어렵다. 언어변화로 인한 결과이어서 그것은 세대 간의 언어 차이로 인식되어야 한다. 오늘날 남한에서 세대 간의 언어차이로 인해 부자간이나 모자간, 부녀간에 의사소통에 장애를 일으키는 경우가 많은 것처럼, 북한에서도 동일한 현상이 일어난다고 한다. 따라서 이에 비한다면 남북한 언어 차이는 적은 편이라고 할 수 있다.

그래서 남북한어의 차이는 ① 방언적 차이 ② 새로 만든 말(학술용어 등) ③ 새로 차용한 말 ④ 다듬은 말(순화한 말)에서 차이를 보이는 것이다. 그러나 남북한 언어의 기본이 되는 기초어휘들은 큰 차이가 없는 것이다. 문화관광부에서 시행하는 '21세기 세종계획'의 '한민족 언어 정보화' 분과에서 남과 북의 기초 어휘 10,000개를 비교하여 '남북한 언어 비교 사전 검색 프로그램'을 만들었더니, 남북한 언어에 차이가 많다는데, 왜 이 사전 검색 프로그램에는 왜 차이가 없느냐고 하면서, 차이가 나는 단어 3,000개를 골라 '남북한 이질화된 언어 검색 프로그램'을 만들라고 하여, 그것을 만드느라고 연구진들이 애를 먹었던 일이 있다.

그래서 남북한어의 차이는 ① 방언적 차이 ② 새로 만든 말로 인한 차이 ③ 다듬은 말(순화한 말)로 인한 차이 ④ 의미변화가 일어남으로 인한 차이 등으로 요약될 수 있다.

5) 북한어 연구의 문제점

위에서 언급한 북한어에 대한 인식 때문에 북한어에 대한 관심은 주로 북한에서 새로 만든 어휘나 다듬은 말에 집중되었다. 그것이 남한의 언중들에게는 흥미있는 내용이었기 때문이다. 그리하여 '불알'(전구), '긴불알'(형광등), '떼불알'(샹들리에) 등의 어휘들이 북한을 비하하는 의미로 소개되기도 하였다. 그러나 이 어휘들은 북한의 어느 사전에도 등재되어 있지 않을 뿐만 아니라 북한의 말뭉치를 통해서도 검색되지 않는 단어이다. 또한 '아이스크림'을 북한에서는 '얼음보숭이'라고 한다고 하는 내용이 남한의 교과서에 실려 있기도 한데, '얼음보숭이'는 실제 사용되는 어휘가 아니다. 말다듬기의 결과로 사전에 등재된 단어일 뿐이다. 오히려 '아이스크림'과 '에스키모(아이스크림 상표 이름)'가 더 많이 쓰이는 어휘이다.

남한에서의 북한어 연구는 그 양으로 볼 때에는 매우 방대하다. 『북한어 연구 논저 해제집』(국립국어연구원, 2001)이 나올 정도다. 그러나 이 논저 해제집을 보면 주로 연구사이거나 언어정책에 대한 논문이 대다수이다. 어문규범에 관계된 것이 대부분이라고 할 수 있다.

이처럼 북한어에 대한 연구는 살아 있는 북한어 자료를 대상으로 한 연구가 가능하지 않은 상태에서 이루어졌기 때문에 매우 피상적으로 이루어져 왔다고 할 수 있다. 북한어에 접근할 수 있는 경로가 막혀 있어서 실질적인 북한어 연구는 가능하지 않았기 때문이다. 북한의 사전만을 통해서 북한어에 접근하는 방식을 택하여서 온갖 오해가 일어나기도 하였다. 이것은 『표준국어대사전』만을 통하여 남한어를 연구하는 것과 다를 바 없다.

또 한 가지 관심은 남북한의 어문규범의 차이이어서 이에 대한 연구가 주를 이루었고, 또한 연구 결과 및 과정에서 나타나는 남북한의 학문적 견해 차이를 보이는 데 중점을 두어 왔다고 할 수 있다.

남한어를 연구할 때에는 풍부한 예문을 제시하여 결과를 유도해 내지만, 북한어에 대한 연구는 실제의 예문을 통해 연구되지 않았다.

북한어 연구에서 발생하는 문제점은 대개 다음과 같은 것이다.

첫째 실제의 언어 자료를 기초로 하지 않는다는 점이다.

둘째로 말뭉치를 활용하지 않는다는 점이다.

셋째로 말뭉치를 구축한다고 해도 균형말뭉치를 구축하기 어렵다는 점이다.

실제의 언어 자료를 기초로 하지 않는다는 문제점은 중국 동포들에 의한 북한어 연구도 다를 바 없다. 중국 동포들에 의해 이루어진 북한 방언 연구도 부분적으로는 방언 조사를 통해 이루어진 것이지만, 전반적인 조사는 아닌 것이란 증언을 여러 번 들을 수 있었다. 북한에 머물면서 연구한 중국 동포 학자들도 북한에서 실제의 언어 조사가 가능하지 않은 것으로 알려져 있고, 대부분은 중국에 와서 머물거나 살고 있는 '조교'(조선 교포)들로부터 실제조사를 통해 북한 자료를 채취하지만 지속적인 조사가 가능하지 않은 것이 오늘의 현실이다.

최근에 탈북자들을 대상으로 한 북한어 조사가 이루어지고 이것을 토대로 한 북한어 연구가 부분적으로 시행되고 있거나, 중국에 와 있는 북한 주민들을 대상으로 한 북한어 조사를 통하여 북한어 연구가 부분적으로 이루어지고 있는 것은 이제 북한어 연구가 초보적 수준에 있다는 증거라고 할 수 있다.

위에서 언급한 바와 같이 북한어 연구는 실제의 언어 자료를 통해 이루어지지 않았다는 점에 큰 문제가 있다. 뿐만 아니라 북한 사람을 만나 언어 조사를 하고 이를 바탕으로 하여 연구를 한다고 하여도, 그 제보자의 성격에 따라 북한의 어느 방언 연구나 지역어 연구인지, 아니면 막연한 북한어 연구인지 판단하기 쉽지 않다. 남한에서 경상도 지역어나 전라도 지역어를 말하는 사람을 바탕으로 언어 조사를 한 뒤에 이들 자료로 하여 연구된 업적이 단순히 한국어 연구라고 하기 힘들기 때문이다. 중국 동포들의 우리말 사용은 지역에 따라 달라서 중국의 조선어 어문규범에는 표준어나 문화어와 같은 규정이 없다. 동북삼성의 길림성 지역은 함경도 방언권과, 요녕성은 평안도 방언권과 그리고 흑룡강성은 경상도 방언권과 연관되기 때문에 이중 어느 지역의 언어를 선택해서 연구할 경우에는 '중국 ○○○ 지역의 언어 연구'라고 하게 되고, 이것을 '중국의 조선어 연구'라고 할 때에는 이 세 지역의 언어를 다루지 않을 수 없게 된다. 남한에서 '한국어 연구'가 표준어를 대상으로 하는 것과는 상당히 다르기 때문이다.

북한어 연구도 이와 마찬가지 경우일 것이다. 북한어에 대한 세밀한 연구를 위해서는 북한의 지역어를 중심으로 하여 연구가 진행되어야 할 것이다. 문제는 역시 그 언어에 접근하는 방법이 있는가 하는 문제일 것이다.

국어 연구에서 말뭉치의 활용은 오늘날 일반화된 방법이라고 할 수 있다. 그러나 북한어 연구에서는 말뭉치를 활용한 논문을 찾아보기 어렵다. 그만큼 언어 자료를 바탕으로 한 북한어 연구가 거의 없다는 증거다.

남한의 21세기 세종계획에서 구축한 말뭉치는 균형말뭉치를 구축하기 위해 마련된 계획에 의해 이루어진 것이다. 그러나 북한의 말뭉치는 그러한 계획 하에서 구축된 말뭉치가 아니라서 비록 말뭉치를 구축한 것을 구한다고 해도 그 활용에 어려움이 있을 것이다.

6) 북한의 국어 연구

북한의 국어연구는 대체로 남한에서 영인되어 소개된 북한의 국어학 관련 논저나 다른 경로를 통해 복사되어 소개된 문헌들을 통해 그 실상이 파악되어 왔다. 영인, 소개된 북한의 업적들은 대체로 중요한 업적들에 속하는 것들이어서 북한의 국어 연구의 대략을 파악하였다고 할 수 있다. 그러나 북한의 국어연구에 대한 실상은 다음의 몇 가지 자료를 통해 전반적으로 파악할 수 있다.

(1) 언어학 연구론문 색인사전

2006년에 북한에서 만든 『언어학연구론문색인사전』(사회과학원 언어학연구소 편찬, 2006, 전자파일)을 통해 북한의 국어연구의 전체 동향을 파악하기 수월하다. 우선 이 사전의 목차를 보이면 다음과 같다. 이 사전의 양을 표시하기 위해 쪽수까지도 그대로 두었다.

이 사전은 다음과 같은 특징을 지닌다.

① 목적 : 언어학자들이 언어학 연구의 실태를 파악하게 하고 새롭게 연구해야 할 분야와 문제점을 파악하는 데 도움을 주기 위해 만들었다.

② 기간 : 해방 후 60년 동안 북한에서 출판, 발행된 언어학 연구도서들과 논문들을 전면적으로 수집 · 정리하고 그것을 언어학의 개념범주에 따라 분류하였다.

③ 범위 : 해방 후 연구, 발표된 단행본, 교재, 참고서, 논문집, 사전편람류, 학위논문, 잡지의 연구자료들을 포괄하였다.

④ 구성 : 범주별 항목을 기본 올림말로 하고 여기에 저자별 색인, 서지별 색인, 올림말 색인이 보충항목으로 이루어졌다.

⑤ 이용 방법 : 일반 이용자와 컴퓨터 언어 DB 구축 및 정보검색에서 보편적으로 이용하기 쉽게 만들었다.

이 사전은 아직 출판된 적은 없다. 전자파일 형태로 되어 있어서 검색이 용이하다. 연구논저 목록만 있는 것이 아니라, 간략한 목차나 내용까지도 첨부되어 있어서 더할 나위 없는 참고자료이다. 문제는 그 논문이나 책을 직접 볼 수 없다는 점에 있다. 그 문헌의 소장처에서 그 논문이나 저서들을 이미지 파일로 만들어 공개하는 방법이 있으나 국가보안법의 문제에 부딪칠 것이어서 문제해결이 쉽지 않을 형편이다.

(2) 조선어학전서

2005년도에는 『조선어학전서』가 간행되었는데, 모두 47책의 방대한 업적이다. 그 내용을 보면 다음과 같다. 이에 대해서는 권재일 교수의 『북한의 조선어학전서 연구』(서울대학교 출판문화원, 2012)가 있어서 단지 목록만 제시하기로 한다.

〈조선어학전서〉 목록

I. 언어리론

1. 주체의 언어이론(최정후, 2005.1.20., 263쪽)
2. 조선문화어건설리론(리호경, 2005.4.20., 239쪽)
3. 조선로동당언어정책사(정순기 · 리근용 · 리호경 · 장근수 · 장영남 · 안순남, 2005.3.15., 359쪽)

II. 어학사

4. 조선말력사 1(류렬, 2005.5.15., 423쪽)
5. 조선말력사 2(류렬, 2005.7.15., 671쪽)
6. 조선말력사 3(김인호, 2005.5.15., 335쪽)
7. 조선말력사 4(김인호, 2005.1.20., 367쪽)
8. 조선말력사 5(류렬, 2005.5.15., 359쪽)

9. 조선말력사 6(김인호, 2005.5.15., 255쪽)

10. 조선말력사 7(백운혁, 2005.5.15., 279쪽)

11. 조선인민의 글자생활사(김인호, 2005.4.20., 271쪽)

12. 조선어학설사(안경상, 2005.2.15., 287쪽)

13. 향가연구(류렬, 2005.9.25., 478쪽)

III. 어휘론

14. 조선어어휘론(최완호, 2005.1.20., 303쪽)

15. 조선어어휘통계학(문영호, 2005.1.20., 256쪽)

16. 조선말사전편찬론연구(리기원, 2005.1.20., 375쪽)

17. 조선어어휘정리론(박성훈, 2005.3.15., 287쪽)

18. 조선어단어론(김백련, 2005.5.20., 279쪽)

IV. 의미론

19. 조선어어휘의미론(조춘옥, 2005.1.20., 247쪽)

20. 조선어의미구조론(문영호, 2005.1.20., 271쪽)

21. 조선말력사의미론(김인호, 2005.2.15., 287쪽)

V. 어음론

22. 조선어어음론(김성근, 2005.1.20., 295쪽)

23. 조선어음운론(김성근, 2005.2.15., 207쪽)

24. 조선어실험음성학(강진철, 2005.4.5., 303쪽)

25. 조선어력사어음론(최정후, 2005.4.15., 303쪽)

VI. 문법론

26. 조선어형태론(정순기, 2005.2.15., 343쪽)

27. 조선어문장론(김백련, 2005.3.15., 304쪽)

28. 조선어문장성분론(리기만, 2005.2.15., 287쪽)

29. 조선어품사론(김옥희, 2005.3.15., 295쪽)

30. 조선어단어조성론(김동찬, 2005.5.15., 456쪽)

31. 조선어실용문법(김동찬, 2005.7.15., 391쪽)

VII. 문체론

32. 조선어문체론(리정용, 2005.2.15., 255쪽)

33. 언어생활론(리정용, 2005.3.15., 311쪽)

VIII. 명칭론

34. 조선어명칭론연구(방린봉, 2005.3.15., 295쪽)

35. 조선지명학(박명훈, 2005.5.15., 247쪽)

36. 조선지명변천에 대한 력사문헌학적연구(정순기, 2005.7.15., 303쪽)

37. 조선지명연구(조창선, 2005.9.25., 335쪽)

IX. 방언학

38. 조선어방언학(김성근, 2005.2.15., 255쪽)

X. 언어공학

39. 조선어정보론(권종성, 2005.3.15., 303쪽)

40. 조선어음성공학(홍석희, 2005.4.20., 287쪽)

41. 조선글자공학(최병수, 2005.3.15., 295쪽)

42. 조선어정보검색학(김길연, 2005.2.15., 239쪽)

43. 조선어문법검사연구(리승길, 2005.7.15., 255쪽)

44. 조선어전자사전연구(리승길 · 방정호, 2005.5.15., 271쪽)

45. 조선어확률론(리정용, 2005.7.30., 527쪽)

XI. 언어규범

46. 조선어규범변천사(최정후 · 김성근, 2005.7.25., 271쪽)

47. 조선어규범리론(김동찬, 2005.7.15., 271쪽)

국어학의 거의 모든 분야에 걸쳐 그때까지 간행되었던 저서들을 재간행하거나 또는 새로 집필한 것이다. 흥미로운 점은 방언학 분야의 저서가 빈약하고 언어공학 분야 연구가 두드러지다는 점이다.

(3) 사전편찬

북한은 잘 알려진 바와 같이 각종 사전 편찬에 많은 노력을 하여 왔다. 발표자가 조사한 사전을 목록화하면 다음과 같다.

① 조선어사전

과학원 조선어 및 조선문학연구소, 《조선어소사전》, 과학원출판사, 1956년

사회과학원 언어학연구소, 조선말사전1, 과학원출판사, 1960년

사회과학원 언어학연구소, 조선말사전2, 과학원출판사, 1961년

사회과학원 언어학연구소, 조선말사전3, 과학원출판사, 1961년

사회과학원 언어학연구소, 조선말사전4, 과학원출판사, 1962년

사회과학원 언어학연구소, 조선말사전5, 과학원출판사, 1962년

사회과학원 언어학연구소, 조선말사전6, 과학원출판사, 1962년

사회과학원 언어학연구소, 현대조선말사전, 사회과학원출판사, 1968년

사회과학원 언어학연구소, 조선문화어사전, 사회과학출판사, 1973년

사회과학원 언어학연구소, 우리말 사전, 교육도서출판사, 1978년

정순기외 11명, 현대조선말사전(2판), 과학백과사전출판사, 1981년

사회과학원 언어학연구소, 조선말대사전(1, 2), 사회과학출판사, 1992년

문영호외 25명, 조선말사전(중사전), 과학백과사전출판사, 2004년

문영호외 42명, 조선말대사전(증보판), 사회과학출판사, 2006년

② 의미사전

리형태, 조선동의어사전, 사회과학출판사, 1990년

리형태, 류은종, 조선동의어, 반의어, 동음어사전, 과학백과사전종합출판사, 1993년

③ 성구 속담사전

고정옥 편저, 조선속담집, 국립출판사, 1954년

김형직사범대학 어문학부 어학강좌, 성구속담사전, 교육도서출판사, 1982년

정순기외 3명, 속담사전, 사회과학출판사, 1984년

염병섭 정순기 최완호 리기원 류영걸 김종선 리동빈, 조선속담, 과학백과사전출판사, 1984년

황병규 안용철 임도준 박용순, 세계속담집, 과학백과사전종합출판사, 1986년

엄병섭 김현욱, 조선성구집, 사회과학출판사, 1989년

엄병섭 박용순 김종선 류영걸, 조선속담집, 사회과학출판사, 1992년

박택진 편저, 조선속담사전(1)(2), 과학백과사전출판사, 2012년

④ 언어학 용어사전

김영황, 언어학사전1(조선어력사편), 김일성종합대학출판사, 1986년

리동빈, 양하석, 언어학사전2(현대조선어편), 김일성종합대학출판사, 1986년

세계적으로 큰 어학사전, 문화어학습, 1990년 1호 59페지

홍규희, 남창근, 김영, 언어학소사전, 평양외국어대학출판사, 1973년

언어학용어(3), 어문연구, 1967년 2호 14페지

언어학용어(4), 어문연구, 1967년 2호 21페지

⑤ 언어 역사사전

김영황, 중세조선말사전1, 과학백과사전종합출판사, 1993년

⑥ 방언사전

김병제, 방언사전, 과학백과사전출판사, 1980년

⑦ 고장이름사전

정순기 외 29명, 고장이름사전(1~10), 사회과학출판사, 2001~2002년

(4) 방언 연구

남한의 국립국어원과 북한의 사회과학원 언어학연구소 사이에 방언 조사 계획이 논의된 적이 있었다. 그리고 조사를 위한 기초 연구가 공동으로 진행되었었고, 실제로 공동작업이 이루어졌었지만, 남북관계의 악화로 중단되고 말았다.

국립국어원과 사회과학원의 언어학연구소가 같이 남한과 북한의 각 도별로 방언조사를 실시한 적이 있다. 남한은 2012년에 5개년 계획의 조사가 모두 끝나서 보고서가 간행되어 나오기도 하였지만, 북한은 그 보고서가 제출된 바가 없다. 알려진 바에 의하면 북한은 그 당시에 4개 도에 각 2개 지점에 대한 방언조사를 마친 것으로 알고 있다.

그 지역어 조사를 통해 정리된 파일들이 있는데, 몇 예만 보이면 다음과 같다.

	평안남도		황해북도		평안북도			강원도	
	룡강군	온천군	신계군 (박)	곡산군 (계)	구장군 (임)	구장군 (최)	향산군	안변군 (최)	법동군 (김)
소경	참봉	새경	소경	맹가니 소경	쇠경	소경 새경		소경	소경
절름발이	쩔럭빠리	쩔뚝빠리	질뚝빠리	쩔룩빠리	절름바리	쩔뚝빠리	쩔룩빠리	쩔눅빠리	절눅빠리〉 쩔뚝빠리
곱사등이	꼽때이	꼽때이	곱쌔대이	곰새둥이	고패	고패	꼽때이	꼽쌔	꼽쌔둥이
귀머거리	구먹때이	귀머거리 귀먹때기	귀머거리 귀먹째이	귀먹째이 귀머거리	귀머거리	귀먹때	구먹때이	귀먹째	귀머거리
말더듬이	떼떼	반도터리	반버버리	떼떼	○	더투아리	반더터리	반벙어리	반버버리 떼떼
벙어리	버버리		버버리	버버리	뻴찌	버버리 뻴찌		벙어리	벙어리
잠꾸러기	잠꾸레기	잠뽀	잠꾸러기	잠꾸래기	밤투이〉 잠꾸러기	잠투이	잠꾸레기	잠꾸러기	잠꾸러기
늘	?	계속 늘		내내	늘	늘			
하품	하품	하품	하품	하품	하품	하품	하품		하품
졸리다	졸린다	졸리다		졸리다	졸리다	고나다 졸리다	존다		존다
졸음	조름	조룸		조름	조름	조름		조름	조름
잠꼬대	잠꼬대	잠꼬대	잠꼬대	잠꼬대	잠꼬대	군소리 잠꼬대	잠한다	잠꼬대	잠꼬대

이 조사를 하면서 전사된 자료를 보이면 다음과 같다.

평북도 구장군 임씨

문: 첫아이 가졌을때 생각납니까?

답: 거 그땐 절머서 아이 하나 좀 쑥쓰럽끼두 하구 점직하기두 하구 그땐 거 천 아버지소릴 딛끼레 그땐 점적핸씨요. 병워네 가서 해사늘 핸는데.

문: 첫아이 가졌을때 특이하게 인상에 남는 이야기가 없습니까?

답: 그런거.

문: 남들이 이젠 아이아버지 되였다고 하면서 노는 소리한건 없습니까?

답: 그때 머 농질 한다는게 자간 그저 보니니 보니니 이제부터는 아이 아버지로구

나 하는 개따나 쑥쓰러워 배는데 아 해산핸따구 그래요. 야 이제부터는 이거 내가 이전 아이아버지가 된꾸나. 그게 어띠나 점적하던디. 말모타구 인는데 아 그다멘 부모드리 이르믈 진짜 그래요. 게서 이르믈 그때는 기래두 제 아버지라구 부모들두 아버지가 지야 된다. 그래서 우린 천따를 부니라구 진는데 아 그댐부터는 스물두살 어렌데 아이아버지 된따구 아 부니아버지, 부니아버지 하는데 그게 어띠나 점적하던디 지금두 닏질 아나요. 아무데 가두 부니아버지라구 길디 이르믈 안부르구 거둔요. 아 지그믄 다 좀 나이드러서 시집장가를 가서 그러지만 그때는 열다섣쌀쯤 되문 벌써 건 장가 드럳쓰니까니. 거 사회생할하면서 이자 그 소리가 거 상당이 그때는 점적해시요. 허허.

이 자료들은 음성파일로도 남아 있고 또한 분석되어 있어서 이용이 가능하지만 공개 여부를 판단하기 어려워 안타까울 뿐이다. 이 음성파일을 통해 북한의 방언조사 방법을 어느 정도 알 수 있다.

이 조사와는 별도로 이미 북한에서는 다양한 방언지도를 그려 놓고 있었는데, 그 방언지도의 목록을 보이면 다음과 같다. 모두 180개의 방언지도가 작성되어 있다.

1. 모음 지도

(1)

아 - 애 대응 : 단지, 만들다, 방망이, 이마, 장가가다, 하는 것, 하다, 아-애(종합)

어 - 에 대응 : 며느리, 벼, 소경, 여-애(종합)

오 - 외 대응 : 고기, 고양이, 소역, 송아지, 오-외(종합)

위 - 우, 우이 대응 : 기저귀, 까마귀, 볼따귀, 사마귀, 사위, 잎사귀, 위-우(종합)

모음 대응(종합지도)1

모음 대응(종합지도)2

(2)

애 - 아이, 에 - 어이 대응 : 개, 게, 넷, 새, 셋, 참새, 애-아이,에-어이(종합)

외 = 에 대응 : 뫼 외-에 대응(종합)

외 - 왜 대응 : 쇠, 외-애(종합)

우 - 에 대응 : 궁둥이, 모퉁이, 우-에(종합)

우 - 위 대응 : 구경, 궁둥이, 누구, 두부, 우-위(종합)

모음대응(종합지도)1

모음대응(종합지도)2

모음대응(종합지도)3

(3)

애 - 아 대응 : 강냉이, 괭이, 담배, 재채기, 정강이, 지팽이, 애-아(종합)

오 - 아 대응 : 고양이, 오-아(종합)

와 - 아 대응 : 고와하다, 기와, 와-아(종합)

우 - 어 대응 : 국수, 누구, 두부, 사슴, 우-어(종합)

으 - 이 대응 : 가슴, 그릇, 놋그릇, 어느, 이름, 으-이(종합)

모음대응(종합지도)1

모음대응(종합지도)2

2. 자음 지도

(1)

ㄹ - ㄱ 대응 : 가루, 머루, 벌레, ㄹ(ㅇ)-ㄱ(종합)

ㄹ - ㄴ 대응 : 래일, 령감, 류월, ㄹ-ㄴ(종합)

ㅇ - ㄴ 대응 : 염소, 음달, 이마, 이야기, ㅇ-ㄴ(종합)

ㅇ - ㅂ 대응 : 고아하다, 노을, ㅇ-ㅂ(종합)

ㅇ - ㅅ 대응 : 가위, 가을, 마을, ㅇ-ㅅ(종합)

아래아 : 가을, 마을, 아래아(종합)

자음대응(종합지도)1

자음대응(종합지도)2

(2)

ㄱ - ㅈ (입천장) : 기둥, 기르다, 기와, 기저귀, 기침, 김치, ㄱ-ㅈ(종합)

ㅋ - ㅊ (입천장) : 키, ㅋ-ㅊ(종합)

ㅋ - ㅎ, ㅆ (입천장) : 켜다, ㅋ-ㅎ,ㅆ(종합)

ㅎ - ㅅ (입천장) : 향나무, 형, 흉년, 힘줄, ㅎ-ㅅ(종합)

ㅅ - ㅎ (입천장기피) : 세다, ㅅ-ㅎ(종합)

ㅈ - ㄷ (입천장기피) : 장가가다, 점심, 접시, 정강이, 좋다, 지팡이, ㅈ-ㄷ(종합)

ㅈ - ㅌ (입천장기피) : 접시, ㅈ-ㅌ(종합)

ㅊ - ㅌ (입천장기피) : 천둥, 천정, 치다, 칼치, ㅊ-ㅌ(종합)

ㅌ - ㅋ (입천장기피) : 모퉁이, ㅌ-ㅋ(종합)

입천장소리되기(종합지도)

입천장소리되기현상을 통해 본 방언지역

(3)

된소리- 거센소리 : 가까이, 골짜기, 볼따귀, 된소리-거센소리(종합)

된소리 - 순한소리 : 까마귀, 까치, 눈까풀, 된소리-순한소리(종합)

순한소리 -된소리 : 고수머리, 박쥐, 사위, 자갈, 순한소리-된소리(종합)

순한소리-거센소리 대응(종합)

된소리-거센소리 - 순한소리 대응을 통해 본 방언지역

3. 기타 지도

뒤붙이빠지기 : 고양이, 궁둥이, 모퉁이, 방망이, 정강이, 지팡이, 뒤붙이빠지기 (종합)

모음줄이기 : 고양이, 송아지, 이야기, 모음줄이기(종합)

자음끼우기 : 고수머리, 기르다, 소나무, 자음끼우기(종합)

뒤붙이빠지기, 자음끼우기, 모음줄이기를 통해 본 방언지역

빠지기, 끼우기, 줄이기 현상

4. 종합지도

종합지도 1-7

방언지역 1-3

소리대응 1-8

이 방언지도 중 몇 가지만 보이면 다음과 같다.

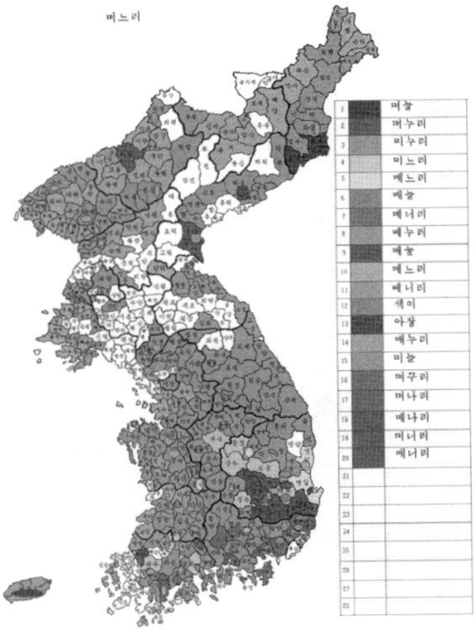
며느리
며누리
미누리
미느리
메느리
메누리
메느리
새이
아장
며꾸리
며나리
메나리

<며느리>

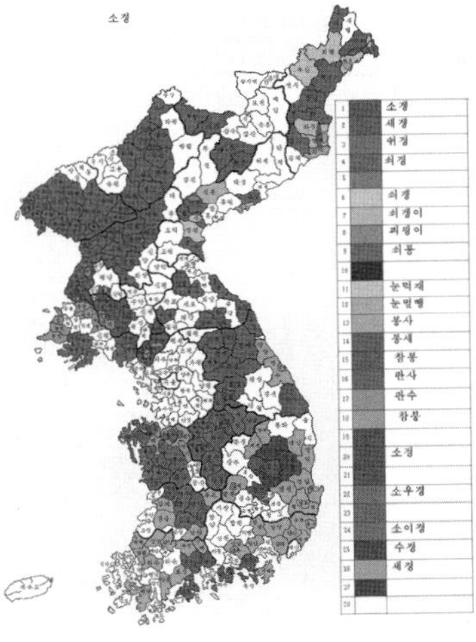
소경
소경
새경
쇠경
쇠경이
눈먹재
봉사
참봉
판사
소경
소우경
소이경
수경
새경

<소경>

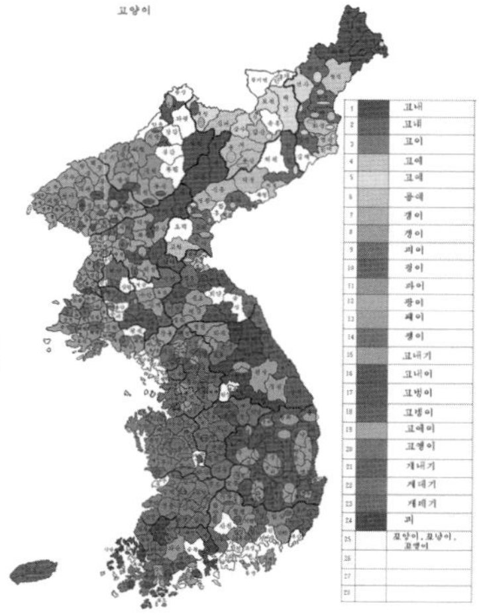
고양이

<고양이>

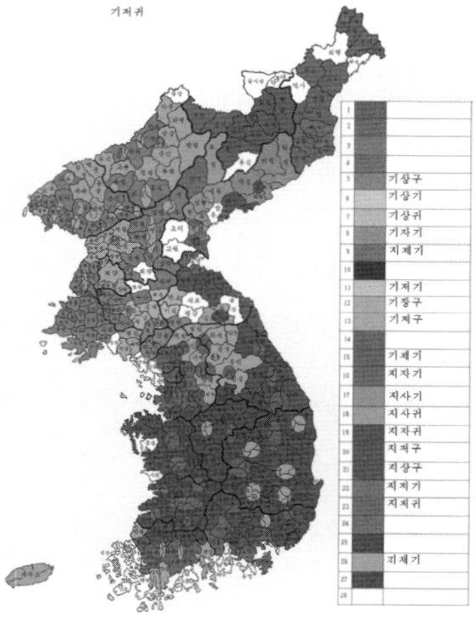
기저귀
기상구
기상기
기상귀
기자기
지제기
기저기
기장구
기저구
기제기
지자기
지사기
지사귀
지자귀
지저구
지상구
지저기
지저귀
지재기

<기저귀>

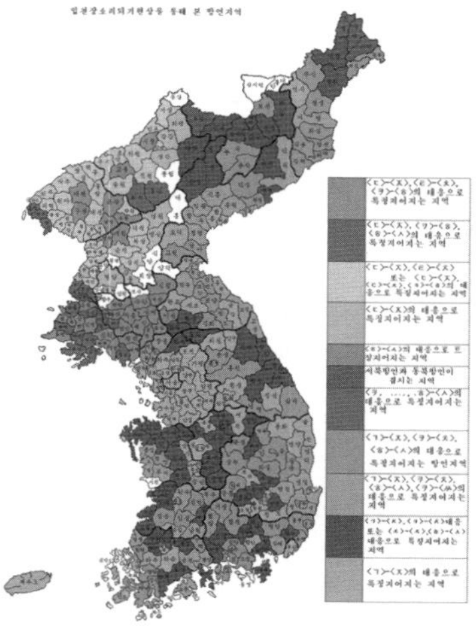
입천장소리되기현상을 통해 본 방언지역

<입천장소리되기현상을 통해본 방언지역>

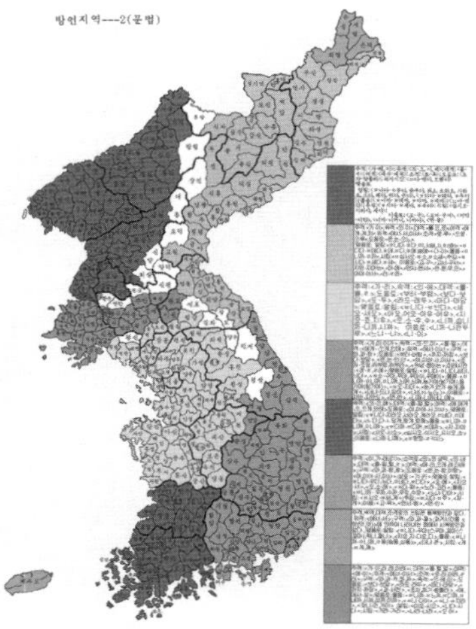
방언지역---2(문법)

<방언지역(문법)>

(4) 말뭉치 구축

북한의 말뭉치 구축 현황은 전혀 알려져 있지 않다. 그러나 상당량의 말뭉치가 구축되어 있다는 사실만은 감지할 수 있다. 『조선어빈도수사전』(과학백과사전종합출판사)의 편찬(1993) 사실로서 북한에서는 매우 정세하게 의도된 말뭉치 구축 계획이 있는 것으로 보인다. 그러나 그 실체를 전혀 알 수 없다.

북한어의 말뭉치는 지금까지 대부분 남한의 21세기 세종계획에서 구축한 것만이 알려져 있다. 겨레말큰사전을 편찬하기 위해 구축된 북한 말뭉치도 있는데,[5] 이는 연구자나 일반인에게 전혀 알려져 있지 않다. 북한에서 직접 입력한 말뭉치는 더더군다나 알 수가 없었다.

국립국어원에는 상당한 양의 북한 말뭉치가 보관되어 있는 것으로 알고 있다. 국립국어원과 북한의 사회과학원 언어학연구소 사이의 지속적인 학문교류를 통해 이루어진 자료들이다. 북한으로부터 직접 받은 자료들로 알고 있다. 이 자료들을 분석하여 말뭉치의 내용과 규모를 살펴보기로 한다.

종류	내용	어절수	총어절수
신문	로동신문	14,890,469	15,379,664
	평양신문	489,195	
사전	력사사전	1,341,113	19,132,910
	토양사전	205,796	
	조선대백과사전	14,064,211	
	조선의 력사인물	302,006	
	농업백과사전	753,780	
	사회과학자료기지색인사전	177,027	
	조선말사전	1,886,008	
	사전(미상)(일부)	402,969	
잡지	청년문학	547,989	6,825,608
	조선문학	637,992	

5 겨레말큰사전 남측 편찬위원회에서 구축한 북한어 말뭉치 중에서 소설 문학작품만도 1,129종에 이른다.

	금속	155,357	
	조선건축	40,551	
	과학의 세계	411,967	
	아동문학	395,721	
	천리마	1,229,839	
	기계제작	349,030	
	기초의학	168,528	
	민족문화유산	208,996	
	력사과학	272,554	
	철학연구	145,691	
	정치 · 법률연구	226,284	
	조선어문	133,945	
	문화어학습	282,358	
	조선녀성	679,808	
	조선예술	560,071	
	예술교육	117,369	
	조선예술	261,558	
전집	김일성저작집	3,337,326	3,337,326
저서	조선말사전편찬론	70,741	352,212
	언어생활론	55,654	
	조선어문장론(김백련)	47,322	
	조선어문장성분론(리기만)	49,794	
	조선어 문체론(리정용)	42,771	
	조선어의 의미구조론(문영호)	42,156	
	조선 문화어 건설리론(리호경)	43,714	
소설	개선(최학수)	117,144	3,340,841
	대지의 전설(김삼복)	87,735	
	번영의 길	105,670	
	붉은 산줄기	89,119	
	삼천리강산	110,331	
	불멸의 향도	87,654	
	천지	105,576	
	푸른 산악(안동훈)	116,335	
	근거지의 봄	111,454	
	대지는 푸르다	114,989	

	압록강	124,018	
	잊지못할 겨울	91,418	
	력사에 묻다(2부)	105,669	
	력사에 묻다(3부)	767,866	
	첫기슭에서(1부)	99,309	
	첫기슭에서(2부)	89,389	
	지리산의 갈범 1	295,200	
	지리산의 갈범 2	272,353	
	전환(권정웅)	449,592	
시가	혁명시가집	15,367	15,367
시나리오	민족과 운명	63,547	63,547
자료집	다듬은말	74,525	245,582
	조선어 기초 어휘 자료집	87,381	
	방언 대상 어휘(문화어)	81,651	
	방언 구술 자료	2,025	
방언구술자료			12,720
총계			48,705,777

입력되어 있는 자료 중 약 4,870만 어절이 한국에 전달된 셈이니, 실제로 입력되어 있는 자료는 이보다 몇 배 더 많을 것으로 추정된다.

이들 자료 이외에 한국에서 입력된 자료를 합치면 아마 1억 어절이 훨씬 넘을 것으로 추정된다. 21세기 세종계획에서 입력한 자료와 겨레말큰사전 편찬위원회에서 입력한 자료만 합쳐도 북한어 연구를 위한 자료로 이용할 수 있을 것으로 생각한다. 이제 북한어 연구가 단순히 북한의 사전이나 연구서들을 보고 피상적으로 연구하는 단계에서 벗어나서 말뭉치를 중심으로 한 실증적으로 연구할 수 있는 토대가 마련되어 있는 셈이라고 할 수 있다.

북한에서는 말뭉치를 어떻게 구축하고 있을까 하는 점이 가장 궁금하지만, 개인이 말뭉치 구축을 하기는 어려울 것이고 사회과학원과 같은 국가기관에서 가능한 일이라고 생각한다면 말뭉치의 구축량이 그리 많지는 않을 것으로 생각할 수 있다. 대신 그 말뭉치의 질은 매우 높을 것으로 추정된다. 왜냐하면 전문가들이 입력하고 철저히 검증을 거친 것이라고 생각되기 때문이다. 실제로 말뭉치 속의 헤더에는 입력자 이름이 보이기도 하는데, 거기에 사회과학원 언어학연구소의 학자들 이름이 등장하기도 하는 것으로 보아서 그러한 사실을 알 수 있다.

그러나 북한에서 말뭉치 구축에 대한 관심은 남한에서와 같이 높지 않은 것으로 생각된다. 왜냐하면 다음과 같은 이유에서이다.

첫째는 구축할 말뭉치의 내용에 제약이 있기 때문인 것으로 추측된다.

둘째는 조선어 정보화에서 북한은 통계에는 관심이 많은 반면에, 말뭉치에 대한 관심은 이에 비해 낮음을 간파할 수 있다. 각종의 프로그램이 말뭉치를 처리하는 것이라고는 하지만 대부분 통계 처리 프로그램이기 때문이다.

셋째는 조선어 연구를 위해 조선어 말뭉치를 활용할 수 있는 환경에 제약이 있기 때문에, 말뭉치 구축에 그리 많은 신경을 쓸 필요가 없게 된 것이라고 생각한다.

북한이 구축해 놓은 말뭉치는 다음과 같은 종류가 있다.

① 원시 말뭉치

북한에서 입력한 말뭉치의 모습을 보이면 다음과 같다.

〈Header〉
〈PublStat〉
〈title〉개선〈/title〉
〈 auther〉최학수〈/auther〉
〈publisher〉문학예술출판사〈/publisher〉
〈/PublStat〉
〈/Header〉

〈text〉〈body〉

〈div〉〈head〉제 1 장〈/head〉〈body〉

〈div〉〈head〉1〈/head〉〈body〉

〈p〉왜인들이《소화 20년》이라고 부르던《을유년》늦은 여름날 정오 가까운무렵.〈/p〉

〈p〉강선땅을 거쳐 평양쪽으로 뻗은 넓지 않은 신작로를 따라 땀과 먼지에 쩌든 헌 베적삼에 무릎까지 오는 베고의를 입은 나이 지숙한 40대의 장년이 아카시아 가로수 그늘을 밟으며 바쁜 걸음을 옮겨 놓고 있었다.〈/p〉

〈p〉시꺼멓게 탄 거쿨진 발에 신겨 져 있는 짚신은 앞코숭이의 신총이 몇날 끊어 졌는데 그 짬으로 삐죽 내밀린 엄지발가락에 피가 내밴 헝겊오리가 감겨 져 있었다. 한쪽 어깨에 걸친 새끼그물중태안에는 말린 미역타래와 조기, 조개따위의 어물들이 들어 있다.〈/p〉

〈p〉채양가생이가 너슬너슬한 농립모에 붙어 있는 마른 물고기비늘들이 볕을 받을적마다 반짝거린다.〈/p〉

〈이하 생략〉

역시 헤더와 본문으로 되어 있고 각종의 마크업이 TEI 방식임을 알 수 있다. 이 입력방식의 표준화는 2002년 8월 3일부터 8월 7일까지 중국 베이징 21세기 반점에서 있었던 '정보화 시대에 따르는 민족어의 통일적 발전과 언어 정보 산업 표준에 관한 모임'에서 남북이 서로 합의한 내용을 실천한 것으로 생각된다.

② 주석 말뭉치

북한의 주석 말뭉치는 형태소 분석 말뭉치와 구문 분석 말뭉치의 두 가지가 있다. 남한에서 구축하고 있는 어휘의미 분석 말뭉치는 아직 없는 것으로 보인다.

(가) 형태소 분석 말뭉치

형태소 분석 말뭉치의 일례를 보이면 다음과 같다. '로동신문'의 일부 예를 보이도록 한다.

위대한	[형(위대하다2)규(ㄴ)]	1
령도자	[명(령도자)]	2
김정일동지께서	[고(김정일)명(동지1)격(께서)]	3
사회와	[명(사회1)격(와)]	4
집단을	[명(집단)격(을)]	5
위하여	[동(위하다1)이(여)]	6
좋은	[형(좋다)규(ㄴ)]	7
일을	[명(일1)격(을)]	8
한	[동(하다)규(ㄴ)]	9
일군들과	[명(일군1)복(들)격(과)]	10
근로자들에게	[명(근로자)복(들)격(에게)]	11
감사를	[명(감사2)격(를)]	12
보내시였다	[동(보내다)존(시)시(였)맺(다)]	13

이 형태소 분석 말뭉치는 남한의 형태소 분석기가 처리한 자료와 차이가 있다. 하나는 태그가 우리말로 되어 있다는 점이며, 또 하나는 그 태그가 형태소의 앞에 온다는 사실이다.

아래의 표는 북한 학자들이 중국 연변대학교에 와서 중국 조선어 정보화를 도우면서 개발해 준 '조선어 형태 단어 해석기'에 사용된 tag set를 보이는 표이다. 이 표를 통하여 북한의 조선어 tag set를 짐작할 수 있을 것이다.

조선어POS태그모임			
체언	명사	일반	N
		고유	Np
	수사		U
	대명사		D
	불완		n
용언	동사		V
	형용사		X
	보조동사		Vb
	보조형용사		Xb
수식언	관형		K
	부사		F
독립언	감동사		G
토	체언토	격토	k
		도움토	z
		복수토	u
	용언토	종결토	w
		접속토	l
		규정토	q
		꾸밈토	g
		시칭토	t
		존칭토	j
		상토	x
	전성토	체언전성	bn
		용언전성	bv
접사	접두		Q
	접미		H
성어			C
기호			S
분석불능			BN

(나) 구문 분석 말뭉치

북한의 구문 분석 말뭉치를 예로 보이면 다음과 같다.

```
2,VP_LNK(NP_OBJ(BP_ATT(몸소/D)
        NP_OBJ(시동/N+단추/N+를/k))
    VP^LNK(VP_LNK(누르/V+어/e)
        VP_LNK(주/V+시/j+며/e)))

3,SS(NP_ATT(NP_MOD(NP_MOD(주체67/U+[/S+1978/U+]/S+년/n)
         NP(4/U+월/n))
      NP(KP_MOD(어느/K)
        NP(날/N)))
  NP_SBJ(VP_MOD(경애하/V+는/cs)
      NP_SBJ(장군님/N+께서/k+는/i))
  NP_OBJ(NP_MOD(VP_MOD(NP_ATT(NP_MOD(KP_MOD(어느/K)
                    NP_MOD(한/U))
                NP_ATT(신문사/N+에/k))
            BP_ATT(새로/D)
            VP_MOD(꾸리/V+ㄴ/cp))
        NP_MOD(인쇄/N+공장/N+의/k))
      NP_OBJ(륜전/N+직장/N+을/k))
  VP_PRD(돌/V+어/e
      보/V+시/j+었/q+다/m+./S))
〈이하 생략〉
```

이 구문분석 말뭉치는 알파벳으로 표시하고 있음이 형태소 분석 말뭉치와의 차이점이라고 할 수 있다. 남한의 구문분석 말뭉치와는 약간의 차이를 보인다.

7) 북한어 연구방법의 개선

북한어를 연구하기 위해서 제일 먼저 고려해야 할 사항은 말뭉치 기반의 북한어 연구이어야 한다는 점이다.

말뭉치는 크게 세 가지이다. 하나는 텍스트 말뭉치이고 또 하나는 음성 말뭉치이고 또 하나는 영상 말뭉치이다.

텍스트 자료는 발표자가 가지고 있는 것만도 약 5,000만 어절이다. 이것은 남한의 어절수로 계산하면 약 6~7,000만 어절쯤이 될 것이다. 띄어쓰기가 다르기 때문이다. 그러나 이 말뭉치의 공개 여부가 국가보안법과 연관된다면 북한어 연구는 위축될 수밖에 없다. 그리고 텍스트 말뭉치는 지속적으로 수집, 정리하고 계속 구축되어야 한다. 수집 정리는 이 말뭉치를 소장하고 있는 곳, 즉 국립국어원이나 겨레말큰사전 남측 편찬위원회의 적극적인 의지가 필요할 것이다. 우리는 그 공개를 적극적으로 요구해야 한다. 국민의 세금으로 구축된 것이기 때문이다.

전자정보의 가장 큰 장점은 이 자료들은 소비하면 없어지는 에너지와 같은 것이 아니라 오히려 재생산되고 재창조된다는 점이다. 따라서 소비와 활용을 방해하는 것은 재생산을 막는 일이다.

북한어 말뭉치는 수집되어도 일정한 형태로 통일시키고 검색이 가능하도록 보완되어야 한다. 북한어 말뭉치는 가능한 한 균형 잡힌 말뭉치이어야 한다. 예컨대 '로동신문'만을 대상으로 북한어를 연구한다면 북한어의 실상에 접근하기 어려울 것이다. '로동신문'의 하루분의 말뭉치에서 가장 많은 빈도를 보이는 어절은 '위대한'인데, 이 결과를 북한어의 실상이라고 하기 어렵기 때문이다.

말뭉치를 구축하기 위해서 북한 자료를 구하려고 한다면 그리 어려운 일은 아니다. 북한 자료를 집중적으로 수집해 놓은 여러 곳이 있기 때문이다. 인하대학교 도서관이 대표적일 것이다. 그러나 열람이 자유로운지는 알 수 없다. 중국의 연변대학교 도서관이나 연길시의 인민출판사 서고에 가면 엄청난 양의 북한 자료를 열람할 수 있다.

문제는 북한어 연구의 의지가 없다는 점에 있다. 우리나라에 '북한 연구소'는 많이 있지만 거의 모두가 정치, 경제, 법률, 사회 등의 문제에 관심이 있을 뿐, 북한어에 대한 관심은 전혀 없는 편이다. 그러면 '북한어 연구소'가 필요하겠지만, 남북 관계 때문에 선뜻 나서는 학자나 대학은 없다. 특히 북한어에 대한 텍스트 말뭉치 구축이 지속되어야 하는데, 북한의 방언을 연구하여야 할 한국방언학회조차도 관심 있는 학자가 극히 드물다.

8) 남북한 언어의 통합적인 연구

앞에서는 주로 북한어에 대해서만 언급하였지만, 실제로 한국어 연구를 위해서는 전 세계에서 사용되고 있는 우리말에 대한 전반적인 연구가 필요하다. 그러나 독자적으로 그 지역의 언어에 대하여 관심을 가지고 연구해 온 곳은 남한과 북한과 중국이라고 할 수 있다. 따라서 이 세 지역의 한국어에 대한 종합적인 관심이 필요하다.

우리나라 교민이 많은 미주 지역에서는 그곳 교민들이 사용하는 한국어에 대한 관심이 적은 편이다. 2세부터 대부분 영어를 사용하기 때문이다. 일본 지역은 민단과 조총련으로 갈리면서 민단은 남한어를, 조총련은 북한어를 따르기 때문에 독자적인 언어 사용이나 연구가 이루어지지 않고 있다.

다행스럽게도 중국의 조선어에 대한 연구는 지금까지 많은 업적이 쌓여 있어서, 지동은, 김광수, 윤희남, 김결이 공동으로 편찬한 『중국에서의 조선어

연구 논저 목록』(연변대학출판사, 2012, 554쪽)이 등장할 정도로 활발하다고 할 수 있다.

남한에서 중국 조선어 연구는 주로 중국에서 유학을 온 우리 동포들에 의해 이루어지는 경우가 많다. 그러나 대부분 학위논문이어서 그 연구를 확충하기가 쉽지 않다. 남한에서 중국 조선어를 연구하기 위해서는 역시 중국 조선어 말뭉치가 필요할 것이다. 다행스럽게도 연변대학교에서는 2008년부터 '중국 조선어 정보화' 작업을 시행하여 왔다. 그 결과 현재까지 구축된 원시말뭉치만도 약 6억 3천만자 가량되는 것으로 알려져 있다. 한 어절의 평균 크기가 4-5자라면 약 1억 5천만 어절이 입력되어 있는 셈이다. 여기에 겨레말큰사전 남측 편찬위원회에서 구축한 중국 조선어 말뭉치도 상당수 있다.

위의 여러 실정으로 보아 이제 한국어 연구는 남한어, 북한어, 중국 조선어(더 나아가서는 중앙아시아의 '고려말'까지)를 통합 검색하여 연구할 수 있는 토대는 마련되어 있다고 할 수 있다. 문제는 이 말뭉치들을 다같이 활용할 수 있도록 하는 일이다. 여러 조건이 충족된다면 발표자는 이 자료를 공개할 수도 있다. 그러나 원 소장처의 허락이 필요한 일이어서 선행작업이 이루어져야 할 것이다.

한국어를 연구할 때에는 남한어만을 염두에 두지 말고 항상 북한어나 중국의 조선어를 염두에 두는 자세가 필요하다. 그렇게 하면 국어 연구의 폭이 훨씬 넓어질 것이다. 그 공통점이나 차이점을 검토하면서 그것을 역사적인 관점에서 해결하여야 할 것인지, 아니면 방언학의 차원에서 설명해야 할 일인지, 아니면 방언의 변이형으로서 단지 언어 외적인 조건에 의해 결정된 것인지 등을 고려하면 국어의 다양한 모습 속에서 국어의 참모습을 발견할 수 있을 것이다.

지금까지 국어사전만 참고하여서 북한어를 연구하였다고 해도 남한의 사전이나 중국의 조선어 사전을 동시에 참고만 하였어도 오늘날과 같은 북한어 연구가 나오지는 않았을 것이다. 다양한 사전을 참고하여도 많은 문제점을 발견할 수 있을 것이다.

지금까지 남한에서 나온 국어사전은 여럿 있지만, 이것을 한꺼번에 검색할 수 있는 프로그램은 없었다. 박진양 군이 만든 '통합사전검색기'는 국어 연구에 많은 도움을 주고 있다. 국립국어연구원의 『표준국어대사전』, 『북한의 조선말대사전』, 한글학회의 『우리말큰사전』, 『금성판 국어대사전』, 『17세기 국어사전』, 김민수 교수 외의 『어원사전』, 조선총독부의 『조선어사전』 등을 통합 검색할 수 있도록 만든 것이어서 이것을 검색하면 대부분 모든 사전에 등재되어 있는 표제항과 그 뜻풀이를 볼 수 있다. 그래서 어느 사전이 어느 사전을 베꼈는지를 한 눈으로 볼 수 있다.

그러나 이제는 다양한 사전이 입력되어 있어서 이들을 통합하여 검색할 수 있는 프로그램이 필요하다고 생각한다.

최근에 중국 연변대학교에서 '중국의 조선어 정보화' 사업을 하면서 북한 학자들과 함께 만든 사전 검색 프로그램이 있는데, 이 프로그램은 남한의 『표준국어대사전』과 『연세한국어사전』, 그리고 북한의 『조선말대사전(초판)』, 『조선말대사전(증보판)』을 통합 검색함은 물론 연변 사회과학원에서 편찬한 『조선말사전』(3권)까지도 검색할 수 있도록 개발하였다. 뿐만 아니라 북한에서 나온 여러 사전들까지도 검색할 수 있도록 만들어 많은 도움을 줄 수 있다. 『100가지 남새재배』, 『가정과학상식』, 『경제법사전』, 『농업백과사전』, 『대중정치용어사전』, 『력사사전』, 『민법사전』, 『민족의 자랑 조선민속음식』, 『법률사전』, 『상용약물의 작용과 응용(증보판)』, 『신약과 고려약의 림상활동』, 『인명사전』, 『일군들을 위한 경제용어해설』, 『조건의 고유특산식물』, 『조선력사상식(증보판)』, 『조선민속사전』, 『혁명사적편람』, 『현대국제금융사전』, 『회계사전』 등을 한꺼번에 검색할 수 있다. '브루네이'를 검색한 화면을 보이면 다음과 같다.

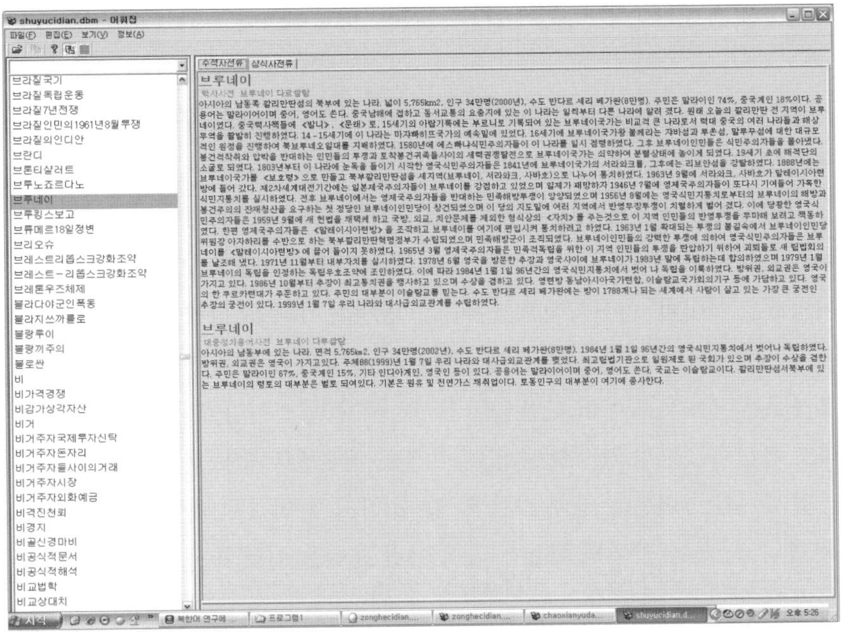
shuyucidian.dbm - 어휘집
파일(F) 편집(E) 보기(V) 정보(A)
수직사전류
상식사전류
브라질국기
브라질독립운동
브라질7년전쟁
브라질인민의1961년8월투쟁
브라질의인디안
브란디
브론티샬러르트
브루노쥬르다노
브루네이
브루킹스보고
브류메르18일정변
브리오슈
브레스트리똡스크강화조약
브레스트-리똡스크강화조약
브레톤우즈체제
블라디야군인폭동
블라지쓰까를로
블랑루이
블랑끼주의
블로싼
비
비가격경쟁
비감가상각자산
비거
비거주자국제투자신탁
비거주자돈자리
비거주자들사이의거래
비거주자시장
비거주자외화예금
비격진천뢰
비경지
비골신경마비
비공식적문서
비공식적해석
비교법학
비교상대치
브루네이
브루네이
시작
오후 5:26

이들을 통해 남북한어 및 중국 조선어들의 어휘 관계를 파악하는데 많은 도움을 받을 수 있다.

9) 마무리

발표자에게 부여된 주제는 '통일시대를 위한 북한어 연구 방향'이었다. 그러나 아직까지도 북한어에 대한 개념이 정립되지 않아서 북한어의 개념을 검토해 보았고, 남북한 언어가 차이나는 이유가 무엇인가를 어휘의 측면에서 살펴보았다. 그리고 지금까지 북한어를 연구하면서 발생한 문제점을 살펴보았다. 그리고 북한에서의 국어 연구의 실상도 살펴보았다. 그 결과로 북한에서는 국어 연구가 매우 조직적이고 체계적으로 이루어지고 있음을 간파할 수 있었다.

이러한 검토를 통해 다음과 같은 사실을 밝혀 내었다.

①북한어와 남한어는 기타 다른 지역에서 사용되고 있는 우리말과 함께 한 국어일 뿐이다.

②인위적인 여건에 의해 지역적으로 분화된 언어는 방언형이 아니다. 남한어와 북한어란 개념은 단지 지역적으로 그 지역에서 사용되고 있는 우리말을 지칭하는 것이지. 언어학적으로 규정된 명칭이 아니다. 따라서 남한과 북한은 통일의 대상이지만, 남한어와 북한어는 통일의 대상이 아니다. 남한어와 북한어를 통해서 국어의 다양성을 인정하여야 할 것이다. 그 다양성을 차이라고 하는 주장에는 찬성할 수 없다. 이것은 서울말과 중부 북부 말이 다르니 통일시키자고 하는 주장과 다를 바 없다. 따라서 '남북한 언어의 동질성 회복'이니, '남북한 언어의 이질성 극복'이란 표현은 적절한 표현이라고 하기 어렵다.

③지금까지 북한어 연구는 북한의 일부 자료, 그것도 살아 있는 현실언어를 기반으로 하지 않고 북한에서 간행된 문헌(특히 국어사전이나 문법서)만을 참고로 하였기 때문에 그 연구는 매우 피상적이었다. 그래서 진정한 북한어 연구를 위해서는 '말뭉치'를 활용하여야 한다.

④국어를 연구하기 위해서는 남북한어만 연구하지 말고 중국의 조선어 등도 고려하면서 연구하여야 국어 연구의 지평을 높일 수 있다. 그래야 국어의 단면이 아닌 전체 모습을 볼 수 있을 것이다. 이들을 통합적으로 검토하여 연구할 때, 국어의 진면목을 발견할 수 있다.

⑤남북한어 및 중국 조선어, 더 나아가서는 중앙아시아의 고려말 등을 통합적으로 연구하기 위해서는 이들 말뭉치들을 활용하여야 하는데, 실제로 이 말뭉치는 상당수 구축되어 있어서 연구자들의 손길을 기다리고 있다. 이들을 통합적으로 활용할 때에 국어의 통합적인 연구가 가능하다. 문제는 그 말뭉치를 구축하거나 또는 소장하고 있는 기관의 말뭉치 공개의 적극적인

의지이다.

<2014년 11월 1일(토), 2014년 한국어문학회 전국학술대회,
주제: 통일 시대를 위한 한국 어문학의 성찰과 모색, 영남대학교 법학전문대학원>

3. 남북한 의학용어 통일의 과제와 방안

1) 시작하는 말

우리가 지난 1세기 동안 해 온 일은 크게 보면 일제강점기에서 벗어나기 위한 독립운동, 독재정권에 맞선 민주화운동, 경제적으로 잘 살아 보자는 경제운동, 분단된 남북을 하나로 통일하자는 통일운동의 네 가지였다고 생각한다. 앞의 세 가지는 어느 정도 만족할 만한 성과를 거두었지만, 통일운동은 현재 진행형이다. 그래서 통일은 우리가 지난 1세기 동안 노력해 온 목표의 최후 과제가 되었으며, 한편으로는 21세기에 남은 과제이기도 하다.

통일의 대상에는 언제나 남한과 북한의 언어가 포함되어 있다. 그래서 '통일' 논의에는 언어통일이 가장 중요한 당면과제로 대두된다. 민족을 하나 되게 하는 가장 중요한 요소는 곧 언어와 문자이기 때문이다. 남과 북의 사람들이 동일한 민족이라는 인식을 갖는 것은 우리가 동일한 언어와 동일한 문자를 사용하고 있기 때문이다. 뿐만 아니라 언어 문제는 남한과 북한이 비교적 이념과 사상이 배제된 상태에서 접근할 수 있기 때문에 통일 문제 논의에서 가장 자유로운 분야라고 할 수 있다. 그래서 그 기대가 더욱 컸었다고 할 수 있고, 실제로 남북이 가장 많은 합의를 도출해 낸 분야이기도 하다.

'남북한 언어의 통일'이란 국토의 분단처럼 남한의 언어와 북한의 언어로 분단되어 이질화되었음을 전제로 하는 것이며, '남북한 언어의 통합'도 우리말이 둘 이상으로 분열되어 있음을 전제로 하는 것이다. 그러나 발표자는 남북한 언어가 분열되어 이질화되어 있거나 둘 이상으로 쪼개져 있다고는 생각하지 않는다. 그래서 '남북한 언어의 이질성 극복을 위하여'라거나 '남북한 언어의 동질성 회복을 위하여'라는 식의 인식은 애초부터 잘못되었다고 생각한다.

남한 사람과 북한 사람이 만났을 때, 언어소통에 문제가 발생하는 경우는 그리 많지 않다. 남한 사람과 북한 사람의 언어 차이는 단지 방언 차이일 뿐이기 때문이다. 남한 사람과 북한 사람의 의사소통의 장애 요소는 마치 전라도 사람과 경상도 사람(또는 다른 모든 지방의 사람들)이 만났을 때 일어나는 의사소통의 장애 정도일 뿐이다. 그래서 남한의 말과 북한의 말을 통일한다는 것은 마치 전라도 말과 경상도 말을 통일시킨다는 의미와 같다. 경상도 말과 전라도 말을 통일시키는 일은 전혀 가능한 일이 아니다. 결국 남북한 언어는 통일의 대상이 아니다.

2) '북한어'의 개념 및 '북한어'에 대한 선입견

그럼에도 불구하고 남한의 언어와 북한의 언어가 이질화되었다고 계속 주장되는 이유는 무엇일까? 남북의 언어가 이질화되었다는 인식은 다분히 남북 분단으로 인한 대화의 단절과 한국전쟁으로 인한 적대감에서 찾을 수 있다. '남한어'와 '북한어'라는 말이 분단된 뒤의 용어라는 사실이 그것을 증명한다. 그래서 남과 북이 분단되기 이전에 북한 지역에서 쓰이는 말은 '북한어'라고 하지는 않는다. 예컨대 "그러기에 立春만 들면 한겨울내 친했던 창애와 썰매와 발구며 꿩 노루 토끼에 멧돼지며 매 멧새 출출이들과 떠나는 것이 섭섭해서 少年의 마음은 흐리었던 것이다."〈백석, 立春, 朝鮮日報, 1939.2.14.〉에 보이는 '출출이'는 북한어라고 하지 않고 '뱁새'의 북한 방언이라고 할 뿐이다.

대신에 북한에서 '도넛'은 '가락지빵'(다듬은 말)이라고 하고, '양배추'를 '가두배추'(중국어 '大頭배추'의 차용어)라고 하는데, 이 말들은 '북한 방언'이라고 하지는 않고, '북한어'라고 한다. '가락지빵, 가두배추'는 분단 이전부터 있었던 말이 아니라, 그 이후에 만들어진 말이기 때문이다.

한편으로는 북한에서 쓰이는 말 중에 남한의 말과 다른 뜻을 가지고 있는 말들도 '북한어'라고 하기도 한다. 예컨대 북한에서 '일 없다'는 '초연하다, 괜찮다'란 의미를 가지고 쓰이거나, '바쁘다'가 '힘에 부치거나 참기 어렵다'란 뜻을 가지고 있는데, 이들을 북한어라고도 한다. 이 두 단어의 의미는 15세기 문헌에서도 보이던 것이었으며, '괜찮다'는 20세기에 와서 '일없다'에 대치되어 생긴 말인데도 북한어라고 한다.

대체로 북한어가 남한어와 이질화되었다고 생각하는 북한어는 대체로 다음과 같은 경우가 대부분이다.

① 남한 지역에서는 쓰이지 않고 북한 자역에서만 쓰이는 말
② 남북 분단 후에 북한 지역에서 새로 형성되거나 만들어낸 말
③ 남한의 단어와 형태는 같지만 그 의미가 남한말과 다른 말
④ 남북한 어문규범의 차이로 남한과 달리 표기되는 말

등의 의미를 가지고 있는 것으로 생각된다.

그런데 일반인들은 '북한어'가 모두 사회주의 사상을 선전하는 내용이 들어가 있을 것으로 인식하는 경우가 많다. 그러나 그것은 과장된 것이다. 일부 단어의 뜻풀이에 그러한 내용이 들어가 있는 것은 사실이지만 그러한 단어들을 북한어라고 한다면 북한어 어휘 수는 극소수일 것이다. 그리고 남한에서만 쓰이어 소위 '남한어'라고 할 수 있는 단어도 있다. 예컨대 아내가 남편을 '아빠', 또는 '오빠'라고 부르는 것은 북한에서는 상상도 할 수 없는 남한어라고 할 것이다. '단고기'가 북한어라면 '보신탕, 영양탕, 사철탕'은 남한어일 것이다.

위에서 언급한 북한어에 대한 인식 때문에 북한어에 대한 관심은 주로 북한에서 새로 만든 어휘나 다듬은말에 집중되었다. 그것이 남한의 언중들에게는

흥미 있는 내용이었기 때문이다. 그리하여 '불알'(전구), '긴불알'(형광등), '떼불알'(샹들리에) 등의 어휘들이 널리 퍼진 적이 있는데, 이것은 북한을 비하하기 위해 어느 개인이 사적으로 만들어낸 말일 뿐이다. 북한을 혐오하도록 만들어낸 악의적인 의도로 퍼뜨린 내용이다. 북한어에는 그러한 단어가 없다.

또한 '아이스크림'을 북한에서는 '얼음보숭이'라고 한다고 하는 내용이 남한의 교과서에 실려 있기도 한데, '얼음보숭이'는 실제 사용되는 어휘가 아니다. 말다듬기의 결과로 사전에 등재된 단어일 뿐이다. 오히려 '아이스크림'이나 '에스키모'가 더 많이 쓰이는 어휘이다.

이처럼 북한어에 대한 연구는 살아 있는 북한어 자료를 대상으로 한 연구가 가능하지 않은 상태에서 이루어졌기 때문에 매우 피상적으로 이루어져 왔다고 할 수 있다. 북한어에 접근할 수 있는 경로가 막혀 있어서 실질적인 북한어 연구는 가능하지 않았기 때문이다. 북한의 사전만을 통해서 북한어에 접근하는 방식을 택하여서 온갖 오해가 일어나기도 하였다. 이것은 『표준국어대사전』만을 통하여 남한어를 연구하는 것과 다를 바 없다.

3) 남북한 언어 통합 및 통일의 문제

이렇게 넓은 차원에서 보면 남북한의 언어는 방언 차이 정도의 차이일 뿐이어서 언어생활에 불편을 초래하지는 않는다. 각 지방 사람들이 한 국가를 이루어 살면서도 언어 차이로 고생하는 경우는 그리 많지 않다고 할 수 있다. '아주'란 뜻을 가진 단어를 어느 지역에서는 '되게, 겁나게, 억수로' 등을 사용해도 큰 문제가 없는 편이다. 남북이 통일이 된다고 해도 남북한 사람들의 의사소통을 방해하는 것은 방언적 요소와 외래어일 뿐이다.

남한 사람들끼리 만나서 이야기할 때 각 지역의 언어를 사용함으로써 의사소통의 원활성을 떨어뜨리는 경우도 있으며 또 그 글들을 읽으면서 잘 이해하지 못하는 경우도 있는데, 이때 이것을 이해하기 위해 우리는 사전을 이용한다. 국어사전이 그래서 필요하다. 다양한 분야의 어휘와 각 지역의 어휘가 망라되어 있기 때문에 국어사전은 의사소통의 중요한 매체가 된다.

그러나 남한과 북한은 반세기 이상 분단되어 있어서 독립해서 변화해 왔고, 또 20세기 이후 서양문물이 가장 많이 수입되었는데 그 기간 동안 남과 북은 그 수용방법에 차이가 많아서 그 결과로 남과 북이 사용하는 어휘에 차이가 생겨나게 되었다. 그래서 남북한의 언어와 문자는 어느 면에서는 통합되어야 할 요소가 있고, 또 어느 면에서는 통일, 또는 표준화시켜야 할 대상이 있다. 또 어느 경우에는 남과 북의 어문규범이 달라도 통일시켜도 통일시키지 않아도 무방한 대상이 있다고 생각한다.

○ 통합의 대상

① 남한과 북한에서 사용하는 모든 어휘를 모아 놓은 국어사전의 편찬

○ 통일의 대상

① 남과 북이 각각 내적으로는 통일시켜 놓았으되 남과 북이 공적으로는 통일 또는 표준화하지 못한 것

② 남과 북의 어느 한쪽만 내부적으로 통일시켜 놓고 다른 한쪽은 내부적으로 통일시키지 못한 것

③ 남과 북이 모두 내부적으로도 통일시켜 놓지 못한 것

○ 통합 또는 통일을 서둘지 않아도 되는 대상

① 어문규범

3.1. 통합의 대상

○ 국어사전

남한과 북한의 각 지역에서 사용되는 방언이나 지역어에는 그 지역에서만 주로 사용되는 어휘들이 많다. 표준어나 문화어와는 다른 형태의 어휘들은 지금까지 '사투리'라고 하여 왔는데, 이 어휘들은 국어의 중요한 언어유산들이다. 대부분이 고형(古形)을 유지하고 있거나 그 잔형(殘形)들을 보이고 있기 때문이다. 혹자는 이들을 모두 없애 버리고 표준어나 문화어로 통일시키자는 주장을 하는 사람이 있다. 그러나 그것은 마치 우리 고유 문화유산을 없애 버리자는 주장과 다를 바 없다. '통일'에 집착한 나머지, 언어의 다양성을 인정하지 않고 획일화하려는 잘못된 인식에 의한 것이다. 일반인들이 그 어휘들을 잘 이해하지 못하면 그 어휘들을 모아서 사전으로 만들어 제공하면 될 것이다. 어차피 모든 사람들은 다른 사람들이 사용하는 모든 어휘를 다 이해할 수 있는 것이 아니어서 사전이 필요한 것이다. 그러한 목적에서 계획되고 실행된 것이 겨레말큰사전의 편찬이다.

많은 사람들은 겨레말큰사전이 남북한에서 사용되는 다양한 어휘들을 하나로 통일시켜 누구나 쉽게 우리말을 이해할 수 있도록 하자는 뜻으로 편찬하는 '통일사전'으로 이해하고 있지만, 실제로 그러한 사전은 필요도 없고, 또 만들어도 실용성은 전혀 없다. 그것은 단지 이상(理想)일 뿐이다. 많은 국민들이 그렇게 생각하고 있는데, 그것은 겨레말큰사전 편찬위원회의 홍보 부족과 짧은 편찬기간에 겨레말큰사전을 편찬하여야 한다는 조급한 생각에서 비롯되었다고 생각한다.

현재는 그 사전 편찬의 목적도 많이 변화하였고, 그 과정도 지지부진하여 북한 학자들까지도 안타까워하는 실정에 있다. 겨레말큰사전 편찬은 민족의 중요한 과제이지만, 그렇다고 단기간에 마칠 과제도 아니다.

3.2. 통일 또는 표준화의 대상

○ 학술용어의 통일

남북한의 학술용어는 상당한 차이가 있는 것으로 알려져 있다. 그렇다고 겨레말큰사전처럼 모두 통합해서 용어사전을 만들 수는 없다. 왜냐하면 학술용어의 차이로 남북한 학문 사이의 교류가 단절될 수 있기 때문이다. 예컨대 남한의 의사와 북한의 의사가 같이 수술실에 들어가서 수술을 할 수 없는 경우도 발생할 수 있다. 왜냐하면 수술할 때의 의학용어들에 차이가 있기 때문이다.

이 학술용어(또는 전문용어)는 북한은 내부적으로 표준화시켜 놓았지만, 남한은 아직 내부적으로 완전히 통일시키지 못한 상태에 있는 것으로 알고 있다.

현재 학술용어 표준화 작업은 두 방향으로 진행되고 있다. 하나는 남한만의 표준화 작업이며, 또 하나는 남북 학술용어의 통일 작업이다. 학술단체연합회에서는 2003년부터 3년 동안 한국학술진흥재단(현 한국연구재단)의 지원을 받아, 29개 학회를 대상으로 학술용어 표준화 작업을 한 적이 있다. 발표자가 학술단체연합회 부회장을 지내면서 이 학술용어 표준화 작업의 책임을 맡아 노력했었지만, 약 15만 개의 학술용어를 정비하여 놓았을 뿐 표준화의 단계에까지는 진행되지 못하였다. 각 학회에서도 합의를 해 놓고도 실행은 하지 않아서 결국은 실패하고 말았다고 할 수 있다. 이렇게 표준화된 학술용어가 교육부의 교과서 편수용어나 대학의 교과서에 적용되거나 국가시험에 사용될 때에만 효력을 가지는 것이기 때문에 표준화에는 아직도 험난한 길이 남아 있다. 그러니 남북한의 학술용어를 통일시키는 일은 더더욱 힘든 일일 것이다.

남북한 학술용어를 통일하기 위한 노력도 행해진 적이 있다. 한국과학기술원(KAIST)의 전문용어센터(KOTERM)에서는 북한의 전문가들과 접촉하면서 자료의 교환을 시도하여 많은 정보들은 얻었지만, 그 정도에서 그치고 말았다. 북경에서 북한 학자들과 서울대학교 지제근 교수와 함께 이 문제를 해결하려 하였으나 그 접촉이 끊어짐으로 해서 무산된 적이 있다.

이러한 산발적이면서도 비체계적인 노력이 있어서 그나마 남북의 학술용어를 표준화하는 중요한 초석은 쌓았지만, 실제로 이들을 실행에 옮기는 단계에까지는 이르지 못하여, 남북 학술용어 표준화 작업은 요원한 모습이다. 앞으로 더 효율적이고 체계적인 표준화를 위한 별도의 남북 창구와 기구가 필요하다.

3.3. 통합 또는 표준화를 서둘지 않아도 되는 대상

○ 어문규범

남한과 북한이 각각 내부적으로는 통일되어 있지만, 남과 북이 통일시키지 못한 언어상의 문제는 어문규범이다. 한글맞춤법, 표준어 규정, 외래어 표기법, 로마자 표기법 등이 남한과 북한이 각각 다르다. 부분적으로 동일하고 부분적으로 다른 어문규범들을 통일시키는 문제는 오랜 동안 논란을 겪어 왔지만, 한글맞춤법 분야에서는 그 통일에 괄목할 만한 진전이 있었다. 현재 한글맞춤법에서는 두 가지 문제, 즉 사이시옷 표기 문제('냇가, 川邊'로 표기할 것인가, '내가'로 표기할 것인가 하는 문제)와 어두의 'ㄹ'과 'ㄴ'의 표기 문제(즉, '녀자(女子)'로 표기할 것인가 '여자'로 표기할 것인가, 또는 '로인(老人)'으로 표기해야 할 것인가 '노인'으로 표기해야 할 것인가 하는 문제)만이 결론을 기다리고 있다.

그러나 남과 북의 관련 기관들(남한의 국어심의회, 북한의 규범화위원회)은 이를 통일시키는 일에 선뜻 나서지 못하고 있다. 왜냐하면 합의되었을 때 돌아올 부담이 크기 때문이다. 단순한 언어만의 문제가 아니라 자존심 내지는 정치적인 문제로 심화될 소지가 크고, 조금만 양보하여도 더 많이 양보하였다는 질타를 받을 것이 분명할 뿐만 아니라, 또 어문규정의 개정은 출판을 비롯한 모든 어문생활에 영향을 주는 것이기 때문이다.

한글 맞춤법의 모든 사항들은 어문생활의 모든 면에 걸쳐 문제를 야기하는 일이 되기 때문에 이들을 한꺼번에 통일시키는 문제는 크게 고민해 볼 필요가 있다. 간판, 도로표지판, 출판, 정보화뿐만 아니라 지금까지 쌓아 온 모든 언어 문화유산들을 재편성하는 문제가 발생한다. 그래서 발표자는 내부적으로 북한 대표자와 합의해 놓은 사항이 있었다. 그것은 한글 맞춤법의 모든 사항을 합의해 놓되, 공식적으로는 한꺼번에 발표하지 말고 연차적으로 발표하자는 것이었다. 그것이 남한과 북한이 각각 내부적으로 발표하든, 남과 북이 공동으로 발표하든 상관없이 발표하자는 것이었다. 그래서 2년 내지 3년에 하나씩 통일시켜 나가서 남과 북이 통일되었을 때에는 어문규범이 명실상부하게 하나로 통일되게 하자는 것이었다. 자모 이름('기역'과 '기윽'을 '기윽'으로 등등), 자모 배열순서(ㅅ ㅇ ㅈ 등으로), 띄어쓰기 등등으로 발표하여 약 20년 내지 30년이 되면 모든 한글 맞춤법이 통일될 수 있도록 하자는 견해였다.

이와 같은 방법이 가장 합리적인 방법이어서, 이 통일안에 따라 남과 북이 각각 한 항목씩이라도 내부적으로 수정하기를 계속한다면, 통일되었을 때에는 남북의 어문규정이 하나가 되어 있는 상태가 되는 것이다.

현재 남북이 합의한 어문규범에 따라 표준화 작업을 한 사람들이 있다. 중국의 동포들의 어문규범 책임자와 담당자들은 겨레말큰사전 편찬위원회에서 통일시킨 남북 어문규범에 따라 그들의 규정을 고치었다. 사이시옷 표기와 어두 ㄴ과 ㄹ 표기를 제외하고 나머지는 남과 북이 통일을 합의한 내용에 따라 어문규범을 바꾼 셈이다. 해외에서 남북통일 문제를 선결한 것이다. 이에 대한 자세한 사항은 중국조선어사정위원회에서 편찬한 조선말규범집(2016년 12월), 연변교육출판사에서 알 수 있다.

이 어문규범 통일을 위해 남과 북의 국민들이 깊이 생각해야 할 것이 있다. 그것은 어문규범의 수정이 결코 서로 양보에 의해 이루어지는 것이 아니라는 것을 이해하는 일이다. 효율적인 언어생활을 하기 위해 합리적인 규칙을 도출해 내는 것이지, 어느 한 편이 지금까지 지키고 있던 어문규범을 서로 양보하는 것이 아닌 것이다. 예컨대 남에서는 '냇가, 장맛비, 낚싯대'로, 북에서는 '내가, 장마비, 낚시대'로 쓰던 것을 '냇가, 장마비, 낚시대'로 통일시켰다고 해서 남에서 북에 한 개를 더 양보했다고 아우성치는 그러한 자세를 버리지 않는 한, 어문규범의 체계적인 통일은 요원하기만 할 것이다.

그러나 실상 논의조차 못하고 있는 것은 외래어표기법, 로마자표기법, 표준어 규정이다. 특히 외래어 표기법은 남북의 차이가 심해서 서로 마치 다른 나라 말을 듣는 것처럼 느낄 것이다. 남한에서는 '베트남'이라고 하지만 북한에서는 '웰남'이라고 하여서 서로 알아듣지 못할 것이다.

특히 남한에서는 최근에 외래어 및 외국어의 사용이 부쩍 심하여져서, 이 문제는 남북 언어 통합 및 통일의 최대 쟁점이 될 가능성이 무척 높다고 할 수 있다.

그러면서도 발표자는 어문규범의 문제 중에서 외래어 표기법을 제외하고는 그 통일이 시급하다고 생각하지는 않는다. 왜냐하면 남한과 북한의 어문규범에 따른 남한과 북한의 글들은 남한과 북한의 사람들이 읽어도 의사소통에 크게 장애를 받는다고 생각하지 않기 때문이다. 남한 사람들이 북한 책을 읽고 이해하지 못하는 경우는 특수한 경우를 제외하고는 발생하지 않는다. 북한 사람들이 남한의 책을 읽어도 그것은 마찬가지이다. 단지 외래어 표기법은 그 원칙이 달라서 통일시켜야만 이해할 수 있을 것이다. 그래서 통일이 된 뒤에도 어느 기간 동안은 복수 표준으로 사용하여도 큰 문제는 아닐 것으로 생각한다.

4) 의학용어의 통일

발표자가 의학용어 표준화의 필요성을 절감한 적이 있었다. 독일에서 의학

공부를 하고 한국의 대학 종합병원에서 의사와 교수로 근무한 분이 있었는데, 얼마 동안 재직하다가 그만 두고 개인병원을 차려서 나간 적이 있다. 그 이유를 알아보니 같이 근무하는 교수나 의사들이 모두 미국식 기구를 사용하고 또한 모든 의학용어를 영어로 말하고 쓰기 때문에, 독일에서 공부하고 독일어를 사용하는 그 사람과는 사용하는 의학용어가 차이가 있어서 결국은 그만두었다는 이야기를 들은 적이 있다.

남북한의 의학용어를 통일하는 일이 시급하다고 하는 사실은 이처럼 한 개인의 문제만은 아니다. 남과 북의 학자들이 만나서 우리말과 우리 문자로 대화를 하거나 글을 읽으면 서로 이해하지 못하는 경우가 있는데, 만약 영어로 말하고 글을 쓰면 잘 소통된다고 하는, 웃지 못할 일이 실제로 벌어지고 있는 현실이기 때문이다.

이것은 대부분의 의학용어들이 20세기 전반기에 주로 서양(남한은 주로 미국, 북한은 주로 소련)의 학문을 받아들여 남한과 북한이 그 원어에 대응되는 우리말을 만들어 사용해 왔기 때문이다.

그러나 이러한 우려도 남북의 학술용어를 비교해 보면 그리 크게 걱정할 상태는 아닌 것으로 보인다. 다음에 남한과 북한의 의학용어 몇 개를 비교해 보아도 그러한 사실을 잘 알 수 있을 것이다. 남한의 자료는 대한의사협회 편저(2001), 『의학용어집』을, 그리고 북한의 자료는 박창기, 정경희, 리삼손, 지영진 장준화 편저(1994), 『4개 국어 생물학 용어사전』(과학기술출판사, 평양)에 나오는 몇 개의 어휘를 비교한 것이다.

	원어	남한	북한
1	abadomen	배, 복부	배, 복부
2	abiotrophy	무활력, 위축	변성, 활력위축
3	ablation	절제	절단(술), 척출(술)
4	aboral	입에서 먼-. 입과 반대쪽-	입반대쪽, 입에서 먼
5	abortion	유산, 낙태	류산, 락태

6	abrasion	찰과상 개갠상처, 마멸	박리, 소파
7	abscission	절제, 절단	(부분) 절단(술)
8	absorption	흡수, 흡착	흡수
9	acetification	아세트화, 초산화	초산발효, 초산생성과정
10	achromatopsia	완전색맹	색맹
11	acidification	산성화	산성화
12	acidosis	산증	산독증, 산중독, 산과다증
13	actin	액틴, 가는근육잔섬유	악틴(근육단백질)
14	acropetal	꼭지방향	기부에서 정상부로 발육하는
15	adaptability	적응성, 순응성	적응성, 적응력
16	adenoma	샘종	선종
17	adenoma	아데노신	아데노신
18	adenosine	부착, 유착, 붙음	낙착, 점착, 유착
19	adhesion	지방증, 비만증	비대, 비만, 지방침착, 뚱뚱한 것

이와 같은 단순비교로서는 남한과 북한의 의학용어상의 차이를 알 수는 없다고 해도 그리 심한 차이가 있는 것으로는 보이지 않는다. 그러나 우리에게 알려져 있는 북한의 의학용어를 보면 큰 차이가 있는 것으로 보인다.

북한	남한
가는귀먹기	난청(難聽).
가는밸	소장(小腸). 작은창자
가라앉힘약	진정제(鎭靜劑)
가락지삭뼈	결후(結喉). 울대뼈
가래약	거담제(祛痰劑).
가렴돋이	소양성 발진(搔痒性發疹). 두드러기.
가로자리	횡위(橫位). 태아가 자궁 안에서 모로 가로놓여 있는 상태.
가름막	횡격막(橫膈膜). 가로막.
가슴꺾쇠뼈마디	흉쇄 관절(胸鎖關節). 가슴뼈와 빗장뼈 사이에 있는 공 모양의 뼈마디.
가슴꺾쇠유양근	흉쇄 유돌근(胸鎖乳突筋). 목의 양옆에 있는 좁고 긴 힘살
가슴노리	가슴의 맥박이 뛰는 부분.
가슴막	늑막(肋膜).
가슴벽	흉벽(胸壁). 가슴통을 이루는 둘레의 벽.

가슴뼈곁선	부흉골선(副胸骨線). 가슴뼈와 젖꼭지의 중간을 지나는 가성적인 종선.
가슴선	흉선(胸線). 가슴뼈 뒤쪽에 있는 내분비선의 한 가지.
가슴쓰리기	위통(胃痛).
가슴안보개	흉강 내시경(胸腔內視鏡)
가슴통뼈	갈비뼈와 가슴뼈를 함께 이르는 말.
가슴힘살	흉근(胸筋)
가정약	가정 상비약(家庭常備藥).

이 자료는 의학전문통신 메디칼통신에서 가져온 것인데 이 자료상으로만 보면 북한은 주로 고유어 중심으로 의학용어를 표준화한 것이어서 남한의 의학용어와는 큰 차이가 있는 것으로 보인다.

이처럼 남북한의 의학용어는 어느 자료를 보면 큰 차이가 없는 것 같고 어느 자료를 보면 큰 차이가 있는 듯이 보인다. 이것은 북한의 의학용어에 대한 정확한 정보를 알지 못한 데에 연유하는 것으로 보인다. 앞에 든 두 가지 예는 아마도 신 · 구 정보의 차이가 아닌가 하는 생각을 가지게 한다.

여하튼 간에 남한과 북한의 의학용어를 통일시키려고 한다면 우리는 북한의 의학용어 정보를 알아보는 일로부터 시작해서 거쳐야 할 많은 일들이 있을 것이다.

5) 남북한 의학용어를 통일하기 위한 과정

남한과 북한의 의학용어를 통일하기 위해서는 여러 과정을 거쳐야 할 것이다. 남북한 접촉의 행정적인 절차를 제외하고 해야 할 일은 대개 다음과 같은 것이라고 생각한다.

① 남한 의학용어의 표준안을 만드는 일

② 북한의 의학용어에 대한 정보를 확보하는 일

③ 북한의 학술용어 및 의학용어에 대한 연구 정보를 확보하는 일

④ 접촉해야 할 북한의 기관 설정
⑤ 의학용어 표준안을 만들기 위한 기준 설정
⑥ 남북한 학자의 접촉 및 토론, 합의

5.1. 남한 의학용어의 표준안을 만드는 일

남한의 단일안이 없다면 북한에 용어 통일을 제안하기 어렵다. 그러나 남한 자체로 단수의 통일안이 없어도 복수의 표준안이 있다면 그 제안은 가능하다. 오히려 단수안보다 복수안이 북한과의 협의과정에서 더 유효할 때가 많은 편이다. 왜냐하면 북한과의 합의를 도출하는 과정이 간단하지 않기 때문이다. 북한의 대표로부터 남한의 제안을 선뜻 받아들이는 경우는 상호 간에 신뢰가 쌓이기 이전에는 거의 없다고 할 수 있다. 대부분의 협상과정은 상대방의 제안을 처음부터 받아들이는 경우는 드물다. 그 제안에 대한 부분수정안을 제시하는 경우가 대부분이다. 주로 북한의 대표단이 취하는 방법인데 그 이유는 다음과 같다.

학술회의에 동참한 또 다른 대표자가 상부에 보고할 때 남쪽에서 제안한 것으로 통일된 것이 아니라 북한에서 제안한 것으로 통일되었다고 보고되기 때문이다. 그래서 전략적으로 두 개의 복수안을 제안하거나 아니면 남한의 안을 북한에서 제안하도록 유도하는 것이 남한과 북한이 합의할 수 있는 바람직한 방법이다. 이것은 오랜 동안 남북 접촉을 해온 발표자의 경험에서 얻은 것이다.

5.2. 북한의 의학용어에 대한 정보를 확보하는 일

북한의 자료들은 원래 구하기도 쉽지 않을 뿐만 아니라, 어느 것이 최신의 것인지를 파악하는 일도 쉽지 않다.

대한의사협회에서 1996년에 편찬한 『남북한 의학용어』에 보이는 북한의 의학용어는 북한의 『조선어사전』과 통일원 자료실의 의학 교과서에 보이는 의학용어를 선택적으로 수록한 것이어서 지제근 교수가 지적한 바와 같이 북한의 의학용어에 대한 정보를 다 갖추었다고 하기 힘들다.

북한에서 간행된 『의학대사전』, 『5개국어 과학기술용어사전』뿐만 아니라 북한의 과학백과사전출판사에서 2002년에 간행한 『의학대사전(영조일)』, 그리고 의학과학출판사에서 2013년에 간행한 책, 즉 『내과』, 『예방의학』, 『구강 · 안과 · 이비인후과』, 『기초의학』 등이 알려져 있으나 이것은 그 일부라고 생각한다. 가능한 한 최근에 간행된 자료를 중심으로 할 뿐만 아니라 『조선어사전』 최신판도 참고할 필요가 있으며, 북한에서 간행되는 월간지 『기초의학』 잡지도 조사할 필요가 있을 것이다.

현재 남한에서 확보가 가능한 자료는 『조선말대사전』, 『조선대백과사전』, 『과학대백과사전』 등이다.

『조선대백과사전』은 북한의 백과사전으로 전체 30권으로 되어 있다. 2002년에 과학 · 백과사전출판사에서 발간하였다. 2001년에 조선컴퓨터센터에서 CD-ROM으로도 제작되었다. 전체의 표제항은 10만여개로 자모순으로 배열되어 있다. 1권의 분량은 대체로 650페이지이며 삽화와 사진만 2만5천여 점에 이르고 우리나라 인물 1천500여 명 등 5천200여 명의 인물이 올라 있고 색인은 마지막 권인 30권에 수록돼 있다. 1964년부터 시작해서 88부터 본격적인 편찬이 이루어져 2002년 38년 만에 완간되었다.

이 『조선대백과사전』에서 '간경변증'에 대한 설명을 보면 많은 의학용어들이 등장하는데, 이들 용어들을 살펴보면 남한의 용어와 어떠한 차이를 보이는지 알 수 있을 것이다.

간경변증

간실질세포의 붕괴와 결합조직의 증식에 의하여 간이 굳어져 작아지면서 간기능이 몹시 장애되는 병.

〈사진〉

〈사진〉

간경변증때에는 여러 가지 간질병에 의한 간손상이 만성적으로 경과하면서 그 내부구조변화를 일으키고 나아가서 심한 형태학적변화를 일으킨다. 다시 말하여 형태학적으로 간세포의 변성, 괴사, 위축, 이에 따르는 결합조직의 증식과 재생, 결절의 형성 그리고 그에 의한 소엽구조의 변화로 가짜소엽이 형성되고 간혈관주행이 변화되며 문맥대순환단락이 이루어 지면서 간이 굳어지는 등의 증세가 간 전반에 미만성으로 생긴다. 따라서 여러 가지 간세포의 기능부전, 문맥압항진증후 등이 나타나면서 간기능이 몹시 나빠진다. 원인은 아직 완전히 밝혀지지 않은 점이 많다. 전염성요인(돌림간염비루스 A, B등)의 작용이 기본이고 중독성요인(사염화탄소, 알콜, 린 등)과 대사장애(영양장애, 내분비장애, 혈색소대사장애 등) 그리고 순환장애에 의한 만성간울혈, 담도병 등이 관계된다고 본다. 간경변증은 림상형태학적특성에 따라 문맥성, 괴사후성, 담즙성으로, 간기능 상태에 따라 대상성, 아대상성, 비대상성으로, 병세의 활동성에 따라 활동성과 비활동성으로 나눈다. 1956년 이후 현재 많이 쓰이는 분류형은 문맥성, 괴사후성, 담즙성간경변증이다.

문맥성간경변증 문맥성대순환단락의 형성에 의한 미만성간순환장애로 알갱이모양 또는 작은 결절모양의 변화를 일으키는 간경변증.

과립성간경변증, 위축성간경변증, 알콜성간경변증, 지방성간경변증이라고도 한다. 40~60살의 남자에게 많다. 식사성인자가 이 병의 원인으로 중요하게 제기된다. 알콜과 간경변증과의 관계는 오래전부터 론의되여 왔으나 술을 마시지 않는 사람에게서도 자주 간경변증이 나타나 지금은 알콜 자체의 작용보다 오히려 그로 인한 영양장애로 보는 견해가 많다. 기타 독성물질, 감염성질병, 당뇨병,

갑상선기능항진증, 비루스성간염이 원인일 때도 있으나 드물다. 증세로는 간기능이 낮아져서 입맛이 없고 헛배가 부르며 소화장애, 머리아픔, 맥없기, 미열 등이 나타난다. 피부는 검누른색을 띠고 그물모양혈관확장, 손바닥홍반, 황달 등이 나타난다. 간은 줄어 들고 문맥압항진증세(배벽에 정맥노장이 있고 비장이 부으며 복수가 온다)가 나타난다. 점차 간부전이 심하게 나타나고 나중에는 간성혼수에 빠진다. 내분비이상으로 남자에게서는 성욕감퇴, 녀성유방형, 음위증이 녀자에게서는 달거리없기, 달거리많기 등이 있다. 간성혼수는 말기에 나타나며 식도정맥류파렬에 의한 토혈과 하혈이 있으며 생명이 위험하다. 검사소견에서 혈청단백이상, 고빌리루빈혈증, 혈청교질반응의 강양성, 백혈구수의 증가 등이 나타나고 렌트겐검사에서 정맥류가 인정된다. 진단은 기왕력, 림상증세, 간기능검사, 간복강경검사, 렌트겐검사, 간초음파,간씬티그람, 간생검 등 결과를 종합하여 한다. 원인질병에 대한 예방과 치료를 철저히 하면서 안정(식사후 1~2시간 누워 있는것이 좋다)과 식사료법(고단백, 고당질, 고비타민, 고카로리원칙으로 소고기, 오리고기, 생선, 남새와 과일, 우유, 닭알, 콩류 등을 먹는다)을 기본으로 하고 의사의 지시에 따르는 약물료법을 적용한다. 술을 마시거나 의사의 지시 없이 약제를 쓰는 일을 절대 엄금한다. 그밖에 증세치료를 한다.

괴사후성간경변증 주로 돌림간염 경과 후 나타나는 간경변증.

문맥성간경변증보다 약간 젊은 사람에게 많고 주로 비루스성간염에 따라 생긴다. 그밖에 영양장애, 과음이 원인으로 되기도 한다. 문맥성간경변증 때와 비슷한 증세들이 나타나면서 자주 출혈증세를 호소하며 이몸, 코, 피하에서 출혈한다. 식도나 이 몸의 정맥류들이 터져 심한 토혈, 하혈을 일으키기도 한다. 환자의 영양상태는 문맥성간경변증때에 비하면 비교적 유지되는 경우도 많으나 경과하면서 점차 여위며 얼굴도 수척해진다. 예후는 문맥성간경변증 때보다 나쁘다. 진단과 치료는 문맥성간경변증에서와 기본적으로 같다. 돌림간염을 철저히 예방 및 치료하며 민간료법으로 미나리 또는 미나리와 리뇨약을 함께 써서 좋은 효과를 보기도 한다. 또한 복수를 조금 뽑아 무균처리를 하고 려과한 다음 농축하여 다시 정맥주사로 넣어 주는 방법도 효과를 보고 있다. 수술치료도 한다.

담즙성간경변증 간담관계통장애로 지속적인 열물의 울체에 의해서 생기는 간경변증.

원발성과 속발성담즙성간경변증으로 나눈다. 원발성담즙성간경변증은 간안의 담관계통장애로 열물이 울체되여 생기는것이고 속발성담즙성간경변증은 간밖의 담도가 막히면서 간안에 담즙이 울체되여 생기는것이다. 원발성담즙성간경변증은 속발성담즙성간경변증에 비하여 매우 드물다. 주로 중년기 녀자에게 많고 원인은 아직 뚜렷이 밝혀 지지 않았다. 일부 경우에 돌림간염이나 과민성약물에 의한 담즙울체성간염에 따라 생긴다고 본다. 증세는 일반적으로 문맥성간경변증때와 비슷하며 주증세로 오래동안 계속되는 황달과 가려움이 있으며 간과 비장이 커지고 자주 설사하는것이다. 피부는 일반적으로 마르고 멜라닌색소침착에 황달이 겹쳐 매우 컴컴하며 눈잔등에 황색종이 나타나는것이 특징이다. 그리고 간기능검사에서는 혈청콜레스테롤 및 알카리포스파타제값이 높은것이 특징이다. 예후는 문맥성간경변증과 괴사후성간경변증에서보다 좋은 편이다. 속발성담즙성간경변증은 간밖의 담도가 만성으로 페쇄되여 생기는것으로서 선천성담관페쇄나 후천성으로 총담관결석, 담도담낭암, 취장암 등이 주요원인으로 된다. 기본증세는 원발성담즙성간경변증에서와 비슷하나 황달이 심하고 배아픔이 특징이다. 즉 원인질병(담석증, 담도염 등)에 따르는 증세로 자주 떨고 열이 나며 오른쪽갈비뼈부에 심한 발작성아픔이 나타나는것이다. 복수나 식도정맥류출혈 등 증세는 마지막시기에 나타나며 그 예후는 나쁘다. 진단은 모두 문맥성간경변증에서와 거의 같은 방법으로 하지만 속발성담즙성간경변증에서는 원인질병에 대한 진단에 주의를 돌린다. 원인질병에 대한 치료에 깊은 관심을 돌리여 막힌 부위를 찾아 내면 곧 외과적수술을 한다. 담도염으로 열이 나면 항생약을 쓰며 그밖에 증세치료를 한다.

이 설명에 보이는 의학용어의 일부를 보이면 다음과 같다.

가짜소엽간혈관주행, 간경변증, 간기능검사, 간복강경검사, 간부전, 간생검, 간성혼, 간성혼수, 간손상소엽구조, 간씬티그람, 간초음파, 감염성질병, 갑상선기능항진증, 강양성, 고빌리루빈혈증, 고카로리원칙, 과립성간경변증, 괴사후성, 괴사후성간경변증, 그물모양혈관확장, 내분비이상, 내분비장애, 녀성유방형, 달거리많기, 달거리없기, 담도병, 담즙성간경변증, 당뇨병, 대사장애, 대상성, 렌트겐검사, 림상증세, 만성간울혈, 문맥대순환단락, 문맥성간경변증, 문맥성간경변증, 문맥성대순환단락, 문맥압항진증세, 문맥압항진증후, 미만성간순환장애, 비루스성간염, 사염화탄소, 손바닥홍반, 순환장애, 식도정맥류파렬에, 식사성인자, 알콜성간경변증, 위축성간경변증

비전문가인 발표자가 대충 살펴본 것이지만 전문가가 정밀하게 검토한다면 이 책에서 북한의 의학용어를 상당수 추출할 수 있을 것이다. 이 사전은 현재 입력되어 있어서 검색이 가능하다. 발표자가 확보하고 있는 자료는 2010년도에 입수한 것이어서 개정판이 나오지 않았다면 이것이 최신판이 될 것이라고 생각한다. 북한에서는 개정판이 간행되는 경우가 거의 없다는 사실도 기억해 둘 필요가 있다.

『과학대백과사전』도 역시 방대한 사전인데, 입력되어 있어서 북한의 의학용어를 추출할 수 있는 좋은 자료라고 생각한다. 그러나 의학용어에 대해서는 『조선대백과사전』과 거의 동일해서 큰 의미는 없을 수 있으나 『조선대백과사전』과 『과학대백과사전』의 항목에 차이가 있으니 같이 참조할 수 있을 것이다. 앞에서 『조선대백과사전』에서 본 '간경변증'을 『과학대백과사전』에서 보이면 다음과 같다. 거의 동일하므로 일부만 보인다.

#2간경변증 #6 간실질세포의 붕괴와 결합조직의 증식에 의하여 간이 굳어져 작아지면서

간기능이 몹시 장애되는 병.

〈사진[1-228-p1]〉

〈사진[1-228-p2]〉

간경변증 때에는 여러 가지 간질병에 의한 간손상이 만성적으로 경과하면서 그 내부구조변화를 일으키고 나아가서 심한 형태학적 변화를 일으킨다. 다시 말하여 형태학적으로 간세포의 변성, 괴사, 위축, 이에 따르는 결합조직의 증식과 재생, 결절의 형성 그리고 그에 의한 소엽구조의 변화로 가짜소엽이 형성되고 간혈관주행이 변화되며 문맥대순환단락이 이루어 지면서 간이 굳어지는 등의 증세가 간 전반에 미만성으로 생긴다.

『생물공학사전』은 검색할 수 있도록 구성되어 있어서 책 전체는 볼 수 없어도 검색이 가능한 형태로 되어 있다.

『림상신약물사전』은 2002년에 외국문도서출판사에서 간행된 것이다. 신약물에 대해 우리말로 번역 또는 음차하고 이에 대한 설명도 붙인 책이다. 『4개국어(영조로일) 생물학용어사전』은 1994년에 과학기술출판사에서 간행된 것이다.

북한의 의학용어에 대한 1차 자료는 북한에서 간행된 『의학용어사전』이나 『조선말대사전』(2006년 증보판)과 의학관련 잡지인 기초과학과 이에 상응되는 사전들, 예컨대 『림상신약물사전』, 『4개 국어(영조로일) 생물학용어사전』, 그리고 의학용어를 추출해 낼 수 있는 『조선대백과사전』이나 『과학대백과사전』 등일 것이다.

그러나 무어니 무어니 해도 가장 빠른 길은 북한으로부터 북한의 의학용어를 입수하는 것이라고 할 수 있다. 처음부터 그 자료를 공개하지는 않겠지만, 몇 번 대화가 이루어지면 북한에서 그 자료를 공개할 수도 있을 것이다. 그것은 남한의 진심과 성의에 달려 있을 것이다. 즉 남한에서 조사한 의학용어의 실상을 솔직히 공개하고 이를 제공하여 잘못된 부분을 수정해 달라고 하면 북한에서 만든 표준화한 의학용어가 있다면 이를 제공할 것이 틀림없다고 믿는다.

5.3. 북한의 의학용어에 대한 연구 정보를 확보하는 일.

북한의 의학용어에 대한 2차 자료는 북한에서 의학용어에 대해 연구해 놓은 자료이다. 남한에서는 국어학자들이 전문용어나 학술용어에 대해 21세기에 들어서야 관심을 가지게 되었고, 그나마도 북한의 의학용어에 대한 관심은 거의 없었다. 그러나 북한의 국어학자들은 이미 1940년대부터 학술용어에 대한 관심을 가지고 연구하여 왔다.

의학용어에 대한 남한의 국어학자들의 저서나 논문은 '서정목(1996), 「북한의 전문용어 다듬기에 대하여-의학 약학 용어를 중심으로-」, 『한국의학교육』 8'이 유일한 것으로 보인다.

북한에서는 이에 대한 연구가 꽤나 있다. 학술용어의 거의 모든 분야에 대해 연구하였는데, 그 분야만 보아도 건설 용어, 경공업 용어, 과학 기술 용어, 광업 용어, 교육 용어, 금속 부문 용어, 기계 부문 용어, 농업 용어, 림업 용어, 문학 · 예술 · 출판 용어, 사회 · 정치 용어, 수리 용어, 수산 용어, 언어학 용어, 운수 용어, 의학 용어, 철도 용어, 체신 용어, 체육 부문 용어, 축산 용어, 화학 용어 등 거의 모든 분야의 학술용어에 대한 연구가 진행되어 왔다. 이러한 정보는 북한 사회과학원의 언어학연구소에서 만든 『언어학연구론문 색인사전』(2006년, 미출간의 파일 형태를 발표자가 가지고 있음)을 통해서 알 수 있다. 여기에 수록된 분류번호 932A의 의학용어 부문에 대한 연구업적을 제시한 것이 있는데, 이를 보면 다음과 같다.

김명세(1970), 우리 약공장에서의 말다듬기, 《문화어학습》, 1970년 4호 44~45페지

김명화(1978), 참된 보건일군, 《문화어학습》, 1978년 2호 26페지

김병하(1969), 다듬어진 약이름,《문화어학습》, 1969년 1호 49페지
김현직(1991), 다듬은 약이름을!,《문화어학습》, 1991년 1호 42페지
권영률(1960), 의료일군들의 말에서,《말과 글》, 1960년 5호 14페지
미상(1986), 다듬은 동약재이름 몇가지,《문화어학습》, 1986년 3호 49페지
미상(1981), 다듬은 동약이름 몇가지,《문화어학습》, 1981년 1호 18페지
동주필(1964), 병원에서 고쳐야 할 말들,《말과 글》, 1964년 8호 77페지
미상(1986), 동약재의 이름을 고유한 우리 말로 다듬어쓰자,《문화어학습》, 1986년 3호 49페지
리관식(1964),《의사선생님들이 걸린 병》,《말과 글》, 1964년 4호 49~50페지
리익환(1949), 의학용어제정에 관하여,《조선어연구》, 1949년 3호 57~66페지
박형선(1959), 환자와 녀의사,《말과 글》, 1959년 5호 13페지
박영미(1977), 위생선전을 쉬운 말로,《문화어학습》, 1977년 1호 40페지
병원(1977), 진료소들에서 쓰는 말,《문화어학습》, 1977년 3호 47페지
미상(1985), 생활속에 뿌리내린 약의 이름,《문화어학습》, 1985년 1호 52~53페지
전송희(1974), 우리 공장의 약품설명글,《문화어학습》, 1974년 4호 45페지
최영희(1961),《한약이름》과 우리 말,《말과 글》, 1961년 4호 12~14페지
최인섭(1979), 동약처방을 우리 말로 쓴다,《문화어학습》, 1979년 4호 8페지
미상(1985), 약설명글을 쉬운 말로,《문화어학습》, 1985년 2호 46페지
미상(1960), 이렇게 고치면 어떻습니까?-약학부문-,《말과 글》, 1960년 1호 36페지
미상(1960), 이렇게 고치면 어떻습니까?-의학부문-,《말과 글》, 1960년 7호 40페지
미상(1977), 인민대중의 지향과 요구에 맞게(평양제약공장에서),《문화어학습》, 1977년 4호 39페지
미상(1978), 위생선전관을 찾아서,《문화어학습》, 1978년 2호 46페지

이 의학용어 이외의 다른 분야의 용어에 대한 논문도 많은 편이어서 이들을 참고하면 의학용어의 제정 및 정리 방법을 알 수 있을 것이라고 생각한다. 특

히 학술용어에 대한 이 색인사전의 논저목록과 설명을 보이면 다음과 같다.

8223 학술용어

―김동수, 과학용어해설, 《문화어학습》, 1981년 1호 55페지

―김동수, 과학용어해설, 《문화어학습》, 1981년 2호 61페지

―김동수, 과학용어해설, 《문화어학습》, 1981년 3호 56페지

―류 렬, 학술용어의 사정에서 제기되는 몇가지 문제, 《조선어문》, 1960년 3호 57~70페지

―리기원, 《학술용어》의 특성, 《어문연구》, 1966년 2호

―문영호, 최완호, 《조선어어휘론연구》, 과학백과사전출판사, 1980년 31페지

《학술용어란 과학, 기술, 예술 등 분야에서 엄밀히 규정된 개념과 내용을 나타내는 어휘부류를 말한다. 학술용어는 그 과학분야 마다에서 정밀 하에 한정되여 있는 하나의 뜻을 가지며 일반적으로 감정, 정서적 뜻빛갈을 가지지 않는다.》

―문영호, 최완호, 《조선어어휘론연구》, 사회과학출판사, 1980년 150페지

《학술용어는 과학기술분야에서 정밀하게 규정된 과학적인 개념과 학술적인 내용을 담고있는 어휘부류이다.

언어의 어휘구성을 크게 일반어와 학술용어로 나눈다. 학술용어가 일반어와 갈라지는 주요한 표식은 바로 어휘의 뜻내용이 학술적인 내용과 관련된 것인가, 아닌가, 그리고 어휘를 쓰는 분야가 과학기술 부문이나 문학예술 부문과 같이 일정하게 제한되여 있는가 그렇지 않은가 하는 데 있다.》

―박종태, 과학기술용어의 특성과 그의 조성수법에 관하여, 《조선어문》, 1959년 2호 61~72페지

―박춘옹, 학술용어초안에 대한 지상토론과 실천, 《말과 글》, 1960년 5호 17~19페지

―박홍준, 학술용어에 대한 의견, 《말과 글》, 1959년 11호 23~26페지

—심병호, 과학기술발전과 학술용어,《문화어학습》, 1988년 3호 41~42페지

—심상린, 학술용어의 어제와 오늘,《말과 글》, 1960년 10호 5~8페지

—새로 사정한《언어학용어》,《조선어학》, 1963년 2호 1~4페지

—최등의, 과학기술 국제공용어의 사용과 관련한 몇 가지 문제,《조선어문》, 2003년 3호

—최등의, 과학기술국제공용어의 개념과 사용에서 나서는 몇가지 문제,《문화어학습》, 2003년 4호

—최정후,《조선어학개론》, 과학백과사전출판사, 1983년

《학술용어는 일반어휘와는 달리 정치와 경제, 과학과 기술 등 일정한 국한된 분야에서 쓰이는 어휘라고 말할수 있다. 이러한 의미에서는《직업어》와도 류사성을 가진다.

직업어란 일정한 집단의 사람들이 종사하는 분야의 로동생활의 특수성을 잘 나타내는 단어들을 말한다. 그러나 학술용어는 과학과 기술 등의 분야에서 규정된 개념에 대응하는 단어들을 말한다. 사회적분업이 생기고 정치와 경제, 과학가 기술, 문학과 예술 등의 전문분야가 발전함에 따라 그 분야에서 전문적으로 쓰는 전문용어들이 점차 발생하게 되였으며 이러한 과정을 통하여 전문용어, 학술용어체계가 단어체계안에 이루어지게 되였다.

학술용어는 일반용어와는 다른 일련의 특성들을 가진다. 그것은 첫째로, 그 단어의 개념이 곧 의미의 내용으로 되며 둘째로, 단일한 의미, 하나의 뜻만을 가지며 셋째로, 그 의미에 표현감정적 의미를 포함시키지 않는다는 데 있다. 과학, 기술, 문예 등 모든 부문의 학술용어들은 그 내부에서 서로 련결되여 있으며 자기 체계를 이루고있다.》

—한철준, 학술용어에 대한 몇 가지 의견,《말과 글》, 1959년 8호 29~30페지

—위재희, 학술용어에 대한 의견,《말과 글》, 1959년 5호 26~27페지

82231 학술용어체계성

–문영호, 최완호, 《조선어어휘론연구》, 사회과학출판사, 1980년 163페지

《학술용어의 체계성에서 중요한 특성은 무엇보다도 학술내용의 체계를 그대로 말마디에 옮겨 반영함으로써 알기 쉽게 하는 것이다. 또한 용어가 평면적으로만 련관되여 있지 않고 집체적인 체계를 이루고 있는데서 나타난다. 중요한 특성은 그것이 매우 견고한 울타리속에 존재한다는것이다.》

92 학술용어정리

–김남수, 학술용어에 대한 몇 가지 생각, 《조선어학》, 1964년 1호 37~50페지

–리만규, 학술용어사정의 기본원칙, 《조선어학》, 1962년 3호 75~79페지

–리익환, 학술용어통일방법론, 《조선어연구》, 1950년 2호 12~30페지

–박승희, 학술용어다듬기와 형태부의 움직임, 《어문연구》, 1966년 3호 8~12페지

–심상린, 학술용어는 쉬운 말로 고쳐야 하며 또 고칠수 있다, 《말과 글》, 1958년 2호 14~17페지

–전면적기술혁신과 우리 말, 《말과 글》, 1960년 9호 1~2페지

–전태환, 한자말 학술용어를 잘 다듬자면 그 특성을 똑바로 알아야 한다, 《문화어학습》, 2001년 1호

–최등의, 과학기술국제공용어의 개념과 사용에서 나서는 몇 가지 문제, 《문화어학습》, 2003년 4호

–학술용어를 다듬으면 글이 이렇게 쉬워진다, 《말과 글》, 1965년 6호 79~80페지

이 논문들(예컨대 문화어학습, 말과 글, 조선어연구 등)은 국어학 관련 논문집들이어서 남한이나 중국 연길에서 쉽게 구해 볼 수 있는 논문집들이다. 따라서 이에 대한 연구가 매우 중요하다고 생각한다. 남북이 어떠한 조건에서 의학용어를 통일시킬 수 있는가를 알 수 있는 중요한 자료들이기 때문이다.

1차 자료이든, 2차 자료이든 북한 의학용어에 대한 자료수집은 대체로 연변지역을 통해 구해 볼 수 있다. 연길의 낡은책점(헌책방)에 부탁하여 구입하거나, 연길시도서관, 연변인민출판사의 서고, 연변대학교 도서관(조선어 자료를

수집해 놓은 곳이 있음) 등을 활용할 수 있다. 직접 가서 조사하기 힘들다면 적은 비용으로 연변대학교에 용역을 주어서 조사하는 방법도 있다. 발표자도 그러한 방법으로 북한의 언어학 자료들을 스캔해 받은 적이 있다. 발표자도 북한 의학 용어에 관심을 가지고 있던 순천향대학교 교수께 해부학 등의 대학 교과서를 모아 제공한 적도 있다.

5.4. 접촉해야 할 북한의 기관 설정

남한에서 접촉하여야 하는 북한의 대표가 누구인가를 명확히 알아야 하는 일은 매우 중요하다. 남북의 합의안이 실행될 수 있는가의 여부를 결정하기 때문이다. 남한에서는 아마도 대한의사협회나 의학협회 등의 인준을 받아야 하고 이것이 인준이 되면 국립국어원의 표준국어대사전에 표제어로 수록되도록 해야 완전히 공인이 되는 셈이다. 마찬가지로 교육부의 교과서에 실릴 용어집에 포함시켜야 표준으로서 정착하게 된다.

그런데 북한은 이러한 용어를 연구하는 곳과, 이것을 심의하는 곳이 다르다. 그래서 남북이 합의를 해도 실행에 들어가지 못하는 경우가 많다. 국가의 상부기관에 규범위원회가 있어서 그곳에서 표준화를 결정하도록 되어 있다. 물론 사회과학원이나 과학원 측의 연구소와 규범위원회가 서로 매우 밀접한 연관이 있기는 하지만, 거기에도 사람 사이에 간극이나 갈등이 있을 때에는 남북이 어렵게 합의해 놓은 것도 규범위원회를 거치지 못하는 경우도 흔히 있다는 점을 유의해야 한다.

의학용어를 통일하기 위해서 접촉해야 할 북한의 기관은 사회과학원 언어학연구소일 것이라고 생각한다. 물론 남북 대표가 만날 때에는 의학 담당 관련자가 참석하거나 심의위원회 담당자가 참석하기도 할 것이다. 그러나 그 주도자는 언어학연구소가 쥐고 있는 것으로 보인다. 현재 언어학연구소의 소장은 방정호 소장이다. 금년에 문영호 소장이 물러나고 그의 제자인 방정호

원장이 취임한 것으로 알고 있다. 방정호 소장은 매우 합리적인 학자로서 문영호, 정순기와 같은 선배들의 의견을 많이 경청하는 편이다.

5.5. 의학용어 표준안을 만들기 위한 기준 설정

의학용어를 표준화하기 위해 적용해야 할 기준을 마련해 두어야 한다. 북한 학자들은 일정한 원칙에 맞는 것이라면 그 의견에 반대하는 경우는 특수한 경우를 제외하고는 없다고 할 수 있다.

북한도 일정한 기준에 의하여 표준화하고 있는데, 이 기준은 학술용어 제정 기준이 아니라 말다듬기(남한의 언어순화)의 기준이다. 그 원칙을 보면 다음과 같다.

① 고유어와 한자어 둘 다 있을 때는 고유어를 사용한다.
② 고유어가 없을 경우에는 한자어를 고유어로 풀이해서 쓴다.
③ 우리말에 녹아버린 기본적인 한자어는 그대로 쓴다.
(예; 동, 서, 남, 북, 법, 산, 교육, 산업, 과학 등)
④ 고유어로 풀이할 때에는 어휘의 유기적 연관성을 고려하여 반대말 합성 등이 어울려야 한다. (예; 피경 → 덩이줄기, 근경 → 뿌리줄기)
⑤ 합성어일 때에는 어느 한쪽만 다듬어도 된다.
(예; 전기용접 → 전기땜)
⑥ 외래어는 '미터'와 같이 국제화된 것이나 우리말에 어감이 같은 말이 없을 때에는 그냥 쓴다.(예; 깜빠니야- '집중적인 사업'이란 소련어에서)
⑦ 외래어의 표기는 그 본토국의 발음을 기준으로 한다.
(예; 북경 → 베이징, 첵코슬로바키아 → 첵코슬로벤스크)(최용기, 2003)

그러나 이 기준은 학술용어 표준화의 원리와는 괴리가 있다. 학술용어와 말다듬기로 결정된 어휘나 용어들은 큰 차이가 있다. 말다듬기로 다듬어진 어휘는 조선말대사전에 등재되지만, 실제 생활에서는 거의 쓰이지 않는 반면, 학술용어는 한 번 제정되면 학계에서 그대로 사용되고 역시 사전에 등재된다. '아이스크림'을 다듬은 '얼음보숭이'는 사전에는 실려 있지만, 실제 생활에서는 거의 쓰이지 않는다. 오히려 '아이스크림'과 '에스키모'(소련에서 만든 아이스크림의 상표 이름)가 일상생활에서 쓰이고 있는 것과 같다.

서울대 의대 피부과 은유천 명예교수는 순화의 원칙으로 다음과 같은 원칙을 제시하고 있다(은유천, 송영빈, 정인혁(2013), 『아름다운 우리말 의학 전문용어 만들기』, 커뮤니케이션북스).

① 일의성 : 한 가지 의미로만 용어가 해득되는 것

② (의미) 투명성 : 자립해서 사용될 수 있는 것.

③ 일관성 : 가능한 한 동일 계통의 용어들이 일관성을 갖는 것,

④ 적합성/ 친숙성 :가능한 한 집단 전체에서 친숙한 용어를 사용할 것

⑤ 경제성 : 의미전달에 문제가 없다면 가능한 한 간략해야 할 것.

⑥ 통일성 : 동일한 의미에 두 가지 이상의 말이 있다면 통일하는 것.

⑦ 파생성 /생산성 : 파생접사를 사용하고 새로운 용어를 만들 가능성이 많은 접사를 사용할 것.

⑧ 언어적 정확성 : 어문규범을 준수할 것.

⑨ 모국어 선호 : 가능한 한 고유어나 한자어를 사용할 것.

⑩ 쉬운 말 : 가급적 쉬운 말을 사용할 것

지제근 교수도 간단하면서도 매우 함축적으로 다음과 같은 원칙을 제시하였다.

① 의학용어에서 전문용어와 일반용어를 구분해야 한다.

② 우리말 의학용어의 기원인 한자(漢字)를 배척해서는 안된다.

③ 외래어와 외국어의 우리말 표기방법을 빨리 통일해야 한다.

그러나 이 기준은 단지 의학용어에만 해당되는 것이 아니라 모든 학술용어에 해당되는 것이라고 할 수 있다. 의학용어에만 해당할 수 있는 기본 원칙은 없는 것일까? 발표자는 '의학'이라는 용어에서 그 특징을 발견할 수 있다고 생각한다.

'의학'의 사전적 정의(『표준국어대사전』)는 "인체의 구조와 기능을 조사하여 인체의 보건, 질병이나 상해의 치료 및 예방에 관한 방법과 기술을 연구하는 학문"이다. 따라서 이 '의학'에 대한 핵심어는 '인체, 질병, 치료, 예방, 기술' 등일 것이다.

① 신체 어휘

가장 중요한 핵심어는 '인체'일 것이다. 그래서 사람의 신체 어휘가 가장 먼저 검토되어야 할 것이다. 그런데 신체 어휘는 고유어와 한자어가 있고 또 외국어로도 지칭되고 있다. 이 중에서 어느 것을 선택하여야 할 것인가 하는 것이 중요하겠지만 신체 어휘에 대한 전반적인 목록조차도 조사되어 있지 않은 것 같다. 예컨대 '위(胃)'는 고유어로는 '양'이다. 그러나 '양이 찼느냐?'라는 관용구에서나 '양천엽'처럼 동물의 경우에만 사용된다. '피'와 '혈액'도 동일한 의미이지만 쓰임이 다르다. '피가 난다'를 '혈액이 난다'라고 하지 않지만 '피가 부족하다'와 '혈액이 부족하다'는 같이 사용된다. 물론 일반 어휘와 전문용어는 다르기 때문일 것이지만, 이러한 신체어휘에 대한 구체적인 연구가 진행되어야 그 원칙을 찾아내기 쉬울 것이다.

신체어휘는 대략 540여 개로 알려져 있다. 그 일부를 보이면 다음과 같다.

가로막	가리마	가마	가슴	가슴등뼈
가슴뼈	가슴살	가슴속	가슴통	가운데골
가운데귀	가운데창자	가운뎃손가락	간(肝)	간담(肝膽)
간장	갈비	갈비뼈	갈빗대	거웃
검은자	검은자위	겉귀	겉눈썹	겉살
겨드랑	곁손가락	곁콩팥	고개	고두리뼈
고막(鼓膜)	고환	곧은창자	골격	골반
공알	관자놀이	관자놀이뼈	광대뼈	궁둥이
궁둥이뼈	귀	귀밑	귓바퀴	귀벽
귀뺨	귀뿌리	귀안	귀젖	귀청

이 신체어휘 하나하나가 지니고 있는 조어 능력과 어휘의 파생범위를 다듬어 놓는다면 그것이 곧 일반어휘와 전문어휘를 구별할 수 있는 자료가 될 것이다. 예컨대 '피'나 '혈액'이 앞에 오는 경우와 뒤에 오는 경우의 목록을 만들어 놓는 것 등이 그것이다.

그리고 이들 의학용어들의 띄어쓰기 문제, 사이시옷 문제 등은 국어학자에게 일임하는 것이 바람직하다.

이러한 검토를 통해 얻어진 어휘들의 쓰임이 어떠한지를 조사하는 일도 필요하다. 왜냐하면 '감기'와 '호흡기질환', '배탈'과 '소화기질환' 사이에는 엄청난 의미차이가 있기 때문이다.

② 병명, 질병 어휘

의학 용어 중에서 병명에 해당하는 용어가 차지하는 비중이 높은 것으로 보인다. 질병의 명칭에 '-증, -염, -병, -암' 등등의 것이 있는데, 고유어에만 연결되는 것, 한자어에만 연결되는 것, 그리고 그 두 개에 다 연결이 가능한 것, 그리고 외국어에는 연결을 거부하는 것 등의 접미사 등이 있다.

각종 질병의 현상에 대한 명칭이 있을 수 있고, 또 치료 약명에 대한 것도 있을 수 있는데, 특히 약품명에 대해서는 고유어인가 한자어인가에 대한 것보다는 외국어를 어떻게 표기하여야 할 것인가에 더 많은 관심을 가져야 할 것이라고 생각한다. 북한에서 간행된 『림상신약물사전』에서도 약품명을 우리말로 번역해 놓은 것은 극히 드물고 대부분 외국어를 음차해서 써 놓고 있다.

이러한 상황을 잘 파악하기 위해서는 지금까지 남북한에서 정해 놓은 의학용어들에 대한 역순 정리 자료를 검토해 볼 필요가 있을 것이다. 즉 뒤에 붙은 접사에 대한 연구가 필수적이라고 생각한다. '가' 부분의 앞부분만 보더라도 '-증, -관, -반사, -절단, -증, -신경, -약, -화(化), -술(術)' 등이 눈에 띈다.

이처럼 남북의 의학용어를 비교하여 보면 남과 북에서 공통으로 택할 수 있는 것이 어떠한 것이 있으며 합의해야 할 사항이 무엇인가를 결정할 수 있을 것이다. 처음부터 의학용어 하나하나에 대해 논의를 벌여나가는 것은 매우 비경제적이기 때문이다.

6) 통일의 방법

지금까지 남한과 북한이 통합하거나 통일시켜야 할 언어 과제 몇 가지를 제시하였고 특히 의학용어의 통일 방안도 생각해 보았다. 하나의 언어가 시대적, 지역적, 사회적, 계층적으로 분화되어 온 결과가 현재 남한과 북한에서 사용되는 언어이기 때문에, 그 뿌리는 동일해도 표면상에 보이는 모습은 달라 보일 수 있다. 그러나 남북한의 언어는 의사소통의 커다란 방해가 일어날 정도의 차이는 발견되지 않는다. 그것은 의학용어에서도 마찬가지인 것으로 보인다. 남북한 언어의 차이는 단지 방언상의 차이에 불과한 것이어서 남한에서 경상도 전라도 말을 대하는 태도와 마찬가지로 북한어를 대하면 그만인 셈이다. 마치 북한어가 분단 50년 동안 이질화된 것처럼 인식하고 이것을 통일의 대상으로 인식하는 것은 방언 차이를 인정하지 않겠다는 자세와 동일하다. 고구려, 백제, 신라가 국가로서 독립되어 존재했으면서도 언어 변이는 이들 간의 의사소통을 전적으로 방해할 만큼 이질화되지는 않았다는 역사적 사실을 상기해야 한다.

그리하여 첫째로 남북한의 언중들이 통일된 언어를 사용하는 것이 언어 통일 또는 언어 통합의 목적이 아니라 언어의 다양성 속에서도 의사소통을 원활히 할 수 있도록 하는 것이 진정한 의미의 통일임을 인식하여야 한다.

둘째는 모든 언어 통일 및 통합을 단기적인 과제처럼 인식하지 말자는 것이다, 남과 북이 문제를 해결할 때에는 물론 큰 틀에서 정해 놓고 그 세부적인 현상까지도 통일 또는 표준화시키는 것이 바람직하지만 세부적인 문제라도 통일 · 통합시켜서 장기적인 안목으로 제도적으로 통일시켜 가는 방법을 택하는 것이 바람직하다고 생각한다. 그것은 남과 북이 각각 독립된 주체로서 남과 북에서 각각 통일시켜 놓고 국가가 통일되었을 때에는 이미 통일되어 있도록 하는 것이다. 이것은 곧 통일을 준비하는 중요한 방법이기도 하다.

셋째로 이러한 과정을 거치기 위해서는 남북한 학자들이나 담당자들이 자주 만나야 할 것인데, 이 만남이 언제나 국가 차원의 문제가 아닌 정권 차원의 문제로 처리됨으로써 연속성이 결여되어 왔다. 지속적인 만남이 없는 한, 이 문제를 해결할 방법은 없다.

넷째로 한 가지 덧붙일 일은 이 문제를 남북의 문제로만 보지 말고 우리 민족의 문제로 인식하여야 한다는 점이다. 예컨대 중국의 우리 동포들이 사용하는 의학용어도 검토해 볼 필요가 있을 것이다. 물론 남과 북이 합의한다면 그 합의한 내용에 따를 것으로 예견되지만 이전에 그 통일 작업에 참여시키면 남북 합의 과정에 중요한 윤활제가 될 수 있을 것이다.

계속적으로 시행될 남북 학술 교류를 위해 우리가 해야 할 가장 시급하고 구체적인 중요한 일은 자주 만날 수 있도록 보장해 줄 수 있는 상설기구, 즉 가칭 '(민족어 발전을 위한) 남북 공동위원회'가 구성되어야 한다고 생각한다. 이 위원회는 그 주체가 남과 북의 국가기관이어야 한다. 그래야만 구속력을 지니기 때문이다. 예컨대 국립국어원(남)과 사회과학원 언어학연구소(북)가 담당한다면 매우 바람직할 것으로 생각하며, 여기에 해외(특히 중국)의 우리글과 우리말을 다루는 기관이 동참할 필요가 있다. 각각 위원회가 구성되고 공동위원장은 남과 북에서 번갈아 담당할 수 있을 것이다. 운영 예산은 현실적으로 가능한 곳에서 담당하고, 공식적인 창구를 마련해 두는 것이 필요하다. 각 위원들은 각각 독립적으로 선정할 수 있을 것이다.

남북 학자들이나 담당자들이 모이지 않고 잠깐 만나 회의를 하는 정도로는 연구가 진행되기 어렵다. 따라서 늘 학자들이 접촉할 수 있는 공동 연구소 설립이 필요하다.

발표자는 개성공단이 활발하게 움직일 때, 그 개성공단의 한 편에 남북한언어 공동연구소(가칭 민족어 공동연구소)를 설립했으면 좋겠다는 생각을 한 적이 있다. 이 공동연구소에서 각종 자료의 교류와 현안에 대한 심도 있는 토론이 이루어질 수 있을 것이다. 발표자는 오랜 동안 남북 접촉을 해 온 경험으로 "만나면 해결된다"는 신념을 가지고 있다. 그래서 '공동연구소'를 개설하여 자주 만나면, 시간이 걸리더라도 모든 문제가 해결될 수 있을 것이라고 생각한다. 이 공동연구소는 비단 언어 문제만이 아니라 통일에 대비하기 위한 각종 모임도 가능토록 하는 것이 바람직할 것이다. 물론 이러한 제안은 남북이 정치적으로 이용되지 않는 것을 전제로 하여야 유효할 것이다.

<2017년 11월, 고려대학교 민족문화연구원 특강>

4. 남북 의학용어 사전 편찬에 대한 제언

김영훈 선생님의 기조 발제 발표에서 제안한 '남북 의학용어 사전'의 편찬 목적, 성격, 편찬 과정 등에 대한 제안에 대해 전적으로 동의한다. 원래 발제문이란 큰 틀만 제시할 뿐, 상세한 내용을 담고 있는 것이 아니기 때문에 구체적인 계획이나 제안을 할 수가 없었을 것이다. 그래서 토론자는 이 계획이 실현 단계에 들어갔을 때, 실제로 대두될 수 있는 문제점을 제시하고 이에 대응하는 방안 몇 가지를 제안하고자 한다.

1) 자료의 신뢰성

남북 의학용어 사전'을 만들기 위한 기초 자료로서 남한의 자료로는 대한의사협회가 2009년에 편찬 · 간행한 『의학용어집』을, 북한의 자료로는 과학백과사전출판사에서 2002년에 간행한 『의학대사전(영조일)』을 대상으로 삼겠다고 하였다.

남한 자료의 신뢰성은 남한의 전문가들이 잘 알고 있으므로 문제가 없지만, 북한의 자료는 북한 의학 용어에 대한 정보가 많지 않기 때문에 아직 『의학대사전』의 신뢰성을 확보하기가 쉽지 않다. 따라서 북한 자료의 선정은 직 · 간접적으로 북한의 의사를 타진한 후에 결정하는 것이 바람직하다고 생각한다. 왜냐하면 북한의 의학용어는 다른 용어와 마찬가지로 '다듬은말'(남한의 '순화어')과 실제 통용되는 말과 다를 수 있기 때문이다. 그 대표적인 예가 '아이스크림'이다. '아이스크림'을 북한에서는 '얼음보숭이'라고 한다고 알려져 있지만,

실제 확인해 보니, '얼음보숭이'는 다듬은 말이고 실제 많이 사용되는 것은 '아이스크림'과 '에스키모'였기 때문이다. 의학용어도 마찬가지이다. 의학대사전에 쓰인 의학용어와 과학대백과사전에 쓰인 의학용어에 차이가 있는 것도 그러한 이유 때문으로 해석된다.

2) 연구자

발표에 의하면, 이 사전의 편찬사업의 참여자의 범위를 남과 북의 전문가(의료 전문가, 사전 전문가), 그중에서 남한의 연구자는 의학을 전공하고 의료 현장의 전문 용어를 이해하고 있는 남한의 의사와 의학도, 그중에서도 필요한 인원은 북한의 의학용어에 대한 선지식을 가진 의학자, 특히 북한 이탈 의료인, 언어 데이터베이스 구축과 사전 편찬 경험이 풍부한 편찬원 등을 제시하고 있다.

이러한 내용으로 보아서는 주로 남한의 연구자들이 사전 편찬 작업을 하지만, 북한의 학자들은 연구에 직접 참여하기보다는 남북 접촉을 통해 참여하는 것이 아닌가 하는 생각이 든다.

남북 의학용어 사전 편찬의 목적이 남북 의학 용어의 통합을 넘어 표준화 내지 통일을 하는 것에 있다면, 처음부터 북한 학자를 참여시켜 시작하는 것이 좋다고 생각한다. 이전의 남북 학술 교류에서는 그 가능성이 희박하였지만, 이제는 그렇지 않은 것으로 보인다. 작년 10월에 만난 북한 학자들은 남북 학자들의 공동연구에 매우 적극적이었고, 또 한국 정부에서도 이를 위해서 학자들이 만날 수 있는 공간을 개성 연락사무소에 마련할 수 있다는 약속도 받을 수 있었다.

그래서 가능하다면 처음부터 북한 학자들과 공동으로 작업할 수 있는 여건을 마련해 보도록 권하고 싶다.

3) 자료의 범위

이 사전이 남북의 의료 전문가를 위한 사전이기 때문에 자료의 범위로 학술적, 과학적 분야로서의 의학 용어에 한정한다고 하였다. 그러나 의학용어라고 하는 범위가 이렇게 간단하게 결정될 일이 아니다. 물론 발표자가 지적한 바와 같이 간호학, 보건학, 약학 등과 연관되어 있을 뿐만 아니라, 해부학, 병리학, 미생물학, 공중보건학, 더 나아가서는 생물학, 수의학 등과도 긴밀히 연관되어 있다고 할 수 있다. 범위를 어떻게 정하는 것이 바람직한가는 의학 관련 전문가들이 결정할 문제이지만, 매우 신중하게 결정하여야 한다고 생각한다.

토론자의 경험에 의하면 처음에 범위를 좁혀 놓았다가 후에 확대하는 일은 매우 어려운 과정을 다시 거쳐야 하는 어려움이 있지만, 확대하여 놓았다가 후에 축소하여 삭제하는 일은 매우 쉬운 일이었다. 물론 작업과정에 인원과 시간과 비용이 커진다는 단점은 있지만, 삭제할 자료들도 다 필요한 자료로 이용할 수 있다고 생각한다. 그러한 이유로 그 범위를 전문가들이 심도 있는 토론을 거쳐서 결정하기를 바란다.

4) 기존의 연구 결과를 최대한 활용

남북한 의학용어 사전을 편찬하면서 새롭게 시작하는 자세로 임하여 하겠지만, 지금까지 연구 · 조사해 온 결과들을 최대한 활용하여야 할 것으로 생각한다. 학술용어(또는 전문용어)를 집대성하여 표준화하려는 노력은 크게 두 번 있었던 것으로 알고 있다, 물론 학문의 각 분야별로 진행한 것은 제외하고 종합적으로 접근했던 것이어서 그 결과물들은 매우 보편적이고 일반적인 내용들이다. 따라서 각 분야의 학술용어나 전문용어를 표준화하려는 학자들에게 많은 도움과 아이디어를 제공해 준다고 생각한다.

앞에서 제시한 두 번의 연구는 모두 토론자와 직접적으로 연관되어 있었던 것인데, 하나는 토론자가 계획한 21세기 세종계획(1998년~2007년)에서 전문용어 표준화 분과의 과제를 실현하기 위해 설립된 전문용어연구공학센터(연구책임자: 최기선 교수)에서의 연구를 통해 얻은 결과물들이 있다. 매년 결과보고서가 나왔는데, 텍스트 파일로도 보관하고 있다. 2007년에는 국립국어원에서 『전문용어연구(정리 현황과 과제)』(태학사)라는 책자도 발간한 적이 있다.

또 한 번은 한국학술단체총연합회에서 3년간(2006년~2008년) 매년 3억 원씩의 연구비를 투입하여 각 학회를 통해 학술용어 표준화를 시도한 적이 있다. 토론자는 총연합회 부회장으로 있으면서 표준화원리원회 위원장으로 총괄 책임을 맡았었다. 이 연구에서도 학술용어를 정리할 때의 데이터베이스의 구조에 대한 표준화 작업과 학술용어 표준화할 때의 어문 관련 표기 원칙 등에 대한 규정을 제정하여 시행하였다. 그리고 약 30만 개의 학술용어 데이터베이스를 구축하였다. 이 연구 결과물들을 참고한다면 남북 의학용어사전 편찬에 많은 아이디어를 제공해 줄 것으로 생각한다.

안타깝게도 이 두 번의 학술용어 표준화 작업에 의학용어는 포함되어 있지 않았다. 그 이유는 이미 의학용어는 별도로 독립하여 표준화 작업을 해 왔기 때문이다. 뿐만 아니라 남북한 의학용어 통일을 위한 논의도 매우 활발하게 이루어져 왔다. 토론자가 지제근 선생님을 모시고 북경에서 북한 학자를 만나 의학용어 통일을 위한 준비작업을 시도했으나 언제나 그렇듯이 남북의 정치적 이해관계로 지속되지 못하고 중단되고 말았다.

5) 남북 의학용어 데이터베이스 구축할 때 유의할 점

남북 의학용어 사전 편찬의 최종 목적이 남북한 의학용어 통일에 있다고 한다면 단순히 남북 의학용어 사용 실태를 보여 주는 사전과는 그 내용이 달라야 한다고 생각한다. 그래서 데이터베이스를 구축할 때의 구조도 달라야 한다고 생각한다. 대부분의 의학용어 사전을 보면 데이터베이스의 필드(field)에 대체로 '분야, 소분야, 영어 용어, 한국어 용어, 원어 용어, 영어 약어/완전형, 한국어 변이형(천연 소다: 천연 소-다, 에어콕: 에어코크 등), 한국어 동의어(chamber enlargement → 심방실 확장, 심방실 확대 등), 한자 표기, 비고, 정의' 등이 포함되는 것이 일반적인데, 이러한 내용 이외에 남북 용어 차이 유무, 복수 표준 가능 여부, 용어 차이의 이유, 통일안 등등이 포함되어야 한다고 생각한다. 특히 남북 의학용어 차이의 이유를 제시하는 것이 무엇보다도 중요하다.

의학용어는 대체로 용어의 대부분이 영어로 되어 있어서 남북 의학용어의 차이는 한의학(또는 동의학)과는 다르다고 생각한다. 그렇기 때문에 원어가 다르므로 인해 발생하는 문제는 없어서 대체로 남북 어문규범의 차이에 의한 것, 어휘 선택의 차이에 의한 것 등일 텐데, 어문규범의 문제는 ① 띄어쓰기 문제 ② 어두 ㄹ과 ㄴ의 표기 문제 ③ 외래어 표기법의 문제 ④ 사이시옷 표기의 문제 등일 것이고 어휘 선택의 문제는 고유어와 한자어와 외국어 중 어느 것을 사용할 것인가 하는 문제와 '-症'을 선택할까 '-病'을 선택할까 하는(어즈럼증, 어즈럼병 등), 내용상으로 결정하여야 할 것들이다.

따라서 데이터베이스의 필드에 이러한 것들이 제시된다면 후에 문제를 해결하는 데에 큰 도움이 될 것이다. 예컨대 어문규범에 따른 차이일 경우에는 남북 어문규범이 통일이 되면 그것에 따라 통일시키면 문제가 해결될 것이다. 남북 어문규범의 문제는 민간단체(예컨대 겨레말큰사전 편찬위원회)에서 어두 ㄹ, ㄴ 표기와 사이시옷 문제를 제외하고는 거의 모든 문제가 합의되어 통일안을 만든 적이 있어서 앞으로 남북의 국가기관들이 논의하여 합의한다면 어문규범의 문제는 큰 문제가 되지는 않을 것이다.

그리고 토론자의 개인 의견을 제시한다면 어문규범 문제 중에서 외래어 표기법을 제외하고는 남과 북이 복수 표준으로 그대로 사용하여도 무방하다고 생각한다. 의학용어가 인간의 생명을 다루는 것이어서 모든 용어가 정확하여야 한다고는 하지만, 어문 규범의 복수화로 안한 의학용어의 혼란상은 없을 것으로 생각한다. 가장 어려운 과제 중의 하나가 외래어 표기법의 문제이어서 이 문제가 해결되어야 하는데, 워낙 남북의 의견의 괴리가 커서 감히 접근을 하지 못하는 것으로 알고 있다.

6) 표준화를 위한 기준 마련

학술용어를 표준화 또는 통일하기 위하여 적용되어야 할 기준은 ① 형식적인 면 ② 내용적인 면 ③ 국어학적인 면에서 검토하여야 한다. 따라서 그 구체적인 기준을 미리 결정해 두는 편이 좋다. 왜냐하면 먼저 자료를 처리하고 나중에 수정하는 일은 너무 번거로운 일이기 때문이다. 한국학술단체총연합회에서 '결정하여야 할 기준'의 구체적인 내용을 소개하면 다음과 같다.

(1) 형식적인 면

① 각종 기호의 사용 방법의 표준화(숫자, 부호, 로마자 표기법 등의 문제)
② 복수 표준의 허용 여부의 문제
③ 인접 학문 간에서 발생하는 용어 표준화의 한계 문제
④ 동음이의어에 대한 처리의 기준
⑤ 용어의 분야 설정
⑥ 학술용어의 단위 문제, 즉 품사 단위 이상의 단위 설정 여부 문제
⑦ 표준화된 용어를 기술하는 일정한 틀의 제시

(2) 내용적인 면

① 신 용어와 구 용어 사이에서 선택의 기준 설정
② 일상용어와 학술용어와의 연계성
③ 사전편찬 및 교육인적자원부의 편수자료와의 연계성 검토

(3) 국어학적인 면

① 어문규범과의 연관성 문제 검토. 특히 외래어 표기법과의 연관성 검토

② 고유어와 한자어 외래어 사용의 원칙 설정

③ 복합어의 조어 방식 문제에서 야기되는 문제의 선택 기준 설정

물론 어문규범에 따라 제정하는 원칙도 마련하여야 한다. 즉 의학 용어의 한글표기 원칙을 설정하여야 한다. 이 원칙도 이미 한국학술단체총연합회에서 규정해 놓은 것이 있어서 참고할 수 있을 것이다.

이상으로 남북 의학용어 사전을 편찬할 때 고려하여야 할 일반적인 고려사항을 몇 가지 지적하였다. 물론 지금까지 이러한 문제에 대해 다 고려해 왔고 또 논의해 왔을 것이라고 생각한다. 그러나 혹시나(?) 하는 마음에서 몇 가지를 지적하였다.

앞으로 이 사업이 순조롭고 활발하게 진행되어 다른 학술용어 통일을 논의하는 데에 큰 기여를 할 수 있기를 기대한다. 특히 남북 학술용어 표준화 내지 통일 작업은 의학용어가 선진적인 기능을 할 것으로 기대된다. 그리고 또 그렇게 될 것이라고 믿는다.

<2019년 1월 17일(목), 국회의원회관 제2세미나실,

주제: 남북 의료통합을 위한 과제>

5. 남북한 전산 용어의 사용실태와 통일 전망

1) 서론

차용어와 외국어는 문화적 접촉에 의하여 수입된다. 컴퓨터의 보급으로 전산용어가 외국어나 외래어의 형태로 우리에게 들어왔다. 주지하는 바와 같이 전산용어의 대부분은 서구어, 그중에서도 특히 영어로 되어 있다.

주로 영어로 되어 있는 이 용어를 우리 국어화하는 일은 매우 중요한 일이다. 왜냐하면, 우리의 의사전달을 수월하게 하는 매체는 국어이기 때문이다. 의사전달은 곧 정보전달로서, 이 전달매체인 언어를 통하여 전산 지식을 더욱 확충시켜 나갈 수 있고, 과학의 발달을 이룩할 수 있다. 이러한 이유로, 국어를 사용하는 지역에서는 영어로 된 전산용어를 우리 국어화하는 일에 노력하게 된다.

현재 한국어를 사용하는 지역은 전 세계적으로 한국과 북한 그리고 우리 동포들이 거주하고 있는 중국, 일본, 서구, 미주, 러시아 등의 일부이다. 이들 지역 중에서, 특히 한국과 북한 그리고 중국의 조선족 자치주 등에서는 전산용어를 국어화하는 일에 많은 노력을 하고 있다.

한국에서는 수많은 전산기 용어사전이 간행되었다. 그러나 각 출판사에서 간행한 이 사전들에서 사용한 용어들은 제각각 다르며, 각 컴퓨터 잡지들에서 사용되는 용어들 역시 제각각이거나, 영어를 한글로만 표기하는 정도로, 급속히 불어만 가는 컴퓨터의 용어들을 수습하지 못하고 있는 상태에 있다. 따라서 이들을 국어화하고 표준화하기 위하여 문화체육부에서 1994년에 『전산기 용어 순화집』을 공표하였고, 1995년에는 이를 토대로 하여 국어정보학회에서 『우리말 전산용어 사전』을 간행하였다. 그리고 한국통신기술협회에서는 『정보통신용어사전』을 간행하였다. 뿐만 아니라 문화체육부와 공업진흥청, 그리고 정보통신부에서는 계속해서 이러한 문제에 관심을 가지고 전문가들을 중심으로 한 각종의 위원을 구성하여 계속적으로 연구 검토하고 있다.

북한에서도 이 문제에 대해서는 동일한 노력을 하고 있다. 즉 1986년에는 『전자계산기 프로그람 용어사전』을 과학백과 출판사에서 간행한 바가 있으며, 금년 연변에서는 『정보처리용어 표준화사전』을 (아직 출판되지 않은 상태이었지만) 제시한 바가 있다.

중국의 우리 동포학자들도 이러한 노력을 하고 있다. 『소학교전자계산기』, 『BASIC 언어』, 『전자계산기』 등의 번역출판을 통하여, 전산용어를 한글로 제시하였지만, 이들은 주로 북한에서 쓰는 용어를 빌어썼거나, 한어용어를 단지 한글로 번역하여 쓴 것들이 대부분이다. 현재 그 규범집을 만들고 있는 과정에 있으나, 한국과 북한이 그 용어를 통일한다면, 그것을 그대로 받아들이겠다는 자세를 취하고 있는 형편에 있다.

2) 남북 전산용어의 사용실태

남한과 북한은 전산용어 사용에 있어서 부분적으로는 유사하고 부분적으로는 차이가 있다.

이제까지 남북의 전산용어를 비교 검토한 연구는 거의 없었다. 이것은 각각의 용어에 대한 정보를 알지 못한 데에 기인하기도 하지만, 한편으로는 남과 북이 각각 표준안을 최근에서야 내놓았던 것에 기인하기도 하다.

국어정보학회의 『우리말 전산용어 사전』의 부록으로 실려 있는 '영문-한글 올림말 찾아보기'에 북한에서 사용되고 있는 용어를 표시하여 놓고 있으나, 이것에 대한 비교 분석을 하지 않고 있다. 금년 9월에 연변에서 있었던 우리말 컴퓨터 처리 국제학술대회에서는 남북의 전산용어를 비교한 논문이 발표되었다. 그 내용의 중요한 것을 보이면 다음과 같다.

(1) 박상일(연변사회과학원 언어연구소 부연구원) : 전자계산기 용어의 규범화에 관하여

(2) 허주(조선콤퓨터쎈터) : 계산기 관련 용어의 표준화에서 제기되는 몇 가지 문제.

(1)은 남과 북, 그리고 중국에서 사용하는 용어 중 서로 대비할 수 있는 용어 439개를 골라 비교한 것이다.

	원래 같던 것	원래 다르던 것	합계(%)
순화집에 의하여 같게 된 것	133개	44개	181개(41.5)
순화집에 의하여 다르게 된 것	92개	166개	258개(58.5)
합계	229개 (52.2%)	210개(47.8%)	439개

이 표에 의하면, 남북이 각각 같게 사용하던 것이 다르게 된 것이 더 많아진 것이다. 약 10.7%가 떨어진 셈이다.

그것은 언어정책과 크게 관련된다고 할 수 있다.

우선 남한은 전산용어들이 각자 사용함에 있어서 다르다. 예를 들면 전산용어를 정리함에 있어서 문화체육부와 공업진흥청, 그리고 정보통신부에서 각자 작성하여 사전을 만들고 있으나, 이것은 통일되어 있지 않다. 뿐만 아니라 개인이 사용하는 것에서부터 언론에서 사용하는 것조차도 각각 다르다. 이것은 컴퓨터의 발달이 급속적으로 이루어져서, 미처 여기에 사용되는 용어들을 정리할 사이도 없음을 암시한다.

이에 반해서 북한은 그들이 통일시킨 용어들을 일괄적으로 사용하고 있다. 물론 이것은 남한과 북한의 사회체재가 다른 데에 기인한다.

문화체육부에서나 공업진흥청에서 정한 표준안도 언론이나 개인이 사용하지 않으므로 해서, 이들을 통일시키지 않으면 안된다.

이들 용어들을 국내적으로도 통일시켜야 하는 이유가 있다.

3) 남북 컴퓨터 용어 통일의 의의

남북의 컴퓨터 용어 통일 문제는 다음과 같은 의의를 지닌다.

(1) 남북 사전의 통일에 기여

이 컴퓨터 용어 통일 문제는 다른 일반 용어, 예컨대 농업 용어, 과학용어 등의 통일과 같은 언어통일의 한 단계이다.

(2) 컴퓨터 기술의 교류 확대에 기여

의사소통의 문제는 학문교류의 1차적인 단계이다. 따라서 컴퓨터 용어를 통일시키는 것은 남북의 컴퓨터 기술의 교류를 확대시키는 첩경이다. 따라서 남북한의 컴퓨터 용어의 통일은 매우 시급하다. 이러한 기술의 교류 확대는 비단 남과 북만에 한해서 이루어지는 것이 아니라, 중국에 있는 우리 동포들에게도 크게 파급될 것으로 보인다.

(3) 남북의 학문의 공유 및 동시적 발전에 기여

남북 및 중국의 우리 동포들이 동일한 용어를 씀으로써 학문을 공유할 수 있고, 어느 한쪽이 어느 한쪽에 비해 편향적으로 발전하는 것을 방지하고, 동시적 발전을 할 수 있는 기틀을 마련할 수 있다.

(4) 남북 통일의 기틀 마련과 동질성의 인식

이러한 컴퓨터 통일의 문제는 남북 및 중국의 우리말이 언어상에서 이질적이지 않다는 세계적인 인식을 환기시킬 수 있어서, 통일의 필연성을 확인시킬 수 있고, 또 장차 통일되었을 때에 혹시 발생할 수도 있는 남북의 학문의 갈등을 미리 해소할 수 있어서 통일에 대한 준비이기도 하다.

4) 남북의 컴퓨터 용어의 통일의 필요성

남북의 컴퓨터 용어의 통일은 새로운 세계적인 학문의 추세로 보아 다음과 같은 점에서 그 필요성이 강조될 수 있다.

(1) 새로운 학문과 기술의 발달은 어쩔 수 없이 선진과학을 도입하는 과정에서 새로운 용어를 수입하지 않을 수 없다. 그러나 이것을 외국어 그대로 받아 들이는 문제는 마치 우리 민족의 문화를 외래문화에 귀속시키는 결과를 초래할 위험이 있고, 또한 이러한 자세는 우리의 높은 민족적 자긍심을 해칠 수가 있다.

(2) 그래서 우리 민족은 비로 남과 북으로 갈려 있어도, 북쪽에서는 북쪽대로, 남쪽에서는 남쪽대로 그 외국어를 우리말로 바꾸는 일에 많은 노력을 경주하여 왔다.

(3) 그 결과로 남과 북이 동일한 용어를 같은 말로, 또는 다른 말로 부르는 현상이 발생하게 되었다.

(4) 남북의 컴퓨터 관계에 대한 의사소통의 원할과 문화의 발달을 위해서는 이와 같이 상이한 용어는 바람직하지 않다.

(5) 따라서 남북이 각각 정한 컴퓨터 용어들 중에서 통일된 것들은 제외하고 상이한 용어들을 통일시켜 나가지 않으면 안된다.

5) 남북의 컴퓨터 용어의 통일 방안을 위한 자세

남북은 서로 자기의 것을 고집하는 자세에서 벗어나서, 통일하려는 자세로 임하여야 할 것이다. 어느 편이 이기고 진다는 대립의 관계에서 벗어나서, 이 문제를 조화의 관계에 서 있어야 한다. 통일시키려 할 때, 부분적으로 남쪽안으로 통일하거나 또는 부분적으로 북쪽의 안으로 통일될 때, 서로 이겼다는 회심의 미소를 짓거나 패배의 쓴 잔을 마신다는 생각을 한다면, 우리는 우리의 민족 앞에 크게 부끄러움을 느껴야 할 것이다. 특히 남북의 민족뿐만 아니라, 중국에 살고 있는 우리 동포들에게도 어느 쪽의 의견을 따라야 할 지 몰라서 어려움만 가중시키는 결과를 초래할 것이다. 따라서 가능한 한 통일시키려는 자세로 임하여야 할 것이다. 재삼 말하거니와 이기려고 하지 말아야 할 것이다. 이것은 모든 것이 지식의 힘을 통한 힘의 논리로 대해서는 안됨을 의미한다.

6) 남북의 컴퓨터 용어 통일에 대한 방안 제시

현실적으로 용어들을 통일시킨다는 문제는 그리 간단하거나 쉬운 문제는 아닌 것으로 생각된다. 따라서 현실적으로 가능한 방법을 찾아야 한다. 그 방법을 생각해 보도록 한다.

(1) 남과 북이 서로 정리하여 제시한 용어들을 검토하여, 이 중에서 이미 남북이 공통으로 사용하고 있는 것은 통일안으로 합의를 하는 것이 좋겠다.

(2) 남과 북의 안이 통일된 것이라 하더라도, 서로 표기법이 달라서 차이가 있는 것들(예컨대 어두에 ㄹ을 쓰는가 쓰지 않는가 하는 문제 등)은 두 가지를 다 통일안으로 제시하는 것이 좋을 것이다. 표기상에서 서로 다른 용어에 대해서는 복수의 통일안은 불가피하다고 생각한다.

(3) 남과 북의 용어 중에는 유사한 것들도 많다. 예컨대 남쪽에서는 '번지'라고 하는 것을 북쪽에서는 '주소'라고 하는 것들이 그것인데, 이러한 것들은 서로 상의를 하여 통일시키는 노력을 하면, 이러한 몇몇 용어들이 결합되어 사용되는 많은 용어들이 통일될 것이다.

(4) 남과 북의 용어집(남쪽의 '우리말 전산용어 사전'과 북쪽의 '전자계산기 프로그람 용어사전' 등)에 나타나지 않는 새로운 용어들은 남북의 학자들이 직접 자주 만나거나, 아니면 연변의 학자들이 중개하여, 남과 북이 제시한 의견을 조정하는 일을 계속적으로 하는 일이 필요하다. 그리하여 통일된 용어를 확대하

여 나아가도록 한다. 한꺼번에 모든 것을 통일시켜 합의하는 일은 그리 수월치 않다는 사실을 인정하여야 하기 때문이다.

(5) 남과 북의 용어가 통일되어 있지 않은 것들에 대해서는 원칙을 제시하여 재검토하는 일을 하여야 할 것이다. 그 방법을 다음과 같이 할 수 있다.

① 남북의 용어가 통일되어 있는 것들을 검토하는 일을 하여야 한다. 그것이 그렇게 같아진 것이 어떠한 원칙에 따라서 이루어진 것인지를 검토하는 일이 필요하다. 그래서 우선 양측이 제시한 원칙 중에서 동일한 원칙에 합의를 하도록 한다.(예를 든다면 가능한 한 토박이말로 한다는 것 등)

② 이 원칙에 추가하여 제시할 원칙을 논의를 하여야 할 것이다.

③ 용어 제정의 원칙이 통일되면, 이 원칙에 따라 구체적인 용어의 통일은 수월할 것으로 예측된다.

(4) 이러한 과정을 통하여 용어의 통일을 꾀하려면, 남북 양측이 공동으로 연구하지 않으면 안될 것이다. 따라서 이번 학술대회 기간 동안에만 반짝 연구하여 남북이 대결한다는 모습을 보이지 말고, 서로 몸은 떨어져 있어도 동일한 문제에 대하여 공동으로 연구하는 노력을 하여야 할 것이다. 그래서 공동연구안을 제시하는 합의를 하도록 하였으면 한다. 그리고 만약에 가능하다면, 남과 북의 학자들이 이 중국에서만 논의하지 말고, 서로 평양과 서울을 오가며 논의할 수 있는 날이 오도록 서로 노력하자.

<1995년 11월 2일(목), 남북한 전산 용어의 사용실태와 통일 전망,

광복50주년 및 549돌 한글날 기념 국어정보화 국제학술대회,

국립민속박물관 강당>

6. 남북 자모순 통일 방안

1) 머리말

오늘 발표에서 자모순이란 컴퓨터의 한글 부호계에서 말하는 한글자모순을 말한다.

(1) 한글의 범위

'한글'의 범위를 어떻게 정하는가 하는 문제는 한글 코드의 결정에 중요한 변수가 된다. 한글 코드에 포함될 '한글'의 음절 수와 자모수가 달라지고 그 배열순서도 달라지기 때문이다. '한글'의 범위를 결정하기 위해서는 지금까지 우리와 우리 선조들이 사용하여 왔던 문자들을 재검토해 볼 필요가 있다.

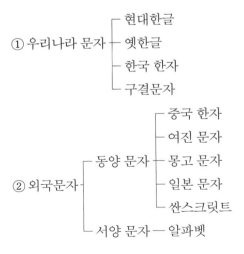

- ① 우리나라 문자
  - 현대한글
  - 옛한글
  - 한국 한자
  - 구결문자
- ② 외국문자
  - 동양 문자
    - 중국 한자
    - 여진 문자
    - 몽고 문자
    - 일본 문자
    - 싼스크릿트
  - 서양 문자 — 알파벳

지금까지의 논의한 바를 종합한다면, 우리나라의 문자는 다음과 같이 세분될 수 있다.

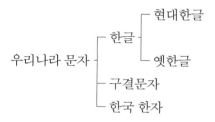

- 우리나라 문자
  - 한글
    - 현대한글
    - 옛한글
  - 구결문자
  - 한국 한자

이렇게 한글의 범위를 넓히는 데에는 더 중요한 이유가 있다.

한글 코드는 남한과 북한이 주장하는 바가 각각 다르다. 특히 한글자모의 배열과 한글 코드는 뗄레야 뗄 수 없는 깊은 관계가 있으나, 남한은 남한대로, 북한은 북한대로 자기들의 코드를 주장만 하고 있어서, 남북한이 동일한 코드를 사용하기 위하여서는 지금까지 일반적으로 검토되었던 현대한글의 자모나 그 자모순에 의하여 한글 코드를 통일하기는 그리 쉽지 않다.

1995년 9월에 중국의 연변에서 개최되었던 『제2차 우리말 컴퓨터 국제학술대회』에서 남한과 북한은 각각 용어, 코드, 자모, 자판 등에 대하여 깊은 논의를 하였다. 그러나 어느 편에 기운 듯한 통일안은 서로가 부인함으로써, 통일의 가능성이 희박한 듯한 인상을 줄 수 있었다.

그러나, 남북한 학자들이 모여 깊은 논의를 하는 중에 남한이나 북한의 어느 곳에서도 인정할 수 있는 새로운 자모순과 코드를 제시하여야만 그것의 통일이 이루어질 수 있다는 공통적인 의견에 접근할 수 있었다. 남한과 북한에서 사용하는 기존의 주장들을 모두 버리고 새로운 자모순과 코드를 만들면 남한과 북한에서 사용하는 기존의 주장자들로부터 비난을 면할 수 있다는 제안이 있었기 때문이다. 그러한 조건들을 벗어나서 새로운 통일안을 만드는 방법 중에서 가장 실현성이 높다고 생각되는 것은 현대한글만이 아니고 옛한글까지도 포함하여 컴퓨터 코드의 자모순을 정하고 이들을 컴퓨터의 코드로 통일시키는 것이라는 점이 인식되기에 이르렀다.

따라서 남북한이 동시에 수용할 수 있는 한글 코드는 지금까지 한글에 대한 개념을 새롭게 규정하고 그러한 규정에 의하여 한글을 현대한글과 옛한글을 포괄하는 개념으로 확대하는 방안이 바람직한 것으로 생각한다. 그리하여 현대에 우리가 영위하는 다양한 문자생활을 무리 없이 표현할 수 있는 한글 코드를 제정하는 것이 통일된 한글 코드를 제정할 수 있는 방안이라고 생각한다.

(2) 옛한글의 범위

옛한글을 선정하는 기준을 제시한다면 다음과 같다. 그 기준은 세종대왕의 훈민정음 창제 목적에 두도록 한다.

훈민정음은 주지하는 바와 같이 다음과 같은 사용상의 목적에 따라 창제되었다. 즉

① 고유어를 표기하기 위하여
② 외래어(특히 한자음)의 표기를 위하여
③ 외국어를 표기하기 위하여

창제된 것이다.

②와 ③의 외래어와 외국어는 역사적으로 보아서 다음과 같은 언어이다. 즉 조선시대의 사학(四學)인 한학(漢學), 몽학(蒙學), 청학(淸學), 왜학(倭學)의 대상이 되었던 ① 한어(漢語) ② 몽고어(蒙古語) ③ 청어(淸語) ④ 왜어(倭語)와, 조선시대의 불경에 보이는 범어(梵語), 그리고 19세기에 들어온 영어(英語) 및 서구(西歐)의 제언어(諸言語)들이다.

이러한 훈민정음 창제의 원래 목적에 부합되는 옛한글의 범위를 다음과 같이 정할 수 있다.

　　　　┌ ㉠ 고유어를 표기하기 위한 옛한글
옛한글 ┼ ㉡ 외래어를 표기하기 위한 옛한글
　　　　└ ㉢ 외국어(한어, 몽고어, 청어, 왜어, 범어, 영어 등의 구미계(歐美系) 언어)를 표기하기 위한 옛한글

2) 한글 자모 선정의 문제점 및 선정기준

(1) 자모 선정의 문제점

한글자모 및 한글음절의 목록은 '한글'의 개념을 어떻게 결정하는가에 따라 차이가 있다. '한글'이 우리 고유어만을 표기하기 위하여 만들어진 것이 아니고 외래어 및 외국어를 표기하기 위하여 만들어진 것이고, 또 실제로 그러한 용도로 계속 사용되어 왔기 때문에, 한글자모 및 한글 음절글자의 목록은 이러한 기준에서 선정되어야 했을 것이다.

현대의 외래어 및 외국어 표기를 위한 자모 및 음절글자는, '외래어 표기법'에 규정되어 있는 바와 같이,국어를 표기하기 위한 현대한글의 자모로 한정되어 있기 때문에, 현대한글의 자모 및 음절글자는, 초성인 자음 19자, 중성인 모음 21자, 종성인 자음 27자의 조합으로 이루어지는 11,172자로도 충분하다고 할 수 있다.

그러나 옛한글은 현대한글과는 사정이 다르다. 왜냐하면 역사적으로 외래어 및 외국어를 표기하기 위한 표준안이 마련되어 있지 않았었기 때문이다. 우리 선조들은 외국어도 훈민정음에서 규정한 자모음 28자를 이용하여 표기하였었다. 그러나 고유어나 외래어(주로 한국 한자음)를 표기하는 방식에만 의거하여서는 외국어의 정확한 음을 표기할 수 없었기 때문에, 고유어를 표기하는 방식을 그대로 사용하였음은 물론, 거기에다가 덧붙여서 28자의 자모들을 조합하여 응용하는 표기방식을 많이 사용하여 왔다. 이러한 표기현상들은 조선시대 사학(四學)(漢學, 蒙學, 淸學, 倭學)을 연구 · 관장하던 사역원(司譯院)에

서 주로 간행한 문헌들에서 쉽게 찾아 볼 수 있다. 즉 『노걸대언해(老乞大諺解)』(漢語), 『몽어유해(蒙語類解)』(蒙語), 『삼역총해(三譯總解)』(淸語), 『첩해신어(捷解新語)』(倭語) 등에서 쉽게 발견할 수 있다.

훈민정음이 창제된 이후에 한글로 표기된 문헌들을 체계적으로 검토하면 '옛한글'의 자모와 음절글자에 대한 정확한 정보를 알 수 있다. 그러나 지금까지 공표되었던 한글 코드의 표준안에 들어 있는 '옛한글'의 음절글자나 옛한글자모의 목록들은 이러한 체계적인 조사와 검토를 통하여 작성된 것으로는 보이지 않는다.

혹자는 이 옛한글의 음절글자 목록을 조사하는 일은 의미가 없다고 주장하기도 한다. 즉 옛문헌에 나오는 모든 옛한글의 음절글자를 조사한다는 것은 가능하지 않다는 생각을 하는 것으로 보인다. 이것은 아마도 옛한글 음절의 목록을 조사 검토하는 과정에서 새로 발견되는 글자들이 계속 추가되어 온 과거의 일을 연상하여 이루어진 결론으로 보인다. 그래서 지금까지 제시된 모든 자모들의 조합방식을 검토하고, 모든 자모들이 조합될 수 있는 가능성이 있거나, 또 새로운 글자들이 발견될 소지가 있어서, 그 글자 수를 무려 억 단위의 개수까지 추정하기도 하지만, 이것은 국어의 표기법에 대한 인식의 부족에서 비롯된 것으로 생각된다. 어느 언어에 대해 한글로 표기하는 방식은 일정한 규칙 아래에서 이루어지는 것임을 무시한 것이다. 한글은 결코 이렇게 무원칙하게 사용되는 문자가 절대로 아니다. 따라서 일정한 규칙을 찾아 보면 그 글자는 한정되어 있다. 이것은 마치 유한한 수의 단어를 가지고 무한한 수의 문장을 만들어낼 수 있는 언어의 신비함을 인식하지 못하는 것과 같다. 무한한 수의 문장을 만들어 낸다고 하더라도, 그 문장들은 일정한 규칙에 의하여 만들어지는 것과 같이 28자의 한글 자모로써 우리나라에서 말하고 듣는 다양한 외국어의 음성들을 표기할 수 있는 것이다. 이러한 법칙과 마찬가지로, 국어를 표기하거나 외국어를 표기하는 음절이나 자모는 일정한 규칙에 의하여 이루어지는 것이므로 그 자모나 음절글자는 한정되어 있는 것이며,

또한 그 숫자도 우리가 상상하는 만큼 많은 것이 아니다. 문제는 무원칙하게 옛한글의 자모나 음절글자를 수집 · 정리한 것에 있는 것이다.

(2) 자모 선정의 기준

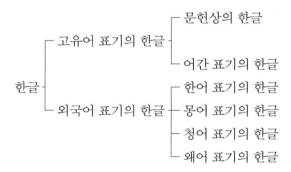

- 한글
  - 고유어 표기의 한글
    - 문헌상의 한글
    - 어간 표기의 한글
  - 외국어 표기의 한글
    - 한어 표기의 한글
    - 몽어 표기의 한글
    - 청어 표기의 한글
    - 왜어 표기의 한글

이러한 구분 아래에서 조사된 자료는 다음과 같다.

[1] 고유어 표기의 옛한글

① 일반표기의 옛한글 : 훈민정음 창제 이후 19세기말 내지 20세기초까지 사이에 간행된 문헌 중 국어를 한글로 표기한 문헌을 대상으로 하였다.

② 어간 표기의 옛한글 : 현재 학계에서는 옛문헌에 나타나는 다양한 표기들의 어간을 밝히는 방법이 다양하게 적용되고 있다. 각종의 고어사전에서 그 어간형을 밝히는 방법이 각각 다르다. 특히 한글학회에서 간행한 『우리말 큰사전』은 매우 독특하다. 즉 언어분석적인 태도에 의해 어간형을 밝힌 것이 아니라, 표기 그 자체에만 기준을 두고 어간형을 밝히고 있다. 그러나 이 한글학회의 사전에 등장하는 올림말에 보이는 단어의 어간형에 쓰인 종성자는 KS C 5700의 종성자모에서 찾아 보기 힘든 것이 많다. 따라서 다양한 어간형을 밝히는 여러 이론들을 검토하여 종성 자모를 재검토하여야 할 것이다. 이러한

어간을 표기하기 위한 옛한글의 조사는 다음의 사전에 의거하였다.

유창돈(1964), 『이조어사전』, 연세대출판부.
홍윤표 외 3인(1995), 『17세기국어사전』, 태학사.
한글학회(1992), 『우리말큰사전』, '옛말과 이두사전', 어문각.

[2] 외국어 표기의 옛한글

① 한어(漢語, 中國語) 표기의 옛한글 조사 문헌
② 몽고어(蒙古語) 표기의 옛한글 조사 문헌
③ 청어(淸語, 滿洲語) 표기의 옛한글 조사 문헌
④ 왜어(倭語, 日本語) 표기의 옛한글 조사 문헌
⑤ 구미어(歐美語) 표기의 옛한글 조사 문헌

(3) 한글 자모 선정을 위한 실증적 조사
여기에서는 몇 예씩만 제시한다.

[1] 초성

① 고유어

		고유어		
		현대 한글	옛한글	
			일반 표기	어간 표기
001	ㄱ	가다	가거든(老上:18b)	가다(語 13a)
002	ㄲ	깎다	끼디고(無2:20a)	꼬리(隣1:18a)
003	ㄴ	날다	나는(老上:19a)	나귀고기(東1:54b)
004	ㅥ		디는(釋19:14)	

② 외래어

		外來語 및 外國語				
		漢語	倭語	淸語	蒙古語	西歐語
001	ㄱ	교(角)(譯上:1b)	계쯔(月)(倭上:1a)	거러커(天亮了)(同上:3a)	거거러버(天亮)(蒙上:2b)	고무(獨1:94)
002	ㄲ	꺙(橋)(譯上:1b)	단깐(單子)(倭上:37a)			께임(모 12)

[2] 중성

① 고유어

		고유어		
		현대 한글	옛한글	
			일반 표기	어간 표기
001	ㅏ	나라	나ᅀᆞ가샤(龍 35)	하ᄂᆞᆯ(龍 34)

② 외래어

		外來語 및 外國語				
		漢語	倭語	淸語	蒙古語	西歐語
001	ㅏ	간(橄)(譯上:55a)	한(板)(倭上:32b)	아가(雨)(同上:2a)	나란(日頭)(蒙上:1a)	아이티(鐵:8)

[3] 종성

① 고유어

		고유어		
		현대 한글	옛한글	
			일반 표기	어간 표기
001	ㄱ	국물	ᄶᅡᆨ고(朴上:51a)	먹이(楞1:5a)
002	ㄲ	섞다		ᄶᅡᆨ가(ᄶᅡᆨ-)(馬下:69a)

② 외래어

		外來語 및 外國語				
		漢語	倭語	淸語	蒙古語	西歐語
001	ㄱ		락구(郭)(倭上: 33b)	녹소(浮萍)(同上:9a)	불쿡러뮈(天陰)(蒙上:2b)	직구(빈:48)
002	ㄴ	단(單)(譯上: 44b)	슌(春)(倭上: 2b)	슌(日頭)(同上:1a)	나란(日頭)(蒙上:1a)	아멘(경:15)

(4) 한글 자모의 목록 및 그 분포

[1] 초성

		고유어			외래어 및 외국어					빈도			목록		코드		
		현대한글	옛한글														
			일반	어간	한어	왜어	청어	몽고어	서구어	여러문헌	한 문헌	유일예	김홍규	김병선	5657	5700	중국
001	ㄱ	+	+	+	+	+	+	+	+	○			◎	◎	⦿	⦿	⦿
002	ㄲ	+	+	+	+	+	-	-	+	○			◎	◎	⦿	⦿	⦿
003	ㄴ	+	+	+	+	+	+	+	+	○			◎	◎	⦿	⦿	⦿
004	ᄓ	-	-	-	-	+	-	-	-	○			◎	◎		⦿	

[2] 중성

		고유어			외래어 및 외국어					빈도			목록		코드		
		현대한글	옛한글														
			일반	어간	한어	왜어	청어	몽고어	서구어	여러문헌	한 문헌	유일예	김홍규	김병선	5657	5700	중국
001	ㅏ	+	+	+	+	+	+	+	+	○			◎	◎	⦿	⦿	⦿
002	ᅶ	-	-	-	+	-	+	+	+	○			◎	◎		⦿	
003	ᅷ	-	-	-	-	-	+	+	+	○			◎	◎		⦿	

[3] 종성

		고유어			외래어 및 외국어					빈도			목록		코드		
		현대한글	옛한글														
			일반	어간	한어	왜어	청어	몽고어	서구어	여러문헌	한문헌	유일예	김홍규	김병선	5657	5700	중국
001	ㄱ	+	+	+	-	+	+	+	+	○			◎	◎	◉	◉	◉
002	ㄲ	+	-	+	-	-	-	-	-	○			◎	◎	◉	◉	◉

이상과 같은 검토가 필요한 것은 한글코드의 자모 선정범위만 확정되면, 한글코드의 자모는 자동적으로 결정될 수 있다는 장점을 지니고 있기 때문이다. 즉 한글코드를 고유어만을 표기하기 위하여 선정할 경우와, 외국어까지도 표기하기 위하여 선정하는 경우, 그리고 외국어라도 어느 외국어를 표기하기 위하여 선정할 경우에는 각각의 한글코드가 달라질 것이다. 또한 고유어 표기라고 하더라도, 어느 한 문헌에 등장하는 자모를 제외시켰을 때의 한글코드와 어간을 밝히는 표기방법이 독특한 방법(예컨대 한글학회의 『우리말 큰사전』)도 포함하는 한글코드와 그것을 포함시키지 않는 한글코드 등으로 분류하여 볼 수 있을 것이다. 이에 따른 자모표를 보이면 다음과 같다.

(1) 초성 자모

① 고유어 표기에 필요한 초성 자모 (59 자모)

ᄀ ᄁ ᄂ ᄔ ᅛ ᄃ ᄄ ᄅ ᄆ ᄇ ᄞ ᄠ ᄈ ᄡ ᄢ

ᄣ ᄤ ᄥ ᄦ ꥲ ᄧ ᄨ ꥳ ᄩ ᄪ ꥴ ᄫ ᄉ ᄭ ᄮ

ᄯ ᄰ ᄱ ᄲ ᄳ ᄊ ᄴ ᄵ ᄶ ᄷ ᄸ ᄹ ᄺ ᄻ ᅀ

ᄋ ᅇ ᅌ ᄌ ᅍ ᄍ ᄎ ᅖ ᄏ ᄐ ᄑ ᄒ ᅘ ᅙ

② 특수 문헌에만 나오는 것을 제외한 초성 자모 (42 자모)

ᄀ ᄁ ᄂ ᄔ ᄃ ᄄ ᄅ ᄆ ᄇ ᄞ ᄠ ᄈ ᄡ ᄢ ᄣ

ᄧ ᄩ ᄫ ᄉ ᄭ ᄮ ᄯ ᄲ ᄊ ᄶ ᄷ ᄸ ᄹ ᄺ ᄻ

ᅀ ᄋ ᅇ ᅌ ᄌ ᄍ ᄎ ᄏ ᄐ ᄑ ᄒ ᅘ

③ 외국어 표기까지 필요한 경우의 초성 자모 (101 자모)

ᄀ ᄁ ᅚ ᄂ ᄓ ᄔ ᄕ ᄖ ᅛ ᅜ ᅝ ᄃ ᄗ ᄄ ᅞ

ꥠ ᄅ ꥤ ꥥ ᄘ ᄙ ꥨ ᄚ ᄛ ᄆ ᄜ ᄝ ᄇ ᄞ ᄟ

ᄠ ᄈ ᄡ ᄢ ᄣ ᄤ ᄥ ᄦ ꥲ ᄧ ᄨ ᄩ ᄪ ꥴ ᄫ

ᄬ ᄉ ᄭ ᄮ ᄯ ᄰ ᄱ ᄲ ᄳ ᄊ ᄴ ᄵ ᄶ ᄷ ᄸ

ᄹ ᄺ ᄻ ᄼ ᄽ ᄾ ᄿ ᅀ ᄋ ᅁ ᅂ ᅃ ᅄ ᅅ ᅆ

ᅇ ᅈ ᅉ ᅊ ᅋ ᅌ ᄌ ᅍ ᄍ ᅎ ᅏ ᅐ ᅑ ᄎ ᅒ

ᅓ ᅔ ᅕ ᄏ ᄐ ᄑ ᅖ ᅗ ᄒ ᅘ ᅙ

(2) 중성 자모

① 고유어 표기에 필요한 중성 자모 (32 자모)

ᅡ ᅢ ᅣ ᅤ ᅥ ᅦ ᅧ ᅨ ᅩ ᅪ ᅫ ᅿ ᆀ ᅬ ᅭ

ᆈ ᅮ ᅯ ᅰ ᅱ ᅲ ᆑ ᆒ ᆔ ᅳ ᅴ ᅵ ᆜ ᆝ ᆞ

ᆡ ᆢ

② 외국어 표기까지 필요한 경우의 중성 자모 (83 자모)

ᅡ ᅶ ᅷ ᆣ ᅢ ᅣ ᅸ ᅹ ᆤ ᅤ ᅥ ᅺ ᅻ ᅼ ᅦ

ᅧ ᆥ ᅽ ᅾ ᅨ ᅩ ᅪ ᅫ ᆦ ᅿ ᆀ ᆁ ᆂ ힰ ᆃ

ᅬ ᅭ ힲ ힳ ᆄ ᆅ ힴ ᆆ ᆇ ᆈ ᅮ ᆉ ᆊ ᅯ ᆋ

ᅰ ힵ ᆌ ᆍ ᅱ ힶ ᅲ ᆎ ᆏ ᆐ ᆑ ᆒ ힸ ᆓ ᆔ

ᅳ ힹ ힻ ힼ ᆕ ᆖ ᅴ ᆗ ᅵ ᆘ ᆙ ힽ ᆚ ퟂ ᆛ

ퟃ ᆜ ᆝ ᆞ ᆟ ᆠ ᆡ ᆢ

(3) 종성 자모

① 고유어 표기에 필요한 종성 자모 (빈도수 높은 자모) (54 자모)

ᆨ ᆩ ᇃ ᇄ ᆫ ᇅ ᇇ ᇈ ᆬ ᆭ ᆮ ᆯ ᆰ ᇐ ᆱ
ᇑ ᆲ ᇕ ᆳ ᇗ ᇘ ᆶ ᇙ ᆷ ᇚ ᇝ ᇟ ᇠ ᇢ ᆸ
ᆹ ᇤ ᇦ ᆺ ᇧ ᇨ ᇪ ᆻ ᇫ ᆼ ᇬ ᇮ ᇯ ᇰ ᇱ
ᇲ ᆽ ᆾ ᆿ ᇀ ᇁ ᇴ ᇂ ᇹ

② 고유어 표기에 필요한 종성 자모(빈도수 낮은 자모) (103 자모)

ᆨ ᆩ ᇺ ᇃ ᇻ ᆪ ᇄ ᇽ ᆫ ᇅ ᇆ ᇇ ᇈ ᆬ ퟌ
ᆭ ᆮ ᇊ ퟍ ᇋ ퟏ ퟐ ퟒ ퟓ ᆯ ᆰ ퟕ ᇌ ᇍ ᇎ
ᇏ ᇐ ᆱ ᇑ ᇒ ᆲ ᇓ ퟚ ᇕ ᆳ ᇖ ᇗ ퟛ ᇘ ᆴ
ᆵ ᆶ ᇙ ᆷ ᇚ ᇛ ퟠ ᇜ ᇝ ퟢ ᇠ ᇢ ᆸ ퟣ ᇣ
ퟥ ퟦ ᆹ ퟧ ퟨ ᇤ ᇥ ᇦ ᆺ ᇧ ᇨ ᇩ ퟪ ᇪ ퟫ
ᆻ ퟮ ퟯ ퟰ ퟱ ퟲ ᇫ ퟴ ᆼ ᇬ ퟵ ᆼᆺ ᇮ ᇰ ᇱ
ᇲ ᇯ ᆽ ퟹ ᆾ ᆿ ᇀ ᇁ ퟻ ᇴ ᇂ ᇵ ᇹ

③ 외국어 표기까지 필요한 경우의 종성 자모 (117 자모)

ᆨ ᆩ ᇺ ᇃ ᇻ ᆪ ᇄ ᇽ ᆫ ᇅ ᇿ ᇆ ퟋ ᇇ ᇈ
ᆬ ퟌ ᇉ ᆭ ᆮ ᇊ ퟍ ᇋ ퟏ ퟐ ퟑ ퟒ ퟓ ퟔ ᆯ
ᆰ ᇌ ᇍ ᇎ ᇐ ᆱ ᇑ ᇒ ퟘ ᆲ ᇓ ᇕ ᆳ ᇖ ᇗ
ퟛ ᇘ ᆴ ᆵ ᆶ ᇙ ᆷ ᇚ ᇛ ퟠ ᇜ ᇝ ᇞ ᇟ ퟢ
ᇠ ᇡ ᇢ ᆸ ퟣ ᇣ ퟥ ퟦ ᆹ ퟧ ퟨ ퟩ ᇤ ᇥ ᇦ
ᆺ ᇧ ᇨ ᇩ ퟪ ᇪ ퟫ ᆻ ퟮ ퟯ ퟰ ퟱ ퟲ ᇫ ퟳ
ퟴ ᆼ ᇬ ᇭ ퟵ ᆼᆺ ᇮ ᇰ ᇱ ᇲ ᇯ ퟶ ᆽ ퟹ ᆾ
ᆿ ᇀ ᇁ ᇳ ퟺ ퟻ ᇴ ᇂ ᇵ ᇶ ᇸ ᇹ

이 중에서 발표자는 앞에서 언급한 한글의 개념에 따라 고유어 및 외국어까지도 표기하기 위한 것을 한글코드라고 생각하기 때문에 현재 문헌상에 나타난 자모에다가 어간을 밝히기 위한 자모까지도 포함하여 다음과 같은 수의 자모가 한글코드에 들어가야 한다고 생각한다.

(1) 초성 자모 : 101개

(2) 중성 자모 : 83개

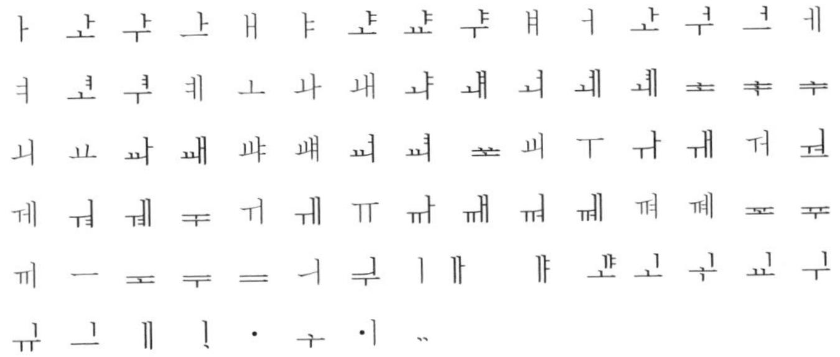

(3) 종성 자모 : 117개

ㅫ ㄹㅂㅍ ㄹㅸ ㄽ ㄹㅆ ㅬ ㄹㅇ ㄹㅋ ㄾ ㄿ ㅀ ㅭ ㄹㆆㅎ ㅁ ㅁㄱ

ㅁㄹ ㅮ ㅯ ㅰ ㅁㅈ ㅁㅊ ㅱ ㅂ ㅳ ㅂㄹ ㅂㅁ ㅃ ㅄ ㅵ ㅶ

ㅂㅊ ㅂㅍ ㅂㅎ ㅸ ㅅ ㅺ ㅼ ㅅㄹ ㅅㅁ ㅽ ㅅㅸ ㅆ ㅅㅿ ㅾ ㅅㅊ

ㅅㅌ ㅅㅎ ㅿ ㅿㅸ ㅇ ㅇㄱ ㅇㅁ ㅇㅅ ㆀ ㆁ ㆂ ㆃ ㆁㅋ ㆁㅎ ㅈ

ㅉ ㅊ ㅋ ㅌ ㅍ ㅍㅂ ㅍㅅ ㆄ ㅎ ㅎㄴ ㅎㄹ ㆆ

(5) 한글 자모의 배열 순서

한글코드에서 한글 자모의 배열 순서는 어떠한 자모가 그 속에 들어가는가와 함께, 매우 중요한 문제 중의 하나이다. 따라서 지금까지 많은 논의가 있어 왔다. 특히 남한과 북한과 중국의 한글 자모 배열 순서가 달라서 한글코드의 통일을 위해 가장 시급하게 해결하여야 할 문제 중의 하나다.

지금까지 한글코드의 자모 배열순서에서 등장되었던 문제점은 다음과 같다.

① 현대한글과 옛한글의 자모들을 각각 달리 배열할 것인가? 아니면 이들을 통합해서 배열할 것인가?

② 옛한글을 음가에 따라 배열할 것인가? 아니면 문자의 형태에 따라 배열할 것인가?

③ 기본자모와 겹자모를 따로 분리하여 배열할 것인가? 아니면 통합하여 배열할 것인가?

④ 초성글자인 'ㆁ'을 자음으로 볼 것인가? 모음으로 볼 것인가?

와 같은 문제가 될 것으로 보인다.

①의 문제, 즉 현대한글과 옛한글의 자모들을 분리할 것인가, 아니면 통합할 것인가 하는 것은 지금까지, 어떠한 규정에서도 이것을 명문화하지 않은 까닭으로, 문제시된 것으로 보인다. 예컨대 1933년에 만들어진 '한글 맞춤법 통일안'에서는 한글 자모의 수를 24자로 하고, 그 순서를 'ㄱ ㄴ ㄷ ㄹ ㅁ ㅂ ㅅ ㅇ ㅈ ㅊ ㅋ ㅌ ㅍ ㅎ ㅏ ㅑ ㅓ ㅕ ㅗ ㅛ ㅜ ㅠ ㅡ ㅣ'와 같이 정하고 그 '붙임'으로,

위의 자모로 적을 수 없는 소리는 두 개 이상의 자모를 어울러서 적는다고 하여 'ㄲ ㄸ ㅃ ㅆ ㅉ ㅐ ㅒ ㅔ ㅖ ㅘ ㅙ ㅚ ㅝ ㅞ ㅟ ㅢ'의 예를 들고 있다. 여기에는 물론 옛한글이 포함되어 있지 않다. 마찬가지로 1987년 4월에 완성된 국어연구소의 「한글 맞춤법 개정안」에서도, 사전에 올릴 때의 자모 순서를 'ㄱ ㄲ ㄴ ㄷ ㄸ ㄹ ㅁ ㅂ ㅃ ㅅ ㅆ ㅇ ㅈ ㅉ ㅊ ㅋ ㅌ ㅍ ㅎ'과 같이 정하여서 역시 옛한글에 대한 언급이 없다.

따라서 현대한글과 옛한글을 달리 배열할 것인지의 여부는 기존의 관행이 어떻게 되었는가를 검토하여 정할 수밖에 없다. 즉 각종의 국어사전과 한글 코드에서 현대한글과 옛한글을 어떻게 처리하였는가를 검토하는 일이다.

조선어학회에서 편찬한 『조선말큰사전』을 비롯하여 대부분의 국어사전은 현대한글과 옛한글을 통합하여 배열하고 있다. 단지 한글학회에서 편찬한 '우리말큰사전'만이 옛말을 '옛말과 이두'라는 별책으로 처리하고 있을 뿐이다.

한글코드는 KSC 5700만이 현대한글과 옛한글을 별도로 배열하였다. 이처럼 현대한글과 옛한글을 분리하여 배열한 것은 옛한글의 음절글자가 약 18억 개나 된다는 억측이나 ISO 10646의 한글 자모로 만들어지는 옛한글의 음절글자가 약 50만 개나 된다는 억측과, 이에 따른 현대국어 처리의 능률이 저하된다는 우려와 이를 위한 막대한 경비의 손해, 그리고 복잡성을 유도하여 정보처리의 속도를 줄인다는 우려가 있으나, 이것은 옛한글에 대한 잘못된 인식에서 비롯된 것이다. 실제로 옛한글 음절글자의 수는 현대한글의 음절글자수에 비해 훨씬 적은 수에 해당한다. 옛한글의 음절글자 수는 현대한글의 거의 절반도 되지 않는 약 5,000여 자로서 충분하다.

현대한글과 옛한글은 따로 분리하여 배열할 수 없을 것으로 생각한다. 왜냐하면 옛한글의 음절글자는 옛한글 자모로서만 이루어질 수 없기 때문이다. 예컨대 'ᄀᆞᆯ'이라는 음절은 초성의 'ㄱ'과 종성의 'ㄹ'은 현대한글에 속하며, 단지 중성의 'ㆍ'만이 옛한글이며, 'ᄶᅡᆨ'은 초성의 'ᄶ'만이 옛한글이고, 중성과 종성의 'ㅏ'와 'ㄱ'은 현대한글이다. 따라서 현대국어만을 표기하려면, 옛한글이 필요하지 않지만, 옛말을 표기하려면 현대한글도 필요하게 된다. 국어사전이 현대국어의 단어만이 아니라 고어의 단어도 등재하는 것이므로 현대한글과 옛한글을 분리하여 배열할 수가 없는 것이다.

뿐만 아니라, 남북한의 자모 배열순서가 서로 다른 처지에서, 남북한의 자모를 통일시키는 가장 합리적인 방법 중의 하나가 현대한글과 옛한글을 통합하여 이들을 새로 배열하는 것이라고 생각할 수 있다. 1995년 9월에 열린 제2회 우리말 컴퓨터처리 국제학술대회에서 남북한의 합의문에서도 그러한 점이 밝혀져 있어서, 그러한 가능성을 더욱 높여 주고 있다. 자모순 공동안 작성을 위한 합의문은 다음과 같다.

1) 적용범위

공동안 작성에서의 자모순서는 컴퓨터 부호계에서 사용되는 자모배열순서에 국한한다.

2) 자모의 범위

(1) 우리 민족 언어 생활에 필요한 글자를 다 넣는 것을 원칙으로 한다.

(2) 현대와 옛문헌에 쓰이는 우리 글자를 다 포함시킨다.

(3) 옛 글자의 범위는 좀 더 구체적으로 상론하여 확정한다.

3) 자모의 묶음

우리말 음절자 구성의 기본 원리에 따라 자모를 초성, 중성, 종성 단위로 묶는다.

4) 묶음 내부의 배열순

초성, 중성, 종성 묶음 내부에서의 자모차례는 더 연구하되 각기 상대방의 입장에서 접근점을 찾기 위해 노력한다.

5) 입출력 변환 프로그램 개발

남과 북, 중국의 현행 맞춤법과 서사규범에 맞게 입출력할 수 있도록 변환 프로그램을 개발 이용한다.

이상에서 볼 수 있듯이, 현대와 옛문헌에 쓰이는 우리 글자를 모두 포함시키는 것을 중심으로 하였고, 이 합의문을 작성하기 직전에 남과 북, 그리고 중국의 대표들이 모여 비공식적으로 논의한 자리에서도 역시 현대한글과 옛한글을 통합하여 배열하는 것이 좋을 것이라는 의견 교환이 있었다.

②의 문제인, 옛한글에서 특히 초성의 겹자모들을 음가에 따라 배열할 것인가 자형에 따라 결정하여야 할 것인가에 대한 것은 아직까지 해결하기 어려운 점이 있다. 왜냐하면 기존의 고어사전의 태도가 서로 다르기 때문이다. 이 문제는 다행히 국립국어연구원에서 결정한 사항이 있다. 즉 1992년에 국립국어연구원에서 UCS 및 UNICODE에 제출할 '자모 선정 및 배열'에 관한 회의에서 결정한 원칙이 그것이다. 물론 이 회의에서 결정된 사항은 한글맞춤법에 나타나는 배열순서와는 그 성격을 달리한다고 할 수 있다. 특히 각자병서에서 차이를 보이는 것이다. 옛 한글의 자모에 대한 명칭도 아울러 정한 이 회의에서 결정된 원칙은 다음과 같다.

㉠ 합용병서는 통속음 기준과 자형 기준으로 나누어지는데, 자형 기준으로 배열한다.

㉡ 각자병서는 합용병서와 섞어서 배열한다.

㉢ 순경음은 해당 자모 줄의 다음에 배열한다.

㉣ 'ㅿ' 은 순경음에 준해 처리한다.

㉤ 'ㆍ'는 모음 줄의 끝에 배열한다. 그리고 'ᆡ'는 'ㆍ'의 뒤에 배열한다.

㉥ 'ㆆ'은 'ㅎ'의 뒤에 배열한다.

즉 이 회의에서 결정한 사항은 자형을 기준으로 하여 배열한다는 것이다. 예컨대 'ᄭ'는 'ㅅ'의 뒤에 배열한다는 것이다. 대부분의 고어사전에서는 'ᄭ'는 'ㄲ'의 뒤에 배열하거나 'ㄱ'의 맨 뒤에 배열하거나 하는 태도를 가져 왔다. 이것은 음가에 따른 배열이었다. 그러나 'ᄭ'의 음가가 국어사 연구자들이 각각 달리 주장하는 바가 있으므로(즉 [k'a]와 [ska]), 이것을 자형 중심으로 하는 편이 낫다는 결론이었다.

③의 기본자모와 겹자모의 배열순서 문제는 특히 남북한의 주장이 달라서 그 통일에는 상당한 진통을 겪을 것으로 예상되는 문제이다. 즉 'ㄲ'을 'ㄱ'의 뒤에 배열하는 방법과 자음 모두를 배열한 뒤에 배열하는 두 가지 방법이 있다. 남한의 '한글맞춤법'에서는 전자를 주장하고, 북한에서는 후자를 주장한다. 그러나 한때, 남한에서도 이러한 주장을 한 적이 있다. 즉 1933년에 만들어진 '한글 맞춤법 통일안'에서는 그 순서를 'ㄱ ㄴ ㄷ ㄹ ㅁ ㅂ ㅅ ㅇ ㅈ ㅊ ㅋ ㅌ ㅍ ㅎ ㅏ ㅑ ㅓ ㅕ ㅗ ㅛ ㅜ ㅠ ㅡ ㅣ'로 정한 뒤에 '붙임'으로, 위의 자모로 적을 수 없는 소리는 두 개 이상의 자모를 어울러서 적는다고 하여 'ㄲ ㄸ ㅃ ㅆ ㅉ ㅐ ㅒ ㅔ ㅖ ㅘ ㅙ ㅚ ㅝ ㅞ ㅟ ㅢ'와 같이 배열하였다. 이에 따르면 현대 국어의 초성 자모 배열 순서는 'ㄱ ㄴ ㄷ ㄹ ……ㅌ ㅍ ㅎ ㄲ ㄸ ㅃ ㅆ ㅉ'이 될 것이다. 실제로 북한의 과학원출판사에서 간행된 『조선말 사전』(평양: 과학원출판사 1961~1962)에서는 이와 같은 배열 방식을 취하였다.

그러나 이 문제는 옛한글과 현대한글을 합쳐서 배열하는 방법이 논의된다면 쉽게 해결될 것으로 보인다. 즉 'ㄲ, ㅺ, ㅽ, ㅲ, ㅴ' 등을 어떻게 배열하는가 하는 것과 연관을 가진다. 만약 이들의 배열순서가 결정되면 ③의 문제는 해결될 것으로 보인다.

④의 문제는 남과 북의 주장이 팽팽히 맞서는 문제이다. 'ㅇ'이 초성에서는 음가가 없기 때문에 이들을 자음의 맨 뒤에 배열시키는 것이 북한의 태도이다.

이 문제에 대해서는 제2회 우리말 컴퓨터처리 국제학술대회에서 중국의 대표들이 북한 쪽에 남한 쪽의 의견에 따르도록 유도했던 문제이다. 즉 중국의 대표들은 남한의 대표에게 'ㄲ, ㄸ, ㅃ, ㅆ, ㅉ'을 자음의 맨 뒤에 배열하는 북한의 의견에 따르도록 유도하였고, 'ㅇ'은 북한 쪽의 대표들을 남한의 의견인 'ㅅ' 뒤에 배열하는 것에 양보하도록 유도하였다. 그래서 남과 북, 그리고 중국이 한글 자모순에 대한 통일안이 만들어질 수 있었을 것으로 예상되었으나, 합의문을 작성하기 직전인, 회의 마지막날 아침에 비공식적인 모임에서 다음 번 회의에서 합의할 수 있도록 하자는 결론으로 바뀌게 되었다. 따라서 이 문제는 앞으로 남북한이 겹자모 문제와 연관되어 합의에 도달할 수 있을 것으로 생각된다.

그러나 위의 네 가지 문제는 그러한 합의에 의하여서 이루어질 문제는 아니라고 생각한다. 왜냐하면 한글의 자모를 배열하는 순서의 원칙을 먼저 결정하여야 하겠기 때문이다. 그 원칙으로서는 우선 다음과 같은 점을 들 수 있다.

① 현대한글과 옛한글은 통합하여 배열한다.

②초성과 중성과 종성 글자를 분리하여 배열한다. 이것은 초성자모와 종성자모 중 동일한 자모가 있다고 하더라도, 초성 중성 종성자모를 따로 설정하는 것을 의미한다.

③자음글자는 초성글자와 종성글자를 동일한 차원에서 배열하도록 한다.

이것은 초성글자의 'ᄭ'과 종성글자의 'ᇧ'을 동일한 원칙에서 배열하여야 한다는 것을 의미한다. 이러한 것은 초성의 'ㅇ'과 종성의 'ㅇ'에도 동일하게 적용되어야 한다.

④자음글자는 그 음가에 따라 배열하기보다는 자형에 따라 배열하도록 하여야 한다. 왜냐하면, 문자를 인식하는 국민들이 그렇게 인식하기 때문이다.

이러한 원칙에 따른다면 대개 다음과 같은 배열순서가 될 것이다.

(1) 초성 자모 : ᄀ ᄁ ᄂ ᄓ ᄔ ᄕ ᄖ ᅛ ᅜ ᄃ ᄗ ᄄ ᄅ ᄘ ᄙ ᄚ ᄛ ᄆ ᄜ ᄝ ᄇ ᄞ ᄟ ᄠ ᄈ ᄡ ᄢ ᄣ ᄤ ᄥ ᄦ ꥲ ᄧ ᄨ ᄩ ᄪ ꥴ ᄫ ᄬ ᄉ ᄭ ᄮ ᄯ ᄰ ᄱ ᄲ ᄳ ᄊ ᄴ ᄵ ᄶ ᄷ ᄸ ᄹ ᄺ ᄻ ᄼ ᄽ ᄾ ᄿ ᅀ ᄋ ᅁ ᅂ ᅃ ᅄ ᅅ ᅆ ᅇ ᅈ ᅉ ᅊ ᅋ ᅌ ᄌ ᅍ ᄍ ᅎ ᅏ ᅐ ᅑ ᄎ ᅒ ᅓ ᅔ ᅕ ᄏ ᄐ ᄑ ᅖ ᅗ ᄒ ᅘ ᅙ

(2) 중성 자모 : ᅡ ᅶ ᅷ ᅢ ᅣ ᅸ ᅹ ᅤ ᅥ ᅺ ᅻ ᅼ ᅦ ᅧ ᅽ ᅾ ᅨ ᅩ ᅪ ᅫ ᅿ ᆀ ᆁ ᆂ ᆃ ᅬ ᅭ ᆄ ᆅ ᆆ ᆇ ᆈ ᅮ ᆉ ᆊ ᅯ ᆋ ᅰ ᆍ ᅱ ᅲ ᆎ ᆏ ᆐ ᆑ

ᆒ ᆓ ᆔ ᅳ ᆕ ᆖ ᅴ ᆗ ᅵ ᆙ ᆚ ᆛ ᆜ ᆝ ᆞ ᆟ ᆠ ᆡ ᆢ

(3) 종성 자모 : ᆨ ᆩ ᇃ ᇻ ᆪ ᇄ ᇽ ᇾ ᆫ ᇅ ᇿ ᇆ ᇇ ᇈ ᆬ ퟋ ᇉ ᆭ ᆮ ᇊ ퟍ ퟎ ᇋ ퟏ ퟐ ퟑ ퟒ ퟓ ퟔ ᆯ ᆰ ퟕ ᇌ ퟖ ᇍ ᇎ ᇏ ᇐ ퟗ ᆱ ᇑ ᇒ ퟘ ᆲ ퟙ ᇓ ퟚ ᇕ ᆳ ᇖ ᇗ ퟝ ᇘ ᆴ ᆵ ᆶ ᇙ ퟜ ᆷ ᇚ ᇛ ᇜ ᇝ ᇟ ퟠ ᇠ ᇢ ퟣ ᇣ ퟤ ퟦ ᆹ ퟧ ퟨ ퟩ ᇤ ᇥ ᇦ ᆺ ᇧ ᇨ ᇩ ퟪ ᇪ ퟫ ᆻ ퟮ ퟯ ퟰ ퟱ ퟲ ᇫ ퟴ ᆼ ᇬ ᆼᆷ ᆼᆺ ᇮ ᇰ ᇱ ᇲ ᇯ ᆼᇂ ᆽ ퟹ ᆾ ᆿ ᇀ ᇁ ᇳ ퟺ ᇴ ᇂ ᇵ ᇶ ᇹ

이 자모의 배열순서는 앞으로 남과 북의 자모순 결정에도 크게 작용할 것으로 생각한다. 1995년 9월에 있었던 제2차 우리말 처리 국제학술회의에서, 남과 북의 자모순 통일안을 남과 북의 언어규범에서 각각 달리 정한 자모순을 탈피하고, 옛한글을 포함한 새로운 자모순으로 통일시킬 것을 잠정적으로 합의하였기 때문이다. 이 잠정적 합의는 남과 북이 서로의 명분을 잃지 않고 합리적으로 통일시킬 수 있는 가능성을 제시한 것이라고 생각한다. 이러한 방법이야 말로 컴퓨터 부호계에서 한글의 자모순을 통일시키는 가장 빠른 첩경이라고 생각한다.

<1996년 6월 21일(금), 한국정신문화연구원,

'96 우리말 컴퓨터처리 국제학술대회를 위한 세미나, 국어정보학회>

제 3 부

국어사전

1. 한국의 사전 편찬 현황과 겨레말큰사전

1) 한국의 대역 어휘집의 편찬 약사

한국에서 현대적인 의미의 한국어 단일어 사전은 20세기 초기에 처음으로 편찬되었다. 한국어 사전의 편찬 역사는 서양에 비해 짧은 편이다. 그러나 어휘 자료집, 그중에서도 대역 어휘집 편찬의 역사는 매우 길다. 이처럼 사전 편찬의 역사는 짧고 대역 어휘집의 역사가 긴 이유에는 두 가지가 있다. 하나는 한국어를 표기하는 문자인 한글의 창제가 15세기에 와서야 이루어진 점이고, 또 하나는 한자 및 한문으로 된 문헌을 이해하고 습득하는 데 더 많은 중점을 두어서, 어문 생활에서 문자생활이 구두 언어생활보다 더 중요시되었기 때문이다.

이러한 환경 때문에 대역 어휘집 편찬은 16세기부터 시작하여 20세기 초까지도 계속되었고, 이 편찬 경험은 20세기 초에 한국어 단일어 사전 편찬에 중요한 도움이 되었을 것으로 생각한다. 그래서 대역 어휘집 편찬의 역사는 한국어 사전 편찬의 역사를 논할 때, 매우 중요하다.

20세기 이전에 편찬된 대역 어휘집들은 몇 가지 특징을 지닌다.

① 유서(類書) 즉 유별(類別)로 분류하여 편찬한 사서(辭書)의 형식으로 편찬되었다는 점이다. 즉 어휘를 의미별(예컨대, 천문, 지리, 농사 등)로 분류하거나, 글자수(또는 음절 수)에 따라 해당되는 어휘를 분류하여 표제항으로 하였다는 점이다. 현대의 언어 사전처럼 어휘의 자모 배열순으로 배열하기 시작한 것은 19세기 중엽에 와서의 일이다.

②주로 한문으로 된 원전을 이해하기 위한 방편으로 편찬되었다는 점이다. 20세기 이전에 한국에서 '원전'이란 상당수가 한문으로 된 문헌이었고, 그 한문 원전을 이해하기 위해서는 그 문헌에 나타나는 문자, 단어, 고유명사(인명, 지명, 국명 등), 고제도(제도, 직관 등), 고사성어, 풍속, 세시 등 어휘들을 알지 않으면 안 되었기 때문이다. 그래서 편찬된 것이 곧 유서들이었다.

③이러한 대역 어휘집들은 언어 외적인 요인에 의하여 그 해당 언어가 달라졌다는 점이다. 이 대역 어휘집은 다음과 같은 네 단계 과정을 거쳐 변천해 왔다.

단계	시기	특징	문헌의 예
1단계	15세기~ 16세기	한자에 대한 유서	『훈몽자회』, 『유합』 등
		중국어에 대한 유서	『노박집람』, 『사성통해』 등
2단계	17세기	경서(經書)에 대한 유서	『어록해』 등
3단계	17세기말~ 18세기말	외국어에 대한 유서	『역어유해』, 『동문유해』, 『몽어유해』, 『왜어유해』, 『한청문감』, 『방언유석』 등
4단계	18세기말~ 19세기말	물명(物名)에 대한 유서	『물명고』, 『물보』, 『재물보』, 『사류박해』 등

16세기에 한자 및 중국어에 대한 유서가 간행되는 이유로써 훈민정음의 창제를 들 수 있다. 즉 훈민정음이 창제됨으로써 한국의 문자로 중국 한자의 음과 석을 설명하는 방안이 마련되었기 때문이다.

17세기에 경서에 대한 유서가 등장한 것은 이 시기가 유교가 한국 사회를 지배하기 시작한 때이기 때문이다.

17세기 말에 역학(譯學) 관계 유해서(類解書)가 편찬된 것은 이 시대의 국제관계가 반영된 것이다. 이들 대역 외국어 어휘사전들은 그 대상어가 한어, 몽고어, 만주어, 일본어였다. 그러나 19세기에 와서는 외국 선교사들에 의한 한국어-외국어, 또는 외국어-한국어 사전이 등장하게 된다. 중국과의 관계는 오래전부터 이루어진 것이기 때문에 중국어나 한자 · 한문에 대한 대역어휘집이 먼저 등장하는 것은 당연할 것이다. 그러나 명나라가 멸망하고 청나라가 대두된 이래 다시 만주어 대역어휘집이 등장하고, 다시 일본과의 관계에서 일본어 대역어휘집이 등장한다. 그리고 19세기에 와서는 서양과의 관계로 인하여 영어-한국어, 한국어-영어, 불어-한국어, 한국어-불어 등의 사전이 등장한다.

18세기 중반 이후부터 소위 백과사전류의 유서들이 편찬되었다. 이러한 백과사전류의 유서의 편찬은 지나간 시기에 무분별하게 받아들였던 중국의 물명(物名)을 고증하여 바로잡고, 또한 한국어의 물명에 대한 시야를 넓히고자 한 데 있었다. 이러한 움직임은 외국의 문물을 받아들임과 동시에 이것을 한국의 전통문화 속에 융해시키려는 것이었다. 이 결과로 한국어의 어휘량은 매우 크게 증가한 것으로 보인다. 이를 바탕으로 하여 한국어 사전의 편찬은 시작될 수 있었던 것이다.

그러나 대역어휘집이 단순하게 대역어휘집으로만 그친 것은 아니었다. 표제어에 대한 뜻풀이도 어느 정도 상세히 되어 있었다. 단지 그 뜻풀이가 한국어로만 되어 있지 않았을 뿐이었다.

④ 대역 어휘집이 대부분 외국어 및 한자의 학습용이라는 점이다. 처음에는 한 외국어를 학습하기 위해 만들어졌지만, 차츰 다양한 외국어를 습득하기 위해 이중어 사전뿐만 아니라 다중어사전도 등장하였다. '방언유석'이 다중어사전의 대표적인 것인데, 이것은 한어(중국어)를 표제항으로 삼고 한국어, 몽고어, 만주어, 일본어로 대역하고 있다.

⑤ 이들 대역 어휘집들의 특징은 그 표제어가 한국어가 아니라는 점이다. 한국어에 대한 관심은 다른 외국어에 비해 2차적이었기 때문이었다. 이러한 특징으로 한국어 어휘 자료집은 후대에 이루어지고 대부분이 외국어 어휘 자료집이 먼저 등장하게 된 것이다.

⑥ 이들 대역 어휘집들에서 한국어 또는 한국 문자는 뜻풀이 언어와 문자로서의 기능을 하고 있다는 점이다.

한국인에 의해 만들어진 한국어 어휘집은 엄밀하게 말해서 19세기 말의 『국한회어』로부터 시작되었다. 그 이전의 어휘집은 한국어를 표제어로 한 것이 아니고, 다른 외국어나 외국문자를 표제어로 하고 있었고, 한국어를 이해하기 위하여 편찬된 한국어사전의 시초는 외국인들에 의해서 시작되었다.

이 어휘집들의 편찬을 통해서 한국어 단어나 한국어 어휘, 그리고 한국 문자라는 매체가 외국 문자나 외국어를 습득하여, 새로운 문화를 받아들이는 제일차적인 기능을 하게 되었다.

이러한 과정은 필연적으로 이중어 사전으로부터 출발하여 다중어 사전으로, 그리고 다시 이중어 사전으로, 마지막에는 단일어 사전으로 변천해 가도록 하였다. 즉 동양어의 이중어 사전으로부터 동양어의 다중어 사전으로, 그리고 서양어의 이중어 사전으로, 그리고 마지막으로 표제항과 풀이말을 한국어로 하는 단일어 사전으로의 변천과정을 겪게 되었다. 이 과정을 거쳐 비로소 한국인들에 의한 한국어사전의 편찬이 등장하게 되었다. 한국어사전의 편찬은 이러한 무수한 시간의 흐름 속에서 싹터 왔고, 이러한 경험과 문화의 축적으로 이루어지기 시작하였다.

2) 한국어 대역사전 편찬의 역사

19세기 말까지 편찬된 대역 어휘집은 주로 외국어 중에서도 동양어, 즉 몽고어, 중국어, 만주어, 일본어 들을 학습하기 위해 또는 한자나 한문을 해독하기 위해 편찬되었다. 그러나 19세기 말에 서양 선교사들이 한국에 들어오게 되면서부터 외국인들에게 한국어를 소개하거나 또는 한국인들에게 외국어를 소개하기 위하여 한국어 대역사전을 편찬하기에 이르게 된다.

이전의 동양의 언어를 대상으로 한 것들은 대개 의미 부류별로 모아 풀이한 분류어휘집이지만, 서양 언어에 대한 어휘집은 표제어를 언어의 자모별 순서로 배열하여 편찬하고 그 뜻풀이도 단순한 어휘 대 어휘로 대역하지 않고, 다양한 방법으로 뜻풀이를 함으로써, 대역사전으로 발전하게 되었다. 대역 분류 어휘집에서 대역사전으로 변화한 것이다.

19세기 말부터 20세기 초의 이러한 사전의 등장은 그 당시의 국제관계를 잘 반영한다. 그래서 한국어-프랑스어, 한국어-영어, 한국어-일본어, 그리고 영어-한국어, 러시아어-한국어, 프랑스어-한국어, 라틴어-한국어, 일본어-한국어의 대역사전이 편찬되게 된다. 그러한 사전의 대표적인 예를 들도록 한다.

(1) 한국어-프랑스어

Félix-Clair Ridel : Dictionaire Coréen-Francais(한불ᄌᆞ뎐, 1880년)

(2) 한국어-영어

H. G. Underwood : A Concise Dictionary of Korean Language(영한 한영자전, 1890년)

J. Scott : Introduction, English-Corean Dictionary(영한사전, 1891년)

(3) 한국어-일본어

趙義淵 井田勤衛 : 日韓 韓日 言語集(1910년)

조선총독부 : 조선어사전(1920년)

조건어연구회 : 鮮和新辭典(1942년)

(4) 영어-한국어

James S. Gale : A Korean-English Dictionary(영한자전, 1897년)

George H. Jones : An English-Korean Dictionary(영한자전, 1914년)

(5) 러시아어 - 한국어

푸칠로 : 露朝辭典(1874년)

試篇 露韓小辭典(1904년)

(6) 프랑스어 - 한국어

Charles Allévêque : Petit Dictionaire Français-Coréen(法韓字典, 1901년)

(7) 라틴어 - 한국어

Parvum Vocabularium Lation-Coreanum ad usum studiosae(羅韓小辭典, 1891년)

(8) 일본어 - 한국어

趙義淵 井田勤衛 : 日韓 韓日 言語集(1910년)

日語雜誌社 : 日韓 會話辭典(1907년)

주로 영어, 불어, 일본어의 대역사전이 편찬되었는데, 이것은 그 당시에 한국에 입국한 선교사들이 모두 영어권과 불어권 사람들이었기 때문이며 그리고 일본 제국주의 강점기가 되면서 일본의 식민정책에 필요하여 편찬되었기 때문이다. 식민정책의 일환으로 편찬된 사전의 대표적인 것이 1920년에 조선총독부에서 간행한 『조선어사전』이다. 이 『조선어사전』은 총어휘 수가 58,639개로 한자어 40,734개, 언문어 17,178개, 이두 727개가 포함된, 가장 규모가 큰 대역사전이었다.

이러한 대역 외국어 사전은 후에 등장할 한국어 단일어 사전에 몇 가지 중요한 영향을 주었다.

첫째는 사전 편찬 방식의 영향이다. 즉 표제어의 배열순서를 의미별 배열에서 자모순 배열로 바꾸는데 영향을 주었다. 이러한 영향은 한자음의 배열순서에도 적용될 수 있었는데, 부수와 획수에 따라 배열하던 한자 배열 방식도 한자음별로 배열하거나(『음운첩고』의 경우), 한자 석(釋)의 자모순으로 배열하거나(『언음첩고』의 경우) 하는 방식으로 변화하게 된다.

둘째는 백과사전식에서 언어사전식으로 변화시키는 데 영향을 주었다. 그래서 올림말에서 고유명사 등이 사전에서 점차 사라지고 뜻풀이에 문법정보나 발음정보 등이 삽입되게 되었다.

셋째로 뜻풀이 방식에 변화를 가져 왔다. 이전의 어휘 자료집에서 보듯이 1 : 1로 그 어휘에 대응하는 어휘를 제공하는 대신에, 오늘날의 뜻풀이 방식으로 변화를 겪게 되었다.

3) 한국어 사전 편찬의 역사

이러한 외국어 대역사전에 접하면서 한국의 뜻있는 학자들은 한국어 사전의 편찬에 대해 깊은 관심을 가지고 자료를 수집하고, 이를 사전으로 편찬하려는 움직임을 보이고 있었다. 이것은 일제강점기에 발생한 민족주의의 영향이었다. 일본 식민지 아래에서 국가를 되찾기 위한 운동의 일환으로 '국어 사랑이 곧 나라 사랑이고 민족 사랑'이라는 의식이 강하게 작용하였기 때문이다. 이러한 정신은 곧 한국어 사전 편찬의 필요성을 강조하게 하였고, 실제로 어휘를 수집하는 등의 사전 편찬을 위한 기초작업이 이루어졌다. 1909년부터 1910년까지 간행된 일간신문인 '대한민보'에서도 '사전연구초(辭典硏究草)'라 하여 어휘를 수집하기 시작하였고, 이러한 의식이 사전 편찬으로 이어졌다.

(1) 『말모이』의 편찬

1911년부터 조선광문회를 중심으로 사전편찬에 착수하게 되었는데, 이것이 곧 『말모이』의 편찬이다. '말모이'란 명칭, 즉 '말을 모음'이란 뜻은 곧 국어사전을 의미한다. 비록 출판은 되지 못하고, 현재 일부 원고로서만 존재하고 있지만, 이것이 곧 한국인에 의해 편찬된 한국어 단일어 사전의 효시라고 할 수 있다. 조선광문회에서는 『신자전』(新字典, 1915년)과 '말모이'의 편찬을 동시에 진행시켰는데, 이것은 한자와 한국어에 대한 인식이 그만큼 컸기 때문일 것이다. 그러나 이 무렵, 한국이 일본에 강점되면서, 이 중요한 사전 편찬 작업은 중단되고 말았다. 말모이 편찬에 참여하였던, 주시경, 김두봉, 이규영, 권덕규 중에서 1914년에 주시경이 세상을 떠나고, 이규영의 작고(1920년), 김두봉의 상해 망명 등으로 거의 완성 단계에서 중단되었으며, 그 원고조차도 그 첫째 권으로 보이는 'ㄱ-갈죽' 부분만 남아 있는 실정이다.

(2) 조선총독부의 『조선어사전』의 편찬

전술한 바와 같이 일본의 조선총독부에서 식민지 정책에 의해 한국어 사전이 편찬되었으나 그것은 한국어와 일본어의 대역사전에 불과하였다. 원래는 한국어 -한국어의 단일어 사전으로 편찬되었던 것인데(현재 단일어 사전의 형식으로 된 원고가 국립중앙도서관과 서울대학교 도서관에 남아 있다), 식민지 정책에 따라 대역사전으로 바뀐 것이다.

(3) 심의린의 『보통학교 조선어사전』 편찬

일제 강점기에 일본은 한국어를 '조선어'로, 일본어를 '국어'로 칭하도록 하였고, 한국에서 한국어를 외국어로 취급하였다. 그래서 한국인이 '조선어'를 외국어로서 습득하도록 하였다. 학습 교과서인 '조선어독본'을 이용하여 한국어를 제대로 가르치려는 생각에서 그 주해서를 만들면서 이루어진 어휘집을 사전으로 편찬하기도 하였는데, 그것이 곧 심의린이 편찬한 『보통학교 조선어사전』(1925년)이다. 이것은 한국의 학습사전의 시초라고 할 수 있다.

(4) 문세영의 『조선어사전』과 이윤재의 『표준조선어사전』 편찬

1938년에 문세영이 『조선어사전』을 편찬하였다. 이 사전은 학습사전이 아닌 본격적인 한국어 단일어 사전으로서 인쇄 출판된 한국어사전으로서는 최초의 사전이다. 조선총독부의 『조선어사전』을 대본으로 삼아 편찬하였고, 이윤재의 지도 아래 편찬되었다고 알려져 있다. 표제어가 약 89,000(89,681개?)개가 된다. 이. 사전은 그 당시에 가장 널리 사용되던 사전이었다. 이 사전은 1949년에 『수정 증보 조선어 사전』으로 보완되기도 하였고, 각종의 다양한 이름으로 출판되었다. 심지어 중국의 동포들 사회에서도 간행되었는데, 속표지에 '남조선에서 만든 것이니 사용에 주의하라'는 경고문까지도 붙어 있다. 문세영 선생은 한국전쟁 때 납북되어 북한에서도 사전 편찬작업에 몰두하다가 폐결핵으로 사망하였다고 한다. 한국전쟁 때 행방불명되어 그 행적을 모르다가 발표자가 북한의 국어학자에게 물어서 문세영 선생이 납북되었으며(북한 학자의 표현은 '모셔 왔다'였다), 이극로 선생의 소개로 조선어문연구회 사전부의 유열 선생과 함께 인사를 하고 사전 증보 작업을 하다가 1952년 4월 11일-12일에 폐결핵으로 사망하였다는 사실을 알게 되었다. 그래서 발표자가 문세영 선생의 후손(손자)에게 이러한 사실을 알려 준 적이 있다.[1]

---

1 문세영 선생에 대한 내용은 북한의 정순기 선생의 증언에 따른 것이다.

1947년에는 이윤재의 『표준조선말사전』이 나왔는데, 이것은 이윤재가 1933년 겨울부터 편찬하다가 완성되지 못한 것을 그의 제자이자 사위인 김병제가 수정 증보하여 출판한 것이다

(5) 『조선말큰사전』의 편찬

1929년에는 각계의 유지 108명을 발기인으로 하여 '조선어사전 편찬회'가 조직되어 한국어사전 편찬작업이 새롭게 진행되었다. 이 편찬회가 후에 조선어학회에 합쳐져서 거의 20년 간의 시간을 겪으면서 1947년 『조선말큰사전』을 간행하게 되었다. 1942년 가을까지는 어휘 카드 대부분이 초벌 풀이가 끝나 일부 조판까지 시작되던 중에 일본이 한국어학자들을 탄압하여 함흥 감옥소에 수감시켜 넣음으로써 사전 편찬 작업이 중단되었다. 광복 뒤에 서울역 운송부 창고에서 다시 찾은 원고를 정리하여 1947년에 첫째 권을 출판한 다음에 1957년에 여섯 권 전체를 다 간행하게 되었다. 그 사이에 한국전쟁이 일어나 완간이 늦어졌던 것이다. 표제항의 어휘 수집은 이상춘이 제공한 원고 이외에 총독부의 『조선어사전』과 게일의 『한영자뎐』에서 우선적으로 이루어졌다. 표제항 수는 164,125개에 달하는 것이었다.

4) 남북 분단과 사전편찬

조선어학회의 『조선말큰사전』은 한국어 학자들이 모두 힘을 합쳐 만든 한국어 사전이었다. 그러나 그 편찬의 중간에 '광복'과 '한국전쟁'이란 큰 역사적 사건이 일어났다. 그 결과로 한국은 남과 북으로 분단되었다. 남한에서는 『조선말큰사전』을 완간하였다. 이어서 문세영의 『수정 증보 조선어사전』(1949년), 신기철 · 신영철의 『표준국어사전』(1958년), 이희승의 『국어대사전』(1961년), 금성사판 『국어대사전』(1996년), 국립국어원의 『표준국어대사전』(1999년)이 간행되었다. 그리고 한글학회에서도 『조선말큰사전』을 수정 증보한 『우리말

큰사전』(1991년)이 나오게 되었다.

1990년대 이후에는 컴퓨터의 발달로 말뭉치를 이용한 사전이 등장하게 되었는데, 약 5만 개의 올림말이 있는 『연세한국어사전』이 그 최초의 한국어 사전이다. 현재 남한에서는 『표준국어대사전』 편찬 이후에 『연세한국어대사전』 편찬이 계속되고 있고, 고려대학교에서도 금년말에는 『한국어사전』의 모습을 세상에 보일 것으로 알고 있다.

그러나 북한은 사정이 달랐다. 모든 사전 편찬이 새롭게 시작되어야 했을 것이다. 1949년에 약 10만 어휘의 『조선말사전』의 원고가 완성되었지만, 한국전쟁으로 빛을 보지 못한 것으로 알려져 있다. 1956년에 『조선어소사전』(약 4만 2천 어휘)이 편찬되었는데, 이것은 1954년에 개정된 '조선어철자법'을 반영한 것이었다. 1961년부터 1962년에 이르기까지 『조선말사전』 6권이 발간되었는데, 모두 18만 7천 어휘를 담고 있다. 『현대조선말사전』(1968년, 약 5만 어휘), 『조선문화어사전』(1973년, 6만 7천 어휘)을 거쳐 1992년에 『조선말대사전』이 간행되었다. 이것은 약 33만 개의 올림말이 있다.

현재까지 남한과 북한에서 간행된 사전 중에서 대표적인 것은 남한에서는 국립국어원에서 편찬한 『표준국어대사전』이고, 북한에서는 『조선말대사전』이라고 할 수 있다. 이 두 사전을 비교하면 다음과 같다.

	표준국어대사전	조선말대사전
간행연도	1999년	1992년
어휘수	509,076개	약 330,000개
편찬기간	8년	약 10년
전자사전	있음	없음
특징	① 국가 기관에서 편찬(국립국어원) ② 표준어 중심 ③ 일부 북한어 반영 ④ 일부 말뭉치를 이용 ⑤ 남한의 어문규범 적용	① 국가 기관에서 편찬함(사회과학원) ② 문화어 중심 ③ 남한어 반영하지 않음 ④ 일부 언어 조사를 실시 ⑤ 북한의 어문규범 적용

	⑥ 북한 어휘의 사회주의 개념 제외	⑥ 일부 어휘에 사회주의 개념 도입

이 두 사전의 정보 구성을 비교하면 다음과 같다. (○는 있음을, ×는 없음을 뜻한다.)

구분	표준국어대사전	조선말대사전
어깨 번호	○	○
한자 표시	○	○
원어 표시	○	○
발음 정보	○	○
곡용 및 활용	○	○
품사 표시	○	○
사용 지역의 표시	북한어 표시	×
사용 영역의 표시	○(전문 영역)	○(전문 영역)
뜻풀이	○	○
용례	○(부분적)	○(부분적)
부표제어	○	○
격틀(문형)	○	×
형태소 분석 여부	×	×
어원 정보	○	×
연어 정보	×	×
형태변화의 역사	×	×
빈도수 표시 여부	×	○
관련(참고)어휘	○	×
순화 정보	○	○

5) 남북 분단과 남북의 언어

그렇다면 남과 북의 어휘는 얼마나 다른 것인가? 이 문제는 남한의 언어와 북한의 언어의 어휘가 형성되는 과정을 검토해 보아야 알 수 있는 일이다. 어느 어휘가 형성되는 경우는 다음과 같다.

① 어휘가 자연적으로 생성되는 경우.

② 인위적으로 어휘를 만드는 경우

③ 외국어에서 어휘를 차용하여 쓰는 경우

④ 어휘를 순화하여 또는 다듬어서 만드는 경우

⑤ 어휘의 형태는 그대로 있되, 어휘의 의미가 변화하는 경우

①의 경우에는 남과 북의 언어에는 방언적 차이만 존재한다. ②~⑤의 경우에는 어휘 차이가 발생할 수 있다. ②의 경우에 해당하는 것으로는 전문용어가 많다. ③의 경우에는 차용의 과다와 표기법의 문제가 발생할 수 있다. ④의 경우에는 북한의 다듬은 말이나 남한의 순화한 말이나 일반적으로 널리 사용되지 않고 있어서 큰 문제는 되지 않을 수도 있다. ⑤의 경우에는 개념의미가 바뀐 것은 그리 많지 않고 주로 내포의미가 변화한 것이다.

남북의 언어는 광복 이후에 새로 만든 어휘들이나 차용한 어휘에서 차이가 나는 것이라고 할 수 있다. 결과적으로는 남북 간의 언어차이가 되었지만, 본질적으로 그것은 남북의 언어차이라고 하기 어렵다. 언어변화로 인한 결과이어서 그것은 세대 간의 언어 차이로 인식되어야 한다.

그래서 남북어의 차이는 ① 방언적 차이 ② 새로 만든 말(학술용어 등) ③ 새로 차용한 말 ④ 다듬은 말(순화한 말)에서 차이를 보이는 것이다. 그러나 남북 언어의 기본이 되는 기초어휘들은 큰 차이가 없다.

6) 겨레말큰사전의 편찬

『겨레말큰사전』의 편찬은 문익환 목사에 의해 그 필연성이 제기되었고 북한의 김일성 주석이 이에 동의함으로써 출발되었다. 그 이후 여러 우여곡절을 겪고 2004년 12월에 남한과 북한의 사전 편찬위원들 중 일부가 금강산에서 만나 합의서를 교환함으로써 시작되었다. 중요한 합의 사항은 다음과 같다.

① 사전의 이름을 『겨레말큰사전』이라고 한다.
② 『겨레말큰사전』 편찬을 위해 '겨레말큰사전 남북 공동편찬사업회'를 구성한다.

남북의 편찬위원들이 모여 사전을 편찬하기 위한 편찬요강이 합의되었는데, 그 주요 내용은 다음과 같다.

① 약 30만 개의 올림말을 대상으로 한다.
③ 전자사전을 동시에 만든다.
③ 20세기 이후의 어휘를 대상으로 한다.
④ 남한과 북한은 물론 전 세계의 우리 민족이 사용하는 어휘를 대상으로 한다.
⑤ 우선 남한의 『표준국어대사전』과 북한의 『조선말대사전』에 있는 올림말에서 20만 개 정도의 어휘를 선정한다.
⑥ 방언, 민속 어휘, 동식물 이명, 직업 어휘, 문학 작품에서 뽑은 말, 새말 등 광범한 분야의 문헌 자료와 생산 현장에서 어휘 조사 사업을 진행하여 민족 고유의 어휘 표현을 약 10만 개를 올리도록 한다.
⑦ 전문 용어도 어느 정도 올린다.

이러한 공동 편찬요강에 따라 편찬을 시작하면서 지금까지 8차의 남북 편찬위원회가 열렸다. 그 편찬위원 회의를 소개하면 다음과 같다.

차수	회의장소	일시	합의된 주요 내용
1차	금강산	2005년 2월 19일~2월 21일	결성식
2차	평양	2005년 7월 9일~7월 12일	공동 편찬요강 합의
3차	서울	2005년 8월 14일~8월 16일	보고회의
4차	개성	2005년 11월 24일~11월 26일	세부 작업 요강 논의 (어문 규범 논의 시작)
5차	북경	2006년 3월 17일~3월 21일	새말 선정 방법 어문규범 세부사항 논의

6차	금강산	2006년 5월 27일~5월 30일	ㄱ 부분 올림말 선정 새 어휘 500개씩 교환 어문규범 세부사항 검토
7차	평양	2006년 9월 20일~9월 23일	ㄴ-ㄹ 부분 올림말 선별 새 어휘 500개씩 교환 새 어휘 조사 양식 합의 어문규범 세부사항 논의
8차	북경	2006년 11월 27일~29일	ㅁ-ㅅ 부분 올림말 선별 어문규범 세부사항 논의

그 결과 지금까지 다음과 같은 내용들을 합의하였다.

① ㄱ부터 ㅅ까지 올림말로 선정할 어휘들을 어느 정도 합의하였다.
② 지금까지 사전에 실리지 않았던 약 3,000개의 새말을 찾아내었다.
③9차 회의에서 뜻풀이에 대한 논의를 본격적으로 하기로 하였다.

7) 겨레말큰사전 편찬을 위한 전제 작업

겨레말큰사전을 편찬하기 위하여 반드시 거쳐야 할 단계가 있다. 그것은 어문규범의 통일과 언어 조사이다. 어문규범의 통일은 『겨레말큰사전』에 이용할 표기법 문제를 해결하기 위한 것이고, 언어 조사는 지금까지의 한국어 사전 편찬에서 이루어지지 않았던, 현지조사를 통한 어휘 수집을 행하기 위한 것이다. 이것은 기존의 사전과 성격을 전혀 달리 하는 것이라고 할 수 있다.

(1) 어문규범의 통일

한글맞춤법, 표준어 규정, 외래어 표기법, 로마자 표기법 등이 남과 북이 각각 다르다. 부분적으로 동일하고 부분적으로 다른 규범들을 통일시키는 문제는 앞으로 상당한 논란을 겪을 것으로 예상된다. 특히 어두 ㄹ이나 ㄴ의 표기 문제, 사이시옷 표기 문제, 그리고 한글 자모 배열순서 등이 가장 큰 핵심 문제가 될 것으로 보인다. 이것이 통일되기 위해서는 아마도 남의 '표준어'와 북의 '문화어' 개념에서 벗어나 민족어를 통합할 수 있는 새로운 개념의 '공통어' 개념이 도입될 것으로 생각된다.

(2) 남북 지역어 조사

현재까지 남북 언어를 종합적으로 조사한 적이 거의 없다고 할 수 있다. 남에서는 1980년도 초에 한국학중앙연구원에서 남한의 방언조사와 구비문학 자료 조사를 대대적으로 한 적이 있으나 사전 편찬에는 큰 도움이 되지 못한다.

다행히도 북한의 사회과학원 언어학연구소와 남한의 국립국어원 사이에 지역어 조사가 이루어지고 있어서, 앞으로 가시적인 효과가 있을 것으로 기대된다.

겨레말큰사전 편찬을 위한 남북의 지역어 조사도 이어지고 있다. 겨레말큰사전 남측 편찬위원회에서도 현재 각 도와 해외 지역의 언어 조사자가 선정되어 방언 조사에 임하고 있다. 또한 문헌에 나타난 방언 어휘 조사와, 시와 소설에 나타난 새로운 어휘 조사, 그리고 농어촌 지역의 현장에서 사용되는 독특한 어휘 조사가 동시에 이루어지고 있다.

8) 맺음말

『겨레말큰사전』 편찬은 지금까지의 계획으로는 2005년 1월부터 시작하여 2012년 12월까지 최소한 약 8년간의 기간이 소요될 것으로 추정된다.[2] 그리고 자료 채록 및 조사 작업이 약 5년간 지속될 것으로 예상된다. 그리하여 7년 뒤에는 『겨레말큰사전』이 결실을 보게 될 것으로 생각된다. 그러나 사전이란 출판으로 그 편찬이 완성되는 것이 아니며, 일단 출판된 그 시점부터 편찬사

2 원래는 편찬 연한이 7년으로 되어 있지만, 사전편찬을 지원하는 법안 통과가 국회에서 늦어져서 법안이 통과하는 날부터 7년이 되기 때문에, 이렇게 1년이 더 늘어난 셈이다.

업은 다시 시작되는 것이다. 그래서 겨레말큰사전 편찬은 이 사전이 결실을 보는 2012년 이후에도 계속되어야 한다. 남북 공동으로 편찬하는 겨레말큰사전 편찬은 통일되는 그날까지, 아니 통일이 된 뒤에도 지속되어야 할 것이다.

이러한 점에서 볼 때, 『겨레말큰사전』의 편찬은 남북 편찬위원회의 몫으로만 생각해서는 안될 것이다. 이 사전 편찬은 온 겨레의 의지와 노력으로만 가능한 것이기 때문이다. 앞으로 『겨레말큰사전』 편찬을 위한 남과 북의 편찬위원들은 말할 것도 없고, 남과 북의 모든 민족과 해외에 거주하는 모든 동포들의 힘이 결집되어야 할 것이다.

<2007년 2월 6일(화), 겨레말큰사전 국제학술회의,
전국은행연합회관 2층 국제회의장>

2. 국어사전, 그 가치와 역사 그리고 활용방안

1) 시작하면서

발표자의 둘째 아들 초등학교 2학년 때에 일어난 일이다. 학년 초에 '가정조사표'라는 것이 왔는데, 집에 사전이 몇 권이 있느냐는 질문이 있었다. 내심 매우 반가웠다. 초등학교에서 사전을 매우 중시한다는 생각 때문이었다. 문득 프랑스 파리의 어느 서점에 갔을 때 국어사전이 초등학교 학년별로 전시되어 있던 것을 떠올렸다. 그래서 아들과 함께 내 서재에 있는 사전을 일일이 세어 가면서 사전의 수를 아이에게 직접 쓰라고 했는데, 그 사전의 수가 100여 책이었다. 그런데 그 다음날 우리 아이가 학교에서 매를 맞고 왔다. 깜짝 놀라서, 매를 맞은 이유를 물으니 담임선생님께서 벌써부터 선생님을 속이느냐고 하면서 거짓말하는 어린이는 매를 맞아야 해서 맞았다는 것이었다. 한 집에 사전이 100여권이 있다는 사실을 인정하지 않았던 것이다. 학부형의 직업란에 분명히 '교수'라고 썼으니까 사전이 많은 것을 당연시할 것이라고 생각했는데, 그것은 나의 오산이었다. 다른 것은 선생님께 항의한 적이 없는데, 이것만은 안되겠다고 생각하여 전화하여서 우리 집에 와서 직접 세어 보라고 하여 사과를 받은 적이 있으나 끝내 훗맛은 씁쓸했다. 그 사전들은 내 지하실 서재의 방 한 칸을 꽉 채울 정도로 불어났으니 그 담임 선생님은 도저히 상상도 하지 못할 것이다.

사전에 대해 이야기 하기 전에 이와 같은 에피소드의 예를 든 것은 사전에 대한 지식인이나 일반인들의 인식을 부각시키기 위해서이다. 그러한 사실은 수십 년이 지난 오늘날에도 마찬가지일 것이다. 교수가 수백 권의 사전을 갖추어 놓은 사실이 믿기지 않는다는 것이다.

2) 사전이란 무엇인가?

국어사전은 그 나라의 학문의 총결산이며 그 나라의 문화를 평가하는 중요한 지표이다. 왜냐하면 언어와 문자로 의사소통을 하며 의사소통을 통해 협동하고 협동을 통해 문화를 창조하고 전달하고 전달받아 문화를 발전시켜 나가기 때문이다. 그리고 그 의사 전달의 기본 요소는 어휘이고 그 어휘의 모든 것을 담아 놓은 것이 곧 국어사전이기 때문이다.

'사전(辭典)'의 사전적 의미는 각 사전에서 다음과 같이 풀이하고 있다.

① 어떤 언어의 낱말 들을 모아 일정한 차례로 벌여 그 맞춤법, 발음, 말밑, 말본 형태, 뜻, 쓰임 따위를 보이는 책. 〈한글학회 우리말큰사전, 1992년〉
② 어휘를 모아 일정한 순서로 배열하여 싣고 각각 그 표기법 · 발음 · 의미 · 어원 · 용법 등을 해설한 책. 〈금성사판 국어대사전, 1996년〉
③ 낱말을 모아 일정한 순서에 따라 늘어놓고, 그 발음, 맞춤법, 뜻, 어원, 용법 등을 설명한 책. 〈연세한국어사전, 1998년〉
④ 어떤 범위 안에서 쓰이는 낱말을 모아서 일정한 순서로 배열하여 싣고 그 각각의 발음, 의미, 어원, 용법 따위를 해설한 책. 〈표준국어대사전, 1999년〉
⑤ 어휘를 모아 일정한 순서로 배열하여 싣고 그 표기법, 발음, 어원, 의미, 용법 따위를 설명한 책. 〈고려대한국어대사전, 2009년〉
⑥ 일정한 언어의 단어나 단어결합, 성구적 표현 또는 일정한 범위의 대상의 이름을 올리고 풀이한 책. 보통 자모순으로 배렬하여 올린것과 언어학적 뜻풀이를

한 것과 그 밖에 여러 가지 류형의것이 있다. 〈북한, 조선말대사전, 1992년〉

⑦ 어떤 범위 안에서 쓰이는 낱말을 모아서 일정한 순서로 배열하여 싣고 그 각각의 발음, 의미, 어원, 용법 따위를 해설한 책. 최근에는 콤팩트디스크 따위와 같이 종이가 아닌 저장 매체에 내용을 담아서 만들기도 한다. 〈우리말샘, 2018년〉

결국 사전의 사전적 의미는 '어휘를 모아 일정한 순서로 배열하고 발음, 의미, 어원, 용법 등을 설명한 책'이다. 다만 우리말샘에서는 최근의 전자사전까지도 언급한 것이 있으나 큰 의미는 없다.

결국 사전의 대상은 어휘이다. 그리고 그 어휘에 대한 언어적 정보를 해설해 놓은 것이다.

3) 어휘는 의사소통의 기본단위이다.

언어의 기본 단위는 어휘이다. 곧 의사소통의 기본 단위는 어휘인 것이다.

언어의 기본단위는 언어연구 이론의 변화에 따라 '음성'으로부터 '문장'으로 변화를 겪어 왔다. 구조주의 문법에서는 '음성'이, 그리고 변형생성문법에서는 '문장'이 언어의 기본단위였다.

이러한 사실은 언어의 정의를 보면 알 수 있다.

"언어란 사회집단의 구성원들이 협동하고 상호 작용하는 자의적인 음성기호의 체계다."

"언어란 유한집합의 구성요소들로 이루어진 유한 또는 무한집합의 문장이다."

위의 두 가지 정의는 구조언어학과 변형생성문법에서 보이는 언어에 대한 대표적인 정의이다. 구조언어학에서는 '음성'을, 변형생성문법에서는 '문장'을 기본단위로 설정하고 있는 것이다. 그러나 음성과 문장은 언어의 기본단위가 아니다.

언어의 기본 단위는 유의미한 것이어야 한다. 왜냐하면 언어가 지향하는 것은 의미전달이기 때문이다. 그래서 언어의 기본 단위는 의미를 전달해 주는 단위인 '어휘'라고 할 수 있다.

또한 국어를 문화의 한 요소로 인식한다면 언어의 단위 중 문화를 가장 잘 반영하는 요소가 어휘이기 때문에, 어휘를 언어의 기본단위로 재설정하여야 할 것이다.

그럼에도 불구하고 '음성'과 '문장'을 기본단위로 설정한 이유는 잘 변화하는 부분과 잘 변화하지 않는 부분이 있기 때문이다. 잘 변화하지 않는 부분을 기본적인 것이라고 생각하고 잘 변화하는 것을 파생적인 것이라고 생각해 온 것이다. 기본적인 것은 사람의 자율능력으로는 어쩔 수 없는 자연적 성격을 띠고 있어서 쉽게 변화하지 않지만, 파생적인 것은 사람의 초극력(超克力)이 환경과의 조화를 통하여 발생하는 문화 환경에서 오는 것이어서, 정치적 · 문화적 환경의 영향을 받는 것이라는 것이다. 언어체계 중 음운체계나 문법체계는 기본적인 추상적인 것이어서 쉽게 변화하지 않지만, 어휘체계나 의미체계는 구체적인 것이며 파생적인 것이어서 쉽게 변화한다고 보고 있다.

우리가 음운체계와 문법체계에 심혈을 기울여 연구한 것도 그러한 이유였다. 그 결과 문화 환경이나 정치적 환경의 영향을 받는 어휘체계와 의미체계는 거의 무시되어 왔다. 언어 연구의 중심에서 제외시켜 왔다.

그러나 언중들은 언어의 변화를 음운체계나 문법체계에서 느끼지 않는다. 어휘체계나 의미체계의 변화에서 언어의 변화를 인식한다. '아이스크림'과 '얼음보숭이'의 차이에서, 그리고 '낙지'와 '오징어'의 의미차이에서 남북한의 언어 차이를 인식하는 것이 대표적이다.

음운이란 개념이 언중들의 언어의식을 바탕으로 설정되는데 언중들의 언어의식이 적극적으로 반영되는 어휘체계나 의미체계가 무시되는 현상은 아무래도 어불성설이다.

따라서 어휘는 인간의 언어생활에서 가장 중요한 기능을 하는 요소라고 할 수 있다. 언중들이 언어에 대한 가장 큰 관심을 어휘에 집중시키는 이유도 여기에 있다. 이러한 사실은 언어의 기본단위가 음성이나 문장이 아니라 어휘임을 증명한다.

4) 어휘란 무엇인가?

어휘란 단어의 집합을 말한다. 예컨대 어떤 언어 집단, 어떤 사용 환경, 어떤 작품, 어떤 언어 주체와 같은 특정 조건이나 영역의 한정된 범위 내에서 사용되는 단어들의 총체를 가리키는 것이다. '어휘(語彙)'를 한자 그대로 풀이하면 '말을 모은 것', 즉 '말의 집합체'란 의미이다. 이때의 '말'이란 주로 단어를 일컫는다. 그래서 '어휘'란 '개개의 단어'가 아니라 '단어의 집합체'를 말한다. 그러나 단어들을 하나의 덩어리로 묶어 놓았다고 해서 그것이 곧 어휘가 되는 것은 아니다. 단어의 집합체란 동일한 부류에 속하는 단어들을 어떤 규칙이나 조건 및 질서에 따라 모아 놓은 것이다.

5) 사전은 왜 필요한가?

사람이 의사소통을 하기 위해서는 말과 문자를 통해 이루어지는데, 이때 서로가 사용하는 어휘는 곧 의미전달의 기초가 된다. 따라서 어휘가 다르거나 그 어휘의 의미나 용법이 다르다면 의사소통에 방해가 된다. 예컨대 전남 사람이 서울에 가서 동료나 선배에게 '자네가'라고 말을 한다면 그 말을 들은 사람들은 매우 기분이 나쁠 것이다. 그러나 전남 방언에서는 '자네'는 높임말이다. 옛날의 고어에서도 '자네'는 높임말이었다. 원이엄마 편지에서도 원이엄마가 남편에게 '자네'라고 하고 있다.

발표자가 전주의 한 식당에 갔을 때 "지 더 드릴까요?"라고 해서 '지'가 무엇인지를 몰라 당황하다가 금새 그것이 '김치'인지를 알아차릴 수 있었다. '지'는 고어로는 '디히'였는데, 이것이 '지히'가 되었다가 '지'가 된 것이다. '짠지, 오이지, 싱건지, 똑딱지, 단무지, 장아찌, 찌개' 등의 '지'와 '찌'가 '김치'인 것인데 아직도 방언에서는 고어가 남아 있는 것이다.

우리가 시를 읽다가 모르는 어휘가 나오는 경우도 흔히 있다. 예컨대 "그러기에 立春만 들면 한겨울내 친했던 창애와 썰매와 발구며 꿩 노루 토끼에 멧돼지며 매 멧새 출출이들과 떠나는 것이 섭섭해서 少年의 마음은 흐리었던 것이다."〈백석, 立春, 朝鮮日報, 1939.2.14.〉에 보이는 '출출이'는 '뱁새'의 북한 방언이다.

북한의 책을 읽다가 '가락지빵'이라는 단어가 나오면 그것이 무엇인지를 파악하지 못할 것이다. 우리는 그것을 '도넛'이라고 하고 있다.

사람들은 그가 처해 있는 지역, 시대, 연령, 환경에 따라 서로 다른 어휘를 사용한다. 동일한 환경, 동일한 지역 출신에 처해 있는 사람이라면 의사소통에 큰 장애가 없지만, 우리가 접촉하는 사람들은 매우 다양하기 때문에, 그들이 사용하는 모든 어휘를 다 이해하기 어렵다. 그래서 모든 사람들이 사용하는 어휘들을 모아 쉽게 찾아볼 수 있도록 배열하고 그것에 대해 여러 가지로 설명해 놓은 사전이 필요하다. 그래서 모르는 어휘가 나오면 사전을 찾으면 의사소통의 장애를 극복할 수 있다. 그런데 찾으려고 하는 어휘가 나타나지 않으면 당황하게 된다. 예컨대 '꽐래'를 검색하면 어느 사전에도 등장하지 않는다. '우리말샘'에도 등재되어 있지 않다. '꽐래'는 충청도 방언으로 '다슬기'를 말한다. 발표자가 시골에서 노인들에게 늘 듣던 어휘였지만, 지금은 듣기 어려운 어휘가 되었다. 원래 '골와라(骨蝸羅)'였는데, 이것이 변화하여 '꽐래'가 된 것이다. '골와라'는 우리말샘에 등재되어 있는데, '소라'의 옛말이라고 풀이하고 있지만, 원래는 다슬기를 말한다. 그래서 모든 어휘가 등재되어 있는 사전이 필요한 것이다.

6) 사전의 종류

사전에는 대체로 백과사전, 언어사전, 특수사전의 세 가지가 있다.

백과사전은 인간의 모든 지식 영역과 연관된 모둔 분야에서 사용되는 어휘들을 총망라하여 기술 · 설명한 사전인데, 언어사전과 차이가 있는 것은 언어사전이 언어 내적인 요소만 다룬다면 백과사전은 언어 내적인 요소는 물론이고 언어 외적인 요소까지도 포함하여 기술 · 설명한다. '쌀'을 예로 들어 본다.

> 쌀「명」「1」벼에서 껍질을 벗겨 낸 알맹이. ¶{쌀이} 많이 나는 고장.§「2」=입쌀. ¶{쌀만} 먹는 것보다는 잡곡을 섞어 먹는 게 건강에 좋다.§「3」볏과에 속한 곡식의 껍질을 벗긴 알을 통틀어 이르는 말. 쌀, 보리쌀, 좁쌀 따위가 있다. ¶{쌀} 한 가마/{쌀} 두 홉/{쌀} 다섯 되/{쌀} 한 섬/{쌀} 서 말/살림이 어려우니 {쌀} 한 톨이라도 아껴 먹어야 한다. §[〈 ᄡᆞᆯ 〈 석상 〉]쌀 먹은 개 욱대기듯 좋지 못한 짓을 한 사람이 오히려 거칠게 굶을 비유적으로 이르는 말. 쌀에 뉘 (섞이듯) 많은 가운데 아주 드물게 섞여 있음을 비유적으로 이르는 말. 쌀에서 뉘 고르듯 많은 것 가운데 쓸모없는 것을 하나하나 골라냄을 비유적으로 이르는 말. 쌀에서 좀 난다『북』「1」갖에서 좀 난다(1)의 북한 속담. 「2」갖에서 좀 난다(2)의 북한 속담. 쌀은 쏟고 주워도 말은 하고 못 줍는다 한 번 입 밖에 낸 말은 어찌할 수 없으므로 말을 조심해야 함을 비유적으로 이르는 말. 쌀 주머니를 들고[메고] 다닌다『북』쌀자루를 들고 여기저기 동냥하러 다닌다는 뜻으로, 쌀을 꾸러 다니거나 빌어먹으러 다님을 비유적으로 이르는 말.쌀 한 알 보고 뜨물 한 동이 마신다 적은 이익을 위하여 노력이나 경비가 지나치게 많이 들어감을 비유적으로 이르는 말. 〈표준국어대사전〉

언어사전에서는 '쌀'이라는 어휘 형태에 문법정보로 '명사'임을 밝히고 그 뜻으로 세 가지를 제시하고 있다. 즉 ①'벼에서 껍질을 벗겨 낸 알맹이' ②'=입쌀' ③'볏과에 속한 곡식의 껍질을 벗긴 알을 통틀어 이르는 말'처럼 '쌀'의 의미를 기술하고 이에 대한 예문들을 제시하고, '쌀'이 포함된 속담 등도 포함시키고 있다.

이에 비해서 백과사전은 전혀 다르다. 한국민족문화대백과사전을 보면 '쌀'에 대해 ① 유형 : 동식물 ② 성격 : 식물, 곡물 ③ 생물학적 분류 : 벼과 ④ 원산지 : 중국 남부, 미얀마, 타이, 인도 동부 ⑤ 정의 : 벼 열매의 껍질을 벗긴 알갱이 ⑥ 개설 ⑦ 쌀의 구성 성분 ⑧ 쌀의 재배 역사 ⑨ 쌀의 도정 과정 ⑩ 쌀의 저장 방법 ⑪ 쌀의 이용 ⑫ 쌀의 생산 ⑬ 쌀의 유통 ⑭ 쌀의 소비 ⑮ 쌀의 경제적 의미 등을 다루고 있다. 이에 비해 언어사전에서는 위의 ①~⑥까지 만을 다루는 편이다. 이러한 이유 때문에 백과사전류는 '사전'의 한자를 달리 쓰기도 한다. 언어 사전은 '辭典'을 쓰지만 백과사전은 '事典'을 써서 구별하기도 한다.

특수사전은 어떤 특수한 분야의 어휘에 대해서만 기술, 설명한 것이어서 백과사전에 비해 더 전문적이라고 할 수 있다. 무역사전, 농업사전, 해부학사전, 의학사전, 광고소사전, 문학용어사전, 인명사전, 영화용어사전, 요정백과사전, 의학약사사전, 증권용어사전, 특수교육용어사전, 한국사 기초사전 등이 그러한 사전이다.

언어사전은 공시 사전과 통시 사전으로 구분된다.

공시 사전(共時 辭典)은 한 시대의 어휘 재료를 모아 놓은 사전이다. 현대국어사전 뿐만 아니라 중세국어사전, 16세기 국어사전, 17세기 국어사전 등도 공시적 사전이라고 할 수 있다.

통시 사전(通時 辭典)은 단어 발달의 역사와 관련되는 사전으로 형식뿐만 아니라 의미의 역사적 발달까지도 포함하는 사전이다. 여기에는 역사사전과 어원사전의 두 가지를 생각할 수 있다. 역사사전이란 역사적 증거(문헌상의 기록)가 있는 시대의 범위 내에서 단어의 형태와 의미의 변화에 관심을 두는 사전이고 어원사전이란 단어의 기원에 관심을 두는 사전이다. 통시 사전의 대표적인 것이 고어 사전이다.

언어사전은 또한 일반 사전과 특수 사전으로 구분한다. 일반 사전은 주로 언어 일반에 관계된 사전이고 특수 사전은 한 언어의 특수한 분야에 대한 사전이다. 표준국어대사전 등은 일반사전이고 속담사전 등이 특수 사전에 해당한다. 특수 사전에 해당하는 것들은 다음과 같은 사전이다.

① 속담 사전　② 수수께끼 사전　③ 관용구 사전
④ 동음어 사전　⑤ 동의어(또는 유의어) 사전
⑥ 반의어 사전　⑦ 방언사전 (각 지역별 또는 종합)
⑧ 어원사전　⑨ 국어 기초어휘 사전
⑩ 한자어 사전　⑪ 외래어 사전　⑫ 어휘 빈도수 사전
⑬ 어휘 역사 사전　⑭ 세기별 국어 사전　⑮ 단계별 국어 학습 사전

그 이외에 다음과 같은 언어사전도 특수 사전이라고 할 수 있다.

① 고소설 어휘 사전　② 가사 어휘 사전　③ 신소설 어휘 사전
④ 시조 어휘 사전　⑤ 현대 시어 사전　⑥ 현대 소설어 사전
⑦ 각 작가별 어휘 사전 등

또한 언어사전은 단일어 사전과 이중어 사전으로 구분되기도 한다. 일반 국어사전은 단일어 사전인데, 이중어 사전은 표제항에 관련된 언어와 풀이말에 관련된 언어가 달라서 그 일차적 목적은 정보 제시보다는 번역에 도움을 주고자 하는 것이다.

또한 언어 사전에는 역순사전(逆順辭典)도 있다. 특정한 한 분야의 어휘만 다룬 것이 아닌 면에서 특수사전과 구별되고, 체제가 다른 면에서는 일반사전과 구별된다. 역순사전의 체제는 사전마다 조금씩 다르다.

7) 사전(辭典)과 자전(字典)

가끔 '사전(辭典)'을 '자전(字典)'과 혼동하기도 한다. 우리나라에서 최초로 간행된 사전의 하나로 알려진 책 중에 '한불ᄌᆞ뎐'이라고 하는 '한국어-불어' 대역사전이 있는데, 여기에 '자전'이란 이름이 붙어 있다. 이것은 잘못 쓴 것이다. '사전'은 언어에 관한 것이고 '자전'은 문자에 대한 것이기 때문이다. 19세기 말, 20세기 초에 외국인이 편찬한 대역사전에 '자전'이란 제목이 붙어 있어서 '자전'이 '사전'과 동일한 의미일 것으로 알기도 하지만 '자전'과 '사전'은 다른 의미다. 외국인이 '한글'로 썼다는 점에서 '자전'이라는 이름을 붙였을 가능성이 있다.

그래서 '국어사전'은 있지만 '국어자전'은 있을 수 없다. 문자라고 하여도 '한글 자전'은 없다. 대신 '중국어사전'은 있지만 '중국어자전'은 없다. 대신 '한자사전'도 있지만 '한자 자전'도 있다.

한글과 한자는 그 성격이 확연히 다르다. 한글은 소리글자인데 비해 한자는 뜻글자이기 때문이다. 한글은 소리글자이어서 소리글자들의 집합으로 단어를 형성하고, 단어의 배열에 따라 구와 절을 구성하여 이들이 문장을 이루어 의미와 감정을 전달한다. 따라서 한글 자모나 음절이 모두 의미를 지니고 있는 것이 아니다. 따라서 '한글 자전'은 필요하지 않다.

이에 비해 한자는 뜻글자이기 때문에 한자 하나하나에 의미가 있다. 따라서 문자의 총체인 자전(字典)이 필요한 것이다. 중국어와 연관된 사전과 자전이 구별되는 이유가 그것이다.

한글을 학습하기 위해서는 달랑 종이 한 장이면 된다. '언문반절표(諺文反切表)'가 그것이다. 언문반절표는 각 자음 글자와 모음 글자의 음가를 제시하면 되기 때문이다. 언문반절표는 그 형태에는 여러 변화가 있었지만 그 형식은 오늘날까지도 크게 변화한 것이 없다. 다음에 '언문반절표' 하나를 예시하도록 한다.

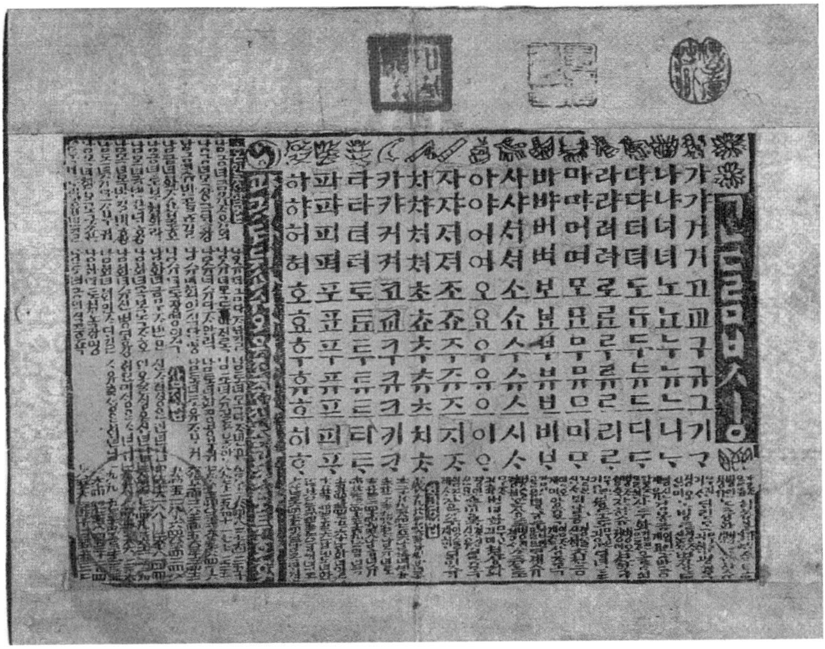

<언문반절표>(홍윤표 소장)

이에 비해서 한자 학습서는 사용되는 수만큼의 각각의 한자에 대한 여러 가지 정보를 담아야 하기 때문에 한자 학습 목표나, 방법, 용도에 따라 다르게 편찬되어 왔다. 그래서 그만큼 한자 학습서는 그 종류가 많고, 시대적 요청에 따라 많은 변화를 겪어 왔다.

이러한 특성상 '한글 자전(字典)'은 존재하지 않는다. 글자에 대한 정보를 다 모아 놓아 보았자 몇 장 되지 않기 때문이다. 한글 음절 글자 11,172자를 제시하고 이것을 한글 자전이라고 할 수는 없는 것이다. 그러나 한글로 적은 '국어사전'은 매우 다양하다. 이에 반해서 중국어사전도 많이 있지만, '한자 자전(字典)'도 매우 많다. 한자 하나하나에 대한 각종 정보가 필요하기 때문이다. '형태, 음, 뜻, 성조' 등등에 대한 정보가 각 한자마다 다르기 때문이다. 또한 한자사전은 한자로 된 어휘사전이다. 곧 한자어 사전이라고 할 수 있다.

8) '어휘'와 '사전'이란 단어는 언제부터 쓰이기 시작했을까?

'어휘'란 단어는 조선시대에는 쓰이지 않았다. '어휘'는 일본어를 통해 우리나라에 들어온 것으로 보이는데, 우리나라에서는 20세기 초에 들어와서 1930년대부터 일반화된 단어이다. 이미 1908년에 이교승(李敎承)이 편찬한 『算術敎科書』(文華堂)의 下卷 뒤에 '어휘(語彙)'란 단어가 보인다.

> 따라서 趣味의 質도 轉落한 것은 事實이니 「惡趣味」라는 말은 純全히 現代的 語彙인 것이다. 〈192×조광, 207〉 11월 15일 個人의 單獨蒐集으로 完成된 九萬餘 語彙… 〈每日申報 1929년 11월 15일〉 이거 좀 봐요, 이 망큼이야, 주머니에다 놓세요.? 走馬加鞭이라는 爽快한 내 語彙에 드디어 슬램프가 왔다는 것이다. 〈1937동해(이상), 230〉

우리나라에서 '사전'이란 단어가 쓰이기 시작한 것은 1920년대로 보인다.

> 二十四歲를 넘우면 올드미쓰라고 辭典에 씨여 있으니 〈192×조광, 152〉 어느 기회에 그는 醫學辭典을 뒤적거려 보고, 그리고 별 까닭도 없이 자기는 中耳加答兒에 걸렸다고 혼자 생각하였다. 辭典에 依하면 中耳加答兒에는 急性及慢性이 있고, 慢性中耳加答兒는 또다시 이를 慢性乾性 及 慢性濕性의 二者로 나눈다 하였는데, 자기의 耳疾은 그 慢性濕性의 中耳加答兒에 틀림없다고 仇甫는 작정하고 있었다. 〈1934소설가구보씨의1일(박태원), 229〉 아무 대답없이 책상 우에서 영어사전만 그저 만적어릴 따름이었다. 〈1936생의반려(김유정), 227〉

우리나라에서 '사전'이란 이름을 가지고 출판된 최초의 사전은 심의린이 편찬하여 1925년에 출판된 『보통학교 조선어 사전(普通學校 朝鮮語辭典)』과 문세영이 편찬하여 1938년에 간행한 『조선어사전(朝鮮語辭典)』이다. 표지에 '사전(辭典)'이라고 표기되어 있다.

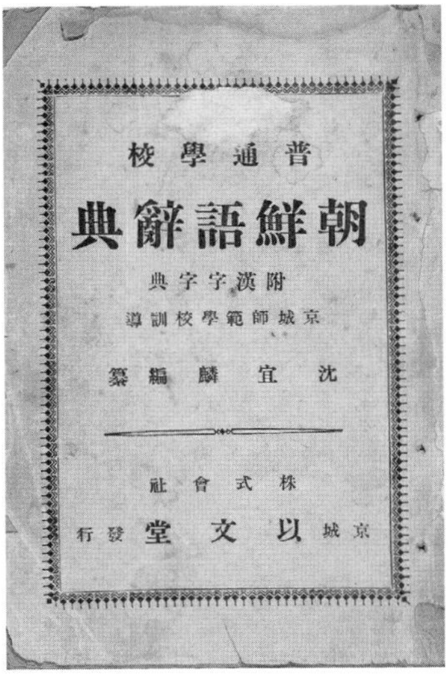
普通學校
朝鮮語辭典
附漢字字典
京城師範學校訓導
沈宜麟編纂
株式會社
京城以文堂發行

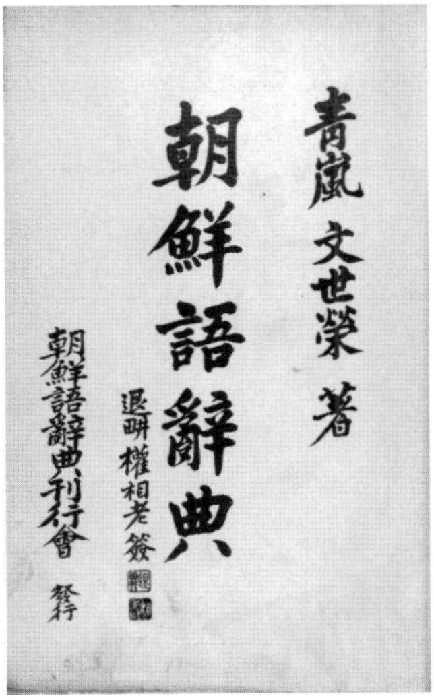
朝鮮語辭典
靑嵐 文世榮 著
退耕 權相老 簽
朝鮮語辭典刊行會 發行

<심의린, 조선어사전>(1925년)

<문세영, 조선어사전>(1938년)

그 이전에 나온 모든 사전은 대부분이 '자전(字典)'으로 나와 있다.

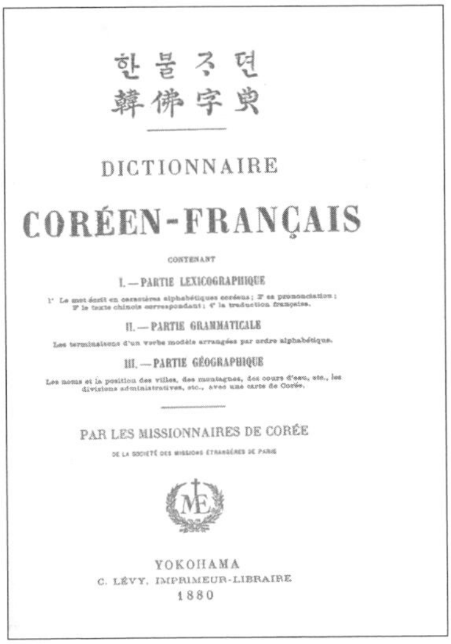
한불ᄌᆞ뎐
韓佛字典
DICTIONNAIRE
CORÉEN-FRANÇAIS
CONTENANT
I. — PARTIE LEXICOGRAPHIQUE
1° Le mot écrit en caractères alphabétiques coréens; 2° sa prononciation; 3° le texte chinois correspondant; 4° la traduction française.
II. — PARTIE GRAMMATICALE
Les terminaisons d'un verbe modèle arrangées par ordre alphabétique.
III. — PARTIE GÉOGRAPHIQUE
Les noms et la position des villes, des montagnes, des cours d'eau, etc., les divisions administratives, etc., avec une carte de Corée.
PAR LES MISSIONNAIRES DE CORÉE
DE LA SOCIÉTÉ DES MISSIONS ÉTRANGÈRES DE PARIS
YOKOHAMA
C. LÉVY, IMPRIMEUR-LIBRAIRE
1880

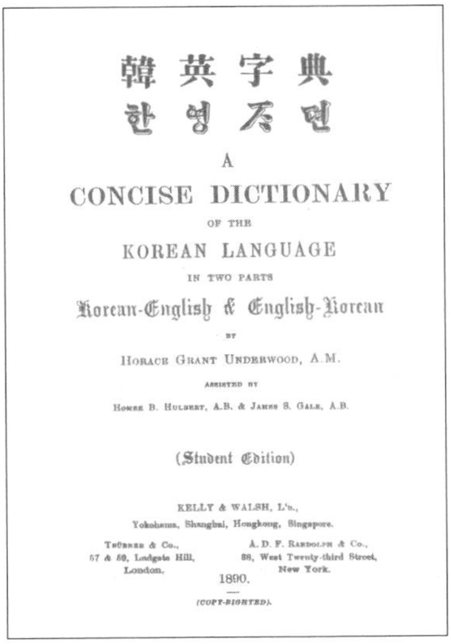
韓英字典
한영ᄌᆞ뎐
A
CONCISE DICTIONARY
OF THE
KOREAN LANGUAGE
IN TWO PARTS
Korean-English & English-Korean
BY
HORACE GRANT UNDERWOOD, A.M.
ASSISTED BY
HOMER B. HULBERT, A.B. & JAMES S. GALE, A.B.
(Student Edition)
KELLY & WALSH, L'd.,
Yokohama, Shanghai, Hongkong, Singapore.
Trübner & Co., 57 & 59, Ludgate Hill, London.
A. D. F. Randolph & Co., 38, West Twenty-third Street, New York.
1890.
(COPY-RIGHTED).

<한불자전>(1880년)

<한영자전>(1890년)

우리나라에서는 '사전'이란 말을 사용하기 이전에는 '회어(會語)'라고 하였고, 이 한자를 풀어 나중에 '말모이'란 말로 사용되었다.

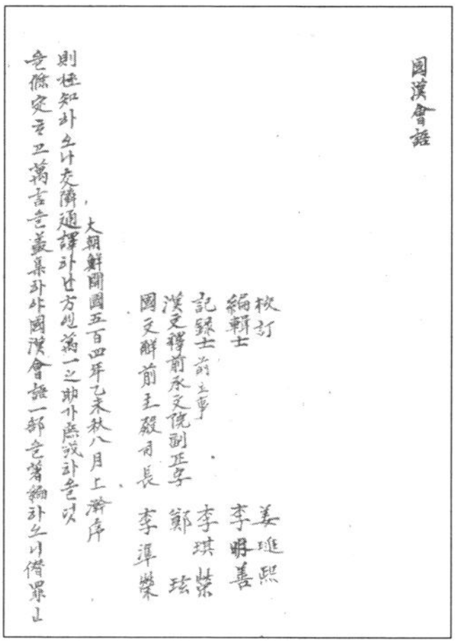
國漢會語

<국한회어>

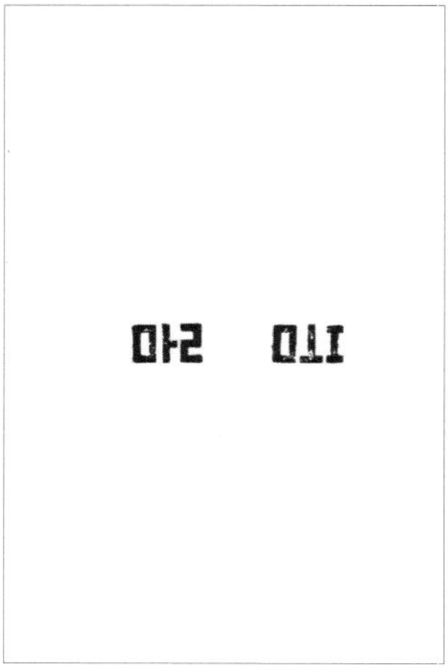

<말모이>

'사전(辭典)'이란 말은 주로 일본에서 사용하는 말이다. 중국에서는 주로 '사전(辭典)'을 사용하지 않고 '사전(詞典)'을 더 많이 사용한다.

古代汉语词典

大字本

《古代汉语词典》编写组编

商务印书馆

2003年·北京

9) 우리나라에서 '어휘'에 대한 관심과 어휘집의 편찬

우리나라에서 '어휘'의 의미를 가지고 쓰인 단어는 '물명(物名)'이다. '물명'은 '사물의 명칭'이지만 국어학적인 면에서 '물명'에 현대적 해석을 붙인다면 '물명'은 '어휘'라고 할 수 있다. 발표자가 현대적 의미로 '물명'을 '어휘'로 규정하는 것은 다음과 같은 몇 가지 이유 때문이다.

첫째 '물명'에 대한 선인들의 인식 때문이다.

이덕무(李德懋)가 편찬한 『청장관전서(靑莊館全書)』에 들어있는 앙엽기(盎葉記) 5의 '몽고어(蒙古語)' 항에는 다음과 같은 기록이 보인다.

> 甞閱蒙語類解 閱訓胷囊 葢高麗人仕元 元人來留高麗 故東語多同蒙語 案蒙語類解凡例大書名物 用中原語 如鐃鈸嗩吶等 皆是也 其下輒以訓民正音 分註蒙古朝鮮兩語 今閱亦大書而分註其下 似是中原語 然歷考譯語類解 同文類解 朴通事老乞等書 及諸演義小說 皆無以閱訓睾丸 抑亦撰輯者 以東人本語 排列於中原之語歟 〈상고하건대, 몽어유해 범례(凡例)에 물명(物名)을 크게 쓰고 중국 말을 썼는데, 요발(鐃鈸 바라) · 쇄납(嗩吶) 따위이다. 그 밑에 훈민정음(訓民正音)으로 몽고와 조선 두 나라 말을 갈라서 주(註)한 것이 있었다. '낭' 자도 크게 쓰고 밑에다 두 나라 말로 된 주가 있었다. 이것은 중국말 같기도 하나 역어유해(譯語類解) · 동문유해(同文類解) · 박통사(朴通事) · 노걸대(老乞大) 등 글과 여러 가지 연의소설(演義小說)을 내리 상고했으나, '낭'을 '고환'으로 뜻새김한 것은 아무데도 없었으니, 그렇다면 아마 편집(編輯)한 자가 본래 우리나라 사람의 말인 것을 중국 말에다 끼워 넣었던 것이 아니겠는가.〉 (한국고전번역원 이익성 번역)

이 글에서는 1790년에 간행된 『몽어유해』의 구조를 설명하고 있는데, 『몽어유해』에서 표제어로 쓴 한자어 부분을 '물명'이라고 부르고 있다. 이러한 관점은 최세진의 『사성통해』에 대해서도 마찬가지로 설명하고 있다.

崔世珍(司譯院正也 中廟時人 官同知) 有四聲通解之作 以訓民正音 注華音東音 更以方言 釋物名頗詳 〈五洲衍文長箋散稿, 經史篇 經傳類2 小學의 '韻書辨證說'〉 (최세진(사역원 정으로 중종 때 사람인데, 벼슬은 동지였다)은 사성통해를 지어서 훈민정음으로 중국음과 우리나라의 음을 주해하고 또 방언으로 물명을 풀이하였는데 매우 자세하였다.)

역시 『사성통해』의 표제항에 있는 한자어를 '물명'이라고 하고 있다. '물명'을 방언(우리말)으로 풀이하였다고 하니, 표제항을 물명으로 인식하고 있는 것이다. 이들을 오늘날 국어학계에서는 한자 어휘로 이해하고 있다. 그래서 '물명'을 '어휘'라고 해도 큰 무리는 아닐 것이다.

이러한 '물명' 곧 어휘를 싣고 이를 설명해 놓은 문헌이 '유서(類書)'이다. 유서란 어휘를 일정한 기준으로 분류하여 놓고 그 내용에 대해 기술 · 설명한 책을 말한다. 옛날에는 '사전'의 의미를 가진 것이 '유서'였다. 이들 유서에는 다양한 분야의 유서들이 존재한다. 심경호(2009)에 의하면 유서를 11가지로 분류하고 있다.[3]

① 어휘 중심의 유서 ② 인물 중심의 유서
③ 박물학적 유서 ④ 경학 · 성리학 관련 유서
⑤ 역사 관련 유서 ⑥ 천문학 관련 유서
⑦ 변증을 겸한 잡고 유서 ⑧ 국가제도 관련 유서
⑨ 실용백과사전서 겸 잡고 체재의 대행 저술
⑩ 가정 지침서의 유서 ⑪ 아동용 소형 유서

이들은 모두 백과사전류, 특수사전류, 언어사전류의 유서들인데 어휘 중심

3 심경호(2009), 「연세대 소장 유서 및 한자어휘집의 가치」, 『동방학지』 146.

의 유서가 곧 언어사전류 유서이다.

백과사전류 유서의 대표적인 것이 재물보(才物譜)이다. 『재물보』는 '천지인(天地人)'의 삼재(三才)에 대한 보(譜)와 '물(物)'에 대한 보(譜)를 통합해서 편찬한 것이어서 일종의 박물학이라고 할 수 있다. 그래서 『재물보』는 천보(天譜), 지보(地譜), 인보(人譜), 물보(物譜)로 구성된다. 천지인(天地人) 삼재(三才)는 곧 신과 인간과 자연의 관계를 반영한 것이다. 인간과 하늘의 관계는 인간의 종교관(또는 神觀)이고, 인간과 자연의 관계는 인간의 자연관이며, 인간과 인간의 관계는 사람의 인생관(또는 인간관)이다. 따라서 '인간'을 중심으로 하는 인문주의이며, '천지인' 삼재에 다시 신도 인간도 자연도 아닌 '물(物)'을 개입시킨 것이 '재물(才物)'이다.

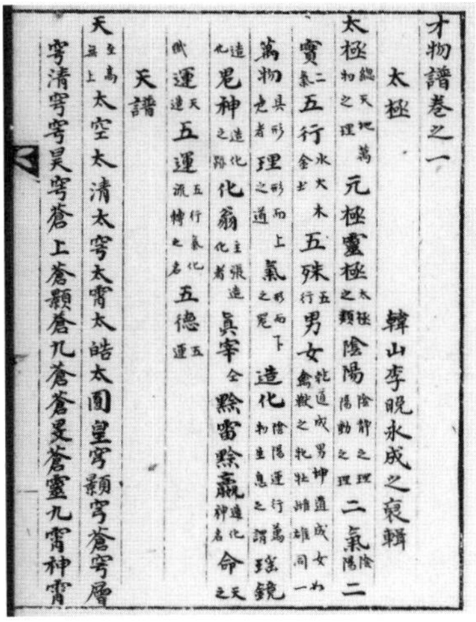
才物譜卷之一
太極　韓山李晩永成之裒輯
太極 元極 靈極 陰陽 二氣 二
實 五行 五殊 男女
萬物 理 氣 造化 瑤鏡
鬼神 化翁 眞宰 黔雷 黔巃 命
運 五運 五德
天譜
天 太空 太清 太穹 太霄 太皓 太圜 皇穹 顥穹 蒼穹 層
穹 清穹 穹昊 穹蒼 上蒼 顥蒼 九蒼 蒼旻 蒼靈 九霄 神霄

<재물보>

언어 관련 사전류에는 『물명고(物名攷)』, 『어록해(語錄解)』 등이 있었는데, 이들은 모두 많은 사람들의 필독서가 되었던 것으로 보인다. 『물명고』의 필사본과 함께 『어록해』의 필사본이 무척이나 많이 발견되는 것으로 보아 그러한 사실을 알 수 있다.

물명고류에는 ‘물보, 물명고, 물명찬, 물명유해’ 등이 있다.

물보는 이철환(李哲煥), 이재위(李載威) 두 부자가 공저한 물명 어휘집으로 필사본으로 전한다. 1770년경에 이철환에 의해 초고가 이루어지고 1802년에 이재위가 체계화하여 26개 부문으로 정리 분류하였다.

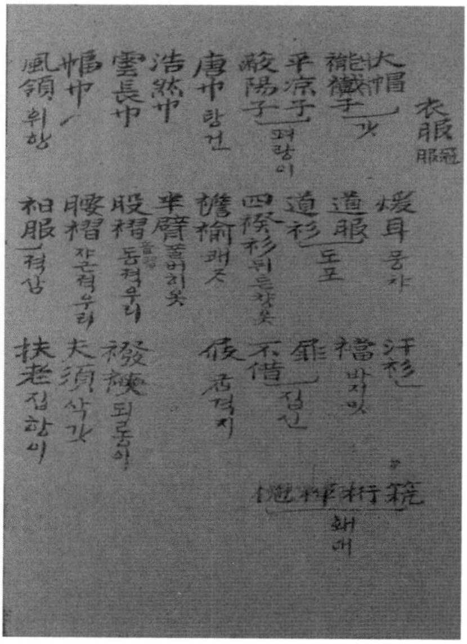

<물보>

물명고(物名攷)는 1820년대에 유희(柳僖, 1773~1837)가 여러가지의 물명을 모아 한글 또는 한문으로 풀이하여 만든 일종의 어휘사전이다. ‘물명류고’라고도 한다. 5권 1책의 필사본인데 현재 그 원본은 전하지 않고 이를 전사한 것으로 보이는, 동래 정씨 문중의 필사본, 국립중앙도서관본, 서울대학교 가람문고본, 일본의 점패방지진(鮎貝房之進) 소장본의 세 가지 이본이 전한다. 한자로 된 표제어 밑에 한글 또는 한자로 그 물명을 써 놓았다. 유정류(有情類) 무정류(無情類) 부동류(不動類) 부정류(不靜類)로 분류하고 이들을 다시 우충(羽蟲) 수족(獸族) 등의 15개 부류로 분류하였다.

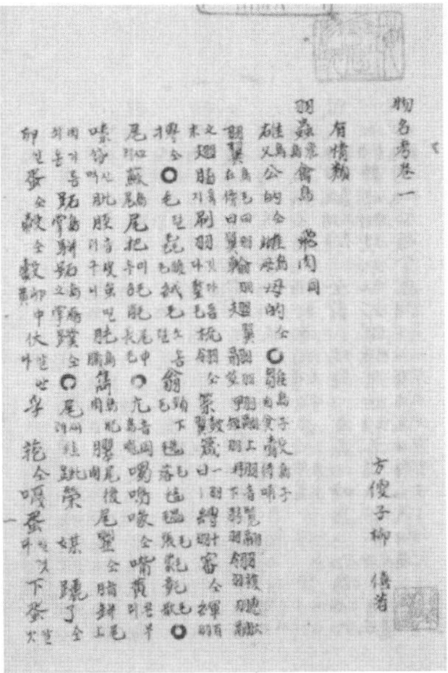

<유희의 물명고>

유희의 물명고와는 다른 종류의 물명고가 있다. 필사본의 물명고 중 가장 많이 전하고 있는 책이다. '물명괄(物名括)' 또는 '물명류(物名類)'라고도 한다. 이본에 따라 대개 1,000개 내지 1,600개 정도의 표제어가 실려 있는데 초목류(草木類) 조수류(鳥獸類) 충어류(蟲魚類) 등 18개의 부류로 분류되어 있다. 이 물명고는 다산 정약용(鄭若鏞)이 지은 것이다. 다산의 여유당전서(與猶堂全書)에 필사본 '청관물명고(靑館物名考)'가 전하고 있고 진동혁 교수 소장의 『물명괄』의 표지에 '茶山'이라 묵서가 되어 있으며, 다산의 여유당전서에 '죽란물명고 발문(竹欄物名考跋文)'이 있는 것 등으로 보아 이러한 추정을 가능케 한다.

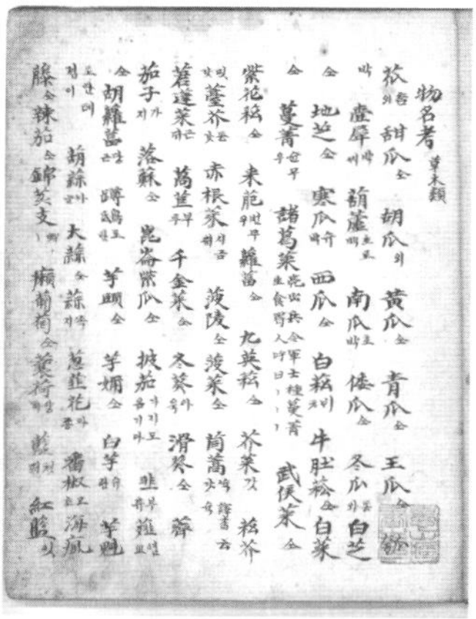
物名考 草木類

<다산의 물명고>

물명찬(物名纂)은 1890년(고종 27년) 유양천(柳暘川)이 현재의 전북 정읍군 우순면(雨順面) 초강리(楚江里)에서 쓴 일종의 유서로서 1책의 필사본이다. 천류(天類) 인류(人類) 신류(身類) 의류(衣類) 잡어류(雜語類) 질병류(疾病類) 잡희류(雜戲類) 등 모두 39개의 부류로 분류되어 있는데, 이것은 다른 '물명고'나 '물보'의 분류와는 전혀 다른 것이다.

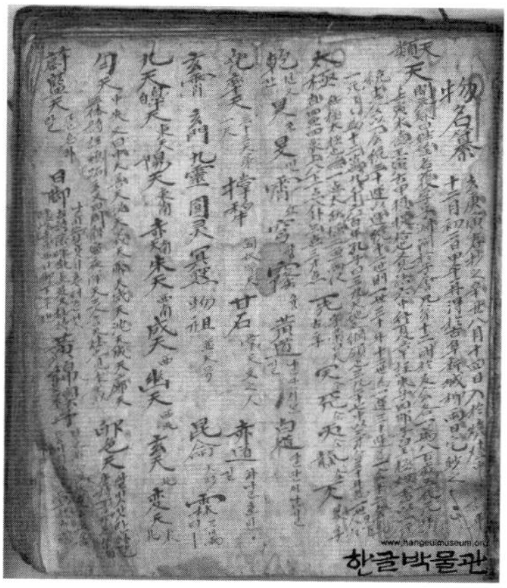
한글박물관

<물명찬>

경서에 나오는 물명들을 모아 풀이한 것으로는 '시경물명'이 있다. 특이한 동·식물을 알고 있어야 한시·한문을 제대로 알 수 있었기 때문에 이러한 물명이 있었던 것이다.

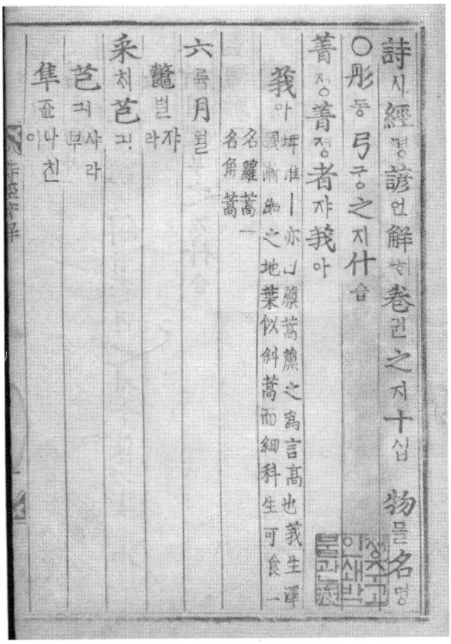
詩시經경諺언解해卷권之지十십 物물名명
○彤동弓궁之지什십
菁졍菁졍者쟈莪아
莪아
六륙月월
鼈별
采채芑긔
芑긔
隼쥰

<시경언해 물명>

어록해(語錄解)란 중국 송나라의 정자(程子) 주자(朱子) 등의 제현들이 후학들을 가르치고 편지에 사용하였던 이어(俚語) 즉 속어를 수집 편찬하여 우리말과 한자로 주해하여 놓은 책인데 판본으로서 네 가지가 현존한다. 즉 정양(鄭瀁)의 어록해, 남이성(南二星)의 어록해, 그리고 목활자본의 어록해와 백두용(白斗鏞)의 『어록총람(語錄叢覽)』 속에 있는 주자어록해(朱子語錄解)가 그것이다. 그리고 많은 필사본이 현존한다.

어록해는 그 내용에 따라 크게 두 가지 계열로 나눌 수 있다. 하나는 정양의 어록해이고 다른 하나는 남이성의 어록해이다. 목활자본의 어록해와 백두용의 어록총람 속에 들어 있는 주자어록해는 남이성의 어록해에 속하고 필사본들의 대부분도 남이성의 어록해 계열에 속한다.

정양의 어록해는 1657년(효종 8년)에 당시 경북 비안 현감으로 있던 정양이 비안현 내의 용흥사(龍興寺)에서 간행해낸 1책의 목판본으로서, 우리나라 최초의 어록해다.

남이성의 어록해는 정양의 어록해의 개간본이다. 정양의 어록해가 소루하게 만들어져 이 원간본이 나온지 12년 뒤에 수정작업을 거쳐 1669년에 송준길(宋浚吉)의 발문을 붙여 교서관(校書館)에서 간행되었다.

목활자본의 어록해는 1860년~1870년(동치년간)에 간행된 것으로 추정되고 있다.

백두용이 편찬하고 윤창현(尹昌鉉)이 증정하여 1919년 한남서원에서 목판본으로 간행해낸 어록총람 속에 '주자어록해'라고 하여 수록한 어록해가 있다. 이 책은 남이성의 어록해에 보이는 발문까지 들어가 있다.

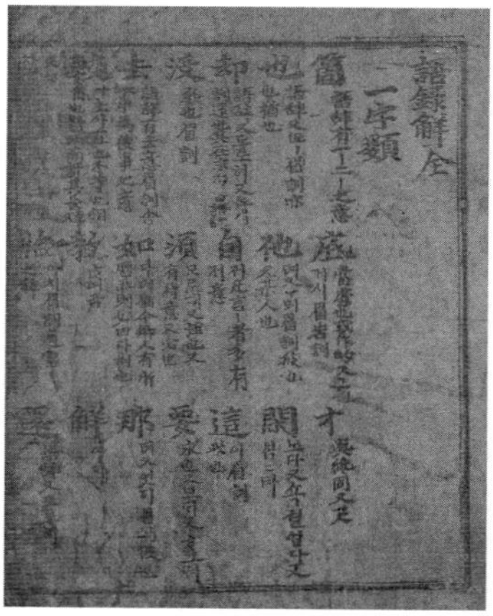

<정양의 어록해>

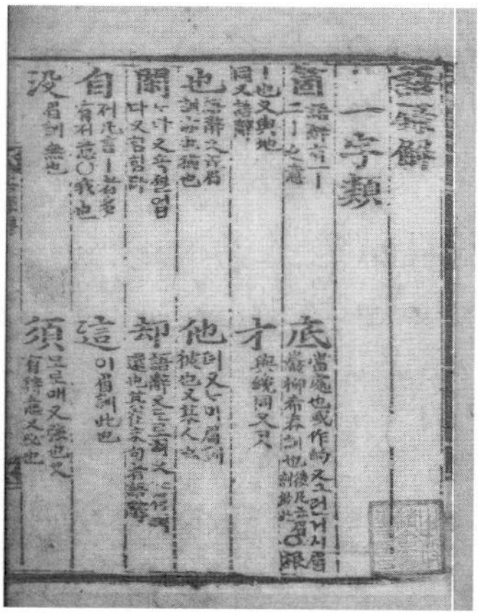

<남이성의 어록해>

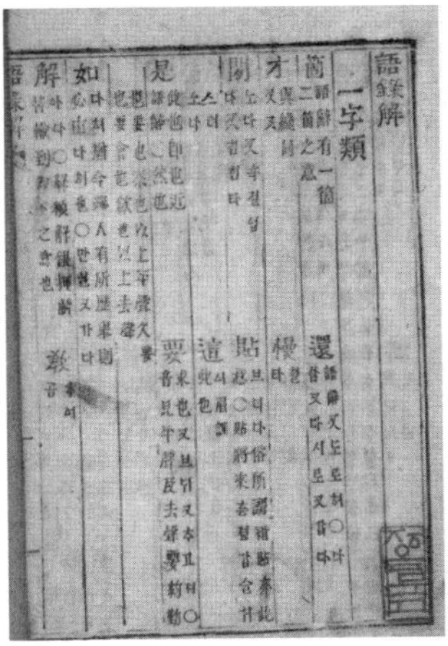

<어록해(목활자본)>

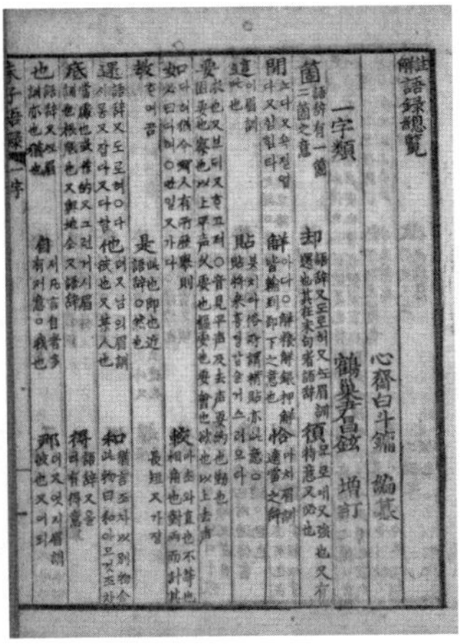

<주해어록총람>

그러나 괄목할 만한 언어 사전류들은 역학 관계의 유해서들이다. 역학관계 유해서인 『역어유해』, 『몽어유해』, 『동문유해』, 『한청문감』, 『왜어유해』, 『한어초』, 『방언유석』 등은 외국어와 한국어의 대역사전이라고 할 수 있다.

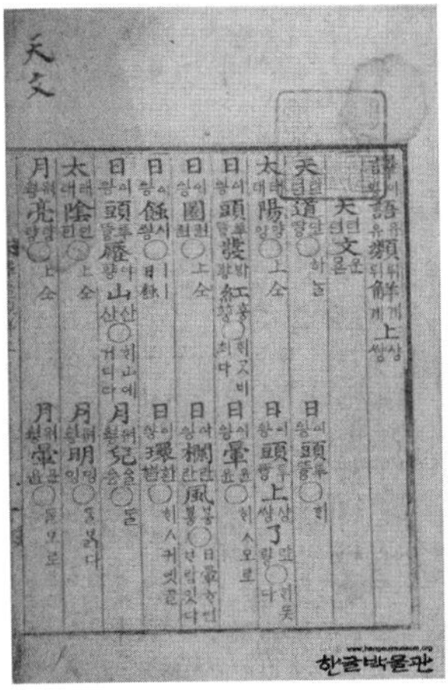

<역어유해>

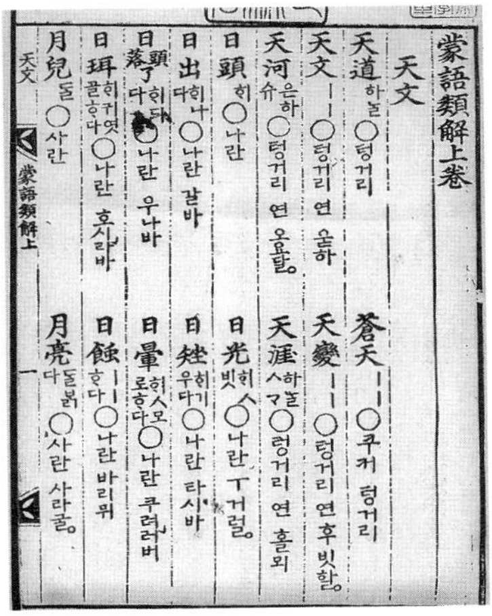

<몽어유해>

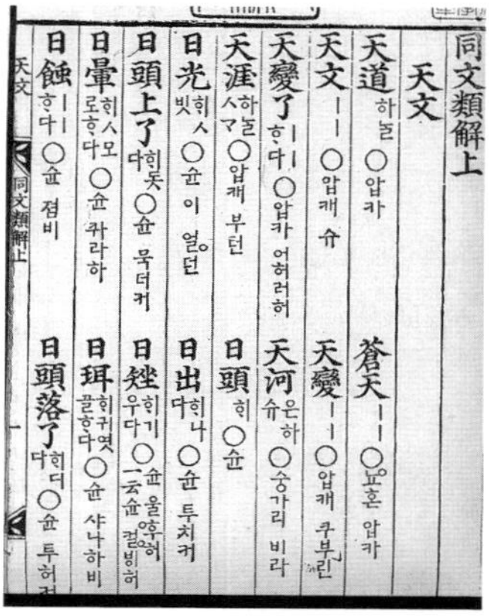

<동문유해>

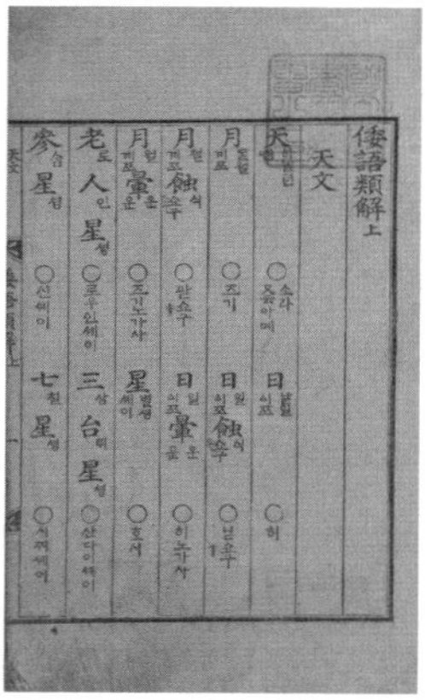

<왜어유해>

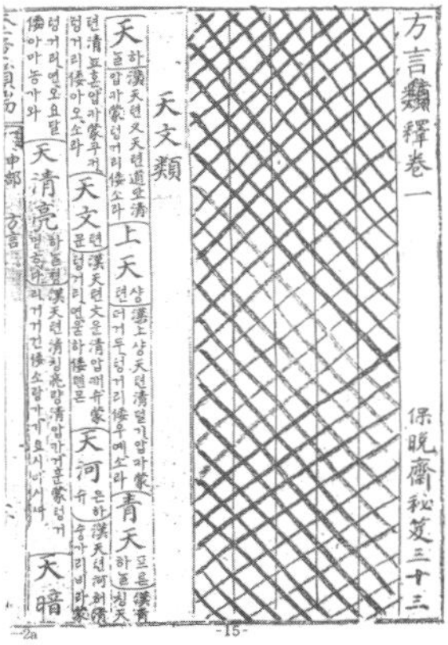

<방언유석>

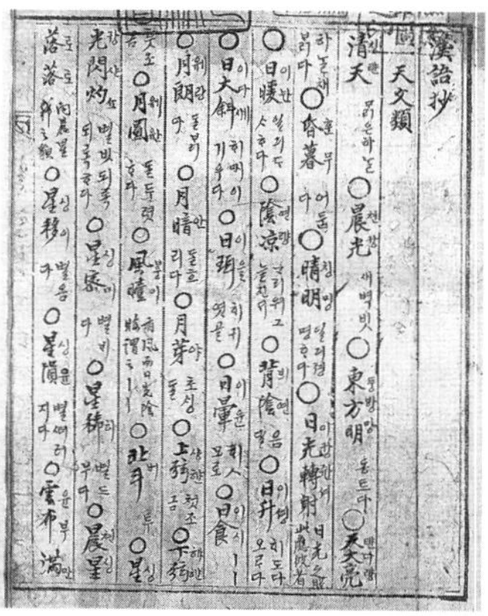

<한어초>

물명을 표기한 문자가 무엇인가에 따라 물명 자료는 다음과 같이 구분된다.

① 한자, 한문으로만 되어 있는 자료

② 부분적으로 한글 표기가 있는 자료

③ 차자표기로 되어 있는 자료

대부분의 물명 관련 자료들은 한자, 한문만으로 되어 있고, 피정의항은 한자이지만 정의항은 한글로도 표기되어 있는 자료도 있으며, 차자표기로 되어 있는 자료도 있다.

이 자료들을 보면 다음과 같다.

	피정의항	정의항	종류
①	한자어	한자어 또는 한문	類書
②	한자어	차자표기	鄕藥名 자료가 많음
③	한자어	한글 표기 어휘 또는 한자어	物名 資料, 語錄解 자료, 司譯院 자료
④	한글	한자어	對譯辭典(예: 國漢會語)
⑤	한글	한글 표기 어휘	單一語辭典

이들이 변화해 온 과정을 보면 ①~⑤의 순서이다. 따라서 우리나라에서 사전 편찬의 발달은 이러한 순서에 의해서 이루어진 것이라고 할 수 있다. 비록 '사전'이라는 명칭은 사용하지 않았지만, 사전 편찬에 대한 관심은 계속되어 온 것이라고 할 수 있다.

10) 유서와 현대 국어 사전의 차이

그렇다면 유서와 현대 국어 사전의 차이는 어디에 있을까? 앞에서 언급한 바와 같이 유서는 표제어가 한자 또는 한자어이고 한자로 표기되어 있지만 현대 국어 사전의 표제어는 우리말이고 또한 한글로 표기되어 있다는 점이다. 그러나 가장 큰 차이점은 어휘들을 분류하는 방식에 있다.

어휘를 분류하는 기준으로서 언어학적인 측면에서 본다면 음운론적, 형태론적, 통사론적, 의미론적 기준이 있다고 할 수 있다.

음운론적 기준으로 어휘를 분류한 것의 대표가 언어사전일 것이다, 가나다순이라고 하는 것은 바로 음운론적인 기준이기 때문이다. 형태론적 기준이라고 하는 것은 접사 사전 같은 것이 있다면 그 분류기준이 이에 해당할 것이다.

즉 접두사와 접미사를 구분하여 분류하였을 것이기 때문이다. 그러나 각 접사의 배열순서와 분류는 역시 다른 기준에 의해 이루어질 것이다. 통사론적 기준이란 품사사전 등이 이에 해당할 것이다.

그렇다면 우리나라에서는 어휘들의 분류기준을 어디에 두고 분류 배열하여 왔을까? 그 방법은 대개 다음과 같은 세 가지 방식이었다.

(1) 음절 수 기준

그 단어의 음절 수를 기준으로 분류하는 것이었다. 곧 음운론적 기준에 의하여 분류하는 것이었다. 음절 수를 기준으로 하여 단자해(單字解), 누자해(累字解) 등으로 분류하거나 일자류(一字類), 이자류(二字類) 등으로 분류하는 방식이 이에 해당한다. 물론 이때의 음절 수는 국어가 아닌 한자의 음절 수를 말한다. 『어록해』, 『노박집람』 등이 이에 해당한다.

<노박집람>

이와 같이 분류의 기준을 음절 수에 둔 것에서, 그 당시에 언어를 바라보는 편찬자들의 언어의식을 엿볼 수가 있다. 그들은 언어를 음절 수라고 하는 음운론적인 관점에서 바라보고 있는 것이다. 이것은 그 당시에 운학(韻學)의 이론이 음절 중심으로 이루어져 왔기 때문일 것이다.

이 전통은 오늘날에 와서 완전히 단절되어 버렸다. 국어가 지니는 특징을 살리기 위하여 이러한 분류방식도 어느 어휘의 분류기준으로는 적용될 수 있을 것으로 생각한다. 16세기 이후 17세기를 거쳐 19세기까지도 그 맥을 이어 왔지만, 실제로 그리 많이 사용되지 않았던 방식이다.

(2) 의미 기준

가장 많은 분류기준은 의미론적 기준으로 배열하는 방식이다. 대부분의 유서들이 이에 해당한다. 가장 먼저 나타나고 가장 많이 사용하였던 어휘 분류기준은 의미론적 기준이다. 이러한 사실은 언어가 지니고 있는 기능 중에서 가장 중요한 것은 '의미'라는 인식을 하였음을 증명하여 준다.

의미를 기준으로 하여 어휘들을 배열하는데, 주로 상위의 의미의 장으로부터 하위의 의미의 장으로 기술하는 방식을 따른다. 우리나라의 대부분의 어휘분류집들은 상위의 의미 분류 기준은 정해져 있었지만, 하위의 의미 분류는 대부분 이루어져 있지 않다. 대분류를 하고 다시 소분류를 하는 단계적 분류방식이 아니라, 주로 단형적 나열식 분류방법을 택하고 있다. 대부분의 문헌자료에서 실제로 대분류와 소분류에 대한 인식이 있었지만, 실제로 이에 대한 분류를 시도한 것은 『재물보』나 『광재물보』 『물명고』(유희), 『사류박해』 『자류주석』 『물보』 등밖에 없다.

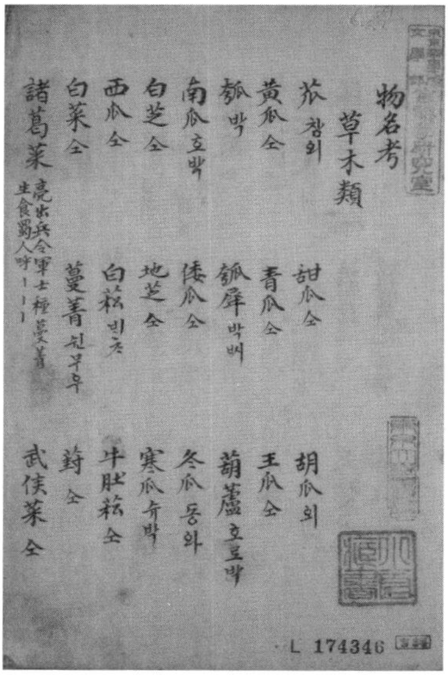
物名考
草木類
苽 참외 甜瓜 仝 胡瓜 외
黃瓜 仝 靑瓜 仝 王瓜 仝
瓠 박 瓠犀 박씨 葫蘆 호로박
南瓜 호박 倭瓜 仝 冬瓜 동와
白芝 仝 地芝 仝 寒瓜 슈박
西瓜 仝 白菘 빈추 牛肚菘 仝
白菜 仝 蔓菁 쉰무우 蒔 仝
諸葛菜 亮出兵令軍士種蔓菁生食蜀人呼ㅣㅣㅣ 武侯菜 仝

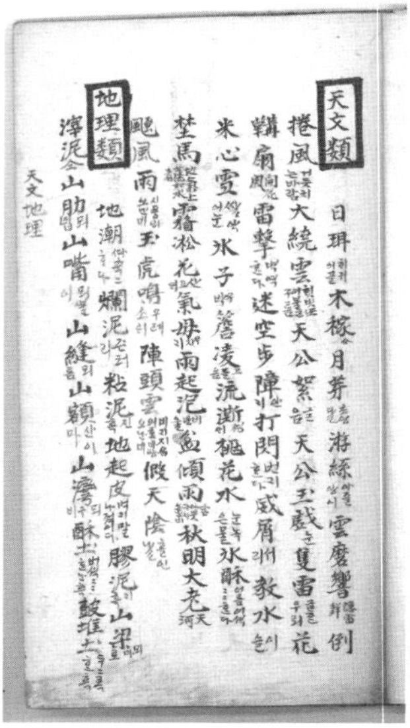
天文類
地理類

<물명고>(동양문고본)　　<물명고>(홍윤표본)

이 단단계 분류 방식은 그 명칭이 매우 다양하다. 분류명칭 뒤에 아무 표지도 붙이지 않은 것과 '문(門)'이나 '유(類)'와 같은 표지를 붙인 것이 대부분이다. 이 이외에도 '부(部)'의 표지를 붙인 것이 있으나 대개 이 '부(部)'는 다단계 분류 방식에서 쓰던 표지이었다.

'문(門)'과 '유(類)'는 그 용법이 달랐다. 예컨대 의미상의 분류일 때에는 '문(門)'과 '유(類)'는 그 표지로서 사용될 수 있지만, 음절 수를 기준으로 분류한 것에는 '문(門)'은 사용되지 않고 '유(類)'만 사용되고 있다. '일자류(一字類)'는 보이지만 '일자문(一字門)'은 보이지 않는다.

이들은 모두 단단계(單段階) 분류방식이라서 점차로 그것이 세분류화(細分類化)되면서 분류의 분문(分門)이 많아지게 됨을 알 수 있다. 이러한 분류항목의 복잡함을 줄이고자 한 것이 곧 2단계의 분류이다.

이 2단계 분류방식은 대개 실학이 성행하던 18세기 말에서 19세기 초에 와서 흔히 발견된다. 즉 19세기에 와서야 어휘분류의 의미에 의한 하위분류가 이루어진다. 이것은 언어의 의미를 체계적으로 바라보는 시각이 나타나기 시작한 것으로 해석할 수 있다.

『역어유해』, 『동문유해』, 『몽어유해』 등을 비롯한 유해서나 『재물보』, 『광재물보』, 『물보』, 『물명고』 등과 같은 대부분의 유서들이 의미 기준에 따른 분류와 나열방식에 따라 편찬된 유서들이다. 현대에 와서는 이러한 분류방식이 적용되지 않고 있다. 최근에 어휘분류사전이 등장하고 있지만 전혀 활발하지 않은 연구 분야다.

(3) 가나다순 기준

오늘날처럼 '가나다순'과 같은 음운론적 기준으로 분류하는 방법이다. 이러한 방식은 19세기 후반에 들어와서 나타난다. 오늘날 대부분의 사전들은 이에 따르는 것이 일반적이지만, 이 방식은 후대에 발달한 기준이다. 국어의 음절구조에 대한 인식은 15세기부터 있어 왔지만, 가나다순으로 배열하게 된 것은 19세기에 와서야 일어난 일이다. 그러나 외국 선교사들이 한국어 사전을 편찬하면서, 한국어의 배열방식을 서양사전의 알파벳순을 본받아 가나다순으로 배열하였다는 선입견은 잘못된 견해이다.

실제로 우리나라에서 어휘의 배열을 가나다순으로 배열하기 시작한 것은 19세기에 와서의 일이다. 즉 1846년에 필사된 『언음첩고(諺音捷考)』가 최초이었다.

『언음첩고』는 우리말의 소리나 한자음(漢字音)을 구별하기 위한 편람(便覽)으로 만들어진 것이다. 권상(卷上)에 한자나 한자어를 표제어로 하고 그 아래에 이에 대한 석음을 한글로 풀이하고 있다(예 : 陰 ᄀᆞᄂᆞᆯ 음 今稱 그늘, 匿 ᄀᆞ만ᄒᆞ다 등). 그 배열순서는 표제항인 한자의 부수나 한자음의 순서에 따른 것이 아니라 새김의 한글 초성에 따른 것이다. 그 순서는 "ㄱ, ㄴ, ㄷ, ㄹ, ㅁ, ㅂ, ㅅ, ㅇ, ㅈ, ㅊ, ㅋ, ㅌ, ㅍ, ㅎ, 녀, 뎌, 텨, 혀, 니, 디, 티, 히, 됴, 듀, 르"이다.

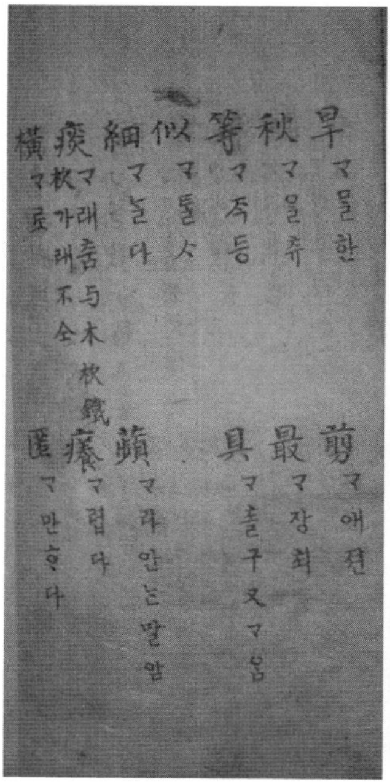

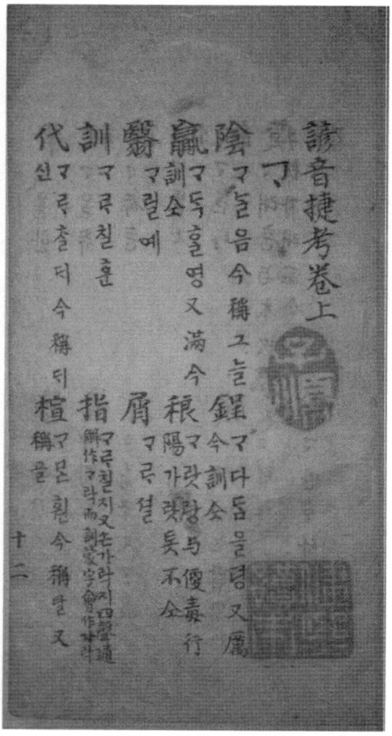

<언음첩고 2>　　　　<언음첩고 1>

위의 서영에서 볼 수 있듯이 'ᄀᆞ'에 해당하는 곳에 'ᄀᆞᄂᆞᆯ 음, ᄀᆞ다ᄃᆞᆷ을 뎡, ᄀᆞᄃᆞᆨᄒᆞᆯ 영' 등의 새김과 음에서 새김의 가나다순으로 배열하여 놓은 것임을 볼 수 있다. 다음에 'ᄀᆞ'에 해당하는 부분을 보이면 다음과 같다.

陰 ᄀᆞᄂᆞᆯ 음	錠 ᄀᆞ다ᄃᆞᆷ을 뎡	贏 ᄀᆞᄃᆞᆨᄒᆞᆯ 영
稂 ᄀᆞ랏 랑	翳 ᄀᆞ릴 예	屑 ᄀᆞᄅᆞ 셜
訓 ᄀᆞᄅᆞ칠 훈	指 ᄀᆞᄅᆞ칠 지 又 손가락 지	

代 ᄀᆞᄅᆞ출 ᄃᆡ 今稱 ᄃᆡ신 楦 ᄀᆞᄆᆞᆫ 훤 今稱 탈 又稱 골

旱 ᄀᆞ믈 한	剪 ᄀᆞ애 젼	秋 ᄀᆞ을 츄
最 ᄀᆞ장 최	等 ᄀᆞ즉 등	具 ᄀᆞ출 구 又 ᄀᆞ음
似 ᄀᆞ틀 ᄉᆞ	鹵 ᄀᆞᆫ슈 로	磨 ᄀᆞᆯ 마

葦 ᄀᆞᆯ 위	曰 ᄀᆞᆯ 월	鸒 ᄀᆞᆯ가마괴 여
翦 ᄀᆞᆯ길 젼	鷗 ᄀᆞ며기 구	更 ᄀᆞ마들일 경
孿 ᄀᆞᆯ오기 산	竝 ᄀᆞᆯ올 병	辨 ᄀᆞᆯ힐 변
藏 ᄀᆞᆷ출 장 又 간슈 又 간ᄉᆞᄒᆞ다		邊 ᄀᆞᆺ 변
困 ᄀᆞᆺ블 곤	渠 ᄀᆡ쳔 거	覺 ᄭᆡᆯ 교, ᄭᆡᄃᆞᄅᆞᆯ 각
旅 나ᄀᆞ내 려	瞑 눈ᄀᆞᄆᆞᆯ 명	瞬 눈ᄀᆞᆷᄌᆞ길 슌
齠 니ᄀᆞᆯ 툐	稱 맛ᄀᆞᄌᆞᆯ 칭	沐 머리ᄀᆞᄆᆞᆯ 목
散 약ᄀᆞᄅᆞ 산		

한자의 새김이 'ᄀᆞ' 부분에 해당하는 한자를 배열한 것인데, 어느 한자는 첫 자가 'ᄀᆞ' 부분이 아니고 비어두음절에 'ᄀᆞ'가 들어가 있는 한자도 이 속에 배열시키기도 하였다. 한자의 배열을 새김의 '가나다'순으로 한 것이 매우 특징적이라고 할 수 있다.

그러나 이 문헌도 오늘날과 같은 철저한 가나다순으로 배열한 것은 아니었다. 단지 '가' 등으로 시작되는 어휘를 'ㄱ' 이라는 소제목 아래에 특별한 배열 기준을 세우지 않고 나열하고 있는 것이다.

이뿐만 아니라 가나다순으로 배열한 문헌이 외국인이 편찬한 사전에서 처음 보이는 것이 아님은 『음운반절휘편(音韻反切彙編)』을 보아서도 명백하다. 음운반절휘편 등은 한자음의 가나다순으로 한자를 배열한 한자자전이다.

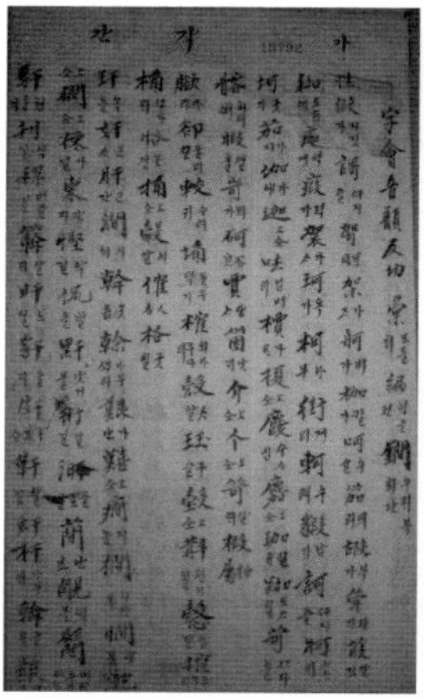

<字會音韻反切彙編>
(충남대본)(1887년)

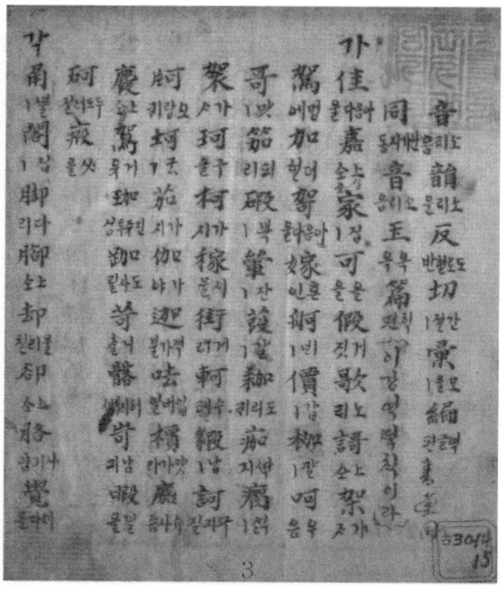

<음운반절휘편>(국중도본)
(1917년)

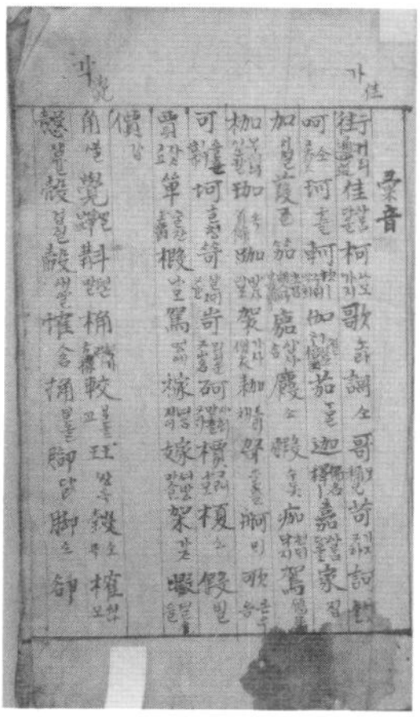

<휘음>(국립한글박물관
소장본)(1909년)

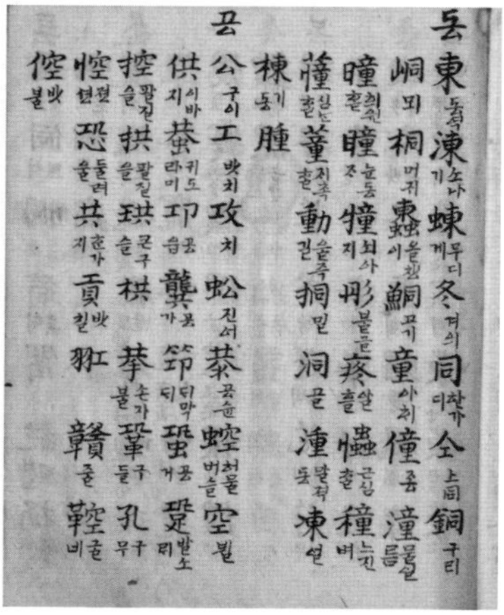

<자해>(홍윤표 소장본)
(1899년)

오늘날과 같이 철저한 가나다순으로 배열하여 편찬된 국어사전은 1885년에 필사된 것으로 보이는 『국한회어』로 보인다.

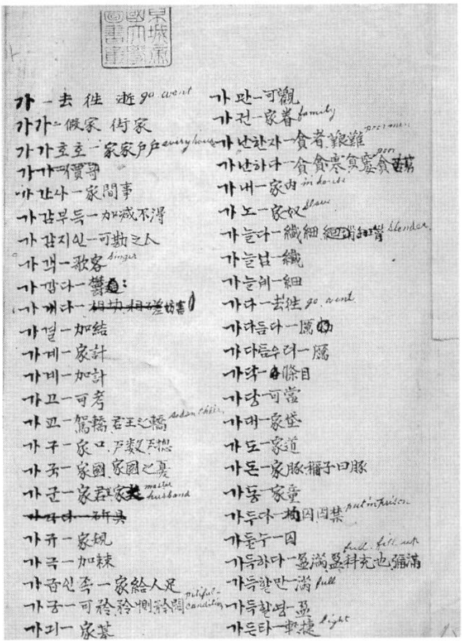

<국한회어>

11) 우리나라에서 국어사전 편찬은 언제 시작하였나?

우리나라에서 우리말을 표제어로 하여 편찬된 사전들은 초기에는 모두 대역사전이다. 그 대역사전들은 모두 19세기 말에 등장하는데, 거의 모두가 외국인이 편찬한 것이다. 최초의 대역사전은 『조로사전』(1874년), 『한불자전』(1880년) 등이다.

11.1. 대역사전

그 대역사전들의 목록을 보이면 다음과 같다.

종류	편저자	사전명	편찬 연도	표제어수
한국어-한자	이준영, 정현, 이기영, 이명선, 강진희	국한회어	1895년	약 27,000개
한국어-프랑스어	Félix-Clair Ridel	Dictionaire Coréen - Francais(한불ᄌᆞ뎐)	1880년	약 27,000개
한국어-영어	H.G.Underwood	A Concise Dictionary of Korean Language(영한 한영자전)	1890년	
	J.Scott	Introduction, English-Corean Dictionary(영한사전)	1891년	
한국어-일본어	趙義淵 井田勤衛	日韓 韓日 言語集	1910년	
	조선총독부	조선어사전	1920년	58,639개 한자어 40,734개 언문어17,178개 이두 727개
	조선어연구회	鮮和新辭典	1942년	
영어-한국어	James S. Gale	A Korean-English Dictionary(한영자전)	1897년	약 34,000개
	George H. Jones	An English-Korean Dictionary (영한자전)	1914년	
	J.W.Hodge	Corean words and phrases	1897년	약 240개
러시아어-한국어	푸칠로	露朝辭典	1874년	약 4,000개
	마샤노프	試篇露韓小辭典	1904년	
프랑스어-한국어	Charles Allévêque	Petit Dictionaire Français-Coréen (法韓字典)	1901년	
라틴어-한국어		Parvum Vocabularium Lation-Coreanum ad usum studiosae (羅韓小辭典)	1891년	
일본어-한국어	趙義淵 井田勤衛	日韓 韓日 言語集	1910년	
	日語雜誌社	日韓 會話辭典	1906년	
	船岡獻治	鮮譯 國語大辭典	1919년	약 6,300개

위의 사전 중에서 몇몇에 대해 설명하도록 한다.

(1) 노조사전(露朝辭典)[4]

푸칠로(Putsillo.M)가 고종 11년(1874년)에 페테르스부르크(Petersburg)에서 간행해 낸 사전이다. 원명은 'Opytie Russko-Koreiskago Siobarya(뎌션책이)'이다.

러시아어와 한국어의 대역사전으로서 구미어와 한국어의 최초의 대역사전이라고 할 수 있다.

이 책은 총 면수가 731페이지로서 한 페이지에 러시아어 10개 가량의 단어를 기재하고 그 오른쪽에 한국어로 해석하여 놓았다. 저자는 연해주에 이민해 온 무학(無學)의 한국 노동자들을 상대로 어휘를 수집하였기 때문에 수록된 어휘의 대부분은 함경북도 및 연해주에 거주하는 한국인의 방언이라고 할 수 있다. 메드허스트(Meshurst)의 "Translations of a Comparative of the Chinese and Japanese Languages"(1834)를 참고한 것 이외에는 하등의 참고한 책이 없다. 메드허스트의 이 책은 일명 『조선위국자휘(朝鮮偉國字彙)』로 알려진 책인데, 이 책에는 『왜어유해』와 『천자문』이 들어 있다. 푸칠로는 이 책의 한국어 어휘를 이 사전에 전재하여 놓았다. 이 책은 현재 서울대학교와 고려대학교 도서관에 각각 1부씩 보관되어 있다.

---

4 이 구미어 사전에 대한 것은 朴尙均(1984), 「開化期 歐美語辭書考」, 『圖書館學』 제2집을 참조한 것이다.

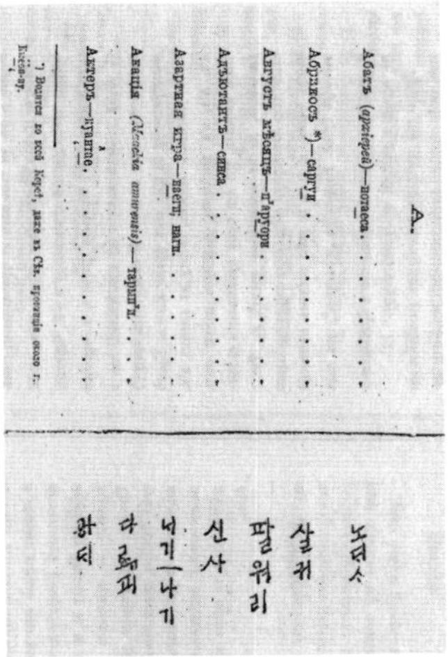

<노조사전>

(2) 한불자전

이 책은 파리 외지선교회가 편찬하여 일본의 橫濱(요꼬하마)에서 고종 17년(1880년)에 간행한 사전이다. 원서명은 'Dictionaire Coréen-Francais(한불ᄌᆞ뎐)'이다.

이 사전의 단어 배열은 우리 글자의 자모 가운데 모음 자모인 '아야ᄋᆞ어여으이오요우유'순으로, 모음이 앞에 오고 자음 자모인 'ㅎ ㄱ ㅺ ㅋ ㅁ ㄴ ㅇ ㅂ ㅽ ㅍ ㄹ ㅅ ㅆ ㄷ ㅼ ㅌ ㅈ ㅉ ㅊ'의 순으로 배열하여 자음이 뒤에 오게 하였다. 이 책에 쓰인 한글 자모는 최지혁이 쓴 글씨로 알려져 있다.

이 사전은 그 뒤에 편찬된 여러 사전, 즉 언더우드, 게일의 『영한사전』이나 『조선어사전』 등의 저본이 되었을 것으로 생각한다.

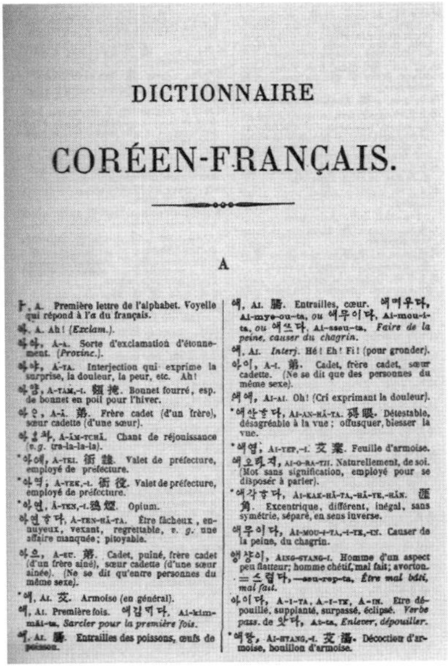
DICTIONNAIRE

CORÉEN-FRANÇAIS.

A

ㅏ, A. Première lettre de l'alphabet. Voyelle qui répond à l'a du français.

아, A. Ah! (Exclam.).

아아, A-A. Sorte d'exclamation d'étonnement. (Provinc.).

아야, A-YA. Interjection qui exprime la surprise, la douleur, la peur, etc. Ah!

아얌, A-YAM,-I. 額掩. Bonnet fourré, esp. de bonnet en poil pour l'hiver.

아ᄋᆞ, A-Ă. 弟. Frère cadet (d'un frère), sœur cadette (d'une sœur).

아ᄋᆞᆷ치, A-ĂM-TCHI. Chant de réjouissance (v. g. tra-la-la-la).

*아예, A-YEI. 衙隷. Valet de préfecture, employé de préfecture.

*아역, A-YEK,-I. 衙役. Valet de préfecture, employé de préfecture.

*아연, A-YEN,-I. 鴉煙. Opium.

아연ᄒᆞ다, A-YEN-HĂ-TA. Être fâcheux, ennuyeux, vexant, regrettable, v. g. une affaire manquée; pitoyable.

아으, A-EU. 弟. Cadet, puiné, frère cadet (d'un frère ainé), sœur cadette (d'une sœur ainée). (Ne se dit qu'entre personnes du même sexe).

*애, AI. 艾. Armoise (en général).

애, AI. Première fois. 애김매다, AI-kim-mai-ta, *Sarcler pour la première fois.*

애, AI. 膓. Entrailles des poissons, œufs de poisson.

애, AI. 膓. Entrailles, cœur. 애며우다, Ai-mye-ou-ta, *ou* 애무이다, Ai-mou-i-ta, *ou* 애쓰다, Ai-sseu-ta, *Faire de la peine, causer du chagrin.*

애, AI. *Interj.* Hé! Eh! Fi! (pour gronder).

아이, A-I. 弟. Cadet, frère cadet, sœur cadette. (Ne se dit que des personnes du même sexe).

애애, AI-AI. Oh! (Cri exprimant la douleur).

*애안ᄒᆞ다, AI-AN-HĂ-TA. 碍眼. Détestable, désagréable à la vue; offusquer, blesser la vue.

*애엽, AI-YEP,-I. 艾葉. Feuille d'armoise.

애오라지, AI-O-RA-TJI. Naturellement, de soi. (Mot sans signification, employé pour se disposer à parler).

*애각ᄒᆞ다, AI-KAK-HĂ-TA,-HĂ-YE,-HĂN. 涯角. Excentrique, différent, inégal, sans symétrie, séparé, en sens inverse.

애무이다, AI-MOU-I-TA,-I-YE,-IN. Causer de la peine, du chagrin.

앵샹이, AING-SYANG-I. Homme d'un aspect peu flatteur; homme chétif, mal fait; avorton. =스럽다, —seu-rep-ta, *Être mal bâti, mal fait.*

아이다, A-I-TA, A-I-YE, A-IN. Être dépouillé, supplanté, surpassé, éclipsé. *Verbe pass. de* 앗다, At-ta, *Enlever, dépouiller.*

*애탕, AI-HTANG,-I. 艾湯. Décoction d'armoise, bouillon d'armoise.

<한불자전>

(3) 한어자전(韓語字典)

언더우드(Underwood, H.G.)가 지어서 일본의 요꼬하마에서 1890년에 출판해낸 사전이다. 원서명은 'A Concise of the Korean Language'로, 연세대학교 도서관에 소장되어 있다.

언더우드(元杜尤)는 미국 북장로교 선교사로, 런던 출생이다. 1872년에 미국에 이주하여 1881년에 뉴욕 대학을, 그리고 1884년에는 뉴브런즈윅(New Brunswick) 신학교를 졸업하고 그해 7월에 북장로교회 외국 선교사로 임명되어 1885년 4월 5일 감리교 선교사 아펜젤러 목사와 같은 해에 제물포에 상륙하였다.

언더우드 선교사는 선교사로 온 후에 포교의 첫 단계로서 한국어에 흥미를 가지고 약 5년간 한국어 학습과 어휘의 수집 및 정리를 하여 사전을 편찬하였다. 이 책이 완성되기까지에는 게일(Gale, James. S) 선교사의 조력이 매우 컸다.

이 사전은 한국어 · 영어 대조의 최초의 사전으로서 한영사전 · 영한사전의 2권으로 되어 있는데, 이 책의 서문에서도 언급한 바와 같이 학생판이라고 할 수 있는 수진용판이다. 총 면수는 489쪽으로 책의 크기는 9.5×17cm이다.

이 두 권을 합철하여 단권으로 된 '한영 · 영한사전'(A Concise Dictionary of the Korean Language, in two parts Korean-English and English-Korean)이 같은 해에 요꼬하마에서 출판되었는데, 앞의 책과 다른 점은 앞의 것이 포켓판이나 학생판인데, 이보다 크기가 좀 더 작아진 것뿐이지 별다른 차이는 없다.

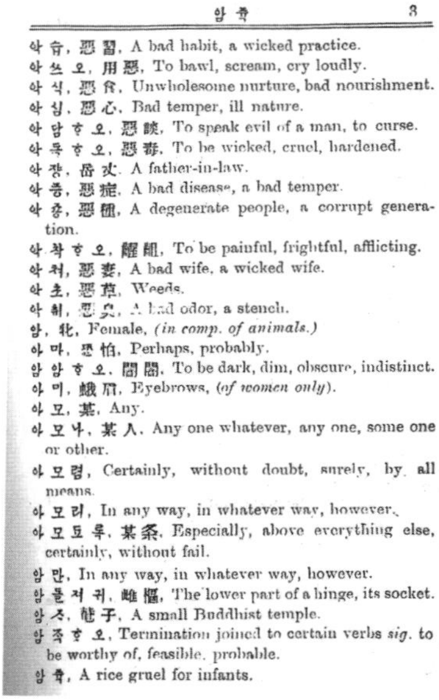
암쥭 3

악습, 惡習, A bad habit, a wicked practice.
악쓰오, 用惡, To bawl, scream, cry loudly.
악식, 惡食, Unwholesome nurture, bad nourishment.
악심, 惡心, Bad temper, ill nature.
악담ᄒᆞ오, 惡談, To speak evil of a man, to curse.
악독ᄒᆞ오, 惡毒, To be wicked, cruel, hardened.
악장, 岳丈, A father-in-law.
악증, 惡症, A bad disease, a bad temper.
악종, 惡種, A degenerate people, a corrupt generation.
악착ᄒᆞ오, 齷齪, To be painful, frightful, afflicting.
악쳐, 惡妻, A bad wife, a wicked wife.
악초, 惡草, Weeds.
악취, 惡臭, A bad odor, a stench.
암, 牝, Female, *(in comp. of animals.)*
아마, 恐怕, Perhaps, probably.
암암ᄒᆞ오, 闇闇, To be dark, dim, obscure, indistinct.
아미, 蛾眉, Eyebrows, *(of women only)*.
아모, 某, Any.
아모나, 某人, Any one whatever, any one, some one or other.
아모렴, Certainly, without doubt, surely, by all means.
아모리, In any way, in whatever way, however.
아모됴록, 某條, Especially, above everything else, certainly, without fail.
암만, In any way, in whatever way, however.
암돌져귀, 雌樞, The lower part of a hinge, its socket.
암ᄌᆞ, 菴子, A small Buddhist temple.
암즉ᄒᆞ오, Termination joined to certain verbs *sig.* to be worthy of, feasible, probable.
암쥭, A rice gruel for infants.

<한어자전>

(4) 영한사전(英韓辭典)

스코트(Scott, James)가 한성부 영국기독교전도회에서 고종 28년(1891년)에 간행한 사전이다. 원명은 'English-Corean Dictionary, being a Vocabulary of Corean Colloquial World in common Use'이다.

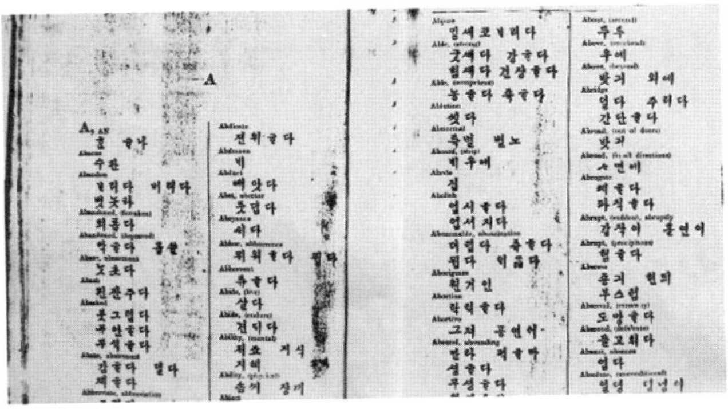

<영한사전>

(5) 한영자전(韓英字典)

게일(Gale, James Scarth, 奇一, 1863~1934)이 편찬하여 광무 1년(1897년)에 일본의 요꼬하마에서 간행해낸 사전이다. 원서명은 'A Korean-English Dictionary'이다.

게일이 한영자전을 편찬한 동기는 그 머리말에 들어 있다. 당시 신빙할 만한 사전이 없음을 유감으로 생각하여 한국인에게나 외국인들에게 한국말과 글을 읽고 배우는 데에 도움을 줄 수 있도록 많은 어휘들을 수록하였다고 하였다.

초판은 1897년 요꼬하마에서 출판하였다. 제1편은 韓英辭典(Korean-English Dictionary), 제2편은 漢英辭典(Chinese-English Dictionary)으로 되어 있다. 제1편의 한영사전은 이 책의 골자를 이루는 부분으로 약 3만 5천여의 단어를 알파벳 순으로 배열하였다. 각 단어마다 한자의 훈, 모음의 장단, 숙어, 반대어, 출전, 동사활용, 방언, 동의어, 존칭어 등 지금까지 다른 사전에 없었던 내용들을 담고 있다.

이 사전은 한국어 사전으로는 1945년 이전에 출판된 것들 중 가장 어휘 수집과 정리가 잘 되어 있는 사전이라고 할 수 있다. 그리고 고유어와 한자어를 가능한 한 많이 수록시켰을 뿐만 아니라, 그 대비에서 뜻과 훈까지도 언급하고 이것을 다시 영어로 해설하여서 한, 한, 영 대조사전의 구실을 하게 하였다.

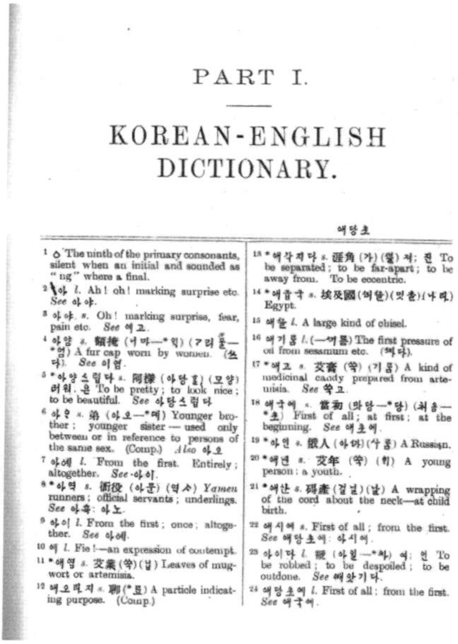

PART I.

KOREAN-ENGLISH
DICTIONARY.

애당초

1 ㅇ The ninth of the primary consonants, silent when an initial and sounded as "ng" where a final.

2 아 *l.* Ah! oh! marking surprise etc. *See* 아야.

3 아야 *s.* Oh! marking surprise, fear, pain etc. *See* 애고.

4 아얌 *s.* 額掩 A fur cap worn by women. *See* 이엄.

5 *아얌스럽다 *s.* 阿樣 To be pretty; to look nice; to be beautiful. *See* 아담스럽다

6 아ᄋᆞ *s.* 弟 Younger brother; younger sister — used only between or in reference to persons of the same sex. (Comp.) *Also* 아오

7 아예 *l.* From the first. Entirely; altogether. *See* 아이.

8 *아역 *s.* 衙役 *Yamen* runners; official servants; underlings. *See* 아속: 아노.

9 아이 *l.* From the first; once; altogether. *See* 아예.

10 에 *l.* Fie!—an expression of contempt.

11 *애엽 *s.* 艾葉 Leaves of mugwort or artemisia.

12 애오라지 *s.* 聊 A particle indicating purpose. (Comp.)

13 *애각지다 *s.* 涯角 To be separated; to be far-apart; to be away from. To be eccentric.

14 *애급국 *s.* 埃及國 Egypt.

15 애끌 *l.* A large kind of chisel.

16 애기름 *l.* The first pressure of oil from sesamum etc.

17 *애고 *s.* 艾膏 A kind of medicinal candy prepared from artemisia. *See* 쑥고.

18 애국에 *s.* 當初 First of all; at first; at the beginning. *See* 애초에.

19 *아인 *s.* 俄人 A Russian.

20 *애년 *s.* 艾年 A young person; a youth.

21 *애산 *s.* 礙產 A wrapping of the cord about the neck—at child birth.

22 애시에 *s.* First of all; from the first. *See* 애당초에: 아시에.

23 아이다 *l.* To be robbed; to be despoiled; to be outdone. *See* 빼앗기다.

24 애당초에 *l.* First of all; from the first. *See* 애국에.

<한영자전>

(6) 법한자전(法韓字典)

알레베끄(Alévéque Charles)가 편찬하여 1901년 서울에서 간행해낸 사전이다. 원서명은 'Petit Dictionaire Francais-Coréen'이고 우리말로는 '법한ᄌᆞ뎐'으로 되어 있다.

이 책의 총 면수는 374페이지다. 배열은 알파벳순이며, 내용은 프랑스어를 표제항으로 하고 다음에 이것을 한국어로 번역하였다. 한글 발음을 불어로 병기해 주고 있다. 권말에는 부록으로 조선시대의 관청명, 조선어 수사 및 도량형명, 화폐단위 등이 수록되어 있다.

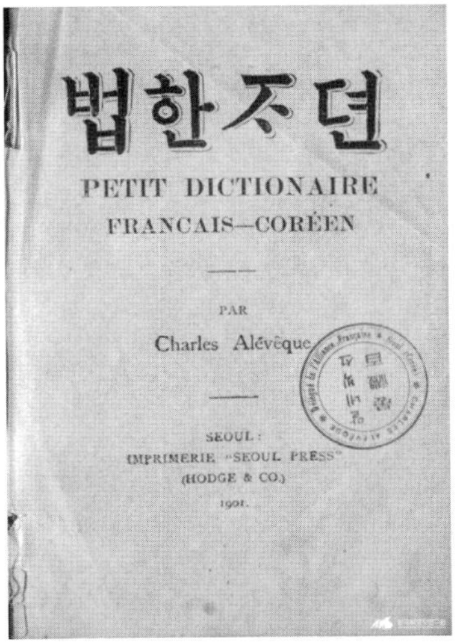
법한ᄌᆞ뎐
PETIT DICTIONAIRE
FRANCAIS—CORÉEN
PAR
Charles Alévêque
SEOUL:
IMPRIMERIE "SEOUL PRESS"
(HODGE & CO.)
1901.

<법한ᄌᆞ뎐>

(7) 영한사전(英韓辭典)

존스(Jones, George Herber, 1867~1919)가 편찬하여 동경의 교문관(敎文館)에서 1914년에 간행해낸 사전이다. 원서명은 'An English-Korean Dictionary'이고 한국어명은 '영한ᄌᆞ뎐'이다.

미국의 선교사 감리교회에서 파견되어 한국 교육사업에 종사한 존스의 저서로는 Korea Country and People(1907년), English_Korean Dictionary and Technical Terms(1901년) 등이 있다.

이 책은 사전부와 부록으로 되어 있는데, 사전부(1~212페이지)에서는 5,086에 달하는 중요한 단어에 대하여 품사표시, 영문, 한자 상당어의 순으로 배열하고 있다. 그리고 한 단어에 관계되는 모든 뜻을 한꺼번에 주어 일용어(日用語) 문장어의 순으로 되어 있고, 가능한 한 예문까지도 주고 있다.

부록으로는 약 1만여 항목의 한국어색인을 붙여 거기에 대하는 영어, 한어(漢語)를 찾아 볼 수 있도록 하여 주고 있다. 색인은 ㅏ ㅑ ㅓ ㅕ ㅗ ㅛ ㅜ ㅠ ㅡ ㅣ ㅂ ㅅ ㄷ ㄱ ㅎ ㄴ ㄹ ㅁ ㅍ ㅌ ㅈ ㅊ 순으로 독특하게 배열하였다.

(8) 시편노한소사전(試篇露韓小辭典)[5]

이 사전은 1904년 러시아 정교선교협회(正教宣教協會)에 의해 출판된 사전으로서 번역위원회의 대표자는 카잔대학의 마샤노프 교수이다. 이 책의 편찬은 당시 카잔사범학교에 재학중인 6인의 한국인의 참여 하에 이루어졌다. 가로 10.2cm, 세로 15.2cm의 책으로 총면수는 138페이지다.

내표지와 간기, 간행사 그리고 일러두기와 같은 성격의 글인 서문을 포함하여 18페이지, 사전 본문 138페이지로 이루어졌다.

이 사전의 편찬 동기는 연해주의 남우수리에 거주하는 한국인 자녀들의 러시아어 학습을 돕기 위함이었다. 그리고 표제항의 선정은 톨스토이가 지은 '새로운 철자 교과서'(1900)라는 책 속에 포함되어 있는 단어들이다. 이 책이 이국인들을 위한 학교에서 많이 사용되었기 때문에 표제항목의 선정기준이 된 것이다. 이 사전의 한국어는 남우수리의 안치혜 출신인 한씨(韓氏)의 개인어를 바탕으로 한 한국어 방언이다. 그러나 이 한국어 방언은 한씨(韓氏)의 한국에서의 선대거주지(先代居住地)가 밝혀져 있지 않기 때문에 동북방언의 어느 하위 지역어인지는 자세히 알 수 없다. 그러나 여기에 사용된 한국어는 육진방언을 나타내는 것이라고 할 수 있다.

5 이 사전에 대해서는 곽충구(1994), 『함북 육진방언의 음운론』 참조.

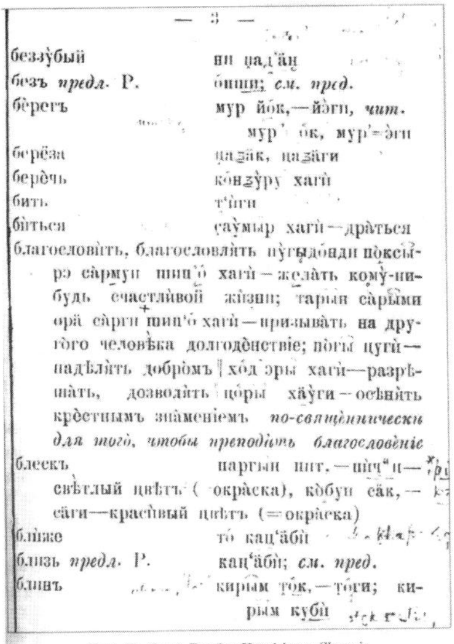

— 3 —

безъзубый ни цад'ан
безъ *предл.* Р. бнши; *см. пред.*
берегъ мур йок,—йэги, *чит.* мур' ок, мур'=эги
берёза цаѕак, цаѕаги
беречь конѕуру хаги
бить т'иги
биться саумыр хаги—драться
благословить, благословлять пугыдонди поксырэ сармун шип'о хаги—желать кому-нибудь счастливой жизни; тарын сарыми ора сарги шип'о хаги—призывать на другого человѣка долгоденствіе; погы цуги—надѣлять добромъ ‖ ход эры хаги—разрѣшать, дозволять цоры хауги—осѣнять крестнымъ знаменіемъ *по-священнически для того, чтобы преподать благословеніе*
блескъ паргын нит.—нич'и—свѣтлый цвѣтъ (=окраска), кобун сак,—саги—красивый цвѣтъ (=окраска)
ближе то кац'аби
близь *предл.* Р. кац'аби; *см. пред.*
блинъ кирым ток,—тоги; кирым куби

Opyt Kratkago Russko-Korejskago Slovarja
(<試篇 露韓小辭典>)의 辭典 本文 모습

<시편노한소사전>

(9) 선화신사전(鮮和新辭典)

조선어연구회에서 1942년에 편찬한 한국어 일본어 대역 사전이다. 책의 크기는 세로 17.5cm, 가로 9.7cm의 수진본이다. 앞에 범례가 있는데, 배열, 발음, 수록의 범위, 병렬의 형식, 해석 등에 대한 자세한 설명이 4쪽에 걸쳐 있다. 그리고 가나다순으로 배열된 한국어 표제 아래에 일본어로 뜻풀이를 하고 있다. 한국어 중 고유어는 물론이고 한자어까지도 수록하였다. 본문만 모두 833쪽이다. 약 20,000여 단어가 들어가 있는 셈이다.

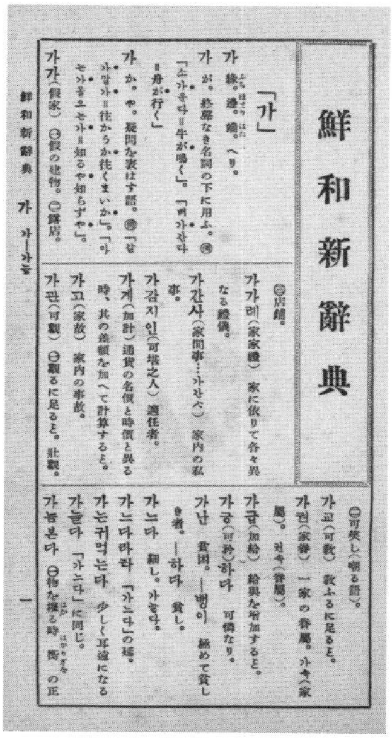

鮮和新辭典

「가」

가 縁。邊。端。へり。

가 が。終辭なき名詞の下に用ふ。(例)「소가운다＝牛が鳴く」。「배가간다＝舟が行く」

가 か。や。疑問を表はす語。(例)「갈까말가＝往かうか往くまいか」。「아는가모르는가＝知るや知らずや」。

가가(假家) ㊀假の建物。㊁露店。㊂店舗。

가가례(家家禮) 家に依りて各々異なる禮儀。

가간사(家間事…가간ᄉ) 家内の私事。

가감지인(可堪之人) 適任者。

가계(加計) 通貨の名價と時價と異る時、其の差額を加へて計算すること。

가고(家故) 家内の事故。

가관(可觀) ㊀觀るに足ること。㊁壯觀。㊂可笑し(嘲る語)。

가교(可教) 教ふるに足ること。

가권(家眷) 一家の眷屬。가속(家屬)。권속(眷屬)。

가급(加給) 給與を增加すること。

가긍(可矜)하다 可憐なり。

가난 貧困。―뱅이 極めて貧しき者。―하다 貧し。

가느다 細し。가늘다。

가느다라라 「가느다」の延。

가는귀먹는다 少しく耳遠になる

가늘다 「가느다」に同じ。

가늠본다 ㊀物を權る時、衡(はかりざを)の正

鮮和新辭典 가 가—가늘 一

<선화신사전>

(10) 일한회화사전(日韓會話辭典)

서울의 일어잡지사(日語雜誌社)에서 1906년에 편찬하여 간행해낸 휴대용 사전이다. 문고판으로 탁사문고(濯斯文庫)의 하나이다. 일어잡지사의 대표인 일본인 도뢰상길(渡瀨常吉)이 편찬하였다고 하나, 편찬자에 대한 정보를 알 수 없다.

앞의 예언(例言)에서 이 책이 아이우에오의 50음의 일본어 순서에 따라 일본어와 한국어 중 보통회화용의 단어를 대역하고 또 그것을 응용한 예를 드는 것을 목적으로 하였다고 하였으니, 한국인들에게 일본어를 이해시키기 위해 편찬한 것이다. 모두 14,000여 단어가 들어 있다. 예언(例言)이 3쪽이고 목차가 2쪽이며, 본문이 모두 491쪽이다.

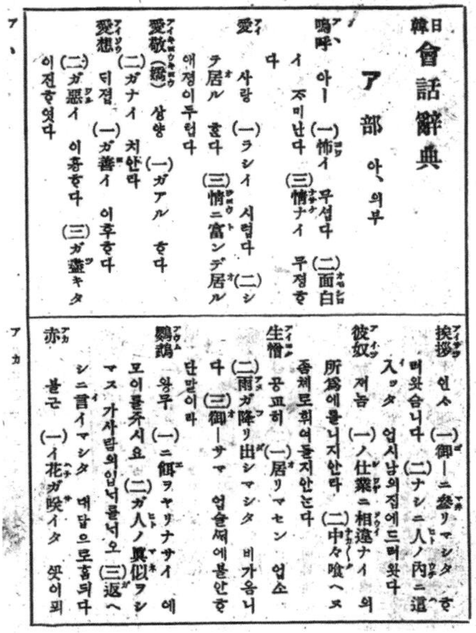

日韓會話辭典

ア部 아、의부

嗚呼 아ー (一)怖イ 무섭다 (二)面白イ 자미난다 (三)情ナイ 무정ᄒᆞ다

愛 사랑 (一)ラシイ 시럽다 (二)シテ居ル ᄒᆞ다 (三)情ニ富ンデ居ル 애정이두텁다

愛敬 상냥 (一)ガアル ᄒᆞ다 (二)ガナイ 치안타

愛想 뒤접 (一)ガ善イ 이후ᄒᆞ다 (二)ガ惡イ 이흉ᄒᆞ다 (三)ガ盡キタ 이진ᄒᆞ엿다

挨拶 인ᄉᆞ (一)御ーニ參リマシタ ᄒᆞ러왓슴니다 (二)ナシニ人ノ內ニ這入ッタ 업시남의집에드러왓다

彼奴 저놈 (一)ノ仕業ニ相違ナイ 의所爲에틀니지안타 (二)中々喰ヘヌ 좀체로휘여들지안는다

生憎 공교히 (一)居リマセン 업소 (二)雨ガ降リ出シマシタ 비가옴니다 (三)御ーサマ 엽슬쌔에불안ᄒᆞ단말이라

鸚鵡 앵무 (一)ニ餌ヲヤリナサイ 에모이를주시요 (二)ガ人ノ眞似ヲシマス 가사람의입너를너오 (三)返ヘシニ言イマシタ 대답으로흉되다

赤 붉은 (一)イ花ガ咲イタ 꼿이픠

<일한회화사전>

(11) 선역 국어대사전(鮮譯 國語大辭典)

이 사전은 1919년에 일본인 선강헌치(船岡獻治)가 편찬하여 일본의 대판옥호서점(大阪屋號書店)에서 발행해 낸 책이다. 일본인 금택장삼랑(金澤庄三郎), 소창진평(小倉進平)과 한국인 이완응(李完應), 현헌(玄櫶)이 함께 교열하여 간행한 책이다. 식민지 정책에 의해 만들어진 사전이다. 5년간에 걸쳐 편찬한 책인데, 약 63,000여 개의 표제항은 일본어로 되어 있고, 뜻풀이는 한국어로 되어 있다. 예문은 일본어와 한국어를 동시에 제시하였다. 총 1,259쪽이나 되는 방대한 책이다. 현재 연세대학교 도서관과 국립중앙도서관에 소장되어 있다.

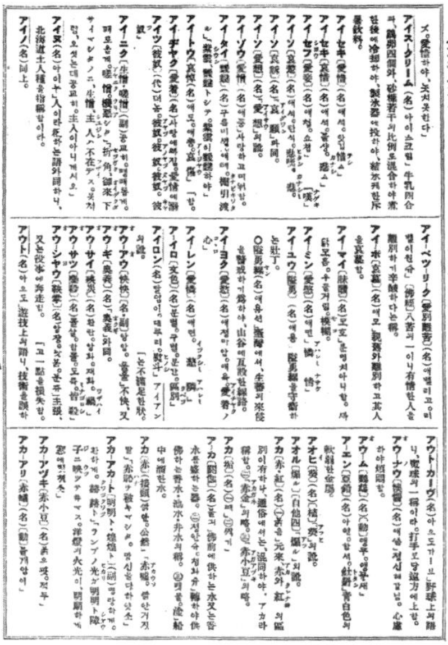

<선역국어대사전>

(12) 조선총독부의 조선어사전[6]

일본 강점기때 조선총독부에서 한국에 대한 식민통치의 일환으로 편찬 간행된 사전이 조선어사전(1920년)이다. 한일대역사전(韓日對譯辭典)이다. 1911년 4월 조선총독부의 취조국(取調局)에서 편찬 사업이 시작되어 1920년 3월에 간행된 이 사전은 처음에 1,000부가 인쇄되어 필요한 기관에 배부되었는데, 이때에는 이 사전의 편찬경위를 밝히지 않았다가, 일반인들에게 발매하기 위해 12월에 발행하였을 때에는 인쇄자의 의뢰에 의해 소전간치랑(小田幹治郎)이 쓴 '조선어사전 편찬의 경위(朝鮮語辭典 編纂의 經緯)'를 붙여 그 편찬 경위를 개략적으로 밝히게 되었다. 이 사전의 편찬과정에서 심사를 위해 등사본으로 가인쇄된 '조선사서원고(朝鮮辭書原稿)'(국립도서관 소장)와 조선어사전 편찬에 대

6 이 조선어사전에 대해서는 이병근(1985), 「조선총독부 편 조선어사전의 편찬목적과 그 경위」, 『진단학보』 59 참조.

한 총독부의 사서편찬 관계의 서류철 및 그 부속서류들이 서울대 규장각에 소장되어 있는데, 그중에서 조선어사전 원고(1918년)가 있어서 그 원본을 알 수 있게 되었다. 원고본은 그 풀이가 한국어로 되어 있었지만, 발간할 때에는 풀이말을 일본어로 하였다.

1911년 4월 조선총독부 취조국의 방침에 따라 조선어사전 자료수집이 염천일태랑(鹽川一太郎) 주임 아래에서 시작되었는데, 박이양(朴彛陽) 현은(玄檃) 송영대(宋永大) 김돈희(金敦熙) 등 위원이 이에 종사하였다. 이듬해 4월에 총독부의 관제개편으로 이 사업은 참사관실로 넘어 갔고, 위원은 촉탁으로 불리게 되었는데, 이때부터 주임이 소전간치랑(小田幹治郎)이었다.

총 어휘수는 58,639어로 한자어 40,734어, 언문어 17,178어, 이두 727어가 포함되어 있다.

朝鮮語辭典

<조선어사전>

(13) 국한회어(國漢會語)

국내인이 편찬한 대역 사전으로는 국한회어가 최초일 것이다. 1895년에 이준영(李準榮) 정현(鄭玹) 이기영(李琪榮) 이명선(李明善) 강진희(姜璡熙)에 의하여 우리 국어를 표제어로 하여 편찬된 국어사전이다. 이 『국한회어』는 서울대 규장각 소장의 필사본으로서 건 곤의 2책으로 되어 있다. 건 · 곤 각책에는 약 17,000개씩의 표제항이 있다. 그러나 건책은 초고이고 곤책은 이 초고를 정리 · 증보한 것이기 때문에 건책에 들어 있는 약 25,000개의 표제항이 이 사전의 어휘수가 된다. 곤책의 서문에서 보듯이 『국한회어』는 우리나라가 외국과의 교류가 많아져서 사린(四隣)이 강화(講和)할 때에 언어를 통해서 그 정의(情誼)의 친소가 결정되므로 통역할 기준과 틀을 설정하는 것이 일차적인 것이 라고 생각하여 편찬된 것이다.

『국한회어』의 편찬동기는 그 이후에 나온 조선광문회의 '말모이'나 조선총독부의 '조선어사전'과는 다르다. '말모이'는 민족계몽사상에 입각하여 만들어졌고, '조선어사전'은 일본의 한국에 대한 식민정책적 바탕에서 이루어졌다. 이에 비해 『국한회어』는 외국과의 교류를 통한 신문화 · 문명의 도입이라는, 개화기의 개화사상에서 편찬된 것이다. 이것은 1895년 당시의 시대적인 상황과도 일치한다. 1894년의 갑오경장에서부터 1895년의 을미개혁에 이르기까지의 개화초기의 사상이 그대로 반영되어 있는 것이다. 이러한 사상은 이 『국한회어』의 표제항에서도 발견할 수 있다. 새로운 제도 및 학문에 대한 용어가 매우 많이 실려 있는 것이다.

『국한회어』가 이 사전의 표제어에 대해 국문으로 주해를 하지 않고 한자 · 한문으로 풀이를 한 것도 그 당시의 시대적 배경에서 해석될 수 있다. 1894년에 법령이나 칙령은 모두 국문으로 본을 삼고 한문으로 번역하여 붙이며 혹 국한문(國漢文)을 혼용(混用)한다는 칙령 등은 "국한회어』의 「國文으로 語之柄을 建하며 漢文으로 語之義을 釋하고"와 상통되는 것이다. 『국한회어』는 문자 그대로 '국문을 한문으로 풀이한 말모음'이라는 뜻이다. 이 사전에서는 '국문

(國文)'이란 말을 사용하고 '언문(諺文)'이란 말은 사용하지 않고 있다. "國文으로 語之柄을 建하며", "國文의 隔入相生한 本例을 踵하고", "國文解" 등에서 보이는데 이것은 개인의 글이나 저술에서 처음 사용한 것이 아닌가 생각된다. 그리고 '회어(會語)'란 말이 뒤에 '말모이'와 연관되어 주목되는 것이다.

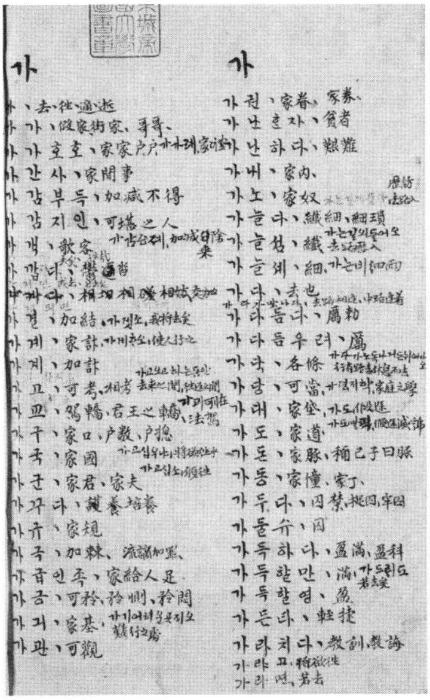
가
가

<국한회어>

이 『국한회어』는 우리나라 사람이 국어를 표제어로 하여 만든 최초의 국어사전이다. 따라서 이 『국한회어』는 우리나라의 사전편찬사상 중요한 위치를 차지한다.

11.2. 단일어사전

국어사전 중에서 단일어 사전으로 최초인 것은 '말모이'이지만, 출판되지 않은 원고의 일부만 남아 있어서 엄밀한 의미의 국어사전이라고 하기 어렵다. 현재로서 출판된 단일어 국어사전은 심의린이 편찬하여 간행한 『보통학교 조선어사전』이지만 이 사전은 일종의 학습사전이어서 엄밀한 의미에서 최초의 국어사전이라고 하기 어렵다. 현대적 의미의 최초의 국어사전은 문세영이 편찬하여 간행한 『조선어사전』(1938년)이라고 할 수 있다.

단일어 사전으로 국어사전 중에서 중요한 사전을 보이면 다음과 같다.

편찬자	사전명	편찬연도	표제어수
조선광문회(주시경, 김두봉, 이규영, 권덕규 등)	말모이	1911년~	'ㄱ-갈죽' 부분만 남아 있음
심의린	보통학교 조선어사전	1925년	6,106개 최초의 국어학습사전
문세영	조선어사전	1938년	약 89,000개
이윤재	표준조선어사전	1947년	
조선어학회	조선어큰사전	1947년	164,125개
문세영	수정 증보 조선어사전	1949년	
신기철 · 신영철	표준국어사전	1958	
이희승	국어대사전	1961년	약 230,000개
신기철, 신영철	새우리말큰사전	1974년	약 310,000개
이희승	국어대사전(수정증보판)	1982년	
금성사(김민수, 고영근, 임홍빈, 이승재)	국어대사전	1996년	약 300,000개
국립국어연구원	표준국어대사전	1999년	509,076개
한글학회	우리말큰사전	1991년	약 450,000개
연세대 언어정보개발연구원	연세한국어사전	1998년	약 50,000개
고려대 민족문화연구원	고려대 한국어대사전	2009년	약 390,000개
북한 사회과학원 언어학연구소	조선말사전(6권)	1961년 ~1962년	187,000개
북한 사회과학원 언어학연구소	조선말대사전	1992년	약 330,000개
북한 사회과학원 언어학연구소	조선말대사전(증보판)	2006년	약 400,000개

이 중에서 몇몇 사전에 대해 간략히 기술하도록 한다.

(1) 말모이[7]

조선광문회에서 1911년부터 우리나라 최초의 국어사전인 '말모이'를 편찬하게 하여 편찬된 사전이지만 출판되지 못하고 원고, 그것도 부분적으로만 남아 있는 사전이다.

말모이에 직접 참여하였던 사람들은 주시경(周時經), 김두봉(金枓奉), 이규영(李奎榮), 권덕규(權悳奎) 등 모두 4명이었다. 1914년에 주시경이 세상을 떠나자, 1916년에는 이 말모이의 바탕이 되는 문법책으로 김두봉이 조선말본을 간행하기도 하였으나 그가 상해로 망명하고, 이규영이 작고함으로써 말모이의 편찬은 완성단계에서 멈추어졌고 그 원고조차 산실되어 현재는 그 첫째 권으로 보이는 'ㄱ-걀죽'까지의 표제항이 있는 한 권(이병근 교수 소장)만이 남아 있을 뿐이다.

<말모이>

7 말모이에 대해서는 이병근(1977), 「최초의 국어사전 말모이(원고)-'알기'를 중심으로」, 『언어』 2-1 참조.

(2) 대한민보

대한민보는 1909년(융희 3년) 6월 2일에 오세창, 장효근, 최영목, 심의성 등이 중심인물이 되어 창간된 일간신문으로 1910년 8월 18일까지는 대한민보라는 이름으로 353호, 그 이후 1910년 8월 31일까지는 민보라는 이름으로 357호를 발행하였다.

여기에는 신래성어문답(新來成語問答), 이훈각비(俚訓覺非), 명사집요(名詞輯要), 사전연구초(辭典硏究草), 국문보감(國文寶鑑)과 같은 언어에 대한 기사가 연재되었는데, 신래성어문답(新來成語問答)은 새로운 어휘를 소개하는 난이었고, 이훈각비(俚訓覺非)는 한자의 새김 중 잘못된 것들을 바로잡는 난이었으며, 명사집요(名詞輯要)는 우리말에 대응되는 한자어를 밝혀주는 난이었다. 그리고 사전연구초(辭典硏究草)는 우리말사전의 초안 형식을 보여 주며, 국문보감(國文寶鑑)에서는 새로 유입된 속담에 대하여 기술한 것이다.[8]

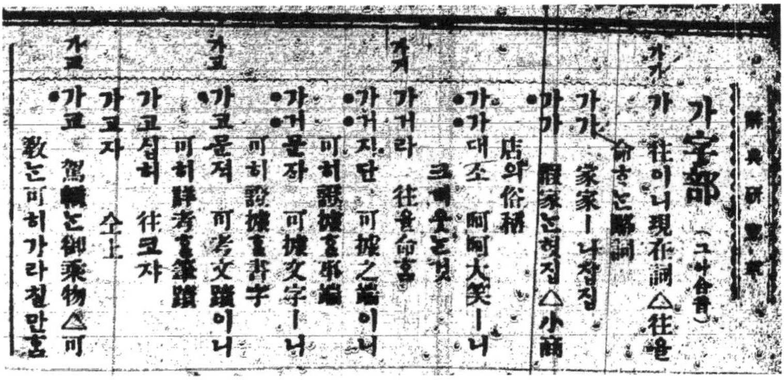
辭典硏究草
가字部 (그아合音)
가 往이니現在詞△往을 命ᄒᆞᄂᆞᆫ助詞
가가 家家ㅣ나집집
•가가 假家ᄂᆞᆫ헛집△小商店와俗稱
•가가대조 呵呵大笑ㅣ니 크게웃ᄂᆞᆫ것
가거라 往을命ᄒᆞᆷ
•가거지단 可據之端이니 可히證據ᄒᆞᆯ事端
•가거문자 可據文字ㅣ니 可히證據ᄒᆞᆯ書字
•가고문적 可考文蹟이니 可히詳考ᄒᆞᆯ筆蹟
가고십허 往코쟈
가고자 소上
•가교 駕轎ᄂᆞᆫ御乘物△可敎ᄂᆞᆫ可히가라칠만ᄒᆞᆷ

<사전연구초1, 대한민보1>

8 대한민보의 국어 자료에 대해서는 다음 논문을 참조할 것.
이병근(1988), 「개화기의 어휘정리와 사전편찬-대한민보의 경우-」, 『주시경학보』 1.
방영심(2008), 「대한민보의 언어 관련 기사에 관한 연구」, 『국어사연구』 8호.

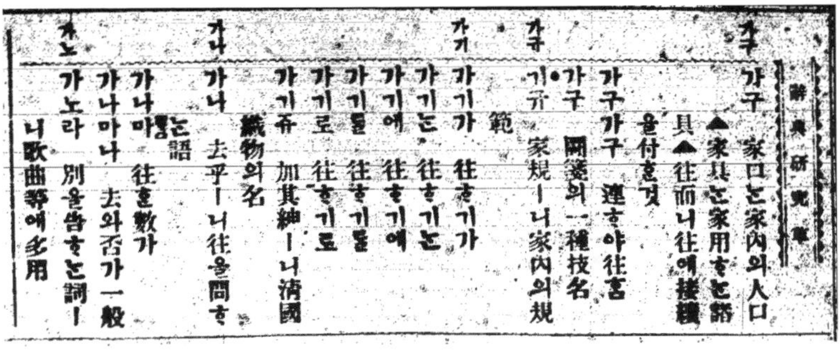

辭典硏究草

가구 家口ᄂᆞᆫ家內의人口▲家具ᄂᆞᆫ家用ᄒᆞᄂᆞᆫ器具▲往而니往에接續을付ᄒᆞᆫ것

가구가구 連ᄒᆞ야往ᄒᆞᆷ

•가구 兩姿의一種技名

기규 家規ㅣ니家內의規範

가기가 往ᄒᆞᆫ기가

가기ᄂᆞᆫ 往ᄒᆞᆫ기ᄂᆞᆫ

가기에 往ᄒᆞᆫ기에

가기를 往ᄒᆞᆫ기를

가기로 往ᄒᆞᆫ기로

가기쥬 加其紬ㅣ니淸國織物의名

가나 去乎ㅣ니往을問ᄒᆞᄂᆞᆫ語

가나마 往ᄒᆞᆫ數가

가나마나 去와否가一般

가노라 別을告ᄒᆞᄂᆞᆫ詞ㅣ니歌曲等에多用

<사전연구초2, 대한민보 2>

(3) 보통학교 조선어사전

이 사전은 경성사범학교 교원이었던 심의린(沈宜麟)이 편찬하여 1925년에 간행해낸 책이다. 초등학교용 학습사전으로써, 우리나라 최초의 학습사전이라고 할 수 있다. 표제어는 모두 6,106개이다. 부록으로 '보통학교 한자자전(普通學校 漢字字典)'이 실려 있다.

普通學校 朝鮮語辭典

沈宜麟 編纂

가

가[歌] 노래。(四、八)

가[邊] ㊀가장자리。

가[軻] 孟子님의 名이니

가경[佳景] 아름다운景致。(六、八)

가계[家計] 살림。

가권[家眷] ㊀家率(가솔)。

가긍[可矜]하기로 불상하기로。

가는[細] 굵지 못한。

가당[可當] 適當한것。(補)

가두었소[囚] ㊀나오지못하게 집어넣었소。

가득한[滿] ㊀찬。

가득히[滿] ㊀찬듯。

가라안 물밑으로 잠기는것。

가량[假量] 거진되는것。

가려[擇] ㊀골나서。

가려[佳麗] ㊀아름답고 고운것。

가련[可憐] 불상한것。(六、二)

가령[假令] 例를들면。

가로[橫] ㊀가루。

<보통학교 조선어사전>

(4) 문세영 조선어사전

문세영(文世榮)이 편찬하여 1938년에 조선어사전간행회에서 간행한 국어사전이다. 수록어휘가 10만 개 정도이며 「한글맞춤법통일안」에 의하여 표기한 최초의 사전이다. 어휘수집과 주석은 10여 년의 작업 끝에 이루어졌다고 하는데, 풀이말, 체재, 교정 과정에 문세영과 친분관계에 있던 이윤재(李允宰), 한징(韓澄) 등의 도움이 컸던 것으로 알려져 있다.

어휘는 고유어, 한자어, 외래어, 고어, 이두, 방언과 속담 · 성구(成句) 등이 포함되어 있고 일부 고유명사들도 포함되어 있다. 이 사전은 1940년 12월에 약 1만 단어를 추가하고 일부 주석을 보완하여 약 200여 면을 증면하여 수정증보판을 출간하였는데, 출판비용을 감당하지 못하여 저작권이 강의영(姜義永)에게로 넘어갔다. 그 이후 수많은 문세영 사전이 등장하여 국어사전사에 가장 많은 영향을 준 사전이라고 할 수 있다.

문세영 선생은 한국전쟁 때 납북되어 북한에서도 사전 편찬 작업에 몰두하다가 폐결핵으로 사망하였다. 한국전쟁 때 행방불명되어 그 행적을 모르다가 발표자가 북한의 국어학자에게 물어서, 문세영 선생이 납치되었으며, 이극로 선생의 소개로 유열 선생과 함께 일을 하다가 1952년 4월에 폐결핵으로 사망하였다는 사실을 알게 되었다. 그러나 북한 학자는 문세영 선생이 납치되었다는 사실을 공식적으로 확인해 달라는 요청에는 답하지 않았다.

11.3. 고어 사전

언어사전 중에서 어휘의 역사를 알 수 있는 사전, 즉 고어사전은 후대에 편찬되었는데, 지금까지 나온 고어사전을 보이면 다음과 같다.

저자	책명	간행 연도	출판사	어휘항수
辛兌鉉	古語集解	1940	正音 35	338개
方鐘鉉	古語材料辭典(前後集)	1946~1947	同省社	전집 약 1,870개 후집 약 3,530개 총 약 5,400개
丁泰鎭 · 金炳濟	朝鮮古語方言辭典	1948	一成堂書店	고어 약 2,000개 이두 약 1,630개 방언 약 9,600개
김종오	古語 例解	1949	조선어연구 1-1~1.8	
이상춘	조선 옛말 사전	1949	을유문화사	약 5,250개
정희준	朝鮮 古語辭典	1949	동방문화사	고어 약 6,400개 이두 약 1,600개
김근수	참고 고어사전	1949	필경	약 650개
김종오	古語 例解(完)	1950	조선어연구 2.3	
劉昌惇	古語辭典	1959	동국문화사	정희준(1949)의 증보판(429~594)에 고어 약 3,000개 증보
南廣祐	古語辭典	1960	동아출판사	11,315개
劉昌惇	李朝語辭典	1964	연세대출판부	약 32,000개
리서행	조선어 고어 해석	1965	평양 고등교육 출판사	고어 약 12,000개 이두 약 1,100개
南廣祐	補訂 古語辭典	1971	일조각	
김영황	중세조선말사전(1)	1993	과학백과사전 종합출판사	약 9,000개
홍윤표 · 송기중 · 정광 · 송철의	17세기 국어사전	1995	태학사	27,716개
南廣祐	教學 古語辭典	1997	教學社	약 30,000개
박재연	고어스뎐	2001	선문대 중한번역문헌연구소	11,695개
박재연 · 김영 · 이민숙	홍루몽 고어사전	2004	선문대 중한번역문헌연구소	3,869개
고려언어연구원	조선말 고어사전	2006	흑룡강조선민족출판사	약 20,000여 개 김영황, 중세조선말사전(1)을 완성시킨 것

선문대학교 중한번역문헌연구소(박재연 주편)	(필사본) 고어대사전	2010	학고방	표제어 70,615개, 용례 188,034개
선문대학교 중한번역문헌연구소(박재연 이현희 주편)	고어대사전	2016	선문대 중한번역문헌연구소	표제어 221,940개 용례 699,609개

고어사전의 어휘 수는 대개 30,000개 이내이어서, 현대국어 사전 어휘 수의 1/10도 되지 못한다. 뿐만 아니라 대부분의 고어사전은 표제어와 품사 정보와 간략한 뜻풀이와 예문이 전부이어서 이 고어사전만으로는 어휘들의 역사적인 변화과정을 알 수 없다. 그러나 2016년에 간행된 박재연, 이현희 주편의 고어대사전은 지금까지 이루어져 왔던 모든 예상을 깨는 사전이었다. 이를 바탕으로 현대 국어 사전도 이와 같은 업적이 나올 수 있기를 기대한다.

11.4. 북한의 사전 편찬 동향

북한에서 간행된 『국어사전』(조선말사전)의 편찬 사항은 발표자가 조사한 바에 의하면 다음과 같다. 이들 사전들은 발표자가 대부분 소장하고 있는 것들을 중심으로 하였다.

(1) 국어사전

편찬자	사전명	편찬연도	출판사	표제항수
과학원 조선어 및 조선문학연구소	조선어소사전	1956년	과학원출판사	41,927어, 그중 파생어 8,120어
문영호외 25명	조선말사전	2004년	과학백과사전 출판사	

사회과학원 언어학연구소	조선말대사전(1, 2)	1992년	사회과학출판사	
사회과학원 언어학연구소	조선말사전1	1960년	과학원출판사	31,050어
사회과학원 언어학연구소	조선말사전2	1961년	과학원출판사	27,998어
사회과학원 언어학연구소	조선말사전3	1961년	과학원출판사	36,682어
사회과학원 언어학연구소	조선말사전4	1962년	과학원출판사	32,917어
사회과학원 언어학연구소	조선말사전5	1962년	과학원출판사	31,070어
사회과학원 언어학연구소	조선말사전6	1962년	과학원출판사	27,420어 (1-6, 187,137어)
사회과학원 언어학연구소	조선문화어사전	1973년	사회과학출판사,	
사회과학원 언어학연구소	현대조선말사전	1968년	사회과학원출판사	
사회과학원 언어학연구소	우리말 사전	1978년	교육도서출판사	
정순기외 11명	현대조선말사전 (2판)	1981년	과학백과사전출판사	
사회과학원 언어학연구소	조선말대사전(1)(2)	1992년	사회과학출판사	약 33만어
사회과학원 언어학연구소	조선말사전(중사전)	2004년	백과사전출판사	약 15만 3500여 개어
문영호 외 42명	조선말대사전(증보판)	2006년	사회과학출판사	약 40만개 어

조선어 소사전

<조선어소사전>

<우리말사전>

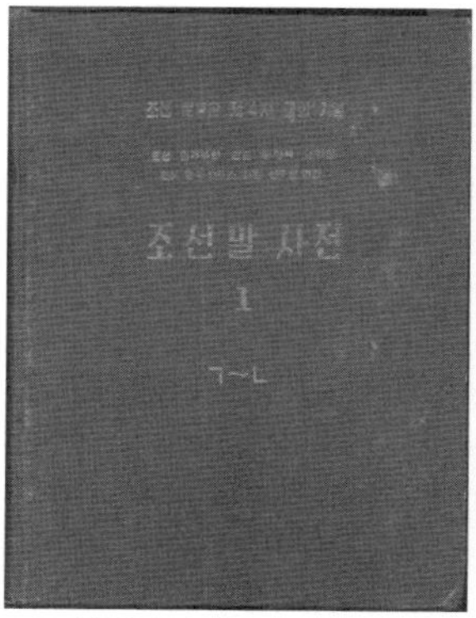
조선말 사전
1
ㄱ~ㄴ

<조선말사전>(1960년)(전6권)

조선말
대사전

<조선말대사전>(1992년)(전2권)

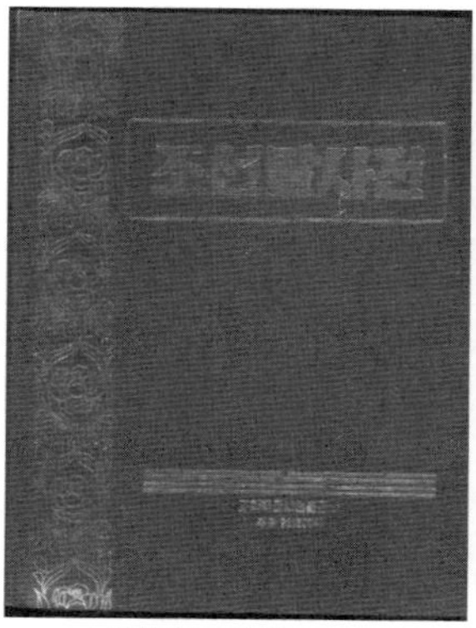
조선말사전

<조선말사전>(2004년)

조선말
대사전

<조선말대사전>(2006년)

(2) 의미사전

리형태, 《조선동의어사전》, 사회과학출판사, 1990년

리형태, 류은종, 《조선동의어, 반의어, 동음어사전》, 과학백과사전종합출판사, 1993년

조선동의어사전
사회과학출판사
1990

<조선동의어사전>(1990년)

조선동의어,
반의어,
동음어사전

<조선 동의어, 반의어, 동음어사전>(1993년)

(3) 성구 · 속담사전

김형직사범대학 어문학부 어학강좌, 《성구속담사전》, 교육도서출판사, 1982년

정순기 외 3명, 《속담사전》, 사회과학출판사, 1984년

조선성구집
사회과학출판사
1989

<조선성구집>(1989년)

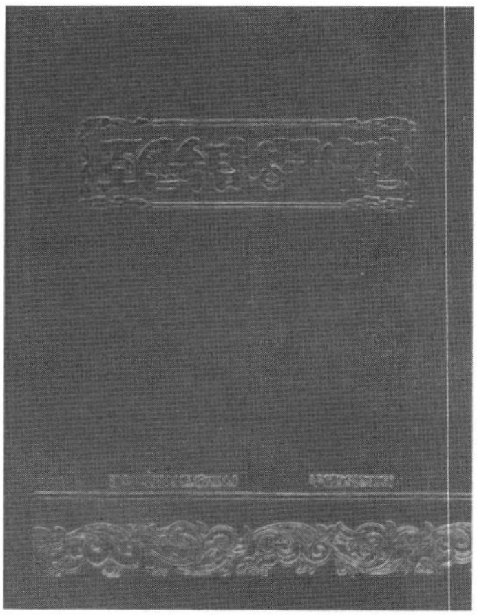

<조선 속담 성구사전>(2006년)

4) 언어학용어사전

김영황, 《언어학사전1(조선어력사편)》, 김일성종합대학출판사, 1986년

리동빈, 양하석, 《언어학사전2(현대조선어편)》, 김일성종합대학출판사, 1986년

세계적으로 큰 어학사전, 《문화어학습》, 1990년 1호 59페지

홍규희, 남창근, 김영, 《언어학소사전》, 평양외국어대학출판사, 1973년

언어학용어(3), 《어문연구》, 1967년 2호 14페지

언어학용어(4), 《어문연구》, 1967년 2호 21페지

5) 언어 역사사전

김영황, 《중세조선말사전1》, 과학백과사전종합출판사, 1993년

6) 방언 사전

김병제, 《방언사전》, 과학백과사전출판사, 1980년

7) 고장이름사전

정순기 외 29명, 《고장이름사전(1~10)》, 사회과학출판사, 2001~2002년

지금까지 기술한 사전의 편찬 흐름을 간략히 요약하면 다음과 같다.

우리나라에서 사전 편찬이 본격적으로 논의된 것은 1910년대 조선광문회에서 비롯한다. 여기에서 말모이(고본)라는 사전이 계획되었으나 그것은 끝내 햇빛을 보지 못하고 말았다. 그동안 이병근 교수에 의하여 알려진 '최초의 국어사전 말모이'(1977)과 '말모이의 편찬에 대하여'(김민수, 1983) 등에 의해 그 편찬 경위가 알려진 정도이다.

말모이에 이어 1920년 조선총독부에서 『조선어사전』이 간행되고 1938년 문세영의 『조선어사전』이 나온다. 19세기 말의 외국인의 손에 의하여 간행된 『한불자전』(1880년), 『한영자전』(1890년), 『노한자전』(1874년) 등을 제외한다면 한국인의 손으로 만들어진 최초의 단일어 사전은 문세영의 『조선어사전』이다. 그 뒤 조선어학회에서 추진해 온 『우리말큰사전』은 1957년에 가서야 완간을 보게 되었다. 이 사전을 바탕으로 하고 신기철 · 신용철의 『표준국어사전』(1958년)과 이희승의 『국어대사전』(1961년)이 나옴으로써 우리나라의 사전은 비로소 자리가 잡힌다. 신기철 신용철의 『표준국어사전』은 『새우리말큰사전』이란 이름으로 1974년에 새로이 초판을 만든 이래 계속 증보판이 나오고 있으며, 이희승의 『국어대사전』도 계속 수정 증보판이 나오고 있다. 사전 편찬에서 가장 획기적인 작업이 20세기 말과 21세기 초에 이루어지게 되었다. 『연세한국어 사전』은 최초로(아마 세계 최초로), 말뭉치를 대상으로 하여 만든 사전일 것이다. 그리고 국립국어연구원에서 편찬한 『표준국어대사전』도 비록 국가가 주도하여 만든 것이기는 하지만, 최근에 이루어진 쾌거로 보인다.

이러한 내용들을 총정리하면 다음과 같다.

이러한 여러 가지 양상으로 보아 국어 어휘집 편찬의 흐름을 보면 한자나 중국어를 이해하기 위한 한자교습서의 편찬으로부터 시작하여, 이 한자를 이해한 후에 읽게 된 경서에 대한 주석서 내지 유해서들이 등장하게 되고, 이어서 한자나 중국어의 중심에서 벗어나서 4학에 관련된 유해서의 편찬이 뒤따르게 된다. 그러나 이 4학과 연관된 유해서들은 동양의 언어에 대한 유해서들이었다. 이어서 등장한 것이 외국인에 의하여 편찬된 서양 언어와의 대역어 사전, 즉 영어, 불어 등과의 대역 어휘집 내지는 사전이 편찬되는 모습을 보인다. 이러한 과정을 거친 후에, 비로소 우리나라 사람들에 의한 국어사전의 편찬이 등장하게 되는 것이다. 국어사전의 편찬은 이러한 무수한 시간의 흐름 속에서 싹터 왔고, 이러한 경험과 문화의 축적으로 이루어지기 시작하였다.

이러한 사실들은 우리나라가 역사적으로, 문화적으로 어떤 배경 속에서 이루어져 왔는가를 알려 주는 요소가 된다. 결국 이 어휘집들의 편찬은 국어 단어 또는 국어 어휘라는 매체를 통하여 외국문자나 외국어를 습득하여, 새로운 문화를 받아들이는 제1차적인 기능을 하게 된 것이다.

이러한 과정은 필연적으로 이중어 사전으로부터 출발하여 다중어 사전으로, 그리고 다시 이중어 사전으로, 마지막에는 단일어 사전으로 변천해 가도록 하였다. 즉 동양어의 이중어 사전으로부터 동양어의 다중어 사전으로, 그리고 서양어의 이중어 사전으로, 그리고 마지막으로 표제항과 풀이말을 국어로 하는 단일어 사전으로의 변천과정을 겪게 되었다.

12) 바람직한 국어사전

지금까지 많은 국어사전이 편찬된 것만도 고마운 일이지만 이제는 OED (Oxford English Dictionary)(20권)와 같은 영어사전이나 라루스(Larousse) 프랑스어 대사전이나 그림(Grimm) 독일어 사전(32권)이나 두덴(Duden) 독일어사전과 같은 문화 선진국들의 국어사전에 견줄 수 있는 종합국어대사전을 편찬해야 할 때가 왔다고 생각한다. 문화선진국의 대열에 들어서야 하기 때문이다.

그렇다면 우리가 앞으로 편찬하여야 할 바람직한 국어사전은 어떠한 사전이어야 할 것인가? 몇 가지를 생각해 보도록 한다.

(1) 종이사전 뿐만 아니라 전자 파일로도 검색이 가능한 사전

오늘날 종이 사전을 뒤적이는 사람은 그리 많지 않은 것으로 보인다. 디지털 시대이기 때문이다. 따라서 가장 바람직한 국어사전은 종이 사전으로도 간행되고, 또 전자 파일로도 제공되어 검색이 가능한 사전이어야 한다. 이것은 너무 당연한 주장이다.

스마트폰으로 사전 검색이 가능한 시대에 종이사전이 무슨 필요가 있느냐고 강변하는 사람들이 있을 것이다. 검색을 통하여 알려고 하는 정보에 접근하는 일은 책을 일일이 찾아서 정보에 접근하는 일을 고통스러운 작업이라고 생각할지 모르지만, 고통스러운 과정에서는 벗어날 수는 있어도 우리가 원하는 한정된 자료만 검토할 수 있을 뿐, 자료의 전반적인 모습을 발견할 수 없는 단점이 있다. 이것이 전자 자료 활용에서 나타나는 무시할 수 없는 폐단이다.

종이사전을 이리저리 뒤적거려서 정보에 접근하는 방식은 대부분 귀납적인 방법이고, 검색하는 방식은 연역적인 방식이어서 우리에게는 이 두 가지 자료가 다 필요한 것이다. 그래서 문헌자료와 전자자료는 모두 반드시 필요한 자료이다.

(2) 어휘량이 많은 사전

표제항이 많은 사전이란 검색하였을 때 없는 어휘가 없는 사전이란 뜻이다. 우리가 사용하는 모든 어휘들이 총 망라되어야 한다는 의미이다. 그러기 위해서는 남북한에서 사용하는 어휘뿐만 아니라 중국의 우리 동포들이 사용하는 어휘, 그리고 모든 방언권에서 사용하고 있는 방언 어휘도 포함되어야 하며, 각종 전문 용어(또는 학술 용어)도 포함되어야 할 것이다. 현재의 표준국어대사전이나 우리말샘 정도로서는 대사전을 만들기 위한 기초사전일 뿐이라고 생각한다.

우리말샘에 보이는 어휘량도 매우 부족한 편이다. 많은 어휘들이 조사, 보고되어 있음에도 불구하고 그것들을 전혀 반영하지 않고 있다. 예컨대 국립

민속박물관에서 조사, 보고하여 2001년도에 낸 보고서인 『한국세시풍속 대사전 편찬 자료 어휘 수집 연구』에 들어있는 많은 어휘들이 국어 사전의 표제어로 등재되어 있지 않다. 이 책의 110쪽의 한 페이지에 나오는 어휘를 검색해 본 결과 '뚝제, 일기점, 무구안택, 숲제, 콩점치기, 어무시, 노용자'의 7개가 사전에 보이지 않는다. 이에 대한 뜻풀이는 113쪽부터 보인다.

일기점 : 설날 아침 날씨를 보아 그 해의 시절을 점치는 일

원일소발 : 설날 황혼녘에 문밖에서 일년간 모은 머리카락을 태워 염병을 예방하는 일

안택고사 : 일년 간의 가정의 평화를 기원하며 점쟁이 등을 불러다가 고사를 지내는 일.

용알뜨기 : 보름 새벽에 남보다 먼저 우물물을 긷는 것

(3) 검색이 용이한 사전

검색하기 쉬운 사전이어야 한다는 것은 사전 외적인 것이지만, 사전 편찬 때부터 이러한 문제를 의식하고 그 틀을 작성하여야 할 것이다.

(4) 복합적인 어휘 정보를 포함하고 있는 사전

한 어휘에는 매우 다양한 정보를 지니고 있다. 예컨대 '우리말샘'에서 '고맙다'란 항목을 검색하면 '감사하다'란 항목과의 연관성을 찾을 수가 없다. 아즘찬-하다(전라), 아슴찮다(함경), 아슴채이타(함경), 아슴채이다(함남), 아슴탱다(함북), 아심탱다(함북)와 같은 지역 방언은 보여 주지만, 우리가 가장 궁금해 하는 '감사하다'와의 연관성은 찾을 수가 없다.

글을 쓰면서 '감사하다'고 써야 할지, 아니면 '고맙다'고 써야 할지를 모를 때, 제대로 된 국어사전을 뒤져 본다면 친절하게 그 정보를 제공해 줄 것이지만 아직까지 그러한 사전은 없다. '감사'는 주로 '드리다, 올리다'와, '고마움'은

주로 '느끼다, 표시하다' 등과 연결되는 것으로 보아서 웃사람에게는 대체로 '감사하다'를, 아랫사람에게는 '고맙다'를 쓰고 공적인 표현에서도 주로 '감사하다'를 쓴다는 정보를 알려 주는 사전은 거의 없을 것 같다. 젊은이들은 웃어른들께 '고맙습니다'나 '감사합니다'를 다 쓸 수 있지만, 어른들은 젊은이들에게 '고맙다'만 사용할 뿐, '감사하다'는 말은 쓰지 않는다는 정보도 사전에 제시되어 있어야 한다.

옛날 유서들은 의미에 따라 어휘를 분류하여 배열하였기 때문에, 한 어휘에 대한 복합적인 지식을 얻을 수 있었지만, 지금은 가나다순으로 나열되어 있어서 어휘들 간의 연관성을 찾을 수가 없다. 예컨대 '봄'이란 단어는 옛날 유서에서는 '여름', '가을', '겨울'이란 단어와 한 곳에 배열되어 있고 또 그 관계를 기술해 놓았지만, 오늘날의 사전은 따로따로 기술되어 있어서 서로의 상관성을 전혀 알 길이 없다.

따라서 연관어가 제시되고 그 연관어를 클릭하면 그 어휘로 찾아가는 사전이어야 한다. 특히 방언 어휘라고 한다면 다른 지역의 방언형들과 연계시켜야 한다.

예컨대 우리말샘에서 '멍게'와 '우렁쉥이'를 검색하면 다음과 같이 똑같이 풀이되어 있다.

> 우렁쉥이 「001」 멍겟과의 원삭동물. 몸길이는 5~15cm이고 몸빛은 대체로 선홍색이다. 외피는 가죽 모양으로 질기고 얇으며, 표면에 젖꼭지 같은 돌기가 있다. 몸의 뒤쪽 끝에 있는 뿌리 모양의 돌기로 다른 물질에 부착해 생활한다. 한국, 일본 등지에 분포한다.

> 멍게 「001」 멍겟과의 원삭동물. 몸길이는 5~15cm이고 몸빛은 대체로 선홍색이다. 외피는 가죽 모양으로 질기고 얇으며, 표면에 젖꼭지 같은 돌기가 있다. 몸의 뒤쪽 끝에 있는 뿌리 모양의 돌기로 다른 물질에 부착해 생활한다. 한국, 일본 등

지에 분포한다.

그리고 '우렁쉥이'에는 비슷한말로 '멍게'가 나오고, 마찬가지로 '멍게'를 검색하면 비슷한말로 '우렁쉥이'가 나온다. 비슷한 말이 아니라 같은 말인데, 이런 식으로 기술하여 놓았다. 방언형이기 때문이다.

오히려 '멍게'나 '우렁쉥이'를 검색하면 다음과 같은 각 지역의 방언형들이 나열될 수 있도록 하여야 할 것이다.

멍게 〈경남〉[사천, 함양, 산청]

멍기 〈경남〉[합천(묘산), 양산]

우렁쉥이 〈강원〉[강릉]

우렁시 〈경남〉[함양, 산청, 거제, 진주]

우렁시이 〈경남〉[남해, 의령, 사천]

우렁심 〈경남〉

우렁싱이 〈경남〉[밀양, 하동, 창원]

우릉시이 〈경남〉

우릉싱이 〈경남〉[함안, 통영, 고성, 창원]

우름셍이 〈경남〉[김해]

우뭉거지 〈경남〉

우충싱이 〈경남〉

울멩이 〈강원〉

울미 〈강원〉

해우 〈강원〉[강릉]

행우 〈강원〉

마찬가지로 이 어휘들에 대한 반의어나 유의어 또는 연어 관계와 같은 정보가 표시되어 있어야 할 것이다. 예컨대 '똥'과 '대변'은 같이 사용되는 것처럼 보이지만, 사용에 있어서 연어관계가 다르다.

똥 누다(O) : 대변 누다(?)

똥 보다(×) : 대변 보다(O)

똥 싸다(O) : 대변 싸다(×)

마찬가지로 '향기'와 '향'은 그 쓰임이 다르다. 꽃에는 '향기'를 쓰지만, 과일이나 음식에는 '향'을 사용한다.

(5) 쉽게 풀이한 사전

상당히 많은 사전들이 표제항(피정의항)을 풀이하면서 더 어려운 어휘를 구사하여 그 뜻풀이를 이해할 수 없는 경우가 많은데, 이러한 뜻풀이가 없는 사전이 좋은 사전이라고 할 수 있다. '변두'를 검색하면 다음과 같이 설명되어 있다.

변두(籩豆)[변두] 「004」 「명사」 제사 때 쓰는 그릇인 변(籩)과 두(豆)를 아울러 이르는 말.

그런데 '변'과 '두'가 무엇인지 알 수 없다. 오히려 옛문헌의 설명이 훨씬 쉽다.

籩豆 : 籩豆ᄂᆞᆫ 대그릇과 나모 그릇시오 〈女四書3,66a〉

(6) 용례가 풍부한 사전

종이사전에서는 그 분량이 문제가 되기 때문에 용례를 많이 넣을 수가 없지만, 전자사전에서 그 용량은 큰 문제가 없기 때문에, 용례를 충분히 제공할 수가 있을 것이다. 뿐만 아니라 미래의 국어사전은 검색창에서 검색할 수 있도록 말뭉치를 제공해 주는 사전이 등장할 것임이 분명하다. 이렇게 하기 위해서는 믿을 수 있는 정확한 말뭉치나 또는 균형말뭉치가 구축되어 있어야 하는데, 앞으로의 사전 편찬을 대비하기 위해서는 지금부터라도 준비해 나아가야 할 것이다.

말뭉치에서 우리가 반드시 고려해야 할 사항이 있다. 그것은 지금까지 한국어를 검색한다면서 실질적으로는 남한어만 검색이 되었던 셈인데, 앞으로 검색 대상이 되는 말뭉치는 남한, 북한, 그리고 중국이나 중앙아시아의 한국어 말뭉치도 함께 포함시켜야 할 것이다.

(7) 그림이 있는 사전

현재 표준국어대사전에는 삽도가 포함되어 있으나 그 삽도의 질도 문제이거니와 잘못된 것들도 흔히 보인다. 예컨대 '도시락'을 찾아보면

> 도시락[도시락만[--랑-]] 「명」 「1」 밥을 담는 작은 그릇. 플라스틱이나 얇은 나무판자, 알루미늄 따위로 만든다. 흔히 점심밥을 담아 가지고 다니는 데 쓴다. ¶{도시락에는} 먹음직스러운 김밥이 담겨 있었다./우리들은 가끔 학교에 싸 가지고 온 {도시락이} 텅텅 비어 있는 것을 발견하고 기분 나쁘게 생각한 적이 있습니다.≪전상국, 우상의 눈물≫§ 「2」 밥을 담는 작은 그릇에 반찬을 곁들여 담는 밥. ≒도시락밥. ¶{도시락을} 싸다/점심시간에 {도시락을} 먹었다.§

로 되어 있고, 삽도로서 다음 그림이 들어가 있다. 소위 '보온밥통'의 그림이다.

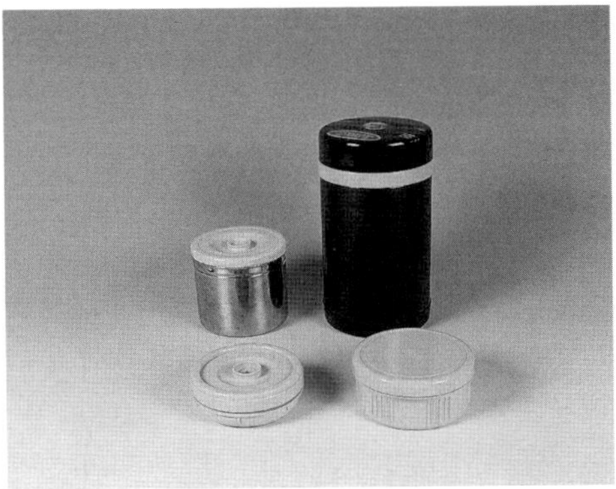

그런데

「안즈」갓치 착훈 사룸이 루항에 잇셔서 훈 도시락 밥을 먹고 훈 표쥬박 물을 마시며 간난을 견듸지 못호되 훈 사룸도 불상히 녁이지 아니호니 〈1908금슈회의록,002〉

에 보이는 '도시락'이 과연 이 그림에 맞는 도구일까가 의심이 든다. 그리고 1908년에 위와 같은 그림의 '도시락'이 있었다는 사실을 믿을 사람은 없을 것이다.

그러나 『조선어사전』(1938)에는 '도시락'을 "고릿버들로 고리짝 같이 만들되 작고 갸름하게 만든 것. 흔히 점심밥을 담는 데 쓰는 것"으로 기술하고 있다. 지금의 '도시락'이 지니는 의미와는 거리가 있다. 〈큰사전〉(1947)에서도 '도시락'을 〈조선어사전〉(1938)과 같은 의미로 기술하고 있다. 따라서 이 사전의 뜻풀이에 의하면 위의 그림은 잘못된 것이다. 여기에 해당하는 것은 다음과 같은 그림일 것이다.

뿐만 아니라 한 어휘의 부분 명칭도 들어가 있어야 바람직하다. 예컨대 다음과 같은 '베틀' 그림은 각 부분명칭이 있어서 사전 이용자에게 큰 도움을 줄 수 있을 것이다.

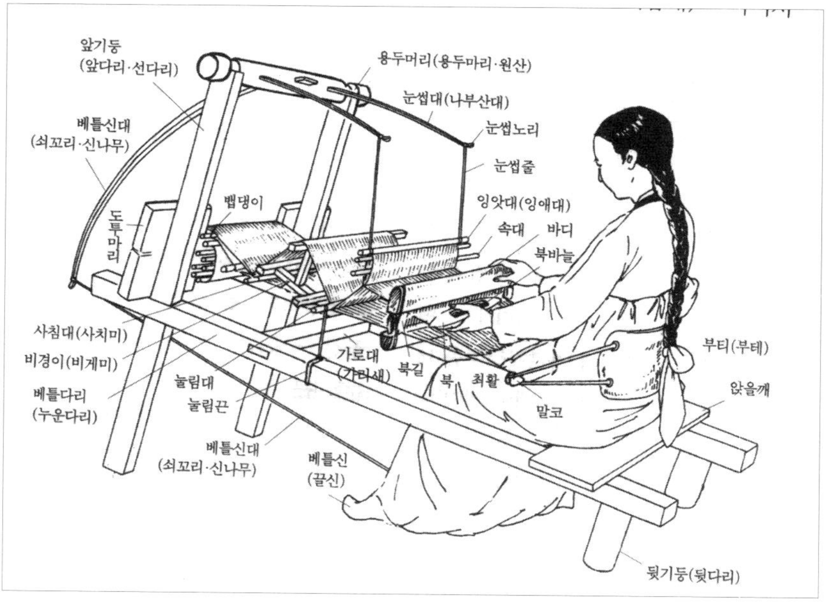

앞기둥
(앞다리·선다리)
용두머리(용두마리·원산)
눈썹대(나부산대)
눈썹노리
눈썹줄
베틀신대
(쇠꼬리·신나무)
도투마리
뱁댕이
잉앗대(잉애대)
속대
바디
북바늘
사침대(사치미)
비경이(비게미)
베틀다리
(누운다리)
눌림대
눌림끈
가로대
(가리새)
북길
북
최활
말코
부티(부테)
앉을깨
베틀신대
(쇠꼬리·신나무)
베틀신
(끌신)
뒷기둥(뒷다리)

<출전 : 김영숙(1988), 한국 복식사 사전, 민문고>

그러나 표준국어대사전에서는 다음과 같은 그림만 있다.

어떤 것이 더 효율적인지는 논의할 필요가 없다.

'자전거'를 보이도록 한다. 표준국어대사전의 사진은 다음과 같다.

이것을 다른 나라 국어사전과 비교해 보도록 한다. 독일의 Duden에서 간행한『그림 어휘사전』(Das Bildwörterbuch, 1999, Dudenverlag)(1999년에 간행된 것이지만 초판은 1935년에 간행되었다)은『그림 어휘사전』이지만 일반 사전에서도 이용할 수 있는 것이라고 생각한다. 왜냐하면 아날로그 시대에는 책의 양 때문에 그림을 삽입하는 일이 쉽지 않았지만, 디지털 시대에는 이러한 제약에서 벗어날 수가 있기 때문이다.

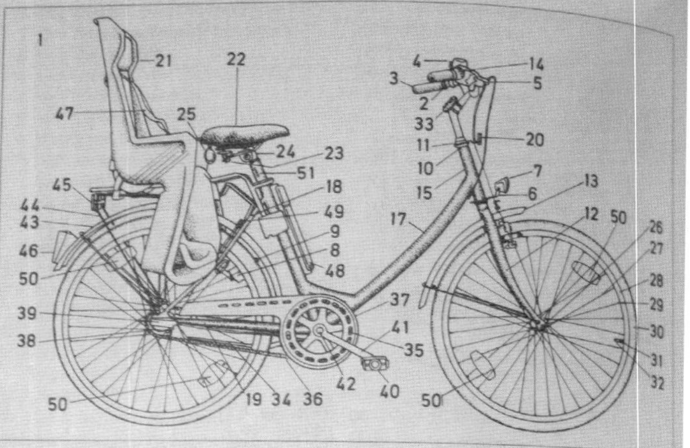
1
21
22
47
25
4
14
3
5
2
33
11
20
10
7
15
6
13
24
23
51
18
49
9
8
48
45
44
43
46
50
39
38
17
12
50
26
27
28
29
30
31
32
37
41
35
42
40
50
19
34
36
50

1 **das Fahrrad** (Rad, Zweirad, *schweiz.* Velo, Veloziped), ein Herrenfahrrad *n*, ein Tourenrad *n*
2 der Lenker (die Lenkstange), ein Tourenlenker *m*
3 der Handgriff (Griff)
4 die Fahrradglocke (Fahrradklingel)
5 die Handbremse (Vorderradbremse, eine Felgenbremse)
6 der Scheinwerferhalter
7 der Scheinwerfer (die Fahrradlampe)
8 der Dynamo (die Lichtmaschine)
9 das Laufrädchen
10–12 **die Vorderradgabel**
10 der Gabelschaft (Lenkstangenschaft, das Gabelschaftrohr)
11 der Gabelkopf
12 die Gabelscheiden *f*
13 das vordere Schutzblech
14 die Drehgriffgangschaltung
15–19 **der Fahrradrahmen** (das Fahrradgestell)
15 das Steuerrohr (Steuerkopfrohr)
16 das untere Rahmenrohr
17 das Sattelstützrohr (Sitzrohr)
18 die oberen Hinterradstreben *f*
19 die unteren Hinterradstreben *f* (die Hinterradgabel)
20 der weiße Frontreflektor (*ugs.* das Katzenauge)
21 der Kindersitz
22 der Fahrradsattel (Elastiksattel)
23 die Sattelfedern *f*
24 die Sattelstütze
25 die Satteltasche (Werkzeugtasche)
26–32 **das Rad** (Vorderrad)
26 die Nabe
27 die Speiche
28 die Felge
29 der Speichennippel
30 die Bereifung (der Reifen, Luftreifen, die Pneumatik, der Hochdruckreifen, Pressluftreifen); *innen:* der Schlauch (Luftschlauch), *außen:* der Mantel (Laufmantel, die Decke)
31 das Ventil ein Schlauchventil *n* mit Ventilschlauch *m* oder ein Patentventil *n* mit Kugel *f*
32 die Ventilkappe
33 der (das) Fahrradtachometer mit Kilometerzähler *m*
34 der Fahrradkippständer
35–42 **der Fahrradantrieb** (Kettenantrieb)
35–39 **der Kettentrieb**
35 das Kettenrad (das vordere Zahnrad)
36 die Kette, eine Rollenkette *f*
37 der Kettenschutz (das Kettenschutzblech)
38 das hintere Kettenzahnrad (der Kettenzahnkranz, Zahnkranz)
39 die Nabengangschaltung

(8) 어휘 역사 정보가 있는 사전

한 어휘가 어떻게 사용되어 왔는가를 알 수 있도록 한 어휘의 어지(語誌)가 기술되어 있어야 할 것이다. 어느 어휘가 언제부터 쓰이기 시작하여 언제 사라졌는지 또는 어떻게 의미나 형태가 변화하였는지에 대한 정보가 들어있으면 많은 도움을 받을 수 있을 것이다. 우리말샘에는 21세기 세종계획에서 구축한 어휘역사에서 구축한 어휘에 한하여 이들을 제시하고 있어서 도움을 주지만, 모두 5,000개 어휘에 한정되어 있을 뿐만 아니라 우리가 알고 싶어 하는 어휘의 역사는 찾기가 쉽지 않다. 예를 들어서 '수학(數學)'이나 '물리(物理)' 등의 어휘에 대한 역사가 기술되어 있지 않기 때문이다.

21세기 세종계획에서 작성된 어휘역사 중에서 한 가지 어휘만 예를 보이도록 한다. '헝겊'의 예를 보이도록 한다.

//표준어: 헝겊 //품사: 명사 //현대 뜻풀이: 피륙의 조각. //관련 한자어: 건완편(巾宛片), 폐의(弊衣), 포(布)

	15c	16c	17c	18c	19c	20c
헌 것	○					
헝것		○				
헌것			○	○		
헝것			○		○	
헝겁					○	
헛것					○	
헌겁						○
헝겊						○

《15세기》[헌 것] 수레 계피 글힌 즙을 늘ᄀᆞᆫ 헌 거싀 무텨 병ᄒᆞᆫ ᄃᆡ ᄇᆞ료ᄃᆡ 평커든 아ᄉᆞ라 〈1489구급간,1,27a〉 ᄒᆞᆫ두 소솜 글혀 건뎌내야 뵈 헌 거스로 ᄡᅡ 더우닐 알ᄑᆞᆫ ᄃᆡ 울호미 ᄀᆞ장 됴ᄒᆞ니라 〈1489구급간,1,91a〉 《16세기》[헝것] 헝것 완 〈1527훈몽자,중,9a〉 《17세기》[헌 것] 燒布烟氣 헌것 튼 내. 〈1690역어유,하,53a〉 [헝것] ᄉᆞᆼ엽을

쎄허 ㅂ아 잘릐 녀커나 헝거싀 쌋거나 ᄃᆞᆫᄃᆞᆫ ᄆᆡ여 흐ᄅᆞᄂᆞᆫ 물에 ᄃᆞᆷ갓다가 〈1660구황윤,4b〉 완片 헝것 긋. 〈1690역어유,하,7a〉 그 돗긔 니근 노ᄒᆞ고 션도를 거믄 헝것조차 ᄆᆡ여 드러 이시니 〈16××현풍곽〉 《18세기》 [헌 것] 그 ᄌᆞ식은 어더 먹이지 못ᄒᆞ고 비록 헌거슬 기온 오시 이시나 〈1783민윤음,3a〉 《19세기》 [헛것] 巾宛片 헛것 조각 〈18××광재물,衣服,1a〉 [헝겁] 헝겁 弊衣 〈1880한불자,90〉 [헝것] 물긔 저덕저덕 ᄒᆞ거든 ᄀᆡ야 헝것과 보의 싸 노코 〈1869규합총,23b〉 《20세기》 [헌겁] 밝안 명쥬 헌겁으로 싼 길죽ᄒᆞᆫ 것이 나온다. 〈1918무정2,251〉 어적게 저녁에 갈갈히 〃 찌저 바린 그 헌겁을 다시 차국차국 〃 모와다가 〈1927靑春,37〉 두포는 칠태의 몸둥아리를 번쩍 쳐들어 무슨, 헌겁때기와 같이 풀밭으로 내던졌습니다. 〈1934두포전,332〉 [헝겊] 선용의 마음을 푸른 헝겊으로 싸는 듯이 불쌍하고 눈물이 날 듯하였다. 〈1922환희2,315〉 간호부가 하얀 헝겊으로 눈을 싸매어 〈1932흙3,317〉 아직도 헝겊을 처맨 팔뚝을 건더니 주먹을 쥐어 내밀며, 〈1933영원의미소,324〉

《해설》 '헝겊'은 '헐다'의 어간 '헐-'이 관형사형의 꼴을 취하여 명사 '것'에 결합한 '헌 것'에서 기원한 단어이다. 15세기에는 단어가 아닌 구 형식이었다. '헐다'는 그 용언이 쓰인 것만으로도 '직물이나 옷'이 낡아서 손상된 것을 가리키는 뜻을 가지고 있었다. 그리하여 '헌 것'은 그것만으로도 '옷이나 직물이 오래되어서 그 조직이 낡거나 손상된 것'을 가리킬 수 있었다. '헌것'은 'ㄱ' 앞에서 'ㄴ'이 'ㅇ'으로 소리가 나게 되는 현상에 따라 '헝것'으로도 표기되었는데, 이 같은 표기는 이미 16세기에 간행된 〈훈몽자회〉에서부터 보인다. '헝것'으로 쓰였다는 것은 15세기에서 구 형식에서 단어로 변화하였음을 의미한다. 19세기에 이르면 '헝겁'처럼 '것'이 '겁'으로 변화된 예가 보이고 20세기에 이르면 '헝겊'으로 변화하게 된다. 그러나 20세기까지도 '헌겁'의 예가 나타나는 것을 보면 언중이 '헐다'와의 관련성을 인식하고 있었음을 알 수 있다.

(9) 어원이 표시되어 있는 사전

어휘 중에서 어원을 밝힐 수 있는 어휘의 어원을 밝혀 준 사전이 필요하다.

많은 사람들이 한 어휘의 어원에 대해서 알고 싶어 한다. YTN에서 '재미있는 낱말풀이'라는 프로그램이 있었는데, 주로 어원에 관한 것이다. 그 프로그램이 오랜 동안 유지되는 것을 보니 어원에 대해 그만큼 관심이 많은 것 같다. 그러나 일반인들에게 민간어원설이 널리 퍼져 있어서 이것을 바로잡는 일도 필요하다. 대표적인 것이 '어처구니'이다. 맷돌의 손잡이로 알려져 있는데, 원래는 그림에서 보는 바와 같은 지붕의 추녀 마루 위에 올려져 있는 잡상이다. 벽사(辟邪)의 기능을 가지고 있어서 길상과 화마를 제압하는 것이어서 '어처군이 없어서 화를 당했다'로부터 출발한 것이다.

원래 '어처군'인데 '어처군이 없다'가 되었다가 다시 '어처구니가 없다'로 되었다. 다음의 용례를 보이면 오늘날 이야기하는 어처구니의 어원과 연관이 없음을 볼 수 있다.

> 허부령은 큰 사랑 아릐묵에가 안석을 의지ᄒᆞ고 거만히 안져셔 흰 쎡가래 갓흔 여송연을 어처군이 굴쑥에 연긔 나오듯키 피고 안젓다가 셩달이 나오는 것을 보고 〈1912재봉춘,26〉

한영자전에는 '돈을 버는 멋진 기계'라고 설명하고 있다. 그리고 아울러 '설명할 수 없는 것'이란 부수설명도 있다.

어쳐군이 A wonderful machine for minting money-A something beyond description 〈1897한영자전,38〉

마찬가지로 '딴따라'가 영어 'tantara'에서 온 것이라든가, 다방의 '레지'가 'lady'로부터 온 것이 아니라 'register'로부터 온 것이라든가 하는 간단한 어원이라도 밝혀 주는 편이 바람직하다.

(10) 용례와 문헌 이미지가 연계되어 있는 사전

용례의 출전을 밝혀 주는 것이 일반적인데, 그 출전 문헌을 그림 파일로 보여 줄 수 있어야 한다. 그래야만 전체 맥락 속에서 그 예문이 어떻게 쓰인 것인지를 알 수 있을 것이기 때문이다. 예컨대 '말씀'을 검색하면 훈민정음 언해본의 '나랏 말ᄊᆞ미 中國에 달아'에 보이는데, 이때 이 부분이 사진으로 보여 줄 수 있으면 그 어휘에 대한 적극적인 인상이 남아 있을 것으로 생각한다.

나랏 말ᄊᆞ미 中國에 달아 〈훈민정음 언해본 1a〉

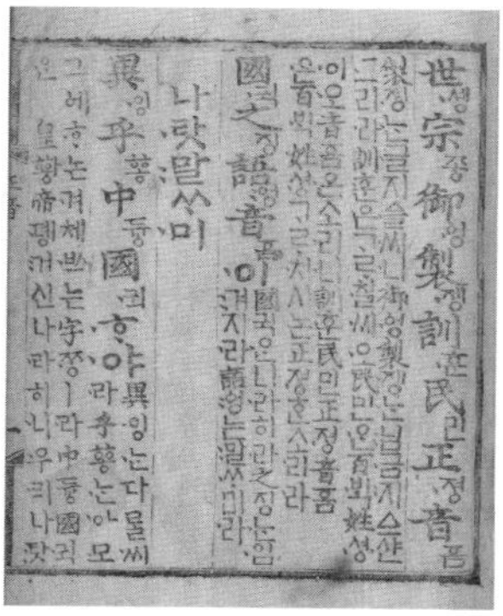

<훈민정음 언해본 1a>

13) 사전의 편찬과정

지금까지 사전들은 어떻게 편찬되었을까? 말뭉치를 토대로 하지 않는 사전의 편찬과정은 대체로 다음과 같다.

①기존의 사전을 수집한다. 각 사전들을 검토하고, 새로 편찬할 사전의 성격을 결정한다.

②사전의 구조를 결정한다.

③사전의 구조에 맞는 카드를 만든다.

④중요한 사전을 구입하여 두 부를 복사한다.

⑤각 사전을 올림말을 중심으로 하여 모두 오려낸다.

⑥각 올림말별로 한 장의 카드를 만들고, 거기에 오려낸 사전의 항목별로 붙인다. 그러면 그 카드에는 여러 개의 사전의 올림말에 대한 모든 정보가 들어가게 된다.

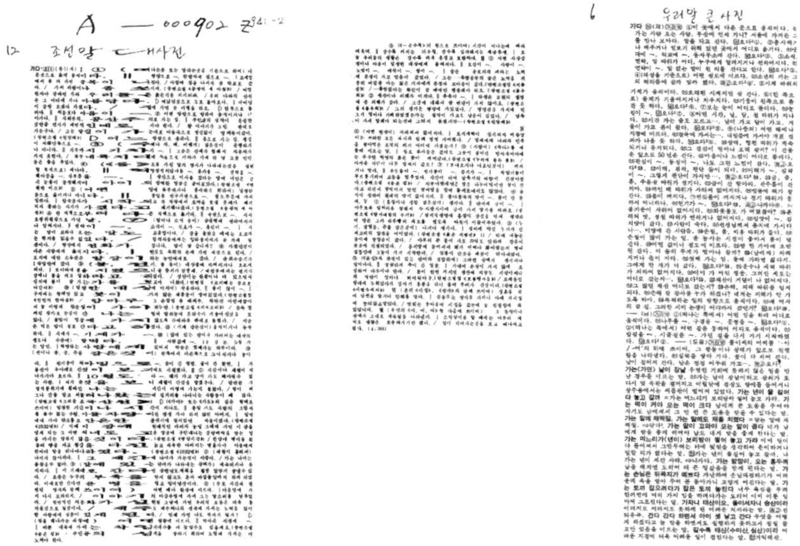
A — 000902
12 조선말 대사전
6
우리말 큰사전

<표준국어대사전 편찬 때의 사전 카드 ('가다' 부분)>

⑦ 이 자료들을 참고로 하여 그 올림말에 대한 새로운 뜻풀이를 한다.

⑧ 한 편으로 신어를 조사한다. 그리하여 그 신어에 대한 사전 구조에 따라 뜻풀이를 한다.

⑨ 이들을 중심으로 하여 출판에 들어간다.

대개 이와 같은 과정을 겪는 것이 이전의 일반적인 국어사전 편찬 과정이었다.

이러한 방식은 이미 이전에 기존의 사전이 출판되거나 또는 그러한 정보들이 있을 경우에 하는 일이다. 그러한 종류의 사전이 하나도 없는 경우에는 일일이 사전 편찬자가 책을 읽어 가면서 올림말을 정하고 용례를 집어넣고 뜻풀이를 하는 과정을 거쳐야 하였다.

그러나 이러한 과정은 매우 더디고 힘들며, 또한 수작업이어서 비효율적이라고 할 수 있다. 오늘날의 사전 편찬과정의 예로 연세한국어 대사전 편찬 절차를 그림으로 보이도록 한다.[9]

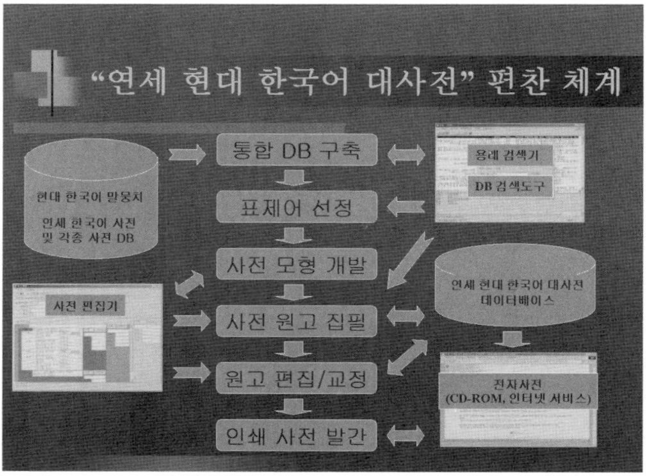
"연세 현대 한국어 대사전" 편찬 체계
현대 한국어 말뭉치
연세 한국어 사전
및 각종 사전 DB
통합 DB 구축
표제어 선정
사전 모형 개발
사전 원고 집필
원고 편집/교정
인쇄 사전 발간
용례 검색기
DB 검색도구
사전 편집기
연세 현대 한국어 대사전
데이터베이스
전자사전
(CD-ROM, 인터넷 서비스)

9 이희자(2002), 「사전편찬학입문(1)」, 제3회 국어정보화아카데미 기본강좌 강의자료집, 116면.

이 작업은 말뭉치를 토대로 한 사전 편찬과정을 보여 주는 것이다. 이 작업이 기존의 사전 편찬과정과 크게 다른 점은 세 가지이다.

① 각종 한국어 사전 및 각종 사전의 DB를 참고자료로 한다는 점이다.
② 통합 DB(말뭉치)를 구축한다는 점이다.
③ 각종의 프로그램을 사용한다는 점이다.

이것은 과거의 언어 양상을 보여 주는 기존 사전류와 현재의 실제 언어 양상을 반영하고 있는 말뭉치를 동시에 활용한다는 의미이다. 그러나 기존의 사전 편찬과정에서는 이전의 사전 자료들을 1차적인 자료로 이용하여 왔기 때문에, 여러 사전을 비교하여 보면 용례는 비록 다르지만, 뜻풀이에서 '표절'에 가까울 정도로 참고한 흔적을 흔히 발견할 수 있게 된다.

그러나 말뭉치를 기반으로 하여 편찬되는 사전은 기존의 사전들을 2차적인 참고자료로 이용하고 1차적인 자료로는 말뭉치를 이용하는 것이다. 그리고 1차적인 자료로 이용하거나 2차적인 자료로 이용하거나 사전들을 모두 컴퓨터로 입력된 텍스트 자료로 이용한다는 점이다.[10] 국립국어연구원에서 표준국어대사전을 편찬할 때 중요한 자료로 활용한 국어사전은 12가지인 것으로 알려져 있다. 이들은 다양한 보조 자료로 이용하게 된다.

말뭉치를 토대로 하여 편찬되는 국어사전은 앞의 과정을 거친 후에 대체로 다음과 같은 과정을 거치게 될 것이다.

① 말뭉치를 컴퓨터로 처리하여 단어의 색인을 작성한다.
② 그 색인을 기초로 하여 언어 단위의 형식적 특성이나 각종 빈도를 측정한다.
③ 빈도 측정에 따라 표제어를 선정한다.[11]

10 국립국어연구원에서 『표준국어대사전』을 편찬할 때에는 종이에다 여러 사전을 스크랩하여 놓은 것을 그림 파일로 만들어 이용하였다.

④ 용례를 검색한다.

⑤ 어휘의 의미 빈도에 따라 의미 항목(다의어) 항목)의 배열과 그 범위를 설정한다.

⑥ 올림말에 대한 용례를 분석하여 각종의 음운, 어휘, 문법의 특징을 기술한다.

⑦ 특정 어휘의 연어 구성을 찾아낸다.

⑧ 텍스트 장르와 언어 특성을 연구한다.

⑨ 컴퓨터로 일정한 형태로 편집한다.

⑩ 출판에 들어간다.

이 과정에서 볼 수 있듯이 기존 방식의 사전 편찬과정과는 사뭇 다른 과정을 거치기 때문에 각종 항목에 대한 통계학적 사실이나 언어 사용의 습관 등에 대한 정보를 얻어 기술할 수 있다.

14) 국어사전의 활용방안

그렇다면 사전들을 어떻게 하면 효율적으로 활용할 수 있을까?
우리가 국어사전을 이용할 때에는 대체로 다음과 같은 경우일 것이다.

① 책을 읽다가 모르는 어휘가 등장할 때

② 맞춤법을 모를 때

③ 한 어휘의 용법을 알고 싶을 때

④ 두 어휘의 차이를 알고 싶을 때

⑤ 어휘력을 키우려고 할 때

⑥ 한 어휘의 역사를 알고 싶을 때

⑦ 한 어휘의 어원을 알고 싶을 때

---

11 사전의 규모에 따라 다르겠지만, 『대국어사전』이라면 단 한 번의 빈도를 보이는 것도 표제어로 선정할 필요가 있다.

⑧ 어느 지식이나 생각 또는 느낌을 표현하려는 적절한 어휘를 찾으려 할 때 등등

물론 우리가 알고자 하는 모든 정보가 모두 갖추어져 있는 국어사전은 없다. 원래 국어사전은 우리가 요구하는 모든 정보가 다 포함되어 있어야 하지만 실질적으로 이러한 국어 사전은 없다. 따라서 우리는 처해 있는 환경에서 최선을 다해 사전들을 활용할 수밖에 없다.

14.1. 종이 사전 이용

가장 바람직한 것은 이러한 요구를 들어 줄 수 있는 다양한 사전들을 두루 갖추어 놓고 그때그때 필요할 때마다 사전을 뒤져 보는 것이 바람직하지만 전문가와 같은 특정한 사람 외에는 그럴 수가 없다.

그래서 가장 대표적인 사전을 하나라도 갖추어 놓고 알고자 하는 내용을 찾아 보고 그러한 정보가 없을 때에는 다른 사전을 활용하는 방법을 택할 수밖에 없다. 가장 대표적인 사전 한 권을 추천하는 일은 이 자리에서는 바람직하지 않지만 몇 가지를 제시하는 것은 무방하다고 생각한다. 발표자가 늘 옆에 놓고 이용하는 사전은 다음과 같다(無順).

① 표준국어대사전 (국립국어원, 1999년, 3책)

② 국어대사전(이희승 편, 1986년, 수정증보판)

③ 우리말큰사전(한글학회, 1991년, 4책)

④ 고려대 한국어대사전(고려대 민족문화연구원, 2009년, 3책)

⑤ 새우리말큰사전(신기철, 신영철 편, 1968년, 2책)

⑥ 국어대사전(금성사판, 1996년)

⑦ 조선말대사전(북한 사회과학원, 2006년, 증보판, 3책)

⑧ 조선말사전(중국 연변인민출판사, 1995년, 3책)

⑨ 연세한국어사전(연세대 언어정보개발연구원, 1998년)

고어사전으로는 다음과 같은 것을 갖추고 있다.

① 고어대사전(박재연 편, 2016년, 21책)
② 이조어사전(유창돈 편, 1964년)
③ 교학 고어사전(남광우 편, 1997년) 등

그러나 이들 중에서 단 한 권만이라도 갖추어 놓기를 권한다.

14.2. 텍스트 사전 이용

그러나 이러한 모든 사전을 다 갖추어 놓기란 비용상으로도 만만치 않을 뿐만 아니라 이것을 다 꽂아 놓을 공간도 마땅치 않을 것이다. 그래서 발표자는 많은 사전 입력 자료를 구해서 컴퓨터에 복사해 두고 수시로 열어 보곤 한다. 그 자료를 보이면 다음과 같다.

① 조선어사전(문세영, 1938년)
② 국어대사전(금성사판, 1996년)
③ 표준국어대사전(국립국어연구원, 1999년)
④ 우리말큰사전(한글학회, 1991년)
⑤ 연세한국어사전(연세대, 1998년)
⑥ 조선말사전(6권,1991년-1992년)
⑦ 조선말대사전(1992년)
⑧ 조선말사전(1995년, 연변인민출판사)
⑨ 고려대 한국어대사전(고려대 민족문화연구원, 2009년)

외국인을 위한 한국어 교육 관련 사전도 있다.

① 외국인을 위한 한국어 학습사전 (한국어세계화재단)
② 한국어사전(배주채)

이외에도 다양한 국어 관련 사전이 입력되어 있어서 참고할 수 있다. 그 목록을 보이면 다음과 같다.

① 간추린 우리말사전(고정욱 편저)
② 기본어휘 의미 빈도사전(서상규 편)
③ 우리말 의성의태어사전(조선어연구회 편)
④ 토박이말사전(최기호 편저)
⑤ 한국어 어원사전(김민수 외)
⑥ 관용어 사전(박영준, 최경봉 편저)
⑦ 한국 한자어 사전(표제항)
⑧ 역사 용어 사전

국어사전뿐만 아니라 다양한 주제의 사전들이 입력되어 있어서 국어사전에 대한 다차원적인 접근과 활용이 가능하다. 그래서 사전 자료의 구비는 매우 중요한 것이라고 할 수 있다. 입력이 되어 있는 사전들을 보이면 다음과 같다.

① 광고소사전 ② 명언록
③ 문학용어사전 ④ 북한 지명사전
⑤ 성경사전 ⑥ 세계 신화 상상 사전
⑦ 신어사전 ⑧ 신화사전

⑨ 영화용어사전 ⑩ 요정백과사전
⑪ 의학약어사전 ⑫ 증권용어사전
⑬ 치산현대인물사전 ⑭ 특수교육 용어사전
⑮ 한국사 기초사전 ⑯ 한국 인물사전
⑰ 한방사전 ⑱ 한어대사전
⑲ 현대 소설용어사전 ⑳ 현대시 사전

14.3. 인터넷 이용

인터넷으로 들어가 검색할 수 있는 국어사전이 매우 다양하여 이들을 검색하여 이용하는 것이 일반인들의 일상적인 사전 이용방법으로 보인다. 대표적인 것이 표준국어대사전과 네이버 사전과 다음 사전과 우리말샘이라고 할 수 있다.

네이버에서 국어사전의 표제어수가 911,056건으로 되어 있는데 아마도 모든 국어사전의 표제어 항목수를 다 합친 숫자로 보인다.

네이버 사전의 '한국'을 검색한 결과를 보이면 다음과 같다.

1. 역사 '대한 제국(조선 고종 34년(1897)에 새로 정한 우리나라의 국호(國號))'을 줄여 이르는 말. ≒한11(韓). 2. 지명 =대한민국(아시아 대륙 동쪽에 있는 한반도와 그 부속 도서(島嶼)로 이루어진 공화국).

'다음' 사전의 '한국'을 보이면 다음과 같다.

1. 한민족이 살고 있는 나라
2. 고조선에서부터 현대에 이르기까지 한반도와 부속 도서를 중심으로 동일한 역사와 문화를 공유해 온 사람들이 모여 살고 있는 나라를 말한다

'다음' 사전은 고려대학교 한국어대사전이다.

우리말샘에서 '한국'을 검색하면 다음과 같다.

한국(韓國)[한:국]한국만[한:궁만]

한국「006」「명사」『역사』'대한 제국'을 줄여 이르는 말.

한국「007」「명사」『지명』아시아 대륙 동쪽에 있는 한반도와 그 부속 도서(島嶼)로 이루어진 공화국. 아르오케이(ROK: Republic of Korea) 또는 코리아(Korea)라고도 불린다. 기원전 2333년에 성립된 고조선에서부터 고구려 · 백제 · 신라의 삼국 시대를 거쳐 통일 신라 · 고려 · 조선으로 이어져 오다가 1910년에 일제의 침략으로 강제 합병되었으나, 1945년에 제이 차 세계 대전이 끝나면서 독립하여 1948년에 남한만의 총선으로 민주 공화국이 수립되었다. 1950년에 북한이 6 · 25 전쟁을 일으킴으로써 휴전선을 사이에 두고 국토 분단이 고착화되었다. 주민은 황색 인종인 한민족(韓民族)이며, 언어는 알타이어계에 속하는 한국어이고 문자는 한글과 한자를 병용한다. 수도는 서울, 면적은 22만 1336㎢, 남한은 9만 9313㎢.

우리말샘은 국어사전이 아니라 백과사전처럼 되어 버렸다. 전문가가 검토하지 않은 채로 공개가 되는 것처럼 보인다.

이 사전들을 보면 사전들끼리 서로 참조하면서 편찬된 것으로 보인다. 왜냐하면 서로 유사한 풀이를 하고 있기 때문이다. 예컨대 앞에서 예를 든 '한국'은 '대한제국'의 준말이 아니라 '한국'이 확대되어 '(대)한(제)국', '(대)한(민)국'

이 되었기 때문이다. '한국은 삼한국(三韓國)'의 준말이다.

'한국'이란 단어는 중국의 사서(史書)에서 일찍부터 사용되어 왔다. 예컨대 삼국지 위지 동이전(三國志 魏志 東夷傳)(중국의 진수(陳壽) 편찬(280~289년))에 "辰韓在馬韓之東 其耆老傳世自言 古之亡人避秦役 來適韓國"(진한은 마한의 동쪽에 있다. 그 노인들이 세상에 전하여 스스로 말하기를 옛날에 진나라 노역을 피하여 온 사람이 한국에 왔다)이란 기록에서 '한국(韓國)'이란 단어를 확인할 수 있다. 마찬가지로 석봉천자문(1575년)에서도 '韓'에 대해 '한국 한'이라는 석음이 있음을 알 수 있다.

14.4. 사전 검색 프로그램 이용

(1) 통합사전 검색기

국어사전을 검색해 주는 기능을 가진 프로그램은 지금까지 국립국어원의 표준국어대사전 CD와 한글학회의 우리말큰사전 CD가 있었다. 전자는 검색하기 위해서는 늘 CD 드라이브에 그 CD를 넣고 검색하고 또 닫고 하는 작업을 하는 불편함이 있었고, 후자는 검색한 자료를 다시 내 자료로 복사하여 활용할 수 없이 단지 눈으로만 확인할 수 있도록 한 것이어서 불편하였다. 후자는 하이퍼텍스트 방식을 택한 점이 장점이긴 하나 불편하기는 마찬가지였다.

통합사전검색기는 국립국어원의 『표준국어대사전』을 비롯한 몇 가지 사전을 통합적으로 검색할 수 있도록 만든 프로그램이다. 박진양 연구원이 개발한 프로그램으로서, 굳이 종이 사전을 직접 찾지 않고도 그때그때 필요한 어휘 항목들을 검색할 수 있도록 하였다. 가장 기본적인 기능은 여러 사전을 통합적으로 검색하여 각각의 사전이 어떤 한 표제어를 어떻게 기술하고 있는지를 한 눈에 볼 수 있게 해 준다는 점이다.

여기에서 검색할 수 있는 국어사전은 다음과 같은 것이다.

① 국립국어원 : 표준국어대사전 ② 북한 사회과학원 : 조선말대사전

③ 한글학회 : 우리말큰사전 ④ 금성사 : 국어대사전

⑤ 홍윤표 외 : 17세기 국어사전 ⑥ 조선총독부 : 조선어사전

⑦ 김민수 외 : 어원사전

통합 사전 검색기를 실현시키고 '국어'를 검색한 화면을 보이면 다음과 같다.

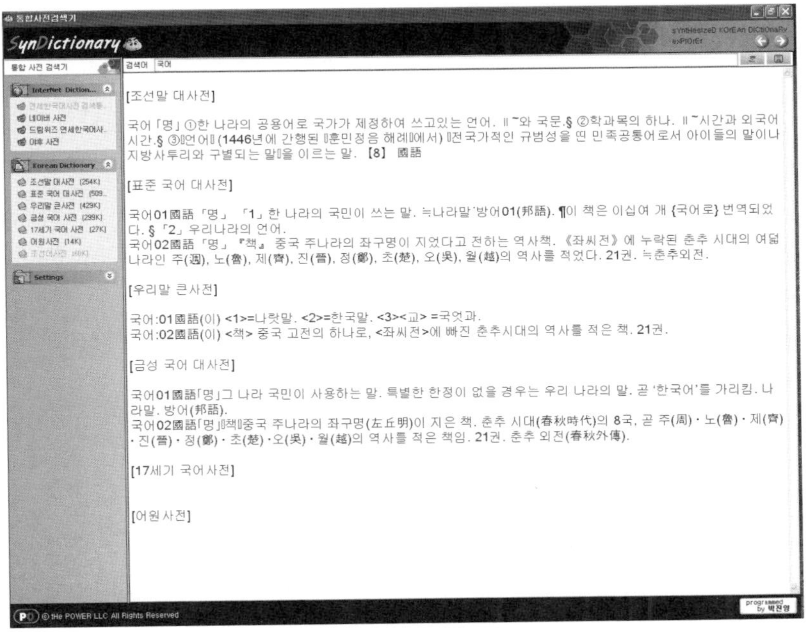

화면 상단 검색어 입력란에 찾고자 하는 검색어를 입력한 후 엔터를 치면 각각의 사전에서 검색된 내용을 모두 볼 수 있다. 여기서 검색되는 사전은 사용자가 지정할 수 있다. 기본값은 모든 사전을 검색하는 것으로 되어 있다.

그러나 이 프로그램은 윈도 XP상에서만 작동되고 윈도 2000 이상에서는 작동이 잘 되지 않아서 현재 개발자에게 수정 보완을 요청한 상태이다.

(2) 사전검색기(베타1.5)

이 프로그램은 국립국어원의 표준국어대사전, 연세대학교의 한국어사전, 고려대 한국어대사전을 검색하는 프로그램이다. 특히 최근에 간행된 고려대 한국어대사전이 포함되어 있어서 유용하게 쓸 수 있다. 아직은 시험판이어서 베타 1.5 버전이다.

프로그램을 작동시키면 화면이 나오고 찾고자 하는 단어를 입력하고 '나오랏!' 부분을 클릭하면 왼쪽에 그 단어가 실려 있는 사전 목록이 등장한다. 예컨대 '아리랑'을 검색하면 '연〉아리랑=「명」, 표〉아리랑_01=「명」, 고〉아리랑_01=고유명사, 고〉아리랑_02=고유명사'라는 항목이 등장한다. 여기에서 '연'은 연세한국어사전, '표'는 표준국어대사전, '고'는 고려대한국어대사전을 말한다. 이중에서 하나를 클릭하면 오른쪽에 그 풀이가 나오게 된다.

이 프로그램은 연세대학교에서 박사학위를 받은 중앙민족대학의 백해파 교수가 개발한 것이다. 이 프로그램을 작동시켜 '아리랑'을 검색한 화면을 보이면 다음과 같다.

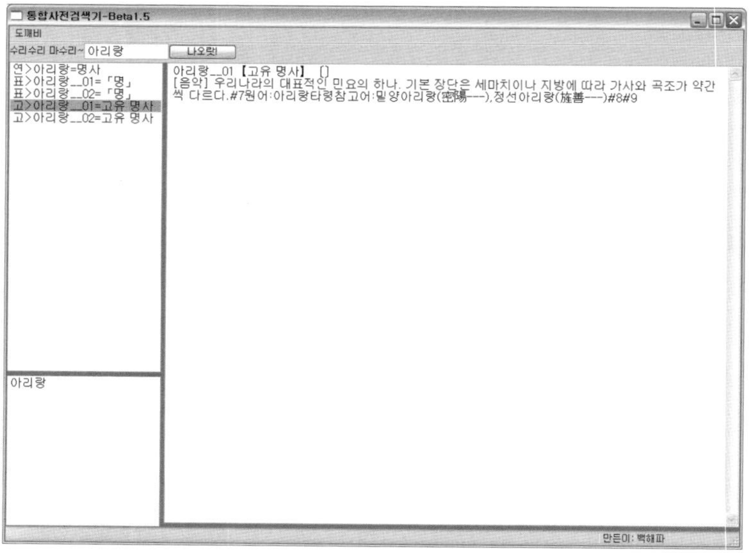
통합사전검색기-Beta1.5
도깨비
수리수리 마수리~ 아리랑
나오랏!
연>아리랑=명사
표>아리랑__01=「명」
표>아리랑__02=「명」
고>아리랑__01=고유 명사
고>아리랑__02=고유 명사
아리랑__01 【고유 명사】 []
[음악] 우리나라의 대표적인 민요의 하나. 기본 장단은 세마치이나 지방에 따라 가사와 곡조가 약간씩 다르다.#7원어:아리랑타령참고어:밀양아리랑(密陽---),정선아리랑(旌善---)#8#9
아리랑
만든이: 백해파

(3) CD-ROM 형식의 한국어 사전

국어와 연관시켜 개발된 CD롬 형식으로 만든 전자사전들도 여럿 있다. 앞에서 제시한 국립국어원의 '표준국어대사전'과 한글학회의 '우리말큰사전'은 단일어 사전이지만, 다국어사전도 여럿 나와 있다. 특히 한국어를 공부하는 외국인들에게는 효과 있게 사용될 수 있을 것으로 생각한다. 그렇게 개발된 전자사전으로는 다음과 같은 것이 있다.

① 한영 · 영한 CD-ROM 사전(YBM Si-Sa)
② 다국어 대사전(삼홍 3.0) : 조선콤퓨터쎈터, 삼일포정보쎈터(북한)
③ 영조-조영대사전(삼홍 3.0) : 삼일포정보쎈터(북한)

이 중에서 특히 외국인을 위한 한국어교육에 필요한 전자사전은 북한의 다국어대사전이다. 이 사전은 영어, 독일어, 중국어, 러시아어, 일본어와 조선어(한국어)와의 대역사전이어서 이 언어권에 있는 한국어 교육에 많은 도움을 줄 수 있을 것이다.

이 전자사전을 컴퓨터에 장착시키고 구동을 시키면 다음과 같은 화면이 나오게 될 것이다.

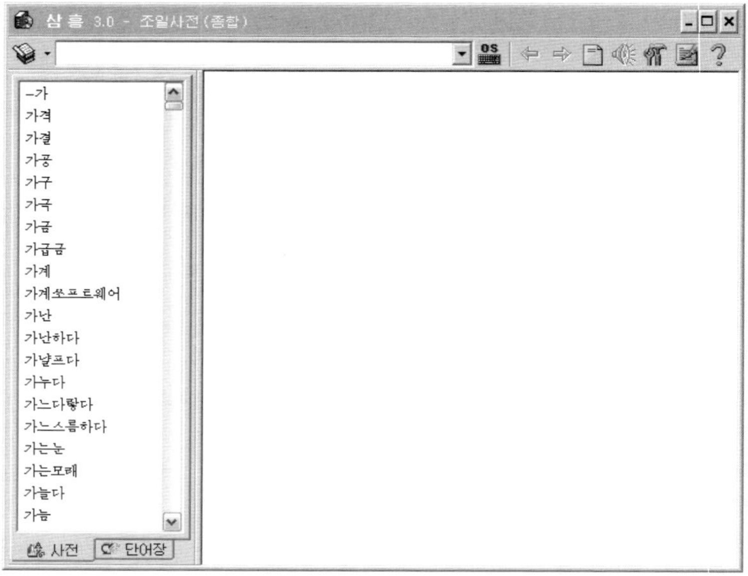
삼흥 3.0 - 조일사전(종합)
-가
가격
가결
가공
가구
가국
가금
가급금
가계
가계쏘프트웨어
가난
가난하다
가냘프다
가누다
가느다랗다
가느스름하다
가는눈
가는모래
가늘다
가늠
사전
단어장

왼쪽의 ▼ 부분을 클릭하면 각종 사전이 보이는데, 그것은 다음과 같다.

영조사전	조영사전	로조사전	조로사전
중조사전	조중사전	도조사전	조도사전
일조사전	조일사전		

이 중에서 영조사전과 조영사전, 그리고 일조사전과 조일사전에는 '콤퓨터 용어사전'도 함께 검색할 수 있도록 되어 있다. 이 중에서 조중사전을 열어 '가다듬다'를 검색하면 다음과 같은 화면이 보일 것이다.

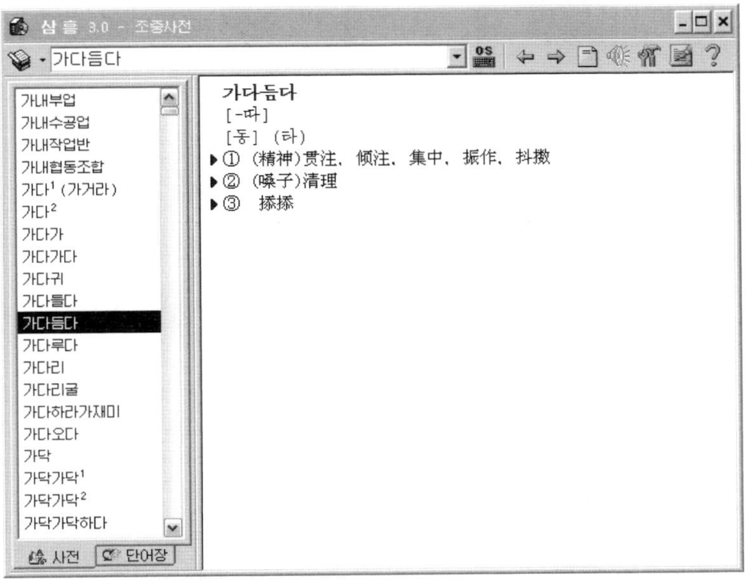
삼흥 3.0 - 조중사전
가다듬다
가내부업
가내수공업
가내작업반
가내협동조합
가다1 (가거라)
가다2
가다가
가다가다
가다귀
가다들다
가다듬다
가다루다
가다리
가다리굴
가다하라가재미
가다오다
가닥
가닥가닥1
가닥가닥2
가닥가닥하다
사전
단어장
가다듬다
[-따]
[동] (타)
① (精神)贯注、倾注、集中、振作、抖擞
② (嗓子)清理
③ 搽搽

(4) 종합사전(Zonghecidian)

최근에 중국 연변대학교에서 '중국의 조선어 정보화' 사업을 하면서 북한 학자들과 함께 만든 사전 검색 프로그램이 있는데, 이 프로그램은 남한의 표준국어대사전과 연세한국어사전, 그리고 북한의 조선말대사전(초판), 조선말대사전(증보판)을 통합 검색함은 물론 연변사회과학원에서 편찬한 '조선말사전'(3권)까지도 검색할 수 있도록 개발된 것이다. 뿐만 아니라 북한에서 나온 여러 사전들까지도 검색할 수 있도록 만들어 많은 도움을 줄 수 있다. 『100가지 남새재배』, 『가정과학상식』, 『경제법사전』, 『농업백과사전』, 『대중정치용어사전』, 『력사사전』, 『민법사전』, 『민족의 자랑 조선민속음식』, 『법률사전』, 『상용약물의 작용과 응용(증보판)』, 『신약과 고려약의 림상활동』, 『인명사전』, 『일군들을 위한 경제용어해설』, 『조선의 고유특산식물』, 『조선력사상식(증보판)』, 『조선민속사전』, 『혁명사적편람』, 『현대국제금융사전』, 『회계사전』 등 19개의 사전을 한꺼번에 검색할 수 있다. '브루네이'를 검색한 화면을 보이면 다음과 같다.

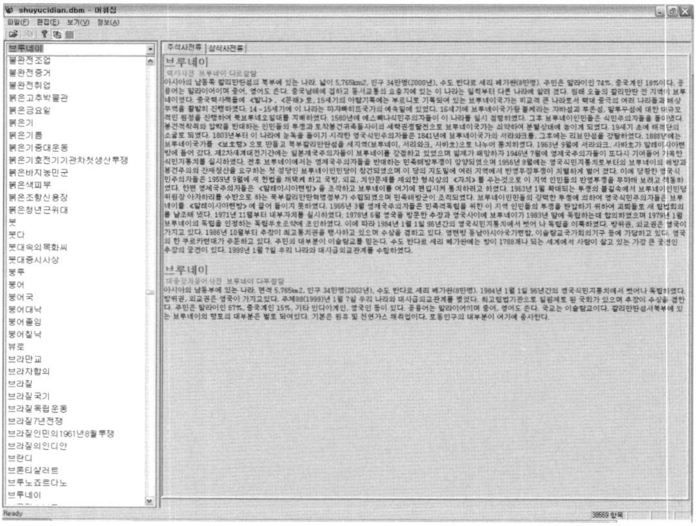
shuyucidian.dbm - 어휘집
파일(F) 편집(E) 보기(V) 정보(A)
브루네이
불완전조업
불완전증거
불완전취업
붉은고추박물관
붉은금요일
붉은기
붉은기틀
붉은기중대운동
붉은기호전기기관차첫생산투쟁
붉은바지농민군
붉은색피부
붉은조향신용장
붉은청년근위대
뭇
뭇다
뭇대속의목화씨
뭇대중시사상
뭉루
뭉어
뭉어국
뭉어대낙
뭉어출임
뭉어칠낙
뷰로
브라만교
브라자함의
브라질
브라질국기
브라질독립운동
브라질7년전쟁
브라질인민의1961년8월투쟁
브라질의인디안
브란디
브론티살러트
브루노죠르다노
브루네이
Ready
주석사전류
브루네이
브루네이

이들을 통해 남북한어 및 중국 조선어들의 어휘 관계를 파악하는 데 많은 도움을 받을 수 있다.

(5) 한국어 전자사전

21세기 세종계획에서 구축한 한국어 전자사전은 상세전자사전과 단순검색사전의 두 가지가 있다. 상세전자사전은 '체언, 용언, 연어, 부사, 어근 및 접사, 조사 및 어미, 의존명사, 관용표현, 특수어, 복합명사, 고유명사'를 검색할 수 있도록 되어 있고, 단순검색사전은 ' 체언, 용언, 관형사, 부사, 연어, 감탄사, 관용표현, 조사어미, 고유명사'를 검색할 수 있도록 한 것이다.

이에 대한 설명은 생략한다.

15) 마무리

사전 편찬에는 사전 편찬을 위한 자금, 사전 편찬을 위한 이론적 틀을 제공해 주는 어휘론 연구자 및 사전편찬학자, 그리고 사전편찬 실무자들이 필요하다. 이러한 조건을 충족시킬 수 있는 기관은 국가기관밖에 없다. 개인이나 학회나 연구소는 사전 편찬을 위한 자료 조사, 수집, 정리 및 연구 등을 위한 자금의 지속적인 공급과 사전편찬 실무진의 부족이 가장 큰 애로이고, 출판사 등은 자금은 물론이고 전문 학자를 동원하는 데 한계가 있다.

국가기관이 사전 편찬을 한다고 하여서 이를 유일한 국어 전문기관인 국립국어원에 맡겨서는 안 된다. 왜냐하면 현재의 국립국어원은 연구기관이 아니라 행정기관이어서 관리만 하는 곳이기 때문이다. 모두 용역을 주어서 편찬할 테니, 사전편찬이 끝나도 사전편찬의 노하우가 축적되지도 않을 뿐더러 전문 연구 인력도 양성하지 못할 것이 명약관화하다. 표준국어대사전 편찬의 경우처럼.

별도의 상설기관으로서 가칭 '국어사전 편찬원'을 설치하여 상시로 새로운 어휘를 찾아내고 변화하는 어휘의 모습을 기술, 설명해 두어야 하며 기존의 국어사전들을 대폭 수정 · 보완하여야 할 것이다. '한국고전번역원' 규모의 반쯤 되는 기구의 설립이 필요할 것이다. 이러한 국가기관의 설립에 반대하는 국민이 있을 것 같지는 않다. 국립국어원과 그 기능이 중복될까 보아 염려하는 분들에게는 그 기구의 명확한 기능을 제시해 줄 필요가 있을 것이다.

종합국어대사전이 편찬되면 여기에서 파생되는 수많은 국어사전들이 등장할 것이다. 아니 오히려 이 사전을 편찬하면서 자그마한 국어 관련 사전이 먼저 편찬될 가능성도 있다. 어원사전이 등장한다면 국어 어휘가 한자어로부터 온 것인지 아닌지에 대한 논란도 잠재울 수 있을 것이며, 속담사전이나 관용어 사전은 국민들이 우리말의 표현을 풍부하게 사용하는데 이바지할 것이며, 각종 의미사전(동의어, 반의어, 유의어 사전 등)은 어휘의 사용폭을 넓혀 줄 수 있을 것이다. 이러한 다양한 사전을 통해 폭넓고 깊이 있는 국어 어휘교육도 기대해 볼 수가 있을 것이다.

이러한 국가기구가 설치되지 않고 기존의 국어사전을 근근이 수정 · 보완하는 수준의 국어사전에 대한 관심으로써는 여전히 우리에게 문화 국가로서의 긍지를 느끼기 어려울 것이다.

<2018년 11월 26일(월), 2018년 국립한글박물관 기획특별전 <사전의 재발견> 연계 강연, 국립한글박물관 강당>

제 4 부

국어 정보화

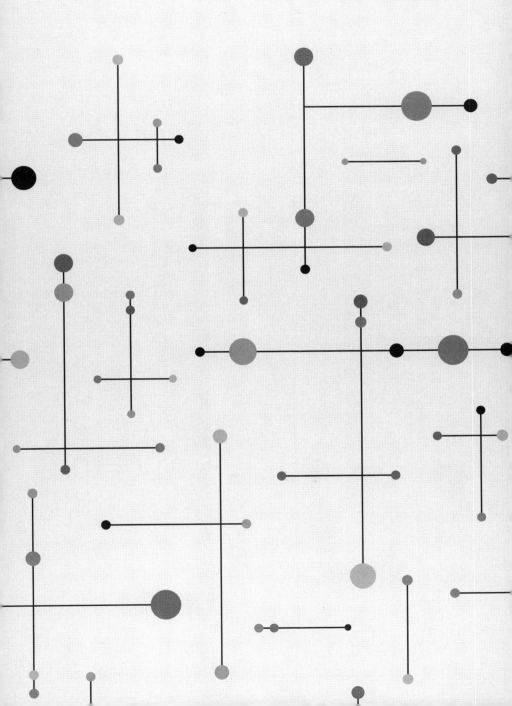

1. ISO/IEC 10646-1의 한글 자모에 대한 검토

1) 서론

오늘 발표의 주된 목적은 ISO 10646-1의 한글코드를 KS 규격으로 제정하는 것이 바람직한가를 국어학적 처지에서 검토하는 일이다.

그러나 오늘 발표할 내용은 ISO 10646-1의 한글코드 중에서도 특히 한글자모, 즉 국제부호화 문자세트에 보이는 표 29-11과 표 30-11에 보이는 한글자모에 한정해서만 검토하기로 한다. 왜냐하면, 현대한글의 경우에는, 11,172자를 사용할 수 있어서, 현대한글을 완벽하게 실현할 수 있지만, 옛한글을 구현하기 위한 한글 자모 240자는 검토할 여지가 많기 때문이다.

2) ISO 10646-1 한글자모의 특징

ISO/IEC 10646-1의 한글자모는 이전의 한글코드(예컨대 KS C 5601, KS C 5657)에 비해 크나큰 진전이라고 할 수 있다. KS C 5601이나 KS C 5657에서 내린 한글의 개념을 폭넓게 적용하였기 때문이다. 그중에서도 특히 옛한글의 개념을 폭넓게 적용하였다.

KS C 5657에서는 주지하는 바와 같이 출판계의 요청과 국제규격에서의 영역확보를 위해 급히 제정된 것이어서, 옛한글의 개념을 주로 고유어를 표기하기 위해 사용되었던 글자들을 중심으로 하여 선정한 것에 비해서, ISO 10646-1에서는 동국정운식 한자음은 물론 한어, 몽고어, 만주어 및 일본어를 한글로 표기하기 위한 옛한글도 포함시키고 있고, 개화기에 외국어를 표기하기 위한 자모와, 특수한 문헌에만 한두 번 등장하는 옛한글의 자모까지도 다수 포함하고 있어서 국어국문학, 그중에서도 특히 국어사 연구자들이 컴퓨터로 한글을 거의 완벽하게 구사할 수 있다고 생각한다.

3) 한글 자모 선정의 문제점 및 선정기준

(1) 선정의 문제점

그러나 ISO 10646-1의 한글자모의 선정은 몇몇 학자들(그것도 국어사 연구자들이 아닌 비전문가들이)에 의해 이루어진 것이다. 과문한 탓인지는 모르겠으나, 이들 자모의 선정은 몇몇 학자들이 수집해 놓은 옛한글 음절목록을 검토하여서 그 음절에 등장하는 자모를 선정한 것으로 알고 있다. 이 사람 저 사람이 수집한 옛한글 목록을 나열하여 놓고 그중에 등장하는 자모를 선정한 셈이다. 어느 학자가 목록에 빠진 글자를 제시하면, 정밀한 검토를 외면한 채 그것을 목록 속에 포함시키는 주먹구구식의 선정이라고 할 수 있다. 물론 발표자도 그 목록을 제시한 바가 있지만, 그때 제시한 목록은 순수히 고유어를 표기하기 위한 옛한글 음절목록에 한정되어 있었다.

그러나 ISO 10646-1은 그 성격이 달라졌다. 외래어 및 외국어를 한글로 표기하기 위한 자모까지도 포함되어 있기 때문이다. 고유어 표기를 위한 자모의 선정은 여러 전문가들의 손을 거쳤기 때문에 비교적 완벽한 자모를 선정하였다고 할 수 있으나, 외국어나 외래어를 표기하기 위한 자모는 그러한 검증을 거치지 않았기 때문에 발표자가 개략적으로 검토하여 보아도 상당한 문제점이 발견되었다.

옛한글의 자모나 글자들은 비전문가들에게, 특히 컴퓨터의 코드를 전문적으로 연구하는 이공계열의 사람들에게는 검토의 대상에서 거의 제외되어 있는 셈이다. 단지 국어국문학 연구자들이 제시하여 주면, 이를 목록화하는 일만 하였을 정도라고 생각된다. 그래서 비전문가들은 ISO 10646-1의 자모들이 어떠한 이유로 선정되었는지를 전혀 알지 못하고 있는 실정이다.

그 책임은 국어국문학 전공자들에게 있다고 할 수 있다. 특히 국어사 연구자들에게는 더욱 그 책임이 크게 돌아간다. 그러나 국어사 연구자들은 연구주제로 옛한글의 목록을 검토하는 일에 나서지 않는다. 왜냐하면 대부분의 국어사 연구자들은 아직도 컴퓨터에 관한 한, 관심 밖의 일이기 때문이다.

(2) 선정의 기준

이러한 지금까지의 잘못된 관행을 고쳐 나아가고, 좀 더 과학적으로 한글 자모를 선정하기 위하여, 발표자는 다음과 같이 한글 자모의 선정기준을 제시하고자 한다. 한마디로 말한다면, 세종대왕의 훈민정음 창제 목적을 선정기준으로 삼자는 것이다.

훈민정음은 주지하는 바와 같이 다음과 같은 사용상의 목적에 따라 창제되었다. 즉

① 고유어를 표기하기 위하여

② 외래어(특히 한자음)의 표기를 위하여

③ 외국어를 표기하기 위하여

과학적으로 창제된 것이다.

현재 ISO 10646-1에는 세종대왕의 이러한 정신이 어느 정도 반영되어 있다고 할 수 있다. 그러나 몇 가지 점에서 문제점이 발견된다.

첫째는 세종의 훈민정음 창제과정에서 보인, 과학성이 결여되어 있다는 점이다. 즉 앞에서 언급한 바와 같이 자모의 선정이 체계적이지 못하다.

둘째는 훈민정음 창제 이전에 우리 선조들이 독창적으로 만들어 사용하던 구결문자가 빠져 있다는 점이다.

4) 보완하여야 할 자모

그렇다면 이러한 기준에 따라 ISO 10646-1의 자모를 다시 한 번 정밀하게 검토하여 이를 보완하여야 한다. 이러한 검토를 위하여, 그리고 보완하여야 할 자모를 선정하기 위하여 발표자는 아래에 보인 표를 작성하여 현재 검토하여 가고 있다.

이 표는 ISO 10646-1의 한글자모들이 문헌상에서 어느 목적을 위하여 사용하고 있는가를 조사하기 위한 것이다. 일반표기의 한글은 이미 많은 조사가 이루어졌기 때문에 다음과 같은 몇 가지만 새로이 검토하여야 할 것이다.

첫째는 어간을 밝히기 위한 자모이다. 현재 학계에서는 옛문헌에 나타나는 다양한 표기들의 어간을 밝히는 방법이 다양하게 적용되고 있다. 각종의 고어사전(예컨대 유창돈 교수의 『이조어사전』이나, 발표자 등이 편찬한 『17세기국어사전』, 그리고 한글학회에서 편찬한 『우리말큰사전』의 '옛말과 이두사전')에서 그 어간형을 밝히는 방법이 각각 다르다. 특히 한글학회의 사전은 매우 독특하여서, 표기 그 자체에 기준을 두고 어간형을 밝히고 있다. 그러나 이 한글학회의 사전에 등장하는 올림말에 보이는 단어의 어간형에 쓰인 종성자는 ISO 10646-1의 종성자모에서 찾아 보기 힘든 것이 많다. 따라서 다양한 어간형을 밝히는 여러 이론들을 검토하여 종성 자모를 재검토하여야 한다.

그리고 외래어나 외국어의 한글표기를 위한 자모를 조사하기 위하여서는 다음과 같은 문헌들에 대한 세밀한 조사가 선행되어야 한다.

(1) 한어 표기 : 역어유해(譯語類解), 역어유해보(譯語類解補), 박통사(朴通事)의 언해류(諺解類), 노걸대(老乞大)의 언해류(諺解類), 노박집람(老朴集覽), 오륜전비언해(伍倫全備諺解) 등

(2) 왜어 표기 : 첩해신어(捷解新語), 왜어유해(倭語類解), 인어대방(隣語大方) 등

(3) 청어 표기 : 동문유해(同文類解), 팔세아(八歲兒), 소아론(小兒論), 삼역총해(三

譯總解) 등

(4) 몽어 표기 : 몽어유해(蒙語類解), 몽어노걸대(蒙語老乞大) 등

(1) 초성

	고유어		외국어				
	현대한글	옛한글	한어	왜어	청어	몽어	서구어
000	ㄱ	+	+	+	+	+	+
001	ㄲ	+	+	+	+	−	+
002	ㄴ	+	+	+	+	+	+
003	ㄷ	+	+	+	+	+	+
004	ㄸ	+	+	+	+	−	+
005	ㄹ	+	+	+	+	+	+
006	ㅁ	+	+	+	+	+	+
007	ㅂ	+	+	+	+	+	+
008	ㅃ	+	+	+	+	−	+
009	ㅅ	+	+	+	+	+	+
010	ㅆ	+	+	+	+	−	+
011	ㅇ	+	+	+	+	+	+
012	ㅈ	+	+	+	+	+	+
013	ㅉ	+	+	+	+	−	+
014	ㅊ	+	+	+	+	+	+
015	ㅋ	+	+	+	+	+	+
016	ㅌ	+	+	+	+	+	+
017	ㅍ	+	+	+	+	+	+
018	ㅎ	+	+	+	+	+	+
019	ᄓ	−	−	−	+	−	−
020	ᄔ	−	+	−	−	−	−
021	ᄕ	−	−	−	+	−	−
022	ᄖ	−	−	−	+	−	−
023	ᄗ	−	−	−	−	−	−
024	ᄘ	−	−	−	−	−	−
025	ᄙ	−	−	−	−	−	+
026	ᄚ	−	−	−	−	−	−
027	ᄛ	−	−	+	−	−	−
028	ᄜ	−	−	−	+	−	−
029	ᄝ	−	−	+	−	−	−
030	ᄞ	−	+	−	−	−	+
031	ᄟ	−	−	−	−	−	−
032	ᄠ	−	+	−	−	−	+
033	ᄡ	−	+	−	−	−	+
034	ᄢ	−	+	−	−	−	−
035	ᄣ	−	+	−	−	−	−

036	ᄤ	−	+	−	−	−	−
037	ᄥ	−	+	−	−	−	−
038	ᄦ	−	+	−	−	−	−
039	ᄧ	−	+	−	−	−	+
040	ᄨ	−	+	−	−	−	−
041	ᄩ	−	+	−	−	−	−
042	ᄪ	−	+	−	−	−	−
043	ᄫ	−	−	+	−	+	+
044	ᄬ	−	−	+	−	−	−
045	ᄭ	−	+	−	−	−	+
046	ᄮ	−	+	−	−	−	−
047	ᄯ	−	+	−	−	−	+
048	ᄰ	−	−	−	−	−	−
049	ᄱ	−	+	−	−	−	−
050	ᄲ	−	+	−	−	−	+
051	ᄳ	−	+	−	−	−	−
052	ᄴ	−	+	−	−	−	−
053	ᄵ	−	+	−	−	−	−
054	ᄶ	−	+	−	−	−	+
055	ᄷ	−	+	−	−	−	−
056	ᄸ	−	+	−	−	−	−
057	ᄹ	−	+	−	−	−	−
058	ᄺ	−	+	−	−	−	−
059	ᄻ	−	+	−	−	−	−
060	ᄼ	−	−	+	−	−	−
061	ᄽ	−	−	+	−	−	−
062	ᄾ	−	−	+	−	−	−
063	ᄿ	−	−	+	−	−	−
064	ᅀ	−	+	+	+	−	−
065	ᅁ	−	−	−	+	−	+
066	ᅂ	−	−	−	+	−	+
067	ᅃ	−	−	−	+	−	−
068	ᅄ	−	−	−	+	−	+
069	ᅅ	−	−	−	−	−	+
070	ᅆ	−	−	−	+	−	−
071	ᅇ	−	+	−	−	−	−
072	ᅈ	−	+	−	−	−	−
073	ᅉ	−	+	−	−	−	−
074	ᅊ	−	−	−	+	−	−
075	ᅋ	−	−	−	+	−	+
076	ᅌ	−	+	+	+	+	+
077	ᅍ	−	+	−	−	−	−
078	ᅎ	−	−	+	−	−	−
079	ᅏ	−	−	+	−	−	−
080	ᅐ	−	−	+	−	−	−
081	ᅑ	−	−	+	−	−	−

082	ᅒ	−	−	−	−	−	−
083	ᅓ	−	+	−	−	−	−
084	ᅔ	−	−	+	−	−	−
085	ᅕ	−	−	+	−	−	−
086	ᅖ	−	−	−	−	−	−
087	ᅗ	−	−	+	−	−	+
088	ᅘ	−	+	+	−	−	−
089	ᅙ	−	+	+	−	−	−

(2) 중성

		고유어		외국어				
		현대한글	옛한글	한어	왜어	청어	몽어	서구어
090								
091								
092								
093								
094								
095								
096								
097	ㅏ	+	+	+	+	+	+	+
098	ㅐ	+	+	+	+	+	+	+
099	ㅑ	+	+	+	+	+	+	+
100	ㅒ	+	+	+	−	−	−	+
101	ㅓ	+	+	+	−	+	+	+
102	ㅔ	+	+	+	+	+	+	+
103	ㅕ	+	+	+	+	+	+	+
104	ㅖ	+	+	+	+	+	−	+
105	ㅗ	+	+	+	+	+	+	+
106	ㅘ	+	+	+	+	+	−	+
107	ㅙ	+	+	+	−	−	−	+
108	ㅚ	+	+	+	−	−	−	+
109	ㅛ	+	+	+	+	+	+	+
110	ㅜ	+	+	+	+	+	+	+
111	ㅝ	+	+	+	−	+	+	+
112	ㅞ	−	+	+	−	+	−	+
113	ㅟ	+	+	+	−	+	+	+
114	ㅠ	+	+	+	+	+	+	+
115	ㅡ	+	+	+	+	+	+	+
116	ㅢ	+	+	+	−	−	−	+
117	ㅣ	+	+	+	+	+	+	+
118	ᅶ	−	−	+	−	−	+	−
119	ᅷ	−	−	+	−	−	+	−
120	ᅸ	−	−	+	−	−	−	−

121	ᅹ	−	−	+	−	−	−	−
122	ᅺ	−	−	+	−	−	−	−
123	ᅻ	−	−	+	−	−	+	−
124	ᅼ	−	−	+	−	−	−	−
125	ᅽ	−	−	+	−	+	−	−
126	ᅾ	−	−	+	−	+	+	−
127	ᅿ	−	+	+	−	−	−	−
128	ᆀ	−	+	−	−	−	−	−
129	ᆁ	−	−	+	−	−	−	−
130	ᆂ	−	−	+	−	+	−	−
131	ᆃ	−	−	+	−	−	−	−
132	ᆄ	−	−	+	−	−	−	−
133	ᆅ	−	−	+	−	−	−	−
134	ᆆ	−	−	+	−	−	−	−
135	ᆇ	−	−	+	−	+	+	−
136	ᆈ	−	+	+	−	−	−	+
137	ᆉ	−	+	+	−	+	−	−
138	ᆊ	−	−	+	−	−	−	−
139	ᆋ	−	−	+	−	−	−	−
140	ᆌ	−	−	+	−	−	−	−
141	ᆍ	−	−	+	−	+	+	−
142	ᆎ	−	−	+	−	+	+	−
143	ᆏ	−	−	+	−	+	+	−
144	ᆐ	−	−	+	−	−	−	−
145	ᆑ	−	−	+	−	−	−	−
146	ᆒ	−	−	+	−	−	−	−
147	ᆓ	−	−	+	−	−	−	−
148	ᆔ	−	+	+	−	+	+	−
149	ᆕ	−	−	+	−	−	−	−
150	ᆖ	−	−	+	−	−	−	−
151	ᆗ	−	−	+	−	−	−	−
152	ᆘ	−	−	+	−	−	−	−
153	ᆙ	−	−	+	−	−	−	−
154	ᆚ	−	−	+	−	+	+	−
155	ᆛ	−	−	+	−	−	−	−
156	ᆜ	−	+	+	+	+	−	−
157	ᆝ	−	+	−	−	−	−	−
158	ᆞ	−	+	+	−	−	−	+
159	ᆟ	−	−	+	−	−	−	−
160	ᆠ	−	−	+	−	−	−	−
161	ᆡ	−	+	+	−	−	−	+
162	ᆢ	−	+	−	−	−	−	−

(3) 종성

		고유어			외국어				
		현대한글	옛한글		한어	왜어	청어	몽어	서구어
			일반	어간					
163									
164									
165									
166									
167									
168	ㄱ	+	+	+	+	−	+	+	+
169	ㄲ	+	−	+	+	−	−	−	−
170	ㄳ	+	−	+	+	−	−	−	−
171	ㄴ	+	+	+	+	+	+	+	+
172	ㄵ	+	−	+	−	−	−	−	−
173	ㄶ	+	−	+	−	−	−	−	−
174	ㄷ	+	+	+	+	+	+	+	+
175	ㄹ	+	+	+	+	−	+	+	+
176	ㄺ	+	+	+	−	−	−	−	−
177	ㄻ	+	+	+	+	−	−	−	−
178	ㄼ	+	+	+	+	−	−	−	−
179	ㄽ	+	+	+	+	−	−	−	−
180	ㄾ	+	−	+	+	−	−	−	−
181	ㄿ	+	−	+	+	−	−	−	−
182	ㅀ	+	−	+	+	−	−	−	−
183	ㅁ	+	+	+	+	−	+	+	+
184	ㅂ	+	+	+	+	−	+	+	+
185	ㅄ	+	+	+	+	−	−	−	−
186	ㅅ	+	+	+	+	+	+	+	+
187	ㅆ	+	−	+	+	−	−	−	−
188	ㅇ	+	+	+	+	+	+	+	+
189	ㅈ	+	+	+	+	−	−	−	−
190	ㅊ	+	+	+	+	−	−	−	−
191	ㅋ	+	+	+	+	−	−	−	−
192	ㅌ	+	+	+	+	−	−	−	+
193	ㅍ	+	+	+	+	−	−	−	+
194	ㅎ	+	+	+	+	−	−	−	−
195	ᇃ	−	+	+	+	−	−	−	−
196	ᇄ	−	−	+	+	−	−	−	−
197	ᇅ	−	−	+	+	−	−	−	−
198	ᇆ	−	−	+	+	−	−	−	−
199	ᇇ	−	−	+	−	−	−	−	−
200	ᇈ	−	+	+	−	−	−	−	−
201	ᇉ	−	−	−	−	−	−	−	−
202	ᇊ	−	−	+	−	−	−	−	−
203	ᇋ	−	−	−	−	−	−	−	−

204	ᇌ	−	−	+	−	−	−	−	−
205	ᇍ	−	−	+	−	−	−	−	−
206	ᇎ	−	−	+	−	−	−	−	−
207	ᇏ	−	−	+	+	−	−	−	−
208	ᇐ	−	−	+	−	−	−	−	−
209	ᇑ	−	−	+	+	−	−	−	−
210	ᇒ	−	−	+	−	−	−	−	−
211	ᇓ	−	−	+	−	−	−	−	−
212	ᇔ	−	−	+	−	−	−	−	−
213	ᇕ	−	−	+	−	−	−	−	−
214	ᇖ	−	−	+	−	−	−	−	−
215	ᇗ	−	+	+	−	−	−	−	−
216	ᇘ	−	−	+	−	−	−	−	−
217	ᇙ	−	+	+	−	−	−	−	−
218	ᇚ	−	−	+	−	−	−	−	−
218	ᇛ	−	−	+	−	−	−	−	−
220	ᇜ	−	+	+	−	−	−	−	−
221	ᇝ	−	+	+	−	−	−	−	−
222	ᇞ	−	−	+	−	−	−	−	−
223	ᇟ	−	−	+	+	−	−	−	−
224	ᇠ	−	−	+	+	−	−	−	−
225	ᇡ	−	−	+	−	−	−	−	−
226	ᇢ	−	−	−	−	−	−	−	−
227	ᇣ	−	+	+	−	−	−	−	−
228	ᇤ	−	−	+	−	−	−	−	−
229	ᇥ	−	−	+	−	−	−	−	−
230	ᇦ	−	−	+	−	−	−	−	−
231	ᇧ	−	−	+	−	−	−	−	−
232	ᇨ	−	−	+	−	−	−	−	−
233	ᇩ	−	+	+	−	−	−	−	−
234	ᇪ	−	+	+	−	−	−	−	−
235	ᇫ	−	+	+	−	−	−	−	−
236	ᇬ	−	−	+	−	−	−	−	−
237	ᇭ	−	−	+	−	−	−	−	−
238	ᇮ	−	−	−	−	−	−	−	−
239	ᇯ	−	−	+	−	−	−	−	−
240	ᇰ	−	+	+	+	+	+	−	+
241	ᇱ	−	−	+	+	−	−	−	−
242	ᇲ	−	−	+	+	−	−	−	−
243	ᇳ	−	−	−	+	−	−	−	−
244	ᇴ	−	−	−	+	−	−	−	−
245	ᇵ	−	−	−	−	−	−	−	−
246	ᇶ	−	−	−	−	−	−	−	−
247	ᇷ	−	−	−	−	−	−	−	−
248	ᇸ	−	−	−	−	−	−	−	−
249	ᇹ	−	+	−	−	−	−	−	−

현재 발표자가 검토하고 있는 것 이외에도 더 욕심을 부린다면, 범어를 표기하기 위한 한글 자모도 역시 검토의 대상으로 삼아야 할 것이라고 생각한다.

위의 표를 통해 개략적으로 검토해 본 결과로 다음과 같은 자모가 보완되어야 함을 알게 되었다.

(1) 초성
  ① 고유어를 표기하기 위한 자모 : ㅂㅋ, ㅄㅌ (2자)
  ② 왜어를 표기하기 위한 자모 : ㄴㅈ, ㅁㄷ, ㅇㅎ (3자)

(2) 중성
  ① 청어를 표기하기 위한 자모 : ㅛㅏ, ㅛㅓ (2자)
  ② 몽어를 표기하기 위한 자모 : ㅜㅑ (1자)
  ③ 서구어를 표기하기 위한 자모 : ㅙ (1자)

(3) 종성
  ① 고유어 어간을 표기하기 위한 자모 : 24자

ㄱㅎ ㄴㅊ ㄸㅂ ㄷㅂ ㄷㅅㄱ ㄷㅊ ㄷㅌ ㄹㅂㄱ ㄹㅂㅍ ㄹㆅ

ㅁㅁ ㅁㅎ ㅂㄷ ㅄㄷ ㅂㅈ ㅆ ㅆㄱ ㅆㄷ ㅅㅿ ㅅㅊ

ㅅㅌ ㅅㅎ ㅿㅸ ㅇㅎ

이상으로 살펴본 바로는 현재 발표자가 조사한 바로는 모두 33자가 부족한 셈이다. 그러나 이 조사는 시간이 촉박하여 정밀하게 조사한 결과가 아니기 때문에 더 자세히 조사한다면 더 많은 자모를 발견할 것으로 생각한다.

5) 구결문자의 선정

구결문자는 훈민정음이 창제되기 이전에 우리 선조들이 한자의 획을 줄여 만들어 놓은 독특한 문자이다. 이 글자는 중국의 한자로 취급하거나, 한국의 한자로 취급하거나 할 수 없다. 그렇다고 이들을 한글의 범주 속에 포괄시키기도 어려운 처지에 있다. 이 문자는 처음에는 한문을 읽기 위하여 한문구에 토를 다는 형식으로 만들어졌지만(이것을 순독구결(順讀口訣)이라고 한다), 13세기 이후에는 한문을 우리 국어로 읽기 위하여 사용되었다(이것을 석독구결(釋讀口訣)이라고 한다). 이것이 훈민정음을 창제하게 된 중요한 동기로 해석하는 학자도 있다. 따라서 이 문자들을 한글코드에 넣었을 때, 한글을 연구하는 학자들을 크게 도울 수 있을 것이다. 현재 이 구결문자는 '훈글' 2.0 이상의 전문가용에 포함되어 있다. 현재 이 구결문자는 '훈글'에 모두 244자의 목록이 등재되어 있지만, 최근에 다시 조사한 바에 의하면, 16자가 더 추가되어야 한다. 따라서 모두 260자가 되는 셈이다. 244자의 목록은 '훈글'을 참고하기 바란다.

6) 자모의 순서

ISO/IEC 10646-1의 자모 배열 순서는 현대한글에 사용되는 자모를 먼저 배열하고, 뒤에 옛한글에서 사용되는 자모를 배열하였다. 이것은 모든 자모를 한글맞춤법에 규정된 대로 배열하는 일이 필요하다.

그 이유를 든다면 다음과 같은 두 가지 이유에서다.

첫째는 이 한글코드를 이용하여 사전을 편찬한다면, 그 정렬에 문제가 발생하기 때문이다.

둘째는 이 자모의 배열순서는 앞으로 남과 북의 자모순 결정에도 크게 작용할 것으로 생각하기 때문이다. 금년 9월에 있었던 제2차 우리말 처리 국제학술회의에서, 남과 북의 자모순 통일안을 남과 북의 언어규범에서 각각 달리 정한 자모순을 탈피하고, 옛한글을 포함한 새로운 자모순으로 통일시킬 것을 잠정적으로 합의하였다. 이 잠정적 합의는 남과 북이 서로의 명분을 잃지 않고 합리적으로 통일시킬 수 있는 가능성을 제시한 것이라고 생각한다. 이러한 방법이야 말로 컴퓨터 부호계에서 한글의 자모순을 통일시키는 가장 빠른 첩경이라고 생각한다.

7) 맺음말

ISO 10646-1은 현대한글의 구현에는 전혀 문제가 발생하지 않을 것이다. 왜냐하면 현대한글의 모든 글자가 다 포함되어 있기 때문이다. 그러나 옛한글의 구현에는 문제점이 발견되고 있다.

주지하는 바와 같이 ISO 10646-1은 이미 지난 8월 25일에 확인된 것이기 때문에, 지금 당장 발표자가 제안한 자모들을 추가하기는 어려울 것으로 생각한다.

이렇게 완벽하지 못한 ISO 10646-1을 과연 KS로 규격화하는가 하는 문제가 제기될 수 있다. 그러나 ISO 10646-1은 현재까지 한글을 가장 많이 구현할 수 있는 코드체계라고 생각한다. 만약에 이것을 KS로 규정하지 않는다면 KS C 5601, KS C 5657로 돌아가야 할 것이기 때문에, 그리고 ISO 10646-1의 자모에 대한 어느 정도의 정밀한 검토마저도 이루어지지 않은 상태에 있기 때문에, 우선 이 ISO 10646-1을 KS로 제정하고 후에 수정 보완하는 것이 합리적이라고 생각한다.

앞으로 이들 자모에 대해서 더욱 정밀하게 검토하여야 한다. 아울러 이렇게 검토된 내용은 앞으로 ISO 10646-1의 한글코드를 보완할 때에 보충되어야 한다.

<1995년 11월 1일(수), 공업진흥청, 국제부호화 문자세트(UCS) KS 제정에 대한 공청회 발표, 공업진흥청 1층 강당>

2. 어문 말뭉치 구축의 회고와 전망

1) 초기의 말뭉치 구축

우리나라에서 말뭉치를 처음으로 구축하기 시작한 것은 1984년에 개인용 컴퓨터가 가정에 보급된 이후부터일 것이다. 1984년에 학술원 부설 국어연구소가 설립된 후, 그곳에서 교과서에 나타난 국어의 빈도를 조사하기 위해 교과서를 입력한 것이 우리나라 최초의 말뭉치로 보인다. 그러나 말뭉치를 본격적으로 구축하기 시작한 것은 국어정보처리 분야의 대표적인 국책 연구과제인 과학기술부의 'STEP 2000계획'(1994년~2003년), 정보통신부의 '우리말 정보처리 기술 개발'(1997.12~2000.9), 문화체육부의 '국어정보처리 기반 구축 사업', 문화관광부의 '21세기 세종계획'(1998년~2007년) 등이 수립되면서부터이다.

과학기술처의 'STEP 2000'은 구축된 언어정보 기초를 바탕으로 언어처리 도구 및 응용시스템을 위한 핵심기술을 개발하는 것이 그 목표였다. 그 결과로 국어 어휘 데이터베이스를 약 7,500만 어절 수준으로 구축하고(TDMS 말뭉치) 언어분석의 기본 도구(예컨대 형태소 해석기, 구문해석기 등)를 개발하였다.

정보통신부의 '우리말 정보처리 기술 개발'은 기계번역, 정보검색 등의 언어처리 응용시스템을 개발하는 것이 그 목표였다. 그 결과로 실용화를 위한 한영/영한 번역시스템 개발과제, 낭독체 음성타자기 기술 개발, 내용 기반 멀티미디어 정보 검색 기술 개발을 통하여 병렬 말뭉치와 음성말뭉치 등을 구축하게 되었다.

문화체육부의 '국어정보처리 기반 구축 사업'은 한국어 구문, 의미 해석을 위한 우리말 개념망 구축, 대용량 국어정보 심층처리 및 품질 관리 기술 개발(KORTERM 담당), 언어처리 기술 응용 문서처리 소프트웨어 개발 등이 그 목표였다. 우리말 개념망 구축, 문장 분석, 생성용 전자사전 개발 등이 개발되었다.

그러나 본격적인 말뭉치 구축은 21세기 세종계획 때부터였다고 할 수 있다.

외국에서 가장 대표적인 말뭉치는 주로 미국과 영국에서 이루어졌다. 미국에서는 일찍이 1963년부터 Brown University Standard Corpus of Present Day American English를 비롯하여 Gothenburg corpus가 구축되었으며, 영국에서는 1970년부터 Lancaster-Oslo/ Bergen Corpus를 구축하기 시작하였으므로, 우리나라는 선진국들에 비해 약 20년~30년이 뒤진 셈이라고 할 수 있다.

선진국에서 1970년대까지의 말뭉치의 규모는 대개 1백만 단어 정도가 큰 규모였었다. 그러나 1980년대 중반 이후 컴퓨터의 발달로 텍스트의 수집과 편집이 손쉬워지면서 저장 규모가 엄청나게 확대되었다. 그에 따라 말뭉치의 규모도 비약적으로 커지게 되어 오늘날에는 수천만 또는 수억 단어 이상으로 구축된 말뭉치가 적지 않다.

말뭉치 구축은 다양한 분야에서 다각도로 이루어지고 있으므로 전체 말뭉치 구축 현황을 정확히 알 수는 없다. 집계가 어려운 개인 말뭉치와 소규모 연구실용 말뭉치 등을 제외하고, 대표적으로 알려진 한국어 말뭉치 구축 현황을 간략히 개관해 보도록 한다.

2) 말뭉치 구축 현황

2.1. 세종말뭉치

세종말뭉치란 문화관광부가 추진하고 국립국어원이 주관하는 21세기 세종계획에 의해 구축된 말뭉치이다. 21세기 세종계획의 실행기간인 10년간(1998년~2007년) 구축된 말뭉치는 다음과 같다(단위는 어절 수이다).

현대국어	문어	원시 말뭉치	6,500만	9,130만
		형태소 분석 말뭉치	1,300만	
		어휘 의미분석 말뭉치	1,250만	
		구문분석 말뭉치	80만	
	구어	원시 말뭉치	434만	534만
		형태소 분석 말뭉치	100만	
북한 및 해외 한국어 말뭉치	원시 말뭉치		933만	1,083만
	형태소 분석 말뭉치		150만	
구비문학 말뭉치			230만	230만
역사 말뭉치	원시말뭉치		550만	612만
	형태소 분석 말뭉치		62만	
한영 병렬 말뭉치	원시말뭉치		470만	570만
	형태소 분석 말뭉치		100만	
한일 병렬 말뭉치	원시말뭉치		102.5만	131.5만
	형태소 분석 말뭉치		29만	
한중, 한러, 한불 병렬 말뭉치			15만	15만
전문용어 말뭉치			200만	200만
표준화 및 후처리	국어정보처리기반구축사업		7,000만	12,000만
	국립국어연구원		5,000만	
총계				24,505.5만

세종 말뭉치는 말뭉치의 자료 내용과 가공 방법 등에 따라 다양하게 분류할 수 있는데, 크게 기초말뭉치와 특수말뭉치로 구분되어 있고, 언어학적인 가공 수준에 따라서 원시 말뭉치, 형태소 주석 말뭉치, 구문 분석 말뭉치, 의미 분석 말뭉치로 구분하며, 자료의 특성에 따라서 일반 말뭉치, 구어 전사 말뭉치, 병렬 말뭉치, 역사 말뭉치, 해외 한국어 및 북한 말뭉치로 구분한다. 이처럼 다양한 내용과 가공 방법으로 구축된 세종 말뭉치의 가장 큰 특징은 현대국어는 물론 '역사 말뭉치(중세에서 개화기까지의 한국어 자료)'를 구축하여 한국어의 공시적이고 통시적인 언어 자료를 제공한다는 점이다. 이와 같은 문어 자료뿐만 아니라 구어 자료까지 구축하여 문어와 구어의 특징을 함께 비교할 수 있으며, 한국어와 외국어를 비교할 수 있는 '병렬 말뭉치'까지 제공하고 있

어서 언어 연구자에게 다양하고 폭넓은 자료를 제공하고 있다. 세종 말뭉치 분류표를 보이면 다음과 같다.

말뭉치 구분		기준	구분	기준 (가공여부)
기초 말뭉치		현대/ 문어	원시 말뭉치	×
			형태소 말뭉치	○
특수 말뭉치	역사 말뭉치	역사 자료/ 문어	원시 말뭉치	×
			형태소 말뭉치	○
	병렬 말뭉치	2개 국어/ 문어	원시 말뭉치	×
			형태소 말뭉치	○
	구어 전사 말뭉치	현대/ 구어	원시 말뭉치	×
			형태소 말뭉치	○
	북한 및 해외 한국어 말뭉치	북한, 해외 자료/ 문어	원시 말뭉치	×
			형태소 말뭉치	○
어휘 분석 말뭉치				○
구문 분석 말뭉치				○

(1) 기초 말뭉치

21세기 세종계획에서 1단계(1998년~2000년) 기초 말뭉치는 국립국어원과 과학기술원이 구축한 말뭉치를 통합한 것이기 때문에 전체적으로 장르가 균형 있게 구축되지 못했다. 이러한 문제를 보완하기 위해서 2단계(2001년~2003년) 사업부터는 부족한 장르의 텍스트를 우선적으로 구축하여 장르별 균형을 유지했다. 1~2단계에서 구축된 말뭉치와 3단계에서 일부 통합된 7,500만 말뭉치의 장르별 분포를 도표로 보이면 다음과 같다.

제1 분류	제2 분류	제3 분류	7500만 구축 어절	1~2단계 구축 어절	1억 어절 대비 구축 비율	3단계 구축 목표량
구어 (10%)	순구어(5%)			3,430,153	3.4%	
	준구어(5%)					
문어 (90%)	신문(20%)		0	15,725,030	15.7%	649만
	책, 상상(20%)		2,634만	10,104,466	10.1%	1,211만
	책, 정보 (35%)	교육자료(10%)	218만	2,240,302	2.2%	164만
		사회(15%)	722만	2,391,027	2.4%	344만
		예술/취미/생활 (15%)	312만	3,029,496	3.0%	280만
		인문(20%)	870만	4,924,745	4.9%	285만
		자연(10%)	151만	882,059	0.9%	300만
		체험기술(15%)	486만	3,120,191	3.1%	271만
		총류(15%)	0	1,978,725	2.0%	385만
	잡지(10%) 합계		735만	7,603,024	7.6%	350만
	기타(5%) 합계		6만	1,775,110	1.8%	378만
총계			6,134만	57,204,328	57.1%	4,617만

<1~2단계 구축 말뭉치와 7500만 말뭉치의 장르별 분포>

(2) 특수 말뭉치

특수 말뭉치란 특수한 활용 목적으로 가공한 말뭉치이다. 특수 말뭉치에는 역사자료 말뭉치, 병렬 말뭉치, 구어전사 말뭉치, 북한 및 해외 한국어 말뭉치가 있다.

2.1.1. 역사자료 말뭉치

역사자료 말뭉치는 현대어가 아닌 옛한글로 이루어진 자료를 구축한 말뭉치로, 15세기에서 20세기까지의 자료를 포괄하고 있으며, 자료의 종류도 시가를 비롯하여 소설, 산문기록 등 다양한 부류의 말뭉치를 구축하고 있다. 구축된 역사자료 말뭉치의 현황을 정리하면 다음과 같다(단위는 '어절'이다).[1]

		15세기	16세기	17세기	18세기	19세기	20세기	미상	합계
원국문본	시가류		3,919	16,192	103,534	17,618		600,801	742,064
	소설류			16,699		63,219		2,390,075	2,469,933
						243,541	321,897	169,807	735,155
	산문기록류								
			19,794	57,424		337,765	424,114	19,088	858,185
	종교서류								
							587,778		587,778
	기술서류					28,186			26,186
	교민서류					32,711			32,711
언해/번역자료	시가류	177,169		104,763					281,711
	소설류				409,931	12,056		74,806	469,073
						96,548			96,548
	산문기록류				8,231				8,231
	종교서류	318,413	81,277	51,246	87,792	241,114		7,491	787,333
		61,181	3,840	237,399			45,481	146,245	584,146
	기술서류	37,230	17,669	75,663	38,200	12,671		5,476	186,909
	역학서류	3,029	27,293	52,124	119,363	10,279			212,088
	교민서류	30,364	80,494	115,107	320,646	74,623			621,234
			6,262						6,262
	역사서류				13,789				13,789
기타	교민서류		23,568	13,789					37,357
	사서류					123,645			123,645
국어연구원구축분		566,205	234,220	503,024	1,101,486	951,887	424,114	3,097,017	6,877,953
세종21계획구축분		61,181	29,896	384,823	0	677,764	1,379,270	335,140	2,868,074

2.1.2. 병렬 말뭉치

병렬 말뭉치란 동일한 내용에 대해 여러 언어로 기술한 말뭉치이며 한영 병

1 표에서 회색부분은 국립국어원에서 이미 구축한 자료(1998년 기초 자료 구축 분과에서 표준화한 파일)의 양을 나타내며 흰색 부분은 21세기 세종계획의 역사자료 세부과제를 통해 구축된 자료의 양을 나타낸다.

렬 말뭉치와 한일 병렬 말뭉치 그리고 소규모의 한러, 한중, 한불 병렬 말뭉치가 있다.

ㄱ. 한영 병렬 말뭉치

한 · 영 병렬 말뭉치는 원본 언어별로 영한 대역 말뭉치, 한영 대역 말뭉치와 성경 말뭉치 세 가지 종류로 구분한다.

한 · 영 병렬 원시 말뭉치의 1단계와 2단계 구축량의 원본별 어절 수는 다음과 같다.

	1단계(1999~2000)	2단계(2001~2003)	합계	비율
영한 대역 말뭉치	896,365	923,936	1,820,301	50.6%
한영 대역 말뭉치	149,972	589,613	739,585	20.5%
성경 말뭉치		1,039,938	1,039,938	28.9%
합계	1,046,337	2,553,487	3,599,824	100.0%

<텍스트 원본 언어별 영 · 한, 한 · 영 병렬 원시 말뭉치의 분포>

한 · 영 병렬 원시 말뭉치의 1단계와 2단계 구축의 장르별 분포를 보면 다음과 같다. 이 통계는 1단계(-2단계)와 3단계의 분류 방법이 달라서 하나로 통합시켜 통계화하지 못하였다.

매체 분류	내용 분류	세부 분류	1단계(1999~2000)			2단계(2001~2003)					장르별 어절수	비율
			원텍스트 (ST)	번역텍스트 (TT)		원텍스트 (ST)		번역텍스트 (TT)				
			영어	한국어	영어	한국어	영어	한국어	영어	한국어		
신문												0.0%
잡지	잡지	총류	54,948			38,888	16,737			13,542	124,115	3.4%
책	교과서		88,672			66,237	14,520	44,496	71,329	10,790	296,044	8.2%
	상상적 텍스트	기타	47,4 96	50,988	73,046	32,608		102,688	144,828		451,654	12.5%
		성경					556,933			483,005	1,039,938	28.9%

	기타 비상상적 텍스트		301,388			203,865	416,894	39,408	55,804	384,809	1,402,168	39.0%
기타 출판물		안내문, 소책자, 정부 문서					40,459			26,185	66,644	1.9%
기타 비출판물		연설문	34,978	9,448	16,490	27,285		49,055	82,005		219,261	6.1%
	언어별 어절수		527,482	60,436	89,536	368,883	1,045,543	235,647	353,966	918,331	3,599,824	100%
	합계				**1,046,337**	**2,553,487**					**3,599,824**	

<한 · 영 병렬 말뭉치의 매체 · 장르별 분포>

매체분류	내용 분류	세부분류	장르별 어절수 (1999~2004)	비율 (1999~2003)	비율 (1999~2004)
신문			0	0.0%	0.0%
잡지	총류		258,666	3.4%	6%
책	교육 자료	교과서	365,543	8.2%	9%
	상상적 텍스트	소설	545,906	12.5%	13%
		성경	1,138,716	28.9%	28%
	기타 비상상적 텍스트		1,402,168	39.0%	34%
기타 출판물	사회, 생활	설명서 등	124,758	1.9%	3%
기타 비출판물	사회	연설문	244,729	6.1%	6%
	합계		**4,080,446**	**100%**	**100%**

<1999~2004년 매체 · 내용별 말뭉치 지도>

이 내용별 분포에는 문제점이 있다. 한국어 균형말뭉치의 분포와는 큰 거리가 있기 때문이다. 이것은 아마도 말뭉치를 수집할 수 있는 영역에 어려움이 있어서 야기된 것으로 이해된다. 그러나 특히 신문자료가 0%인 점은 이해하기 어렵다.

ㄴ. 한일 병렬 말뭉치

2001년도부터 2004년도까지 한일 병렬 말뭉치 구축 분과에서 구축한 말뭉치 구축량을 도표로 나타내면 다음과 같다.

	장르별 합계	장르별 비율
(a)신문	146,705	17.75%
(b)잡지	82,055	9.93%
(c)책-교과서	0	0%
(d)책-사전	0	0%
(e)책-소설	276,982	33.52%
(f)책-시	0	0%
(g)책-기타	2,217	0.27%
(h)책-정보	18,988	2.30%
(i)기타 출판물	165,521	20.03%
(j)기타 비출판물	104,294	12.62%
(k)시나리오	29,572	3.58%
언어별 합계	826,334	0
총합	826,334	

이 말뭉치는 한영 말뭉치의 분포와 큰 차이가 있다. 이것은 한영 병렬 말뭉치와 한일 병렬 말뭉치를 구축한 연구진이 달라서 발생한 일로 보인다.

2.1.3. 구어 전사 말뭉치

구어 전사 말뭉치는 구어를 그대로 옮겨 쓴 말뭉치를 가리키는 것으로, 화자와 청자, 성별에 따른 발화 장면 등 문어자료에서는 알기 어려운 정보가 들어 있어서 그 가치가 높다. 2002년까지 구어 전사 말뭉치의 현황은 다음과 같다. 그러나 2003년 이후의 통계숫자는 없다.

구분기준		유형	구축목표량 (단위:천)		2002년 구축어절(비율)		2002년이전 구축어절	합계 (비율)	
목적	화자수								
교육 (20%)	독백 (60%)	수업강의, 발표 자기소개	108	120	35,608 (33.1)	35,608 (29.8)	40,244	75,997 (70.4)	75,997 (63.3)
		강의, 발표 자기소개	12						
	대화 (40%)	수업토론 방송토론	48	80	2,765 (5.8)	8,922 (11.2)		2,765 (5.8)	21,496 (26.9)
		교육상담 수업대화	32		6,157 (19.2)		12,754	18,911 (59)	
사업 (10%)	독백 (40%)	프리젠테이션 업무보고	36	40					
		업무보고	4						
	대화 (60%)	업무회의 인터뷰, 방송, 대화	24	60					
		판매, 진료대화	36						
정치 · 공공 (10%)	독백 (40%)	정치적연설 의화연설, 설교	16	40					
		즉석연설	24						
	대화 (60%)	법정반대신문 의회회의, 청문회	36	60	28,557 (79.3)	28,557 (47.6)	7,443	36,000 (100)	36,000 (60)
		공공기관의 대화	24						
문화 (10%)	독백 (40%)	강연, 방송강연	16	40	4,268 (26.7)	4,268 (10.7)	3,713	7,981 (49.9)	7,981 (20)
		즉석강연	24						
	대화 (60%)	라디오상담, 진행대화	240	60			20,364	20,364 (84.9)	20,364 (33.9)
		스포츠중계	36						
일상 (30%)	독백 (40%)	사적인견해발표	20	200		45,759 (22.9)	2,551	2,551 (12.8)	55,853 (27.9)
		동화, 영화, 경험담 들려주기 잡담, 전화메시지	180		45,759 (25.4)		7,516	53,302 (29.6)	
	대화 (60%)	방송대화	30	300		277,923 (92.6)	10,078	10,078 (33.6)	280,078 (93.4)
		미팅, 주점, 식사대화 잡담, 전화대화	270		277,923 (103)		70,569	277,923 (103)	
합계			1,000	1,000	401,037	104,037	175,232		576,441 (57.6)

2.1.4. 북한 및 해외 한국어 말뭉치

북한 및 해외 한국어 말뭉치는 북한 및 해외동포들이 사용하는 한국어에 대한 말뭉치이며 시간과 장소에 따라 달라진 한국어의 모습을 볼 수 있다. 그 말뭉치의 구성 내용 및 비율은 다음과 같다

매체별	내용별	1970~1979	1980~1989	1990~현재	정보없음	합계
신문				1,332,508		1,332,508
잡지				821,604		821,604
책	교과서				52,380	52,380
	사전					
	소설			563,536		563,536
	시			34,215		34,215
	기타상상적 텍스트			189,628		189,628
	정보	67,467		1,364,113		1,431,580
합계		67,467		4,305,604	52,380	4,425,451

2.2. 세종 말뭉치 이외의 말뭉치

세종 말뭉치 이외의 말뭉치 구축 기관과 구축 현황을 표로 보이면 다음과 같다.

말뭉치(구축 기관)	구축 기간	규모와 수집 대상 (단위: 어절)		목적
연세 한국어 말뭉치 (연세대 언어정보개발 연구원)	1987 ~1999	YSC 1~9(약 4,300만) 표준말뭉치(약 2,900만) 특수 말뭉치(약 2,500만) 품사 주석 말뭉치(180만) 의미 주석 말뭉치(100만)	문어/구어, 다국어, 학습자 오류 1960~현재 자료	-사전편찬과 언어학/ 국어정보학적 연구 -균형 말뭉치 구축
국립국어원	1992 ~1997	총 6,765만	문어/구어 1400~1990년대 자료	사전 편찬과 국어연구
국어 정보 처리 기반 구축 말뭉치 (한국과학기술원)	1994 ~1997	약 7,158만	문어	국어 정보 처리

한국어 말모둠 1 (고려대 민족문화연구소)	1995	약 1억	문어/구어 1910~1990년대 자료	국어 연구 국어 사전 편찬
장르별 텍스트 코퍼스 (고려대 민족문화연구소)	1997	약 40만	문어/구어	국어 연구
대한민국 국어정보베이스 Ⅱ (한국과학기술원)	1998	원시 말뭉치(1,000만) 품사 주석 말뭉치(20만)	문어	-국어 정보 처리 -균형 말뭉치 구축
ETRI 품사태그 부착 말뭉치 (전자통신연구원)	1998 ~1999	약 29만	문어	자연어 정보 처리 기술 표준화
울산대학교	1987 ~1999	약 300만	역사말뭉치	국어사 연구
한국정신문화연구원	1987 ~1999	약 300만	역사 말뭉치	세기별 국어사전 편찬
연변대학 중국 조선어 말뭉치	2008~	약 4천만 자	중국 조선어 말뭉치	중국 조선어 정보화

대한민국 국어 정보 베이스는 모두 세종말뭉치에 통합되었다. 시스템공학연구소를 중심으로 STEP 2000 과제에서 약 7,158만 어절 규모의 원시 말뭉치와, 1천만 어절 규모의 품사부착 말뭉치, 그리고 100만 어절 규모의 구문구조 부착 말뭉치를 구축하였다.

고려대학교 민족문화연구소에서는 1995년 말까지 이미 1,000만 어절 규모의 〈고려대학교 한국어 말모둠 1〉을 구축하여 놓았고, 이를 바탕으로 하여 『한글 사용빈도의 분석』을 발표하였다. 그리고 약 1억 어절을 구축하여 고려대 한국어대사전을 편찬하는 데 활용하였다.

연세대학교 한국어사전 편찬실에서는 한국어사전의 편찬을 목적으로 4,500만 어절의 말뭉치를 구축하여 놓았으며, 이미 빈도수가 높은 약 25,000개의 어휘목록을 만들어 놓았다.

울산대학교에서도 약 300만 어절의 국어말뭉치를 구축하여 이 중에서 기본어휘 약 2,500단어를 추출하여 놓았고, 또한 옛문헌 한글 말뭉치도 구축하여 놓았다. 이 말뭉치는 모두 세종말뭉치에 통합되었다.

한국학중앙연구원 어문연구실에서는 『세기별 국어사전』의 편찬을 목적으로 한 과제의 하나로, 15세기부터 19세기까지의 옛문헌 한글 말뭉치를 구축하여 놓았으며, 그 1차 결과로 『17세기 국어사전』(홍윤표, 송기중, 정광, 송철의)

을 편찬하였다. 이 말뭉치는 모두 세종말뭉치에 통합되었다.

국립국어원에서는 가칭 『종합국어대사전』 편찬을 목적으로 약 6,100만 어절의 말뭉치를 구축하였는데, 이것도 세종말뭉치로 통합되었다.

2.3. 음성 말뭉치

지금까지 구축된 음성 말뭉치는 주로 자연언어처리를 위한 것이 대부분이다. 한국 전자 통신 연구원(ETRI), 한국통신의 멀티미디어 연구소, 한국과학기술원(KAIST), LG전자, 삼성종합기술원 등에서 구축된 음성 말뭉치는 넓은 의미로 볼 때에는 어문 연구와 연관되지만, 좁은 의미로 볼 때에는 어문 연구와는 거리가 먼 것들이다. 그러나 위의 기관들에서 음성인식시스템을 개발하기 위해 다양한 음성 말뭉치를 구축한 것들이 있는데, 이 자료들은 국어 어문연구에 매우 유용할 것으로 생각된다.

이러한 점으로 보아서 국어 연구를 위한 음성 자료는 별도로 구축할 필요가 있다. 현재까지 조사된 국어 연구를 위한 음성 말뭉치들은 대개 다음과 같은 것들을 들 수 있다.

국어사 연구를 위한 음성자료는 주로 유성기 음반으로 남아 있는 자료이다. 유성기 음반이란 유성기로 재생하기 위해 제작된, 셸락이란 물질로 만들어진 음반을 말하는데, 음반 1면당 녹음시간은 대략 3분에서 3분 30초 정도이다. 역사 자료 중 음성 자료의 역사는 기록상으로는 1896년으로 거슬러 올라가지만, 실제로 우리가 접할 수 있는 자료는 1907년 이후의 자료로 알려져 있다.

우리나라 사람의 육성이 처음 취입된 것은 1896년으로 알려져 있다. 당시 미국으로 이민 간 우리나라 노무자들을 상대로 문화인류학적 차원에서 민속조사를 하던 미국의 학자들이 인디언들의 노래와 함께 우리나라 노동자들의 노래를 에디슨식의 원통형 레코드에 취입한 것이다. 남도 육자배기와 서도소리가 실려 있다고 한다. 그리고 1899년 무렵에 노래를 녹음했다는 기록이 독립신문에 기록되어 있지만, 현재 이 자료는 발견되지 않은 것으로 알려져 있다.

○ (만고 절창) 외부에서 일젼에 류셩긔 留聲機를 사셔 각항 노릐 곡죠를 불너 류셩긔 속에다 넛코 히부 대신 이하 졔관인이 츈경을 구경ᄒᆞ랴고 삼쳥동 감은뎡에다 ᄌᆞ치를 비셜ᄒᆞ고 셔양 사ᄅᆞᆷ의 모든 긔계를 운젼ᄒᆞ야 쓰ᄂᆞᆫ듸 몬져 명창 광ᄃᆡ의 츈향가를 넛코 그 다음에 기ᄉᆡᆼ의 화용과 및 금랑 가샤를 넛코 말경에 진고ᄀᆡ픽 계집 산홍과 밋 사나히 학봉등의 잡가를 너엇ᄂᆞᆫ듸 긔관되ᄂᆞᆫ 작은 긔계를 밧고아 쉼이면 몬져 너엇던 각항 곡죠와 ᄀᆞᆺ치 그 속에셔 완연히 나오ᄂᆞᆫ지라 보고 듯ᄂᆞᆫ 이들이 구름 ᄀᆞᆺ치 모혀 모도 긔이ᄒᆞ다고 칭찬ᄒᆞ며 죵일토록 노라다더라 〈독립신문 1899년 4월 20일〉

현재 남아 있는 것은 1907년 경기 명창들이 일본에 건너가서 첫 취입을 하여 미국 콜럼비아에서 원음반형 음반으로 제작한 것이 최초로 알려져 있다. 지금까지 알려져 있는 것으로서, 1907년 첫 음반부터 1945년 광복 이전까지의 음반의 총 규모는 다음과 같다.[2]

회사	음반수	회사	음반수
미국 콜럼비아	7	빅타	993
미국 빅타	11	포리돌	650
日蓄	479	시에론	270
日東	169	오케	1,300
合同蓄音機	5	태평	620
콜럼비아	1,473	群小會社	300
총계			6,377

2 이 통계는 한국정신문화연구원 편(1998), 『한국 유성기 음반 총목록, 민속원의 앞에 쓰인, 배연형 : '한국 유성기 음반 총목록 해제'』에 의한다.

그 내용을 분류하면 다음과 같다.

내용	세부내용
전통음악	雅樂, 正樂, 正歌(歌曲, 歌詞, 時調, 詩唱, 誦書), 각 지방 민요(경기, 서도, 남도, 기타 민요), 잡가 巫歌 佛歌 탈춤, 판소리, 창극, 가야금병창, 散調, 시나위 등 민속기악 및 전통음악
양악	창가, 찬송가, 외국 민요, 성악곡, 기악 독주곡 등
대중가요	
口演資料	각종 연극, 신파극, 변사들의 무성영화 해설, 대중적 스켓취나 넌센스를 비롯한 각종 코메디류, 시낭송, 연설, 동화, 야담, 만담 등
특수자료	보통학교 조선어독본이나 외국어(일본어) 학습자료 취입 자료

이 중에서 국어 역사를 연구하기 위한 것은 특히 구연자료와 특수자료이다. 기술이 발달하여 유성기 음반의 소음을 제거하고 디지털화할 수 있어서 현재 전통음악은 많은 수가 디지털화하여 상품화되고 있고, 특수자료와 구연자료는 연구자 개인이 디지털화하여 국어 음운론과 음성학 연구에 이용되기를 기다리고 있다. 역사 자료로서 이용될 수 있는 자료의 목록과 소장처는 조사를 통해 알 수 있을 것이다. 예컨대 1935년 12월에 발매된 음반(讀書指導 : 沈宜麟, 作曲及音樂指導 : 李鍾泰, 音聲指導 : 鄭寅燮, 京城師範附屬 普通學校兒童 吹入, 伴奏 : 오케-管絃樂團) 중 일부가 음반 소장가이며 판소리 연구가인 배연형 교수에 의해 CD로 만들어 소개된 적이 있고, 2004년에는 그 전체를 고양문화원에서 CD로 만들어 세상에 널리 알려지게 되어 연구자의 손을 기다리고 있다.[3] 이와 함께 1930년대의 만담가 신불출(申不出)(1905-?, 본명 신흥식, 개성 출신)의 만담을 통해 그 당시의 말(개성말?)을 들을 수 있다. 또한 각종 동극의 대사 등이 음성학 및 음운론 연구에 큰 도움을 받을 수 있을 것이다. 그러나 이 자료들이 모두 전기 현대국어에 해당하는 자료라는 한계에 부딪치게 된다.

---

3 이 자료에 의하면 그 당시 서울말의 모음 음가가 오늘날의 평양말의 모음 음가와 유사하다는 사실에 놀라기도 한다.

현대국어 중에서 특히 서울 지역어를 녹음한 자료들을 CD에 담아 국립국어원에서 제작하여 배포한 적이 있다. '서울말 낭독체 발화 말뭉치'를 20대 남성, 여성의 음성 말뭉치와, 30대 남성, 40대 여성, 50대 이상 남성, 여성의 음성 말뭉치를 2003년도에 배포한 적이 있으며, 역시 국립국어원에서 전국 지역어 조사를 하면서 녹음된 음성 말뭉치를 전사하기 위하여 연구진들이 가지고 있다. 뿐만 아니라 북한의 지역어 조사 음성말뭉치도 가지고 있는 것으로 보인다.

자연발화 음성 말뭉치와, 음운 및 문법 조사를 위한 음성 말뭉치들이 있다. 연구를 위해 공개되어야 마땅할 것으로 보인다.

2.4. 이미지 말뭉치

오늘날의 도서관은 이전처럼 도서관의 서가에 가서 직접 책을 보는 도서관이 아니라 컴퓨터 앞에 앉아서 책을 검색하고 직접 그 책의 이미지를 이미지 파일로 보는 도서관, 즉 디지털 도서관으로 변화하고 있다. 그래서 모든 도서관에서는 문헌들을 이미지 파일로 바꾸는 작업을 하고 있다. 그러나 이들도 저작권과 연관되기 때문에, 대개는 저작권과 연관이 없는 고문헌들을 중심으로 하여 이미지 파일로 만들어 독자들에게 제공하고 있다. 그래서 국어 정보화를 위한 이미지 말뭉치는 매우 많이 구축되어 있다고 해야 할 것이다.

디지털 한글 박물관 자료로 구축된 역사 자료 중 이미지 자료는 대개 2000년에서 2004년까지 약 4년간에 걸쳐 이루어진 것인데, 그 목록은 디지털 한글 박물관의 홈페이지에서 볼 수 있다. 따라서 여기에는 일일이 그 목록을 제시하지 않는다.

(1) 한글 서체 자료

한글 서체를 연구하기 위해 그림파일로 만들어 놓은 문헌자료들이 있는데, 이것은 주로 김두식 교수와 벌표자가 구축해 놓은 것이다. '간이벽온방언해

(활자본), 구급간이방언해, 노걸대언해(평양판), 논어언해(도산서원본), 능엄경언해(활자본), 대학언해(도산서원본), 동문유해, 동의보감(탕액편, 활자본) 외에 수십 종류가 있는데, 여기에 그 목록은 제시하지 않는다.

(2) 한자 석음 자료

발표자가 한자 석음 역사사전을 만들기 위해 천자문, 유합 등의 한자 석음 문헌 약 200여 종을 이미지 파일로 만들어 둔 것이다.

(3) 각필 자료

각필 자료들을 이미지 파일로 만들어 둔 것인데, 이 자료들은 대부분 구결학회 홈페이지에서 볼 수 있다.

(4) 청주고인쇄박물관의 한글 관련 자료

청주 고인쇄 박물관에서 구축해 놓은 자료 중에 한글과 연관된 자료들이 있다. 논어언해(권1), 대학언해, 두시언해(권21), 맹자언해(권3, 4), 소학언해(권3, 4), 시경언해, 향약집성방 등이 있다.

(5) 소창진평 문고 귀중본 자료

동경대학 문학부 언어학연구실에서 구축해 놓은 것인데, 그 목록을 일부 보이면 다음과 같다.

牧牛子修心訣(1467년, 刊經都監板)

佛說大報父母恩重經(1676년, 高山 影子庵板)

佛說大報父母恩重經(1720년, 金山寺板)

佛說大報父母恩重經(1635년)

佛說大報父母恩重經(1564년, 文化 明葉寺板)

佛說大報父母恩重經(1553년, 長端 華藏寺板)

杜詩諺解(1481년, 권17)

牛馬羊猪染疫病治療方(寫本)

五大眞言(1485년, 刊本의 覆刻版)

法語(松廣寺 萬曆頃刊)

法語(1467년, 刊經都監板)

發心修行章(1583년, 龍仁 瑞峯寺板)

誡初心學人文(1583년, 龍仁 瑞峯寺板)

野雲自警(1583년, 龍仁 瑞峯寺板)

千字文(1575년, 光州板)

이외에도 디지털한글박물관(http://www.hangeulmuseum.org), '한국 역사 정보 통합시스템'(http://www.koreanhistory.or.kr), 국립중앙도서관(http://www.nl.go.kr), 문화재청의 '국가기록유산'(http://www.memorykorea.go.kr), 한국학중앙연구원(http://www.aks.ac.kr) 등의 홈페이지나 각 대학교 도서관의 홈페이지에서 한글 관련 고문헌 이미지 말뭉치를 볼 수 있다.

2.5. 북한 말뭉치

북한어 말뭉치의 필요성이 인식되어 21세기 세종계획에서 얼마간의 입력이 이루어졌으나, 그 양은 북한 어문을 연구하는데 충분한 것은 아니다. 뿐만 아니라 북한 어문학 연구자가 많지 않아서 북한 어문학 관련 말뭉치를 절실히 필요로 하는 것도 아니다. 그래서 북한 말뭉치의 필요성이 반감되어 세종계획에서 입력한 말뭉치와 겨레말큰사전 편찬을 위해 남측편찬위원회에서 입력한 말뭉치 이외의 말뭉치가 존재하는 것 같지 않다.

국립국어원과 북한의 사회과학원 언어학연구소 사이에 다년간 이루어져

온 학술교류를 통해 북한에서 제공한 북한 말뭉치들이 있는데, 이 말뭉치들은 국립국어원에 보관되어 있으나 공개는 하지 않은 것 같다. 뿐만 아니라 겨레말큰사전 남측 편찬위원회에도 북한으로부터 받은 북한 말뭉치가 있지만, 역시 공개되어 있지 않다. 발표자는 북한에서 중국 연변대학교 조선학 한국학학원에 제공한 북한 말뭉치를 접하고 그 자료를 전달받아 가지고 있으나 그 목록은 아직 작성하지 못한 상태다. 뿐만 아니라 북한에서 북한 지역어 조사를 하면서 녹음해 놓은 음성말뭉치와 그것을 전사해 놓은 입력 자료를 입수하였으나, 이것을 제공한 곳에서 공개를 꺼려해 아직 이용조차 못하고 있는 상태다. 발표자가 간직하고 있는 북한 말뭉치를 정리하여서 그 목록을 만들어 이것을 이용하여 북한 어문학 연구에 도움이 될 수 있기를 기대해 본다. 역시 중국 연변대학교 측에서 북한 학자들을 통하지 않고 다른 통로를 이용하여 직접 구한 북한 말뭉치들을 보유하고 있지만, 역시 이용하기가 어려운 실정에 있다. 특히 이들 입력 자료는 원문을 확인할 수 있는 문헌자료를 직접 가지고 있지 않아서 그 말뭉치의 정확도를 알 수 없다는 어려움이 있다.

북한의 이미지 자료는 대부분 북한의 잡지들이다. 특히 북한의 조선어문 잡지는 대부분 이미지 파일로 만들어 놓고 있으나, 이용하려는 사람이 없어서 현재는 공개하지 않고 있는 실정이다. 전주대학교에서 북한 교과서를 입력한 자료를 보유하고 있다는 소식은 들었으나, 구체적인 내용은 알 길이 없다.

중국 연변대학교를 통해 구한 북한의 말뭉치는 원시말뭉치와 주석말뭉치이다. 북한에서는 원시말뭉치를 '론리정보부가 코퍼스'라고 하며, 주석말뭉치는 '언어정보부가 코퍼스'라고 한다. '론리정보부가'란 소위 태그(tag)로 마크업(mark up)이 되어 있는 말뭉치를 말하는 것이다.

남한에서는 북한의 말뭉치를 구축할 때, 그 내용을 교과서, 사전, 소설, 시, 기타 상상적 텍스트, 정보 등으로 구분하였지만 북한도 여기에서 크게 벗어나지 않는 것으로 보인다. 다만 교과서는 북한의 언어정책상 외부에 공개할 수 없도록 되어 있어서 그 말뭉치만 제시되어 있지 않다고 할 수 있다. 대신 사전은 매우 다양하게 구축하여 놓고 있다는 점이 남한과 차이를 보이는 점이다. 남한에서 말뭉치로 구축한 사전은 주로 국어사전인데 비하여, 북한은 매우 다양한 사전자료를 구축하고 있다고 할 수 있다.

'도서'에는 '김일성저작집, 소설, 씨나리오, 어학전서' 등이 포함되어 있다. 김일성저작집은 주지하는 바와 같이 북한의 가장 중요한 말뭉치가 될 것임은 분명하다.

소설에는 '개선, 근거지의 봄, 대지는 푸르다, 대지의 전설, 력사에 묻다, 번영의 길, 붉은 산줄기, 삼천리강산, 생명수, 압록강, 잊지못할 겨울, 전환, 지리산의 갈범, 천지, 첫기슭에서, 푸른 산악, 혁명시가집' 등이 들어 있다. 소설 속에 시가도 들어 있는데, 이 시가집은 운문 속에 들어가 있어야 할 것이다.

씨나리오에는 '민족과 운명'이란 장편 시나리오가 들어 있다.

사전에는 '과학대백과사전, 농업백과사전, 력사사전, 세계상식사전, 인명 · 력사인물사전, 조선말대사전, 조선민속사전' 등이 들어 있었다.

신문에는 로동신문과 평양신문이 들어 있었다.

잡지에는 매우 다양한 잡지가 포함되어 있는데, '과학의 세계, 금속, 기계제작, 기초의학, 력사과학, 문화어학습, 민족문화유산, 아동문학, 예술교육, 정치법률연구, 조선건축, 조선녀성, 조선문학, 조선어문, 조선예술, 천리마, 철학연구, 청년문학' 등이 포함되어 있다. 이것을 통하여 우리는 북한의 거의 모든 잡지들을 볼 수 있을 것으로 생각한다.

어학전서에는 최근에 북한에서 간행한 조선어학전서 중 '조선문화건설리론'(리호경), 조선어의미구조론(문영호), 조선어문장론(김백련), 조선어문장성분론(리기만), 조선어문체론(리정룡)의 다섯 편이 들어 있다. 부분별로 대표적인 것을 하나씩 제시한 것으로 보인다.

'언어정보부가'에서는 형태정보부가 코퍼스와 구문정보부가 코퍼스가 있다. 형태정보부가에는 로동신문, 문학예술문체가 있다.

프로그램에는 주로 통계처리 프로그램이거나 정렬 프로그램이었고 중요한 것으로는 형태소 해석기이었다.

북한에서는 말뭉치를 어떻게 구축하고 있을까 하는 점이 가장 궁금하지만, 개인이 컴퓨터를 소지하는 일이 극히 적은 일이니 개인이 말뭉치 구축을 하기는 어려울 것이고 사회과학원과 같은 국가기관에서 가능한 일이라고 생각한다면 코퍼스의 구축양이 그리 많지는 않을 것으로 생각할 수 있다. 대신 그 코퍼스의 질은 매우 높을 것으로 추정된다. 왜냐하면 전문가들이 입력하고 철저히 검증을 거친 것이라고 생각되기 때문이다.

그러나 북한에서 말뭉치 구축에 대한 관심은 그리 높지 않은 것으로 생각된다. 왜냐하면 다음과 같은 이유에서이다.

첫째는 구축할 말뭉치의 내용에 제약이 있기 때문인 것으로 추측된다. 심지어 방언조사 자료들도 북한의 실상을 파악하는데 중요한 자료인데, 그것도 일일이 검토한 후에 문제가 없는 경우에만 공개를 하는 편이니 다른 분야는 더 어려울 것으로 추측된다.

둘째는 조선어 정보화에서 북한은 통계에는 관심이 많은 반면에, 말뭉치에 대한 관심은 이에 비해 낮음을 간파할 수 있다. 각종의 프로그램이 말뭉치를 처리하는 것이라고는 하지만 대부분 통계 처리 프로그램이기 때문이다.

셋째는 조선어 연구를 위해 조선어 말뭉치를 활용할 수 있는 환경에 제약이 있기 때문에, 말뭉치 구축에 그리 많은 신경을 쓸 필요가 없게 된 것이라고 생각한다.

2.6. 중국 조선어 말뭉치

21세기 세종계획에서 중국의 조선어 말뭉치를 구축하여 왔지만, 그 용량은 매우 적은 편이다. 입력하기 위한 자료를 구하는 일조차 힘들었기 때문에, 중국에 살고 있는 우리 동포 학자들이 직접 입력하는 것이 바람직하다는 의견이 지배적이었다.

그래서 제일 먼저 중국의 조선어 말뭉치 구축의 중요성을 인식하고 직접 말뭉치를 구축해 놓은 분이 전 연변대학교 교수였던 최희수 교수였다. 최희수 교수는 거의 재정적 도움도 받지 못한 상태에서도 오류 말뭉치와 한조, 조한 대역말뭉치 구축작업을 진행하여 2005년에는 이미 1,000만 자에 달하는 오류 말뭉치와 130여 만 자에 달하는 대역말뭉치를 구축하였다. 이 말뭉치가 중국에서는 처음으로 구축된 중국 조선어 말뭉치라고 할 수 있다.

최근에 연변대학교에서는 2007년에 '중국 조선어 말뭉치 건설'이란 국가과제를 중국 정부 당국에 제출하여 승인을 받아 중국 조선어 말뭉치 구축을 계획하고 이를 시행해 왔다.

그 계획을 보이면 다음과 같다.

종류	세분		2008년도	2009년도	2010년도	2011년도	총계	비고
문서	원시 (60%)	문헌	600만자	650만자	650만자	600만자	2500만자	
		구어						
		방언						
	병렬(20%)		150만자	200만자	200만자	150만자	700만자	
	주석(10%)		60만자	80만자	80만자	80만자	300만자	
	오류(10%)		60만자	80만자	80만자	80만자	300만자	
	총계(100%)		870만자	1010만자	1010만자	910만자	3800만자	
화상	교과서		5,000장	5,000장	5,000장	5,000장	20,000장	
	조선어문학관련		5,000장	5,000장	5,000장	5,000장	20,000장	
	문학작품		10,000장	10,000장	10,000장	10,000장	40,000장	
	고문헌(문서)		500장	500장	500장	500장	2,000장	
	사전, 신문		5,000장	5,000장	5,000장	5,000장	20,000장	
	사진(각종)		1,000장	1,000장	1,000장	1,000장	4,000장	
	총계		26,500장				106,000장	
음성	드라마		10편	10편	10편	10편	40편	
	구어		50편	50편	50편	30편	180편	
	자연발화		20편	20편	20편	10편	70편	
	방언		10편	10편	10편	10편	40편	
	가요, 노래		50편	50편	50편	30편	180편	

	총계						
다매체	기록물	5편(수집)	5편	5편	5편	20편	
	무용	5편(수집)	5편	5편	5편	20편	
	영화	10편(수집)	10편	10편	10편	40편	
	총계	20편	20편	20편	20편	80편	
서체	서예 등	50종	50종	50종	50종	50종	

그리고 이 계획에 따라 실행한 결과 현재까지 입력된 말뭉치 구축 현황은 다음과 같다.

구분		2008년	2009년	계
문헌 말뭉치	원시말뭉치	14,786,531자	16,469,421자	31,255,952자
	한어-조선어 병렬말뭉치	654,721자	1,111,366자	1,766,087자
	조선어(한국어) 오류말뭉치		635,223자	635,223자

2011년도까지는 매우 많은 양의 말뭉치를 구축할 것으로 예상되어서 중국 조선어 연구에 많은 성과가 있을 것으로 기대하고 있다. 특히 문학 연구에서도 '현경준 소설어사전' 등도 준비하고 있어서 어문학 분야와 조선어 및 한국어 교육에 큰 도움이 될 것으로 보인다.

북경의 중앙민족대학에서는 태평무 교수가 주축이 되어 동북삼성의 조선어 현지 조사를 마친 것으로 알고 있는데, 그 자료가 공개되지 않아서 안타까운 실정이다. 앞으로 이 자료들이 공개되었으면 하는 마음이 앞선다.

2.7. 고려어 말뭉치

중앙아시아쪽에 살고 있는 우리 동포들을 흔히 고려인이라고 하고 그들이 사용하고 있는 한국어를 고려어라고 하고 있다. 이 언어에 대한 조사도 미흡하지만, 그 자료들을 입력한 말뭉치도 부족한 형편이다. 21세기 세종계획에서 계획하였으나, 실행과정에서 매우 축소되어 현재까지 알려진 말뭉치는 '고려일보' 입력자료가 거의 유일한 것으로 보인다. 그러나 이 최근의 고려일보는 남한의 어문규범과 또 그 언어를 사용하여서, 고려어를 반영하였다고 하기 어려운 실정이다. 그곳에서 우리말과 문자로 출판된 문헌들을 입력하여야 할 것이지만, 그 전공자들도 부족하고, 그 지역의 우리 동포 학자도 부족한 형편이어서 앞날은 그리 순탄치 않을 것이다. 그곳에서 한국에 유학을 온 대학원생들이 조사하여 입력한 말뭉치들이 있지만, 주로 어휘별로 입력한 것이어서 고려어 전반에 대한 연구를 하기는 쉽지 않을 전망이다. 미국의 Ross King 교수가 그곳 자료를 많이 입수하여 가지고 있다고 하지만, 공개되어 있지 않아서, 자세한 정보는 알 수가 없다. 앞으로 심도 있게 논의해야 할 일이라고 생각한다.

2.8. 기타 말뭉치

앞에서 언급한 내용이 우리나라 말뭉치의 전체라고 할 수 없다. 공개되지 않은 말뭉치가 많기 때문이다. 예컨대 국립국어원에서 구축한 말뭉치는 여러 가지 이유가 있겠지만 공개되지 않은 것이 많아서, 가능한 한 많고 다양한 말뭉치를 이용하려는 이용자들을 안타깝게 하고 있다. 발표자가 구한 국립국어원 구축 말뭉치 목록(1997년 3월 11일 현재)을 보면 공개되지 않은 것이 너무 많아서 여기에 일일이 그 목록을 제시할 수가 없다. 그 목록을 보면 지금까지 말뭉치를 이용하면서, 다양한 분야의 말뭉치가 구축되지 않았다는 우려는 접어도 될 것 같으나, 이 말뭉치가 공개되지 않는 한, 여전히 그 우려는 남을 것이다. 이 말뭉치들은 국립국어원 내부적으로도 이용이 되고 있는 것 같지는 않다. 그렇다면 결국 국민의 세금으로 입력된 말뭉치들이 국립국어원 서류함에서 잠자고 있다는 것인데, 이것은 매우 심각한 문제라고 하지 않을 수 없다. 앞으로 이 문제는 어떠한 방법을 통하든, 반드시 해결하여야 할 과제일 것이다.

3) 말뭉치의 활용

이렇게 구축된 말뭉치들은 현재 어떻게 활용되고 있을까? 이것은 말뭉치의 구축 목적 및 말뭉치의 활용이유와 연관된 것이지만, 원래의 말뭉치 구축의 목적이나 활용분야에 걸맞게 말뭉치가 활용되고 있다고 하기는 어렵다. 우선 말뭉치의 활용 분야를 보이면 다음과 같다.

3.1. 언어학

언어 연구에서 말뭉치를 활용할 때 가장 유용하게 이용할 수 있는 방법은 표준화(sampling)와 계량화(quantification)라고 할 수 있다.

언어 연구에서 말뭉치를 활용하는 가장 큰 유용성은 살아 있는 언어를 대상으로 한다는 점이다. 기존의 변형생성문법 연구에서는 연구자가 직관에 의해 만들어 놓은 문장도 그 연구자가 그 언어의 화자라고 한다면 그 문장이 문법적이라고 인식되어 왔다. 그러나 실제로 발화된 문장과는 커다란 괴리가 있다는 사실이 밝혀지면서 말뭉치의 유용성이 드러나게 되었다. 말뭉치에 포함되어 있는 국어 문어 자료는 실제로 사용하고 있는 언어를 보여 주는 언어자료의 공급원이다. 그리고 연구자의 직관에 의해 만들어진 언어보다는 객관적이란 장점이 있다.

말뭉치를 이용하는 언어 연구 방법에는 두 가지가 있다.

하나는 말뭉치에 드러난 언어특징을 계량적으로 분석하여 이를 기술하고 설명하는 방법이다. 이 방법은 자연히 귀납적인 연구방법이라고 할 수 있다.

또 한 가지 방법은 연구자들이 세워 놓은 연역적 가설에 대해서 이를 입증하기 위해 말뭉치의 실제 용례를 뽑아 분석, 설명하는 방법이다.

지금까지는 후자의 방법을 택하여 말뭉치를 언어 연구의 보조 논증 자료로 이용하는 것이 일반적이었다. 그러나 이러한 후자의 방법은 연구자의 직관이나 연역적 가설이 실제의 다양한 언어현상을 전반적으로 파악하지 못한 상태에서 이루어진 것이 많아서 많은 문제점을 노정하고 있다고 할 수 있다. 즉 연구자의 직관에 의한 추상적 언어와 실제의 말뭉치에 나타난 구체적 언어 현상 사이에 큰 괴리가 발생하게 되는 것이다. 물론 이러한 두 가지 방법은 서로 보완하는 방안이 마련되어야 할 것이다.

말뭉치를 분석하여 얻을 수 있는 가장 유용한 정보는 빈도이다. 특정 어휘, 특정 환경이 말뭉치 내에서 얼마나 많이 나왔느냐를 관찰하면 이후 연구의 방향을 잡을 수 있기 때문이다. 또 언어학적 가설을 검증할 때 말뭉치 내에서의 빈도는 강력한 증거가 된다. 이 빈도는 단순하게 수치만을 볼 수도 있으나 적절하게 비교하기 위해서는 정규화할 필요가 있다.

3.2. 사전 편찬

사전은 언어 연구의 가장 기본적인 공구서이지만, 한편으로는 언어 연구의 최종단계라고도 할 수 있다. 그래서 사전 편찬은 언어 정보를 집대성하는 과정이라고 할 수 있다. 따라서 말뭉치를 토대로 한 언어 연구의 결과물이 사전 편찬에 반영되는 것은 당연한 결과이다. 사전편찬에서는 대규모의 말뭉치를 필요로 하여 대규모의 말뭉치는 사전 편찬과 함께 발달되었다.

사전 편찬은 어휘 수집 작업에서부터 각 어휘의 문법 특징과 의미 및 용례 기술 등 다양하고 복잡한 과정을 거치는데, 이러한 모든 과정에서 말뭉치를 효율적으로 이용할 수 있다. 어휘 수집의 경우에는 말뭉치 자료를 통해서 사전에 올릴 어휘를 선별할 수 있으며, 또한 신조어를 비롯한 외래어, 전문 용어까지 폭넓게 수집할 수 있다. 뿐만 아니라 말뭉치를 통해서 각 어휘의 문법적 특징과 의미도 추출할 수 있다. 특히 용례 기술에 있어서는 가공된 형식이 아닌 실제적이고 자연스러운 언어 자료를 제공할 수 있다.

그 이외에도 연관 복합어 찾기, 용언의 활용형 찾기, 특수한 영역 안에서 어휘의 사용 양상 파악, 격틀에 맞는 용례 검색 등을 위해서도 말뭉치는 필요하다.

3.3. 자연 언어 처리 및 정보 과학

자연 언어 처리 분야에서는 실제 언어 현상의 규칙을 찾아내어 시스템을 개발하는데 이때 대량의 말뭉치 자료를 이용한다. 형태소 분석과 같은 기반 기술에서부터 번역이나 맞춤법 검사와 같은 응용 분야까지 다양한 분야에서, 말뭉치를 시스템 개발의 원천 자료로 이용함은 물론이고 시스템의 성능 향상이나 평가에도 이용하고 있다.

정보 과학 분야도 마찬가지로 활용되며, 기계 번역의 기초로 활용되는 전자사전 개발에 있어서도 다양하고 실제적인 언어 현상을 반영하는 말뭉치 자료를 효율적으로 이용하고 있다.

3.4. 언어 교육

언어 교육 분야에서는 말뭉치로부터 용례 추출기를 사용하여 적절한 용례를 찾아내고 이것을 컴퓨터를 이용한 언어학습의 형태로 이용한다. 과거에는 문법 학습 중심으로 이루어졌던 언어 교육이 최근에는 의사소통 및 과제 해결 중심으로 언어 교육의 목표가 달라지면서, 말뭉치는 좀 더 현실적이고 실제적인 언어 교육의 자료로 이용되고 있다.

찾고자 하는 용례를 검색하는 방법을 가르쳐 주고 학습자가 그것을 찾아내도록 교육시키는 과정에서 학습자는 배우고자 하는 어휘나 문장은 물론 그 주변의 어휘나 문장까지 함께 접하게 된다. 그 여러 용례 안에는 다양한 변이형과 그 용례의 사용 환경이나 조건이 함께 제시되기 때문에 읽어나가는 과정에서 복합적인 이해를 할 수 있게 된다.

3.5. 역사 언어

대개의 말뭉치는 현대어 위주로 구축되어 있지만 역사 말뭉치를 구축하면 지나간 시기의 언어에 대한 통시적 연구가 가능해진다. 특정 어휘가 어떻게 변해왔는가를 검색하여 어휘 역사 사전도 만들 수 있고, 어느 한 시대의 어휘만을 다룬 어휘 사전도 만들 수 있다.

역사 말뭉치는 현대어 말뭉치에 비해 그 구축이 쉽지 않다. 특히 한국어의 경우 한자와 옛한글 및 현대한글 그리고 구결자(정자체 및 생획자), 한자의 이체자(異體字), 심지어는 각종 외국 문자(몽고문자, 범자, 일본문자, 여진문자 등)들이 뒤섞여 쓰인데다가 시대에 따른 표기법의 다양성 때문에 더욱 그러하다. 뿐만 아니라 역사 말뭉치는 입력하고자 하는 문서가 다양하지 않아서, 균형 말뭉치를 구축하는데 어려움이 많다. 그러나 역사 말뭉치는 역사 언어 연구의 필수 불가결한 자료라고 할 수 있다.

3.6. 비교언어학 및 대조언어학

병렬말뭉치는 어휘 대 어휘로 구축되어 있기도 하지만 대부분은 문장 대 문장 혹은 문단 대 문단으로 구축되어 있다.

최초로 구축된 병렬 말뭉치 중의 하나인 영어 - 노르웨이어 병렬말뭉치는 ① 동일 장르간 영어권과 노르웨이어권의 비교 ② 영어가 노르웨이어로 번역되면서 어떤 변화가 생기는가에 대한 고찰이나 또는 그 반대의 고찰 ③ 노르웨이어로 쓰인 문학작품과 노르웨이어로 번역된 문학작품의 비교, 이렇게 세 가지 목적을 가지고 만들어졌다.

병렬말뭉치가 구축되어 있으면 이국어(二國語) 사전을 편찬하는데 도움을 준다. 영영(英英)사전을 번역하여 영한(英韓)사전을 만드는 것과 병렬말뭉치를 이용해 영한사전을 만드는 것에는 근본적인 차이가 있다. 후자 쪽이 더욱 기술적인 사전이 될 수 있고, 실제 언어생활에 가까운 사전이 될 것이다.

병렬 말뭉치를 구축할 때에 가장 크게 주의하여야 할 점은 가능한 한 직역한 말뭉치 위주로 모으는 것이 좋으며 원문과 번역문의 표시를 명확하게 해야 한다는 것이다.

3.7. 사회언어학 및 심리언어학

사회언어학이나 심리언어학에서도 말뭉치를 구축하여 연구할 수 있다. 예컨대 구어 말뭉치를 따로 구축하면 문어와 대비되는 구어의 사용 양상을 찾아볼 수 있다. 마찬가지로 공적인 문서와 사적인 문서를 구분해 두면 특정 어휘나 스타일이 다른 영역에서 어떻게 사용되는가를 계량적으로 파악할 수 있다. 말뭉치에 성, 인종, 국가, 계급 등 적절한 분류를 하여 분야별 말뭉치를 구축만 할 수 있다면 사회언어학, 심리언어학 등에서 유용하게 활용할 수 있다. 그러나 국어정보학에서는 아직까지 이러한 시도를 해 본 경우는 없는 것으로 보인다.

3.8. 문체 연구

문학 연구에서는 문학 작품의 문체 연구에도 말뭉치는 이용된다. 최근에는 컴퓨터로 문학작품의 통계 처리를 하여서 어느 문학 작품의 문체를 연구하는 방법이 문학 연구에서 시도되고 있고, 또 많은 업적이 이루어지고 있는 것으로 보인다.

이러한 다양한 분야 중에서 개인적으로 가장 많이 활용되는 분야는 국어 연구 분야일 것이다. 이것은 말뭉치를 통해서 빈도를 내거나 검색하여 연구하고자 하는 내용에 대해 증거자료로 제시하는 데 주로 많이 이용된다. 그러므로 말뭉치는 국어 연구의 보조수단으로 이용되고 있는 셈이다. 이 방법은 단순히 아날로그 시대의 카드 작업에서 디지털 시대의 검색 분류 작업으로 변한 것 이외의 다른 의미가 없다. 말뭉치를 통해 국어의 모습을 밝히는 것이 아니라 연역적으로 정해 놓은 가설에 대해 증거자료를 제시하는 수준밖에 되지 않기 때문이다.

이러한 연구방향이 발생하게 된 원인은 정격화된 믿을 만한 말뭉치가 구축되어 있지 않은 데에 있다고 할 수 있다. 21세기 세종계획에서 1,000만 어절 수준의 균형말뭉치를 구축하였지만, 이 말뭉치는 국어 현상을 밝히는 데에 아직은 부족한 상태에 있다고 생각된다. 특히 주석 말뭉치가 충분치 않은 데에 그 이유가 있을 것이다.

또 한 가지 이유는 적절한 프로그램의 개발이 이루어지지 않았다는 데에 있다고 생각한다. 각종 검색 프로그램이 있고, 통계 처리 프로그램이 있지만 연구자들이 요구하는 수준의 것이 아니어서 이용자들이 잘 활용하지 않는 것으로 보인다.

공적으로 가장 많이 활용된 분야는 사전 편찬 분야일 것이다. 연세한국어사전, 고려대 한국어대사전 등이 대표적일 것이다. 대체로 어휘항목 설정과 용례 구축에 이용되고 있다.

4) 말뭉치의 문제점과 그 해결 방안

4.1. 말뭉치의 관리

말뭉치를 한 곳에 모아 놓고 관리하는 일은 마치 국가 문서보관소가 하는 일과 같을 것으로 생각한다. 국립국어원이 그 일을 담당해야 할 것으로 생각하지만, 국립국어원이 사명감을 가지고 말뭉치를 관리할 자세가 되어 있지 않다는 것이 전문가들의 일반적인 견해인 것 같아서 안타깝다.

학회는 더 열악하다. 학회가 말뭉치를 지속적으로 관리할 수 있는 인적, 공간적, 경제적 여유가 전혀 없기 때문이다. 결국 사명감을 가지고 있는 대학 연구소나 개인 연구자가 할 수밖에 없는 암울한 처지에 있다.

이 문제는 앞으로 심도 있는 논의가 필요할 것이다. 참고로 미국은 미 국방성 소속의 연구소에서 엄청난 예산을 들여 말뭉치를 관리하고 있음을 알리고 싶다.

4.2. 새로운 말뭉치의 구축

언어는 변화하고 또 그 언어로 담는 세상도 변화하는 것이기 때문에 새로운 말뭉치가 계속 보완되어야 할 것이다. 21세기 세종계획이 끝난 이후 체계적이고 새로운 말뭉치 구축은 모두 정지된 상태인 셈이다. 새로운 말뭉치의 지속적인 구축은 국가적으로 시행해야 할 중요한 과제이지만 현재 특수한 분야의 말뭉치만 구축되고 있는 실정이다. 예컨대 한국학중앙연구원의 구비문학대계 후속 사업 같은 것이다. 21세기 세종계획의 후속 사업이 이어지지 않는 한, 이것은 심각한 문제로 대두될 것이다. 지나간 시기의 말뭉치를 보완하는 것도 중요하고 또 2007년 이후에 쓰인 말뭉치 구축도 계속적으로 필요할 것이다. 역시 이 문제도 국가적으로 시행되지 않으면 안될 것으로 생각하지만, 그 가능성이 희박하여 거의 절망적이라고 할 수 있다.

4.3. 말뭉치의 교정

현재 우리가 사용하고 있는 말뭉치에는 여러 가지 문제가 있다. 말뭉치가 갖추어야 할 요건에 맞지 않는 것이 많기 때문이다. 문서를 대량으로 모은다고 해서 모두 말뭉치가 되는 것은 아니며 말뭉치는 몇 가지 요건을 갖추어야 한다. 즉 말뭉치가 그 구축의 목적에 부합되게 이용되기 위해서는 다음과 같은 요건이 필요하다.

(1) 정확성

말뭉치는 구축 단계에서 텍스트의 원래의 내용이나 형태에 맞게 정확히 입력되어야 한다. 수집 단계나 가공 단계에서 그 정확성을 잃지 않도록 하여야 한다. 즉 텍스트 수집이나 입력 과정에서 원래의 내용이나 형태의 누락이 있어서는 안된다. 원형을 유지하고 있다는 보장이 필요하다.

(2) 균형성

말뭉치의 균형성은 다양한 분야의 내용들을 포함하고 있어야 함을 뜻한다. 그렇다고 해서 반드시 중요한 내용의 말뭉치가 고려되어야 한다는 의미만은 아니다. 즉 다수가 지니는 대표성 못지않게 소수도 배려해야 하는 균형성이 필요한 것이다. 이를 위해서는 범주와 유형에 따른 언어의 다양한 변이를 담아내야 한다. 이것은 언어의 특성을 잘 반영할 수 있는 구성으로 조합되어야 한다는 의미이다.

(3) 목적에 적합한 기획

말뭉치를 구축할 때의 본래의 목적에 맞도록 말뭉치가 기획되어야 한다. 입력 구조나 입력 형태 등이 원래의 연구 목적에 맞게 기획되어 있도록 하는 일은 말뭉치로부터 추출되는 자료의 형태를 좌우하기 때문에 매우 중요하다.

(4) 대표성

해당 언어의 통계적 대표성을 지녀야 한다. 표본이 모집단을 통계적으로 대표할 수 있는가가 보장되지 못하면 그 표본으로 하는 연구는 의미가 없기 때문이다. 말뭉치의 대표성은 이 통계적 대표성을 의미한다. 그렇다고 해서 대표성이 단순하게 크기의 문제는 아니다. 예컨대 영어의 경우에 고빈도어 3,000어 정도로 일상회화의 95%가 해결될 수 있을 만큼 심하게 편중되어 있다고 한다. 그러나 그 빈도가 적게 사용된다고 해서 그것이 덜 중요한 단어라고 할 수는 없다.

(5) 충분한 양

말뭉치를 이용하여 언어 연구를 할 때에 얼마 만한 양의 말뭉치이어야 하는가에 대한 구체적인 연구가 없어서 단언하기는 어렵겠지만, 그래도 그 말뭉치는 언어 현실을 골고루 보여줄 뿐만 아니라 다양한 내용들을 보여 줌으로써 언어 해석에 어려움을 가져 오지 않도록 하여야 할 것이다.

이 중에서 가장 먼저 지적하여야 할 사항은 정확성이다. 세종말뭉치는 오류율을 1,000분의 1로 정하였기 때문에 내용의 정확도는 어느 정도 기준을 지켰다고 생각하지만, 자료에 대한 정확한 정보가 제시되어 있지 않은 것이 많아서 문제로 대두된다. 예컨대 국어사 자료의 간행연도를 비롯하여 현대 문학작품의 간행연도 등에 문제가 있는 것들이 그것이다.

5) 말뭉치 활용 도구의 통일 및 통합

말뭉치를 활용할 수 있는 도구는 여러 가지가 있다.

첫째는 입력도구이다.

가장 널리 쓰이는 문서작성기는 '훈글'이다. 그러나 훈글 97-훈글 2010을 거치면서 HNC 코드를 사용한 문자들이 유니코드 체계에서 문제가 발생하는 경우가 종종 발생한다. 특히 옛한글과 확장 한자에서 문제가 심각하다. 뿐만 아니라 서체의 변화로 인하여 한자가 달라지는 경우가 흔히 발생한다. 예컨대 '釋譜詳節'의 '釋'이 '釈'으로 변화하는 것들이 그러하다.

워드는 지속적으로 유니코드를 사용하여 왔기 때문에 큰 문제가 발생하지 않으나, 옛한글 등을 입력하려면 플러스 팩(plus pack)을 별도로 설치할 뿐만 아니라 옛한글 입력기를 설치하는 문제점이 있다.

둘째는 검색 도구이다.

이 검색도구들은 몇 가지 문제가 있다. 어느 프로그램은 txt 자료를 요구하는데, 그것도 어느 프로그램은 시스템 기본값을, 어느 프로그램은 유니코드 값을 요구한다. 뿐만 아니라 어느 프로그램은 2바이트 파일을 요구하기도 한다. 그래서 번잡스럽기 이루 말할 수 없다. 유니코드 텍스트로 통일시켜 검색할 수 있도록 통일시켜야 할 것이다.

셋째는 형태소 분석기이다.

형태소 분석기에는 현대국어 형태소 분석기와 고어 형태소 분석기가 있다. 그런데 현대국어 형태소 분석기는 각각 태그 세트가 다르며 고어 형태소 분석기도 그것은 마찬가지이다. 현재까지 알려진 프로그램으로는 현대국어 형태소 분석기는 21세기 세종계획에서 만들어 배포한 '지능형 형태소 분석기'가 대표적이다. 그리고 고어 형태소 분석기도 연세대학교에서 개발한 histag와 황용주 선생이 개발한 것과 경희대 김진해 교수팀이 개발한 것이 있다.

현대국어 형태소 분석기나 고어 형태소 분석기나 모두 하나로 통합될 필요가 있을 것이다.

6) 맺음말

오늘날 국어 정보화가 어느 정도 진척되고 그 결과가 축적되고 난 후, 말뭉치가 어느 정도 구축되어 있고 어떻게 활용되고 있는지를 체계적으로 살펴본 적은 없다. 대체로 이용자가 자신이 필요한 범위 내에서 말뭉치를 찾아서, 또는 다른 사람이 정리해 놓은 말뭉치를 이용하여서 연구에 이용하고 있을 뿐인 것으로 보인다.

이러한 현상은 매우 우려스러운 것이라고 할 수 있다. 연구자 개인이 각각 필요한 말뭉치를 구축하는 일도 쉽지 않으려니와, 또 지금까지 만들어 놓은 자료를 정보 부족으로 동일한 말뭉치를 다시 만드는 일은 있어서는 안될 일이다. 왜냐하면 정보는 공유하는 것일 뿐만 아니라 소비되지 않고 지속적으로 축적되어 생산성을 가지고 있기 때문이다. 따라서 지금까지 말뭉치가 어떻게 구축되어 있으며, 그것을 어떻게 공유하여 어문 연구에 활용할 수 있을까를 논의하는 일은 매우 중요한 일이다.

그러나 이러한 논의가 논의로서 그치는 것이어서는 논의를 하지 아니함만 못할 것이다. 이제 이 문제들을 능동적으로 해결하여 모든 이용자들이 말뭉치에 쉽게 접근하고 또 쉽게 이용할 수 있도록 하는 일이 중요하고, 또 이러한 절차를 통해 한국학, 그중에서도 특히 한국어문학 연구에 큰 도움을 줄 수 있어야 할 것이다.

이러한 목적 때문에, 발표자의 이 논의가 헛되지 않고 우리가 원하는 결실을 맺을 수 있는 계기가 되기를 바랄 뿐이다.

참고문헌

국립국어원(2009), 21세기 세종계획 최종 성과물 DVD

서상규 · 한영균(1999), 『국어 정보학 입문』, 태학사.

홍윤표 외(2002), 『한국어와 정보화』(共編), 태학사.

홍윤표(2009), 「21세기 세종 계획 사업 성과 및 과제」, 『새국어생활』 제19권 제1호, pp.5~33.

Charles F. Meyer(2002), *English Corpus Linguistics*, Cambridge University Press.

Graeme Kennedy(1998), *An Introduction to Corpus Linguistics*, Longman Inc, New York.

<2010년 9월 3일(금), 한국어전산학회 어문생활사연구소 2010년 제2차 국내학술회의, 주제: 차세대 어문 정보학의 전망, 한국학중앙연구원 어문생활사연구소>

3. 한국학 정보화의 현황과 전망

1) 들어가기

오늘 발표는 한국학의 정보화가 이루어져 온 과정과 성과를 소개하여, 외국에서 한국학을 연구하는 학자들에게 한국학에 대한 풍부한 정보를 제공하려는 데에 그 목적을 둔다. 따라서 학문적으로 '한국학 정보화'의 이론적 틀을 제시하지는 않을 것이다.

정보화 사회(information oriented society)란 정보의 대량 생산, 유통, 소비를 특징으로 하는 사회를 말한다. 즉 사회가 지식 정보의 생산 주체가 되는 사회로, 컴퓨터를 활용한 시스템 중심의 사회로 변화하는 사회를 말한다. 따라서 정보화는 생산 과정, 유통 과정, 소비 과정을 거치게 된다.

정보 중에서 가장 중요한 것은 언어정보이다. 이 언어정보는 대개 시각 정보(문자정보)와 청각 정보(음성정보)로 되어 있다. 정보처리 과정이나 정보전달 과정에서 문자정보와 음성정보가 중요한 기능을 하기 때문에, 언어정보화는 정보이론의 중요한 위치를 차지하게 되었다. 이러한 관점에서 볼 때, 한국학의 정보화는 대부분이 한국어 정보화라고 할 수 있다. 결국 한국학 정보화도 한국어 정보화로부터 출발하는 것이다.

2) 말뭉치(corpus)의 구축

정보의 생산 단계에서 가장 중요한 것은 정보의 원천을 구축하기 위한 표준을 만들어 실제로 말뭉치를 구축하는 일이다.

컴퓨터가 읽을 수 있는 형태로 지정된 자연어 용례들과 이들 용례에 대한 부속정보들의 묶음을 말뭉치('말모둠', '글뭉치', '글모둠', '글덩어리', '말과 글덩어리' 등의 번역이 있다)라고 한다. 언어자료의 가공이 언어정보의 생산이다. 여기서 가공 또는 처리란 자료의 수집, 분류, 재정렬, 계산, 요약, 저장 등을 포함하는 일련의 디지털화 작업을 말한다. 원전 자료를 컴퓨터에서 활용할 수 있도록 하는 과정인 것이다.

말뭉치에는 문어 말뭉치(literary corpus), 음성 말뭉치(speech corpus), 이미지 말뭉치(image corpus)가 다 포함된다. 또한 가공의 여부에 따라, 원시 말뭉치(raw corpus), 주석 말뭉치(annotated/ tagged corpus), 분석 말뭉치(analyzed corpus) 등으로 구분할 수 있다. 이밖에도 반영된 언어의 시대에 따라서 공시적 말뭉치(synchronic corpus)와 통시적 말뭉치(diachronic corpus, 또는 역사 말뭉치 historical corpus)로 나뉘기도 한다. 말뭉치는 그것을 구성하는 언어에 따라서 단일어 말뭉치(monolingual corpus)와 다국어 말뭉치(multilingual/bilingual corpus)로도 분류된다.

(1) 원시말뭉치(raw corpus)

한국에서 말뭉치 구축은 매우 다양하게 이루어지고 있어서 전체의 규모를 알 수는 없지만, 널리 알려진 것을 중심으로, 대표적 한국어 말뭉치 구축 현황을 개관하면 다음과 같다(서상규, 2002; pp.276~281 참조).[4]

▲ 주요 기관 구축 말뭉치의 현황

말뭉치(구축 기관)	구축 기간	규모와 수집 대상 (단위:어절)		목적
연세 한국어 말뭉치 (연세대	1987 ~현재	YSC 1~9 (약 4,300만) 특수 말뭉치(약 2,500만)	문어/구어, 다국어, 학습자	―사전 편찬과 언어학/국어정보학적 연구

4 홍윤표 외(2002), 『한국어와 정보화』, 태학사.

언어정보개발 연구원)		품사 주석 말뭉치(180만) 의미 주석 말뭉치(100만)	오류 1960~현재 자료	–균형 말뭉치 구축
한국정신문화연구원 말뭉치	1989 ~1995	약 50만	역사 자료	세기별 국어사전 편찬
국립국어연구원 말뭉치 (국립국어연구원)	1992 ~1999	총 6,765만	문어/구어 1400~1990년대 자료	사전 편찬과 국어연구
국어 정보 처리 기반 구축 말뭉치 (한국과학기술원)	1994 ~1997	약 7,158만	문어	국어 정보 처리
한국어 말모둠 1 (고려대 민족문화연구소)	1995	약 1,000만	문어/구어 1910~1990년대 자료	국어 연구 국어 사전 편찬
장르별 텍스트 코퍼스 (고려대 민족문화연구소)	1997	약 40만	문어/구어	국어 연구
대한민국 국어정보베이스 Ⅱ (한국과학기술원)	1998	원시 말뭉치(1,000만) 품사 주석 말뭉치(20만)	문어	–국어 정보 처리 –균형 말뭉치 구축
ETRI 품사태그 부착 말뭉치 (전자통신연구원)	1998 ~1999	약 29만 어절	문어	자연어 정보 처리 기술 표준화

다음은, 문화관광부 지원 하에 국립국어연구원 주관으로 지난 1998년부터 본격적으로 구축되어 온 21세기 세종 계획 말뭉치의 현황이다.[5]

▲ 21세기 세종 계획 말뭉치의 종류 (단위: 어절)

말뭉치	구축 기간	규모 (단위:어절)	수집 대상	목적
21세기 세종 계획 말뭉치	1998 ~현재	원시 말뭉치	문어/구어 북한/연변, 역사 자료, 구	–기초 언어 말뭉치 개발 –통합적 국가 말뭉치 구축

5 21세기 세종계획은 우리말과 우리글을 바탕으로 하는 정보 사회 건설을 위해 1998년부터 2007년까지의 국어정보화 10개년 계획에 의해 진행되는 국가 프로젝트이다. 발표자가 연구책임자로서 계획한 이 과제에는 ① 국어 기초 자료 분과, ② 전자 사전 개발 분과 ③ 한민족 언어 정보화 분과 ④ 전문 용어 표준화 분과 ⑤ 국어 정보화 인력 양성 분과 ⑥ 비표준 문자 등록 센터 ⑦ 글꼴 개발 · 보급 지원 센터 ⑧ 결과물 보급 · 관리 센터 등으로 이루어져 있다. 홈페이지는 http://sejong.or.kr/이다.

		6,199만 주석 말뭉치 397만	비문학, 다국어 병렬 1900년 초~현재	
21세기 세종 말뭉치 통합 표준화 말뭉치	1998	1억 2천만	〈국어정보처리기반 구축〉 사업(1994~1997)의 말뭉치(7000만 어절), 국립국어연구원 구축 말뭉치(5000만 어절)	−국비 지원으로 이미 축적된 말뭉치를 통합, 표준화 −배포 · 실험용 균형 말뭉치 개발
21세기 세종 계획 균형 말뭉치	1998	1,000만	문어/구어	현대 국어 연구, 정보 처리 분야 활용 −분야별, 문체별 다양성
연구 · 교육용 균형 말뭉치(CD)	2000	1,000만	문어/구어	1998년 세종 균형 말뭉치 개선, 배포용

1998년부터 2001년에 이르기까지 21세기 세종 계획에 의해서 구축된 말뭉치의 내용별 구축량은 다음과 같다.

▲ 21세기 세종 계획 구축 말뭉치의 현황(1998~2000) (단위: 만 어절)

구축 연도	구분	현대국어		북한 및 해외		역사 자료	방언	병렬		합계
		문어	구어 전사	북한	연변		구비 문학	한영 병렬	한일 병렬	
1998	원시	1,600	50	35	100	70	100	0	0	1,955
	주석	0	0	0	0	0	0	0	0	0
1999	원시	1,600	50	105	25	75	130	25	0	2,010
	주석	150	0	0	0	0	0	0	0	150
2000	원시	812	50	130	0	101	0	75	0	1,168
	주석	202	0	0	0	5	0	0	0	207
2001	원시	717	55	140	0	62	0	80	13	1,067
	주석	0	5	10	0	20	0	5	0	40
합계	원시	4,729	205	410	125	307	230	180	13	6,200
	주석	350	5	10	0	25	0	5	0	397

한편, 북한에서 구축된 말뭉치는 문영호 외(1993), 『조선어빈도수사전』을 통하여 알 수 있는데, 그 내용은 다음과 같다.

▲ 『조선어빈도수사전』(1993)의 말뭉치

말뭉치/구축 기관	구축 기간	규모	수집 대상	목적
조선어빈도수사전(1993) 문영호 외	1993년 이전	약 100만 단어	문어 (문학 예술, 사회정치, 신문보도, 과학기술)	-응용언어학과 통보 처리 분야의 언어학적 자료 토대 마련

각 말뭉치의 내용이 중복되는 부분이 있을 것으로 예상은 되지만, 지난 80년대 이후에 구축된 한국어 말뭉치는 그 내용이 알려진 것만으로도 최소한 2억 7천만 어절 규모를 넘는 것으로 보인다. 여기에 내용이 공개되지 않은 기관 말뭉치나 개인 차원의 말뭉치까지 합한다면 그 규모는 더욱 커질 것이다.

이 말뭉치를 종류별로 분류하면 다음과 같다.

▲ 주요 한국어 말뭉치의 종류별 규모

	말뭉치	종류	규모(만 어절)
남한	연세 말뭉치	균형 말뭉치	400
		시대별 말뭉치	3,862
		특수 말뭉치	852
		주석 말뭉치	281
	고려대 말모둠 1	균형 말뭉치	1,000
	고려대 장르별 텍스트 코퍼스	균형 말뭉치	40
	국어 정보베이스 Ⅱ	균형 말뭉치	1,000
	국어정보처리기반구축 말뭉치		7,158
	국립국어연구원 말뭉치		6,765
	ETRI 품사태그부착 말뭉치	주석 말뭉치	29
	21세기 세종 말뭉치(1998~2001)	원시 말뭉치	6,200
		주석 말뭉치	397
북한	조선어빈도수사전 말뭉치	균형 말뭉치	104
합계			27,088

(2) 균형 말뭉치

21세기 세종계획에서 제시한 1,000만 어절의 균형말뭉치는 다음과 같이 구성되어 있다.

제1분류	제2분류	제3분류	세종98구축분	국어연구원 자료	KAIST 자료	총합계
구어	순구어 합계		511,972	0	0	511,972
	준구어 합계		509,242	0	0	509,242
	구어 총 합계		1,021,214	0	0	1,021,214
문어	신문	기타	82,703	14,550	0	97,253
		문화/매체/생활/과학	422,546	89,194	0	511,740
		사설/칼럼	525,220	82,123	0	607,433
		스포츠	82,269	15,563	0	97,832
		정치/사회/경제/외신/북한/종합	526,289	91,749	0	618,038
	신문 합계		1,639,027	293,179	0	1,932,206
	책, 상상	동화	199,307	0	9,495	208,802
		장편	809,982	150,346	50,289	1,010,617
		중 · 단편	658,612	120,899	38,225	817,736
	책, 상상 합계		1,631,794	271,245	98,009	2,001,048
	책, 정보	교육자료	278,948	52,651	16,179	347,778
		사회	425,677	77,428	27,514	530,619
		예술/취미/생활	435,677	80,181	28,637	544,495
		인문	558,612	107,946	38,800	705,358
		자연	286,110	53,405	17,760	357,275
		체험기술	440,318	79,159	26,720	546,197
		총류	422,270	38,831	0	461,101
	책, 정보 합계		2,847,612	489,601	155,610	3,493,023
	잡지 합계		804,082	149,513	50,469	1,004,464
	기타 합계		525,954	0	0	525,954
	문어 총 합계		7,484,576	1,203,538	304,088	8,992,202
총 합계			8,505,790	1,203,538	304,088	10,013,416

(3) 번역 말뭉치(matched corpus)

현재까지 21세기 세종계획에서 번역 말뭉치(또는 대역 말뭉치)는 주로 한-영, 한-일 번역 말뭉치를 중심으로 하여 이루어져 왔다. 번역 말뭉치 구축은 초기 단계에 있다고 할 수 있다.

21세기 세종계획의 번역 말뭉치 구축 현황

<table>
<tr><th colspan="3">연도
구분</th><th>2001</th><th>2002</th><th colspan="2">합계</th></tr>
<tr><td rowspan="4">병렬 말뭉치</td><td rowspan="2">한-영</td><td>원시말뭉치</td><td>80만</td><td>100만</td><td>180만</td><td rowspan="4">718만</td></tr>
<tr><td>형태소 분석 말뭉치</td><td>5만</td><td>80만</td><td>85만</td></tr>
<tr><td rowspan="2">한-일</td><td>원시말뭉치</td><td>13만</td><td>60만</td><td>73만</td></tr>
<tr><td>형태소 분석 말뭉치</td><td></td><td>40만</td><td>40만</td></tr>
</table>

(4) 음성 말뭉치(sppech corpus)

현재까지 음성 말뭉치 구축 현황은 구체적으로 알려져 있지 않다. 단지 최근에 한국 역사 정보 시스템을 구축하면서 한국정신문화연구원의 한국학정보센터에서 구비문학대계를 출판하기 위하여 녹취한 녹음테이프 중 민요 부분을 디지털화하여 그 홈페이지에 공개한 적이 있으나, 그 규모는 매우 미약한 형편이다. 한편 최근에 국립국어연구원에서도 음성 말뭉치 구축을 위한 계획을 세우기 위하여 자료 조사를 한 적이 있다.

(5) 이미지 말뭉치(image corpus)

이미지 자료의 구축은 2000년~2001년 사이에 놀라운 성과를 거두게 되었다. 거의 모두가 국가의 지원으로 이루어진 것인데, 하나는 '한국 역사 정보 통합 시스템'을 구축하기 위해 이루어진 것이고, 또 하나는 디지털 한글 박물관을 설립하기 위해서 구축된 것이다. 전자는 국사편찬위원회, 민족문화추진회, 서울대학교 규장각, 한국정신문화연구원의 4개 기관이 2000년 3월 말부터 12월 말까지 한국전산원의 지원으로 약 138억의 예산을 들여 한국학 및 한국 문화의 연구와 발전에 활용되는 한국 역사 정보를 통합하여 검색하고 활용할 수 있는 시스템을 구축한 것이다. 주로 한문 원문 자료의 이미지 자료와 이에 대한 설명 및 원문 텍스트 자료도 볼 수 있는 것으로, 현재 그 사이트인 http://www. koreanhistory.or.kr/에서 검색하여 볼 수 있다. 국사편찬위원회의 사이트에서는 일제시기 항일운동 자료, 한국 근현대 신문 자료, 한국 근현대 잡지 자료, 한국 근현대 주요 문헌, 한국사 연표 광장, 승정원일기 등을 검색하여 볼 수 있으며, 서울대 규장각에서는 이곳에 소장하고 있는 고도서, 고문서, 고지도, 책판을, 그리고 한국정신문화연구원에서도 그곳 소장의 고도서, 고문서, 한국사 기초사전을, 그리고 민족문화추진회에서는 이제까지 그곳에서 간행한 고전국역총서, 한국문집총간을 검색하여 볼 수 있도록 하였다. 엄청난 자료들을 검색하여 볼 수 있기 때문에, 이 이미지 자료 등은 아마도 세계에 그 유례가 없는 방대한 사업으로 평가된다. 이 사업은 금년도에도 지속되고 있다. 2001년도에 구축된 내용을 보이면 다음과 같다.

구분	대상자료	자료형태	구축량
국사편찬위원회	한국사 연표광장	텍스트(한글, 한자)	31,000항목
			3,807,000자
		이미지(사진)	800장
	승정원일기	텍스트(한자)	13,645,000자
	한국 근현대 주요문헌	텍스트(한자, 일어)	12,800면
		텍스트(해제, 한글)	100,000자
	한국 근현대 잡지 자료	텍스트(한글, 한자)	21,100면
			42,500,000자
		텍스트(해제, 한글)	500매
	일제시기 항일운동 자료	이미지(원문)	33,100명
		텍스트(해제, 한글)	750매
		텍스트(색인어, 한글)	1400,300자
		이미지(원문)	20,150면

	한국 근현대 신문자료	텍스트(해제, 한글)	400매
		텍스트(색인어, 한글)	42,201,000자
민족문화추진회	고전국역총서	텍스트(한글, 한자)	30,000,000자
		이미지(원문)	8,000면
	한국문집총간	텍스트(한자)	6,000,000자
서울대학교 규장각	고도서	텍스트(한자)	110,080,000자
		이미지(원문)	283,456면
		이미지(3D)	28,580면
		목록(한자)	4,000,000자
		해제(한글, 한자)	3,200,000자
		해제(영문)	980,000자
	고문서	텍스트(한자)	3,444,000자
	고지도	이미지(원문)	4,000면
	책판 및 현판	이미지(3D)	17821장
			106,926면
한국정신문화연구원	한국사 기초사전	텍스트(한글, 한자)	4,912,478자
		사진 자료	1,747컷
	장서각 고문서	텍스트(한자)	5,121,517자
		이미지	17441면
		해제(한글, 한자)	625,749자
		목록	1,141종
	장서각 귀중본 고서	텍스트(한자, 고어)	25,855,470자
		이미지	112,176면
		해제(한글)	71,774자

그리고 디지털 한글박물관 설립은 문화관광부(국어정책과)의 과제로, 2000년에 계획된 것으로서, 2001년부터 2005년까지 5개년 동안, 총 36억 원의 예산을 투입하여 주로 한글 고문헌 등 역사 자료, 한글 서예 등 한글 예술사 자료, 한글 비석, 족보, 서간 등 한글 생활문화사 자료, 교과서 등 한글 교육사 자료 등을 종합적으로 조사하고, 이를 연차적으로 디지털화하여 그 정보를 영구히 보존하며, 이들 자료를 바탕으로 인터넷 상에 '디지털(사이버) 한글 박물관'을 구축 · 운영함으로써, 한글 문화 유산의 보존과 활용을 위한 중추 사업으로

추진하기로 한 것이다. 한글 문화 유산에 대한 기초 조사 및 정리와 디지털화 작업을 통해 한글 문화 유산을 영구히 보존할 수 있게 되고 또한 이들에 대한 정보를 교육적으로도 활용할 수 있게 된다. 현재 한국어 세계화 재단이 주축이 되어 사업을 진행하고 있으며 발표자가 그 연구책임자로 일하고 있다. 그 결과로서, 한글 고문헌 자료의 종합조사, 한글 자료의 원문 정보 디지털화, 전문가용 및 일반인용 해제 작성, 전시관 기초 설계, 요소기술 개발의 세부적인 사업이 진행되었고, 특히 용비어천가, 월인석보 등 한글 문헌 180책에 대한 원문 정보는 슬라이드와 488장 분량의 CD에 정리 · 축적하는 성과를 거두었다. 이 자료들은 2002년 10월 9일 한글날을 기하여 처음으로 웹사이트에 공개가 될 것이다. 그리고 이 사업은 금년도에도 지속되어 현재 국립중앙도서관의 한글 문헌자료, 청주고인쇄박물관의 한글 문헌자료, 김일근 교수의 언간 자료, 전주 향교의 증수무원록언해 책판 등을 촬영하였거나 현재 촬영을 진행 중에 있다.

3) 문자 코드의 표준화

정보생산자와 정보수신자가 서로 정보를 주고 받는 과정에서 가장 중요한 것은 정보생산자가 부호화시킨 언어정보를 수신자가 같은 부호체계로 받아들일 수 있도록 하는 일이다. 언어행위에서는 언어기호의 형식과 내용은 비록 자의적 관계에 있지만 동일언어 화자와 청자 간에 이미 약속되어 있는 것이기 때문에 의사소통에 문제가 발생하지 않는다. 그러나 정보전달에서는 양자간의 부호체계가 다르면 정보전달행위는 가능하지 않다. 그러므로 정보생산자와 수신자 사이의 부호체계를 일원화 내지 표준화하지 않으면 안된다. 한국의 문자인 한글에 표준적으로 코드를 부여하는 일이 한글 코드 표준화라고 할 수 있다. 한글 코드 문제는 이미 여러 번의 표준화 과정을 거쳐 왔지만, 아직까지 혼란 상태에 있다고 할 수 있다. 그 표준화 과정을 표로 보이면 다음과 같다.

연도	규격 번호	내용
1974년	KSC 5601-1974	한글 자모 51자에 코드 부여
1977년	KSC 5714-1977	한자 7,200자에 코드 부여
1982년	KSC 5601-1982 KSC 5619-1982	2바이트 조합형 완성형(한글 1,316자, 한자 1,692자)
1987년	KSC 5601-1987	완성형(한글 2,350자, 한자 4,888자)
1991년	KSC 5657-1991	완성형(한글 1,930자, 옛한글 1,673자, 한자 2,865자)
1992년	KSC 5601-1992	2바이트 조합형을 복수표준화
1995년	KSC 5700-1995	완성형 한글 11,172자, 조합형 자모 334자

현재는 KSC 5601-1987과 KSC 5601-1992가 공동표준으로 사용되고 있는 형편이다. KSC 5700은 ISO 10646-1로서 국제표준기구(ISO)에 정식으로 등록된 한글 코드를 그대로 표준코드로 정한 것이다.

현재 우리가 사용하는 한글 코드는 여러 가지가 있지만, 최근에는 대부분이 유니코드를 사용함으로써 코드를 통일시켜 가고 있다. 그래서 이전에는 영문 윈도에서 한글을 사용하지 못하여, E-Mail이나 웹사이트에서의 한글 검색을 하지 못하여 한국학 연구자들의 어려움이 많았었는데, 윈도 2000 이상, 윈도 XP 등에서는 이것이 가능하게 되었다. 이것은 유니코드를 사용하게 된 것에 연유한다. 그리하여 '훈글 2002'나 '워드 2002'에서는 현대한글과 옛한글은 물론 27,474자의 한자와 모든 구결자까지도 사용할 수 있어서 한국학 연구자들에게 큰 편의를 제공하여 주고 있다.

특히 한글코드의 통일 문제는 남한 내는 물론, 남한과 북한 그리고 전 세계의 한국어 사용자들의 정보 전달을 원할히 할 수 있는 가장 빠른 길이므로, 이것의 통일 문제는 매우 시급한 상태에 있다. 한자 코드 문제도 마찬가지이다. 그래서 21세기 세종계획의 비표준문자 등록센터에서는 국내의 문서작성기 회사인 한글과 컴퓨터사('훈글' 개발), 마이크로소프트사('워드' 개발), 삼성 전자('훈민워드' 개발) 등에 문자셋트와 코드를 통일시켜 문서가 서로 호환될 수 있도록 계속 유도하고 있으며, 또한 산업자원부의 기술표준원에서는 금년부터 남북 언어정보 표준화 위원회를 구성하여 이 문제를 본격적으로 논의하고 있으며, 문화관광부의 국어정책과와 국립국어연구원에서는 남북의 학자들이 모여 한글과 한자의 코드를 통일시키려는 노력을 계속하고 있다. 그러나 남과 북이 한글 자모순이 다른 형편이어서 한글 코드의 통일이 그리 쉬운 문제가 아니다. 1996년에 남북이 자모순을 일시적으로 통일시킨 적이 있으나, 기관과 기관의 협약이 아니어서 강제성이나 구속력을 갖지 못하여, 국가의 표준으로 기능을 하지 못하고 있다.

4) 한국학 자료의 디지털화

정보화 시대의 필수적인 구성 성분은 컴퓨터의 사용과 그 운용 그리고 그것으로 처리될 자료들이다. 그래서 정보화에 필요한 자원을 하드웨어(컴퓨터 및 각종 정보처리 장치), 소프트웨어(운영체제와 응용 소프트웨어), 정보자원(축적된 실질정보, 즉 컨텐츠)의 세 부분으로 나뉜다. 오늘날 가장 중요한 요소는 한국학 관련 자료를 디지털화하여 검색이 용이하게 만들어 정보를 빠르고 정확하게 취득하도록 하는 일이다. 최근에 한국에서는 이 작업이 매우 활발하여 수많은 제품들이 생산되었다.

지금까지 생산되어 인터넷상에서 제공하고 있거나 이를 상업화하여 판매하고 있는 모든 한국학 관련 자료들을 여기에 다 열거할 수는 없다. 왜냐하면 한국학의 범위를 확대하면 관련 각종 CD들의 목록이 엄청나게 많아질 것이기 때문이다. 따라서 여기에서는 한국의 대표적인 미디어사 두 곳에서 개발한 한국학 관련 중요 정보 자원을 소개하도록 한다.

4.1. 누리 미디어 제품

다음에 이 회사에서 생산된 제품을 소개하도록 한다. 여기의 분류는 발표자가 임의로 한 것이다.

(1) 역사

목민심서	정약용 저/ 다산연구회 역	목민심서 번역문(48권 16책) 및 원문(image)
동국이상국집	이규보 저/ 북한사회 과학원 역주	동국이상국집 번역문(53권), 원문(image)
한국문화재대백과사전	문화재대백과 사전 편찬위원회 편저	최초의 남북한 문화재사전 · 유물유적 등 300여 만 자 해설 및 이미지 5,000여 점 수록
디지털 한국사	한길사	한국사(24권), 슬라이드(1,600여 매)
자산안확국학논저집	안확 저/ 이태진 등 편찬	자산안확국학논저집(6권) 원문(image)
한국역대제도용어사전	편찬위원회	우리나라 기구, 관직 등 제도용어 15,000항목 해설
한국인명대사전	편찬위원회	우리나라 역사상 주요인물 18,000여 명에 대한 설명 및 정보 수록

(2) 문화

한국민속대관	고려대학교 민족문화연구원	한국민속대관(6권), 슬라이드(1,400여 매)
한국민속대사전	민속대사전편찬위원회	의식주 등 민속문화 해설 400만 자 및 이미지 11,000여 점 수록

(3) 정치, 법률

대전회통	한국법제연구원 역주	대전회통 번역문(6권), 해설, 원문(image)
경국대전	노사신 등 저	경국대전 번역문, 원문(image)

(4) 예술

한국도안 문양사전	정태식 저/ 성두원 외 감수	전통문양, 생활용품, 가구, 공예, 의상 디자인 등 해설 20만 자 및 이미지 6,000점 수록
한국회화대사전	편찬위원회	한국회화 5천년의 주요작품 1,652점에 대한 이미지와 상세 작품해설 및 주요사화가 726명 인명사전 수록

(5) 어문학

한국근대시집총서	이육사 외	하늘과바람과별과시, 영랑시집 등(14책) 현대문, 고문 및 원문 image
한국방각본소설전집 2	김만중 외	사씨남정기, 강태공전 등(20편) 현대문, 고문 및 원문 image
한국신소설대계 2	이인직 외	치악산, 구의산 등(11편) 현대문, 고문 및 원문 image
한국희곡전집	오천석 외	애급의 재상, 인류의 여로 등(61편) 현대문, 고문 및 원문 image
한국방각본소설전집 1	허균 외	홍길동전, 춘향전 외(20편) 현대문, 고문 및 원문 image
한국신소설대계 1	이인직 외	혈의누, 귀의성 등(20편) 현대문, 고문 및 원문 image
한국현대시용례사전	한국정신문화 연구원	현대시 기본형용례 39,000여 건 및 활용형용례 616,536건 수록
한국속담사전	한국속담사전 편찬위원회 편저	우리나라 속담 10,000여 개에 대한 해설 48만 자 수록
한국현대문학대사전	권영민 저	1900년 이후 한국문학총설, 문학사, 해설, 문인 DB 등 120,000항목 수록

(6) 과학

한국과학사	한국과학사 편찬위원회	한국과학사 160만 자 및 이미지 869점 수록
한국과학기술사자료 대계	김용운 · 유경로 外 편집 · 해제	수학, 천문학, 의약학 분야 문헌 142종 수록

(7) 자연

한국 나비 도감	주동률 · 임홍안 저	낮나비 247종, 밤나비 32종에 대한 해설 및 원색 이미지 598점 수록
한국 동물 도감 (포유류편)	원홍구 저/ 이준범 감수	북한 동물학계 최고의 생태학적 자료 43만 자 및 이미지 253점 수록
한국 양서 파충류도감	원홍구 저/ 임춘훈 감수	남북한 양서파충류 해설 18만 자 및 이미지 49점 수록
한국 어류 도감	손용호 · 김리태 · 김우숙 저	담수어, 해어류 등 760여 종의 해설과 이미지 933점 수록
한국 요각류 도감	황성린 저/ 허승영 감수	하등갑각류 및 물벼룩류 101종에 대한 33만 자 해설 및 이미지 130점 수록

한국 조류 도감	원홍구 저/ 임춘훈 감수	한반도 조류 400여 종에 대한 해설 120만 자 및 이미지 580점 수록
한국 식물 대사전	북한 농업과학원	종자, 포자, 양치식물 등 해설 1,000만 자와 이미지 10,000여 점 수록
한국 약용식물 사전	도봉섭 · 임록재 등 공저	한반도 약용식물 900여 종에 대한 78만 자 해설 및 이미지 480여 점 수록

(8) 종교, 철학

팔만대장경	북한사회과학원	팔만대장경해제(경전 1,537종) 불교유물유적슬라이드, 불교용어사전
사서삼경	공자 외 저/ 차주환 외역	논어, 맹자, 대학, 중용, 시경, 서경, 역경 번역문, 원문(image)
한국역학대계	한국역학대계 편찬위원회	고려말에서 구한말에 이르는 역서 200여 종 수록

(9) 의학

금궤비방	이민봉 저	금궤비방 번역문(42만 자), 원문(text)
동의사상신편	원덕필 저/ 양병무 역	사상의학 전문서. 사상의학의 임상진료 편람(42만자), 원문(text)
동의수세보원	이제마 저	동의수세보원 번역문(4권 2책), 원문
동의치료 경험집성	동의치료경험 집성 편찬위원회 저	해방후 북한 한의학 치료 임상연구자료(1,100만 자)
방약합편	황도연 저	방약합편 번역문(1책), 원문, 규장각도서
의림촬요	양예수 저	의림촬요 번역문(13권 13책), 원문(image)
의문보감	주명신 저	의문보감 번역문(8권), 원문(image)
의방신감	한병련 저	의방신감 번역문(3권1책), 원문(image)
의종손익	황도연 저	의종손익 번역문(12권 7책), 원문(image)
중국본초도감	동국대 한의대 본초학회 번역	본초 5,000종의 사진 및 해설 수록
한의학대사전	한의학대사전 편찬위원회	한의학 용어 2만5천 항목에 대한 해설 322만 자 및 이미지 1,386점 수록
항암식물사전	주홍길 · 홍지환 저	항암 효과 약초 해설 80만 자 및 이미지 200여 점 수록
향약집성방	권채 · 노중례 · 박윤덕 · 유효통 저	향약집성방 번역문(85권 30책) 및 원문(image)

이 제품들은 현재 이 회사의 홈페이지에서 그대로 검색하여 사용할 수 있다. 그 홈페이지는 다음과 같다.

http://www.nurimedia.co.kr

4.2. 동방미디어 제품

이 제품도 함께 소개한다. 그리고 이 분류는 동방미디어 자체의 분류에 의한 것이다.

(1) 총류

① 한국의 지도와 산천(방동인 외)

② 한국 민족문화 대백과사전(한국정신문화연구원)

③ 국어 어원 사전(서정범)

④ 겨레말 용례사전(박용수)

⑤ 우리말 갈래사전(박용수

⑥ 북한 문화 예술 인명사전(이정)

⑦ 조선문과방목(朝鮮文科榜目)(송준호 외)

⑧ 관직명 사전(古朝鮮~大韓帝國)(송준호)

⑨ 한국 문헌 목록 정보(국립중앙도서관)

⑩ 사마방목(司馬榜目)(한국정신문화연구원)

(2) 역사 지리

① 한국의 역사(이선근 외)

② (북한에서 편찬한) 조선유적유물도감(편찬위원회)

③ 중국 내 한민족 독립운동(강효백)

④ 해외 독립운동 유적지(김삼웅 편)

⑤ 국립중앙박물관(국립중앙박물관)

⑥ 삼국유사(이재호 역)

⑦ 삼국사기(이재호 역)

⑧ 역사 인물 평전 33인(김삼웅)

⑨ 공사견문록(公私見聞錄)(세종대왕기념사업회)

⑩ 장릉지(莊陵誌)(세종대왕기념사업히)

(3) 문화

① 한국의 복식(이은창)

② 한국의 과학(손보기 외)

③ 한국의 전통춤(정병호)

(4) 정치 법률

① 한국의 법률(박병호)

② 심양장계(瀋陽狀啓)(세종대왕기념사업회)

③ 통문관지(세종대왕기념사업회)

④ 제승방략(制勝方略)(세종대왕기념사업회)

⑤ 당률소의(唐律疏議)(한국법제연구원 역)

⑥ 대전회통(大典會通)(고려대학교 민족문화연구원)

⑦ 경국대전(한국정신문화연구원)

(5) 예술

① 한국의 건축과 성곽(정인국 외)

② 〈음악〉 한국 대중음악 연구(이영미)

③ 〈미술〉 한국 근대미술 작품론(허균)

④ 한국 미술사(이선옥)

⑤ 한국의 부적(최인학)

⑥ 한국의 그림(이선옥)

(6) 어문학

① 한국의 문학(허웅 외)

② 시창작 실습론(강형철)

③ 한시미학의 이해(정민)

④ 시창작 이론과 실제(이재무)

⑤ 자서전 실습(이남희)

⑥ 소설 창작론1(최인석)

⑦ 문학 특강(김지하)

⑧ 한국의 시조[新 青丘永言](임선묵)

⑨ 중국의 명시[中國名詩選](이석호 외)

⑩ 사숙재집(私淑齋集)(세종대왕기념사업회)

(7) 신문 잡지

① 한국 언론 연표(관훈클럽)

② 교회와 역사(한국 교회사연구소)

③ 수필문학(수필문학사)

④ 창작과 비평(창작과 비평사)

⑤ 사상계(사상계사)

⑥ 씨올의 소리(함석헌 기념사업회)

⑦ 일제시대 민족지 압수기사 모음(정진석)

⑧ 한성순보 · 한성주보

(8) 건강 의학

① 향약채취월령

(9) 동양고전

① 소학(小學)(성백효)

② 한문 기본 고전(漢文基本古典)(성백효)

③ 고문진보(古文眞寶)(성백효)

④ 삼경(三經)(성백효)

⑤ 효경(孝經)(정태현)

⑥ 사서(四書)-논어(論語), 맹자(성백효)

⑦ 중국의 명시[中國名詩選] (이석호 외)

(10) 종교 철학

① 한국의 종교(이기영 외)

② 한국의 전통사찰(사찰문화연구원)

③ 교회와 역사(한국 교회사연구소)

(11) 자연 환경

① 한국의 약초(안덕균)

② 한국의 식물(이영노)

③ 한국의 바닷물고기(최윤)

④ 한국의 민물고기(김익수)

⑤ 한국의 갯벌생물(제종길)

⑥ 한국의 양서 · 파충류(심재한, 박병상)

⑦ 한국의 나비(신유항)

⑧ 한국의 새(원병오)

(12) 교양 한국사

① 한국의 명저(이원순 외)

② 한국의 지도와 산천(방동인 외)

③ 한국의 건축과 성곽(정인국 외)

④ 한국의 복식(이은창)

⑤ 한국의 법률(박병호)

⑥ 한국의 상업(강만길)

⑦ 한국의 과학(손보기 외)

⑧ 한국의 문화재(한병삼 외)

⑨ 한국의 생활민속(임동권 외)

(13) 유적 유물

① 한국의 문화재(한병삼 외)

이들 자료들도 역시 이 회사의 홈페이지에서 검색하여 사용할 수 있다. 그 홈페이지는 다음과 같다.

http://www.dbmedia.co.kr

5) 한국학 자료 처리를 위한 프로그램

컴퓨터와 연관시켜 언어를 연구하는 방향에는 두 가지가 있다. 하나는 컴퓨터를 위한 언어연구(Linguistics for the Computer)이고 또 하나는 컴퓨터를 활용한 언어연구(Linguistics with the Computer)이다. 특히 후자는 주로 자연언어 처리를 위해서 개발된 프로그램 도구를 활용하는 것을 말한다. 여기에서는 한국어를 처리하는 각종 프로그램들을 소개하도록 한다.

5.1. 계산 도구로서의 활용

빈도는 어떤 언어 요소 혹은 언어 특성을 계산한 결과이다. 더 이상의 통계적 절차 없이도 빈도 자체로서 우리는 어떤 언어 현상의 경향성을 파악할 수 있다. 단, 빈도의 추출은 어느 정도 균형을 고려한 말뭉치를 대상으로 해야 한다. 빈도 추출은 대개 어절, 음절, 음소와 같은 단위를 중심으로 하여 이루어진다. 그 프로그램에는 다음과 같은 것이 있다.

① 빈도 조사 프로그램(bindo.exe) : (한국정신문화연구원 이건식 개발) : 이 프로그램은 각종 빈도(음소빈도, 음절빈도, 어절빈도, 음소연접빈도, 음소연접 용례 빈도 등)를 조사하여 그것을 가나다순으로 정렬하여 보여 준다.

② 깜짝새(SynKDP) : 전주대 소강춘 교수팀이 개발한 프로그램이다. 백분율과 누적빈도까지 눈 깜짝할 새에 조사해 준다.

5.2. 검색 도구로서의 활용

검색 도구는 색인(index), 문맥색인(concordance), 주요어 문맥색인(KWIC, KWOC) 등이 있으나, 최근에는 단순한 단어의 정보 추출에만 머무는 것이 아니라, 단어나 형태소의 결합단위 등을 다양하게 검색해 주는 프로그램들이 개발되어 있다. 그러나 국내에서는 그것들이 거의 공개되어 있지 않아서, 일반인들이 사용하기 어렵다. 예컨대 한국과학기술원의 전산학과에서 개발한 KOCP, 고려대학교 자연언어 처리연구실에서 개발한 KCAT, 연세대학교 한국어 사전 편찬실에서 개발한 '말씀' 등이 있으나 공개되어 있지는 않다. 그 이외에도 국립국어연구원에서 개발한 HGREP, HDB가 있는데, 이들은 이미 그 홈페이지에 공개되어 있다. 그 이외에도 최근에는 전주대학교 소강춘 교수팀이 개발한 '깜짝새'라는 검색도구가 공개되어 한국학 연구자들에게 매우 유용하게 이용되고 있다.

5.3. 기타 도구의 활용

그 이외에도 다양한 프로그램들이 공개되어 있다. 역순사전 만드는 프로그램, 정렬 프로그램, 방점 자동 생성기, 용례사전 만드는 프로그램 등을 활용하여 국어 연구와 국어 정보화에 도움을 주고 있다. 물론 이 이외에도 대역어 데이터베이스를 만드는 프로그램 등을 비롯한 많은 도구들이 이용되고 있다. 그 몇 개를 소개하면 다음과 같다.

① 어절별 색인 만드는 프로그램(halign.exe) : (한국정신문화연구원 이건식 개발) : 색인작업을 쉽게 해 주는 것이다. 색인과 출전을 동시에 표시해 준다.

② 용례사전 만드는 프로그램(kwoc.exe) : (한국정신문화연구원 이 건식 개발) : 용례사전을 만드는 프로그램이다. 17세기 국어사전을 편찬할 때 사용하기 위하여 만들어진 프로그램이다.

③ 정렬 프로그램(hansort.exe) (고려대 김흥규 교수 개발) : 현대한글, 옛한글, 한자로 된 자료를 통합하여 가나다순 또는 그 역순으로 정렬해 주는 프로그램이다.

④ 역순사전 만드는 프로그램(inverse.exe) (이건식 개발) : 어절을 역순으로 배열하도록 해 주는 프로그램이다.

⑤ 형태소 분석 프로그램(이건식 개발) : 중세국어의 형태소를 분석하는 프로그램이다. 약 80 %의 정확도가 인정된다.

⑥ 검색 프로그램 (morph.exe) (이건식 개발) : 다음과 같은 다양한 자료를 검색할 수 있다. 즉 음절의 전체, 음절의 초성, 음절의 중성, 음절의 종성, 음절의 초성+중성, 음절의 초성+종성, 음절의 중성+종성 등을 검색하여 준다.

6) 한국학 사이트의 소개

국내외적으로 한국학과 한국 문화, 그리고 한국어를 소개하고 또 이것을 교육, 홍보할 목적으로 개설된 사이트들을 몇 개 소개하면 다음과 같다.[6]

6.1. 한국학 관련 포탈 사이트

(1) 디지털 한국학 (http://www.koreandb.net/) (한국정신문화연구원)

한국학 관련 종합 사이트로서 가장 뛰어난 역할과 기능을 하고 있는 곳은 한국정신문화연구원의 '한국학정보센터'에서 운영하고 있는 '디지털 한국학'이다. 이 디지털 한국학에는 '디지털 한국학', '향토문화전자대전', '한국학데이터베이스', '한국학전자도서관'으로 되어 있는데, 이 중에서 '한국학데이터베이스'는 동방미디어와 누리미디어와 연계되어 있는 것이고, '디지털 한국학'과 '향토문화대전', '한국학전자도서관'은 그 내용이 풍부하여 많은 한국학자들에게 도움을 주고 있다. '디지털 한국학' 안에는 '한국의 역대인물, 조선조방목, 500년 조선의 그림, 한국민족문화대백과사전, 한국학 논저목록'을, 그리고 '한국학 전자도서관'에서는 구비문학대계 원문 및 소리 파일, 학술잡지 목차서비스 등 많은 자료를 제공하여 주고 있다. 한국에서 한국학 관련 사이트로서는 가장 뛰어난 곳으로 알려져 있다. 그러나 내용을 더 보완하기 위해서는 집중적인 투자가 필요할 것으로 생각한다.

(2) 한국학술정보(http://search.koreanstudies.net/)

이 사이트는 유료로 공개되어 있는 상업적 사이트이다. 단지 여기에 가입되어 있는 관내(예컨대 대학 등)에서는 무료로 검색이 되고 또 파일을 다운로드

6 이 소개는 유석훈(2001), 『2001년도 한국어 세계화 포탈 사이트 개발 및 구축 최종보고서』, 한국어세계화재단을 참조하였다.

받을 수 있다. 현재 이 사이트에는 372개 학회지의 원문이 pdf 파일로 공개되어 있어서 지금까지 한국에서 나온 거의 상당수 학회지를 볼 수 있다.

6.2. 한국 문화 관련 사이트

http://cuvic.chungnam.ac.kr/~s_atoz/english.html

http://home.dreamx.net/psm921/

http://homi.pe.kr/frame/frame.htm

http://my.netian.com/~jesesoft/start.htm

http://myhome.elim.net/taekwondo//

http://socrates.berkeley.edu/~korea/history.html

http://www.csun.edu/~hcedu004/

http://www.gamoon.co.kr/

http://www.joy2food.com/index.html

http://www.kimchipia.com

http://www.kois.go.kr/

http://www.koreafolkart.com

http://www.museum.go.kr/

KoranBuddhism (http://www.human.toyogakuen-u.ac.jp/~acmuller/Buddhism-Korean.html)

Korea.net (http://www.kois.go.kr/)

koreainsights (http://korea.insights.co.kr)

kowiz (http://www.kowiz.com/index.asp)

규식이의 개인홈페이지 (http://cuvic.chungnam.ac.kr/~s_atoz/english. html)

문화공작소 (http://www.culturefactory.co.kr)

한국관광공사 (http://www.knto.or.kr)

한국 문화원 (http://www.koreanculture.org)

한국민속촌 (http://www.koreanfolk.co.kr/folk/korean/index.htm)

한국의 아름다움 (http://my.netian.com/~jesesoft/start.htm)

한국의 집 (http://www.koreahouse.or.kr)

한국인, 한국 문화, 그리고 한민족 (http://www.netsgo.com/basic/han/)

한국전쟁 (http://korea50.army.mil/index.html)

한국전쟁 (http://www.geocities.com/Pentagon/1953)

한국학 백과 (http://myhome.netsgo.com/cih1206/clinic/index.htm)

한국학 전자도서관 (http://www.history21.co.kr/)

호미야 (http://homi.pe.kr/frame/frame.htm)

이들 몇몇 사이트의 특징을 들면 다음과 같다.

(1) 'koreainsights' (http://korea.insights.co.kr)

① 삼성에서 후원을 하는 단체에서 만든 한국 문화 관련 종합 안내 사이트다.

② 디자인이 한국적인 정취나 한국적 문양을 많이 고민하여 배치하였다.

③ 각 카테고리마다 다시 하위 카테고리를 두었는데 그 구성은 타 한국 문화 사이트에 비해 탁월하다.

④ 홈페이지에 갖추어야 할 기본적 사항도 모두 갖추고 있다.

⑤ 다중언어는 한국어, 영어, 일어를 지원한다.

(2) 'kowiz' 사이트 (http://www.kowiz.com/index.asp)

① 한국 문화 관련 최고 수준의 자료를 공급하는 사이트로 꼽을 수 있다.

② 모든 콘텐츠에 있어 동영상 위주의 멀티미디어를 필히 제공한다는 것이 큰 장점이다.

③ 각 문화재나 공연예술, 지방 축제 등의 페이지에 들어가면 30초 정도의 관련 동영상을 관람할 수 있다.
④ 함께 나타나는 텍스트 소개도 분량이 그리 길지 않으면서 핵심적으로 다루어야 할 내용에 대해서 부족함 없이 무난히 소개하고 있다.
⑤ 자료가 자주 업데이트되는 것을 관찰할 수 있다.
⑥ 카테고리 구성은 전통적인 구분법을 따르면서도 사용자의 입장을 고려한 배치를 하였다.
⑦ 검색창도 가나다순과 지정종목 순으로 나누어 자료 검색에 유용하게 사용된다.
⑧ 지하철로서 서울 근교의 주요 문화재에 찾아가 볼 수 있도록 배려하였다.
⑨ 한국의 10대 상징, 네티즌들이 즐겨 찾는 문화재 등의 요소도 다른 홈페이지에서는 볼 수 없는 신선한 것이다.
⑩ 다중언어 지원이 되지 않는다.

(3) '국립중앙박물관' 사이트 (http://www.museum.go.kr/)
① 박물관 구조를 따라서 검색할 수 있다.
② 각 소장품을 3D로 검색하고 살펴볼 수 있다.
③ 각 소장품에 대한 안내도 상당히 수준급이다.
④ 영어와 한국어를 지원한다.

(4) 한국의 아름다움 (http://my.netian.com/~jesesoft/start.htm)
① 주재은이라는 개인이 운영하는 홈페이지이다.
② 의식주 및 기타로 선별하여 한국 문화에 대한 소개를 하고 있다.
③ '시사 돋보기'나 '공연 안내' 등의 소개도 하고 있다.
④ 우리 문화의 전통에 대한 소개가 많다.

⑤ 관련 사진도 많이는 아니지만 적절히 담고 있다.
⑥ 내용은 어느 정도 수준 있고 전문적인 것으로 채우고자 노력한 흔적이 엿보인다.
⑦ 다중언어 지원이 되지 않는다.

(5) 한국민속촌 (http://www.koreanfolk.co.kr/folk/korean/index.htm)
① 한국민속촌에 대한 소개나 관람, 관광안내를 담고 있다.
② 한국의 역사와 문화에 대한 소개를 '우리나라 이야기'에서와 '민속문화'에서 다룬다.
③ 우리나라 이야기는 역사와 문화라는 두 개의 범주로 내용을 살피고 있다.
④ 구체적인 내용 소개는 민속문화에서 다룬다.
⑤ 민속문화는 두 단계의 하위범주를 두고 있다.
⑥ 사진 자료도 충분히 사용하고 있다.
⑦ 디자인에서는 한국적인 정취를 많이 담을 수 있도록 배려한 흔적이 보인다.
⑧ 다중언어는 한국어, 영어, 일어, 중국어를 두고 있다.

(6) 호미 (http://homi.pe.kr/frame/frame.htm)
① 제작자와 소유권이 불분명하다.
② '코리아 코리아'란에서 태극기와 무궁화라는 두 개의 소재만을 소개한다.
③ 태극기의 사진이나 활용 예시, 그리는 방법 등의 실제적인 자료를 주로 취급한 점이 돋보인다.

(7) 문화공작소 (http://www.culturefactory.co.kr/)

① 주로 게시판을 이용하여 한국 문화 전반을 소개하는 방식이다.

② 문화집단 창작공동체를 자임하는 사람들이 자신이 발견하고 조사한 내용을 담았다.

③ 카테고리는 대분류에 '문화엿보기', '문화탐험', '문화쉼터'가 놓여있고 그 아래 각각 '한국 문화 원형질 찾아가기', '문화발전소', '문화사랑방', '서울탐험', '국도와 국토', '산사기행', '역사이야기', '장터여로', '명작의 고향', '사랑을 위하여', '이 사람 그 사람', '잊혀지고 사라져 가는 것들', '70년대 문화들'이 자리하고 있다.

④ 사용자에게 보다 친숙하고 정감을 줄 수 있는 소제와 주제를 중심으로 구성되었다.

⑤ 과거의 문화뿐만 아니라 현재의 문화까지도 아우르며 문화재 중심의 큰 주제가 아니라 일상 생활의 소소한 문제까지도 문화의 한 일면으로 편입시켰다.

⑥ 다중언어 지원이 되지 않는다.

(8) 한국의 집 (http://www.koreahouse.or.kr)

① 외국인과 내국인을 모두 대상으로 구성하였다.

② 다중언어로서 한국어, 영어, 일어, 중국어를 지원한다.

③ 주거, 식사, 혼례, 공연예술에 대해 주로 다루고 있다.

(9) Korea.net (http://www.kois.go.kr/)

① 2000년도에 해외홍보원에서 만든 사이트이다.

② 한국 관련 정보의 통합 정보 사이트이다.

③ 한국의 과거, 현재, 미래에 대한 포괄적 접근을 시도하였다.

④ 홈페이지 구성은 미국적 시각에 맞춘 듯하다.

⑤ 외국에서 한국 관련 일을 보는 사람에게 필요한 자료를 충분히 갖추었다.
⑥ 첫 페이지에는 한국의 최근 주요 뉴스를 다루고 있으며, 각 항목에서 통계자료, 기사, 주체적 데이터를 풍부하게 다룬다.
⑦ 외국어는 영어만 지원된다.

(10) 김치박물관 (www.kimchipia.com)
① 김치에 대한 것은 거의 다루었다. 김치에 대한 소개 및 판매망 구축이라는 나름의 의도에는 충실한 것으로 보인다.
② 각 김치에 대해 다루면서 실제의 요리법이나 맛을 볼 수 있는 방안에 대해서도 소개를 하였다.

(11) 태권도 (http://myhome.elim.net/taekwondo/)
① 정보엑스포 '96 조직위원회로부터 일부 재정지원을 받아 운영되고 있다.
② 멀티미디어적 요소가 없다.
③ 각종 태권도 관련 사이트의 링크를 많이 담았다.
④ 다중언어 지원은 영어와 한국어이다.

(12) 한국의 도자기 (http://www.koreafolkart.com)
① 문화의 한 영역에 대한 집중적인 소개를 잘 하고 있다.
② 주로 사진을 선명하게 제시하고 부분적이지만 동영상을 제시하는 장점이 있다.
③ 도자기에 대한 기본을 접할 수 있다.
④ 다중언어 지원은 한국어, 영어, 일어이다.

(13) 한국의 민담 (http://www.csun.edu/~hcedu004/)

① 한국의 민담에 대한 간략한 개관과 몇 개의 한국 민담을 소개해 놓았다.

② 한국 민담의 번역을 해 놓았다.

(14) 쌀과 문화 (http://home.dreamx.net/psm921/)

① 쌀과 관련된 내용을 나름대로 꽤 자세히 소개하고 있다.

② 단조롭지 않고 깔끔한 느낌을 주며, 정보량도 아주 많은 편은 아니었으나 개인 홈페이지 치고는 꽤 많은 양을 소화하고 있다.

③ 게시판을 갖추고 있어 다른 정보의 수집이나 상호 대화가 가능하다.

(15) 식문화 포탈 (http://www.joy2food.com/index.html)

① 기업 사이트여서인지 디자인이나 내용이 깔끔하고 참신하다.

② 바탕 화면의 색깔 톤도 잘 맞추어져 있고 중간중간 들어간 사진은 디자인과 동시에 정보 또한 제공하고 있다.

③ 카테고리가 확실히 나누어져 있어 정보를 찾기가 편리하며 자체 검색도구 또한 장착되어 있어 찾아보기가 좋다.

④ 밥, 김치, 장 등 한국을 대표할 수 있는 음식들의 소개와 조리법, 한국 문화에서의 의미를 다루고 있다.

⑤ 여러 필진들을 기용해 한국 음식문화와 관련된 역사적 사실이나 풍속 등을 소개하고 있다.

⑥ 맛있는 음식점 등도 소개하고 있어 한국 식문화 소개에 상당히 좋은 역할을 하고 있는 듯 하다.

⑦ 다중언어 지원이 되지 않는다.

(16) life in Korea: travel, culture, language (http://www.lifeinkorea.com/language/index.cfm)

① 한국어만이 아니라 한국어와 한국 문화, 여행정보까지 포함된 사이트다.

② 여러 가지 정보를 한꺼번에 다루고 있다.

③ 한글 폰트를 모두 이미지로 처리하고 있다.

6.3. 한국어 관련 사이트

An Introduction to Korean (http://www.catcode.com/kintro)

http://www.ipl.org/youth/hello/korean.html

http://www.korean.go.kr

http://www.sunmoon.ac.kr/~koredu/

http://www.vellumstudio.com/lifestyle/korean_language.htm

Korean Alphabet (http://www.vellumstudio.com/lifestyle/korean_language.htm)

The Korean Language Classroom (http://user.chollian.net/~kkw5/)

한국어 세계화 (http://www.webkorean.org)

코리안 에듀 (http://www.korean-edu.com)

한국어 학습 (http://www.mct.go.kr/hangeul)

한국어 교사학교 (http://knc.studypia.com/servlet/KnCHome)

사단법인 한국어문회 (http://www.hanja.re.kr)

worldlanguage (http://www.worldlanguage.com/Languages/Korean. htm)

learnkorean.com (http://www.learnkorean.com/right.htm)

(1) '한국어 학습' 사이트 (http://www.mct.go.kr/hangeul/)

① 문화관광부에서 운영하는 홈페이지이다.

② 한국어 학습에 대한 기본적인 사항을 담고 있다.

③ 모두 10개의 장으로 나누어 각 장마다 한글 자모음, 문법, 어휘, 발음,

연습 등을 다루고 있다.

④ 한국어 개별 글자에 대하여는 소리를 들으며 따라 읽을 수 있도록 구성되어 있다.

(2) 코리안에듀 (http://www.korean-edu.com)

① 기업 사이트이다.

② 전반적으로 깔끔하고 내용도 충실한 편이다.

③ 다중언어 지원을 한다(한국어, 영어).

④ 한국어능력시험과 SAT2의 한국어 과목 문제를 제공하여 사용자가 자신의 실력을 평가할 수 있도록 하였다.

⑤ 현재의 한국 문화의 여러 양상을 보여준다.

⑥ 최근 가요나 유머 등을 제시하고 있다.

(3) 국립국어연구원 (http://www.korean.go.kr)

① 내국인을 대상으로 한 한국어 교육 사이트이다.

② 한국어 맞춤법, 표준어 규정, 로마자 표기법, 외래어 표기법 등의 어문규범과 표준국어사전 등 다양한 국어자료를 제공하여 주고 있다.

③ 내용 자체는 외국인에게는 너무 어려운 것들이 많다.

(4) 선문대학교 한국어 교육원 (http://www.sunmoon.ac.kr/~koredu/)

① 멀티미디어를 활용하고 있다.

② 다중언어를 지원한다.

③ 단어를 가르치는데 자음과 모음별로 나누고, 또 한국어, 영어, 일어로 단어를 살펴볼 수 있으며, 그림으로 확인할 수도 있고, 소리까지 들려준다.

④ 하나의 단어에 있어서 총 4가지 방법으로 익힐 수 있다.

⑤ 발음표에서는 각 글자를 일일이 들을 수 있고, 그림과 단어에서는 영어로 손쉽게 읽을 수 있는 방법을 제공한다.

(5) Korean Alphabet (http://www.vellumstudio.com/lifestyle/korean_language.htm)

① 샌프란시스코에서 한국어 번역과 교육을 전문으로 하는 Vellum studio라는 기업에 의해 개발되었다.

② 언어는 영어로 되어 있다.

③ 내용의 수준은 초급이다.

④ 청각자료가 전무하다.

⑤ 한국어 테스트가 있다.

(6) An Introduction to Korean (http://www.catcode.com/kintro)

① 발음을 들려주는 것을 용량이 상대적으로 큰 웨이브 파일 형식으로 하고 있어서 다운로드 시간이 꽤 걸린다.

② 내용의 배열에 있어 책을 넘기듯이 하나하나 페이지를 넘겨 가는 형식을 취하고 있다.

③ 사이트맵 구축이 잘 되었다.

(7) learnkorean.com (http://www.learnkorean.com/right.htm)

① 한국어의 문법 위주로 접근한 부분과 실생활 위주로 접근한 부분이 있다.

② 문법 부분은 언어학적 연구용 자료로 만들어진 것 같다.

③ 한자에 대한 내용도 만들어 놓았다.

④ 한자를 먼저 제시하고 관련 단어를 나열하고 있다.

(8) 한국어학습 (http://www.learnkorean.com/right.htm)

① 한국 정부에서 만든 사이트이다.

② 각 장별로 내용이 잘 나뉘어 있고 후반의 장으로 가면 단어, 문법, 발음, 연습으로 나뉘어 사용자가 쉽게 내용을 볼 수 있도록 해 놓았다.

③ 상당히 체계적인 내용 구성이 돋보인다.

④ 교재의 텍스트를 모두 이미지로 처리하였다.

⑤ 퀴즈를 넣어 놓았다.

(9) 한국어세계화 (http://www.webkorean.org)

이 사이트는 가장 최근에 이루어진 곳으로서 한국어 세계화라는 문화관광부의 프로젝트에 의해 만들어진 곳이다. 따라서 이곳에서는 외국어로서의 한국어를 교육하고 학습하는 이론적 학술적인 글과 한국어를 배우는 좋은 내용들을 갖추고 있다.

한국어문학 관련 사이트는 각 학회와 각 대학 국어국문학과의 홈페이지가 있는데, 주로 논문이나 말뭉치들을 게시하고 있어서 많은 도움을 준다. 여기에서는 학회와 대학교의 홈페이지 소개는 생략하도록 한다. 특히 학회는 한글학회와 한국어학회, 우리말글학회 등에 자료들이 많이 등재되어 있고, 대학으로는 중앙대학교 국어국문학과 홈페이지에 다양한 자료들이 있다.

7) 각 프로그램 실연

지금까지 한국학의 정보화가 어떠한 성과를 이루며 이루어져 왔는가에 대해 소략하게 설명하였다. 이제 실제로 한국학 정보화에 의해 이루어진 결과물 몇 개를 시연해 보이고 이 발표를 마치려고 한다.

1) 한민족 언어 정보화 소개

2) '깜짝새'의 소개

<2002년 8월 3일(土), 남북언어정보 표준 국제회의,

北京 朝陽區 豪馬橋路 40號 21世紀酒店>

4. 어문정보학회의 과제

1) 시작하면서

발표자가 컴퓨터와 프린터를 구입한 것이 1985년도이니까 컴퓨터와 인연을 맺은 지도 벌써 37년이나 되었다. 고어사전을 만든다고 만들어 연구실에 쌓아 놓은 약 40만 장의 카드를 본 전자공학과 교수가 컴퓨터를 활용할 것이지, 아직도 카드작업을 하느냐고 질책하여, 옛한글을 이용하지 못해 컴퓨터를 사용하지 못한다고 하니, 옛한글(그 당시에는 '고어자'라고 하였다) 사용 가능성을 제안해 주어 컴퓨터와 프린터를 물경 350만 7천 원에 구입한 것이 발표자가 컴퓨터를 접하게 된 이유였다.

그 당시에는 옛한글을 처리할 수 있는 컴퓨터는 '삼보컴퓨터'밖에 없었고 프린터도 LQ1550이라는 프린터에 한정되어 있었다. 그래서 문서작성기 '보석글'의 한자 사용자 영역에 edf.exe라는 프로그램을 이용하여 옛한글 글자 약 800여 자를 그려 넣어서 사용하기 시작하였다. 처음 컴퓨터에서 옛한글을 사용할 수 있게 되어 감개무량했던 것이 엊그제 일 같다.

그 당시에는 문서작성기로는 'ᄒᆞᆫ글'이나 '워드' 등은 없었고, '보석글, 팔란티어, 아름글, 명필' 등이 있었다. 그래서 모두 '보석글'을 사용하던 시대였다. 후에 'ᄒᆞᆫ글, 훈민정음' 등의 문서작성기가 나왔다.

1988년에는 고 김충회 교수의 제안으로 한국어전산학회가 창립되었고, 이때부터 컴퓨터에 한국어와 한글과 한자를 실현시키는 노력을 하여 왔다. 주된 참여자는 고 김충회 교수, 김흥규 교수, 김병선 교수, 고 정인상 교수, 박성종 교수, 소강춘 교수, 홍윤표 등이었다.

한국어전산학회의 1차적인 일은 개인용 컴퓨터에서 한글, 한자, 옛한글의 구현 방법을 실현하는 데 목적을 두었었다. 그러다가 1997년에 국가의 국어 정보화 중장기 발전계획인 21세기 세종계획이 발표자의 책임 아래 수립되었고, 그 이후 10년간 그 계획이 실현되었다. 그때부터 한국어전산학회는 국가의 정책에 밀려 그 기능을 잃게 되었다.

오늘날 국어 정보화의 환경과 조건은 급격히 바뀌었다. 바뀐 환경과 조건 아래에서 국어 정보화 작업은 계속되어야 함에도 불구하고 모든 것이 정지되어 있는 상태라고 할 수 있다. 국가기관의 새로운 국어 정보화 작업도 이루어지지 않고 있다. 목마른 사람이 우물을 판다고, 오늘날의 여건에서 한국어전산학회를 복구시켜야 하겠다는 몇몇 사람의 생각을 모아, '한국어전산학회'의 이름을 '어문정보학회'로 바꾸고 새출발을 하려고 한다.

초창기에 활동했던 사람으로 가장 나이가 많다고 기조강연을 해 달라는 요청을 받고, 여러 번 거절하다가, 강요에 못 이겨 어쩔 수 없어서 발표자 나름대로 생각나는 몇 가지를 정리하여 보기로 한다.

2) 디지털 시대와 어문생활의 변화

어문생활은 말하기, 듣기, 읽기, 쓰기의 4가지 부문으로 이루어진다는 것이 일반적인 상식이다. 그러나 오늘날에는 온갖 전자기기의 발달로 어문생활의 급격한 변화가 일어나고 있다. '말하기'보다는 '자판 두드리기'(자판 치기?), '소리내어 읽기'보다는 '눈으로 읽기', '눈으로 읽기'보다는 '눈으로 보기'가 더 일반적이다. 특히 코로나 사태로 이러한 어문생활의 변화는 급속도로 진행되고 있다.

지하철을 타고 가는데 앞에 앉은 젊은이 두 사람이 휴대전화를 보면서 킥킥거리고 있었다. 두 사람은 각각 다른 사람과 카톡을 하는 것 같았다. 그러나 조금 뒤에 안 일이지만, 그 카톡은 바로 옆의 사람과 주고받는 것이었다. 두 사람은 친구 사이 같았다. 옆에 앉아 있으면서 말로 의사소통을 하지 않고 휴대전화로 의사소통을 하고 있었던 것이다. 그들에게는 그러한 언어생활이 더 익숙한 것 같았고 또 재미난다고 생각하는 것 같았다.

휴대전화로 뉴스를 검색했는데, 제목이 발표자가 찾는 동영상으로 된 뉴스 같아서 들어 보니, 처음에는 뉴스 같았지만 차츰 들어 보니 그것은 소설이었다. 그래서 소설이 읽는 소설이 아니라 듣는 소설이 되었다는 것을 실감하게 되었다. '소설을 읽는다'고 했는데, 오늘날에는 '소설은 듣는 것'이 되었다. 소설은 종이에만 쓰는 것이 아니다. SNS에 쓰고 또 그것을 말로 표현해서, 소설은 듣는 형태로 바뀐 것이다.

텔레비전 드라마에서 출연자들이 말을 하면서 연기를 하는데, 화면의 아래쪽에는 대화 내용이 자막으로 처리되는 것을 본다. 그것이 청각장애인을 위한 것인 줄 알았는데, 거의 모든 화면에 그러한 현상이 나타나는 것으로 보아, 들으면서 동시에 보라는 암묵적인 의미를 전달하는 것 같았다. '시청(視聽)'은 화면을 보고 말을 들으라는 의미인데, 이제는 문자를 화면처럼 보라는 의미로 바뀐 것 같다. 말과 함께 문자를 '읽는 것'이 아니라 '보는 것'의 대상으로 되었다는 강한 인상을 받았다. 동일한 내용을 귀로 듣고 동시에 눈으로 읽거나 보는 행위를 통해 더 효과적으로 의사전달을 하는 모습을 볼 수 있는 것이다. 의사전달 효과에 총력을 기울이는 양상이다.

이러한 어문생활의 변화로 어문관계 분야에도 변화가 일어나고 있다.

① '쓰는' 활동이 '두드리기' 활동으로 변화하면서 컴퓨터나 휴대전화의 자판에 있는 문자만으로 의사소통의 도구로 사용하게 되었다. 그래서 자판에 있는 한글과 알파벳과 숫자와 몇 가지 기호만을 사용할 뿐, 한자를 사용하지 않게 되어서, 한자를 이해하고 해독하는 사람의 수가 급격하게 줄어들게 되었다. 한자를 별도로 학습하지 않은 사람들은 한자를 이해하지 못하게 되었다.

그 결과로 국어사 연구자나 고전문학 연구자, 심지어 한국사 연구자도 그 수가 극도로 줄어들게 되었다. 우리나라의 어문생활사에서 한자를 도입하여 문자생활에 변화가 있었지만, 중국어의 영향은 거의 없었는데, 오늘날에는 영어와 알파벳의 도입으로 문자생활에만 영향을 주는 것이 아니라 어문생활 전반에 영향을 주게 되었다. 이것은 전통문화의 계승이나 한국학의 전통을 계승하지 못하는 결과를 초래하고 있다. 동양문화보다는 서양문화의 영향을 더 많이 받게 되었다. 그래서 사회 전반에 걸쳐 가치관의 변화가 일어나게 되었다.

②SNS로 전달하는 도구가 문자만이 아니고 소리와 그림이나 사진과 영상 등이어서, 문자의 기능이 약화되고 그림이나 이미지의 역할이 증대하게 되었다. 문자는 만화에서 보듯이 그림 위주의 책에서 '대화 문자 풍선'과 같은 역할로 축소되었다. 문자의 기능이 축소된 만큼 영상의 기능이 커졌다고 할 수 있다. 이전 시대에는 문자가 전달의 주된 기능을 하고 영상이나 그림이 보조 기능을 담당하였던 것인데, 이제는 그 기능이 역으로 바뀐 것이다. 대표적인 것이 이모티콘(emoticon=emotion icon)의 사용이라고 할 수 있다.

③문자보다는 그림이나 동영상이 주된 전달 방법이 되면서 이들을 처리하고 저장하는 컴퓨터의 환경도 많이 달라졌다.

컴퓨터도 데스크탑 컴퓨터에서 노트북으로, 그리도 다시 태블릿 PC(LCD 화면에 글씨를 써서 문자를 인식하게 하는 터치 스크린 방식을 주 입력 방식으로 하는 모바일 인터넷 기기, 미국 애플사의 아이패드 등이 있음)로, 그리고 책도 종이책에서 전자책으로 바뀌게 되었다. 학자들이나 연구자들이 참고하는 자료들도 종이에 쓰인 논문이 아니라 글자가 쓰인 그림파일(pdf 파일 등)이다.

컴퓨터에 문자로 저장하지 않고 그림이나 사진 또는 동영상이 저장 대상이 되면서 그 용량도 커지게 되어 외부 기억장치도 많은 변화를 일으켰다.

플로피 디스크(Floppy Disk)인 디스켓(Diskette, 그것도 8인치에서 5.25로, 그리고 3.25인치로)에서 CD(Compact Disc)로, 다시 DVD(Digital ersatile Disc)로 그리고 USB(Universal Serial Bus)로, 다시 외장 SSD(Solid State Drive)로 변화하였다. 지금은

USB도 1 TB짜리도 있고, 외장 하드의 용량도 14TB까지도 등장하고 있는 실정이니 원고지에 글을 쓰던 시대를 회상하면 엄청난 변화를 느낄 수 있을 것이다. 이들 자료를 그대로 다 가지고 있는 발표자는 마치 구석기 시대를 거쳐 인공지능 시대로 온, 모든 형식의 문화를 겪은 세대라는 생각을 하곤 한다.

④손으로 쓰지 않고 자판으로 글을 써야 하므로, 빠르게 글을 써야 하는 이유로, 사용하는 문장의 단위가 바뀌었다. 문장의 길이가 짧아지고, 중문이나 복문보다는 단문의 글이 주된 문장이 되었다. 뿐만 아니라 수식어가 많이 사라지고 이제는 단어 중심의 문장이 되어 약자나 약어가 문장의 주를 이루게 되었다. 이러한 병폐를 막기 위해 타자 대신에 말을 하여 입력하는 방식이 널리 쓰이고는 있지만, 아직까지 논문에는 적용되는 것 같지는 않다.

⑤문자는 주로 개념적 의미를 전달할 뿐이어서, 그 속에 정서적 가치도 동시에 포함하여 전달하고자 하는 욕망으로 문자의 디자인에 많은 관심을 가지게 되었다. 그래서 문자에 다양한 서체를 요구하게 되었다. 바탕체(명조체), 제목체(고딕체)만을 사용하던 방식에서 매우 많은 서체(디자인계에서는 '글꼴'이라고 한다)를 사용하는 것은 개념적 의미 이외에 정서적 의미도 가미시켜 전달하려는 욕구 때문일 것이다.

무리한 다양한 서체의 개발이 어문 생활이나 연구에 지장을 주기도 한다. 다양한 서체를 개발하면서 문자를 연구하는 국어학계 등의 요구를 알지 못하고 현대생활에 필요한 문자만을 폰트하므로 해서 문자 입력에 많은 문제를 야기시키기도 한다.

예컨대 옛한글이나 구결 문자들은 서체를 달리하면 사용이 제한된다. '훈글'에서 '바탕체'를 사용하면 각종 구결 문자를 그대로 사용할 수 있지만, 서체를 바꾸면 구결 문자의 사용이 제한된다.

(예)

바탕체 : '丷 全 厶'를 기입했다가 '全'를 'ㅅ'로 교정하였다.

함초롱바탕제[7] : ‘ソ 全 ム’를 기입했다가 ‘全’를 ‘ㅅ’로 교정하였다.

⑥ 컴퓨터에 의존함으로써 학문 연구 방법에 커다란 변화가 일어나고 있다. 이전의 어문 연구 방법은 자료에 바탕을 둔 귀납적 연구 방법이 주를 이루어 왔다. 자료를 바탕으로 하여 새로운 원칙과 이론을 도출하는 방식을 취하였었는데, 자료를 컴퓨터로 처리하면서 연구 방법이 연역적 연구 방법으로 변하였다. 먼저 결론을 내고 그 결론을 유도하기 위한 자료 추출을 하는 방식이다. 그 결과로 예외들을 도외시하게 되어 그러한 방법으로 유도된 원칙이나 이론들의 신뢰성에 금이 가기 시작하였다. 논문에서 예를 든 예문 중에서 형태는 동일하지만 기능이나 의미가 전혀 다른 예문들이 섞여 있는 것을 자주 발견하곤 하는 것은 그러한 연구 방법의 문제 때문일 것이다. 심지어 동음이의어가 포함되어 있는 경우를 발견하는데, 이것은 곧 자료를 꼼꼼히 읽어 가면서 자료를 추출한 것이 아니라 검색을 통해서 형태만을 기계적으로 뽑아내었음을 증명하는 것이다.

⑦ 정보사회가 되면서 한국 문화가 전 세계로 확산되고, 한국어와 한글의 위상이 크게 높아진 것이 환경의 또 다른 변화라고 할 수 있다. 그리하여 어문 연구 분야에서 전에는 전혀 예상하지 못했던 변화가 일어났다. 그것은 한국어 교육 분야이다. 현재 한국어 교육 분야는 독자적인 연구 분야로 자리 잡고 있지만, 다른 분야와의 교섭은 적은 편인 것으로 보인다. 심지어 국어 교육 분야와도 다른 모습을 발견하는 것은 발표자만의 편견이기를 바랄 뿐이다.

한국어 교육 분야야말로 모든 학문 분야가 참여하는 가장 융합적인 학문일 것임에도 불구하고 아직은 그렇지 않은 인상이 있다. 어문정보학회에서는 특히 이 분야에 눈을 돌려야 할 것으로 보인다.

⑧ 정보사회가 되면서 정보를 원활하게 이용하는 세대와, 그 이용을 버거워

7 함초롱바탕체는 출판사에서 바탕체로 즐겨 사용하는 서체의 하나이다.

하는 세대 간의 차이가 발생하였다. 그리하여 젊은 세대는 각종 도구를 이용하여 자유롭게 정보를 활용하고 있지만, 나이가 든 세대는 사람 차이는 있겠지만, 정보 활용 도구에 접근하지 못하는 사람이 많은 것이 현실이다. 연구자나 학자 중에 아직도 줌 회의에 참석하지 못하는 사람이 많아서, 학회의 줌 회의에 참석해 보면 학문적 세대 간의 경험과 지식의 공유가 이루어지지 않고 있음을 발견한다. 정보화 세대와 비정보화 세대 간의 대화가 이루어지지 않는 현상이 벌어지고 있다. 그래서 학문의 정체성에 문제가 발생하는 것은 아닌가 하는 인상을 받는다.

3) 어문생활의 변화와 어문 정보학회의 과제

이러한 언어생활의 변화에도 불구하고 어문학계는 기존의 연구대상과 연구방법을 고수하고 있다. 연구 방법이 전통적인 낡은 방법에서 벗어나서 새로운 방법으로 진화하였음에도 불구하고 연구하려는 자료도 그대로이고 연구 방법도 그대로인 것으로 보인다. 그래서 어문 계열의 인식의 전환이 없으면 인공지능 시대가 오게 될 때 이 계열의 학문이 소멸할 것이라는 예견들이 심심치 않게 언급되고 있어서 안타깝다.

언어의 변화를 연구하면서, 언어 변화를 단순히 음성과 문자의 변화로만 인식하기 때문일 것이다. 언어의 미시적인 면에 대해서는 눈을 크게 뜨고 바라보면서 의사전달 방법의 변화와 같은 거시적인 변화에 대해서는 애써 외면하는 것이다.

뿐만 아니라 한국어의 개념도 아직도 이전 시대와 동일하다. 정보화 시대이어서 세계 어디에서나 음성이나 문자나 화상으로 의사소통이 가능한 시대에 살면서도 그 사용 언어가 한 지역어를 뛰어넘고 있는데도, 한국어의 범위는 여전히 서울 표준어이다.

한국어는 남한, 그것도 서울을 중심으로 한 중앙에서만 사용되는 언어가 아니다. 국어와 한글은 북한에서도 사용되고 있으며, 중국의 우리 동포들도 미주나 일본이나 중앙아시아의 동포들도 사용하고 있다.

정보화 작업으로 남한의 말뭉치도 매우 다양하게 구축되어 있어서, 각 지역의 지역어나 방언 말뭉치도 쉽게 구할 수 있고, 북한의 말뭉치도 구하려면 쉽게 구할 수 있다. 북한의 조선어 말뭉치와 중국의 조선어 말뭉치도 약 1억 어절 정도가 구축되어 있는 것으로 알고 있다. 한국어를 연구한다면서 그 폭을 좁혀 연구하는 일은 오래된 타성이지만, 정보화 시대를 맞아 이 타성을 깨뜨리고 이 다양한 말뭉치들을 이용하여 한국어를 연구할 필요가 발생한 것이다.

이러한 환경과 의식에 처해 있는 어문학계를 위해 어문정보학회가 해야 할 과제는 무엇일까?

(1) 인식의 변화

어문정보학회에서는 학문의 세계가 달라졌다는 인식을 하게 하는 것이 가장 중요한 과제일 것이다. 그래서 기존의 연구를 바탕으로 하면서도 더 나은 연구 자료, 연구 방법, 연구 자세 등을 가질 수 있는 분위기를 만들어 주어야 한다. 그래서 어문 정보화의 범위를 넓혀야 한다. 말뭉치 구축과 관리도 다양한 장르의 말뭉치와 다양한 지역의 말뭉치와 다양한 형태의 말뭉치를 대상으로 하여, 텍스트 위주의 말뭉치만 다루던 기존의 태도에서 벗어나야 한다. 또한 한국어와 한글 사용이 전 세계의 외국인에게도 확장되어 가고 있으므로, 어문정보화도 국내인, 그것도 연구자 중심의 국어 정보화에서 탈피하여 국어 정보화의 세계화도 염두에 두어야 할 것이다.

(2) 말뭉치의 수합과 정리, 그리고 공개

그렇다고 기존의 연구대상과 연구방법을 고수하고 있는 어문 관련 연구자들의 요구를 무시해서는 안될 것이다. 그들이 요구하는 것은 연구 자료와 자료 처리 도구일 것이다. 일부 컴퓨터 처리를 하지 않는 사람을 제외하고는 대부분의 연구자들은 각 연구자들이 이용하고 있는 자료와 자료 처리 도구가 있는 것으로 추정된다.

연구자들마다 보유하여 사용하고 있는 기존의 자료들을 총망라하여 정리해서 연구자들에게 제공하는 일은 연구의 시각을 확대시키는데 크게 기여할 것으로 생각한다. 예컨대 국어학자들은 고전소설이나 고전시가 등의 말뭉치 이용이 매우 부족한 실정이다. 아마도 믿을 만한 자료가 충분치 않을 뿐만 아니라, 스스로 그러한 말뭉치를 구축할 용의가 없기 때문일 것이다. 만들어져 있는 말뭉치를 쉽게 이용하려고만 하다 보면 새로운 말뭉치의 구축이 용이하지 않을 것이다.

다른 사람이 구축해 놓거나 개발해 놓은 것을 사용만 하겠다는 오래된 타성을 깨어버리기는 쉽지 않겠지만 그렇더라도 각 개인이 소유하고 있는 자료들을 공유하도록 유도하여야 한다. 그리하여 어문정보학회에서 조정하여 기존에 구축되어 있는 말뭉치들을 총망라하고, 그 말뭉치에 대한 정확한 정보를 제공하여 공개하는 것이 모든 연구자들의 소망일 것이다. 여기에 따르는 저작권이나 소장권은 그 과정에서 해결될 수 있다고 생각한다.

말뭉치도 텍스트 자료, 이미지 자료, 음성 자료, 영상 자료 등이 있다. 발표자도 이를 수집하여 놓은 자료들이 꽤나 많은 실정이다. 발표자와 같은 연구자들이나 기관이 많을 것이다. 연구자 개인이 각각의 소장처를 찾아 자료를 추적하고 내리받아 사용하는 것보다 이들을 수합하여 놓고 필요할 때마다 하드디스크에서 꺼내어 쓸 수 있도록 하는 일이 필요하다. 여기에 따르는 자료의 체재나 자료의 균일성 문제는 이 과정에서 논의하여 해결할 수 있을 것이다.

이들 자료들을 수합하여 연구자들에게 배포하는 일이 어문정보학회의 중요한 과제라고 생각한다.

(3) 자료 처리 프로그램의 보완

대부분의 자료 처리 프로그램들은 이전에 개발된 것이어서 상당수는 윈도

XP 환경에서만 적용되게 되어 있고 그 이상의 버전에서는 작동이 되지 않는 경우가 많다. 이들을 수정하여 배포하는 일도 매우 중요하다. 이 프로그램들은 우리에게 각종 정보를 주는 프로그램들이 있는가 하면, 각종 자료를 처리해 주는 프로그램들이 있다.

각종 정보를 제공해 주는 프로그램들은 찾으면 의외로 많다. 한민족언어정보화, 통합사전검색기, 남 · 북한 · 중국 조선어사전 통합검색기, 북한의 종합사전 검색기, 북한의 백과사전 검색기, 북한의 다국어 사전 검색기 등은 각종 정보를 제공해 주는 프로그램들이다. 깜짝새 등은 자료를 처리해 주는 프로그램들이다.

그러나 어느 프로그램들은 지금의 환경에서도 사용이 가능하지만 어느 프로그램은 사용할 수가 없다. 오늘날의 환경에서 사용될 수 있도록 프로그램들을 개선해서 공개할 수 있도록 하는 일이 어문정보학회의 중요한 과제가 될 것이다.

(4) 멀티미디어 방식의 자료 처리

오늘날 모든 정보는 멀티미디어 방식의 전달 방식으로 변화하고 있어서 이에 발맞추어 어문 정보들도 이러한 방법을 원용하여야 할 것이다. 예컨대 사전을 편찬하게 될 때에는 표제항에 대한 풀이말 항목 속에 그림이 필요한 경우에는 그림을 추가시키고, 만약에 음성이 필요하면 음성을 들려 주고, 어느 경우에는 동영상을 제공해 주는 방식으로 편찬한다면 정보화 시대에 걸맞는 사전이 될 것이다.

마찬가지로 국어사 자료를 검색하면 입력된 자료가 오류가 있는 것인지 아닌지를 검증하여야 할 때가 많은데, 검색된 자료를 클릭하면 그 문장이 있는 책의 사진을 볼 수 있도록 하는 일도 그 중의 하나이다. 김병선 교수가 개발한 신소설 어휘 검색 사전에서는 이러한 방식의 검색시스템이 구축되어 있다. 역사 자료들도 그러한 작업이 가능하다고 생각한다. 컴퓨터 하드디스크의 용량이 크기 때문에 이 문제는 쉽게 해결될 것인데, 각 문헌에 tag를 다는 일이 번거로울 것이다.

현재 17세기국어사전, 현대소설, 신소설 어휘사전 사이트가 공개되어 있는데, 잘 알려지지 않아 그 주소를 소개한다.

http://223.194.62.168:8080/

(5) 각종 문자 입력 방법의 개선

어문 관련 연구자나 관계자들은 문자 입력에 많은 애로를 겪는 것으로 알고 있다. 현대한글만을 사용하는 사람들에게는 문제가 없겠지만, 옛한글이나 구결 문자나 한자를 사용하는 사람들은 많은 애로를 겪는 것으로 알고 있다.

옛한글은 한글과 컴퓨터사에서 새로운 폰트 작업을 통하여 자모가 있는 모든 글자들을 입력할 수 있도록 하게 되었으나, 그것은 ᄒᆞᆫ글 2020 버전 이상의 것이어야만 가능하다.

구결 문자는 연구자들이 'ᄒᆞᆫ글'의 'ᄒᆞᆫ글(HNC) 문자표'에서 '구결'을 찾아 입력하는 방식을 사용하는 것으로 알고 있다. 아마도 새롭게 발견된 구결 문자도 있을 것으로 알고 있는데, 그 목록 조사가 이루어졌는지 알 수 없다. 구결학회의 학회지에 이 문제가 여러 번 논의되어 논문으로 쓰인 것을 보지만, 해결된 것 같지는 않다. 마찬가지로 그 입력 방식도 너무 번거롭다. 발표자는 ᄒᆞᆫ글 문자표의 구결 목록에서 찾아 쓰는 방식이 번거로워 한자 영역에서 처리하여 쓰고 있다. 그러나 전문적인 구결 연구자가 아니어서 필요한 몇 가지만 한자 영역 속에 넣어 처리하고 있다. 예를 들어 '하고'를 입력하고 F9를 누른 후 + 표를 눌러 '한자 단어 등록'을 선택하여 'ㇷ ㅁ'를 등록하는 일이다. 'ㇷ ㅁ'를 입력할 때마다 '하고'를 입력하여 처리하는 방식을 취하고 있는데, 이것도 번거롭다. 그래서 프로그램을 만들어 처리하면 좋겠다는 생각을 하고 있다. 예컨대 글을 다 쓴 후 구결 글자에 표시를 해 두고 그 표시가 있는 부분은 자동적으로 구결 문자로 바꾸어 주는 프로그램을 만들 수 있을 것이다. 예전에 옛한글이 컴퓨터에서 구현되지 않았을 때에 이러한 방법으로 처리했던 기억이 있다.

한자도 마찬가지이다. ‘ᄒᆞᆫ글’에서 구현되지 않는 한자가 많아서 인터넷에서 ‘한국역사정보통합시스템’을 찾고, ‘유니코드 한자 검색 시스템’에서 검색하여 유니코드 코드번호를 알아 ᄒᆞᆫ글에서 ctr+F10을 눌러 ‘한중일 통합 한자 확장 A’와 ‘한중일 통합 한자 확장 B’에서 찾아 입력하는 방식을 택하고 있다. 그러나 이 유니코드에 없는 한자도 꽤나 많다. 이 한자들을 한자 목록에 등록시키는 방법을 몰라 발표자는 그 한자를 포토샵으로 그림으로 그려 원고에 삽입하는 방법을 쓰고 있다. 그렇게 만든 글자가 수백자가 된다. 그 예를 몇 개 들어 본다. 여기에는 유니코드에 있는 한자도 여럿 있다.

蜹 ᄆᆡ얌이 졔
魘 ᄉᆞᆷ에귀신룰러롤라귀운ᄆᆞᆨ힐 압
艥 ᄡᆞᆯ만을 즙
魌 가물맛튼귀신 한
鞮 굴움모양 티
罨 그물 암
罿 글읏틈 흔
蝠 나모좀 굴
䎒 날 훤
眡 눈ᄇᆞᆰ지못헐 황
啑 닙에너를 삽
篙 대장 격
漩 도ᄂᆞᆫᄉᆡ옴 션
茨 뒷 ᄌᆞ
騂 말걸음닉일 보

顜 ᄉᆞᆨ듸 녕
饡 ᄯᅥᆨ 롱
鶬 가마괴 ᄉᆞ
鬉 갈기 총
罨 그림 암
髹 글읏세옷칠헐 차
昃 기울 칙
翝 나은성상 홍
巉 놉흔바외 참
雺 는개 동
坺 당혜칠 발
魑 덜업고사오라온귀신 챠
硭 돌 망
靇 마은이슬 롱
駱 말급피갈 답

騻 말병 상
翨 모도날 시
嗓 목쥴뒤 상
屵 뫼두던 안
壩 물막을 파
鸂 물새 계
譶 물흘르ᄂᆞᆫ소릐 상
蜫 벌에 곡
鵋 부엉이 긔
㵘 비안ᄀᆡ엉길 만
魗 사온압고더러운귀신 슈
𠹥 새봄에울 관
皫 새털빗변ᄒᆞᆯ 표
驝 약대 탁
蟘 이삭먹는벌에 특
匵 자근잔 공
𧕝 찬ᄆᆡ얌이 응
葅 침ᄎᆡ 조
跨 탈 관
毞 털떨어질 분
錍 틈 샤
蟣 혀ᄏᆡ 긔

驏 말야비다리칠 젼
嚨 목구무 롱
巀 뫼놉흘 뎔
咂 물고기먹을 잡
渺 물멀 묘
鵨 물오리 셔
濾 바다물스밀 려
喓 벌에지솔에 요
磇 비상 비
鸞 비익조 만
爇 살울 셜
翃 새우아ᄅᆡ로날 항
蹄 소로 뎨
皯 얼굴에거문긔운ᄉᆡᆼ혈 간
㬻 일즉더울 황
𩁨 쟈근비 삼
齏 침ᄎᆡ 졔
沔 큰물 면
𣬪 털ᄆᆡ치여다슬지못ᄒᆞᆯ 영
躑 텩툑 텩
幐 향주머니 등
熇 화긔셩ᄒᆞᆯ 호

어문정보학회에서는 이들 자료를 다시 정리해서 사용자 모두에게 제공해 줄 필요가 있을 것이다.

(6) 이미지 데이터베이스 구축

지금까지 구축된 데이터베이스는 주로 텍스트 파일로 된 것들이다. 이미지 자료들의 데이터베이스는 없는 편이다. 예를 들어 인공지능 시대가 되었을 때 사용할 수 있는 한글 글자 DB나 한자 글자 DB 등을 구축할 필요가 있는데, 현재까지는 우리에게 이미지 DB는 구축된 적이 없어서 미래의 정보화에 대비할 수 없다. 이미지 DB를 만들려고 하면 대개 포토샵을 이용하여 하나하나 구축하여야 할 것인데, 그 작업이 너무 시간이 소비되는 귀찮은 일이라서 그러한 DB를 구축할 생각을 하지 못하고 있다. 최근에 발표자는 미국 동포인 유우식 박사가 개발한 '픽맨'이란 프로그램을 이용하여 쉽게 그 DB를 구축하고 있으나, 시간 부족으로 작업을 제대로 하지 못하고 있다. 발표자가 구축한 몇 가지를 보이도록 한다.

① 훈민정음 해례본 자모의 예

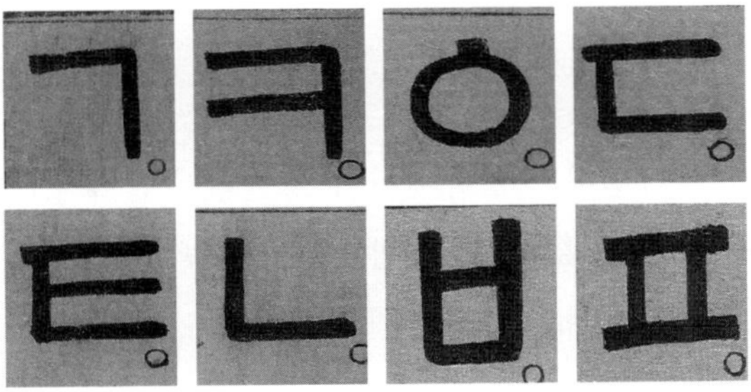

② 석봉천자문(박찬성 소장본)의 예

天 地 玄 黃
텬 놀 하
디 ᄯᅡ
현 믈 가
황 를 누

宇宙洪荒
우 집 듀 집 홍블너 황츨거

이러한 프로그램의 소개 및 활용할 수 있는 여건을 마련해 주는 일이 필요하다.

(7) 한자 관련 프로그램 개발

한자 사용자가 극도로 적어지면서 한자로 된 책을 읽을 수 있는 사람이 거의 없어졌다. 따라서 책의 형태도 바뀌게 되었다. 그래서 본문의 형태는 다음과 같은 형식으로 변화하게 되었다.

學校 → 學校(학교) → 학교(學校) → 학교

그래서 이제는 한자로 된 책을 스캔하여 프로그램을 돌리면 자동으로 한자를 한글로 바꾸어 주는 프로그램이 필요할 것이며, 또한 문자인식기도 한자를 인식하여 한글로 바꾸어 주는 프로그램이 필요하게 되었다. 이러한 프로그램은 아마도 관련된 업체와의 협의 아래에 만들어질 수 있을 것이다.

(8) 언어 정보 처리에 관한 학술적 연구

지금까지 어문정보학이라고 하면 대부분 어문 관련 연구자나 사용자들에게 필요한 도구를 마련해 주는 것으로만 이해하고 있는데, 실제로는 이에 대한 이론적 연구도 필요하다. 그 이론들은 주로 미래의 정보화 사회에 대비하는 데 필요한 것이어야 할 것이다.

(9) 어문 정보 처리 연구자들과의 협조

21세기 세종계획을 수립하면서 가장 관심을 가지고 접근하였던 것은 정보 처리 연구자들의 의견을 듣고 앞으로 변화할 사회적 문제와 과학적 문제들에 대처하는 방법을 고안해 내는 일이었다. 그 결과로 다양한 분야에서 국어 정보화가 실행될 수 있었다. 그러나 그 실행 과정에서 그들이 도외시됨으로써 새로운 정보화 작업으로 나아가지 못하였다. 어문학자들로만은 국어 정보화의 확장에는 한계가 있었던 것이다.

따라서 어문정보학회는 정보학 관련 전문가들과도 깊이 있게 소통하여야 할 것이다. 특히 인공지능 관련 연구자들과 마주 앉아 빅데이터 구축방안 등에 대해 지혜를 구해야 할 것이다.

그래서 컴퓨터가 연구자가 제공한 자료들을 분석하여 모음체계나 자음체계 등을 자동으로 생성해 주는 미래 세계에 대비하는 작업에 참여하여야 할 것이다. 아마도 어문 관련 자료들을 기반으로 하여 연구자들이 해 내던 작업을 인공지능이 처리해 줄 날이 그리 먼 것 같지는 않다. 그래서 미래의 어문 관련 문제에 대한 논의가 이루어져야 한다.

(10) 한국어 관련 다른 지역과의 협조

한국어를 사용하는 지역과 공동으로 작업하여 불필요한 이중 투자나 노력을 피하여야 한다. 그러기 위해서는 북한과 중국과 일본 등의 학자들과도 교류하여 그들의 문제에는 어떠한 것이 있는지에 대한 토의가 필요하다. 중국의 동포들 중에는 현재 중국 조선어 정보화에 관여하는 연구진들이 구성되어 있지만, 아직 구체적인 활동은 코로나로 인하여 잠정적으로 멈추어 있는 실정이다. 북한의 조선어 정보화는 어문학자들을 중심으로 하여 매우 수준 높은 연구 활동을 보이고 있다. 사회과학원 언어연구소의 젊은 학자들과 대화할 수 있는 여건이 마련되었을 때를 생각하고 미리 대비하는 일이 필요하다.

4) 마무리

지금까지 디지털 시대에 볼 수 있는 어문생활의 변화와 그 변화된 환경과 조건 속에서 앞으로의 어문 정보화의 발전을 위해 어문정보학회가 하여야 할 과제가 무엇인가를 고민하여 보았다.

혹시 발표자가 생각하는 내용들이 발표자가 평소에 고민하고 걱정해 왔던 내용들이라서 편견이 포함되어 있을 수도 있다고 생각한다. 그러나 앞으로의 정보화 사회는 우리가 예측하는 것보다 더 다르게 그리고 더 빠르게 우리 앞에 다가올 수도 있다고 생각한다. 그리하여 오늘 발표자의 제안이 어쩌면 그 사회에 대비하는 방책으로 사용될 수 없을 만큼 다른 모습의 사회로 될 수도 있을 것이다. 그러나 우리가 바라는 것은 그렇게 빠르게 급진적인 변화가 일어나지 않고, 우리가 그 변화를 인식하지 못할 만큼 천천히 변화하여 우리가 쉽게 그 조건에 맞추어 대비할 수 있는 미래가 되기를 바랄 뿐이다.

<2022년 2월 23일(수), 제1차 한국어문정보학회 학술대회 줌 회의>

제 5 부

한글 문헌

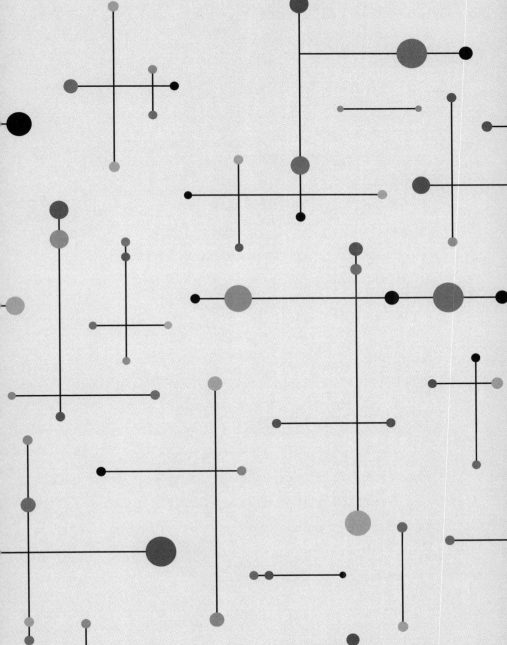

1. 한국 언어문학 새 자료의 발굴과 공유

1) 한국 언어문학 연구와 자료

한국 언어문학 연구, 그중에서도 특히 역사적 연구는 옛 문헌에 나타나는 각종의 자료를 기초로 하여 이루어진다. 이 연구를 위해서는 관련 옛 문헌을 조사 · 수집하고 그 문헌을 일일이 읽어 그 속에서 자료를 추출하여야 하는데, 이 일은 많은 시간과 노력이 소요되는 것이어서, 이 연구는 자료의 수집 · 채록 · 정리라는 고통스러운 과정에서 해방될 수 없다. 특히 그 자료들은 특정한 도서관이나 연구기관 또는 개인의 소장인 경우가 대부분이어서 여러 복잡한 과정을 거쳐 그곳을 방문하여 책을 열람하는 노력까지도 수반되어야 한다.

이러한 문헌자료의 문제는 여러 가지 갈등을 야기시킨다. 한국 언어문학의 역사적 연구를 위해서 문헌학도 함께 공부해야 하는가? 아니면 이 자료들에 대한 연구를 문헌정보학 전공자에게 일임하고 그 연구의 도움을 받아 각자의 연구를 진행해야 하는가? 하는 갈등을 느끼게 된다. 고문헌에 대한 문헌정보학 연구자들의 관심내용이 다르기 때문에, 모든 학문에 관련된 고문헌 자료들을 문헌정보학 전공자들이 모두 밝혀주고 그 문헌의 성격을 일일이 제시해주는 것을 기다리는 일은 불합리한 일이다.

발표자가 국어사 관련 고문헌과 씨름하면서 이런 고민에 휩싸인 적이 한두 번이 아니다. 국어사 연구를 위해 국어사 관련 고문헌을 조사해야 하기 때문에 자칫 잘못하면 국어사 연구에 도달하기 전에 문헌학 전공자로서 머물러 있어야 할 때도 있을 것이란 생각을 했기 때문이다. 한 번에 두 마리 토끼를 쫓는 격이 된 셈이어서 국어학도 문헌학도 제대로 연구하지 못하는 신세가 되는 것은 아닐까 하는 의구심이 생기는 것은 당연한 일이다.

그러나 앞에서 제시한 두 가지 방향은 어느 것도 답이 아니다. 국어사 관련 문헌 자료들에 대한 연구를 문헌학자들에게 떠넘기는 것도 문제고, 또 국어학자가 문헌학에만 매몰되어 있는 것도 문제다. 국어사 연구자는 국어사를 연구해야 하며, 문헌학 연구자는 문헌학을 연구해야 한다. 단지 조건이 있다. 우리나라 인문학, 특히 한국학의 기초 필수과목으로 문헌학(또는 서지학) 강의가 반드시 포함되어 있어야 한다는 조건이다. 서양에서 philology가 모든 학문의 기초가 되듯이 문헌학을 모든 학문(그중에서도 특히 한국학)의 기초로 설정하고 이를 이수한 뒤에 한국 언어문학 연구로 들어가야 할 것이다. 그러나 오늘날 대학이 기업의 흉내를 내고 이것을 관장하는 국가기관마저도 대학을 취업기관 정도로 취급하는 현실 속에서 한국 언어문학 더 나아가서는 한국학 연구의 자료를 다루는 과목을 인문학의 필수과목으로 선정하는 일은 단지 우리의 희망일 뿐이다. 그래서 국어사 연구자도 현실적으로는 계속해서 부족하나마 문헌학 전공자 흉내를 내고 있어야 할 것인지 모르겠다. 그러나 어느 한 대학만이라도 인문대학 내에 문헌정보학이나 한국서지학 등을 교양과목으로(비록 선택과목이라고 하더라도) 설치한다면 그 대학의 한국학 연구는 다른 대학과 차별화될 것이고, 더 발전할 것은 자명한 일일 것이다. 이제 한국학을 연구하면서 문헌학을 동시에 같은 비중으로 연구하여야 하고 고문헌을 찾아 끝없이 발품을 파는 시대는 발표자의 세대를 끝으로 마감하고 싶다.

그래도 국어국문학도에게 새 자료를 발굴하고 공유해야 한다는 과제는 여전히 숙제로 남아 있어서 오늘 학술대회의 중요한 주제로 되어 있는 것으로 생각된다.

2) 자료와 정보와 지식과 학문

학문 연구에서 자료는 두 가지 측면으로 접근할 수 있다. 자료의 가치는 자료와 정보와 지식과 학문이라는 계층적 관계 속에서, 그리고 학문의 자료와 이론이라는 선형적 관계 속에서 살펴 볼 수 있다.

'자료(data)'란 용어의 사전적 정의는 '연구나 조사 등의 바탕이 되는 재료'이다. 그래서 기존의 학문에서는 자료를 수집, 정리, 분석, 해석하여 이를 바탕으로 지식을 창출해내고 이 지식을 체계화하여 학문을 성립시켜 왔다. 곧 자료를 기초로 해서 만들어진 일정한 지식의 체계적인 집합이 학문인 것이다.

최근에 인간의 인지가 급속도로 발달되면서 수집, 정리, 분석, 해석하여야 할 자료의 총량이 연구자가 감당할 수 없을 만큼 많게 되어, 이들 자료 중에서 연구자에게 의미가 있는 자료, 즉 연구자에게 필요한 정보만을 찾아 연구할 필요가 있게 되었다. 곧 '자료'와 '지식' 사이에 '정보'가 중요한 위치를 차지하게 된 것이다.

자료가 '가치가 평가되지 않은 재료'라고 한다면 정보는 '특정 상황에서 그 가치가 평가된 자료'라고 할 수 있으며, 이를 토대로 이루어지는 지식은 '어느 상황에서 객관화되고 정형화되어 일정한 형태를 갖추어 보편성을 가지게 된 정보'라고 할 수 있다. 그러므로 현대의 학문 세계에서는 '자료'보다는 '정보'가 학문의 기초 자료라고 할지 모른다. 그러나 정보는 자료를 바탕으로 하기 때문에 자료는 언제나 학문의 기초가 되는 것이다.

자료는 학문 연구의 중요한 원천이지만 연구자에 따라 가치가 달라질 수 있다. 어느 자료가 어느 학문 연구에 훌륭한 정보를 제공하는가의 여부도 연구자에 따라 달라질 수 있다. 설령 정보의 가치가 인정되어도 어떠한 관점에서 인정되는가에 따라 그 중요성의 비중이 달라질 것이다. "갑순이가 결혼했다"는 객관적 사실은 하나의 자료가 될 수 있지만, 이 자료는 갑돌이에게는 중요한 정보가 될 수가 있어도 복동이에게는 아무런 가치가 없을 수 있는 것처럼 어느 자료는 어떤 연구자들에게는 중요한 정보를 제공해 주지만 어떤 연구자에게는 단지 자료의 단편에 지나지 않을 수도 있다.

결국 학문 연구의 성패는 자료를 어떻게 검색 · 활용하여 정보화시키며, 이렇게 추출된 정보들을 어떻게 유기적으로 결합시켜 지식으로 도출하는가에 달려 있다고 할 수 있다.

3) 자료와 이론과 실험

하나의 학문이 성립되기 위해서는 사물에 대한 지식을 논리적인 연관을 지어 이를 체계화시키는 과정이 필요하다. 이 과정에 '이론'이 개재된다. 그래서 학문은 반드시 '이론'과 '자료'가 필수적이다.

'자료'와 '이론'은 서로 대립되는 개념으로 인식되어 왔다. 우리나라 학계에서는 자료가 먼저인가 이론이 먼저인가라는 논쟁 없는 대립이 있어 왔다. 자료와 이론 중 어느 것이 더 중요하다고 하는 논의는 어리석은 논의이다. 왜냐하면 학문 연구에서 두 가지는 다 중요하기 때문이다. 이론은 자료를 바탕으로 하고, 자료는 이론이 있음으로 해서 학문으로 승화될 수 있는 것이다.

자료를 중시하는 학자들은 경험주의적 연구방법을, 이론을 중시하는 학자들은 이상주의적 연구방법을 주장하고 있는 것으로 보인다. 주지하는 바와 같이 19세기에 유럽 학문의 이론적 배경은 영국의 경험주의(Realism)와 독일의 이상주의(Idealism)의 두 주류를 형성하고 있었다. 경험주의는 우리가 직접 경험할 수 있는 외부세계의 객관적 사실에 기초를 두고 있다. 반면에 이상주의는 외부세계의 객관적 사실이란 것도 따지고 보면 그것을 인지하는 인간이 어떻게 생각하느냐에 따라서 달라진다고 생각하여, 사유체계의 구성을 학문의 최대 목표로 삼았었다.

그래서 학문 연구에서 자료와 이론의 문제에서 더 나아가 객관적, 실용적 자료 제시의 중요성과 이론화의 중요성이 각각 주장되어 온 것이다. 미국에서 한때 풍미하던 이성주의에서는 자료를 연구자들이 세워 놓은 가설을 입증하기 위한 보조 논증 자료로 이용하여 왔다. 그러나 연구자의 직관이나 연역적 가설이 실제의 다양한 사실이나 현상을 전반적으로 파악하지 못한 상태에서 이루어진 것이 많아서 여러 문제점을 노정하고 있다고 할 수 있다. 즉 직관에 의한 추상적인 세계와 실제의 세계 사이에 큰 괴리가 발생하게 되는 것이다.

이러한 문제점들을 해결하게 된 것은 컴퓨터의 사용 이후부터다. 자료를 처리할 수 있는 능력이 뛰어난 컴퓨터의 사용으로 추상적인 자료가 아니라 구체적인 자료를 통해, 그리고 대규모 용량의 자료를 통해 정보를 추출하고, 그 속에서 통계적 방법에 의하여 일반 원리를 찾아 이것을 다시 컴퓨터에 인식시킴으로써 컴퓨터가 인간과 같은 지식을 갖추도록 하는 방법을 사용하게 되었다.

언어학에서 말뭉치언어학이 등장하고 언어 연구의 자료인 말뭉치가 중시되게 된 것도 이러한 학문의 흐름의 결과다.

오늘날 언어 연구에서 말뭉치를 이용하지 않는 연구는 거의 없을 정도가 된 것은 이론 중심에서 자료 중심으로 학문 연구의 흐름이 바뀌었음을 의미한다. 그러나 우리가 늘 경험하듯이 말뭉치 처리를 통한 언어 연구가 자료의 나열과 분류에서 더 나아가지 못하고 마는 단점을 낳고 있음도 부정할 수 없다.

이러한 자료를 통해 자료를 해석하는 이론과 그러한 내용들을 바탕으로 한 복합적인 지식을 토대로 한 새로운 학문 이론을 유도해 내지 않는다면 아무리 많은 객관적, 실증적 자료들을 바탕으로 하였어도 창의적인 지식체계와 학문체계를 이루어낼 수 없는 것이다.

어떤 사람은 이론에 밝다든가, 어떤 사람은 자료에 밝다든가 하는 말을 자주 듣곤 한다. 그러나 자료에 밝다고 해서 이론을 무시하는 것처럼, 그리고 이론에 밝다고 해서 자료에 무관심한 것처럼 이해해서는 안 될 것이다. 어떤 분야이든 자료를 더 중시할 필요가 있는 부분이 있는가 하면, 이론을 중시해야 될 분야가 있을 수 있기 때문이다. 어떤 분야가 이론을 중시해야 되는 분야이며, 어떤 분야가 자료를 중시해야 하는 분야인가는 연구하고자 하는 내용의 목적에 따라 다를 수 있다. 그런데 일반적으로 잘못 인식되고 있는 점이 있다. 자료를 수집 · 정리 · 분류 · 분석하는 일을 단순한 기계적인 작업으로 착각하거나, 이론을 많이 아는 사람은 외국에서 그 이론을 수용하게 되기 때문에 특히 외국어에 능통해야만 한다는 편견이 우리나라 학계에 널리 퍼져 있는 점이다. 그러나 이러한 선입견은 불식되어야 한다. 자료를 찾아서 수집 · 분류 · 분석하는 기본적인 작업을 행할 때에는 그 자료를 꿰뚫어 볼 수 있는 안목이 있어야 할 것이며, 이론을 공부할 경우에는 그 이론을 나의 것으로 용해시켜서 어느 이론이 연구에 적절한 모델이 될 수 있는가를 선별하는 능력을 기르는 것이 선행되어야 할 것이다. 무턱대고 자료만 찾는다고 해서 내가 원하는 자료를 다 찾을 수 있다고 착각하는 일, 예컨대 컴퓨터에 자료를 많이 입력시켜 놓은 사람이 그 분야의 연구에 커다란 공헌을 하는 것처럼 인식하는 착각에 사로잡히거나, 이론만 공부하면 어떠한 문제이든지 다 해결할 수 있다는 착각을 하거나 하는 것은 잘못된 일이다.

국어학 연구는 다른 분야의 학문과 마찬가지로, 이론과 자료와 실험이라는 과정을 거쳐 이루어진다고 생각한다. 발표자는 학문하는 과정을 마부가 수레를 끄는 과정에 곧잘 비유하곤 한다. 마부는 연구자이고, 수레는 학문인데, 이 학문인 수레는 '자료'와 '이론'이라는 두 바퀴로 굴러 간다. 그것을 움직이게 하는 힘은 앞에서 끄는 말이다. 이 '말'은 연구의 도구인 셈이다. 그래서 발표자는 일찍부터 다른 사람들이 주변적인 과제로 생각했던 자료와 실험에 관심을 가지려고 생각했다. 왜냐하면 '이론'이라는 바퀴가 '자료'라는 바퀴보다 더 커서 학문이 앞으로 나아가지 못하고 그 자리를 빙글빙글 맴돌고 있다고 보았기 때문이다. 그래서 각종 자료를 정리하려고 했고, 또 컴퓨터로 국어를 처리하는 국어 정보화 작업에 매달렸다. 말[馬]보다는 컴퓨터라는 엔진이 더 효과적일 것이라고 생각했기 때문이다.

이러한 생각에서 제일 먼저 착수한 일은 전자 자료들을 수집하는 일이었다. 발표자는 강의를 통해 수집한 자료들을 학생들에게 배포하고 활용할 수 있도록 유도함으로써 학문 후속세대들이 자료에 접근하는 방법을 모색하도록 하였는데, 의외로 그 효과는 컸다고 생각한다. 사유체계의 구성을 학문의 최대 목표로 삼아 온 저간의 학문적 경향을 중시하면서도 외부의 객관적인 사실에 기초를 둔 학문이 오늘날 더 중요한 이유를 제시할 수 있었기 때문이다. 뿐만 아니라 자료를 통해 정보를 찾아내서 이 정보들의 유기적인 관계를 관찰하여 우리가 찾고자 하는 새로운 사실들을 유도해 내고, 이 사실들의 관계를 어떠한 이론적 근거로 설명하여야 하는가를 제시할 수 있었다.

4) 새로운 자료란?

앞에서 언급한 바와 같이 한국 언어문학의 역사적 연구는 자료를 바탕으로 한다. 그리고 연구자는 그 속에서 필요한 정보를 찾아야 한다. 자료의 양과 정보의 양은 비례한다. 그래서 자료가 많으면 많을수록 찾을 수 있는 정보도 많아진다. 자료가 적으면 그 속에서 추출해야 할 정보가 그리 많지 않을 것이다. 그래서 자료는 다다익선(多多益善)이다.

그러나 자료의 양이 많다고 해서 정보의 질이 좋은 것은 아니다. 자료의 질이 좋아야 정보의 질도 좋아질 것이다. 그래서 우리에게는 자료의 양과 질을 높여야 하는 절대적 사명이 있다.

이러한 여건에 있으면서도 국어학계에서는 자료의 양과 질을 높이려는 노력이 거의 보이지 않는다. 목간이나 죽간 또는 고대국어 시기의 각필자료나 석독구결 자료들이 새로 발견되었다는 소식은 가끔 들리지만 한글 관련 문헌 자료에 대해서는 그러한 노력이 보이지 않는다. 이전에는 새로운 국어 관련 자료의 발견이라는 언론의 보도가 우리의 관심을 끌곤 했는데, 최근에는 발표자가 과문한 탓인지는 몰라도 그러한 보도를 거의 보지 못하였다. 이러한 이유에는 몇 가지가 있다고 생각하지만 그중에서 가장 큰 이유는 고문헌에서 자료를 읽어서 중요한 정보를 찾아내려는 노력을 하지 않고, 다른 사람이 만들어 준 말뭉치에 의존하여 연구를 진행하기 때문이다.

컴퓨터의 발달로 문헌자료도 영인본이나 복사물 대신에 이미지 자료로 소장하고 있고, 또 원문도 텍스트 파일로 보관하고 있어서 필요한 연구 자료는 검색을 통하여 수집하게 됨으로써 국어학자들이 새로운 문헌 자료의 필요성을 인식하지 못하고 있는 것으로 보인다. 그래서 국어사 자료를 영인한 영인본도 구하려는 사람이 거의 없을 정도가 되었다. 한글 문헌 자료를 찾는 사람은 이제는 한국 언어 문학 전공자가 아니라, 고문헌을 투기의 대상으로 알고 있는 사람들이다.

그렇다고 말뭉치를 연구자들이 스스로 구축하여 활용하는 것 같지도 않다. 말뭉치도 스스로 구축하여 말뭉치 총량을 늘리려는 노력은 하지 않고, 어느 개인이나 연구기관에서 구축해 놓은 공개된 자료를 얻어서 사용하고 있는 것으로 보인다.

그러한 연구태도를 지닌 국어학자들에게 새로운 자료는 큰 의미가 없게 되고, 오히려 검색해야 할 말뭉치를 새롭게 늘리거나 보완하는 일에 관심을 가지게 된다.

이러한 의미에서 볼 때 요즈음의 언어 문학 연구자들에게는 자료(data)는 곧 말뭉치(corpus)와 직결된다. 그러므로 '새로운 자료'란 '새로운 말뭉치'와 동의어가 되는 셈이다.

그렇다면 지금까지 구축해 놓은 말뭉치에는 '새로운 자료'나 '새로운 말뭉치'가 필요 없을 정도로 양과 질이 흡족한 상태에 있는가? 그 답은 부정적이다. 국어국문학 연구에서 다루는 말뭉치의 총량은 얼마 되지 않는다. 그 자료를 입력한 역사자료 말뭉치의 현황은 다음과 같다.

		15세기	16세기	17세기	18세기	19세기	20세기	미상	합계
원국문본	시가류		3,919	16,192	103,534	17,618		600,801	742,064
	소설류			16,699		63,219		2,390,075	2,469,933
						243,541	321,897	169,807	735,155
	산문기록류								
			19,794	57,424		337,765	424,114	19,088	858,185
	종교서류								
							587,778		587,778
	기술서류					28,186			26,186
	교민서류					32,711			32,711
언해/번역자료	시가류	177,169		104,763					281,711
	소설류				409,931	12,056		74,806	469,073
						96,548			96,548
	산문기록류				8,231				8,231
	종교서류	318,413	81,277	51,246	87,792	241,114		7,491	787,333
		61,181	3,840	237,399			45,481	146,245	584,146
	기술서류	37,230	17,669	75,663	38,200	12,671		5,476	186,909
	역학서류	3,029	27,293	52,124	119,363	10,279			212,088
	교민서류	30,364	80,494	115,107	320,646	74,623			621,234
			6,262						6,262
	역사서류				13,789				13,789
기타	교민서류		23,568	13,789					37,357
	사서류					123,645			123,645
국어연구원구축분		566,205	234,220	503,024	1,101,486	951,887	424,114	3,097,017	6,877,953
세종21계획구축분		61,181	29,896	384,823	0	677,764	1,379,270	335,140	2,868,074

예컨대 15세기 국어의 입력 자료는 그 총량은 65만 어절이 채 되지 않는다. 중세국어인 15세기와 16세기 자료를 다 합쳐도 90만 어절이 채 되지 못한다.

현대국어를 연구할 때 90만 어절을 대상으로 연구하였다고 한다면 그 연구는 비난을 받아 마땅할 것이다. 그런데도 중세국어를 연구하면서, 90만 어절밖에 되지 않는 자료를 대상으로 하면서도 아무 이견을 달지 않는 것은 아무래도 이상하다. 그만큼 자료가 충분하지 않다는 것을 전제로 하기 때문일 것이다. 이 90만 어절들에는 창작연대가 15, 6세기일 뿐 실제로 간행된 연대가 그 이후인 것들도 많은 편이어서 실제로는 그 총량이 훨씬 줄어들 것이다. 그렇기 때문에 국어사 자료는 발견되는 대로 추가시켜야 할 것이고 그러기 위해서는 새로운 자료를 계속 발굴하지 않으면 안 될 것이다. 그러한 사정은 다른 세기의 자료라고 하더라도 마찬가지이다.

그렇다면 새로운 자료란 무엇일까? 기본적으로 새로운 자료란 연구자들에게 한 번도 언급되지 않은 자료를 일컫는다. 성철 스님의 서고인 장경각에서 발견된 김시습의 『십현담요해(十玄談要解)』의 언해본이 그러한 것이다. 영인본이 2009년에 출간되었는데(『성철대종사 소장 『십현담요해』 언해본의 의미, 대한불교 조계종 백련불교문화재단, 2009년), 이 책은 1548년 강화도 정수사(淨水寺)에서 각판한 것이다. 이 자료는 소장처도 새로 조사한 곳이고 또 거기에서 발견된 문헌도 처음 소개되는 것이기에 우리가 일반적으로 일컫는 '새로운 자료'에 속하는 것임에 틀림이 없다. 이러한 자료들은 가끔 발견될 것이다.

오늘날 국어사 연구에서는 문헌 자료를 입력해 놓은 자료를 검색하여 자료를 추출하는 것이 일반적이기 때문에, 새롭게 입력해 놓은 자료도 '새로운 자료'에 포함될 수 있을 것이다. 아마도 새로운 자료라기보다는 새롭게 입력된 자료가 될 것이다. 기존에 아무리 널리 알려진 자료라도 이용이 되지 않는다면 연구 자료가 되지 못하는 것이어서, 입력되지 않은 문헌 자료는 허수아비에 불과한 셈이다. 그래서 '○○○ 문헌 자료에 대한 국어학적 연구'란 논문은 ○○○란 문헌 원본을 한 번도 보지 못하였어도 입력 자료만으로서 연구를 진행시킬 수 있는 것이다. 이것은 원본은 한 번도 보지 못했지만 영인본이나 복사본만 가지고서도 그 문헌에 대한 연구를 진행시키는 것과 다를 바 없다. 더

군다나 원본 이미지 파일을 가지고 있다면 영인본만 가지고 연구한 것보다는 훨씬 좋은 요건에서 연구를 진행한 것으로 생각된다.

이러한 의미에서 학문 연구에서 새 자료란 알려지지 않은 자료에 국한된다고 할 수 있지만, 어느 면에서는 입력되지 않은 자료도 새로운 자료 속에 포함시켜야 할지도 모른다.

5) 새로운 자료의 발굴 이전에 해야 할 일

어느 자료가 새로운 자료인지를 판단할 수 있는 기준은 현재 상태로서는 없다고 할 수 있다. 문학에서는 통상적으로 어느 작품이 새로운 작품인지를 알 수 있는 것으로 보이지만, 국어학계에서는 아직 그렇지 못하다. 왜냐하면 국어학 연구를 위한 자료의 목록이 나와 있지 않기 때문이다.

한국 언어문학 자료를 새로 발굴하기 위해서는 지금까지 어떠한 자료가 알려져 있는가를 알아야 할 것이다.

① 기존 자료 목록 작성

이 목록은 구체적으로 작성되어야 할 것이다. 문헌자료일 경우에는 판본까지도 조사되어야 한다. 훈민정음 언해본도 여러 가지 이본이 있다. 서강대 소장본, 희방사판, 일본 궁내성본(서울대 중앙도서관본), 박승빈 소장본 등이 있고, 『불설대보부모은중경언해』는 다음과 같이 이본만도 33종이 알려져 있다.

번호	연도	왕대	이본 사항
1	1545년	명종 1년	오응성 발문본
2	1553년	명종 8년	경기도 장단 화장사판
3	1563년	명종 18년	충청도 아산 신심사판
4	1563년	명종 18년	전라도 순천 송광사판
5	1564년	명종 19년	황해도 문화 패엽사판

6	1567년	명종 22년	충청도 은진 쌍계사판
7	1573년	선조 6년	전라도 김제 흥복사판
8	1580년	선조 13년	전라도 낙안 징광사판
9	1582년	선조 15년	경상도 의령 보리사판
10	1592년	선조 24년	경상도 풍기 희방사판
11	1609년	광해군 1년	경상도 대구 동화사판
12	1618년	광해군 10년	충청도 공주 율사판
13	1635년	인조 13년	최연 발문본
14	1648년	인조 26년	경상도 양산 통도사판
15	1658년	효종 9년	강원도 양양 신흥사판
16	1668년	현종 9년	경상도 개령 고방사판
17	1676년	숙종 2년	전라도 고산 영자암판
18	1680년	숙종 6년	경상도 청도 수암사판
19	1686년	숙종 12년	경상도 양산 조계암판
20	1686년	숙종 12년	경상도 경주 천룡사판
21	1687년	숙종 13년	경기도 양주 불암사판
22	1689년	숙종 15년	평안도 안변 조원암판
23	1692년	숙종 18년	강원도 고성 건봉사판
24	1705년	숙종 31년	평안도 정주 용장사판
25	1717년	숙종 43년	경기도 개성 용천사판
26	1720년	숙종 46년	전라도 금구 금산사판
27	1731년	영조 7년	함경도 영흥 진정사판
28	1760년	영조 36년	전라도 고창 문수사판
29	1794년	정조 18년	전라도 전주 남고사판
30	1796년	정조 20년	경기도 화성 용주사판
31	1801년	순조 1년	전라도 전주 남고사판
32	1806년	순조 6년	전라도 고산 안심사판
33	1912년		경성 강재희서

② 기존 자료의 소장처 조사

이들 자료들의 소장처가 제시되어야 한다. 이를 위해서는 한국고전적종합목록시스템, 한국역사정보통합시스템, 디지털한글박물관, 한국기록유산 등을 검색하여 알 수 있을 것이다.

③ 새로운 자료의 기준 마련

어떤 자료가 새로운 자료인가를 결정하는 기준이 마련되어야 한다. 『석보상절』, 『월인석보』 등은 널리 알려진 자료이지만 어느 자료는 새 자료인지 아닌지를 판단해야 할 것이다. 예컨대 1855년에 목판본으로 간행된 『백인유적(百忍遺蹟)』은 정치업(鄭致業)의 문집으로 국한혼용의 장편 가사인 '격몽가(警蒙歌)'가 실려 있는데(국립중앙도서관 등 소장), 이러한 자료까지도 한글 자료 속에 포함시켜야 할 것인지를 고민해야 할 것이다. 그러나 개인의 문집 속에 한두 편의 시조가 들어가 있을 경우에도 그 시조 작품을 독립된 시조 작품으로 판단하는 것으로 보아서, 이들 자료도 국어사 자료에서 새로운 자료로 포함시켜야 할 것이다. 이러한 기준에 의하면 국어사 자료에서 '새로운 자료'로 추가될 문헌은 상당한 양에 이를 것으로 보인다.

④ 자료의 가치 판단

자료의 총량은 많을수록 좋겠지만, 국어사 연구에서 오히려 자료 목록에 들어가 있어서는 안 될 자료들도 있다. 예컨대 20세기 초에 수없이 많이 간행된 딱지본 고소설은 20세기 초의 국어 현상을 보여 주는 것이 아니라 그 이전 시기의 언어 현상을 반영하고 있는 것이어서, 이들도 국어사 자료로서 목록화시켜야 할 것인지는 고민해 보아야 할 것이다. 딱지본 고소설들은 이전의 판본이나 필사본 고소설들을 단지 신식활자로 바꾸어 놓은 것이 대부분이기 때문이다.

⑤ 보충해야 할 문헌 조사

국어사 연구에서 자료로써 이용되어 왔던 것들은 대부분이 언해본들이나 번역본들이다. 그러나 이들은 엄밀히 말해 소재언어의 영향을 크게 받거나 한문 원문에 붙은 구결의 영향을 받기 때문에 그 시기의 국어를 파악하는데 좋은 자료라고 하기 어렵다. 오히려 고소설 등은 번안소설을 제외하고는 원래부터 국문으로 쓰인 것이 많아서 국어 자료로서 더욱 큰 가치를 가진다고 할 수 있다. 그러나 국어사 연구에서 이들 고소설들은 경판본이든, 완판본이든, 안성판이든 자료로써 이용된 적이 많지 않다. 뿐만 아니라 시가 작품들도 고소설과 마찬가지로 국어 연구 자료로서 이용된 적이 거의 없는 형편이다.

국어사 연구에서 자료로 소홀히 다루어졌던 것이 문학작품들이라고 할 수 있다. 앞에서 언급한 바와 같이 고소설류(판본, 필사본), 시가류 등이 보충되어야 할 것이다.

이러한 자료들은 원래부터 알려져 왔지만, 국어사 자료로 사용된 적이 없기 때문에 새로운 자료로 추가 · 보충되어야 할 것들이라고 생각한다.

6) 새로운 자료의 발굴

말뭉치를 구축할 때 가능한 한 균형 말뭉치를 구축하는 것이 합리적이라는 사실은 여러 실험을 통해서 입증된 바가 있다. 새로운 자료를 발굴할 때에도 이 균형성에 초점이 맞추어지는 것이 좋을 것이다.

새로운 자료를 발굴하기 위해서는 몇 가지 기준을 설정해야 하는데 그 기준을 제시하면 다음과 같다.

(1) 역사적 시기의 기준

아무래도 역사적으로 오랜 자료들은 새롭게 발견되는 일이 적은 편이다. 고대국어 시기의 목간이나 각필자료 또는 석독구결 자료들이 새롭게 발견되는 이유는 이전까지는 그 자료들이 그렇게 중요한 자료인지를 알지 못했었기 때문이지만 그 이후의 자료는 새롭게 발견되는 경우가 드물다. 최근에 훈민정음 해례본이 새롭게 발견되었다는 기사가 돋보인 것은 그러한 이유에서다. 17세기 이후의 문헌자료도 지금까지 널리 알려진 것 이외에 새로 추가된 자료가 거의 없는 셈이다. 그러나 실제로 각 도서관에는 소장되어 있어도 국어사 자료로 발견되지 않았던 자료들은 상당한 양이다. 특히 인쇄술의 발달로 연활자가 도입된 이후에 간행된, 19세기 말에서 20세기 초까지의 연활자본 자료들은 아직 목록조차도 마련되어 있지 않다.

따라서 역사적인 시기로 보아서 19세기 말에서 20세기 초까지의 자료들이 새로운 자료로 발굴될 가능성이 가장 높다고 할 수 있다.

(2) 판본과 필사본의 기준

지금까지 대부분 판본을 중심으로 하여 자료를 구축하여 왔다. 그러나 필사시기가 분명하거나 추정이 가능한 필사본은 판본에 비하여 국어사적으로 더 중요한 가치를 가질 수 있다. 방언적 요소를 찾아낼 수 있다거나 구어를 반영하였거나 또는 다양한 방면의 어휘를 찾을 수 있기 때문이다. 특히 필사본 중에서 고소설은 대부분이 필사기나 필사자 또는 책주(册主)를 기록한 것이 흔히 나타나기 때문에 이 자료들을 새로운 자료로 추가시키는데 적극적이어야 할 것이다. 필사본 중에는 고소설뿐만 아니라 다양한 국어사 관련 자료들이 많다. 예컨대 18세기의 필사본으로 보이는 『선보집략언해(璿譜輯略諺解)』(장서각), 곤의(壼儀)(1890년, 장서각), 언해간첩(諺解簡帖)(1892년, 국립중앙도서관), 언해눅됴대사법보단경(1844년, 국립중앙도서관), 조선사서원고(1920년~1929년, 국립중앙도서관), 화산최씨내훈(1914년, 국립중앙도서관) 등등 찾아보면 엄청난 자료들이 있다.

(3) 장르별 기준

국어사 자료로 활용된 자료는 지금까지 언해본을 중심으로 한 것이 대부분이었다. 문학 작품 등을 포함시켜 각 방면의 자료들을 장르별로 고려하여 수집하는 일이 필요하다.

① 고소설

앞에서도 언급한 바와 같이 경판본 고소설, 완판본 고소설, 그리고 필사연도를 추정할 수 있는 구 장서각 소장의 장편소설(약 120종)을 비롯한 필사본 고소설 등이 새로운 자료로서 추가될 필요가 있다. 방각본 고소설만 부분적으로 보이면 다음과 같다.

강태공전(姜太公傳)	금방울전
김원전	도원결의록 권지하(桃園結義錄卷之下)
백학선전 단(白鶴扇傳單)	사씨남정기(謝氏南征記)
삼설기	설인귀전
소대성전	숙영낭자전
숙향전	신미록(辛未錄)
심청전	쌍주기연
양풍전	옥주호연
용문전	울지경덕전(蔚遲敬德傳)
월봉기(月峰記)	유충렬전(劉忠烈傳)
이대봉전(李大鳳傳)	임장군전
장경전(張景傳)	장백전
장풍운전	장한절효기(張韓節孝記)
장화홍련전	적성의전
조웅전(趙雄傳)	진대방전
징세비태록(懲世丕泰錄)	초한전(楚漢傳)
춘향전	춘향전 완판 - 열녀춘향수절가
토생전	홍길동전
화용도(華容道)	흥부전

② 각종의 시가 작품

시가 작품들은 대개 전사본이 많아서 그 창작연대와 간행연대나 필사연대가 달라서 국어사 자료로 이용하기 어려운 점이 있으나, 간행시기와 필사시기를 알 수 있는 자료는 적극적으로 새로운 자료 속에 포함시키는 것이 좋다.

③ 각종의 한글 고문서

각 도서관 등에는 한글 고문서도 상당수 소장되어 있는데, 이들 자료는 특히 어휘 연구에 중요한 자료를 제공해 준다. 최근에 간행된 이상규 교수의 『한글 고문서 연구』(도서출판 경진, 2011년)에 그 목록이 있어서 활용이 용이하다. 장서각 소장 한글 고문서만도 약 666종에 달한다(그 목록은 이미 발표자가 작성하여 가지고 있다).

④ 신소설 자료

신소설 작품 목록은 아직까지 체계적으로 정리되어 있지 않다. 오윤선(2005)[1]은 180작품(303판본)의 목록을 작성했고, 한기형(1999)[2]은 130여 편의 작품 목록을 작성한 바 있다. 한편 황용주(2009)[3]는 1917년까지의 신소설 작품 70여 편을 선정하고 있다.

그러나 이들 목록에는 신소설과 고소설이 혼재하고, 소위 신작 구소설류의 작품들도 섞여 있다. 뿐만 아니라 외국 작품을 번안한 작품들도 신소설 작품 목록을 혼란스럽게 만들고 있다. 물론 같은 작품의 다른 판(version)들에 대한 정보도 체계적으로 정리되지 않은 상태이다.

예컨대 이해조의 『고목화』만도 몇 차례 간행되었고, 이들을 영인한 자료들도 일치되어 있지 않다.

○ 1907년 6월 5일~10월 4일, 『제국신문』 연재

○ 1912년, 동양서원, 경성 중부 승동

○ 1922년, 박문서관, 경성부 봉래정

『신소설 · 번안(역)소설 전집』 6(아세아문화사, 1978) : 1922년, 박문서관 판본

『신소설 전집』 2(계명문화사, 1987) : 1912년, 동양서원 판본

---

1 오윤선(2005), 「신소설 서지 데이터베이스의 분석과 그 의미」, 『우리어문연구』 25호.

2 한기형(1999), 「1910년대 신소설에 미친 출판 유통 환경의 영향」, 『한국근대소설사의 시각』, 소명출판.

3 황용주(2009), 「신소설 말뭉치 구축과 활용」, 한중연 어문생활사연구소 학술대회 발표논문.

최찬식의 『추월색』도 마찬가지다.

○ 1912년, 회동서관, 京城 南部 大廣橋

○ 1913년, 회동서관

○ 1914년, 회동서관

○ 1916년, 회동서관

○ 1917년, 회동서관

○ 1921년, 회동서관

○ 1922년, 회동서관

○ 1923년, 회동서관

이들 중에서 주로 영인본들을 선택하여 입력하였기 때문에 초간본을 입력하지 않고 중간본을 입력한 경우도 많다.

⑤ 기독교 문헌 자료

기독교 관련 문헌들은 이미 여러 차례 언급이 되어 왔으나 아직 부족한 면이 많은 것으로 보인다. 한국교회사연구소에서 1984년부터 1986년까지 간행한 『한국 교회사 연구자료』에 있는 영인본이 그 목록의 전부가 아니다. 마찬가지로 노고수(盧孤樹)의 『한국 기독교 서지 연구(韓國 基督敎 書誌 硏究)』(예술문화사(藝術文化社), 1981년), 기독교문사에서 간행한 『한국 성서 · 찬송가 100년』(1987년), 기독교문사의 『책 100권으로 보는 한국기독교 문서운동 100년』(1987년), 김봉희의 『한국 기독교 문서 간행사 연구』(이화여대출판부, 1987년) 등도 기독교 문헌들을 총망라해서 연구한 것이 아니다.

최근에 이태영 교수로부터 받은 그림 파일로 되어 있는 성서자료에는 모두 76개의 기독교 문헌 자료들이 있었는데, 이 속에는 지금까지 한 번도 소개되지 않았던 자료들도 꽤나 있었다. 예컨대 『교화황윤음』(1889년), 구셰요언단(1895년), 라병론(1893년), 삼요록(1894년), 신덕통론(1893년), 약한의 긔록혼 딕로복음(연도 미상), 위원입교인규됴(1895년), 텬로지귀(1894년), 인가귀도(1894년) 등은 거의 알려지지 않은 자료들이다. 대부분 파리동양어학교의 도장이 찍혀 있었다.

⑥ 신문 잡지 자료

독립신문 이후 우리나라에서 간행된 신문과 잡지는 매우 다양한데, 지금까지 주로 검색에 이용되는 신문은 '독립신문'과 '데국신문' 정도로 보인다. 신문 자료에 대해서는 신중진 교수의 '개화기 신문과 잡지 자료의 국어사적 현황과 분류'(2011년도 여름 국어사학회 전국학술대회, 2011)에서 비교적 자세히 다루고 있어서 이를 바탕으로 목록을 작성하면 될 것이다. 그리고 현재까지 알려진 입력 신문 자료는 '독립신문, 데국신문, 상해 독립신문' 등이 있고, 잡지로는 '개벽, 기호흥학회월보, 대동아, 대동학회월보, 대조선독립협회회보, 대한유학생회학보, 대한자강회월보, 대한학회월보, 대한협회회보, 동광, 만국부인, 별건곤, 삼천리, 삼천리문학, 서북학회월보, 서우, 태극학보, 호남학보' 등이 있다.

⑦ 교과서

구한말 교과서는 영인본이 나온 적이 있으나 전부 조사가 되어 있지 않다. 강윤호 교수의 『개화기(開化期)의 교과용 도서(教科用 圖書)』(교육출판사(教育出版社), 1973년)를 비롯하여 허재영 교수의 '근대 계몽기 교과서 연구사'(2011년도 여름 국어사학회 전국학술대회 발표문) 등에 소개되어 있다. 입력된 자료는 연세대학교에서 '최근세국어 문법 연구'의 가제를 하면서 상당한 양의 교과서를 입력하였지만, 현재까지 공개되어 있지는 않다.

⑧ 사전 편찬 참고 자료

국어 사전을 편찬하기 위해 어휘사를 연구할 수 있는 자료도 알려지지 않은 것들이 꽤나 있다.

선화신사전(鮮和新辭典), 일한회화사전(日韓會話辭典), 선역 국어대사전(鮮譯國語大辭典), 경찰관조선어교과서부록 『일선단어대역집』(警察官朝鮮語教科書附錄『日鮮 單語對譯集』), 조선의어류집(朝鮮醫語類集), 조선국해상용어집(朝鮮國海

上用語集), 병요조선어(兵要朝鮮語), 조선속담조학(朝鮮俗語早學), 일화조준(日話朝雋), 일한통화(日韓通話), 조선어학독안내(朝鮮語學獨案內), 속성독학일본어회화편(速成獨學日本語會話編), 실지응용조선어독학서(實地應用朝鮮語獨學書)

뿐만 아니라 다음과 같은 자료들도 거의 알려져 있지 않다.

○ 주석 자료

옥교리(玉嬌梨), 뎡니의궤(整理儀軌)

○ 척독 자료

○ 문자(文字) 관련 자료

문자수합(文字收合), 문ᄌ연습증(文字鍊習帳), 문ᄌ칙(文字册), 언문주해 보통문자집(諺文註解 普通文字集), 행용한문어투(行用漢文語套), 무쌍주해신구문자집(無雙註解新舊文字集), 현용신식문자어(現用新式文字語), 국문간독식, 문자백범(文字凡百), 상식고문 신식문자집(常識顧問 新式文字集) 등

○ 의학 관련 어휘 자료

시재직지방 해혹변의(時齋直指方 解惑辨疑), 인제지(仁濟志), 양방금단(良方金丹)

○ 농사 관련 어휘 자료

월여농가(月餘農歌), 행포지(杏浦志), 농가십이월속시(農家十二月俗詩), 연경재전집(硏經齋全集), 조선의재래농구(朝鮮の在來農具)

○ 물명 관련 어휘 자료

물명류휘(物名類彙), 물명찬(物名纂), 물명류해(物名類解), 속명류취(俗名類聚), 명물기략(名物紀略), 자의물명수록(字義物名隨錄), 자회초(字會抄), 송간이록(松澗貳錄), 만삼록(萬三錄), 박물신서(博物新書), 몽유(蒙牖), 사류박해(事類博解), 몽유편(蒙喩篇), 재물보 · 광재물보(才物譜 · 廣才物譜), 가례석의(家禮釋義), 박고(博攷), 어록류해(語錄類解), 군두목초(群頭目抄), 해동죽지(海東竹枝), 조선의모습(朝鮮の俤), 사천년 조선 이어해석(四千年 朝鮮 俚語解釋), 신편문자유집초(新編文字類輯抄),

진람(震覽), 군학회등(群學會騰), 죽교편람(竹僑便覽), 난호어목지(蘭湖漁牧志)

⑨ 기타

각 도서관에는 소장되어 있지만, 국어학자들이 모르고 이용 못하고 있는 자료들이 꽤나 있다. 예컨대 『문창제군효경언해(文昌帝君孝經諺解)』(1884년), 직성행년법(直星行年法)(1895년), 『지구약론(地璆略論)』(1897년), 『관세음보살륙자딕명왕다라니신쥬경』(1908년) 등 상당수의 20세기 초의 불경 자료들은 한 번도 인용된 적이 없는 것들이다.

그 이외에도 어휘 자료를 볼 수 있는 자료들도 수없이 많다. 여기에 일일이 예거하지 않는다.

7) 자료의 공유 및 활용

한국 언어 문학 자료를 집대성하고 정리하였어도, 이를 공개하지 않는다면 그 의미는 반감된다. 국어 문학 연구를 위한 토양을 만들어 주어야 하기 때문에 반드시 공개하고 또한 원활하게 활용할 수 있는 여건을 만들어 주어야 한다. 자료는 공유되어야 학문이 발달할 수 있는 것이다.

우리 선조들이 우리에게 남겨준 문화재는 그것을 소유하고 있는 사람의 것이 아니라 우리 모두의 것이다. 그럼에도 불구하고 자료를 소장하고 있는 사람들은 공개를 꺼린다. 자료의 공유를 꺼리는 것이다. 도서관도 그 사정은 마찬가지이다. 어느 도서관에서 소장하고 있는 유일본들은 그것을 찾는 사람이 많게 하도록 즐겁게 공개하여야 하는데, 유일본이라고 해서 공개를 꺼려하거나 또는 아예 열람조차도 허락하지 않는다. 도서관의 본분을 잊고 도서 창고로 전락하고 있다. 도서관은 소장 도서를 잘 활용할 수 있도록 하는 곳이지, 책을 보관만 하고 있는 곳이 아니다. 귀중 문헌들을 훼손시키지 않게 하기 위한 방법은 열람 금지가 아니라 복본을 만들어서 원본 열람을 가급적 막고 복본을 열람하게 하는 것이다. 이와 같은 이유로 인해서 간송미술관의 훈민정음 해례본을 공개하지 않는 것은 안타까운 일일 뿐만 아니라 규탄의 대상이 되어야 한다고 생각한다.

이러한 자료들을 활용하고 공유하는 가장 효율적인 방법은 일정한 인원과 예산이 주어지는 국가기관이 담당하는 것이다. 정부 기록보존소처럼 법적으로 지정된 기관에서 하는 것이 바람직한 것으로 생각한다. 왜냐하면 다른 연구기관이나 사설기관에서는 영속성을 보장하기가 쉽지 않기 때문이다. 그러나 한편으로 국가기관이 담당하였을 때에는 그 관리와 활용에 문제가 발생할 수 있다. 전문적인 인력이라고 해도 일단 관료체제로 들어가면 그 효율성이 극도로 낮아지는 것이 오늘날 우리나라 국가 소속 연구기관의 속성이라고 생각하는데, 이 생각이 발표자의 개인적인 선입관이기를 바랄 뿐이다.

디지털 한글 박물관이나 한국역사정보통합시스템 등이 대표적인 예라고 생각하는데, 정부 지원이 끊어진 이후 자료상의 수정이나 증보는 전혀 볼 수 없다. 이 자료를 공개하고 있는 곳의 현상을 보고 발표자의 선입견이기를 바란다고 하는 것이다.

그래서 발표자의 개인 생각이지만, 가능하다면 자료를 관리할 수 있는 학술연합체를 조직하여 배포와 관리를 할 수 있도록 국가 기관에서 지원해 주는 것이 특정 국가 기관에 맡기는 것보다 더 바람직하다고 생각한다.

그것도 힘들다면 할 수 없이 학자들 간에 개인적으로 자료를 공유하고 활용할 수 있는 조그만 모임을 만들어 사명감을 가지고 일할 수 있도록 하는 것이다. 다만 여기에서 일하는 학자들의 많은 희생이 따를 것이 걱정일 뿐인데, 많은 학자들 중에 그렇게 자신을 희생할 만한 학자가 없을 것이라는 생각은 하지 않는다.

8) 마무리

국어사 관련 자료 중에 북한 자료나 해외 동포들의 자료도 포함되어야 하는

가 하는 문제가 있지만, 이들은 대부분이 현대국어 자료이어서 국어사 자료 수집의 대상은 아니다. 그러나 현재의 국어 자료도 조금만 지나면 역사 자료가 되는 것이며, 또 국어의 역사를 기술하기 위해서는 현대국어까지의 변화 과정도 설명하여야 하기 때문에, 명칭은 비록 국어사 자료라고 하더라도 현대국어 자료도 포함시키는 일이 필요하다.

1차 자료만 필요한 것이 아니라 2차 자료인 국어사 관련 연구논저들이나 각 문헌에 대한 연구논저 목록과 국어학사 자료, 또는 각 문헌에 대한 영인본이나 주석서 목록을 포함시켜야 할 것인가 하는 문제도 역시 우리에게 남겨진 문제 중의 하나이다. 그러나 거시적인 안목에서 이들도 가능한 한 포함시키는 것이 필요하다고 생각한다. 그래서 발표자는 이 자료들도 정리해 놓은 상태이다.

가장 큰 문제점은 국어사 자료의 체계적인 수집과 정리 및 관리가 국어학 및 한국학 연구의 가장 기초적이고 필연적인 과정이라는 사실은 늘 강조되면서도, 그 필요성만 강조될 뿐, 그 연구가 시행되는 일은 언제나 요원하다는 점이다. 그러나 그러한 일이 시행될 수 있다는 희망은 언제나 살아 있다.

<2011년 11월 11일(금), 제52차 한국언어문학회 정기 학술 발표대회,
주제: 한국 언어문학 새 자료의 발굴과 공유,
전북대학교 진수당 가인홀 23호>

2. 한글 문헌 편집 및 출판의 발전 과정에 대하여

1) 시작하면서

문헌의 편집 및 출판의 변화란 문헌의 내용과 형식의 변화이다. 문헌의 내용이야 본질적으로 신과 인간과 자연과, 그리고 그 상호 간의 관계에 대한 것이기 때문에 큰 변화가 없겠지만, 그 내용을 좀 더 빠르고 좀 더 정확하고 좀 더 인상적으로 전달하려는 노력으로 의사전달의 매체에 의도적인 변화를 꾀함으로써 형식상에는 많은 변화가 일어나게 된다.

문헌의 형식적 변화는 전달하고자 하는 의미를 효율적으로 전달하려는 의도된 목적에 따라 시, 소설, 수필 등의 장르상의 변화도 일어나지만, 그 문헌에 표기된 문자의 내적인 요소에 의한 변화와 출판 및 인쇄 도구나 전달 매체나 의사소통 구조의 변화와 같은 외적인 요소에 의한 변화도 일어난다. 그 요소들은 대체로 다음과 같은 것이다.

① 내적인 변화

ㄱ. 문자 사용 환경의 변화 : 훈민정음 창제로 인한 변화 등.

② 외적인 변화

ㄱ. 출판 및 인쇄 도구의 변화 : 목판본, 금속활자본 등에서 납활자의 도입 및 전자출판 등으로의 변화 등.

ㄴ. 언어 전달 매체의 변화 : 신문, 잡지 등의 출현 등.

ㄷ. 의사소통 구조의 변화 : 컴퓨터의 도입으로 의사소통의 방향이 일방향(一方

向)에서 양방향(兩方向) 또는 다방향(多方向)으로 변화한 것 등.

이러한 관점에서 한국의 문헌 출판의 역사적 변화는 세 번의 중요한 전환점이 있었다고 할 수 있다. 첫 번째는 1443년에 훈민정음을 창제하였을 때이고, 두 번째는 19세기 말의 필기도구와 출판의 도구 및 재료인 연활자와 양지와 인쇄기를 수입했을 때이며, 세 번째는 20세기 말의 컴퓨터를 도입한 때이다.

본고는 이러한 관점에서 한글 문헌들이 어떠한 변화를 겪었는가에 대해서 살펴보려고 한다. 특히 문헌 형태의 역사적 변화에 대해 논의하려고 한다.

2) 훈민정음 창제와 편집 및 출판 형태의 변화

'훈민정음'이라는 새로운 문자의 탄생은 어문생활에 혁명적인 변화를 일으켰다. 한글의 등장으로 문헌상에 한글이 표기됨으로써 문헌 편집 및 출판에도 엄청난 변화가 일어났다.

2.1. 편집 방식

한글 문헌은 다음과 같은 내용을 포함한다.

(1) 권수(卷首)

① 표제면(標題面)

㉠ 서명

㉡ 저자(著者)나 편자(編者)

㉢ 저작(著作)·편찬(編纂)한 연도

㉣ 발행사항(發行事項)

㉤ 사용한 활자(活字)의 저장처

㉥ 제첨자명(題籤者名)

② 권수도(卷首圖)

③ 진전문(進箋文)

④ 서문(序文)

⑤ 목차(目次)

㉠ 총목(總目) ㉡ 책별 목차(册別 目次)

㉢ 권별 목차(卷別 目次) ㉣ 범례(凡例)

㉤ 참고문헌(參考文獻)

(2) 본문(本文)

① 첫 권 제1장

㉠ 권두 서명(卷頭書名), 권수제(卷首題) ㉡ 권차 표시(卷次表示)

㉢ 종합서명(綜合書名) ㉣ 저작자(著作者) 표시

㉤ 장서인기(藏書印記) ㉥ 내사인기(內賜印記)

㉦ 수권자(受卷者) 표시

② 각권(各卷)의 본문(本文)

㉠ 피휘(避諱), 결획(缺劃) ㉡ 선구(旋句)

㉢ 삽도(挿圖)

③ 각 권의 마지막 장

(3) 권말(卷末)

① 보유(補遺) ② 부록(附錄)

③ 저작 · 간행자 관계기록 ④ 후서(後序) · 발(跋) 등

⑤ 주자발(鑄字跋) · 주자사실(鑄字事實)

⑥ 간행기록

㉠ 목기(木記) ㉡ 간기(刊記)

㉢ 인출기(印出記) ㉣ 패기(牌記)

㉤ 서사기(書寫記) ㉥ 판권면(版權面)

한글 문헌들은 그 편집체제가 문헌마다 다르다. 한문 문헌이든 한글 문헌이든 모든 문헌은 권수(책의 앞부분)와 본문과 권말로 구분되고, 이들에 각각 포함된 내용이나 형식도 모두 다르다. 그래서 어느 문헌이나 위의 내용들이 다 포함되는 것은 아니고, 문헌의 성격에 따라 포함될 내용이 있고, 그렇지 않을 내용이 있다.

여기에서는 주로 본문의 편집 체제에 대해서만 다루도록 한다. 특히 본문 중에서 첫 권의 제1장에 보이는 권두 서명(卷頭書名), 즉 권수제(卷首題)와 저작자(著作者) 표시에 대해서만 언급하도록 한다.

훈민정음 창제 이후에는 한자로 된 원문과 이를 번역한 한글로 된 언해문을 동시에 사용하게 됨으로써 문헌 편집의 새로운 유형이 등장하게 된다.

훈민정음 창제 이후에 나타난 한글 문헌의 편집형태는 다음과 같다.

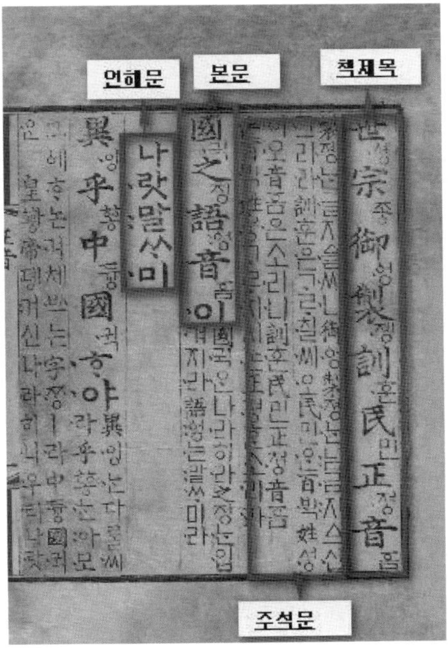
언해문
본문
책제목
주석문

<훈민정음 언해본 1a>

문헌에 포함되는 내용은 '책제목, 목차, 본문' 등이 있는데, 본문에 쓰인 내용은 '제목, 한문 원문, 언해문, 주석문'의 네 가지다. 이 네 가지는 다음과 같은 고정된 형태로 나타난다.

① 책제목 : 첫줄의 첫칸부터 쓴다.

② 한문 본문 : 첫칸부터 쓴다.

③ 언해문 : 첫 칸을 한 칸 띄고 쓴다.

④ 주석문 : 본문이나 언해문의 한 줄에 해당하는 곳에 두 줄로 쓴다. 그리고 주석문의 대상이 제목이든 한문 본문이든 언해문이든 그 대상 주석문의 문장이 끝나는 곳에서부터 시작한다. 그리고 두 줄의 끝부분이 나란히 끝나지 않는 홀수의 문자라면 두 줄 중 왼쪽 줄의 마지막 문자를 비어 둔다.

이와 같은 편집 방식은 오랜 동안 지속되어 어느 것은 납활자가 등장하기 이전까지, 어느 것은 현재까지 계속되어 왔다. 예컨대 책 제목을 위에서부터 띄지 않고 쓰는 방식은 첫 줄의 가운데에 쓰는 방식으로 변화하기 시작한 20세기 초까지 지속되어 왔으며, 한 문단이 시작될 때 첫 칸을 띄어 쓰는 방식은 현대까지도 그대로 이어져 오고 있다.

저자명은 다음에서 보는 바와 같이 책제목의 다음 줄부터 쓰되 저자명의 끝 글자가 맨 아래에 오도록 한다. 구결을 쓴 사람의 이름은 아래에 한 칸을 비워 둔다.

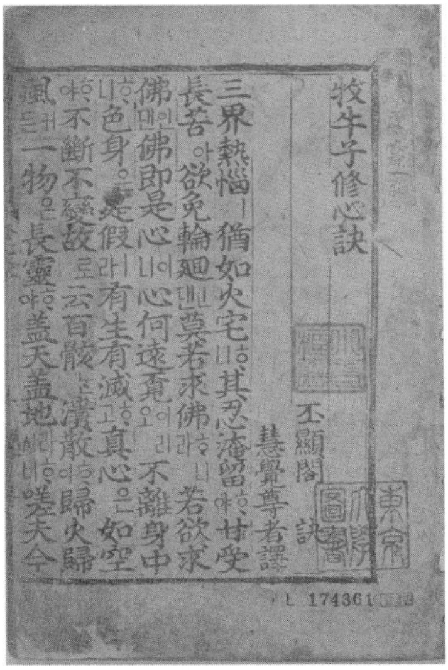
牧牛子修心訣
丕顯閤 訣
慧覺尊者譯

<목우자수심결언해>(1467년)

『목우자수심결언해』의 서명은 '목우자수심결(牧牛子修心訣)'이다. 첫 줄의 첫 칸부터 쓴다. 그리고 둘째 줄과 셋째 줄의 마지막 칸에 '비현합 결(丕顯閤 訣)'이란 구결을 단 사람 이름이 등장하고 셋째 줄에 '혜각존자 역(慧覺尊者 譯)'이란 글이 마지막 칸까지 쓰이어 있다. 구결을 단 사람은 마지막 칸을 하나 남겨 두고(이름과 결(訣) 사이에 한 칸을 띈다), 번역자나 저자는 이름과 역(譯) 또는 이름과 저(著) 사이에는 띄지 않고 마지막 칸에 닿도록 쓴다.

이름을 쓰는 방식은 짧은 글일 경우에는 가로쓰기인 오늘날에도 오른쪽의 마지막 칸에 마지막 음절이 오도록 하는 편집태도를 고집하고 있는데, 이 역사는 수백 년을 변하지 않고 전해 오는 전통적인 방식이라고 할 수 있다.

2.2. 문헌의 표기 문자

문헌에 쓰인 문자는 한자와 한글의 두 가지이지만, 실제로 문헌 편집에서 사용되고 있는 문자는 매우 다양한 모습을 보인다.

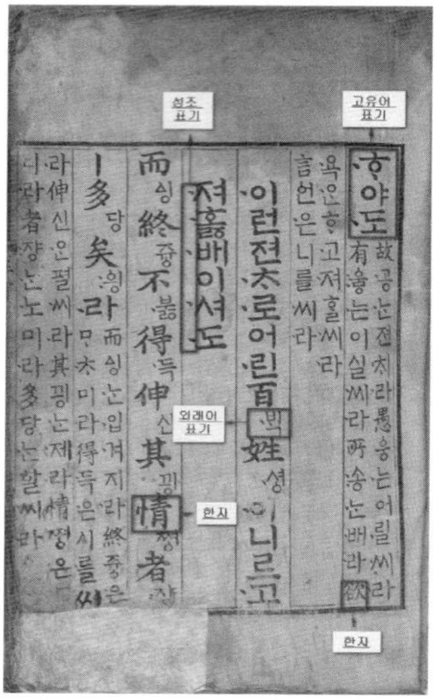
성조 표기
고유어 표기
외래어 표기
한자
한자

<훈민정음 언해본 2a>

『훈민정음 언해본』에 보이는 표기는 크게 '한자, 한글, 방점'의 세 가지이다. 그러나 한자도 본문과 주석문의 서체가 다르고, 한글도 고유어 표기의 한글과, 외래어[한자음] 표기의 한글 표기 및 서체가 각각 다르다. 여기에 성조를 표기하는 방점이 있어서 글자 모양이 매우 다양한 셈이다.

언해문의 한글에 비해 주석문의 한글은 그 기능이 달라서 언해문의 고유어 표기에는 정방형의 한글을 썼지만, 주석문의 한글과 외래어 표기의 한자음 표기의 한글은 세로의 길이는 동일하지만 가로의 길이는 세로의 반 정도 되는 크기로 쓰고 있다.

이처럼 문자들이 다양한 모습을 보이는 이유는 훈민정음은 고유어 표기와 외래어 표기, 그리고 외국어 표기 방식을 달리하였기 때문이다. 고유어와 외래어와 외국어의 서체를 달리 표기하였다는 사실은 15세기 중기의 출판에 이미 서체의 개념이 존재했었고, 그럼으로써 훈민정음 창제 당시에 문헌의 디자인이 매우 정교하게 이루어져 있었음을 알 수 있다. 동일한 문헌임에도 불구하고 외국어의 표기를 고유어나 외래어[한자음]의 서체와 구별되게 표기한 『월인석보』 권10의 예에서 그러한 사실들이 확인된다. 외국어 표기는 '다라니경(多羅尼經)'의 음역이다.

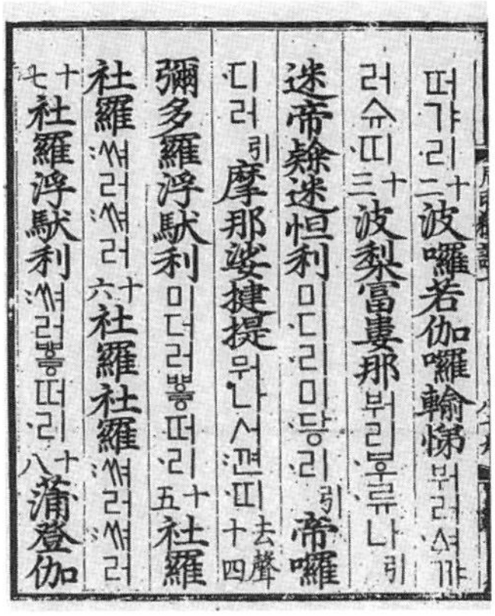

<월인석보 10, 89b>

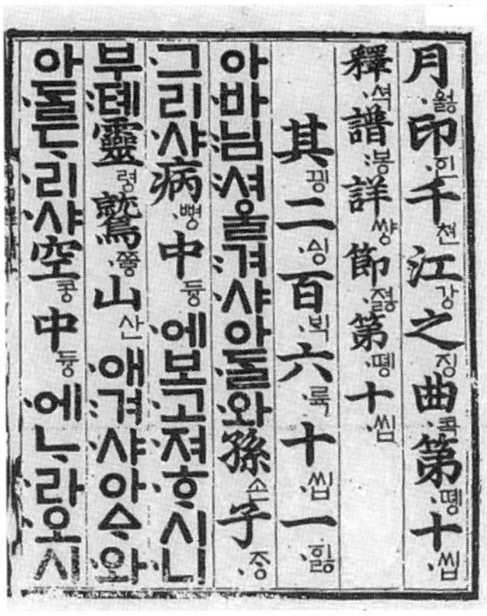

<월인석보 10,1a>

한 문헌임에도 불구하고 이렇게 서체가 다른 것은 그 표기 문자가 기능이 다르기 때문이다.

『훈민정음 언해본』에서 고유어는 '나랏 말ᄊᆞ미' 등의 방식으로, 그리고 외래어 표기는 '世솅宗종御엉製졩' 등으로, 그리고 훈민정음 언해본 끝부분에 보이는 '한음치성(漢音齒聲)' 부분에서는 중국어의 '정치음(正齒音)'과 '치두음(齒頭音)'을 구별하기 위해서 'ᄼ ᄾ ᅎ ᅐ ᅔ ᅕ ᄽ ᄿ ᅏ ᅑ' 등과 같은 문자를 사용하고 있는데, 이것은 고유어와 외래어와 외국어를 구별하기 위한 조치였다. 현대의 문헌에서 외래어와 외국어를 구별하기 위한 한글 서체를 사용하지 않는 사실에 비해 얼마나 놀라운 사실인가를 다시 느끼게 할 뿐만 아니라, 발표자가 늘 주장하는 외래어체와 외국어체의 폰트가 필요함을 새삼 깨닫게 하는 사실이기도 하다.

그런데 한자음 표기 방식은 훈민정음 창제 당시부터 논란이 있었던 것 같다. 즉 한자음 표기를 '世솅宗종御엉製졩' 방식과 '솅世종宗엉御졩製' 방식으로 쓰는 방식의 두 가지가 보인다. 세종이 직접 썼다고 하는 『월인천강지곡』은 후자의 방식을, 세조가 편찬하였다고 하는 『월인석보』는 전자의 방식을 택하고 있으나, 세종이 승하한 후에는 『월인천강지곡』을 제외한 나머지 한글 문헌들은 모두 전자의 방식을 택하게 되었다. 동일한 문장을 쓴 『월인천강지곡』과 『월인석보』 부분을 비교해 보면 그러한 사실을 쉽게 알 수 있다.

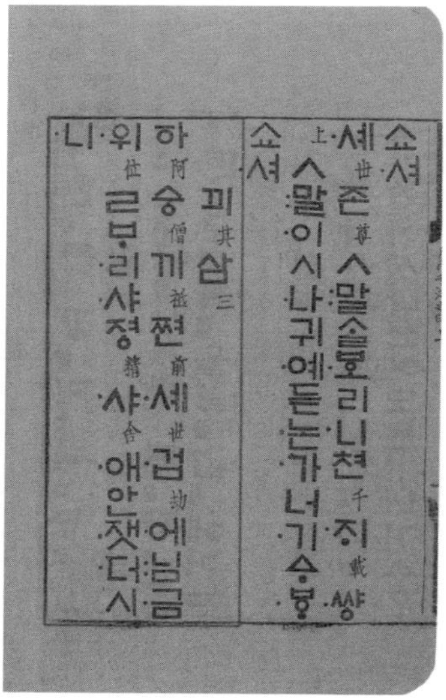

<월인천강지곡 부분>

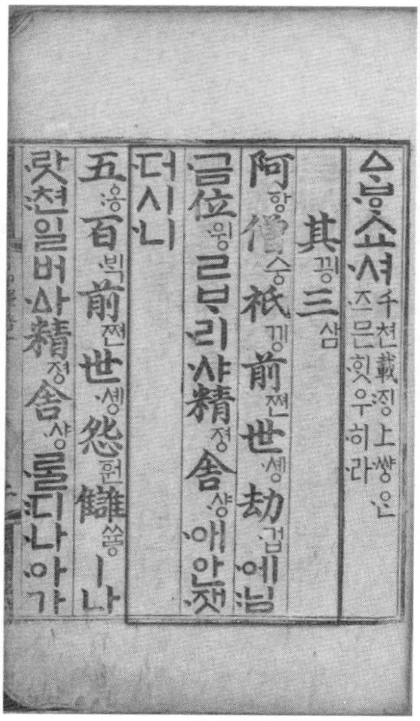

<월인석보 부분>

『월인천강지곡』은 '하阿승僧끼祇쪈前셰世겁劫'으로, 『월인석보』는 '阿항僧승祇낑前쪈世솅劫겁'으로 표기하고 있다. 이것을 현대적으로 표기한다면 월인천강지곡은 '하승끼쪈셰겁(阿僧祇前世劫)'으로, 월인석보는 '阿僧祇前世劫(하승끼쪈셰겁)'으로 표기한 셈이다.

이러한 방식은 곧 국한혼용문을 어떻게 쓸 것인가란 문제와 연계되어 아직까지도 논란이 되고 있는 요소다. 오늘날에도 '阿僧祇前世劫'으로 쓸 것인지, '하승끼쪈세겁'으로 쓸 것인지, 아니면 '阿僧祇前世劫(하승끼쪈세겁)'으로 쓸 것인지, '하승끼쪈세겁(阿僧祇前世劫)'으로 써야 할 것인지에 대한 논란이 있는 것인데, 이러한 논란은 이미 훈민정음 창제 당시부터 있었던 것이다.

이러한 외래어 표기 방식은 문자인식에서도 차이를 보인다. 『월인천강지곡』에서는 이 한자음을 '하승끼쪈셰겁'으로 쓰고 있음에 비하여, 『월인석보』에서는 '항승낑쪈솅겁'으로 쓰고 있다. 종성이 없는 한자음에도 'ㅇ'을 쓰는 것은 외래어 표기 방식에 따른 것이고, 'ㅇ'을 쓰지 않는 것은 고유어 표기 방식인데, 세종은 한자음도 고유어처럼 인식한 반면, 세조는 한자음을 고유어와는 다른 것으로 인식하고 있다. 이처럼 세종과 세조는 문자에 대한 인식에 차이가 있었음을 알 수 있다. 그러나 『육조법보단경언해』(1496년)부터는 한자음에서 종성의 'ㅇ' 표기는 사라지게 된다. 곧 동국정운식 한자음 표기가 사라지고 현실음 표기로 바뀌어서 세종이 표기했던 방식으로 환원되게 된다.

이와 같은 문자 표기 방식은 현대의 한글 전용 문제와 국한 혼용 문제의 해결에 많은 시사를 해 준다. 곧 훈민정음을 창제한 세종의 뜻을 따른다면 '세종(世宗)'의 방식으로 표기하는 방식을 따르는 것이다.

2.3. 문헌의 체제

『훈민정음』 언해본(1459년)의 체제를 보면 다음과 같다.

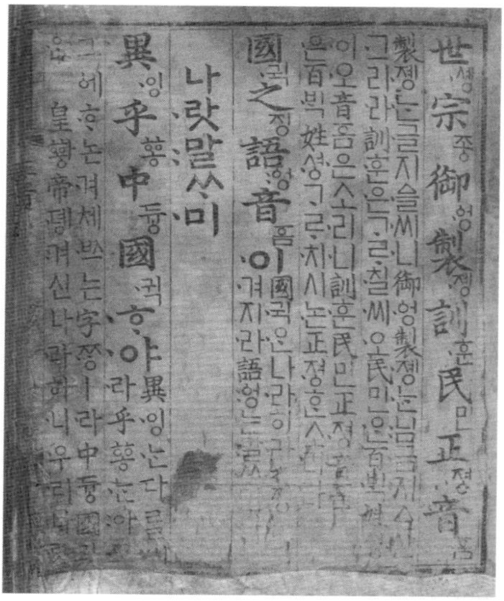
世솅宗종御엉製졩訓훈民민正졍音흠
製졩는 글지슬 씨니 御엉製졩는 님금 지ᅀᅳ샨
그리라 訓훈은 ᄀᆞᄅᆞ칠 씨오 民민은 百빅
이오 音흠은 소리니 訓훈民민正졍音흠은
百빅姓셩 ᄀᆞᄅᆞ치시논 正졍ᄒᆞᆫ 소리라
國귁之징語엉音흠이 國귁은 나라히라 之징ᄂᆞᆫ 입겨지라 語엉ᄂᆞᆫ
나랏 말ᄊᆞ미
異잉乎ᅘᅩᆼ中듕國귁ᄒᆞ야 異잉ᄂᆞᆫ 다ᄅᆞᆯ 씨라 乎ᅘᅩᆼᄂᆞᆫ 아모
그에 ᄒᆞᄂᆞᆫ 겨체 ᄡᅳᄂᆞᆫ 字ᄍᆞᆼㅣ라 中듕國귁
은 皇ᅘᅪᆼ帝뎽 겨신 나라히니 우리

<훈민정음 언해본의 서문>

위의 그림에서 보듯이

첫 줄에 '世솅宗종御엉製졩訓훈民민正졍音흠'이란 이 책의 제목이 나온다.

둘째 줄부터 셋째 줄까지는 제목에 대한 협주로 된 주석문이 있다. 즉 '製졩는 글 지슬 씨니 御엉製졩는 님금 지스샨 그리라 訓훈은 ᄀᆞᄅᆞ칠 씨오 民민은 百빅姓셩이오 音흠은 소리니 訓훈民민正졍音흠은 百빅姓셩 ᄀᆞᄅᆞ치시논 正졍ᄒᆞᆫ 소리라'로 되어 있는 부분이다.

넷째 줄에는 대자(大字)로 된 '國귁之징語엉音흠이'라 되어 있는 본문과 '國귁은 나라히라 之징ᄂᆞᆫ 입겨지라 語는 말ᄊᆞ미라'로 되어 있는 본문에 대한 주석문이 협주로 되어 있다.

다섯째 줄에는 본문의 언해문이 실려 있다. 즉 '나랏 말ᄊᆞ미'가 그것이다.

여섯째 줄부터 7째 줄과 그 다음 쪽의 첫째 줄까지에는 대자로 된 '異잉乎ᅘᅩᆼ中듕國귁ᄒᆞ야'란 본문과 이 본문에 대한 주석문인 '異잉ᄂᆞᆫ 다ᄅᆞᆯ 씨라 乎ᅘᅩᆼᄂᆞᆫ 아모그에 ᄒᆞ논 겨체 ᄡᅳᄂᆞᆫ 字ᄍᆞᆼㅣ라 中듕國귁은 皇ᅘᅪᆼ帝뎽 겨신 나라히니 우리나랏 常썅談땀애 江강南남이라 ᄒᆞᄂᆞ니라'란 내용이 들어 있다.

첫째 줄이 제목이고 둘째 줄부터 셋째 줄까지는 제목에 대한 주석문이다. 넷째 줄은 본문과 그 주석, 다섯째 줄은 언해문이다. 여섯째 줄과 일곱째 줄은 본문과 주석문이다. 그리고 이러한 형식은 되풀이 된다.

그래서 이 글을 읽을 때에는 보통은 그 순서대로 읽어서 '世솅宗종御엉製졩訓훈民민正졍音음, 製ᄂᆞᆫ 글 지ᅀᅳᆯ 씨니 御製ᄂᆞᆫ 님금 지ᅀᆞ샨 그리라 訓은 ᄀᆞᄅᆞ칠 씨오 民ᄋᆞᆫ 百姓이오 音은 소리니 訓民正音은 百姓 ᄀᆞᄅᆞ치시논 正ᄒᆞᆫ 소리라 國귁之징語엉音음이 國ᄋᆞᆫ 나라히라 之ᄂᆞᆫ 입겨지라 語는 말ᄊᆞ미라, 나랏 말ᄊᆞ미, 異잉乎홍中듕國귁ᄒᆞ야, 異ᄂᆞᆫ 다ᄅᆞᆯ 씨라 乎ᄂᆞᆫ 아모그ᅌᅦ ᄒᆞ논 겨체 ᄡᅳ는 字ㅣ라 中國ᄋᆞᆫ 皇帝 겨신 나라히니 우리나랏 常談애 江南이라 ᄒᆞᄂᆞ니라'로 읽게 될 것이다.

그러나 이러한 순서대로 읽는다면 이 책을 잘못 읽는 것이다. 이 당시의 문헌 편집 방식을 전혀 이해하지 못하고 읽기 때문이다.

위의 글을 현대에 다시 쓴다면 아마도 다음과 같이 될 것이라고 생각한다 (그 일부만 보인다).

> 世솅宗종御엉製졩[1]訓훈民민正졍音음[2]
>
> 國귁[3]之징[4]語엉[5]音음이 異잉[6]乎홍[7]中듕國귁[8]ᄒᆞ야
>
> 나랏 말ᄊᆞ미 中듕國귁에 달아
>
> ---
>
> 1) 製ᄂᆞᆫ 글 지ᅀᅳᆯ 씨니 御製ᄂᆞᆫ 님금 지ᅀᆞ샨 그리라
>
> 2) 訓은 ᄀᆞᄅᆞ칠 씨오 民ᄋᆞᆫ 百姓이오 音은 소리니 訓民正音은 百姓 ᄀᆞᄅᆞ치시논 正ᄒᆞᆫ 소리라
>
> 3) 國ᄋᆞᆫ 나라히라

4) 之ᄂᆞᆫ 입겨지라

5) 語는 말ᄊᆞ미라

6) 異ᄂᆞᆫ 다ᄅᆞᆯ 씨라

7) 乎ᄂᆞᆫ 아모그에 ᄒᆞᄂᆞᆫ 겨체 ᄡᅳ는 字ㅣ라

8) 中國ᄋᆞᆫ 皇帝 겨신 나라히니 우리나랏 常談애 江南이라 ᄒᆞᄂᆞ니라

따라서 이 책을 읽을 때에는 본문은 본문대로, 언해문은 언해문대로, 그리고 주석은 주석대로 따로 읽어야 한다. 그래서 이 글은 네 부분으로 나누어 읽어야 한다. 즉 제일 먼저 책 제목을 읽고, 두 번째로 대자로 된 한문 본문을 읽고, 셋째로 언해문을 읽고, 넷째로 주석문을 읽는 방식으로 읽어야 할 것이다.

이러한 특수한 편집태도는 상당히 오랜 동안 우리나라 한글 문헌의 편집 방법을 지배하여 왔다.

이 편집방식은 한문 부분과 언해문을 어떻게 처리하는가에 따라 편집체제의 변화를 초래하게 된다. 훈민정음 창제 직후에는 한문 원문을 구(句)나 절(節)의 단위로 끊어서 싣고 이에 대한 언해문을 실었지만, 곧바로 문단 단위로 끊어서 싣는 방식으로 변화하게 된다. 이미 『능엄경언해』(1461년) 등에 그러한 방식이 등장한다. 이 때에 발생하는 문제는 언해문의 길이가 길어지게 되거나 또는 언해문에 주석을 달아야 하는 점이다. 그 해결방안은 언해문을 협주 형식으로 편집하여 내용을 많이 싣고, 언해문에 나오는 항목에 대한 주석은 어미(魚尾) 형태를 열고(︹) 닫는(︺) 방식을 택하는 것이다. 그리하여 ︹과 ︺ 사이의 글은 언해문의 주석인 것을 알게 된다. 다음의 『능엄경언해』에서 그러한 모습을 볼 수 있다.

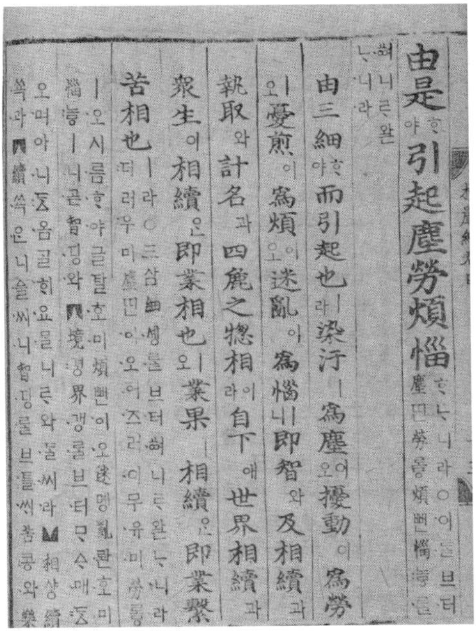

<능엄경언해>

한문 본문을 단락 단위로 끊어서 싣다가, 한문 원문을 앞에 모두 싣고, 뒤에 언해문을 모두 싣는 방식으로 변화한 시기는 18세기 이후이다. 이 편집방식은 19세기 말에는 일반화되어 가는 양상을 보인다. 이것은 다시 한문 원문의 양이 많은 것은 한문 원문과 언해문을 분리하여 별도의 책으로 편집하여 간행하는 방식으로 바뀌는데, 그것은 18세기 중기 이후다. 천의소감언해(1756년), 종덕신편언해(1758년), 명의록언해(1777년) 등이 그러한 문헌이다, 이러한 편집체제의 변화로 인하여 한글 전용문헌이 등장하게 되는 것이다. 왜냐하면 언해문만은 한글 전용인데, 한문 원문이 있어서 한글 전용 문헌이 되지 못하였었는데, 언해문만 별도로 한 책으로 간행함으로써 그 문헌이 한글 전용 문헌이 된 것이기 때문이다.

이러한 편집체제는 영어 등의 서구어들이 들어온 이후에 서구 언어의 문헌을 번역한 번역본의 편집체제에도 그대로 영향을 주었다. 예컨대 영어 번역본의 편집체제의 변화는 대체로 다음과 같은 과정을 거쳤다.

① 영어 원문을 단락별로 나누고 영어 원문을 실은 후 그 영어 단락 아래에 번역문을 싣는 경우

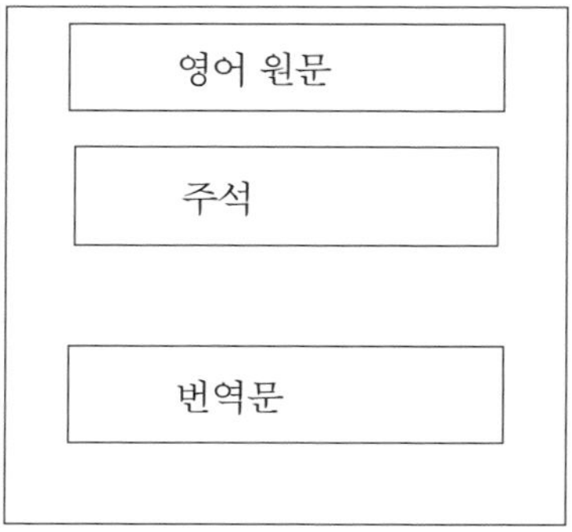
영어 원문
주석
번역문

② 책을 폈을 때, 홀수 면에 번역문을 싣고, 짝수 면에 영어 원문을 싣는 경우

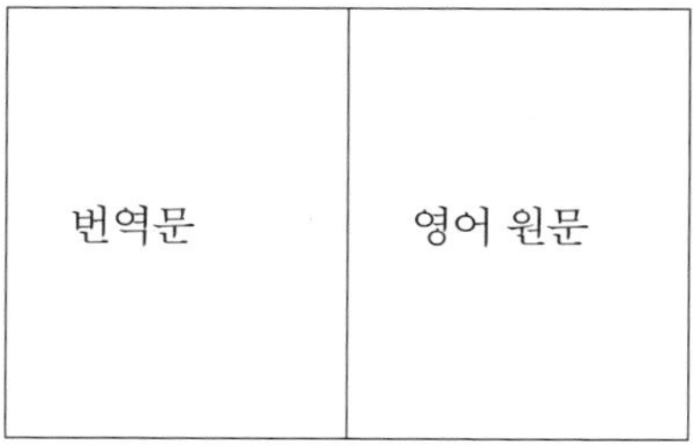
번역문
영어 원문

③ 번역문을 앞에 모두 싣고 뒤에 영어 원문을 모두 싣는 경우.
④ 번역문과 영어 원문을 별도의 다른 책으로 편집하여 간행하는 경우

이러한 편집체제의 변화역사는 이미 15세기부터 18세기까지 일어난 편집체제를 20세기 후반에 와서도 그대로 이어받은 결과라고 할 수 있다.

2.4. 한문 본문과 언해문의 양상

대부분의 한글 문헌들은 한자와 한글을 다 사용하여 왔기 때문에 한문 원문과 그 한문을 번역한 언해문의 양상을 살펴야 한글 문헌의 편집 방식을 알 수 있다.

2.4.1. 한문 원문의 양상

한문 원문이 다양한 모습을 지니는 것은 필자의 의도나 언해과정, 그리고 독자의 특성에 기인하는 것으로 보인다.

(1) 한문 원문만 있는 경우

언해본은 본래 그 목적이 한문을 잘 이해하지 못하는 사람들에게 글의 내용을 알리고자 하거나, 또는 우리나라에서는 구해 보기 힘든 문헌을 새로 구득하여서 이를 널리 알리고자 하는 데 있다고 할 수 있다. 이러한 보편적인 목적을 지닌 것들은 대부분이 한문 원문에는 한문만 게재하고 있다. 대개 이때에는 한문을 어느 정도 알고 있는 사람들을 대상으로 하는 경우가 많다.

(예) 原文 : 孫順興求禮縣人高麗成宗下教曰求禮民孫順興其母死盡像奉祀三日一詣墳饗之如生擬授官階以揚孝道 〈東國新續三綱行實圖 孝子 1:5b〉

諺解文 : 손순흥은 구례현 사ᄅᆞᆷ이라 고려 셩종이 교셔ᄅᆞᆯ ᄂᆞ리와 ᄀᆞᆯ오샤ᄃᆡ 구례 ᄇᆡᆨ셩 손순흥이 제 어미 죽거ᄂᆞᆯ 샹을 그려셔 봉ᄉᆞᄒᆞ고 사ᄒᆞ래 ᄒᆞᆫ 적식 분묘애 가 졔ᄒᆞ기ᄂᆞᆯ 사라실 적 ᄀᆞ티 ᄒᆞ니 벼슬 가ᄌᆞᆯ 주어 ᄡᅥ 효도ᄅᆞᆯ 포양코져 ᄒᆞ노라 ᄒᆞ시니라 〈東國新續三綱行實圖 孝子 1:5b〉

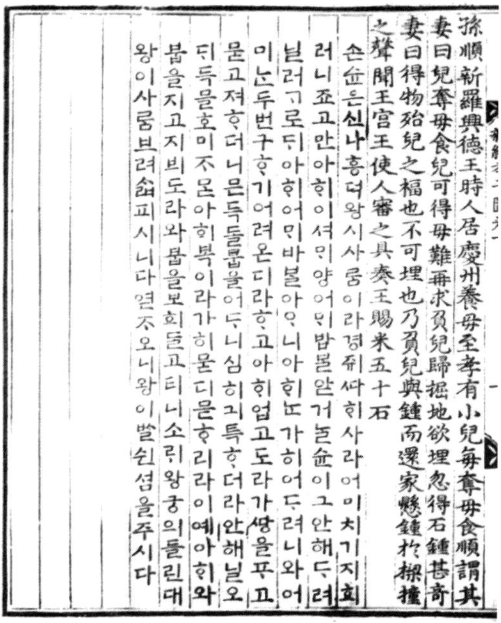

孫順新羅興德王時人居慶州養母至孝有小兒每奪母食順謂其
妻曰兒奪母食兒可得母難再求負兒歸掘地欲埋忽得石鍾甚奇
妻曰得物殆兒之福也不可埋也乃負兒與鍾而還家懸鍾於樑撞
之聲聞王宮王使人審之具奏王賜米五十石
손슌은신나흥덕왕시사ᄅᆞᆷ이라경쥐ᄯᅡ히사라어미치기지회
러니죠고만아ᄒᆡ이셔ᄆᆡ양어믜밥볼앗거ᄂᆞᆯ슌이그안해ᄃᆞ려
닐러ᄀᆞ로ᄃᆡ아ᄒᆡ어믜바볼아ᄋᆞ니아ᄒᆡᄂᆞᆫ가히어ᄃᆞ려니와어
미ᄂᆞᆫ두번구ᄒᆞ기어려온디라ᄒᆞ고아ᄒᆡ업고도라가ᄯᅡᇂ올ᄑᆞ고
묻고져ᄒᆞ더니믄득돌붑을어ᄃᆞ니심히긔특ᄒᆞ더라안해닐오
ᄃᆡ득믈호미조ᄆᆞᆫ아ᄒᆡ복이라가히묻디몯ᄒᆞ리라이예아ᄒᆡ와
붑을지고지븨도라와붑을보회ᄃᆞᆯ고티니소리왕궁의들린대
왕이사ᄅᆞᆷ브려ᄉᆞᆲ피시니다엳ᄌᆞ오니왕이ᄡᆞᆯ쉰셤을주시다

<동국신속삼강행실도, 효자도 1, 5b>

(2) 한문 원문에 한자음을 부기한 경우

한문 원문 자체는 물론 한자 내지 한문의 교육까지도 염두에 둔 문헌으로 보인다. 그러나 한자음이 부기되어 있는 경우에는 대부분이 한글로 구결을 달아 놓기 때문에 이에 해당하는 문헌은 거의 없다.

(3) 한문 원문에 구결을 달아 놓은 경우

이 때에는 구결에 따라 두 가지로 나누어 볼 수 있다.

(a) 차자(借字)로 구결을 달아 놓은 경우

매우 드문 언해본의 양상이다. 『우마양저염역병치료방』 등이 그 예이다. 한글이 널리 알려지기 이전의 판본에서 발견되는 것으로 추측된다.

(예) 原文 : 牛果馬果羊果猪果犬果等矣傳染病乙治療爲乎矣麝香少許乙酒矣調和爲良口良中灌注爲乎事 〈牛馬羊猪染疫病治療方(活字本) 5b〉

諺解文 : 쇼과 ᄆᆞᆯ과 양과 돈과 개과 서르 뎐염병을 고툐ᄃᆡ 술의 샤향을 죠고매 프러 이베 브스라 〈牛馬羊猪染疫病治療方(活字本) 5b〉

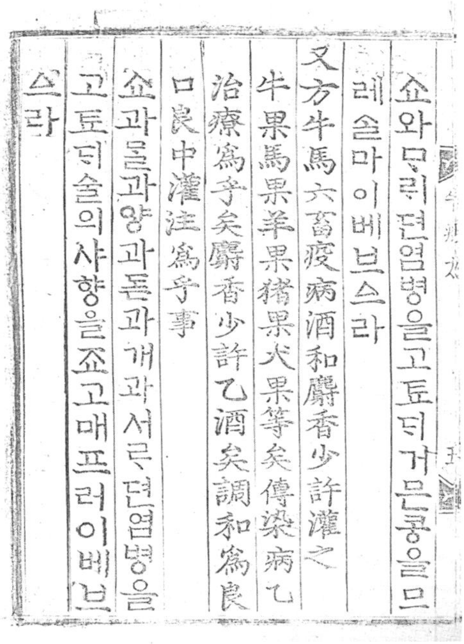
쇼와ᄆᆞ리뎐염병을고툐ᄃᆡ거믄콩을므
레ᄉᆞᆯ마이베브스라
又方牛馬六畜疫病酒和麝香少許灌之
牛果馬果羊果猪果犬果等矣傳染病乙
治療爲乎矣麝香少許乙酒矣調和爲良
口良中灌注爲乎事
쇼과ᄆᆞᆯ과양과돈과개과서르뎐염병을
고툐ᄃᆡ술의샤향을죠고매프러이베브
스라

<우마양저염역병치치료방, 5b>

(b) 한글로 구결을 달아 놓은 경우

이 경우는 한문의 독법까지도 유념한 언해본에 나타난다. 구결을 어떻게 읽는가에 따라 내용이 달라지는 경우에 이 방법을 가장 많이 사용하였다.

(예) 原文 : 刑名之重애 莫最於殺人ᄒᆞ니 獄情之初애 必先於檢驗이나 蓋事體多端ᄒᆞ고 情態萬狀ᄒᆞ야 有同謀共毆而莫知誰是下手重者ᄒᆞ며 有同謀殺人而莫定誰

爲初造意者ᄒᆞ며 有甲行兇而苦主ㅣ 與乙讎嫌而妄執乙行兇者ᄒᆞ며 有乙行兇而令在下之人으로 承當者ᄒᆞ니 毫釐之差에 謬以千里니라 〈增修無冤錄諺解 1:1b〉

諺解文 : 刑형名명의 重듕홈이 殺살人인에셔 ᄀᆞ장ᄒᆞ니 업ᄉᆞ니 獄옥情졍의 初초애 반ᄃᆞ시 檢검驗험에 몬져 홀띠나 대개 事ᄉᆞ體톄 ᄉᆞᆺ티 만코 情졍態틱 만 가디 형상이나 ᄒᆞ야 ᄒᆞᆫ가디로 ᄡᅵᄒᆞ야 ᄒᆞᆫ가디로 텨시되 뉘 이 손짓기를 ᄆᆞ이 ᄒᆞᆫ 줄을 아디 못홈도 이시며 ᄒᆞᆫ가디로 ᄡᅵᄒᆞ야 사ᄅᆞᆷ을 죽여시되 뉘 처엄으로 造조意의(의ᄉᆞ 내단 말이라)ᄒᆞᆫ 줄을 定뎡티 못홈도 이시며 甲갑이 行힝兇흉(사ᄅᆞᆷ 죽이단 말이라)ᄒᆞ얏거ᄂᆞᆯ 苦고主쥬(시친이라) ㅣ 乙을과 讎슈嫌혐(원슈와 혐의 잇단 말이라)ᄒᆞ야 허망히 乙을을 行힝兇흉이라 잡ᄂᆞ니도 이시며 乙을이 行힝兇흉코셔 在ᄌᆡ下하ᄒᆞᆫ 사ᄅᆞᆷ(슈하 사ᄅᆞᆷ이라)으로 ᄒᆞ여곰 바다 當당케 ᄒᆞᄂᆞ니도 이시니 毫호釐리만치 차착홈애 千쳔里리로 글러디ᄂᆞ니라 〈增修無冤錄諺解 1:1b~3a〉 (괄호 안의 것은 夾註임)

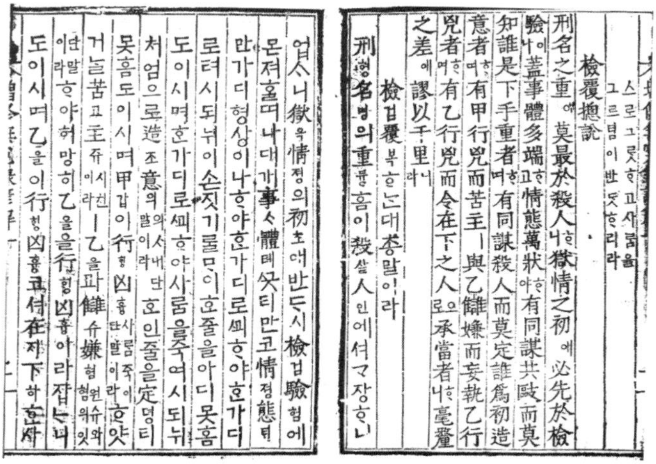

<증수무원록언해>

(4) 한문 원문에 한자음을 달고 또 한글로 구결을 달아 놓은 경우

경서 언해류들이 주종을 이루고 있는 언해의 방법이다. 대개 언해문이 직역체이며, 대부분의 문장이 규범적인 특성을 지닌다. 대부분의 관본(官本)이 이에 해당한다고 할 수 있다.

(예) 原文 : 凡범禮녜ㅣ 有유本본有유文문ᄒᆞ니 自ᄌᆞ其기施시於어家가者쟈로 言언之지則즉名명分분之지守슈와 愛ᄋᆡ敬경之지實은 其기本본也야ㅣ오 冠관昏혼喪상祭졔儀의章장度도數수者ᄂᆞᆫ 其기文문也야ㅣ라〈家禮諺解 1:序1a〉

諺解文 : 므릇 禮녜ㅣ 本본이 이시며 文문이 이시니 그 집의셔 施시힝ᄒᆞᄂᆞᆫ 거스로브터 니ᄅᆞ건댄 名명分분의 디킬 것과 愛ᄋᆡ敬경ᄒᆞᄂᆞᆫ 實실은 그 本본이오 冠관례며 昏혼례며 喪상ᄉᆞ며 祭제ᄉᆞ의 儀의章장과 度도數수ᄂᆞᆫ 그 文문이라 〈家禮諺解 1:序2b〉

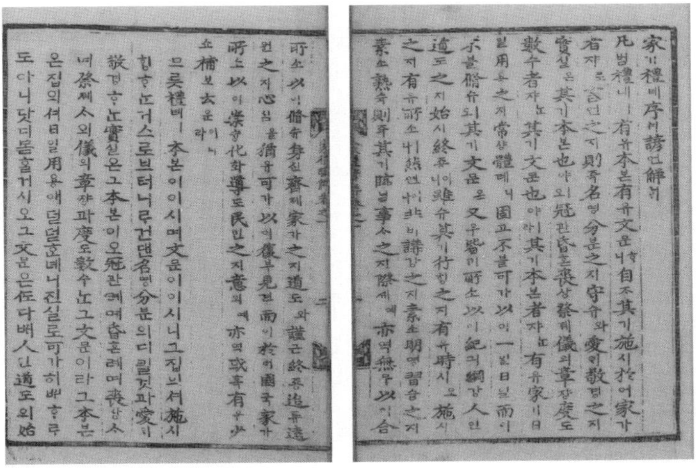

<가례언해>

(5) 한문 원문에 한자의 석과 음을 달아 놓은 경우

한문 원문의 한자 하나 하나에 일일이 한자의 석음을 달아 놓고 있는 문헌이 있다. 예컨대 『백련초해』의 동경대학본과 이의 후대본으로 보이는 또 한 종류의 『백련초해』, 『여소학언해』 등이 대표적이다.

(예) 原文: 東동녁동 國ᄂᆞᄅᆞ국 文글문 獻어질헌 備ᄀᆞᄎᆞᆯ비 考샹고고 曰일늘월 世셰ᄃᆡ셰 宗조종종 大큰대 王인군왕 製지을제 訓ᄀᆞ리츨훈 民ᄇᆡᆨ셩민 正발을졍 音소리음 子ᄋᆞ덜ᄌᆞ 母어미무 二두이 十열습 八여덜팔 字글ᄶᆞᄌᆞ 分논을분 爲ᄒᆞ음위 初츰초 中ᄀᆞ운ᄃᆡ즁 終마침ᄂᆡ죵 聲소리셩 凡대범범 字글ᄶᆞᄌᆞ 必반득필 合합ᄒᆞᆯ합 而어조ᄉᆞ이 成일울셩 音소리음 字글ᄶᆞᄌᆞ 〈女小學 1:9a〉

諺解文: 동국문헌비고에 왈 우리나라 셰종대왕계서 글자 스믈 여덜을 지으시되 초셩 즁셩 죵셩이 합하야 음이 되게 ᄒᆞ니 〈女小學 1:10a〉

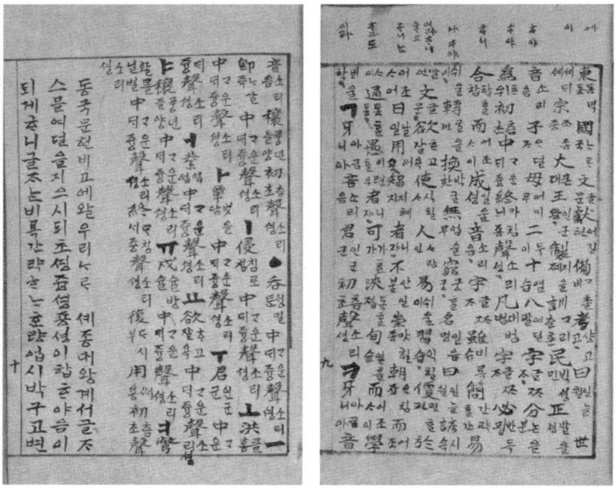

<여소학언해>

2.4.2. 언해문의 양상

언해문은 대부분이 다음의 세 가지 모습을 보인다.

(1) 한글로만 되어 있는 경우

한글로만 되어 있고 한자나 한자음을 전혀 사용하지 않은 경우를 말한다. 후대의 문헌일수록 이러한 경향은 짙어진다. 『동국신속삼강행실도』, 『태상감응편도설언해』, 『경신록언석』, 『지장경언해』, 『규합총서』, 『명의록언해』, 『천의소감언해』 등이 좋은 예일 것이다.

(예) 됴거션의 부뷔 부모 셤기믈 지극히 ᄒᆞ여 ᄆᆡ야의 분향ᄒᆞ고 부모의 슈를 하ᄂᆞᆯᄭᅴ 축원ᄒᆞ더니 샹졔 비텬ᄃᆡ신을 보ᄂᆡ샤 날마다 그 졍셩을 ᄉᆞᆯ피시고 이에 칠ᄌᆞ삼녀를 두게 ᄒᆞ샤 다 관작을 더으시고 거션으로 신션졍과를 엇게 ᄒᆞ시니라 〈太上感應篇圖說諺解 1:1b〉

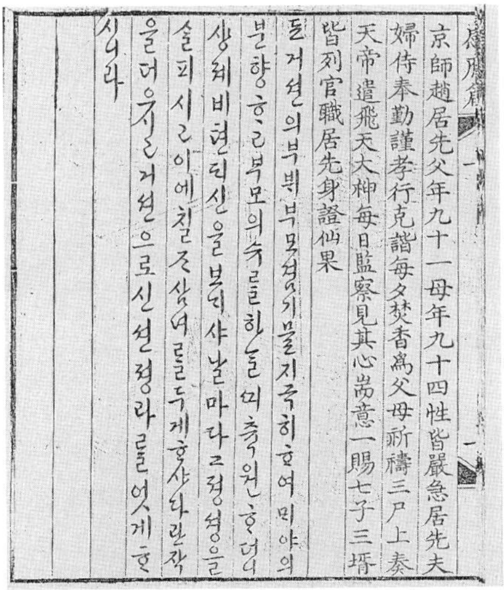
京師趙居先父年九十一母年九十四性皆嚴急居先夫
婦侍奉勤謹孝行克諧每夕焚香爲父母祈禱三尸上奏
天帝遣飛天大神每日監察見其心誠意一賜七子三壻
皆列官職居先身證仙果
됴거션의부뷔부모셤기믈지극히ᄒᆞ여ᄆᆡ야의
분향ᄒᆞ고부모의슈를하ᄂᆞᆯᄭᅴ축원ᄒᆞ더니
샹졔비텬ᄃᆡ신을보ᄂᆡ샤날마다그졍셩을
ᄉᆞᆯ피시고이에칠ᄌᆞ삼녀를두게ᄒᆞ샤다관작
을더으시고거션으로신션졍과를엇게ᄒᆞ
시니라

<태상감응편도설언해>

(2) 한글과 한자를 사용한 경우

이 경우에는 한자를 어느 정도 이해하고 있는 사람들을 대상으로 한 것으로 보인다. 『중간두시언해』 등이 이에 해당한다.

(예) 내 微賤ᄒᆞᆫ 모ᄆᆞ로 님긊 恩私 닙ᄉᆞ오ᄆᆞᆯ 도로혀 븟그리ᅀᆞᆸ노니 지븨 가라 詔許ᄒᆞ시니 〈重刊杜詩諺解 1:1b〉

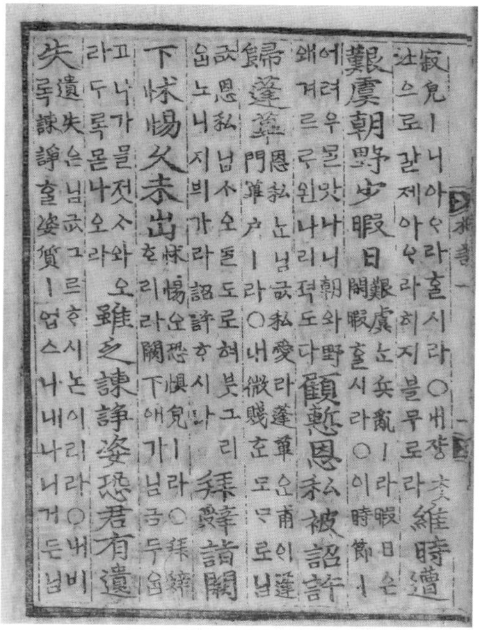

<중간두시언해>

(3) 한글과 한자를 썼으되 한자음까지도 부기한 경우

한글과 한자를 사용하였으되 각 한자의 아래에 한자음을 병기한 경우를 말한다. 관본들이 대개 이에 속한다. 특히 부녀자들을 위해 간행한 책에서는 매우 두드러지게 나타난다. 『어제내훈언해』, 『여훈언해』, 『여사서언해』 등에서 쉽게 볼 수 있다.

(예) 李니氏시女녀戒계예 ᄀᆞᆯ오ᄃᆡ ᄆᆞᄋᆞᆷ에 ᄀᆞᆷ촌 거시 情졍이오 입에 나ᄂᆞᆫ 거시 말이니 말은 榮영화와 욕의 지두리와 조각이며 親친ᄒᆞ며 疎소홈의 큰 ᄆᆞᄃᆡ라 〈御製內訓諺解 1:1b〉

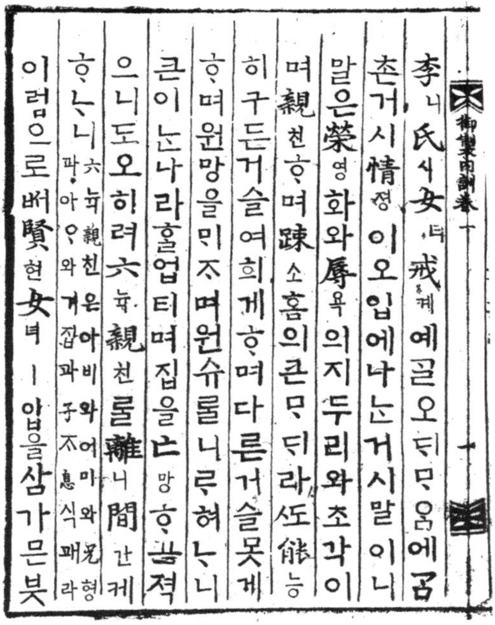
御製內訓卷一
李니氏시女녀戒계예 ᄀᆞᆯ오ᄃᆡ ᄆᆞᄋᆞᆷ에 ᄀᆞᆷ
촌거시情졍이오입에나ᄂᆞᆫ거시말이니
말ᄋᆞᆫ榮영화와辱욕의지두리와조각이
며親친ᄒᆞ며疎소홈의큰ᄆᆞᄃᆡ라ᄯᅩ能능
히구든거슬여희게ᄒᆞ며다ᄅᆞᆫ거슬몯게
ᄒᆞ며원망을ᄆᆡᄌᆞ며원슈를니ᄅᆞ혀ᄂᆞ니
큰이ᄂᆞᆫ나라ᄒᆞᆯ업티며집을亡망ᄒᆞ고젹
ᄋᆞ니도오히려六뉵親친를離니間간케
ᄒᆞᄂᆞ니 六뉵親친은아비와어마와兄형 과아ᄋᆞ와겨집과子ᄌᆞ息식괘라
이러므로ᄡᅥ賢현女녀ㅣ입을삼가ᄆᆞᆫ븟

<어제내훈언해>

언해문은 물론 위의 세 가지 이외에 협주(夾註)로써 한자에 대한 풀이를 한 것과 협주를 달지 않은 것으로 분류를 할 수 있으나, 협주가 있던 없던 언해문의 문체에 큰 차이는 없는 것으로 보인다.

이상의 것을 종합하여 표로 보이면 다음과 같다.

한문 원문		언해문
(1) 한문 원문만으로 됨		(1) 한글로만 됨 (2) 한글과 한자를 사용함 (3) 한글 언해문과 한자, 한자음 사용함
(2) 한문 원문에 한자음을 달았음		(1) 한글로만 됨 (2) 한글과 한자를 사용함 (3) 한글 언해문과 한자, 한자음 사용함
(3) 한문 원문에 구결을 달았음	차자 구결	(1) 한글로만 됨 (2) 한글과 한자를 사용함 (3) 한글 언해문과 한자, 한자음 사용함
	한글 구결	(1) 한글로만 됨 (2) 한글과 한자를 사용함 (3) 한글 언해문과 한자, 한자음 사용함
(4) 한문 원문에 한자음을 달고 구결도 달았음	차자 구결	(1) 한글로만 됨 (2) 한글과 한자를 사용함 (3) 한글 언해문과 한자, 한자음 사용함
	한글 구결	(1) 한글로만 됨 (2) 한글과 한자를 사용함 (3) 한글 언해문과 한자, 한자음 사용함
(5) 한문 원문에 한자의 석음을 달았음		(1) 한글로만 됨 (2) 한글과 한자를 사용함 (3) 한글 언해문과 한자, 한자음 사용함

이러한 한글 문헌 편집 형태의 변화를 살펴보면 한국의 출판문화의 변화는 그 문헌의 필자가 전달하고자 하는 내용과 의도, 그리고 그 문헌을 읽어 줄 독자층의 특성 및 언해과정에 말미암은 것이라고 할 수 있다.

이러한 방식은 오늘날에는 다음과 같은 방식으로 단일화되었다. 즉 한문 원문(또는 영어 원문)을 싣고 뒤에 번역문을 싣는 경우에는 다음과 같이 단순화되었으나, 대개는 원문에 음을 달지 않고, 번역문은 한글로만 쓰는 경우로 단일화되었다.

ㄱ. 원문의 상단이나 하단에 그 음을 다는 경우

ㄴ. 원문에 음을 달지 않는 경우

ㄷ. 번역문은 한글로만 쓰는 경우

ㄹ. 번역문에 한자를 쓰는 경우에는 괄호 안에 넣는 경우

이러한 편집 형태들의 변화는 대체로 한문 원문과 언해문에 나타나는 면에서의 변화이다. 언해문이 아닌, 순국문이나 국한문 혼용문으로 직접 창작하여 편찬된 책들은 대부분 문학류에 속하는 고소설류, 가사류 등이다. 그러나 이들 문헌도 한문 원문을 뺀 언해문으로만 쓰이었을 때의 편집형태와 크게 다르지 않아서, 여기에서는 원국문본(原國文本)에 대해서는 특별히 언급하지 않는다.

3) 출판 및 인쇄도구의 변화

20세기에 와서 문헌 출판에 가장 큰 영향을 준 것은 출판 및 인쇄 도구의 도입이다. 이 도구들이 우리나라에 도입된 것은 대부분이 19세기 말에서 20세기 초이다. 그리고 그 영향이 확대된 것은 20세기였다.

목판이나 금속활자에 의존했던 책의 출판이 1883년(고종 20년)에 신식연활자의 도입으로 출판의 홍수가 일어난 것은 20세기 말의 컴퓨터의 도입으로 출판이 봇물처럼 터진 것에 비견할 만큼 커다란 변화였다. 1884년의 양지(洋紙)의 수입은 신식 연활자의 도입에 맞먹는 괴력을 발휘하게 되었다. 양지가 없었다면 아마도 신문, 잡지의 출현은 가능하지 않았을 것이다. 이러한 변화로 언중들이 다양한 정보와 지식에 접촉하게 됨으로써 문화 발전의 촉매제 역할을 하였다.

이 시기에 먹 대신에 잉크(1880년대)가, 붓 대신에 펜과 연필(1880년대 후반)이 등장하여 필기도구의 혁명이 일어났다. 문자만 알고 있다면 누구나 손쉽게 자신의 의견이나 감정을 표현할 수 있게 된 것이다. 양지와 연활자의 도입은 책을 전문적으로 출판하는 출판사의 등장을 촉진시켰다.

대중매체들인 신문, 잡지가 19세기 말에 등장하여 20세기에 와서 일반화되었다. 그 이후에 계속하여 의사소통의 다양한 매체들이 등장하게 되었다. 라

디오(1927년 2월 16일)와 TV(1956년 5월 12일)가 등장하여 언어생활에 상상할 수 없을 정도의 변화를 가져오게 하였다. 공연물인 영화(1907년 단성사 개관)가 등장한 것도 이 시기이다. 이 대중매체의 출현은 문헌의 편집 및 출판의 내용과 형태의 변화에 지대한 영향을 주었다.

3.1. 연활자의 도입과 문헌의 띄어쓰기

연활자와 양지(洋紙)의 도입으로 띄어쓰기가 용이하게 되었다. 그 이전에는 띄어쓴다는 의식이 없어서 띄어쓰기를 하지 않은 것은 아니다. 한글 문헌에 문법 단위별로 구두점이 찍혔던 것은 언어 단위에 대한 깊은 인식에서 비롯된 것이라고 생각한다. 이러한 인식은 훈민정음 창제 당시부터 있었다. 『용비어천가』에 보이는 권점(圈點)이 대표적이다. 그리고 이후로도 이러한 띄어쓰는 단위별로 점을 찍어서 표기하였었다. 다음에 그 사진 등을 몇 개 보이도록 한다.

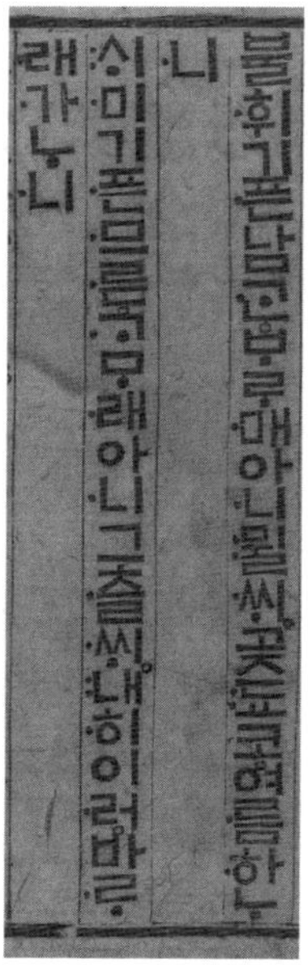

<용비어천가 2장>

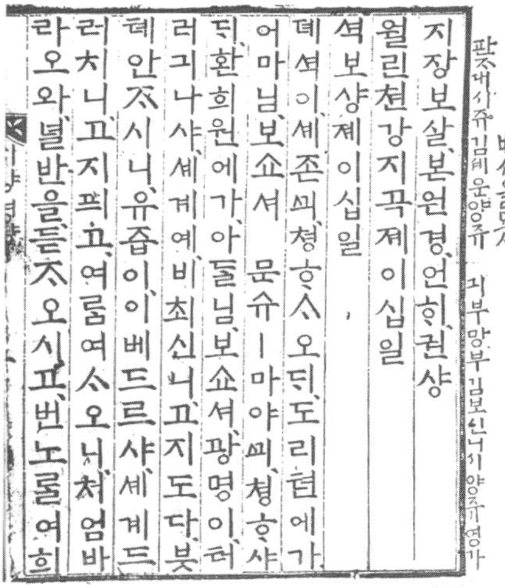

<지장경언해>(견성사판)

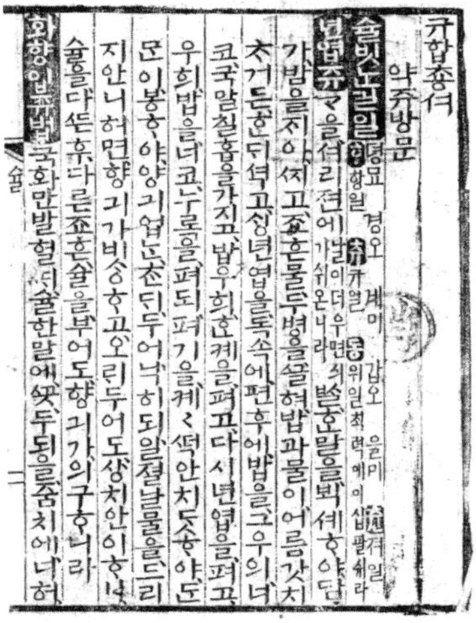

<규합총서>

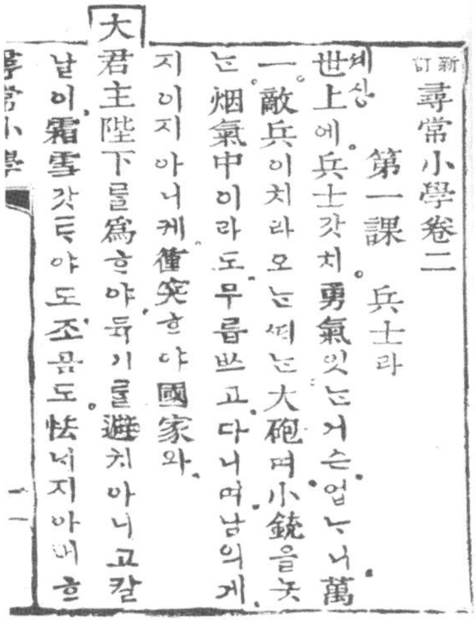

<신정심상소학>

<독립신문>(1897년)

<제국신문>(1902년)

목판 인쇄를 띄어쓰기를 하여 출판한다면, 출판 비용의 과다가 문제가 될 것이기 때문에 띄어쓰기는 연활자와 양지가 등장하면서 가능했던 것이다. 또한 띄어쓰기의 가장 중요한 요인은 한글 전용이다. 국한 혼용문이었을 때에

는 문장의 중의성이 없지만 한글 전용이었을 때에는 중의성이 발생하기 때문이다. '서울가서방구하시오'의 예를 들어 보면 쉽게 이해할 것이다. '서울 가서 방 구하시오' '서울 가 서방 구하시오'인지 알 수 없다. 그러나 국한 혼용문일 때에는 사정이 다르다. '서울가서房求하시오' '서울가書房求하시오'는 구분이 된다.

우리나라 출판에서 본격적으로 띄어쓰기를 하기 시작한 것은 독립신문부터이며 오늘날까지도 그대로 지속되어 오고 있다. 일본이 아직도 띄어쓰기를 하지 않는 것은 아직도 한자를 사용하고 있기 때문이지만, 우리나라는 한글 전용이 전반적으로 이루어지면서 이 띄어쓰기는 필수적인 요소가 되었다.

3.2. 서양 문자 및 서양 학문의 도입과 가로짜기

우리나라에서 책 조판에 가로짜기를 한 최초의 책은 1902년에 간행된『산슐신편』으로 알려져 있다. 필사본으로서 가로쓰기를 최초로 한 책은 1895년에 편찬한『국한회어(國漢會語)』이지만 이것은 알파벳 때문에 이루어진 결과이다. 이 책의 서문에 "자행(字行)은 종좌달우(從左達右)하며 간차(簡次)는 자하철상(自下徹上)하야 외국책규(外國冊規)을 방(倣)하고"라고 하고 있어서 가로쓰기 방식이 외국문헌을 본뜬 것이라는 사실을 적어 놓고 있어서 그러한 사실을 알 수 있다.

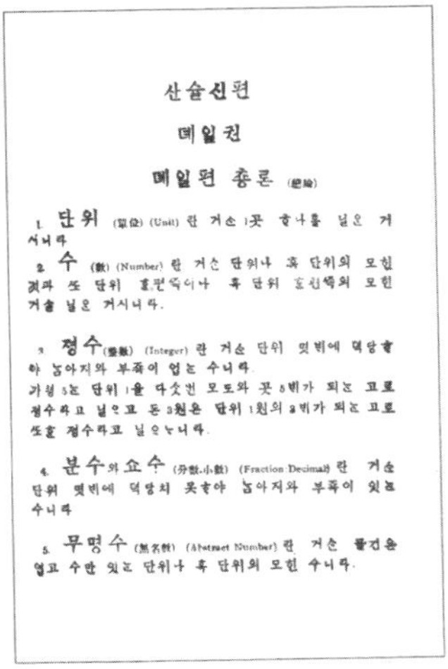

산술신편

뎨일권

뎨일편 총론 (總論)

1. 단위 (單位) (Unit) 란 거슨 1곳 ᄒᆞ나를 닐은 거시니라

2. 수 (數) (Number) 란 거슨 단위나 혹 단위의 모힌 것과 또 단위 ᄒᆞᆫ편쪽이나 혹 단위 ᄒᆞᆫ편쪽의 모힌 거ᄉᆞᆯ 닐은 거시니라.

3. 정수(整數) (Integer) 란 거슨 단위 몃번에 덕당ᄒᆞ야 남아지와 부족이 업ᄂᆞᆫ 수니라.
가령 5ᄂᆞᆫ 단위 1을 다ᄉᆞᆺ번 모흔와 곳 5배가 되ᄂᆞᆫ 고로 정수라고 닐ᄋᆞ고 돈 3원은 단위 1원의 3배가 되ᄂᆞᆫ 고로 또ᄒᆞᆫ 정수라고 닐ᄋᆞᄂᆞ니라.

4. 분수와 쇼수 (分數.小數) (Fraction Decimal) 란 거슨 단위 몃번에 덕당치 못ᄒᆞ야 남아지와 부족이 잇ᄂᆞᆫ 수니라

5. 무명수 (無名數) (Abstract Number) 란 거슨 물건을 업고 수만 잇ᄂᆞᆫ 단위나 혹 단위의 모힌 수니라.

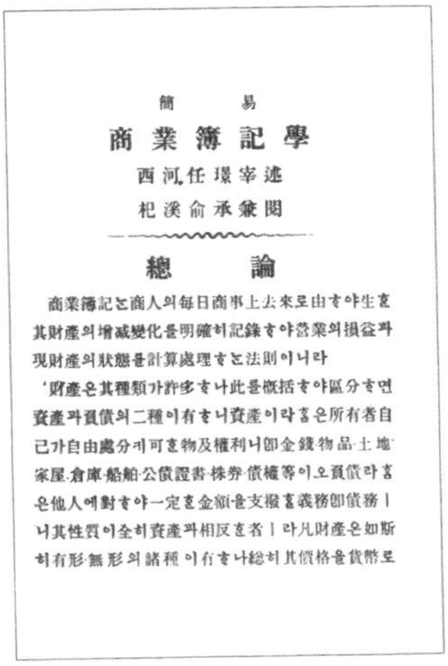

簡易

商業簿記學

西河 任環宰 述

杞溪 俞承兼 閱

總論

商業簿記ᄂᆞᆫ商人의每日商事上去來로由ᄒᆞ야生ᄒᆞᆫ其財產의增減變化를明確히記錄ᄒᆞ야營業의損益과現財產의狀態를計算處理ᄒᆞᄂᆞᆫ法則이니라

'財產은其種類가許多ᄒᆞ나此를概括ᄒᆞ야區分ᄒᆞ면資產과負債의二種이有ᄒᆞ니資產이라ᄒᆞᆷ은所有者自己가自由處分케可ᄒᆞᆫ物及權利니卽金錢·物品·土地·家屋·倉庫·船舶·公債證書·株劵·債權等이오負債라ᄒᆞᆷ은他人에對ᄒᆞ야一定ᄒᆞᆫ金額을支撥ᄒᆞᆯ義務卽債務ㅣ니其性質이全히資產과相反ᄒᆞᆫ者ㅣ라凡財產은如斯히有形·無形의諸種이有ᄒᆞ나總히其價格을貨幣로

<산슐신편>(1902년) <상업부기학>(1908년)

『산슐신편』은 '대한셩셔공회'에서 연활자로 간행한 책이다. 이어서 『중정산학신편』(1908년), 『간이상업부기학』(1908년), 『중정산술통편』(1908년), 『보통교과 산술서』(1909년), 『산술지남』(1909년), 『근세수학』(1909년), 『개정 중등 물리학교과서』(19010년) 등이 가로짜기의 책들인데, 이 책들에는 공통점이 있다. 곧 이과(理科)와 상업계 교과서가 가로짜기로 되어 있다는 점이다. 이것은 소위 산식(算式), 곧 수학공식을 쓸 때 아라비아 숫자 또는 로마자 또는 서양식 기호 등이 있어서 어쩔 수 없는 선택이었을 것이다. 이러한 사실은 그러한 책의 서문에서도 볼 수 있다. 『산술신서(算術新書)』(이상설 편, 1900년 학부편집국, 종서(縱書))의 범례에 다음과 같은 글이 실려 있다.

漢字及國文은 竪書로 原則이라 然이나 算術에 至ᄒᆞ야 其勢ㅣ 橫書키를 不欲이나 難得이며 且實際의 便利홈과 紙數의 漫費홈을 不可不念이라 故로 有時竪看ᄒᆞ며 有時橫看ᄒᆞ야 册樣의 不完不美ᄒᆞᆫ 譏誚를 甘受ᄒᆞ더라도 諸例解釋홈에ᄂᆞᆫ 漢國文及算字를 不拘ᄒᆞ고 西洋文字의 記法을 依ᄒᆞ야 橫書홈이 甚多ᄒᆞ니라.

서양문자와 종이 비용 때문에 일부 가로짜기가 이루어졌다는 내용이다. 오늘날 서양에서 개발된 문서작성기에 의해 가로쓰기는 선택의 여지가 없는 추세가 된 것은 또 다른 차원의 문제일 것이다.

3.2.1. 가로짜기와 제책의 변화

가로짜기의 영향으로 나타난 변화 중에서 제책상의 변화는 대표적인 것이다. 세로짜기일 때에는 제책방식이 우철(右綴, 오른쪽 매기) 방식이었는데, 가로짜기가 이루어지면서 자동적으로 좌철(左綴, 왼쪽 매기) 방식으로 변화하였다.

한글은 가로쓰기와 세로쓰기가 자유로운 문자이어서, 경우에 따라서는 가로로 쓰고 어느 경우에는 세로로 쓰는 것이 가장 조화로운 것임에도 불구하고 이제는 가로쓰기가 마치 과학적인 것이어서 근대화된 것처럼 이해되는 것은 서양식 편집태도에 물들어 있기 때문이다. 그래서 책의 등에 쓰인 가로쓰기 제목은 책을 뉘어 놓았을 때라야만 읽기가 수월할 뿐인데, 책을 세워 놓았을 때를 고려하지 않는 편집태도일 것이다.

3.2.2. 가로짜기와 책 표지 및 제목 위치의 변화

가로짜기로 인하여 책 제목이 첫줄의 첫 칸부터 쓰던 방식이 사라지고 줄의 가운데에 위치하는 방식으로 변화하였다. 이것은 점차로 책 표지의 제목도 표지의 윗부분 가운데에 위치하게끔 변화하였다.

1895년에 학부 편집국에서 편찬한 『근이산술서(近易算術書)』에서는 한 면에 가로쓰기와 세로쓰기를 동시에 보이는 편집을 하고 있지만, 표지 등은 세로짜기를 택하고 있다. 그러나 1908년에 학부 편집국에서 간행한 『산술서(算術書)』는 가로짜기가 이루어지면서 표지도 가로짜기를 하였고, 제목이 책의 가운데에 위치하는 방식을 택하고 있다.

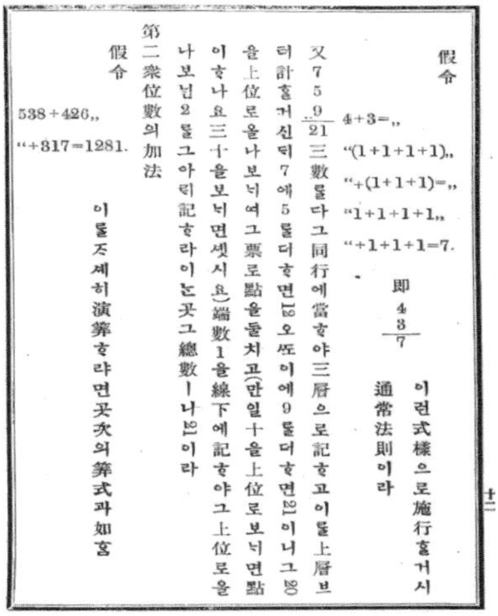
假令
4+3=,,
"(1+1+1+1),,
"+(1+1+1)=,,
"1+1+1+1,,
"+1+1+1=7.
即
4
3
7
이런式樣으로施行ᄒᆞᆯ거시
通常法則이라
又
7
5
9
21
三數를다그同行에當ᄒᆞ야三層으로記ᄒᆞ고이를上層브
터計ᄒᆞᆯ거신ᄃᆡ 7에 5를더ᄒᆞ면 12오또이에 9를더ᄒᆞ면 21이니그 20
을上位로올나보니여그票로點을둘치고(만일十을上位로보니면點
이ᄒᆞ나요三十을보니면셋시요)端數 1을線下에記ᄒᆞ야그上位로올
나보닌 2를그아리記ᄒᆞ라이는곳그總數ㅣ나 21이라
第二衆位數의加法
假令
538+426,,
"+317=1281.
이를ᄌᆞ세히演算ᄒᆞ랴면곳次의算式과如홈

<근이산술서, 혼합조판>

近易算術書
上

<근이산술서 표지>

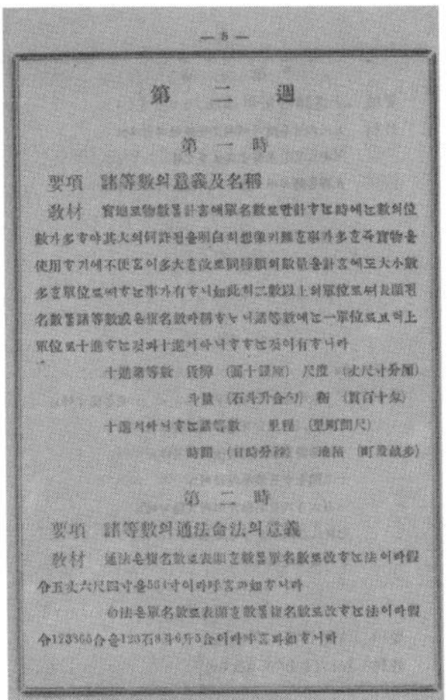
第二週
第一時
要項 諸等數의意義及名稱
第二時
要項 諸等數의通法命法의意義

<산술서 본문 가로짜기>

<산술서 표지>

3.3. 연활자의 도입과 책 판형의 변화

연활자와 양지가 도입되면서 책의 판형이 작아지고 또 규범화 또는 유형화

되는 현상이 나타났다.

이전의 목판본이나 금속활자본 또는 목활자본 등은 글씨의 크기가 크기 때문에, 책의 판형도 클 수밖에 없었다(물론 중국이나 일본의 서적은 글씨가 한국의 글씨에 비해 작아서 판형도 작은 편이다). 그러나 연활자가 도입되면서 글자의 크기가 작아지게 됨으로써 책의 크기도 작아지게 되었다. 연활자가 도입되고 나서 책의 크기는 대체로 국판(菊版) 규격(14.8×21cm)으로 변화하였다. 이 국판의 유행은 오늘날까지 이어져 오면서 신국판, 대형국판, 46배판 등의 판형 등의 다양한 판형으로 변화하였다.

4) 의사소통 구조의 변화와 출판 형태의 변화

20세기 말의 컴퓨터의 도입과 인터넷의 일상화로 디지털 시대가 열리게 되었다. 컴퓨터를 이용한 디지털 시대가 되면서 정보들을 공유하게 되고 다양한 멀티미디어 방식의 정보(문자, 그림, 음성 등)로 가장 효율적인 의사소통 방식으로 변화하게 되었다.

디지털 시대의 가장 중요한 특징은 의사소통의 양방향 시대가 도래함으로써 출판 형태에 엄청난 변화를 가져오게 되었다는 점이다. 그래서 언어생활의 중요한 일부였던 편지를 거의 없애버리고, 전자우편이 그 자리를 차지하게 되었고, 최근에는 이 전자우편마저도 소위 'SNS'라는 새로운 정보통신 방식에 자리를 내어 주고 말았다.

4.1. 언어생활에서 '치기'의 발생

이러한 방식은 생활의 중요한 일부가 되어서 말하기 읽기 듣기 쓰기의 언어생활에 '치기'[타자하기]라는 새로운 언어영역을 탄생시켰다.

'치기'라는 언어행위는 결과적으로 어문생활이나 출판 상황에 큰 변화를 일으켰다. '치기'는 '자판'을 이용하는 것이어서 자판에 의해 입력되는 문자가 어문생활 및 출판의 중요한 문자로 등장하게 되었다. 컴퓨터의 자판에 의해 입력되는 문자는 한글과 영문자이어서 한자는 언어생활에서 쇠퇴하게 되고 영문자가 그 자리를 차지하게 되었고, 이것은 문헌 출판에서도 그대로 적용되었다.

말과 문자만으로 의사소통을 하던 기존의 방식에서 탈피하여 말 · 문자 · 화상을 통한 복합적인 방식으로 변화하게 되었다. 그리하여 종이책 이외에 전자책이 간행되게 되어 전자책의 출판을 위해 책의 새로운 디자인 방식이 등장하게 되었다.

의사소통에서 주로 개념적 의미를 전달하던 시대에서 정서적 의미까지도 전달하려는 방안이 고안되어, 문자도 의미전달의 서체로부터 정서 전달의 서체로 변화시키는 등의 노력이 있었고, 그 결과로 문자 디자인이 중요한 가치를 가지게 되었다. 오늘날의 수많은 폰트가 등장한 것은 이러한 이유 때문이다.

4.2. 복합매체의 발달과 전자출판의 등장

의사전달의 효용성을 위하여 청각적인 전달방식인 말이나 시각적인 전달방식인 문자보다도 더 효과적인 방식을 창안하게 되었다. 그것은 TV와 같이 청각적인 말과 시각적인 문자, 그리고 시각적인 화상, 그것도 움직이는 화상을 동시에 전달하는 방식인 것이다. 그래서 오늘날 TV는 가장 중요하고 영향력 있는 전달 매체로 급부상하게 된 것이다.

그러나 이러한 대중 매체들은 전달방식에 문제가 있게 되었다. 인간의 강대한 표현 욕구는 정해진 시간과 공간에서 일방적으로 전달만 하는 대중매체에 대해 변화를 요구하게 되었다. 왜냐하면 이 대중 매체를 통해서는 개인과 개인의 의사전달이 가능하지 않기 때문이다.

컴퓨터의 발달은 사람들의 이러한 욕구의 실현을 가능하게 하였다. 즉 개인이 개인에게 보내는 모든 의사전달방식에 멀티미디어 방식도 가능하게 만든 것이다. 뿐만 아니라 그 방법도 이용자가 원하는 시간과 공간에서 원하는 정보만 받아 볼 수 있게 되었고 또 개인의 정보를 수많은 사람들에게 전달할 수 있게 되었다.

시인이 문자로 시집을 출판하고도 시낭송회를 다시 가지며, 또한 시화전(詩畫展)을 여는 것이 바로 이러한 전달방식의 하나였지만, 이제는 동화상 속에서 시인이 자신의 시를 낭송하고 화면에서는 그 시가 문자로 나타나고, 배경 화면에는 그 시를 연상할 수 있는 동화상이 보이는 방식으로 변화한 것이다. 이러한 효과를 보이기 위해 자연히 텍스트도 거기에 맞는 내용과 형식으로 변화를 겪게 된다.

이러한 일은 이제 모두에게 일상화되어 있다. 휴대전화로 이러한 모든 요소들을 가능케 하고 있다. 그러면서 의사전달 방식도 편지에서 전자우편으로 그리고 이제는 소위 SNS와 같은 방식으로 크게 변화하고 있다. 이러한 환경에서 전자출판이 등장하게 되었다.

전자출판으로의 변화는 책을 '읽는' 것에서 '보는' 것으로 책의 성격까지도 변화시킴으로써 새로운 출판 문화의 시대를 열어 가고 있다고 할 수 있다. 그래서 문자보다는 그림이나 사진을 더 많이 이용하는 출판의 형태 변화가 급속도로 일어나고 있다고 할 수 있다. 그리하여 책이 멀티미디어 방식으로 변질되어, 소설이 영화와 동일시되는 현상까지도 나타나고 있다.

컴퓨터의 발달로 문헌[전자문헌 포함]에 어떠한 변화가 있었는가에 대한 논의는 지금 매우 활발하게 진행되고 있는 것으로 알고 있다. 이제 변화의 시초이어서 앞으로 그 변화가 어떠한 결과를 초래할지는 알기 어렵다. 종이 텍스트의 위기가 귀납적 사고보다는 연역적 사고로, 그리고 종합적인 인식 방법보다는 단편적인 인식 방법으로, 텍스트의 전달자가 전하려는 많은 정보를 이용자는 검색이라는 간단한 방법을 통해 원하는 정보만 추출하는 방식으로의 변화가 가져올 여파는 매우 크다고 할 것이다. 앞으로의 연구가 기대된다.

5) 그림 매체를 이용한 문헌과 삽화 및 만화의 등장

『삼강행실도』, 『이륜행실도』, 『오륜행실도』, 『동국신속삼강행실도』, 『김씨세효도』, 『태상감응편도설언해』, 『은중경언해』 등의 문헌들은 모두 한문 원문과 언해문, 그리고 도판을 가지고 있음이 특징이다.

이 도판은 원문 내용을 모두 담고 있지는 않다. 즉 도판의 그림들은 대개 둘 내지 다섯 개의 부분으로 되어 있는데, 이 부분들은 시간적으로 보아서 아래에서 위로 그려 나가고 있다.

각 문헌의 도판을 실례로 보이면 다음과 같다. 모두 '婁伯捕虎'의 주제를 가진 텍스트의 도판이다.

婁伯捕虎
孝子 32a
-75-

<삼강행실도>

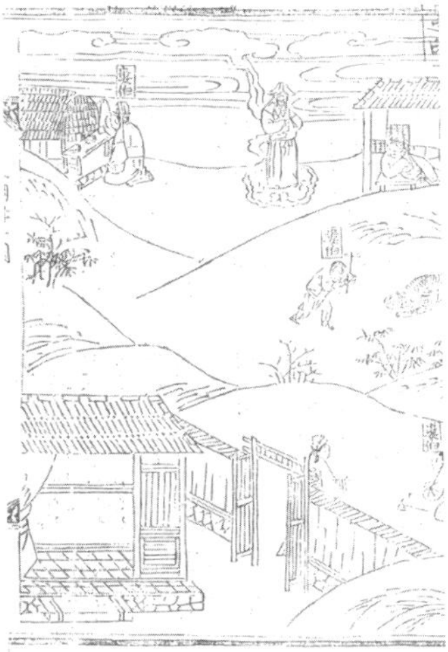

<동국신속삼강행실도>

五倫行實圖
婁伯捕虎
高麗

<오륜행실도>

이 부분 그림들은 글의 핵심 문장을 알려 주는 것이다. 결국 이 그림들의 각 부분은 글로 말하면, 한 단락을 표시하여 주며, 특히 그 단락 중의 핵심 문장을 보여 준다. 도판을 참고하여 언해문을 검토하여 본다면, 언해문에 나타난 한 글의 단락을 어떻게 구분하여야 할 것인가를 제시하여 준다고 할 수 있다. 언해문의 내용을 세 문헌을 비교하여 보이도록 한다.

	三綱行實圖(성암문고본)	東國新續三綱行實圖	五倫行實圖
1	翰林學士 崔婁伯은 水原 戶長 ᄋᆡ 아ᄃᆞ리러니	한림ᄒᆞᆨ사 최루ᄇᆡᆨ은 슈원 호댱샹쟈의 아ᄃᆞ리라	최누ᄇᆡᆨ은 고려 적 슈원 아젼 샹쟈의 아ᄃᆞᆯ이니
2	나히 열다ᄉᆞ신 저긔	나히 열다ᄉᆞ신 제	
3	아비 山行 갯다가		샹재 산영ᄒᆞ다가
4	범 믈여ᄂᆞᆯ	아비 범의게 해ᄒᆞᆫ 배 되어ᄂᆞᆯ	범의게 해ᄒᆞᆫ 배 되니
5			이 ᄣᆡ 누ᄇᆡᆨ의 나히 십오 셰라

6		범을 자최 바다	
7	가아 자보려 ᄒᆞ니		범을 잡고져 ᄒᆞ거ᄂᆞᆯ
8	어미 말이더니		어미 말린대
9	婁伯이 닐오ᄃᆡ		누ᄇᆡᆨ이 ᄀᆞᆯ오ᄃᆡ
10	아ᄇᆡ 怨讎를 아니 가ᄑᆞ리잇가 ᄒᆞ고		아븨 원슈ᄅᆞᆯ 엇디 아니 갑흐리오 ᄒᆞ고
11	즉자히 돗귀 메오 자괴 바다 가니		즉시 돗긔ᄅᆞᆯ 메고 범의 자최ᄅᆞᆯ ᄯᆞᆯ오니
12	버미 ᄒᆞ마 ᄇᆡ브르 먹고 누벳거늘		범이 이믜 다 먹고 ᄇᆡ불러 누엇거ᄂᆞᆯ
13			누ᄇᆡᆨ이 바로 알ᄑᆡ ᄃᆞ라드러
14	바ᄅᆞ 드러 가아 구지주ᄃᆡ	범을 ᄭᅮ지저 ᄀᆞᆯ오ᄃᆡ	범을 ᄭᅮ디저 ᄀᆞᆯ오ᄃᆡ
15	네 내 아비를 머그니 내 모로매 너를 머구리라 ᄒᆞ야ᄂᆞᆯ	네 내 아비ᄅᆞᆯ 머거시니 내 당당이 너ᄅᆞᆯ 머구리라	네 내 아비ᄅᆞᆯ 해쳐시니 내 너ᄅᆞᆯ 먹으리라
16	ᄭᅩ리 젓고 업데어늘		범이 ᄭᅩ리ᄅᆞᆯ 치고 업ᄃᆡ거ᄂᆞᆯ
17			돗긔로 씩어
18	베터 ᄇᆡ 빠아	드듸여 버혀 ᄇᆡᄅᆞᆯ 헤텨	ᄇᆡᄅᆞᆯ 헤티고
19	아ᄇᆡ 술콰 쌔와 내야 그르세 담고	아ᄇᆡ 쌔와 술ᄒᆞᆯ 가져 그ᄅᆞ싀 담고	아븨 쌔와 술을 내여 그ᄅᆞ싀 담고
20	버믜 고기란 도ᄀᆡ 다마 내해 묻고	범의 고기ᄅᆞᆯ 독의 녀허 낸 가온대 묻고	범의 고기ᄅᆞᆯ 항에 녀허 믈 가온대 뭇고
21			아비ᄅᆞᆯ 홍법산 서편에 장ᄉᆞ ᄒᆞ고
22	아비 묻고 侍墓 사더니	아비 묻고 시묘ᄒᆞ더니	녀묘ᄒᆞ더니

위의 표에서 세 가지 문헌에 모두 다룬 내용은 1, 2(오륜행실도에서는 이 내용의 순서가 5번으로 옮겨 갔다), 4, 14, 15, 18, 19, 20, 21, 23이다. 즉

①1. 주인공 崔婁伯의 신분

②2. 최루백의 나이가 15세 때이다

③4. 아비가 범에게 물리다.

④14. 누백이 범에게 말하다.

⑤15. 범에게 말한 내용

⑥ 18. 범의 배를 헤치다.

⑦ 19. 아비의 살과 뼈를 그릇에 담다.

⑧ 20. 범의 고기를 독에 담아 냇가에 묻다.

⑨ 22. 아비를 묻고 시묘하다.

의 9개의 내용을 담고 있다.

『삼강행실도』와 『동국신속삼강행실도』에서는 맨 아래에 9와 10의 내용이, 중간에는 14, 15, 16의 내용이, 그리고 맨 위의 상단에는 22의 내용이 들어 있다. 즉 9, 10, 14, 15, 16, 22의 내용이 들어 있어서 문자로 된 글의 내용과는 차이가 있다.

이에 비해 『오륜행실도』에서는 『삼강행실도』와 『동국신속삼강행실도』에 보이는 중간의 도판의 내용만 들어가 있다.

이 두 문헌의 도판은 그 기능이 전혀 다르다고 할 수 있다. 『삼강행실도』와 『동국신속삼강행실도』는 그 그림이 한 화면에 그려져 있지만, 마치 3폭의 병풍에 그린 것과 같은 효과가 있어서 그 속에 줄거리가 있다고 할 수 있다. 그래서 이 그림의 내용은 "어머니에게 원수를 갚겠다고 하고 산에 가서 범을 잡아 뼈를 가지고 와 장사지내고 시묘를 살았다"는 이야기의 줄거리를 담고 있는 것이다.

이 3단의 그림은 결국 동양화에서 3폭의 병풍으로 그리던 것이었는데, 한 화면에 그림으로써 새로운 방법의 그림으로 자리 잡게 되었으며 이것은 후에 4단 만화로 재탄생하게 된다. 『오륜행실도』의 도판에서 가장 중요한 부분 한 장면만을 담아 그린 그림은 후에 삽화, 또는 삽도로 변화하였다.

6) 마무리

문헌 편집 및 출판 형태의 변화는 여러 가지 요인에 의해 일어난다. 발표자는 한국의 역사에서 이러한 변화를 일으키게 한 요인으로써 훈민정음 창제와 연활자 및 양지의 수입과 컴퓨터의 도입을 들었다. 그래서 15세기 중기와 19세기 말, 그리고 20세기 말의 시대적 상황을 주목하고 그 시기의 편집 및 출판 형태의 변화를 간략하게 기술하였다. 물론 여러 가지 이유로 여기에서 언급하지 않은 것들도 많다. 예컨대 신문, 잡지의 등장으로 기사문이나 광고문이 나타나게 되고, 효과적인 광고를 위해 각종의 새로운 서체(그리는 서체, 즉 오늘날의 캘리그래피)가 새롭게 등장하였다는 사실도 출판문화의 중요한 변화이지만, 원고 길이의 제약으로 언급하지 못했다.

그리고 컴퓨터의 도입으로 인한 출판형태의 변화는 글자 간격이나 행간을 마음대로 조절할 수 있는 특징을 가지기 때문에, 새로운 편집형태를 출현시키고 있는 등의 예상 가능한 변화로부터 멀티미디어 방식으로 편찬될 전자책의 출현과 그 변화와 같은, 예상할 수 없는 변화까지를 면밀히 검토하여 그에 따른 대처를 하여야 하는 것이 출판계의 앞으로의 과제가 아닌가 생각한다.

출판에 손방인 국어학자가 바라본 출판 및 편집에 관한 내용들이어서 출판 전문가들의 관점에서 벗어난 것이 되지 않을까 걱정을 하면서 이 발표를 마치도록 한다.

<2017년 2월 18일(토), 한중일 출판타이포그래피 학술회의, 사단법인 한국출판학회,
뉴국제호텔 16층 대회의실, 사단법인 한국출판학회>

제 6 부

어문생활사

1. 조선시대 어문생활사

1) 시작하면서

어문생활사 논의는 이제 시작 단계로 보인다. 그래서 논의해야 할 일이 많을 것으로 생각한다. 어문 생활사의 개념 규정, 학문의 범주 결정, 연구 목적, 연구 내용, 과제 등등 어느 하나도 결정된 바가 없는 것으로 보인다. 어문생활사는 각 학문 분야에서 연구 영역을 넓혀 가면서 자연발생적으로 생겨난 것이기 때문에, 어문생활사라는 분야가 필요한 학문 분야라는 공통된 인식은 있지만, 영역 확대의 관점이 각각 달라서, 어문생활사를 바라보는 시각도 각각 다른 실정이다. 역사학계에서 고문서의 중요성을 인식하고, 그 연구의 주변에서 한글 고문서를 다루다가 그것이 중요한 우리의 생활사의 일부임을 발견하여 어문생활사가 탄생한 것은 일면 참신한 측면도 있지만, 일면 체계적이 아니라 단편적인 연구로 흐르는 문제점을 낳기도 하였다. 고문서의 하나로 일컬어지는 언간에 대한 연구도 그러한 측면에서 시작되었으나, 그 연구는 어디까지나 국어사 연구의 자료 확충이라는 테두리를 크게 벗어나지 못했다. 언간을 통한 국어사 연구 수준이었기 때문이다. 그 작업은 매우 참신하고 신나는 일이었다. 마치 국어사 연구를 하다가 지금까지 발견되지 않았던 새로운 문헌을 발견하면, 그것이 마치 국어의 새로운 언어 현상을 담고 있기나 한 듯, 신나 하던 시대가 있었다. 그렇게 발견된 새 문헌 중에서 국어사적으로 큰 가치가 있는 문헌은 그리 많은 편이 아니지만 그래도 새 문헌이 발견되면 흥분하는 국어학자들이 있다. 언간도 그러한 연구 과정을 거친 것으로 보인다.

초기에 발견된 많은 언간들은 지금까지 언해본 등에서 보지 못했던 새로운 국어사적 사실들이 발견되어 국어사 기술에 큰 공헌을 하였다. 그러나 최근에 발견되는 언간들은 국어사적으로는 그렇게 주목받는 것들은 아닌 것으로 보인다.

이러한 틈새에서 그 언간을 통해 본 생활사에 대해 관심을 기울였던 것은 매우 신선한 충격이었다. 그리고 그것은 고문서 등을 통해 재조명되었고, 이제는 국어사적 관점에서만 바라보던 고문헌들에 대해 생활사적 관점에서 바라보는 새로운 시각으로 변해 가고 있는 실정이다. 그래서 음운체계, 문법체계 등의 연구 소재에 대해 식상하고 새로운 연구 소재에 목말라 했던 많은 젊은 학자들의 관심의 대상이 이러한 자료로 쏠리게 되고, 이에 따라 새로운 시각으로 고문헌이나 고문서를 바라보는 현상이 일어나고 있다.

이것은 국어학계의 바람직한 방향이었다. 언제나 고문헌을 대하는 국어사 연구자들이지만, 그 문헌에 쓰인 언어 형식에 대해서는 자세히 알고 있으면서도 막상 그 문헌의 내용에 대해서는 까막눈이 되어 버린 실상에 대한 경종이었기 때문이다. 그런데 그러한 연구 방향과 내용은 또한 국어사적 관점에서 보면 일종의 외도처럼 보이었고, 또한 역사학자들이 해야 할 일을 하는 것처럼 비쳐지기도 한 것도 사실이다.

여기에 연구자들의 고민이 있었던 것으로 보인다. 특히 대학의 전임 교수가 되기 위한 노력이 학문의 방향을 결정하는 우리나라의 학계의 실정으로 보면, 어문생활사는 일종의 '계륵(鷄肋)'이라고 할 수 있다. 흥미 있는 분야이지만 그 전공의 교수를 초빙하는 대학은 한 군데도 없고, 또한 일반 국민들이 큰 관심을 가지는 그 자료들은 이미 고가의 골동품으로 되어 있어서 쉽게 접할 수 없는 대상이 되어 있어, 연구자들이 흥미를 가지다가도 금세 다른 방향으로 연구의 길을 바꾸는 것이다.

이러한 실정에서 어문생활사에 대한 담론을 깊이 있게 가지는 일은 매우 유용하고 필요한 일이라고 생각한다.

오늘 발표자의 생각의 일단을 이야기하겠지만, 오랜 동안 고민해 왔으면서도 아직은 어문생활사에 대한 체계적인 밑그림을 그리지 못한 상태에 있기 때문에, 어문생활사에 대한 문제의 제기와 발표자가 생각하는 어문생활사를 위한 과제들을 제시하여, 같이 고민하는 자리를 마련하는 데에 의의를 두려고 한다.

2) 어문생활사 탄생의 배경

의학이 해부학만 연구하고 임상의학을 연구하지 않는다면, 의학의 가치는 어떠한 평가를 받을까? 마찬가지로 한국학, 그중에서도 특히 국어학이 역시 해부학만 하고 임상에 임하지 않는다면 그 한국학이나 국어학은 어떠한 의미가 있을까?

국어학은 지금까지의 연구 결과만 본다면 엄밀히 말해 국어 해부학이라고 혹평할 수 있다. 이것은 마치 의사가 해부학만 할 뿐, 임상은 하지 않는 현상에 비유할 수 있다. 해부학은 의학의 기초이지만 의학의 전부가 아니듯이 현재의 국어 해부학은 국어학의 기초일 뿐이지, 국어학의 전부가 아니다. 그럼에도 불구하고 아직도 국어학자들은 국어해부학의 미몽에서 헤어나지 못한다. 국어 해부학도 음운해부학, 통사해부학 등으로 나누어 부분적으로만 해부를 하고 있어서 국어에 대한 전반적인 해부조차도 못하고 있는 실정이다.

국어해부학에서 진정한 의미의 임상국어학으로 변화시키려면 어떠한 점에 관심을 돌려야 하며, 지금까지의 국어 연구에서 수정 보완하여야 할 일은 무엇일까를 고민하여야 한다. 그러한 고민 속에서 탄생할 수 있는 것이 국어 어문생활사라고 생각한다. 그렇다고 어문생활사가 임상의학처럼 예방과 치료만을 목적으로 하는 것은 아닐 것이다.

학문은 분석적인 방법과 종합적인 방법을 교차시키면서 발달되어 왔다. 특히 20세기 말에 들어서 학문은 종합적인 연구방법을 통해 급속도로 발달되어 왔다. 학문의 이러한 급속한 발달은 인간의 의사소통 방식의 급격한 변화에 기인한다. 인간의 의사소통 방식이 음성, 문자, 화상(畵像) 중의 하나만을 선택해서 전달하던 단일한 방식에서 이 모든 것을 동시에 전달하는 복합적인 전달 방식, 곧 멀티미디어 방식으로 변화하여 왔다. 이에 따라 학문도 각각 독립되어 있던 각개의 영역들이 융합을 거듭하여 왔다. 자연과학과 예술이 통합적으로 연구되고, 인문과학과 자연과학과 사회과학의 경계가 허물어져서, 새로운 영역의 학문이 성립되게 되었다. 이러한 변화의 추세에서 국어학도 예외는 아니었다. 국어학 연구에 새로운 학문들이 등장하게 되었는데, 대표적인 것이 국어 정보학과 어문생활사라고 할 수 있다. 이것은 그 변화의 필연적인 결과였다. 이러한 변화는 언어를 구성하는 구성요소에 대한 인식의 차이에서 발생한 자연발생적인 변화의 결과이기도 하다.

국어학 연구는 다른 분야의 학문과 마찬가지로, 이론과 자료와 실험이라는 과정을 거쳐 이루어진다. 이 과정을 마부가 수레를 끄는 과정에 비유해 볼 수 있다. 마부는 연구자이고, 수레는 학문이다. 수레는 두 바퀴로 굴러 간다. 그리고 그것을 움직이게 하는 힘은 앞에서 끄는 말이다. 이론과 자료가 수레의 두 바퀴라고 한다면, 말은 실험도구이다. 그리고 마부는 연구자라고 할 수 있다. 두 수레바퀴의 크기가 서로 다르다면 수레는 앞으로 나아가지 못할 것이며, 그 수레를 끄는 말이 없다면 그 수레는 바퀴가 있어도 무용지물일 것이다. 자료와 이론과 실험은 학문 연구에서 가장 중요한 요소인 셈이다. 양쪽의 두 수레바퀴에 해당하는 이론과 자료는 어느 것이 더 중요하다고 하기 어렵다. 왜냐하면 두 바퀴 중 어느 한 바퀴가 더 크면 그 수레는 앞으로 나아가지 못하고 정한 자리를 맴돌 것이기 때문이다. 뿐만 아니라 연구자는 실험도구를 선택하거나 새로 만들 수도 있다. 말[馬]을 엔진과 같은 기계로 대체하면 더욱 빠르게 앞으로 나아갈 수 있을 것이다.

그 이론과 자료와 실험 방법은 어떻게 습득하는가? 부분적으로는 경험에 의해 습득되어 축적되지만, 대부분은 문헌을 통해서 선현들이 남겨 놓은 경험을 간접적으로 습득하게 된다. 간접경험인 문헌을 통해 얻을 수 있는 것은 크게 두 가지이다. 하나는 이론을 배우기 위한 자료이고, 또 하나는 연구의 대상이 되는 자료다. 결국 국어학을 연구하기 위해서는 연구 방법론에 대한 자료와 연구대상의 자료가 있는 것이다. 전자는 언어학 이론서 및 국어학 연구 업적 등의 자료이고 후자는 언어 자료이다.

특히 역사적 연구에서 실제의 직접적인 언어 자료는 국어사 연구 자료인데, 지금까지의 국어사 연구는 주로 생활사 자료가 아닌 언해 자료 및 문헌 자료(그것도 인본(印本) 자료)를 중심으로 해 왔다. 언어는 여러 가지 기준으로 분류해 보면 매우 다양한 형태와 기능을 보임에도 불구하고 지금까지는 편협한 한 가지 자료를 대상으로 연구하여 온 것이 사실이다. 이러한 문제 제기에서 어문생활사가 탄생한 것으로 보인다. 한정된 국어사 자료에서 벗어나 다양한 역사 자료를 통해 우리들의 실제 언어생활을 파악해 보고 앞으로의 국어학의 나아갈 길을 모색해 보자는 것이었다.

국어는 일상생활과 불가분의 관계를 가지고 있으나, 그것을 연구하는 국어학은 일상생활과 괴리된 영역에서만 존재하여 왔다. 그 반작용으로 20세기 말에 들어서 실생활과 연관된 국어학을 연구하여야 한다는 생각이 설득력을 얻게 되었다. 그 결과 국어는 그 구조를 분석해야 할 대상으로만 인식했던 국어학자의 전유물에서 벗어나, 보다 풍요로운 인간의 삶을 추구하기 위한 방법으로 사용되는 국어로 인식하는 일반인들의 관심 영역으로 자리 잡게 되었다. 그래서 한국 어문생활사에도 관심을 가지게 되었다.

사람은 언어를 통하여 의사소통을 하게 되고 그 의사소통으로 정보를 교환하여 문화를 발전시켜 왔다. 이것이 곧 언어의 기능이다. 그러나 언어사용의 과정이 무시되면 언어는 그 기능을 발휘하지 못한다. 언어사용은 언어행위나 언어활동을 수반하게 되는데, 언어행위나 언어활동의 일상적인 일이 언어생활이다. 그리고 이 일상적인 언어생활을 특정한 언어와 문자에 한정하여 언급할 때 우리는 이를 어문생활이라고 한다.

이처럼 언어 연구를 언어생활과 연계시킬 뿐만 아니라 더 나아가서는 인간 생활과도 연계시켜 연구하고자 하는 언어 연구 분야가 어문생활사이다.

3) 어문생활사의 개념

이렇게 탄생된 학문인 어문생활사는 탄생의 초기이어서 학자들마다 그 정의가 다르고 해석이 달라서 아직까지 그 개념이 명확하게 정해진 적이 없다. 어문생활사가 역사 연구의 하나라는 점만 부각되었을 뿐, 학문적으로 그것이 어느 학문 범주에 드는 것인가조차도 결정되지 않은 상태에 있다. 지금까지 연구되고 논의된 어문생활사를 종합해 보면 어문생활사는 대개 다음과 같은 세 가지 개념이 있는 것으로 보인다.

(1) '어문생활사'를 '어문생활의 역사'로 해석하는 것이다. 즉 '어문의 역사'와 대립되는 개념으로 해석하는 것이다. '어문의 역사'는 인간생활과는 연관 없이 단지 '어문 자체의 역사'만을 기술 · 설명하는 것인데 비해 '어문생활의 역사'는 '(인간의) 어문생활의 역사'이다. 곧 사람이 어문생활을 어떻게 영위하여 왔는가를 과학적으로 기술 · 설명하는 것이다. 이 연구는 새로운 학문의 범주에 든다고 보아야 할 것이다.

(2) '어문생활사'를 '어문을 통한 생활사'로 해석하는 것이다. 즉 '어문을 통해서 본 (인간의) 생활사'라는 해석이다. 그러나 여기에도 두 가지 생각이 혼재되어 있다. 즉 '어문생활을 통해서 본 (인간의) 생활사'란 생각과, '어문자료를 통해서 본 (인간의) 생활사'라는 생각이 그것이다. 이 분야는 역사학의 하나로 해석된다.

(3) '어문생활사'를 '인간의 일반 실생활에 이용된 어문자료를 통해서 본 국어사'로 해석하는 것이다. 즉 '생활사 자료를 통해서 본 국어사'라고 할 수 있다. 이 연구는 단순한 국어사일 뿐이다. 단지 국어사 연구를 위한 자료를 확충한 것에 지나지 않을 것이다.

이러한 다양한 견해 중에서 어문생활사를 어떻게 규정하는가 하는 것은 큰 고민이 아닐 수 없다. 그래서 어문생활사가 탄생한 배경에 눈을 돌려 고찰해 보아야 할 것이다.

(1) 어문생활사를 임상 국어학으로 별명을 붙일 수 있는 관점에서 본다면 아마도 어문생활사는 '어문생활의 역사'로 규정을 할 것으로 생각된다.

(2) 학문의 종합적 성격으로 볼 때에는 어문생활사는 '어문을 통한 생활사'로 이해된다고 할 수 있다. 특히 '어문생활을 통해 본 생활사'나 '어문자료를 통해서 본 생활사'가 다 포괄된다고 할 수 있을 것이다.

(3) 이론과 자료와 실험이라는 관점에서 학문을 생각한다면 어문생활사는 전혀 새로운 양상을 띠게 될 것이다. 왜냐하면 어문생활사는 이론적인 면에서 아직 정립이 되지 않았을 뿐더러, 자료면에서 보아도 새로운 것을 찾아야 하는 실정이며, 실험이라는 점에서 본다면 21세기의 디지털 시대에 맞는 새로운 도구로 연구와 개발이 필요하기 때문이다. 예컨대 이러한 자료와 이론을 통해서 언중들이나 생활인들에게 새로운 문화내용, 즉 콘텐츠를 개발하고 전달하여 쌍방향으로 운용되는 의사소통의 새로운 방법에 따른 새로운 학문으로 발돋움하여야 하는 것이다. 그러나 이것은 순수한 학문적 접근이라기보다는 학문과 생활 나아가서는 학문과 상업의 접목이라는 새로운 분야를 잉태하여야 하기 때문에 전혀 새로운 분야의 개척 분야일 것이다. 그러나 학문의 실용적 측면에서 볼 때, 반드시 깊이 고려해 보아야 할 문제일 것이다.

(4) 새로운 자료의 확충이라는 국어사의 시각을 넓히는 문제는 전혀 새로운 분야가 아니기 때문에 국어학계의 지금까지의 연구에 대한 반성이라는 측면에서만 가치가 있을 것이다. 그것은 너무 당연한 것이어서 새롭게 언급할 가치는 크지 않을 것으로 생각한다.

이러한 어문생활사의 발생적 측면에서 보면, 어문생활사는 '어문'이라는 단어에 구애되지 않아서 '국어국문학자'들의 전유물이 아니라, 모든 학문 분야의 공통 관심사이어야 한다는 결론에 도달한다. 결국 통합학문으로서의 성격을 강하게 지니게 된다.

그러나 이러한 통합학문으로서의 성격은 어느 한 분야에서 강조해서 학문적 유대관계가 성립되고 공동으로 연구될 수 있는 것은 아니다. 예컨대 '향가(鄕歌)'에 대한 연구가 국어학자 따로, 국문학자 따로, 민속학자 따로, 국사학자 따로 각각 연구되고 있지만, 그리고 그렇게 연구되는 문제점이 지적되어 있으면서도, '향가'를 통합적으로 연구하는 방법에 대해서는 어느 누구도 언급한 적이 없다는 사실은 어문생활사를 논하는 우리들에게 시사하는 바가 많다. '향가'에 대해 각 분야에서 써 놓은 논문들을 모아 한 책으로 출판해 놓았다고 해서 그 책이 향가에 대한 통합적 연구는 아니기 때문이다. 그것은 종합적 연구도 아니다. 코끼리의 신체 부위를 각각 만져 본 사람들의 소감을 모아 놓은 것일 뿐, 코끼리 전체를 말한 것이 아니기 때문이다.

한국 어문생활사도 같은 문제점에 봉착한다. 국어학자들이 바라본 어문생활사와, 국문학자들이 바라보는 어문생활사, 국사학자들이 바라보는 어문생활사를 모두 모아 놓았다고 해서 그것이 어문생활사가 되는 것은 아닐 것이다. 단지 어문생활사의 한 단면일 뿐이다. 국어학자, 국문학자, 역사학자, 기타 국학 연구자들이 각각 바라보는 역사와 관점은 매우 다양하고 다를 수 있어서, 이러한 다양한 관점에서 어문생활사를 들여다 보아야 어문생활사를 통합적으로 이해할 수 있을 것이다. 예컨대 '훈민정음 창제'에 대한 각 학계의 시각은 다양할 수 있다. 통치의 한 수단으로 인식하는 역사학자가 있는가 하면, 국어학자들 사이에서도 단순히 한자음 표기수단으로 창제된 것이라는 설로부터 매우 다양한 견해들이 존재한다. 어떻게 하면 훈민정음 창제에 대한 복합적인 차원, 즉 삼차원의 세계에서 바라 볼 수 있는 눈을 가지는가 하는 것이 아직도 우리들의 과제이다.

지금까지 언급한 여러 가지 조건으로 본다면 '어문생활사'는 앞에서 언급한 모든 분야를 통합하는 종합적인 학문으로 인식된다. 협의의 어문생활사와 광의의 어문생활사를 설정하고 각 분야에서는 협의의 어문생활사를 논의하되,

본격적인 어문생활사, 즉 광의의 어문생활사는 지금부터 새롭게 개발하여야 하는 통합학문으로서 정립시켜 나아가야 할 것으로 생각한다.

4) 어문생활사의 과제

어문생활사에 대한 문제 중에서 시급한 것이 곧 그 연구 목표의 설정과 연구의 의의를 정립하는 것일 것이다. 어문생활사의 연구 목표나 연구의 의의는 그 상위학문의 목표나 의의와 같을 것으로 생각한다.

한국 어문생활사는 한국학의 한 분야다. 뿐만 아니라 역사학의 하나다. 그러나 반드시 역사학의 범위 내에만 있는 것은 아니다. 왜냐하면 한국학이 이제는 인문학의 범위에서 벗어나 있기 때문이다. 결국 한국학이 인문 · 사회 · 자연과학 분야를 다 포괄하고 있듯이, '한국 어문생활사'도 '한국 어문'과 '생활사'라는 두 측면에 걸쳐 있지만, '한국 어문'이라고 해서 '국어국문학'의 범주에만 들어가는 것은 아니며, '생활사'라고 해서 역사학의 범주에만 들어가는 것은 아니라고 생각한다. 왜냐하면 그 연구 방법이나 접근 방법이 순수히 국어국문학적인 것만도 아니고, 또 순수히 역사학적인 것만도 아니기 때문이다. 오히려 어문생활사는 통합학문이어서, 매우 다양한 분야의 학문적 연구 방법이나 접근 방법을 필요로 하고 있는 것이다. 그래서 어떤 점에서 어문생활사 연구는 가장 어려운 학문에 속하기도 하는 것이다. 복합적인 자료와 정보와 지식과 학문을 요구하는 분야인 셈이다.

어문생활사 연구에서, 그 연구 자료는 한국학 전 분야의 자료를 필요로 하며, 이 자료들 중에서 그 가치가 부분적으로 인정할 수 있는 정보들을 어느 분야의 관점에서 가려내어야 하는가 하는 문제도 해결하기 어려우며, 그러한 정보와 자료 중에서 보편적 가치를 인정하여 하나의 지식으로 만들어 가는 과정도 쉽지 않다. 뿐만 아니라 그 지식들을 체계화하여 '어문생활사'라는 하나의 학문으로 정립해 가는 과정은 더더구나 어려운 일이다.

이러한 관점에서 이제 '어문생활사'는 자료(data)와 정보와 지식을 취합하고 취사선택하고 체계화하는 일이 우리의 앞에 남아 있는 중요한 과제인 것이다.

5) 어문생활사의 연구 대상과 분야

그런데도 어문생활사를 구성하는 중요한 요체는 설정되어 있어야 한다.

(1) 어휘 생활과 어휘 사전

어문생활사는 어문생활의 역사이어서, 어문생활이 그 연구의 중심이 되어야 한다. 그러면 어문생활에서 가장 중요한 요체는 무엇일까? 그것은 언어의 기본단위로 인식되는 '어휘'라고 생각한다. 이것이 지금까지 국어사 연구에서 해 오던 인식과 차이가 있을 것이다.

언어가 변화한다는 인식은 어휘의 변화에서 찾는다. 모음체계와 자음체계의 변화나 문법의 변화는 언중들이 거의 인식하지 못한다. 그럼에도 불구하고 음운체계나 문법체계의 변화를 중시하는 이유는, 그 변화가 점진적이고 쉽게 변화하지 않는 것이기 때문이다. 그러나 어휘야말로 언중들의 머릿속에 살아있는 우리말의 진수라고 할 수 있다. 그 어휘가 살아온 역사는 곧 우리말의 역사에 해당한다. 따라서 생활에서 가장 중요한 의사소통의 도구인 어휘에 대한 연구가 어문생활사의 기초 작업이라고 할 수 있을 것이다.

잘 아는 바와 같이 우리나라에는 변변한 국어사전이나 백과사전이나 전문용어 사전이 거의 없는 형편이다. 뿐만 아니라 설령 있다고 해도, 역사적인 사전은 더욱 찾을 수가 없다. 그래서 어문생활사 연구의 기초적인 작업의 하나는 사전 편찬이라고 생각한다. 발표자가 생각하는 어휘 정리를 생각나는 대로 제시하여 보면 다음과 같다.

① 물명고 등의 어휘자료집 정리

② 한자어 사전 : 척독 자료, 각종 문자집(文字集) 등

③ 신소설 어휘 사전

④ 신문 어휘 사전 : 독립신문, 제국신문 등[1]

⑤ 기독교 문헌 어휘사전

⑥ 의성의태어 역사 사전

⑦ 어휘 역사 사전 : 21세기 세종계획 자료

⑧ 언간 어휘 사전

⑨ 각종 작품의 용례사전

⑩ 고어사전

⑪ 가사 어휘사전

⑫ 고소설 어휘사전

⑬ 잡지 어휘사전[2]

⑭ 사전 어휘 연구 사전[3]

즉흥적으로 제시해 놓은 것이지만, 발표자는 늘 이 사전들에 대해 생각해오고 있었다. 어문생활에서 가장 빈번히 접촉하는 언어문화는 바로 이러한 어휘임에도 불구하고 지금까지 나온 사전들은 이러한 중요한 자료들을 대상으로 하지 않고, 주로 언해본들을 중심으로 해 왔기 때문에, 막상 어문생활을 이해하고자 해도 어려웠던 것이다.

(2) 어문의 운용

고문헌들은 현대의 문헌들과는 전혀 다른 체제로 되어 있다. 그것은 우리 문자와 언어의 운용방식이 달랐기 때문이다.

---

1 신문 어휘에 대한 연구는 John E. Richardson(2007), *Analysing Nespapers, An Approach from Critical Discouse Analysis*, Palgrave, Macmillan을 참조할 수 있다.

2 잡지에 나타난 어휘에 대한 연구는 日本 國立國語研究所 編(2005), 『雜誌『太陽』による確立期現代語の研究-『太陽コーパス』研究論文集』, 博文館을 참조할 수 있다.

3 사전에 대한 연구 검토 방법에 대해서는 倉島節尙(2002), 『辭書は日本語-國語辭典を解剖する』, 光文社를 참조할 수 있다.

훈민정음이 창제된 이후부터 현재까지 한글의 운용방식은 다음과 같은 몇 가지 특징을 지니면서 변천해 왔다.

①'세로쓰기에 띄어쓰지 않기'에서 '가로쓰기에 띄어쓰기'로
② 한글 자모의 서체 변화
③ 한 문헌에 하나의 한글 서체
④ 한글의 크기와 굵기의 변화로 글의 성격 구분
Ⓐ 본문과 주석문
Ⓑ 한자음
Ⓒ 구결자(토)
⑤ 한글의 위치에 따른 글의 성격 구분
Ⓐ 책의 제목
Ⓑ 한문 대문
Ⓒ 언해문
Ⓓ 협주문 등등
⑥ 다양한 문장부호의 사용
⑦ 한글 서체의 특성화
⑧ 글자의 색깔을 통한 문헌의 성격 구분
⑨ 한글과 한자 서체의 조화
⑩ 그림과 한글의 조화

(3) 문체와 글의 장르

우리는 지금까지 어문생활에서 찾아낸 수많은 문헌 자료들이 거기에 나타난 문체가 매우 다르다는 사실에 대해 알고는 있으면서도 그 연구는 문학 연구자들의 몫으로 돌려놓음으로써, 그 연구의 단초도 열지 못하고 있다고 생각한다.

예컨대 한글 고소설은 다른 문헌과는 달리 낭송이 중심이 되었다고 생각한

다. 고소설이 낭송되었다고 하는 사실은 고소설의 제목에서 발견된다. 고소설의 여럿은 그 제목에서 '화룡도 권지하라, 됴웅전상이라, 됴웅젼권지이라' 등과 같은 제목을 실제로 볼 수 있다(물론 '-이라'를 붙이지 않은 제목도 있다). '화룡도 권지하, 됴웅전상, 됴웅젼권지이'라고 하면 될 것을 굳이 '-이라'를 붙인 것은 고소설을 눈으로만 읽은 것이 아니라, 낭송되었음을 입증하는 것이라고 생각한다. 낭송체에서만 발견할 수 있는 문체이기 때문이다. 낭송체에서는 구결을 중시하며, 원문의 한자나 원래의 문자(예컨대 범자 등)는 무시되는 것이 일반적이다. 그러나 경판본 고소설에서는 이러한 제목이 보이지 않는다. 필사본 불경 중에서 한자나 범자를 다 빼어 버리고 한글 음역만 달아 놓은 것이 무척 많은데(대표적인 것이 '천지팔양신주경' 등이다), 이것은 단지 암송이나 독송을 위한 것이기 때문이다.

이러한 점은 필사본 고소설의 끝에 보이는 소설 외의 글에 보이는 문체와 대비된다. 발표자 소장의 '왕정용전'의 끝부분에 '이 ᄎᆡᆨ이 ᄉᆡ로 초출ᄒᆞ나라고 오ᄌᆞ 낙셔가 만코 마리 안되ᄂᆞᆫ 듸가 만ᄒᆞ니 그런ᄃᆡ로 쳠군ᄌᆞ텨로 눌러 보옵. 눌너 보지 안ᄒᆞ면 네 엇지 할고 군ᄌᆞ라 ᄒᆞ난게 다 무에람'이란 글의 문장이 '-옵, 람' 등으로 끝난다는 점과 대비되는 것이다. 물론 필사본 고소설의 끝에 '눌러 보시ᄋᆞᆸ쇼셔'라고 끝마치는 경우도 간혹 있지만, 주로 '압/옵/ᄋᆞᆸ' 등으로 마친다. 이 투식은 편지투와 같다. 이 부분은 낭송하는 부분이 아니라 눈으로 읽으라는 표시다. 이 고소설을 읽을 사람에게 쓴 일종의 편지인 셈이다.

외국에서 문체에 대한 연구 이론은 매우 깊게 이루어져 있다. 예컨대 필자가 보고 있는 독일어학 관련 책[4]에는 문체에 대해 28개의 정의를 들고 이를 설명하고 있다.

---

4 Willy Sanders(1973), *Linguistische Stiltheorie*, Vandenhoeck & Ruprecht, Göttingen.
Willy Sanders(1977), *Linguistische Stilistik*, Vandenhoeck & Ruprecht, Göttingen.

(4) 어문 생활의 도구

지금까지 어문 연구에서 소홀히 다루어져 왔던 것은 어문생활의 도구에 대한 것이라고 할 수 있다. 어문생활의 도구는 어문생활에 지대한 영향을 준다. 예컨대 양지(洋紙)의 도입이 출판문화에 영향을 주고 그것이 한국인의 어문생활에 어떠한 영향을 주었는지에 대한 연구는 아직도 진행되지 않은 것으로 보인다. 연활자의 도입과 어문생활의 변화에 대한 것도 마찬가지이다. 컴퓨터의 도입으로 어문생활은 어떻게 변화하였는지도 연구의 중요한 대상이라고 할 수 있다.

(5) 어문생활의 장르

어문생활에서 어문을 운용하는 분야에 대한 집중적인 검토도 이루어진 것이 없는 것으로 보인다. 예컨대, 언간, 가사, 소설, 수필, 신문, 잡지, 종교서 등에 나타나는 언어의 차이와 운용방법의 차이는 아직 검토되지 않은 것으로 보인다. 어느 문헌에서는 언어 변화가 거의 반영되지 않는다거나(예컨대 기독교 문헌에서 구교는 '하느님'이라고 쓰지만, 신교에서는 '하나님'이라고 쓴다든가, 기독교 성경에서는 '죽다'란 표현만 쓰지, '돌아가시다'란 표현은 쓰지 않는다든가 하는 것들) 하는 사실들을 검토하고 연구할 필요가 있다.

이러한 연구는 한 장르에 대한 연구만으로서 이루어지는 것은 아니다. 즉 언간에 나타난 언어 현상을 다루는 것이 아니라, 언간과 소설과를 비교하여 연구하는 등의 자세가 필요하다.

(6) 어문생활사의 콘텐츠화

이러한 작업이 필요하다는 생각은 가지지만 아직까지 구체적인 안은 떠오르지 않는다. 그러나 이 문제들은 앞으로 미디어 콘텐츠라는 분야에서 깊이 있게 논의해야 할 일이다.

6) 맺음말

어문생활사를 연구하기 위해서 해야 할 일들은 너무 많아서 여기에 일일이 제시하기 어렵다. 자료의 수집부터 시작하여 자료집을 출판하거나, 더 나아가서 어문생활사 개설서를 내어 어문생활사 연구를 활성화시키기 위한 일도 시급한 일이지만, 문제는 누가 고양이 목에 방울을 달 것인가 하는 점이다. 이제부터는 어문생활사의 시초단계라고 생각하고 논의만 하고 있을 때가 아니라서, 구체적으로 연구할 수 있는 토대로 옮겨 가야 하기 때문이다.

그러기 위해서 해야 할 중요한 일 중의 제일 먼저 해야 할 일의 하나는 연구자를 확보하는 일이다. 어떤 일을 하기 위해서는 사람과 조직과 재정이 필요한데, 이러한 것들을 충족시키기 위해서는 우선 이 문제를 연구하는 연구소나 학회가 있어야 할 것이다.

경북대학교 영남문화연구원이 이 일을 위한 발판을 마련할 수 있을 것으로 생각한다. 그리고 가능하다면 학회 창립을 서두르는 일도 중요하다. 그래야만 지속적이고 종합적인 논의가 가능하기 때문이다. 만약에 학회가 설립된다면 아마 가장 다양한 참여자가 가장 많은 회원 수를 가진 학회가 되지 않을까 생각한다.

어문생활사 연구가 조금씩 윤곽을 세워갈 수 있도록 하기 위해서는 몇 사람이 모여 늘 소모임을 가지는 일도 중요하다. 거기에서 학회 창립 등을 논의하는 일도 중요하다고 생각한다.

<2009년 2월 27일(금), 경북대학교 영남문화연구원 제13차 콜로키움,
경북대학교 인문대학 교수회의실>

2. 한글 생활사 기록문화의 현황과 수집, 정리방안

1) 한글 생활사 기록문화의 개념

한글 생활사 기록문화란 생활사에 관계된 기록문화로서, 그 기록이 한글로 표기된 것을 말한다. 여기에서 '한글'이란 반드시 '한글로만' 되어 있을 것을 요구하지는 않는다. 실제로 '한글로만' 표기되어 있는 기록은 그리 많지 않아서 한자를 비롯한 다른 문자와 혼용하여 쓴 자료도 포함시킬 필요가 있다. '한글 생활사'란 '한글의 생활사'가 아니라 '한글로 표기된 생활사'를 말한다.

한글 생활사 기록문화는 어느 시대로부터 어느 시대까지의 기록문화라는 정해진 기한이 없다. 역사적으로 보아서 훈민정음이 창제된 15세기 이후에나 한글 기록을 만날 수 있기 때문에 그 상한 시기는 훈민정음 창제 이후일 것이다. 고문서나 고문헌의 하한 시기를 대체로 1910년대 이전으로 잡고 있어서 한글 생활사 기록문화도 1910년대까지를 하한시기로 잡는 것이 필요할 것이다. 왜나 하면 이 자료는 현대 자료에서도 외면을 받으며, 이전 시기의 자료에서도 외면을 당하여서 자료로서의 위치를 찾을 수 없기 때문이다. 1910년대부터 1950년대까지의 한글 생활사 자료로서 가치를 지니는 자료들이 많은데, 이들 자료들을 제외하는 것은 역사 기술에서 어긋난다고 생각하기 때문이다.

그래서 '한글 생활사 기록문화'는 전기 현대국어 시기까지에 등장하는 자료를 '한글 생활사 기록 자료'로 보고자 한다. 그 결과로 '한글 생활사 기록문화'는 한글이 조금이라도 표기된 자료로서 전기 현대국어 이전 시대인 1950년대 이전에 만들어진 기록문화를 말한다.

이러한 기록문화라고 한다면 넓은 의미에서 '생활사'와 연관된 '문헌'들도 포함시킬 수 있다. 각종의 문헌 중에서 생활과 연관된 자료들은 이 범주에 소속시킬 수 있으나, 이 개념들을 확대하면 너무 방대한 자료를 포함하는 것이어서 문제가 발생할 여지가 있으므로, 한정된 자료들만을 한글 생활사 기록문화 속에 포함시켜야 할 것이다. 예컨대 '음식 조리서'에 관계된 '음식디미방'과 같은 문헌 자료는 이 범주 속에 포함시키는 것이 좋을 것이다.

한글 자료라고 하면 대부분 고문헌이나 고문서와 같은 종이에 쓰인 자료만을 지칭하는 것이 일반적이지만, 실제로 자료를 조사해 보면 종이에 쓰인 것 이외에도 돌, 금속, 나무, 질그릇 등에 쓰인 것이 많아서 이들 자료들도 넓은 의미의 '한글 생활사 기록문화' 속에 포함시켜야 할 것이다.

2) 한글 생활사 기록문화의 형성

대부분의 기록문화는 문헌이나 고문서로 남아 있다. 이들 문헌과 고문서는 주로 한문이나 이두문으로 되어 있다. 훈민정음이 창제된 이후 한글 생활사 자료의 출현이 예상되지만, 실제로 일반생활에서 한글이 일반화되어 사용되기 시작한 것은 후대의 일로 보인다.

최초의 한글 생활사 기록 자료는 지금까지 발견된 자료로 보아서는 16세기에 쓰인 것으로 보이는 언간들이다. 그리고 17세기 이후부터는 한글 생활사 기록들은 이전에 비해 더 많이 쓰이게 되었고, 18세기에는 상당히 많이 쓰인 것으로 추정되나, 현재까지 발견되고 정리되어 보존된 자료가 많지 않아서 그 형편을 알 길이 없다.

현재 가장 많이 발견되는 한글 생활사 기록들은 대부분이 19세기 말에서 20세기 초에 쓰던 것들이다.

이들 한글 생활사 기록문화의 형성과정은 한글의 보급과 밀접한 관계를 가진다고 할 수 있다.

3) 한글 생활사 기록물의 특징

한글 생활사 기록물이란 주로 고문서 중에서 한글 표기가 있는 것들을 일컫는다. 한글 생활사 기록물은 일반 고문서의 일부이기 때문에 이에 대한 연구의의와 연구 방법은 일반 고문서의 그것과 동일하다고 할 수 있다. 그러나 일반 고문서를 바라보는 시각에 따라 연구의의와 연구방법이 달라질 수 있는 것과 마찬가지로, 한글 생활사 기록물에 대한 연구의의와 연구방법도 바라보는 시각에 따라 달라질 수 있을 것이다. 역사학자와 국어학자가 한글 생활사 기록물을 다룰 때에는 그것을 바라보는 시각은 다를 수 있다. 역사학자들은 이 자료들을 역사 속의 한 사건으로 인식하여 다루겠지만, 국어학자들은 역사 속의 한 사건이 아니라 거기에 쓰인 한글 표기를 통하여 그 기록물이 쓰인 시대의 국어의 모습을 찾으려고 할 것이다.

이것은 한글 생활사 기록물이 일반 기록물과 다른 특징을 가지고 있기 때문이다. 그 특징들을 든다면 다음과 같다.

(1) 한글 표기

한글 생활사 기록물의 가장 큰 특징은 한글로 표기되어 있다는 점이다. 이 자료들이 한글로 표기되지 않았다면, 국어학자들 중에서 이들 자료에 관심을 가질 사람은 이두 연구자에 국한될 가능성이 높다. 한글 생활사 기록물이 한글로 쓰인 점 때문에 여러 가지 다른 특징을 파생시킨다.

(2) 자료 총량의 제약

일반 생활사 자료는 그 종류도 다양하거니와 그 양도 매우 방대한 편이다. 그러나 한글로 쓰인 생활사 기록문들은 아직까지 전반적인 조사가 이루어지지 않았지만, 그 종류도 아주 제한되어 있다. 지금까지 소개된 한글 자료 중에서 어느 정도 많은 양의 자료가 소개된 것은 언간뿐이다.

(3) 사문서 위주의 자료

일반 생활사 자료는 궁중문서(宮中文書), 관문서(官文書), 사문서(私文書)가 포함되지만 한글 생활사 지료는 주로 사문서에 해당하는 경우가 많다. 물론 궁중문서를 모아 놓은 장서각 자료에도 각종 한글 생활사 기록들이 있지만(예컨대 한글로 쓴 홀기인 '뎡미가례시일긔' 등), 관문서는 많지 않으며, 또한 한글 간찰도 다른 문서들에 비해 그리 많지 않은 편이다. 이것은 관에서는 공식적으로 한글을 사용하지 않았던 것에 기인한다. 한글 생활사 기록물들이 장서각 등에 소장되어 있지만, 그 시기는 대부분이 18세기 중기 이후로 보이는데, 이것은 한글이 공식적으로 관(官)에서도 어느 정도 가치를 가지기 시작하는 시기와 일치하기 때문인 것으로 보인다.[5] 일반 생활사 자료가 한글 생활사 자료에 비해 수적으로 월등히 많은 것도 이 때문이다.

그래서 한글 생활사 기록물에 대한 연구는 주로 언간에 집중된다. 그러나 일반 생활사 자료에 대한 연구에서는 간찰에 대한 연구가 많지 않다. 그도 그럴 것이 간찰에까지 손을 댈 여유가 없는 것이다, 그보다 중요한 고문서가 훨씬 많기 때문이다.

(4) 시대적 제약

일반 생활사 기록물들은 시대적으로 오래 전까지 거슬러 올라갈 수 있지만, 한글 생활사 기록물들은 기껏해야 15세기까지밖에 거슬러 올라가지 못한다. 안민학(安民學)의 애도문(1576년)이나 이응태묘 출토 언간(1586년) 등이 비교적 이른 시기의 한글 생활사 기록물들이 아닌가 한다. 물론 일반 생활사 기록물들도 16세기 이전의 자료들이 흔하지 않은 편이지만 17세기 이후의 자료는 무척 풍부한 편이다. 그러나 한글 생활사 기록물들은 17세기까지 거슬러 올라갈 수 있는 것들도 손으로 꼽을 만한 정도에 지나지 않는다.

---

5 이 문제는 앞으로 더욱 면밀한 검토를 요하는 문제다.

(5) 필사 연도의 불명확성

일반 자료들은 관문서 등이 많이 실존해서 필사기나 간행연도(판본인 경우)를 알 수 있는 것이 많지만 한글 생활사 기록물들은 사문서가 많아서 필사연도 등을 파악하기가 쉽지 않다. 심지어 간지조차도 기록되어 있지 않은 것이 많다. 간찰 연구가 어느 문중의 간찰이나 또는 유명인의 간찰에 국한되는 것은 이러한 이유 때문이다.[6]

(6) 사용 계층의 다양성

일반 생활사 자료들은 대부분이 전통적인 양반의 가문이나 그 종가 내지 각 계층의 옛날집에 수장되어 있는 것들이어서 특수 계층의 사람들의 생활이 반영되어 있다고 볼 수 있는데 비하여 한글 생활사 기록물들은 한문 해독이나 한문으로 글을 쓰기가 어려운 사람들의 것도 많아서 모든 계층의 사람들의 생활이 반영되어 있다고 할 수 있다. 한문을 사용할 줄 아는 계층은 한글도 이해하고 사용할 수 있었지만, 한글을 이해하고 있었던 계층은 한자나 한문의 해독이나 사용은 제한적이었기 때문이다.

(7) 표현과 기술의 생동성

한글로 쓰인 자료들은 한자로 쓰인 자료들에 비해 그 표현이 생동적이라고 할 수 있다. 이러한 판단은 한문 독해 능력이 부족해서 내린 것인지는 확언하기 어렵다. 한문 사용자들은 한문 속에서 생동감을 충분히 이해하였을 것이기 때문이다. 한문 해독 능력이 이전 사람들보다는 부족한 현대인들에게 일반 한문 자료들은 개념 의미만 전달받을 수 있는데 비하여 한글로 쓰인 자료들은 정서적 의미까지도 동시에 전달받을 수 있을 것이다.

---

6 필자도 언간을 150여 장 소장하고 있지만, 이들은 국어학적으로 연구하는 데에는 장애가 있다. 그 필사연대가 불분명하기 때문이다. 그래서 이들 언간들은 주로 서예 분야의 연구에 활용하도록 공개하고 있을 뿐이다.

4) 한글 생활사 기록문화에 대한 관심

이러한 한글 생활사 기록물의 특징으로 인하여 한글 생활사 자료들이 국어국문학자들의 관심을 끌게 되었다.

한글 생활사 기록물들은 처음에는 고전문학 연구자들에 의해 문학적 가치가 있다고 생각되는 자료들이 몇몇 소개되었고, 고 김일근 교수에 의해 언간들이 소개되면서 주목을 받기 시작하였다. 그러나 그 연구는 매우 제한적인 연구자들에 의한 것이었다. 한글 생활사 자료에 집중적인 관심를 가지기 시작한 것은 1991년에 한국고문서학회가 창립되면서였다. 지금까지 주목받지 못했던 고문서들을 수집 · 정리하다가 한글 자료에 대한 관심도 높아지게 되었다. 이러한 한글 자료의 발견은 국어사 연구에서 자료의 제약에서 벗어나려는 움직임과 맞물려 그 관심이 더욱 증폭되게 되었다.

국어사 연구에서 주로 다루었던 자료들은 대부분 문헌자료 위주이었고, 그것도 간행연도가 분명한 판본 위주였다. 그 문헌들도 대부분 언해본이었다. 그리고 필사연도가 분명한 필사본 문헌들도 그 연구대상이 되어 왔으나 그것은 극히 일부에 지나지 않았다. 자료가 태부족인 상태에서 국어사 연구의 문제점을 해소하기 위해 국어학자들은 자료의 확충에 관심을 갖게 되었고, 그 결과로 필사본에 관심을 가지게 되었다. 그것도 선본들을 대상으로 하여 왔다. 장서각 필사본에 대해 소개하고 연구하고 주석을 달고 하는 작업은 그러한 관심의 한 부분이었다. 여기에 한글 생활사 기록물들이 함께 각광을 받게 되었다.

한글 생활사 기록물이 지니는 문체적 특징 때문에 여기에 관심을 가지게 되었다. 특히 언간들에 대해 관심을 가지면서, 이 언간에는 지금까지 언해본들에서는 볼 수 없었던 어휘의 특징이나 문법적 특징을 발견할 수 있게 되었기 때문에 언간에 매력을 느끼게 되었다.

어문 생활사에 대한 관심 때문에 한글 생활사 기록물들이 주목받게 되었다. 이들 자료를 통해 생활사의 단면을 밝혀보려는 노력이 있어서 한국고문서학회에서 『조선시대생활사』(1996년), 『조선시대생활사(2)』(2000년)가 간행되고 마침 융합학문의 등장으로 국어사 자료를 통해 생활사를 밝혀보려는 시도들이 있었다. 백두현 교수의 『문헌과 해석』에 '17세기 한글 편지에 나타난 생활상 –과거, 책, 교육-', '현풍 곽씨 언간에 나타난 17세기의 습속과 의례', '17세기의 〈현풍곽씨언간〉에 나타난 민간 신앙', '최초로 발견된 '대한 군인 애국가'에 대하여', '안동권씨가 남긴 한글 분재기', '17세기 한글 노비 호적 연구' 등의 연구가 그것이다.

한글서예를 쓰려고 하는 사람들이나 한글서예를 연구하려는 사람들에 의해 한글 생활사 자료들이 주목을 받게 되었다 그들은 궁체 중심의 서체를 쓰고 또 연구하여 왔지만, 민체(民體)의 중요성이 인정되어 그 민체에도 일정한 조형성과 균형성과 아름다움이 있고, 그 글씨를 쓴 사람의 소박함이 살아있다고 인정되기에 이르렀다. 그 결과로 장서각 소장의 장편 고소설의 궁체로부터 일반 한글 고소설의 서체로, 그리고 이것이 매우 다양한 한글 서체를 보여 주는 한글 생활사 자료의 서체로 그 관심의 대상이 변해 왔다.

한글 생활사 기록물은 위와 같은 이유로 관심의 대상이 되었다고 할 수 있다. 즉 이에 대한 연구는

① 언해 위주의 판본자료를 보완할 국어사 자료

② 개인과 사회의 생생한 실상을 전하는 생활사 자료

③ 한글 서체의 변천을 구명할 서예사 자료

④ 서간 문학의 측면에서 고전 산문학사를 보완할 자료

등으로 활용되고 있다.

위에서 제시한 네 가지가 아마도 국어국문학에서 논의할 내용이 될 것이고, 이것이 한글 생활사 기록문화를 연구하는 의의가 될 것이다. 그러나 이 중에서 국어학적으로 연구하여야 할 연구의의는 다시 축소될 것이다.

5) 한글 생활사 기록문화의 효용 가치

20세기 말에 들어서 언어 연구에서 기능을 중시하면서, 구조와 체계 등 구조언어학에서 중요시하던 개념들의 중요성이 옅어지고 실생활과 연관된 국어학을 연구하여야 한다는 생각이 설득력을 얻게 되었다. 그래서 어문생활에 관심을 가지게 되었다. 국어는 일상생활과 불가분의 관계를 가지는 요소이지만, 한편으로는 그것을 연구하는 분야인 국어학은 일반 생활과 완전히 괴리된 영역에서만 존재하는 모순된 모습을 보여 왔다. 국어는 국어학자의 연구대상인 전유물에서 벗어나 일반인들이 관심을 가지는 중요한 문화의 한 요소로 자리 잡게 되었다. 학문의 연구 대상으로서 국어에 대해 관심을 가지는 것이 아니라 문화로서의 국어, 생활로서의 국어에 관심이 있기 때문이다.

그러나 한글 생활사 기록문화에 대한 연구는 한글로 표기된 표기법을 통한 국어 연구 이외에 그 속에 담긴 내용을 검토하고, 그것을 통해 생활사를 구명할 뿐만 아니라, 그 속에 나타난 내용을 우리가 어떻게 표현하는가 하는 심층적인 것을 연구하도록 하는 것이다. 따라서 한글 생활사 기록물에 대한 연구는 국어학에서 어문생활사와 연관시켜 연구하지 않으면, '국어사 연구 자료의 확충'이라는 면에서만 의미가 있을 뿐이다. 실제로는 다른 문헌 자료와 큰 차이가 없을 것이다. '언간'에 나타난 국어가 다르다고 하는 것은 마치 '소설'과 '가사'에 나타나는 언어가 다르다는 사실과 같은 것이다. 우리는 허구로서 구성된 '소설'을 통해 그 당시의 언어생활을 이해할 수 있지만, 실제 생활에 사용하였던 한글 생활사 기록물을 통하여 그 당시의 생활상과 어문생활상을 더 실증적으로 추구하여야 할 것이다.

6) 한글 생활사 기록물에 대한 연구 절차와 연구 방법

한글 생활사 기록문화에 대한 연구는 아직 초기 단계에 있다고 할 수 있다.

왜냐하면 자료 수집 단계도 거치지 못하였기 때문이다. 따라서 한글 생활사 기록문화 연구의 역사와 현황은 한글 생활사 기록문화 중에서 지금까지 가장 집중적으로 연구되어 온 '언간'에 대해서만 기술 · 설명이 가능할 뿐이다.

발표자는 홍윤표(2006)에서 한글 고문서의 연구 과정을 다음과 같이 제시한 적이 있다.

① 기존 업적 조사 및 정리
② 고문서에 대한 식견 확충
③ 한글 고문서의 수집 및 분류
④ 한글 고문서 자료의 디지털화
⑤ 자료의 주석
⑥ 자료에 쓰인 국어 연구
⑦ 자료에 쓰인 내용 연구

한글 생활사 기록물은 현재까지 한 번도 이러한 과정을 거쳐서 연구된 적이 없다. 현재 그 중의 일부가(예컨대 언간 자료) 조사, 수집, 정리, 분류, 판독의 단계를 거쳤다고 할 수 있다.

(1) 한글 생활사 기록물의 조사 · 수집

한글 생활사 기록물 전반에 대한 조사나 수집은 이루어지지 않고 있다. 언간을 제외하고는 대부분이 낱개로 소개되고 연구되고 있을 뿐이다.[7]

한글생활사 기록물에 대한 조사수집 방법은 일반고문서의 조사 · 수집의 방법과 다르지 않다. 그러나 일반 고문서를 조사 · 수집하면서 한글 생활사 자료들도 포함시켰기 때문에 한글 생활사 기록물의 연구자들은 일반 고문서

7 언간 자료에 대해서는 황문환(2004)에서 목록을 볼 수 있다.

목록 속에서 한글 자료를 찾아 수집할 수 있는 이점(利點)이 있다.

지금까지 조사 · 수집된 일반 고문서 자료들은 여러 자료집에 소개되어 있다. 이들은 대부분 개인이 조사하였거나, 대학 연구소 또는 박물관에서 조사 소개한 것들이다. 특히 박물관에서 간행한 도록에는 자료가 영인되어 있어서 더욱 유용하다.

이 자료집들에 대해서는 박병호(2006)의 참고문헌의 '자료편'에 상당수가 제시되어 있다. 이 중에서 몇몇 중요한 자료들을 보이면 다음과 같다(박물관 자료는 제외한다).

한국정신문화연구원(1982-2005), 고문서집성 1-80.
전남대 박물관(1983-1985), 전남대 박물관 고문서 조사 보고 1-3, 고문서 1-3.
서울대학교 규장각(1986-2004), 서울대학교 규장각 소장 고문서 1-29.
영남대 민족문화연구소(1992), 조선 후기 향교자료집성 1-3.
허흥식(1988), 한국의 고문서, 민음사.
정구복 외(1999),조선 전기 고문서집성, 국사편찬위원회.
李樹健(1979), 경북지방 고문서집성, 영남대학교 민족문화연구소.

이외에도 최근에는 다음과 같은 자료들이 소개되었다.

영남문화연구원(2009), 영남지역 고문서 목록 I–동국대 경주도서관 소장-(1)(2), 도서출판 글고운.
영남문화연구원(2009), 영남지역 고문서 목록 II.–영남대도서관 소장-(1)(2), 도서출판 글고운.
황위주 외 9인(2009), 고문서로 읽는 영남의 미시세계, 경북대학교 출판부,

필자도 홍윤표(2006, 2013)에서 한글 생활사 자료들을 제시한 적이 있다.

최근에 한글 생활사 기록물들을 집중적으로 조사하여 주석서를 펴낸 것이 있다. 선문대학교 중한번역문헌연구소이다. 그 목록을 보이면 다음과 같다.

김영진(2005), 선부군유사, 선문대학교 중한번역문헌연구소.

박재연 · 황문환(2005), 충북 영동 송병필가 한글 편지, 선문대학교 중한번역문헌연구소.

이민호(2007), 節食類(한글 생활사 자료), 선문대학교 중한번역문헌연구소.

박재연 · 정재영(2007), 홍천읍 송화선 보부상 물목, 선문대학교 중한번역문헌연구소. 대구방.

이민호(2007), 제문가사(죽립서고 한글 생활사 자료), 선문대학교 중한번역문헌연구소.

김민지 · 박재연(2007), 日用備覽記(중한번역문헌연구소 소장, 한글 생활사 자료), 선문대학교 중한번역문헌연구소.

김민지 · 박재연(2007), 동래부사 송상현가 한글 행장(대구방소장 한글 생활사 자료), 선문대학교 중한번역문헌연구소.

박재연(2007), 경고재 · 죽립서고 언간(1), 선문대학교 중한번역문헌연구소.

박재연 · 정재영(2007), 동래부사 송상현가 한글 행장(대구방 소장 한글 생활사 자료), 선문대학교 중한번역문헌연구소.

외외에도 복제가(服制歌), 시조가(時調歌), 형국가(形局歌), 계부잠(戒婦箴), 복선화음록 등의 가사와 시조에 대한 주석서도 함께 간행해 냈다.

언간에 대해서는 여러 학자들의 주석서와 소개서가 있었다.

김일근 편주(1959), 이조 어필 언간집, 신흥출판사.

김일근(1986), 언간의 연구, 건국대출판부.

조건상(1981), 청주 북일면 순천김씨 출토 언간, 충북대 박물관.

조건상(1982), 淸州 北二面 外南里 順天 金氏墓 出土 簡札攷, 修書院.
건들바우박물관(1991), 진주하씨 출토 문헌과 복식 조사 보고서.
조항범(1998), 주해 순천김씨 출토 간찰, 태학사.
백두현(2003), 현풍곽씨 언간 주해, 태학사.
예술의 전당 서울서예박물관(2004), 秋史 한글 편지.

이 언간에 대해서는 최근에 한국학중앙연구원에서 집중적으로 소개 · 연구한 적이 있다.

한국학중앙연구원 편(2005), 조선 후기 한글 간찰(언간) 영인본 1, 태학사.
한국학중앙연구원 편(2005), 조선 후기 한글 간찰(언간)의 역주 연구 1,2,3, 태학사.
한국학중앙연구원 편(2009), 은진 송씨 송준길 · 송규렴 가문 한글 간찰, 조선 후기 한글 간찰(언간) 영인본 2, 태학사.
한국학중앙연구원 편(2009), 의성 김씨 김성일파 종택 · 전주 이씨 덕천군파 종택 한글 간찰, 조선 후기 한글 간찰(언간) 영인본 3, 태학사.
한국학중앙연구원(2009), 대전 안동권씨 유회상가 한글 간찰 외, 조선 후기 한글 간찰(언간) 영인본 4, 태학사.
한국학중앙연구원(2009), 은진송씨 송준길 가문 한글 간찰, 조선 후기 한글 간찰(언간)의 역주 연구 4, 태학사.
한국학중앙연구원(2009), 은진송씨 송규렴 가문 한글 간찰 외, 조선 후기 한글 간찰(언간)의 역주 연구5, 태학사.
한국학중앙연구원(2009), 의성김씨 김성일파 종택 한글 간찰, 조선 후기 한글 간찰(언간)의 역주 연구 6, 태학사.
한국학중앙연구원 편(2009), 전주이씨 덕천군파 종택 한글 간찰, 조선 후기 한글 간찰(언간)의 역주 연구 7, 태학사.

한국학중앙연구원 편(2009), 대전 안동권씨 유희당가 한글 간찰 외, 조선 후기 한글 간찰(언간)의 역주 연구 8, 태학사.

한국학중앙연구원 편(2009), 광산 김씨 가문 한글 간찰, 조선 후기 한글 간찰(언간)의 역주 연구 9, 태학사.

한국학중앙연구원 편(2009), 의성김씨 천전파 · 초계정씨 한글 간찰, 조선 후기 한글 간찰(언간)의 역주 연구 10, 태학사.

물론 이외에도 생활사 자료가 존재하는 각 지역의 가문, 사찰, 문중 등을 방문하여 조사하는 방법이 있으나, 이것은 개인이 할 수 있는 성격이 아닐 것이다. 너무 힘들고 설령 그러한 자료가 있는 곳을 찾았다고 해도 아마도 한글 생활사 자료는 한 건도 발견하지 못하는 경우가 대부분일 것이고 또 공개도 쉽게 하려 하지 않기 때문이다. 또한 이상규(2011), 한글 고문서 연구(도서출판 경진)에는 한글 생활사 자료들이 소개되어 있고 또 주석도 함께 붙어 있어서 한글 생활사 기록물들을 찾는 데 큰 도움이 될 것이다.

한글 생활사 기록물들을 목록화하기 위해서는 자료조사 카드가 필요한데, 이에 대해서는 한국고문서학회에서 개발한 '고문서 정리 카드 전용 입력기'가 있어서 이것을 그대로 사용하여도 좋을 것이지만, 한글 생활사 자료를 목록화하기 위해서는 별도의 카드를 만드는 것이 훨씬 효율적이라고 생각한다.

(2) 한글 생활사 기록물의 분류

일반고문서의 분류도 학자에 따라 매우 다양하다.[8] 한글 생활사 기록물 중에서 특히 한글 고문서의 분류는 백두현(2005년)에서 시도한 바 있다.[9]

그러나 한글 고문서 중에서 일반 고문서의 분류 속에 포함되지 않은 것이 있다. 문자 관련 한글 고문서(예컨대 언문반절표 등), 유희(遊戲) 관련 한글 고문

8 이에 대해서는 안승준(1997), 최승희(1989), 윤병태 외(1994) 등을 참조할 것.
9 이에 대해서는 홍윤표(2006) 참조.

서(예컨대 한글 승경도, 한글 윷판 등을 비롯한 각종 유희 관련 자료)가 있으며 또한 한글 처방전과 같은 의학 관련 한글 고문서도 있으며, 시후(時候) 관련 고문서(册曆, 時憲書 등), 점서(占書) 관련 한글 고문서 등이 그것이다.

지금까지 한글 생활사 기록물 중에서 소개된 것들은 주로 토지매매 명문, 발괄, 배지, 고목, 소지, 유교(遺敎), 유언, 전교, 동약(洞約), 홀기, 제문, 물목 등이다. 그것들이 소개된 부분은 홍윤표(2006년)에서 인용한 것에 몇 가지를 보완하여 재인용하도록 한다.

① 토지 매매 명문 : 백두현(2005), 정승혜(1999)
② 발괄 : 백두현(2005)
③ 배지 : 정승혜(1999), 홍은진(2000), 백두현(2005)
④ 한글 고목: 백두현(2005)
⑤ 소지 : 홍은진(1998), 안승준(1999), 홍윤표(2000)
⑥ 유언 및 유교 : 김용경(21001), 이승복(1998)
⑦ 기타 : 백두현(005), 임치균(2001), 홍은진(2000)
⑧ 물목 : 홍윤표(2001)
⑨ 버선본 : 홍윤표(2001)
⑩ 제문 : 홍윤표(2001)

우선 이들을 한 곳에 모아 자료집과 연구논문집으로 묶어 출판하는 일도 필요할 것이다. 이것은 한글 생활사 기록물들에 대한 관심을 환기시키는 중요한 방법일 것이기 때문이다.

(3) 탈초 및 주석

대부분의 한글 생활사 자료들은 정자체로 쓰인 것보다는 반흘림 내지 진흘림체의 한글로 쓰인 것들이 대부분이어서 이들을 탈초하여 놓는 일이 가장 시급한 일이다. 이러한 일은 대개 이들을 독해한 경험이 있는 고전문학 연구자들의 도움을 받아도 좋을 것이지만, 국어사 연구자들도 이에 대한 훈련을 쌓아서 한글 고문서 독해 능력을 키우는 일도 매우 중요하다.

이에 대한 주석은 매우 힘든 일 중의 하나다. 지금까지 간행된 고어사전들에는 이들 한글 고문서에 등장하는 상당수의 어휘들이 등재되어 있지 않기 때문이다. 고어사전에 등재되어 있지 않은 많은 어휘들은 대부분 문맥의미를 파악하여 그 어휘의 의미를 추정할 수 있다. 언해본들은 한문 원문이 있어서 그 의미를 파악하기 수월하지만, 한글 생활사 기록물들은 대부분 한문 원문이 없기 때문에 그 의미 파악이 쉽지 않은 편이다. 그래서 한글 생활사 기록물들의 주석을 통해 지금까지 알려진 어휘들을 하나로 묶어 자료집을 내는 일이 필요할 것이다. 한국학중앙연구원의 언간 자료 주석서에 등장하는 것들과 지금까지 간행된 국어사 자료 주석서에 등장하는 어휘들을 모아 정리해서 어휘 자료집을 낸다면 한글 생활사 기록물 주석에 큰 도움이 될 것이다.

(4) 한글 생활사 기록물의 디지털화

이미 잘 알고 있는 바와 같이 이들을 디지털화하는 일은 한글 생활사 자료를 소개하는 데에 필수적이다. 물론 복사하여 영인하는 일도 필요하다.

(5) 연구

한글 생활사 기록물에 대한 연구는 국어사 문헌 자료 연구 방법과 크게 다를 바가 없을 것이다. 그러나 한글 생활사 기록물이 지니고 있는 특징에 따라 그 연구 방향은 기존의 국어사 자료 연구와는 차이가 있을 것이다.

7) 한글 생활사 기록물을 통한 생활사 구명에 대한 문제

한글 생활사 기록물을 통해 생활사를 이해할 수 있다. 이들 자료를 통한 생활사 구명은 국사학, 민속학 등의 다른 분야에서는 매우 일반적인 방법으로 자리 잡아 가고 있기 때문이다.

한글 생활사 기록물은 일상적인 생활과 연관된 것인데, 각종 문서는 어떠한 형식을 사용하였으며, 거기에는 어떠한 어휘가 사용되었고, 특히 고유어 또는 이두문이 한글로 어떻게 표기되었으며 언간에서는 친척 간에 어떠한 호칭을 사용하였고 또 어떠한 경어법을 사용하였는지에 대한 연구들이 어문생활사에 대한 연구일 것이다. 그 연구의 대표적인 것이 백두현 교수의 '조선시대 여성의 문자생활 연구-한글편지와 한글 고문서를 중심으로-'란 논문일 것이다.

한글 생활사 기록물을 통한 한국 생활사 연구 이전에 한국 어문생활사에 대한 연구가 자리를 잡아야 할 것인데, 그 연구의 방향 및 방법에 대해서는 발표자의 논문 '한국어문생활사'(2008)를 참조하기 바란다. 외국의 경우에는 일본의 '언어생활사(言語生活史)'(강좌 국어사(講座 國語史) 제6권(第6巻) '문체사(文體史), 언어생활사(言語生活史), 태수관서점(太修館書店), 1971)를 참조할 수 있다.

한글 생활사 자료를 통해서 일반생활사가 아닌 어문생활사를 이해한다는 점에는 전적으로 동의한다. 왜냐하면 지금까지 국어국문학은 특히 국어학은 생활사와 같은 일상국어학에는 관심을 두지 않고 소위 국어해부학을 해 왔다고 생각하기 때문이다.

한글생활사 자료들을 통해서 한국 여성들은 어떤 음식을 좋아하였으며 어떤 옷을 입었었으며 집안에서 어떠한 위치에 있었으며 또는 노비 문서를 통해서 그 당시의 노예 제도 등의 사회제도가 어떠했는지, 그리고 한글 분재기를 통해 재산상속의 상태가 어떠했는지를 알아내는 일은 흥미로운 일이지만, 국어국문학도가 전문적으로 파헤칠 수 있는 대상이 아니며 또 이렇게 해서 얻게 된 사실은 우리가 얻고자 하는 국어학 연구에는 거의 도움이 되지 않는다. 이 연구들을 위해서는 다른 전문가들과 함께 공동연구를 하여야 할 필요성이 있을 것이다.

8) 마무리

이상으로 '한글 생활사 기록문화의 현황과 수집, 정리 방안'이란 주제로 발표자의 의견을 제시하였다. 각 해당 항목에서 이미 결론을 제시하였으므로 여기에서는 그 결론을 다시 되풀이하지 않는다.

참고문헌

건들바우박물관(1991), 「진주하씨묘 출토문헌과 복식 조사 보고서」.

구수영(1979), 「安民學의 哀悼文攷」, 『백제연구』 10.

김경숙(2006), 「 고문서를 활용한 생활사 연구의 현황과 과제」, 『영남학』 10.

김동욱(1972), 「고문서의 양식적 서설(1)」, 『고문서집진』, 연세대학교 인문과학연구소.

김용경(2001), 「평해 황씨가 완산 이씨의 유언 및 소지」, 『문헌과 해석』 14호(2001 봄).

김인호(2005), 『조선 인민의 글자생활사, 과학백과사전출판사.

김일근 · 이종덕(2000a), 「17세기의 궁중 언간-淑徽宸翰帖1」, 『문헌과 해석』 11호(2000 여름).

김일근 · 이종덕(2000b), 「17세의 궁중 언간-淑徽宸翰帖2」, 『문헌과 해석』 12호(2000 가을).

김일근 · 이종덕(2000c), 「17세의 궁중 언간-淑徽宸翰帖3」, 『문헌과 해석』 13호(2000 겨울).

김일근 · 이종덕(2000d), 「17세의 궁중 언간-淑徽宸翰帖3」, 『문헌과 해석』 14호(2001 봄).

김일근 · 이종덕(2001), 「숙명공주의 한글편지첩 1」, 『문헌과 해석』 통권 15호(2001 여름).

김일근 · 황문환(1998), 「金魯敬(秋史 父親)이 아내와 어머니에게 보내는 편지(1791년)」, 『문헌과 해석』 5호(1998 겨울).

김일근 · 황문환(1999a), 「金相喜(秋史 季弟)가 아내와 어미니에게 보내는 편지(1791년)」, 『문헌과 해석』 5호(1999 여름).

김일근 · 황문환(1999b), 「庶弟 金寬濟가 嫡兄 金翰濟(秋史 父)에게 보내는 편지」, 『문헌과 해석』 9호(1999 겨울).

김일근 · 황문환(1999c), 「어머니 海平尹氏(秋史 祖母)가 아들 金魯敬(秋史 父親)에게 보내는 편지」, 『문헌과 해석』 6호(1999 봄).
김일근 · 황문환(2000), 「아내 杞溪兪氏(秋史 母)가 남편 金魯敬(秋史 父親)에게 보내는 편지」, 『문헌과 해석』 10호(2000 봄).
김일근(1959), 『이조어필언간집』, 신흥출판사.
김일근(1974), 『친필언간총람』, 국학자료 3.
김일근(1986), 『언간의 연구』, 건국대 출판부.
김진영 · 차충환 · 김동건(2007), 『판소리 문학 사전』, 박이정.
도수희(1985), 「애도문에 나타난 16세기 국어」, 『語文論志』 4 · 5합집, 충남대 국어국문학과.
리정룡(2005), 『언어생활론』, 과학백과사전출판사.
박병호(2006), 「고문서 연구의 현황과 과제」, 『영남학』 10.
백두현(1997a), 「17세기 초의 한글 편지에 나타난 생활상 -科擧, 冊, 教育-」, 『문헌과 해석』 1호(1997 가을).
백두현(1998), 「〈현풍곽씨언간〉에 나타난 17세기의 習俗과 儀禮」, 『문헌과 해석』 통권 3호(1998 여름).
박두현(2003), 『현풍곽씨 언간 주해』, 태학사.
백두현(2005), 『한글문헌학 강의 노트』.
백두현(2006), 『음식디미방 주해』, 글누림.
안귀남(1999), 「固城 李氏 李應台墓 出土 편지」, 『문헌과 해석』 통권 6호(1999 봄).
안승준(1997), 「最近의 古文書 調査 整理 現況과 分類方法의 問題」, 『고문서연구』 11.
안승준(1999), 「1689년 鄭氏夫人이 禮曹에 올린 한글 所志」, 『문헌과 해석』 통권 8호(1999 가을).
운병태 외(1994), 『한국 고문서 정리법』, 한국정신문화연구원.
윤병태 · 장순범(1986), 「고문서 분류체계에 관한 연구」.
이상규(2011), 『한글 고문서 연구』, 도서출판 경진.
이수건(1979), 『경북지방 고문서집성』, 영남대학교 민족문화연구소.
이승복(1998), 「遺教(원문 및 주석)」, 『문헌과 해석』 5호(1998 겨울).
이해준 외(1991), 『생활문화와 옛문서』, 국립민속박물관.
이해준 · 김인걸(1993), 『조선 시기 사회사 연구법』, 한국정신문화연구원.

임치균(2001), 「김듸비 훈민젼 딤듸비 민간젼교」, 『문헌과 해석』 14호(2001 봄).
정승혜(1999), 「朝鮮時代 土地 賣買에 사용된 한글 牌旨」, 『문헌과 해석』 9호(1999 겨울).
정승혜(1999), 「한글 土地 賣買明文」, 『문헌과 해석』 통권 8호(1999 가을).
조건상(1981), 「청주 북일면 순천김씨 출토 간찰」, 충북대 박물관.
조항범(1998), 『주해 순천김씨 출토 간찰』, 태학사.
최승희(1981), 『한글 고문서 연구』, 한국정신문화연구원.
최승희(1989), 『韓國 古文書 硏究』, 지식산업사.
한국고문서학회(1996), 『조선시대 생활사』, 역사비평사.
한국학중앙연구원 편(2005), 『조선 후기 한글 간찰(언간)』 영인본 1.
한국학중앙연구원 편(2005), 『조선 후기 한글 간찰(언간)의 역주 연구』 1.
한국학중앙연구원 편(2005), 『조선 후기 한글 간찰(언간)의 역주 연구』 2.
한국학중앙연구원 편(2005), 『조선 후기 한글 간찰(언간)의 역주 연구』 3.
한국학중앙연구원 편(2005), 『조선 후기 한글 간찰(언간)의 역주 연구』 1-3, 태학사.
홍윤표(2001), 「버선본에 담은 효심」, 『문헌과 해석』 15.
홍윤표(2006), 「한글 고문서의 연구현황과 과제」, 『영남학』 10.
홍윤표(2008), 『한국 어문생활사, 홍종선 외 세계 속의 한글』, 박이정 수록.
홍윤표(2009), 「한글 고문헌 및 한글 고문서의 주석 방법에 대하여」, 『영남학』 15.
홍윤표(2013), 『한글 이야기 I, II』, 태학사.
홍은진(1998), 「求禮 文化柳氏의 한글 소지에 대하여」, 『고문서연구』 13.
홍은진(1999), 「조선 후기 한글 고문서의 양식」, 『고문서연구』 16, pp.57~90.
홍은진(2000), 「한글 牌旨와 明文」, 『문헌과 해석』 11호(2000 여름).
황문환(2004), 「조선시대 언간 자료의 연구 현황과 전망」, 『어문연구』 122.
Nils Erik Enkust, John Spencer, *Michael Gregory*(1964), Linguistics and Style, Oxford University Press.
Willy Sanders(1973), *Linguistische Syiltheorie*, Kleine Vandenhoeck-Reihe, Gȍttingen.

<2013년 10월 18일(금), 전북대학교 주관, 한국의 기록문화 전국학술대회,
주제: 한국의 기록문화와 세계화 전망, 전북대학교 박물관 강당>

3. 국어학 연구를 통한 국어 문화 증진 방안 모색

1) 들어가는 말

국어학도라면 "국어학은 왜 연구하는가?"라는 자문을 해 보지 않은 사람이 없을 것이다. 그러나 그 해답은 언제나 명쾌하지 않다. 마치 "왜 우리는 살아야 하는가?"라는 질문에 대한 대답이 그러하듯.

도대체 국어학은 왜 연구해야 하는가? 그리고 음운체계와 문법체계 등이 우리 인간생활과 무슨 관계가 있는가? 하는 질문에 대한 해답은 국어를 연구하면 스스로 얻을 수 있다고 생각했었다. 마치 인생이 무엇인지를 몰라도 인생을 살다 보면 인생이 무엇인지를 조금씩 알 수 있을 것 같은 생각처럼. 앞만 보고 열심히 살면 우리 삶의 보람과 뜻을 찾을 수 있다고 생각하고 살아 왔듯이, 국어학을 공부하면 국어학이 무엇인지를 알 수 있다고 생각했다. 은사 선생님의 '학문을 하다 보니까 학문을 조금씩 알 수 있을 것 같다'는 겸양의 말씀에 따라 국어학 연구의 길에 들어섰지만, 그러나 현재의 발표자의 해답은 아직도 오리무중이다.

그런데 '국어학 연구를 통한 국어 문화 증진 방안 모색'이라는 매우 엄정한 주제로 발표를 해 달라는, 그것도 두 시간 동안 발표를 해 달라는 요청을 해외에서 전화로 받았을 때 무척 난감했다. 그러나 평소에 생각해 오던 말을 해 달라는 요청에 이것이 내가 쌓아 놓은 업보이구나 하고 생각하고 허락하고 말았다. 왜냐하면 평소에 국어학 연구가 우리 생활이나 문화와는 동떨어진 채로 연구되고 있는 현실에 대해 푸념을 많이 했던 일의 결과라고 생각했기 때문이다.

2) 국어 해부학과 국어 임상학

'해부학, 임상학'이란 용어는 낯익은 용어이지만 여기에 '국어'를 덧붙인 '국어해부학, 국어임상학'이란 용어는 매우 낯선 용어일 것이다. 그도 그럴 것이 이것은 발표자가 만들어 놓은 용어이기 때문이다.

발표자는 국어학의 연구현실을 비판하여 오늘날의 국어 연구를 '국어 해부학'이라고 이름을 붙인 적이 있다. 그러한 생각은 지금도 변함이 없다. 언어 연구 분야를 세분하고 각 연구 분야의 층위를 넘나들어서는 안된다는 구조주의 언어학의 영향이 우리나라의 국어학을 국어 해부학으로 만들었다고 생각한다. 발표자는 이 현상을 곧잘 코끼리 연구나 해부에 비유하곤 하였다. 코끼리 코를 연구하는 사람, 코끼리 앞다리를 연구하는 사람, 코끼리 뒷다리를 연구하는 사람, 코끼리 내장을 연구하는 사람 등등 모두 코끼리 신체의 부분만 연구하고 코끼리 신체 전체를 연구하지 않는 것처럼, 국어 연구도 국어 전반에 대한 연구는 젖혀두고 국어의 부분적인 연구에 몰입하고 있다고 생각하였기 때문이다.

음운론 연구자는 좀처럼 음운론 연구에서 벗어나려 하지 않는다. 형태론, 통사론, 어휘론, 의미론 연구자들도 그 태도는 마찬가지이다. 한 번 전공 분야가 정해지면 다른 분야는 전혀 관심이 없는 듯하다. 음운론 연구를 코끼리 앞다리 연구에, 형태론 연구는 코끼리 뒷다리 연구에 비유한다면, 지나친 비유라고 할지 모른다. 물론 이와 같이 코끼리를 세분해서 해부하고 분석하는 것이 잘못이라는 의미는 아니다. 코끼리가 코를 움직일 때, 머리는 어떻게 움직이며 앞다리와 뒷다리는 어떻게 움직이는가 하는 면도 연구되어야 하겠지만 코끼리와 다른 동물들과의 관계도 연구되어야 하고, 그래서 동물의 세계에서 코끼리가 차지하는 비중과 역할들이 연구되어야 한다는 의미이다.

음운체계가 변하면 어휘체계와 의미체계에 어떠한 영향이 올 것인가, 그리고 그 변화로 인하여 사람의 의사소통 체계에 어떠한 문제가 발생하며 이것은 인간사회에 어떤 영향을 주고받는가 하는 것들에 관심이 있어야 한다. 가령 음운체계에 변화가 있으면 어간재구조화로 인한 의미충돌이 발생하고 그 의미충돌을 피하기 위해 어휘체계 전반에 변화가 오고, 그것으로 인하여 의미변화를 일으키는 연쇄적 변화는 가히 구조주의가 밝혀 놓은 구조적 변화의 전형적인 것임에도 불구하고 그러한 연구는 연구의 층위를 넘나드는 것이라 하여 금기시되어 왔다. 뿐만 아니라 이러한 변화가 인간의 의사소통 체계에 어떠한 변화를 일으킬 것인가? 즉 어간재구조화가 다의어나 유의어의 발생에 어떠한 영향을 주고 그것으로 인해 인간사회에는 어떤 변화가 오는가 하는 것들도 관심을 가질 만하지만 아직 거기까지 연구했다는 보고를 과문한 탓인지는 몰라도 아직 들어 본 적이 없다.

중앙어에서 어간말 자음의 변화, 특히 체언의 어간말 자음의 변화는 오늘날 매우 급속한 것이어서, 앞으로 모든 체언의 자음말음은 'ㄱ ㄴ ㄹ ㅁ ㅂ ㅅ ㅇ'의 7 자음으로 굳어질 가능성이 매우 높다. '부엌, 동녘'은 이미 'ㅋ'은 사라져가고 있고 'ㅈ, ㅊ, ㅌ' 들도 'ㅅ'으로 변화하고 있는 추세이기 때문이다. 이러한 변화는 음운론적인 변화이지만 앞으로 형태론과 어휘론 및 의미론에 상당한 영향을 줄 것으로 예견된다. 그러할 때에 의사소통에 어떠한 장애를 줄 것이며 그것이 사회에 어떠한 영향을 줄 것이며 그 현상은 방언이나 지역어에 어떠한 파급을 일으킬 것인지에 대한 논의를 들어 본 적이 없다.

언어가 하나의 유기체이지만 언어 자체 내에서의 유기적인 관계도 제대로 찾아내려 하지 않고 있는데, 언어 외적인 요소들과의 구조적인 관계는 아예 관심 밖일 수밖에 없었던 것 같다. 구조주의 이론에 반하는 연구태도인 셈이다. 그래서 언어 연구는 언어 내적 구조에 의한 연구만 진행되었다. 언어 외적 구조와 언어 내적 구조와의 관계는 철저히 배척되었다.

최근세사에서 미국과의 관계로 인한 영어의 성행과 교육은 국어에 심대한 영향을 주고 있는데도 이에 대한 연구가 진행되는 것 같지도 않다. 젊은 여성들의 음성에 콧소리가 많아진 것은 아마도 영어의 영향으로 보이는데, 과문한 탓인지 이를 지적한 글도 본 적이 없다. 길가에서 상품을 선전하는 여성들의 음성을 그대로 따라 배운듯한 일반 젊은 여성들의 콧소리로의 변화는 몸매를 성형수술하는 것만큼이나 사회적인 문제라고 생각하는데, 그러한 변화가 우리 사회에 어떤 영향을 줄 것인가는 앞으로 심도 있게 논의해야 할 과제임에도 불구하고, 우리는 여전히 언어의 내적 구조에만 매달려 있는 셈이다.

특히 국어사 연구에서 언어 변화가 언어 내적 구조에 의한 것인가 외적 구조에 의한 것인가 하는 문제는 전자의 주장만 있었지 후자의 주장은 거의 도외시되었다. 구조주의의 산실이라고 하는 프랑스의 불어사 개설 책을 보면 언어 외적 구조에 대한 영향을 깊이 다루고 있는 사실과는 대조적이다.

그래서 국어 연구는 이러한 태도로 일관함으로써 국어를 부분적으로 분해하여 철저히 연구되어 왔다. 그래서 발표자는 이들을 국어 해부학이라고 명명한 것이다.

의사가 되기 위해서는 해부학은 반드시 거쳐야 할 중요한 과정이다. 그래야 병을 진단하고 처방할 수 있으며 또 필요한 경우에는 수술도 가능할 것이다. 해부학을 모르고 수술할 수 없을 것이다. 그래서 해부학과 임상학은 떼려야 뗄 수 없는 관계에 있다고 할 수 있다. 그렇다면 국어 임상학은 무엇을 말하는 것일까?

"언어란 사회집단의 구성원들이 협동하고 상호작용하는 자의적인 음성기호의 체계다"란 유명한 언어의 정의에서 "사회 구성원들이 협동하고 상호작용하는"이란 말은 언어 기능을 정의한 것이고, '자의적인 음성기호의 체계'란 언어의 형식에 대해 정의한 것이다. 그런데 국어학은 국어의 기능에 대해서는 거의 연구되지 않았으며, 언어의 형식과 어떠한 관계에 있는지도 언급이 없다고 해도 과언이 아니다. 협동하고 상호작용하려는 내용에 따라 자의적인 음성기호에 변화가 오는 것인지 아니면 자의적인 음성기호의 변화에 따라 인간의 협동하고 상호작용하는 면에 변화가 오는 것인지의 선후도 아직 알지 못한다.

언어 행위 그 자체는 언어 행위를 통해 서로 협동하고 작용하여 인간의 삶을 추구하고자 하는 행위이지, 언어의 구조를 알아보기 위한 행위가 아니니다. 그래서 언어 구조나 언어 기능에 대한 연구는 1차적인 것이지 최종적인 것이 아니다. 언어 구조에 대한 연구는 인간의 삶을 영위하기 위해 운용하는 언어가 어떠한 것인지를 밝히기 위한 것일 뿐이다. 따라서 언어 연구의 시야를 인문학적 본질로 돌려서 인간의 삶과 연관된 분야로 전환시켜야 할 것이다. 언제까지 언어학이나 국어학이 인간의 삶과는 절단시킨 채 연구되어야 하는지에 대한 반성이 필요하다. 국어 연구도 1차적인 연구에서 한 걸음도 더 나아가지 못하는 이 현실을 벗어나야 국어 연구의 사명을 다하는 것이다. 현실을 떠난 국어 연구가 대중들로부터 외면당하는 현실을 직시할 필요가 있다. 그 울타리에서 벗어나는 중요한 첫걸음이 곧 국어 임상학이라고 생각한다.

국어학계는 국어를 속속들이 해부는 하지만 그 해부한 결과를 임상에 전혀 이용하지 않는 것이다. 국어 임상학이 전혀 없는 셈이다. 국어 임상학을 주장한다고 해서 발표자가 18세기의 전통문법학자들을 옹호하는 것은 아니다. 실용적인 면만을 강조하는 것은 아니기 때문이다.

우리나라에 국어 임상학이 전혀 없는 것은 아니다. 국어 임상을 하는 사람들이 있는데, 그들은 소위 국어운동가, 또는 한글 운동가라고 하는 사람들이다. 국어를 해부해 본 경험도 없으면서 국어를 수술대에 올려놓고 수술하려는 모습을 직접 목도하는 때가 많은데, 그럴 때에는 끔찍하다는 생각까지 들 때가 있다. 더러는 국어를 잘 아는 사람도 있지만 상당수 사람들은 맹목적인 국어사랑, 한글사랑만으로 국어를 수술할 수 있다고 생각하는 것이다. 그들을 바라볼 때에는 마치 돌팔이 의사가 집도하는 모습을 보는 것 같지만, 막무가내로 애국심만을 내세우는 사람들에게 끝까지 버티면서 고쳐 나갈 수 있는 사람은 극히 드물 것이다. 왜냐하면 사회적 문화적 정치적 여건이 그런 방향으로 흐를 때에는 양식있는 사람은 벙어리가 되는 것이기 때문이다. 오늘날의 안타까운 현실이다.

국어해부학만 하는 사람들이나 국어 해부학도 하지 않고 국어 임상학을 하는 사람들이 모두 문제가 있는 것은 어쩌면 지금까지의 국어학이 걸어온 길을 보면 당연한 결과인지도 모른다.

이러한 문제는 남한과 북한에 그대로 적용시킬 수가 있다. 예컨대 남한은 해부학에 치중하는데, 북한은 오히려 임상학에 치중한다. 국어에 대한 분석적 연구는 남한이 훨씬 앞서지만 북한은 국어가 지니고 있는 기능을 정치적 목적에 활용하는 임상학에서는 남한보다는 앞선다. 그것은 북한이 국어에 대한 기능을 더 잘 알고 있기 때문일 것이다. 그러나 남한은 국어의 기능을 활용해서 사회에 이바지하려는 의도는 전혀 없는 듯하다. 단지 한글 전용과 국한혼용에 대한 문제에 대해서만 1세기 이상 대립해서 싸우고 있을 뿐이다. 이에 비해 중국의 우리 동포 학자들의 국어 연구는 남한과 북한의 중간에 서 있다는 생각이다. 해부학도 서툴고 임상학도 서툴기 때문이다. 최근에는 남한의 영향을 크게 받아 국어 연구가 진행되고 있지만, 중국에서의 조선어 연구도 한국어 교육에 기웃거리는 바람에 그나마도 시들어가고 있는 형편이다.

3) 국어와 문화

그렇다면 국어를 인간생활의 무엇에 연관시켜야 할 것인가? 그것은 곧 문화다. 왜냐하면 발표자가 누누이 강조하듯 국어는 우리 문화를 살리는 생명줄이며, 우리 문화를 창조하고 전달하는 유일한 도구이어서, 국어는 그 자체가 보존하고 활용하여야 할 문화 그 자체이기 때문이다.

'인간에 의해서 이룩된 모든 것'이 문화이다. 즉 문화란 '한 인간집단의 생활양식의 총체'를 뜻한다. 지금까지 문화라고 하면 그 속에 '국어'나 '한글'은 속해 있지 않았다. '국어문화'나 '한글문화' 등의 용어는 있었어도, 실제로 그 실체가 어떠한 것인지에 대해서는 아직도 명쾌하게 정의되거나 검토된 적이 없다. 발표자가 한때 문화부에 속해 있는 '한국 문화정책개발원'의 이사직을 맡은 적이 있다. 문화부에 국어가 문화의 하나이며 그래서 문화정책 속에 국어정책이 반드시 포함되어야 한다고 주장을 했고, 국립국어연구원이 문화부에 속해 있는 이유를 대라고 종주먹을 댔더니, 그 이야기를 타당성 있게 들은 문화정책국장이 발표자를 국가의 문화정책을 계발하고 심의하는 위원회의 이사직으로 임명하도록 한 것이다. 그러나 그 위원회에서 국어정책을 아무리 강조해 보았자, 쇠귀에 경읽기였다. 대부분의 위원들이 공연예술만이 문화로 착각하고 있었다. 그래서 주장한 것이 국어기본법의 제정이었다. 법제화되지 않으면 국어가 문화정책으로서 성립될 수 없었던 것을 실감했기 때문이었다. 그래서 국어기본법 제정 소위원장으로 일했지만, 법제원에서는 국어기본법이 필요한 사실은 인식하면서도 다른 기본법(예컨대 체육기본법 등)에 비해 그 비중을 매우 낮게 보고 있는 것이어서 제 기능을 다하지 못하고 말았다.

그런데 더 문제는 국어국문학자들에게 있었다고 생각되었다. 국어기본법 제정의 공청회에서 국어기본법에서 문화라는 큰 틀은 사라지고 온통 한글 전용과 국한 혼용의 대결의 법으로 인식하고 있었기 때문이다.

그러나 이제는 그러한 문제에서 자유로워야 할 것이다. 국어를 문화의 하나로 인식하여야 한다. 이러한 관점에서 볼 때, '국어문화'란 '언어생활 양식의 총체 그대로'를 말한다. 그래서 국어문화는 다양성을 갖게 된다. 문화가 '자동차문화' '음식문화' '놀이문화', 심지어는 '술문화' 등의 용어가 사용되고 또 경제문화, 정치문화, 종교문화, 도시문화, 시골문화 등으로 구분되듯, 국어문화도 학생들의 국어문화, 도서지방의 국어문화, 도시지방의 국어문화, 농촌지방의 국어문화 등등으로 다양하게 구분될 수 있다.

물론 이들 수많은 국어들은 각각 독립적으로 존재하는 것이 아니라 상호 긴밀한 관계 속에서 유기적으로 얽혀 하나의 국어를 구성하고 있는 것이다. 따라서 문화의 이해에 있어서 체계로서의 전체문화를 살피고 그 하위문화가 전체의 구조 속에서 차지하는 위치와 기능을 살펴보듯, 국어도 역시 동일한 층위에서 살펴보아야 할 필요가 있는 것이다. 시대적으로, 계층적으로, 지역적으로 각각 다르게 분화한 국어를 서로 다른 언어로 지칭하지 않고, 한국어의 다양한 모습으로 인식하여 각 지역의 언어와 계층어 및 직업어들에 대해 그 중요성을 인식하여야 한다. 국어와 지역어, 그리고 계층어나 직업어들을 문화 그 자체로 인식하게 되어야 하는 것이다.

4) 문화의 다양성에 따른 국어의 다양성

문화의 다양성처럼 국어의 다양성을 인정하여야 함에도 불구하고 우리는 지금까지 국어를 매우 단일한 요소로 인식하여 왔다. 국어 연구에서 다루는 국어의 범위가 매우 한정되어 있다고 할 수 있다. 중앙어와 지역어, 계층어와 직업어 등등은 통합되어야 할 대상이 아니라 다양성을 인정해야 할 대상인 것이다.

우리가 국어를 문화적 관점에서 바라보아야 하는 중요한 초점은 국어의 다양성을 인정하자는 것이다. 그래서 국어가 과연 얼마나 다양하게 그 기능을 다하고 있으며, 그 기능이 문화에 어떻게 접목되며, 국어를 통해서 우리가 우리 문화를 어떻게 창조해 나아갈 것인가를 고민해야 할 것이다.

남과 북의 국어 문제도 마찬가지이다. 남북통일이란 남과 북을 하나의 단일체로 통합한다는 의미이지만, 진정한 통일의 첩경은 남과 북의 언어의 다양성을 인정하는 데에서 출발하여야 하는 것이다. 어느 하나로 통합하는 일은 통일이 아니라 어느 하나를 파괴하는 것이다.

5) 문화 연구를 위한 국어학의 성격 규정과 연구 방법

이처럼 국어의 다양성을 인정하려면 국어학의 성격도 그 다양성을 인정하여야 할 것으로 생각한다. '국어학'의 성격을 규정하는 일도 쉬운 일은 아니다. 국어학을 어느 범주에 두는가에 따라 국어학의 성격이 달라질 수 있기 때문이다.

국어를 연구하는 '국어학'을 '언어학'의 하위범주에 두는 것이 국어학자들의 일반적인 인식이다. 그래서 국어학은 영어학, 중국어학, 독일어학, 불어학 등과 동등한 학문영역에 속하는 것으로 생각하고 있는 것이다. 국어를 보편적인 언어체계를 가진 언어의 하나로 인식하여, 국어학은 국어체계의 구명을 중요한 연구목적으로 삼을 것을 요구한다. 그러나 현실적으로는 국어학 연구는 언어학과에서 이루어지지 않고 국어국문학과에서 이루어지고 있다. 국어학은 국어국문학의 두 연구 범주, 즉 국문학과 국어학의 두 부류 중 하나로 생각하고 있는 것이다. 그래서 교과과정에서는 국어학과 국문학(현대문학이든 고전문학이든)은 중요한 긴밀한 관계를 가지는 것으로 설정하고 그것을 수강하도록 강요하고 있다. 즉 국어학은 국어국문학의 한 범주 속에 속하며, 국어국문학은 영어영문학, 중국어중국문학 등과 같은 '인문학'의 영역에서 연구되고 있는 것이다. 이처럼 국어학을 인문학의 하나로 인식하는 것은 국어를 다른 인문현상과의 유기적인 관계에서 연구되어야 함을 의미한다. 일종의 국어 연구의 방법을 추구하는 방향으로 설정된 것이라고 할 수 있다. 현실로는 '국어학'을 '인문학'의 하위범주에 두면서 이론적으로는 '언어학'의 하위범주에 설정하고 있어서, 국어학이 철저히 언어학적이지도 못하고 철저히 인문학적이지도 못한 연구방법을 택하는 것이 오늘날의 현실이다.

국어학을 언어학과 마찬가지로 '인간학'의 하위범주로 취급하기도 한다. 철학과 심리학과 언어학이 인간학의 범주에 속하기 때문이다. 이것은 인간의 이해를 위해 국어학이 연구되어야 함을 의미한다. 그러나 오늘날 국어학을 인간학의 하나로 인식하는 국어학자는 거의 없을 것으로 생각한다.

국어학을 인지과학의 하나로 인식하는 것은 최근에 이루어진 학문연구의 한 흐름이다. 국어를 정보 전달체계로 인식하여 연구하기 때문이다. 국어정보학 등이 등장한 것이 그것을 증명한다. 그러나 오늘날 국어정보학은 국어학과 긴밀한 관계가 있지만, 그 자체가 국어학이라고 생각하는 국어학자도 별로 없다.

국어학을 '한국학'의 하위범주에 두기도 한다. 그래서 한국사학이나 한국문학 등과 동궤에 속하는 학문영역으로 인정하기도 한다. 그러나 국어학은 역사학이나 한국문학과 긴밀한 유기적 관계를 가지고 연구되지 못하고 있다. 국어의 특수성을 고려한 것은 곧 국어학을 한국학으로 생각할 때의 일이다.

국어학이 인간학, 인문학, 언어학, 인지과학, 한국학(또는 조선학)의 어느 분야에 속하든, 이러한 사고는 국어가 지니고 있는 보편성을 인식하여 생성된 범주인 것으로 보인다.

이제는 국어학을 언어학의 한 부류로서만 연구되어서는 안될 것이다. 인문과학의 하나로서, 그리고 인간학의 하나로서, 그리고 한국학의 한 범주로서 심지어는 인지과학의 한 분야로서 연구되거나 또는 이들을 융합적으로 연구하는 방안이 검토되어야 할 것이다.

학문은 분석적인 방법에서 종합적인 방법으로, 그리고 그 역의 방법으로 변화하여 온 역사를 가지고 있기 때문이다. 특히 20세기 말에 들어서 학문은 종합적인 연구방법을 통해 급속도로 발달되어 왔다. 학문의 이러한 급속한 발달은 인간의 의사소통 방식의 급격한 변화에 기인한다. 인간의 의사소통 방식이 음성, 문자, 화상(畵像) 중의 하나만을 선택해서 전달하던 단일한 방식에서 이 모든 것을 동시에 전달하는 복합적인 전달방식, 곧 멀티미디어 방식으로 변화하여 왔다. 이에 따라 학문도 각각 독립되어 있던 각개의 영역들이 융합을 거듭하여 왔다. 자연과학과 예술이 통합적으로 연구되고, 인문과학과 자연과학과 사회과학의 경계가 허물어져서, 새로운 영역의 학문이 성립되게 되었다.

이렇게 다양한 범주 속의 국어를 연구하는 일은 국어학자들의 중요한 과제가 될 것이다.

6) 문화 연구를 위한 국어 기본단위의 재설정과 국어 연구

언어학은 언어의 기본단위를 구조주의 언어학에서는 '음성'으로, 그리고 변형생성문법에서는 '문장'으로 인식하여 왔다. 그 시대의 언어에 대한 정의가 그러한 인식을 반영한다. 언어학은 언어를 구성하는 요소들의 작은 단위를 연구하는 분야로부터 큰 단위를 연구하는 분야로 구분하여 연구되어 왔다. 이것을 알기 쉽게 표로 그리면 다음과 같다.

언어단위	음성	음운	음절	어절	단어(어휘)	구	절	문장	텍스트	말뭉치(코퍼스)
연구분야	음성학	음운론			형태론			통사론	텍스트언어학	말뭉치(코퍼스) 언어학
					의미론, 화용론					

언어의 가장 작은 단위를 음성으로 인식하고, 그 연구분야를 음성학이라고 하고, 언어의 가장 큰 단위를 문장으로 생각해서 문장론(통사론)이 등장하였지만, 문장보다 더 큰 단위인 '텍스트(text)'가 발견되어 '텍스트언어학'이 발생하였다. 그러나 텍스트보다 더 큰 단위로 '말뭉치(코퍼스)'가 인식되어 '말뭉치(코퍼스)언어학'이 등장하게 되었다.

그러나 언어의 기본 단위는 의미전달의 기본요소이어야 한다. 왜냐하면 언어 사용의 기본적인 목적은 의미전달이기 때문이다. 그래서 언어의 기본 단위는 의미 전달의 기본단위인 '어휘'이다.

또한 국어를 문화의 한 요소로 생각한다면 언어의 단위 중 문화를 가장 잘 반영하는 요소가 어휘이기 때문에, 어휘를 언어의 기본단위로 재설정하여야 한다.

그럼에도 불구하고 지금까지 언어학에서 '음성'과 '문장'을 기본단위로 설정한 이유는 잘 변화하는 부분을 구분하였기 때문이다. 잘 변화하지 않는 부분을 기본적인 것이라고 생각하고 잘 변화하는 것을 파생적인 것이라고 생각해 왔다. 기본적인 것은 자연적 성격을 띠고 있기 때문에 쉽게 변화하지 않으며, 파생적인 것은 문화 환경에서 오는 것이어서, 정치적 · 문화적 환경의 영향을 받는 것이라는 것이다. 이러한 이유로 언어체계 중 음운체계나 문법체계는 기본적인 것이어서 쉽게 변화하지 않지만, 어휘체계나 의미체계는 구체적인 것이어서 쉽게 변화한다고 보고 있다. 그래서 변화하지 않는 부분을 중점적으로 연구하여야 한다는 주장이다.

우리가 음운체계와 문법체계에 심혈을 기울여 연구한 것도 그러한 이유였고 국어사의 시대구분을 대체로 음운체계와 문법체계에 기준을 두고 구분한 것도 이러한 이유 때문이었다. 그 결과 문화 환경이나 정치적 환경의 영향을 받는 어휘체계와 의미체계는 거의 무시되어 왔다. 언어 연구의 중심에서 제외시켜 왔다. 그러나 언중들은 언어의 변화를 음운체계나 문법체계에서 느끼지 않는다. 어휘체계나 의미체계의 변화에서 언어의 변화를 인식한다. 음운이란 개념이 언중들의 언어의식을 바탕으로 설정되는데 언중들의 언어의식이 적극적으로 반영되는 어휘체계나 의미체계가 무시되는 현상은 아무래도 어불성설이다. 국어 연구자들의 상당수가 어휘체계와 의미체계에 상당한 관심을 가지고 있는 것으로 보이지만, 그 연구 방법이 정제되어 있지 않아 젊은 학자들은 아직도 그 연구에 머뭇거릴 뿐 아니라 대학교수 채용 조건에서도 그 조건이 음운론 문법론 전공이 차지하고 있어서 더욱 망설이고 있는 것으로 보인다.

방언 연구에서도 어휘가 우선이다. 특히 오늘날과 같이 어휘체계의 변화와 의미체계의 변화가 급격히 이루어지는 시기에는 이들에 대한 연구가 시급한 실정이다. 예컨대 외래어나 외국어의 급격한 도입으로 웬만큼 영어를 안다고 하는 사람들도 우리말로 쓰인 문장의 뜻을 모르는 것도 흔히 발견하는 일은 드문 일이 아니다.

그래서 어휘 연구는 국어를 문화로 인식하여야 하는 오늘날에는 매우 중요한 일이다. 국어사 연구에서 음운사나 문법사 연구도 중요하지만 어휘사 연구는 더욱 중요하다. 그래서 어휘사 연구에 대해 발표자는 다음과 같이 주장한 일이 있다(국어 어원 연구에 대한 관견).

어휘사 연구는 국어사 연구의 하나다. 국어사 연구의 주된 목표는 각 시대 언어 체계의 변화를 기술하는 것이라고 하지만, 실은 그 변화에 나타나는 국어 표현 양식의 변화를 밝히는 일이기도 하다. 여기에서 더 나아가, 그러한 언어체계를 가지고 있는 각 시대 언어에 내재되어 있는 사고방식이나 사고방식의 변천을 정신사적인 사실로서 이해하는 일이다. 이것이 진정한 한국사로서의 국어사 연구의 주된 목표라고 할 수 있다(물론 대부분의 국어학자들은 언어체계 자체에만 집착하여 이 주장에 전혀 동의하고 있지는 않겠지만). 다시 말하면 우리 선조들이 국어라는 도구를 통해서 우리 역사에 어떤 질서를 어떻게 주었을까 하는 인간 정신 작용의 변천사를 설명하는 것이 국어사 연구의 본령인 것이다. 이것은 문법 현상이나 표기법상의 특징, 그리고 음운현상에서도 엿볼 수 있겠지만, 가장 민감하게 이것을 반영하는 것은 어휘 현상일 것이다. 이런 의미에서 어휘체계는 음운체계나 문법체계에 비해 변화하기 쉽다. 가장 민감하게 변화하기 때문에 어휘체계상의 변화는 음운체계나 문법체계의 변화처럼 언어 체계의 본질적인 변화와는 연관성이 없는 경우도 허다하다. 음운체계나 문법체계가 대부분 언어 내적인 구조에 영향을 받지만, 어휘는 언어 외적인 구조에 영향을 받는다는 사실을 깊이 인식하지 못한다면 어휘 변화를 정확하게 기술하지 못할 것이다. 한 어휘의 변화를 연구하면서 그 배후에 있는 체계적 변화(언어 내적인 것이든, 언어 외적인 것이든)를 상정하고, 이러한 변화를 가져온 사고방식이나 발상법의 변화까지도 고찰하는 것은 매우 중요한 일이다. 이것이 진정한 의미의 국어사적 사실로서 어휘를 고찰하는 중요한 방식이 될 것이다. 이 점은 음운사나 문법사를 연구하는 때와는 사뭇 다르다. 왜냐하면 어휘의 경우에는 단어 하나하나와 관련된 내용이 지니고 있는 개별성이 두드러지기 때문이다. 예컨대 '개장국, 보신탕, 영양탕, 사철탕'의 경우가 대표적이라고 할 수 있다.

이러한 어휘 연구를 위해서는 어휘사전 즉 국어사전의 편찬을 위한 어휘조사가 매우 시급한 실정에 있다. 매우 조직적이고 전 세계에 퍼져 있는 국어 어휘 조사가 필요하다.

7) 세계문화로서 본 국어의 범위

우리가 연구하는 국어의 지역적 범위는 너무 한정되어 있다. 즉 우리가 연구하는 국어는 남한어에 지나지 않는다는 점이다. 그리고 방언이 아니면 그것도 중앙어이거나 규범어에 해당하는 국어라고 생각한다. 언어를 단지 언어 체계 내에서만 바라보기 때문이다. 국어를 문화로서 인식한다면 세계 문화 속에 존재하는 한국 문화 속에 사용되는 국어에 대해 관심을 가져야 할 것이다.

국어는 그 명칭이 여럿 있다. 한국어, 조선어, 고려어 등으로 지칭되는 언어를 다 국어라고 할 수 있다. 한국어에는 두 가지 개념이 있다. 하나는 외국인이 국어를 지칭할 때에 쓰는 말이라서 '외국인을 위한 한국어 교육'들에 쓰이는 것이고, 또 하나는 남한의 언어를 말한다. 중국의 우리 동포들은 남한어를 '한국어'라고 한다. '조선어' 또한 두 가지 개념을 가지고 있다. 하나는 북한어란 뜻이다. 중국의 동포들은 남한어와 북한어로 지칭하지 않고 한국어와 조선어로 지칭한다. 그런데 조선어는 또한 '중국어로서의 조선어'를 지칭하기도 한다. 즉 중국의 조선족들이 사용하는 언어인데, 이것이 중국의 헌법에는 한어, 몽고어, 신장어, 서장어와 함께 조선어를 중국어로 규정하고 있는 것이다. 그래서 중국에서는 한국어 열풍은 일어나지만 조선어 교육 열풍은 없다고 할 수 있다. 고려어(주로 고려어보다는 고려말이라고 한다)란 중앙아시아의 우리 동포(고려인이라고도 말한다)들이 사용하는 언어를 말한다.

우리는 이제 국어 연구의 방향을 이 모든 국어에 돌려야 한다. 아직까지 이들 말을 통합적으로 연구하는 학자들은 거의 없는 듯하다. 북한어 연구, 중국 조선어 연구, 고려말 연구 등은 이제 외국에 거주하는 우리 동포들이 한국에 와서 공부하면서 많은 관심을 가지게 되고 또 연구가 되기 시작하였지만, 이것은 중국과의 국가적 교류가 시작되면서 이루어진 것이어서 그 역사가 너무 짧다. 1990년도에 와서야 이루어진 셈이어서 이제 겨우 20년 정도 흘렀다고 할 수 있다. 북한어 연구는 실제의 북한어 연구가 아니라 북한 사전이나 교과서를 중심으로 하여 이루어졌기 때문에 엄밀한 의미에서 북한어 연구라고 하기 어렵다. 예컨대 '얼음보숭이'란 말이 북한에서 사용되는 것 같지만 실제로 그것은 다듬은 말일 뿐이지 실생활에서 그리 많이 사용되는 어휘는 아닌데도 불구하고 북한에서는 아이스크림을 모두 얼음보숭이라고 한다고 알고 있다. 우리나라 교과서에 그렇게 기술되어 있는 것으로 알고 있다. 중국 조선어 연구는 아마 유일하게 곽충구 교수에 의해 연구가 진행되고 있는 것으로 알고 있다. 특히 육진 지역의 방언에 대한 연구가 이루어지고 어휘집이 곧 출판될 것으로 보인다. 뿐만 아니라 탈북자(새터민)들을 일정한 시간을 두고 계속 만나 조사하고 있는 것으로 보인다. 다른 연구자들은 찾기 힘들다.

중국의 조선어는 일반적으로 함경도 방언(길림성 지역), 경상도 방언(흑룡강성 지역), 평안도 방언(요녕성 지역)으로 인식되어 연구되어 왔지만, 각 방언에서 분화되어 온 이 각 지역의 언어는 이미 함경도 방언이나 경상도 방언이나 평안도 방언이 아닌 다른 언어로 변화하였다고 할 수 있다.

고려말에 대한 연구는 거의 없다. 최근에 중앙아시아에서 유학 온 우리 동포 유학생들을 통해 그쪽의 언어 현상을 조금씩 파악할 수 있을 정도이다.

말뭉치 구축도 마찬가지이다. 주로 말뭉치 구축은 남한어를 중심으로 구축되어 있고, 그것도 방언 어휘들은 거의 구축되어 있지 않다. 기껏해야 방언을 반영시켜 써 놓은 소설류(예컨대 혼불 등)이거나 '민중자서전'과 같이 구두어를 전사해 놓은 자료들, 또는 한국학중앙연구원의 '구비문학대계'에서 보는 바와 같이 말을 그대로 전사해 놓은 자료들이 이용되고 있을 뿐이다. 중국 조선어 자료는 최근에 중국 연변대학교에서 '중국어 말뭉치 구축'이란 국가 과제를 통하여 입력한 말뭉치들이 있다.

북한 자료들은 21세기 세종계획에서 입력한 자료가 널리 알려져 있다. 발표자는 북한 자료를 상당수 가지고 있다. 문헌으로도 가지고 있고, 말뭉치로도 가지고 있다. 균형 말뭉치도 어느 정도 가지고 있으며 주석 말뭉치도 가지고 있다. 각종 사전들은 물론 각종 신문, 예컨대, 노동신문, 평양신문 등의 말뭉치와 시나리오 및 소설 또는 언어학 연구 논문색인사전(미출판)이란 약 1,200여 페이지가 되는 북한 조선어 연구논저 목록도 가지고 있으나, 국가보안법은 이러한 자료들의 공개를 방해하고 있다.

고려말 말뭉치는 소강춘 교수가 세종계획 일환으로 조사한 고려신문 말뭉치 이외에 가지고 있지 못하다. 뿐만 아니라 재일본 동포들의 말뭉치도 구축하지 못하고 있다. 이들을 통합해서 국어 연구가 이루어져야 할 것이다.

8) 지역 문화로서 본 방언 연구의 새로운 인식

남한어, 북한어, 중국 조선어, 고려어 등도 각각 지역에 따른 방언적 분포가 다르다. 그러나 이에 대한 연구는 대부분 방언 연구로서만 이루어져 왔다. 예컨대 전라도 방언의 움라우트 연구, 구개음화 연구 등등의 연구 종류가 주종을 이룬다. 물론 다른 지역의 방언 연구도 마찬가지이다. 방언이 존재하는 이유는 그 방언이 독립된 역사를 가지고 있기 때문이다. 방언은 한 독립된 개체이지 중앙어의 부분이 아닌 것이다. 다른 지역어나 방언과의 비교 없이 그 지역의 언어체계 전반을 기술 · 설명한 업적이 나오기를 기대하는 것은 바로 이러한 이유 때문이다. 그래서 하나의 지역어를 전반적으로 연구하여 마치 '국어학개론'처럼 '전라도 방언학개론'처럼 그 지방의 언어에 대한 전반적인 기술이 필요한 것이다. 늘 중앙어와의 비교에서 기술되었기 때문에 방언 전체에 대한 종합적 기술이 없는 것이다.

그러한 연구경향은 다른 분야에서도 마찬가지이다. 국어사에서는 15세기 국어 연구, 또는 중세국어연구, 근대국어 연구 등의 업적이 나오고 있는데 반해서 지역어나 계층어 또는 구두어 등에 대해서는 그러한 시각이 없는 것은 오랜 타성에 의해 그렇게 인식하지 못하는 데에서 기인하는 것으로 보인다. '서울말개론'이란 책이나 '구두어문법', 또는 '제주도어 문법' 등의 업적은 불가능한 것이 아니다. 물론 국어학개론과 동일한 것도 많겠지만, 실제로 조사해보면 꼭 그렇지 않을 것이라는 것이 지금까지 발표자가 인식하고 있는 지론이다.

9) 문화 연구를 위한 국어 자료

국어연구 자료로 흔히 드는 것은 두 가지이다. 하나는 연구자의 머리를 통해서 직관에 의해 만들어진 문장들이거나 말뭉치, 또는 방언 조사를 통한 자료들이다. 또 하나는 문헌 자료들이다. 그런데 이들 자료들은 한정된 자료들이라고 할 수 있다.

우선 문헌자료들을 중심으로 하고 있다는 점이 문제이다. 최근에 어문생활사에 대해 관심을 가지고 있고, 또 한글 고문서에 대해 관심을 가지게 되면서 그 자료의 확충을 꾀하고는 있으나, 자료의 목록조차도 이루어져 있지 않을 뿐더러, 특히 20세기 초의 자료들은 신소설과 신문 등에 국한되어 있고, 그 이후는 주로 소설 작품을 중심으로 하고 있는 셈이다. 각종 분야의 어휘들은 찾아보기 힘들어서 이제는 자료를 여러 분야로 확충해야 할 것으로 보인다.[10]

언어를 문화적인 측면에서 접근하게 되면 우리가 생각했던 언어의 기능은 또 다른 모습을 보인다. 언어와 그것을 시각적으로 표현하는 문자는 매우 다양한 기능을 가지고 있어서, 어떠한 기능면에서 검토하는가에 따라, 언어와

---

10 아랫 부분은 발표자의 '문화와 언어'라는 글의 일부를 요약한 것이다.

문자의 모습은 전혀 다른 모습을 보일 수 있다. 그럼에도 불구하고 국어와 한글을 자신의 전유물인 것처럼 생각하는 국어학자들은 국어를 단순히 의사소통의 도구로서만 인식하여 언어로서의 국어가 가지는 기능에만 주목하여 왔다. 그러나 오늘날 국어와 한글은 컴퓨터를 통한 정보 전달의 중요한 도구로서 더 많은 기능을 하게 되었으며, 그 결과 말과 글자와 화상을 동시에 이용하여 복잡한 개념 및 의미와 감정을 정확하고 신속하게 전달하는 중요한 요소로 자리 잡게 되었다. 즉 국어와 한글은 언어로서의 국어와 한글보다는 문화로서의 국어와 한글의 기능으로 확대된 것이다. 이것은 언어에 대한 시각이 분석적인 것에서 종합적인 것으로 변화하고 있음을 시사하고 있다.

국어와 한글이 지니는 문화적 기능을 고려한다면, 국어는 무형문화재 특호라고 할 수 있으며, 한글은 유형문화재 특호라고 할 수 있다. 훈민정음 해례본이 국보로 지정되어 있고, 훈민정음 창제 당시에 간행된 각종 한글 문헌 자료, 예컨대 용비어천가, 월인석보, 석보상절 등이 보물로 지정되어 있는 것은 이러한 이유 때문일 것이다.

국어는 문화재다, 문화 중에서 문화적 가치가 있는 유물들을 문화재라고 한다. 문화재는 법(문화재보호법이나 시 · 도 문화재보호조례)에 의해 보호를 받고 있는 '지정문화재'와, 지정되지는 않았지만 지속적으로 보호 또는 보존되어야 할 '비지정문화재'로 구분되어 있다. 지정문화재도 국가에서 지정한 국가지정문화재가 있고, 시와 도에서 지정한 시 · 도지정문화재가 있다. 국가지정문화재에는 유형문화재에 속하는 '국보, 보물'과 민속자료에 속하는 '중요민속자료', 기념물에 속하는 '사적, 명승, 천연기념물'이 있으며, 무형문화재로 '중요무형문화재'가 있다. 시 · 도지정문화재도 각각 지방유형문화재, 지방 민속자료, 지방기념물, 지방무형문화재 등으로 구분되어 있다.

그렇다면 국어 및 한글은 문화재로서 어떠한 부류에 속하는가? '국어'는 무형문화재이지만, 아예 지정된 예가 없어서 사라져도 보존할 가치가 없는 것으로 되어 있으며, '한글'은 그 자체는 문화관광부에서 우리나라의 10대 문화

상징으로 정해 놓고는 있지만, 유형문화재로 정해져 있지 않다. 단지 '한글'이 쓰인 문헌들만 '기록유산' 속의 '전적류'와 '문서류'에 지정되어 있을 뿐이다.

문자는 매체에 따라 여러 재질에 기록되어 왔다. 한글은 종이, 돌, 나무, 도자기, 옹기, 기와, 금속 등에 쓰이어 전한다. 종이에 쓰인 것은 판본으로 전하는 것과 필사본으로 전하는 것이 있으며, 그것도 각각 문헌과 고문서의 형식으로 전해 온다. 돌에 새긴 것은 바위에 새긴 암각문과 비석에 새긴 비문의 두 가지가 있다. 나무에 새긴 것은 책을 간행하기 위한 판목으로 전하는 것과 목활자 등이 있으며 현판으로 전하는 것도 있다. 금속으로 전하는 것은 동전과 금속활자들이다. 한글 문화유산이라는 측면에서 문화재 등록 현상을 살펴보면 다음 표와 같다.

			최초의 것	연도	소재지	
종이	인쇄 (판본)	문헌	訓民正音 解例本	1446년	간송미술관	국보 70호(간송미술관)
			龍飛御天歌	1447년	계명대 등	보물 1463호(계명대)
			東國正韻	1448년	건국대도서관 등	국보 142호, 71호
			月印千江之曲, 釋譜詳節, 月印釋譜 등	1447년, 1459년 등	대한교과서주식회사, 국립중앙도서관 등	대부분 보물로 지정
		문서	최초의 것은 알 수 없음			
	필사 (필사본)	문헌	五臺山上院寺重創勸善文	1464년	상원사	국보 292호
		문서	安樂國太子傳變相圖	1576년	일본 青山文庫	해외 문화재
			宣祖國文敎書	1593년	경남 김해시 홍동	보물 951호
돌	비(碑)	비문	한글 영비	1531년	서울시 노원구 하계동 12번지	보물 1524호
	바위	암각문	최초의 것은 알 수 없으나, 천안시 풍세면에 있는 '나무아미타불'이란 암각문이 있음	연대미상	천안시 풍세면 보물 407호 '삼태마애불' 100m 옆	
금속	화폐용	동전	효뎨례의	세종 때		
	활자용	금속활자	최초의 것은 '석보상절' 한글 활자로 알려짐		국립중앙박물관 등	

나무	책출판용	판목	해남 고산유고 목판	1791년		전남유형문화재 제219호
	현판용	현판	弘化閣記	1437년	제주도	한글이 아닌 한자 현판으로 제주 유형문화재 제15호
기타	도자기		최초의 것은 알 수 없으나 여러 가지가 전함			
	옹기		최초의 것은 알 수 없으나 많이 전하고 있음			
	기와		최초의 것은 알 수 없으나 여럿 전하고 있음			

그래도 '한글'에 관련된 문화재는 '국보'를 비롯하여 '보물'들로 지정되어 있음을 알 수 있으나, 아직까지는 전적류 중심임을 알 수 있다.

그렇다면 '국어'는 어떠한 형태로 남아 있을까? 지금 우리는 훈민정음 창제 당시의 음성을 들을 수는 없다. 그렇다면 말소리를 들을 수 있는 시대는 어디까지 거슬러 올라갈 수 있을까? 아마 그 시대는 녹음기나 축음기의 등장으로 우리말을 보존할 수 있었던 시대인 20세기 초일 것이다. 1877년에 에디슨에 의해 축음기(유성기)가 발명되었으니, 이것이 우리나라에 전래된 것은 그 이후일 것이기 때문이다.

국어를 녹음해 놓은 최초의 자료는 1907년 3월 이전에 국악인인 한인오(韓寅五)와 기생 최홍매(崔紅梅)가 일본에서 녹음하여 국내에서 판매된 미국 컬럼비아 레코드 회사의 음반으로 알려져 있다.[11] 그러나 현재 기록으로만 전할 뿐이며, 최초의 우리말 음성을 녹음해 놓은 자료로서 현존하는 것이 어떤 것이 있는지는 알 수 없다. 만약 이 자료가 발견된다면 문화재 중에서 기록유산의 '근대매체'(시청각류)에 등록될 수 있을 것이다. 그러나 실제로 이러한 점에 착안하여 국어 문화재를 찾아본 사람들은 극히 드물다. 최근에 '1930년대 한국 유성기 음반의 노랫말의 국어학적 가치'를 발표한 이유기 교수는 유성기 음반

11 배연형(1995), 「컬럼비아 레코드의 한국 음반 연구(1)」, 『한국음반학』 5, 한국고음반연구회, 39면 참조.

대중가요 436곡을 대상으로 하여 국어의 여러 모습을 검토한 적이 있으나, 아쉽게도 이 발표 역시 문화사적인 면에서의 이루어진 것이라기보다는 국어학적 검토에 머물고 말았다. 최동현 · 김만수 교수의 '1930년대 유성기 음반에 수록된 만담 · 넌센스 · 스케치 연구'도 문화사적인 면에서 검토한 것이 아니라 문학사적인 연구이어서 아쉬움은 더하다. 1930년대의 수많은 유성기 음반은 '재담집, 만담, 넌센스, 스케치, 촌극, 희극, 비극, 폭소극' 등이 포함되어 있는데, 목소리의 주인공은 남자에 '신불출(申不出), 김성운, 김용환(金龍煥), 왕평(王平)' 등이 알려져 있으며, 여자에 '신은봉(申銀鳳), 김연실(金蓮實), 나품심(羅品心), 박단마, 복혜숙, 신일선(申一仙)' 등이 알려져 있다. 이것들은 다 보호되어야 할 국어문화유산으로 생각된다. 마찬가지로 1937년에 심의린이 음성학자였던 연희전문의 정인섭 교수와 함께 '조선어독본'을 녹음해 놓은 자료도 있다. 당시 보통학교 5학년이었던 정계환 옹이 보존하여 고양문화재단에서 SP판 12장을 CD로 제작하여 공개한 것이다. 그리고 1900년대 초의 각종 가요 자료 및 판소리 등에 우리말을 직접 들을 수 있는 자료들이 있지만, 이러한 자료는 오히려 국악계나 가요계 등에 맡겨 놓음으로써 국어 자료가 아닌 음악 자료나 연예계 자료 등으로만 알려져 있는 셈이다. 이들은 상당수가 CD로 재생되어 현대인들이 쉽게 접할 수 있도록 되어 있지만, 이러한 자료를 문화적 측면에서 수집, 보관, 보급하는 일을 나서서 하는 사람은 거의 없는 실정이다.

이와 같이 문화재로서의 국어와 한글 자료는 그 기초조사도 되어 있지 않다. 국어 문화재에 대해 개인이 조사하기 힘들다면 국어 관련 단체에서 국민들을 대상으로 조사하여도 많은 한글 문화유산의 목록이 만들어질 것이다. 이러한 조사를 통하여 국민들에게 한글에 대한 인식을 높일 뿐만 아니라, 한글이 우리 생활에서 얼마나 중요한 역할을 하였는가를 알리는 중요한 계기가 될 것이다.

1960년대 이후 각 대학에서 행해왔던 방언, 설화, 민요, 민속 조사의 녹음테이프들이 산재해 있을 것으로 예상되는데, 이들 자료를 수집, 정리하는 것도 국어 문화유산을 수집, 정리하는 중요한 일일 것이다.

국어와 한글을 문화와 연관시키지 않았기 때문에, 최근에 수많은 전문 박물관이 생겼음에도 불구하고 국어박물관 내지 한글박물관은 하나도 생기지 않는 기이한 현상이 나타나기도 하였다. 국립중앙박물관의 한 구석에 100평 미만의 '한글관'이 설치되어 있었던 것이 고작인데, 그것도 작년에 없애 버렸다. 약 500억 원을 들여 '한글 문화관'을 세운다고 하는데, 그 계획서를 보니, 그것은 '한글 디자인관'의 계획서로 보였다. 한글 연구자가 참여하지 않은 것으로 보인다.

이러한 여건으로 '국어생활사'나 '한글 생활사' 내지 '문자생활사'처럼 국어나 한글을 문화사적으로 조명한 연구가 전혀 없었다.[12] 최근에 '언간'이나 '한글 고문서'에 대한 연구가 활기를 띠고 있으나, 대부분이 대상을 '언간'이나 '한글고문서'로 택한 것일 뿐, 국어학적 분석에서 크게 벗어나지 못하고 있는 실정이다.

10) 한글의 보급과 활용

국어를 문화재로 인식하면서 해야 할 더 근본적인 일이 있다. 문화재와 연관된 각종 부처에 국어와 한글에 대한 전문가를 파견하거나 또는 도움을 주는 일이다. 예컨대 문화재청의 문화재 전문위원에 전문가가 있어야 한다. 그래야만 한글 문화재를 제대로 감정할 수 있을 것이다. 각종의 한글 문헌이나 한글 자료를 국가지정 문화재로 지정할 때, 그것을 골동품이나 오래된 문헌으로만 평가하지 않고, 한글 자료로서 문화사적 가치를 평가할 수 있는 전문가

12 북한에서는 다음과 같은 책이 출간되었으나, 우리의 기대를 충족시키지는 못할 것으로 보인다.
김인호(2005), 『조선 인민의 글자 생활사』, 과학백과사전출판사.
리정룡(2005), 『언어생활론』, 과학백과사전출판사.

를 위원으로 추천할 수 있는 기회를 갖도록 하여야 할 것이다. 그래야만 보물로 지정된 각종 한글 문화재의 설명이 서지학적 설명 이외에 한글과 국어에 대한 설명이 덧붙여질 수 있을 것이다. 뿐만 아니라 국가의 문화정책을 수립하는 기관, 예컨대 한국 문화관광연구원(이전의 한국 문화정책개발원) 등에도 국어나 한글 전문가를 이사나 위원으로 보낼 수 있는 교섭을 하여야 할 것이다.

시대별 우리말 자료 구축 사업은 국어와 한글 자료를 국민들에게 공급하여 활용한다는 계획으로 보여서, 디지털 시대에 매우 시의적절한 계획으로 보인다. 그러나 이 계획은 오히려 확대하여 지금까지 국립국어원이나 문화관광부에서 시행하여 왔던 과제들의 결과물들과 다른 연구기관에서 축적된 결과물들을 총망라하여 한글과 관련된 모든 자료를 한 곳에 수집 정리하여 놓고 국민들에게 이 자료를 적극적으로 이용할 수 있도록 해 주는 일이 필요하다. 한글에 관련된 모든 정보들을 하나로 묶는 작업은 매우 방대한 일이기 때문에 오랜 동안의 준비 작업과 차분한 실행이 요구되는 사업이다.

도시 언어 경관 정비 및 조성 사업은 그 실현 여부가 매우 불투명한 면이 있다. 한글하고만 관계된 것이 아니기 때문이다. 그러나 한글문화를 발전시키고 이것을 생활화하는데 이렇게 적절한 사업은 드물 것이다. 주로 간판 및 광고판 등에 사용된 한글과 상호에 대한 것이 중심이 될 것으로 예상되는데, 이 사업은 한글의 산업화 지원과 결부시켜 이루어지는 편이 좋을 것이다. 특히 이 부분은 한글 문화재의 활용과 결부시켜 시행하는 것이 바람직할 것이다.

국어와 한글을 문화와 결부시켜서 우리가 해야 할 일을 꼽는다면 제일 먼저 한글 문화재의 수집과 보존, 그리고 관리와 활용이라고 할 수 있다. 한글 문화재 중 등록문화재의 관리와 보존은 현재 문화재청에서 담당하고 있다. 그러나 문화재청에서는 한글 문화재만을 대상으로 하지 않는다. 그래서 어느 기관, 예컨대 국립국어원과 같은 곳에서는 한글과 국어에 대한 문화재들의 목록을 작성하고 문화재청의 도움을 받아 이들 자료(예컨대 복사본, 이미지 자료의 복사본, 원문 자료 등)를 일정한 장소에 비치하여 놓고 학자들에게 연구시키고 홈페이지나 디지털 한글 박물관에서 이들 한글 관련 문화재를 감상할 수 있도록 하고 국민들에게 홍보하여 이들을 활용할 수 있는 방안을 연구하여야 할 것이다.

11) 한국어문학과 문화 콘텐츠

콘텐츠(contents)란 주로 인터넷이나 컴퓨터 통신 등을 통해서 제공되는 각종 정보나 그 내용물을 지칭하지만, 본래는 문서의 내용이나 요지 등을 말하는 뜻이다. 정보통신기술이 발달되면서 이러한 뜻이 디지털 방식으로 전달되는 모든 정보나 내용물을 말하게 되었다. 그래서 문화 콘텐츠란 정보화 시대에 맞게끔 가공된 문화 내용물을 말한다.

우리나라의 언어 문학을 문화 콘텐츠로 개발하는 일은 매우 시급한 일 중의 하나다. 그리고 이러한 개발은 이미 많이 진행되고 있는 형편이다. 그러나 아직도 국어국문학자들은 지금까지의 틀에서 벗어나지 못하고 있는 것으로 보인다.

최근의 한국어문학계를 한마디로 평가한다면, '강단(講壇) 국어국문학의 위기'라고 할 수 있다. 대학의 '국어국문학'이 위기에 빠져 있다는 것이다. 그러나 일반 사회에서 전개되고 있는 소위 '실천(實踐) 국어국문학'은 대단한 열기를 가지고 실험이 이루어지고 있다고 할 수 있다. 그러니 국어국문학은 점차 일반 백성들에게는 낯선 학문이 되고 있고, 그래서 국어국문학과 졸업생들은 외롭다. 이것은 비단 국어국문학 분야만이 그런 것은 아니다. 한국 사회가 안고 있는 본질적인 문제다. 콘텐츠를 개발하여도 전문가가 높고 넓은 식견을 가지고 개발하는 것과 단순한 호기심과 열정만으로 개발하는 것은 본질적으로 차이가 있다. 예컨대 밴쿠버 동계올림픽 중계하는 내용을 보니, 김연아의 연기 중계를 하는 한국의 방송에서는 단지 1등 했다는 보도에 집중하는 한편, 독일 어느 방송은 실황을 직접 중계하면서 점수가 나오기도 전에, 78점을 받을 만한 연기라고 평가하는 내용을 보고, 이것이 바로 체육 문화 콘텐츠를 직접 중계하는 사람의 차이, 즉 언론인들의 수준 차이라고 생각했다.

국어국문학계에서 이제는 여기에 눈을 돌려야 할 때다. 고전문학이나 현대문학에서는 많은 작업이 이루어지고 있지만, 너무 스토리텔링에 치중하지 않나 하는 생각이 든다. 스토리텔링(storytelling)이란 상대방에게 알리고자 하는 바를 재미있고 생생한 이야기로 설득력 있게 전달하는 것을 말한다. 그러니까 소설과 매우 유사해서 소설이 하나의 실상, 혹은 가상의 주제를 중심으로 이야기를 엮어 정형화 시켜 스토리를 형성하는 것이지만, 스토리텔링은 주어진 주제, 매체에 연관된 이야기를 만들어 가는 것으로 볼 수 있다.

그렇다면 한국의 언어문학과 연관된 문화콘텐츠에서는 무엇을 어떻게 하여야 할 것인가? 그것을 알기 위해서는 제일 먼저 정보화 시대를 이해하여야 한다. 정보화 시대의 특징은 몇 가지가 있다. 멀티미디어 시대이며, 컴퓨터와 인터넷을 필수로 하고, 그래서 체계적이고 전반적인 것을 단편적이고 부분적인 것에 더 치중하는 시대다. 책과 컴퓨터의 차이라고 할 수 있다. 그러므로 책은 찾아 읽고 생각하지만, 문화콘텐츠는 검색하여 보고 느낀다. 이러한 관점에서 국어국문학, 특히 국어학계에서 문화콘텐츠로 개발할 주제와 대상은 국어와 한글일 것이다.

국어에서 문화와 연관된 단위는 어휘라고 여러 번 강조하였지만, 정보화 시대에 그리고 소위 글로벌 시대에 국민들이 가지는 국어에 대한 관심은 국어 어휘다. 그래서 대형서점에 가면 국어에 관련된 책은 뒤쪽에 있었지만, 요즈음은 몇몇 책이 베스트셀러 칸에 놓여 있다. 그런데 그것은 전문가들이 쓴 책도 있지만, 어쩌면 아마추어들이 쓴 것들이 더 많다고 할 수 있다. 국어 콘텐츠로 개발될 수 있는 내용을 담은 책들이다. 발표자가 쓴 '살아 있는 우리말의 역사'는 조금 전문적이어서 인기가 반감되겠지만, 김준영 선생님의 '입에 익은 우리 익은 말'(학고재, 2006) 같은 책은 아마도 판매부수가 꽤나 많을 것으로 생각한다. 왜냐하면 우리말을 재미나게 썼기 때문이다. 아직 이 책의 내용을 콘텐츠화 하지는 않았지만, 발표자가 보기에는 충분히 국어콘텐츠로 개발할 수 있는 책이라고 생각한다. 최근에 나온 장승욱의 '우리말은 재미있다'(하늘연못, 2009년)도 그 중의 하나일 것이고, 김경원, 김철호의 '국어실력이 밥 먹여준다'(낱말편1, 2)(유토피아, 2007년)는 아마도 가장 많이 팔린 국어 관련 책이 아닌가 생각한다. 조항범 교수의 일련의 책, 예컨대 '정말 궁금한 우리말 100가지'(예담, 2004년) 등이나 김수업 교수의 '우리말은 서럽다'(나라말, 2009년)도 디지털화하여 만들 수 있는 글들이라고 생각한다.

21세기 세종계획의 '한민족 언어 정보화'는 그러한 국어 문화 콘텐츠의 하나였지만, 너무 문자 중심이어서, 지식 전달에만 치우쳐 아쉬운 점이 있다. 이것은 예산의 문제였다.

이처럼 우리말에 대하여 문화콘텐츠로 개발하기 위한 글을 쓰기 위해서는 다음과 같은 점에 유의하여야 한다.

① 짧게 써야 한다.
② 재미있는 표현을 써야 한다.
③ 가능한 한 그림이 적당히 삽입되어야 한다.
④ 내용이 유익하다고 인정되어야 한다.
⑤ 그래서 내용을 읽고 여운이 남아야 한다.
⑥ 동영상이 있으면 금상첨화다.

국어사 자료들도 중요한 언어 콘텐츠로 개발할 가치가 있는 것들이 많다. 예컨대 '독립신문'은 지금까지 국어 연구를 위해서만 이용되어 왔지만, 사실은 역사 전반에 대한 중요한 자료가 될 수 있다.

독립신문의 기사 하나하나를 독립시켜 핵심어(keyword)를 만들고 검색하여 그 자료들을 보여 주되, 그 당시의 많은 자료들, 예컨대 옛날의 그림엽서 등에 보이는 자료를 같이 삽입한다면 중요한 문화콘텐츠로 개발될 수 있을 것이다. '남대문'을 검색하면 151개가 검색되는데, 이들을 역사적으로 나열하여 볼 수 있도록 할 수 있다. 문제는 현대어로 번역을 하는 일일 것이다.

삼강행실도, 이륜행실도, 오륜행실도, 동국신속삼강행실도, 김씨세효도, 태상감응편도설언해 등은 도판을 가지고 있어서 이들을 콘텐츠로 만드는 일은 그리 어렵지 않을 것이다.

한국정신문화연구원에서 편찬한 '구비문학대계'도 그 중의 하나이다. 실제로 이들 이야기를 스토리텔링으로 만들고 여기에 만화를 곁들이게 하였더니 훌륭한 문화콘텐츠로 만들 수 있었다.

12) 맺음말

국어와 한글을 이렇게 문화적인 측면에서 접근하면 지금까지 언어로의 기능만을 생각하고 바라보았던 국어와 한글은 무척 다른 모습으로 우리 앞에 나타나게 된다. 그런데 지금까지 우리는 그러한 모습들을 애써 외면하여 왔다. 그 결과 국어는 문화로서 지니는 기능을 다하지 못하여 왔다. 이제 우리는 국어와 한글을 단순한 의사소통의 도구로서만 인식하지 말고, 더 나아가서 우리의 중요한 문화유산으로서 인식하여 새로운 국어 정책을 개발하고 이에 대한 대책을 마련해야 할 것으로 보인다.

<2010년 2월 26일(금), 제48회 국어문학회 학술대회,
주제 : 한국 언어문학과 문화컨텐츠,
전주대학교 교수연구동 8층 세미나실>

홍윤표 발표 목록

	발표 제목	주최, 주관, 주제 등	장소	연월일시
001	近代國語의 表記法 硏究	고려대학교 민족문화연구소 학술연구발표회	고려대학교 중앙도서관 408 회의실	1984.5.23(수)
002	近代國語 표기법에 나타나는 間接文字에 대하여	29회 전국 국어국문학연구발표대회	인하대학교	1986.6.14
003	한글 글자모양의 변천사	폰트개발과 표준화 워크샵, 한국정보과학회 · 한국표준연구소	광운대학교	1989.4.18
004	컴퓨터를 이용한 국어 자료 처리방법	국어학회 제17회 공동연구회		1990.12.14
005	학문의 본질과 사명	천안 YMCA 설립준비모임	천안시립중앙도서관 강당	1991.1.28
006	어린이의 컴퓨터 교육	천안 YMCA 설립준비모임	천안시립중앙도서관 강당	1991.4.18(목)
007	近代韓國語の 助詞에 關する 硏究	제42회 조선학회 학술대회	일본 천리대학 文理大學 南棟校舍	1991.10.5(토)
008	근대국어의 통사론	제21회 동양학학술회의, 공동주제: 한국 근세문화의 특성, -근대국어의 특징과 연구사 검토-	단국대학교 동양학연구소	1991.10.26
009	國語學 硏究와 컴퓨터	한국어전산학회 제9회 연구발표회	충남대학교	1991.11.2(토)
010	초학요선과 한자용법	제3회 단국대학교 한국학연구소 학술연구발표회	단국대학교 천안캠퍼스 농과대학 국제회의장	1991.11.14(목)
011	한글 글자체 본그림(원도) 개발안	한글 글자체 표준분 본그림(원도)에 관한 공청회, 주최: 세종대왕기념사업회	한국 문화예술진흥원 본관 3층 강당	1991.12.14(토)
012	書體 및 表記法에 의한 刊年推定方法	제4회 단국대학교 한국학연구소 한국학 학술연구 발표회	단국대학교 천안캠퍼스 율곡기념도서관 세미나실	1992.11.19(목)
013	중국에서의 한국어학 연구	제36회 전국 국어국문학연구 발표대회	충남대학교 공과대 취봉홀	1993.6.5.
014	국어사 연구의 이론과 자료-근대국어를 중심으로-	한국언어학회 '94 겨울연구회		1994.2.24
015	국어국문학 연구와 컴퓨터	상명여자대학교 제14대 국어국문학과 학생회	상명여대 인문 2호관	1994, 11.7(목)
016	17세기 국어용례사전의 편찬과정과 그 문제점	서울대학교 한국 문화연구소 주최	서울대학교 호암교수회관	1994.11.11(금)

017	17세기 국어사전의 편찬과정과 그 문제점	고려대학교 언어정보연구원	고려대학교	1995.5.24
018	컴퓨터를 이용한 17세기 국어사전의 편찬과정과 그 문제점	'95 코리안 컴퓨터 처리 국제 학술대회	중국 연길 연변호텔	1995.9.13
019	ISO/IEC 10646-1의 한글 자모에 대한 검토	국제부호화 문자세트(UCS) KS 제정에 대한 공청회	공업진흥청(경기도 과천시 중앙동 2번지) 1층 강당	1995.11.1
020	남북한 전산 용어의 사용실태와 통일 전망	광복 50주년 및 549돌 한글날 기념 한국어 정보화 국제 학술대회, 주제: 남북한 한글 정보처리 통일과 한글문화의 세계화, 사단법인 국어정보학회 주관	국립민속박물관 강당(경복궁 내)	1995.11.2(목)
021	地方時代와 天安地方 文化,	천안 유적사 심포지엄, 주최: 대한 불교 조계종 제6교구 광덕산 광덕사	천안문화원 강당	1996.1.22
022	남북 자모순 통일 방안	'96 우리말 컴퓨터처리 국제학술대회를 위한 세미나, 국어정보학회	한국정신문화연구원	1996.6.21
023	컴퓨터 부호계의 우리글 자모순 배열 통일 방안	'96 코리안 컴퓨터 처리 국제 학술대회, 주최: 국어정보학회, 조선 과학기술총연맹, 중국 연변 전자정보센터	중국 연길시, 연변빈관	1996.8.12
024	우리 글자 배열 순서 공동안 채택의 경위와 의의	한글반포 550돌 기념 '96 우리말 컴퓨터 처리 국제학술대회 성과와 전망, 사단법인 국어정보학회 주최, 문화체육부 후원	고려대학교 인촌기념관	1996.10.31
025	지방지치와 시민문화수준 제고	문화교양강좌	천안문화원 사랑방	1996.11.7(목)
026	국어학 자료의 전산화 방법과 그 학문적 의의	제40회 전국국어국문학 학술대회 주제: 국어국문학 21세기를 향한 전망	동국대학교(학술문화관 예술극장)	1997.5.31
027	한국어 자료의 전산처리와 한국어문의 제 문제	국제고려학회 제5차 조선학 국제학술토론회	日本 大阪國際交流センタ	1997.8.9(토)
028	21세기 세종계획(국어정보화 중장기 발전계획) 연구결과보고	21세기 세종계획(국어정보화 중장기 발전계획) 공청회	고려대학교 인촌기념관 제1회의실	1997.9.6(토)
029	훈민정음의 현대적 의미	1997년도 국내 학술대회, 주제: 세종시대 문화의 현대적 의미	한국정신문화연구원	1997.10.17(금)
030	三綱行實圖의 書誌 및 國語史的 意義	진단학회 제25회 한국고전연구 심포지엄, 주제: 삼강행실도의 종합적 검토	한글회관 강당	1997.11.8(토)
031	국내 국어학 자료발굴의 현황과 전망,	제41회 전국 국어국문학 학술대회 주제: 국어국문학 자료 발굴의 현황과 전망,	전북대학교 삼성문화회관	1998.5.30(토)

032	국어학 연구의 새로운 방향,	돈암어문학회 제19차 정기학술대회,	성신여자대학교	1998.10.17
033	정보화 시대 국어학의 연구 방향과 과제	제32회 전국 어문학연구 발표대회, 주제: 정보화시대, 국어국문학 연구의 방향과 과제, 한국어문학회 주최	경북대학교 우당교육관	1998.10.31 (토),
034	情報化 時代의 國語學의 使命과 그 硏究方法	제10회 한국학 국제학술회의 '21세기 정보화 시대의 한국학'	한국정신문화연구원 강당 1층 강의실	1998.6.22
035	국어학 연구의 앞날	제18차 한국어학회 전국 학술대회	광운대학교 화도관 2층 교수회의실	1999.2.12(금)
036	남북한 국어정보화 실현방법의 통합을 위한 과제	국제고려학회 서울지회 제1회 전국학술대회	연세대학교 상남경영원	1999.7.16(금)
037	The Korean Locative Case Marker '-e' and English Prepositions	MIRAC Workshop August 12 and 13, 1999, Treatment of Multi-Lingual Text	University of Erlangen-Nuernberg, Germany	1999.8.12
038	한글과 정보화	사단법인 한국밀레니엄연구원 학술회의, 주제: 한글 · 한국어 그리고 21세기	고려대학교 교우회관 제2세미나실	1999.10.5(화)
039	디지털 시대 한글 문화의 창조	제3회 청주국제인쇄출판문화학술회의	청주시 고인쇄박물관	2000.10.12(목)
040	柳僖의 物名攷	韓國語文敎育硏究會 第136回 學術硏究 發表會, 주제: 유희의 생애와 국어학	대우학술재단 빌딩 3층 강연실	2000.10.20
041	국어학 연구에 있어서의 정보 활용 방안	제41회 한국언어문학 전국 학술발표대회, 공동주제: 국어국문학 연구에 있어서의 정보활용 방안, 한국언어문학회	전북대학교 인문대 1호관 4층 시청각실	2000.6.10(토)
042	訓民正音의 象形而字倣古篆에 대하여	구결학회 제23회 공동연구회	강원도 상지대학 학술정보원	2000.8.16(수)
043	21세기 세종계획(국어 정보화 중장기 발전계획) 소개	2001년 Korean 정보처리 국제학술회의, 중국조선어정보학회	중국 연길시 개원호텔,	2001.2.22
044	디지털 시대의 한글 서체에 대하여	세종한글서예큰뜻모임 창립 2주년 기념 제2회 한글서예전국학술대회 주제: 한글 서예의 역사와 그 정체성	예술의 전당 서예관 4층 문화사랑방	2001.4.3
045	정보화 시대와 한글	2001년 한글날 기념 강연회, 주제: 정보화 시대와 한글의 과학성, 그리고 국어교육, 광주국어교육아카데미 주최	광주고등학교 1층 시청각실	2001.10.4(목)
046	한글 및 한국어정보처리 남북 표준화 자모순 분야 보고	제13회 한글 및 한국어 정보처리학술대회, 한국정보학회 한국인지과학회 공동주최	동국대학교 경주캠퍼스 원효관	2001.10.12(금)

047	15-19세기 자료에 나타난 국어 어휘의 특성	조선어(한국어)의 규범화를 위한 제1차 국제학술회의, 주제: 세계 속의 조선어(한국어) 어휘 구성의 특징과 어휘 사용 실태에 관한 연구, 북경 중앙민족대학 조선어문학부 조선학연구소 주최	중국 베이징 중원빈관	2001.12.15(토)
048	훈민정음에 대한 새로운 해석	국어사 자료학회 제12차 정기 학술대회, 주제: 훈민정음과 국어사 자료 연구	대구교육대학교 제1강의동 1층 세미나실,	2002.2.4(월)
049	국어 어휘 역사 사전에 대하여	한국사전학회 창립총회 및 학술대회	연세대학교 알렌관	2002.2.15(금)
050	한글에 대한 종합적인 접근	2002년 제1기 박물관 문화학교, 주제: 고인쇄와 청주의 문화	청주고인쇄박물관	2002.5.1(수)
051	한국학 정보화의 현황과 전망	정보화 시대에 따르는 민족어의 통일적 발전과 언어정보산업표준에 관한 학술모임, 주최: 남북언어정보산업표준위원회, 주관: 국제고려학회 아시아분회 북경대 조선문화연구소, 주제: 우리말 정보화의 현황과 남북 언어 정보 표준화의 문제점	北京 朝陽區 豪馬橋路 40號 21世紀酒店 3層 第4會議室	2002.8.4.(日)
052	옛한글의 개념에 대하여	옛한글 국제표준화 산학 협동 심포지엄, 주제: 유니코드 정보 환경과 옛한글	고려대학교	2002.9.12(목)
053	국어기본법 발제	국어기본법 제정을 위한 공청회	세종문화회관 컨퍼런스홀	2003.4.10
054	이백시 언해의 국어학적 가치	제333회 국학연구발표회	연세대학교 위당관 501호	2003.5.29(목)
055	국어학 분야 연구업적 평가의 제문제	제46회 전국 국어국문학회 학술대회 주제: 국어국문학 연구업적 평가의 제문제	동국대학교 중강당	2003.5.31(토)
056	훈민정음의 명칭과 제자원리에 대한 새로운 해석	이중언어학회 2003 북경 국제학술대회	중국 북경외국어대학	2003.10.18
057	학술용어의 정비에 대한 의견	2003년도 한국학술단체연합회 학술대회 및 공청회, 주제: 한국 학술용어 정비사업	서울대학교 호암 컨벤션센터	2003.6.23(월)
058	통일시대의 국어 교육	2003년도 1급 정교사 자격연수, 국어과 연수	서울대 법대 백주년기념관 대강당	2003.8.1(금)
059	세종 특수 자료 구축의 현황과 활용 방안	21세기 세종계획 국어 기초자료 구축 분과 특수자료구축 소분과 제3차 워크숍	고려대학교 국제관 원형강의실 321호	2003.9.26(금)
060	조선시대 언간과	한글반포 557돌 기념	서울 예술의 전당	2003.10.10(금)

	한글서예로의 효용성	서예학술대회, 세종한글서예큰뜻모임 창립5주년 기념, 주제 조선시대 한글 서간의 서예적 재조명	서예관 4층	
061	어휘의 역사 검색 및 사전 편찬을 위한 말뭉치 활용 방안	2003년 남북 언어 동질성 회복을 위한 제2차 남북 국제 학술 회의, -민족 고유어의 통일적 발전과 방언 조사 연구-	북경 明苑餐廳	2003.11.7
062	혼불 언어 연구의 새 방향-특히 어휘 용례사전 편찬을 중심으로-	혼불문학제, 주제: 혼불의 언어, 주최: 혼불기념사업회, 주제: 혼불 언어 연구의 새 방향-	전북대학교 삼성문화회관 내 건지영상아트홀	2003.12.1(목)
063	국어 기본법 발제	국어 기본법 제정을 위한 대구 지역 공청회	경북대학교 복지관 3층 교직원회의실	2003.5.9
064	국어사 자료 말뭉치 구축 현황과 활용 방안	한국언어학회 2004년 겨울학술대회 특강	서강대학교 다산관	2004.2.5(목)
065	여러 분야에서 보는 한글	제2회 세종대왕과 초정약수축제 기념 학술회의, 청원문화원 주최	초정약수 스파텔	2004.5.4
066	민족어 방언 검색 시스템 개발	남북 언어 동질성 회복을 위한 제3차 남북 국제 학술 회의 -민족어 유산의 수집 정리와 고유어 체계의 발전-	중국 베이징 明苑餐廳	2004.6.22(화)
067	여러 분야에서 보는 한글	2004년 제2기 직지 문화학교, 주제: 한글의 제정과 발달	청주고인쇄박물관	2004.9.14(수)
068	국어와 한글	제14회 국어교육과 학술제 제19회 학술강연회	영남대학교 국제관 메이플홀(2층)	2004.11.5(금)
069	한글 서예 서체의 명칭	성균관대학교 유학동양학부 서예문화연구소 개소기념 서예학술대회, 주제: 서예 학술 주요 용어의 한국적 개념 정립과 그 통일방안의 모색	성균관대학교 경영관 2층 첨단세미나실	2004.11.12(금)
070	한글 정렬에 관련된 몇 가지 문제 - 옛한글을 중심으로-	한국어의 컴퓨터 처리 환경 개선을 위한 학술 토론회, 주제: 우리글의 정보 처리 환경	국립국어원	2004.11.25
071	국어사 연구를 위한 전자 자료 구축의 현황과 과제	국어사 학술 발표대회, 주제: 국어사 연구 어디까지 와 있는가	연세대학교 새천년기념관	2005.4.23(토)
072	방언 조사를 위한 그림 자료의 활용	제2회 한국방언학회 학술대회	목포대학교 정보종합센터 2층	2005.6.23(금)
073	한자 석음 역사 자료에 대한 고찰	제7차 코리아학 국제학술토론회, 국제고려학회	중국 심양 三隆中天酒店	2005.9.23(금)
074	방언 조사를 위한 그림 자료의 활용	2005년 지역어 조사 중간보고 회의	제주대학교 서귀포 수련원	2005.9.30(금)
075	겨레말큰사전 남북공동편찬사업회법	겨레말큰사전 남북공동편찬사업회법 제정을	국회의원회관 소회의실	2005.10.11(화)

	제정의 발제	위한 공청회		
076	남북 언어 통합을 위한 새로운 모색	한겨레말글연구소 창립기념 학술발표회	한겨레신문사 3층 강당	2005.11.22
077	우리나라 어휘자료 문헌에 대하여	남북 언어 동질성 회복을 위한 제5차 남북 국제 학술 회의, 주제: 민족어 어휘 구성의 변화와 통일적 발전-국립국어원	중국 선양 삼륭중천 호텔	2005.12.12
078	한글 서체 명칭 통일 방안	2006년 한국서학회 창립 20주년 기념을 위한 한글서예 학술강연, 토론회	대전 유성 계룡스파텔	2006.5.20
079	디지털 시대의 국어학	제49회 국어국문학회 학술대회, 주제: 디지털 시대의 국어국문학	서울교육대학교 사향문화관	2006.5.26
080	한글 고문서의 연구 현황과 과제	제8회 기획학술대회, 고문서 연구의 현황과 과제, 영남문화연구원	경북대학교 인문대 2층 교수회의실	2006.11.11(토)
081	겨레말큰사전의 편찬 방향	한국사전학회 제10회 학술대회	한양대학교 인문관(303호)	2006.11.18(토)
082	겨레말큰사전에 대하여	겨레말큰사전 편찬을 위한 전문가 초청 회의	중국 북경 신세기 일항호텔	2006.11.30
083	한국의 사전 편찬 현황과 겨레말큰사전	겨레말큰사전 국제학술회의 – 세계 사전 편찬 경험과 만나다-	전국은행 연합회관 2층 국제회의장	2007.2.6(화)
084	문화로서의 국어	언어자원의 다원화를 위한 학술 세미나 -표준어, 지역어, 사회 방언의 공존 모색-, 국립국어원 주최	국립제주대학교 세미나실	2007.5.26(토)
085	한글의 역사와 완판본의 문화적 가치	국어문학회 2007년도 춘계 전국학술발표대회 주제: 완판본(전주본) 고문헌의 국어문학적 가치	전북대학교진수당 1층 최명희홀	2007.6.1(금)
086	컴퓨터를 이용한 국어 자료 처리 방법	제44차 국어문학회 2007년도 추계 전국학술발표대회	전북대학교 인문대학1호관2층 교수회의실	2007.11.24(토)
087	국어 연구의 이론과 자료 및 실험	충북대학교 국어생활연구소 초청특강	충북대학교	2007.12.17
088	근대국어의 국어사적 성격,	국어사학회 2007년 겨울연구회,	동국대학교 다향관 세미나실	2008.1.17(목)
089	한국 어문생활사	제2회 한국어학회 국제학술대회	고려대학교	2008.8.17
090	레드야드 교수의 발표에 대한 논평	훈민정음과 파스파문자 국제 학술 Workshop	한국학중앙연구원 대강당 2층 세미나실	2008.11.18
091	국어 어원 연구에 대한 관견	제46차 한국어학회 전국학술대회	한양대학교(서울캠퍼스) 사범대학 본관 213호	2008.
092	중국 조선어 말뭉치 활용을	중국 조선어정보화 발전계획	중국 연변대학	2009.2.9

	위한 프로그램의 개발 방향	제1차 학술발표대회, 주제: 중국 조선어 말뭉치 구축에 대하여	조선-한국학학원 회의실,	
093	조선시대 어문생활사	경북대학교 영남문화연구원 제13차 콜로키움	경북대학교 인문대학 교수회의실	2009.2.27(금)
094	20세기 한국의 언어, 문학, 문화	제52회 전국 국어국문학 학술대회	경희대학교 중앙도서관 시청각실, 모비스홀	2009.5.29(금)
095	국어정보화와 사전	부산대학교 인문한국(HK) [고전번역+비교문화학연구단], 제16차 초청강연회	부산대학교 인덕관 소회의실	2009.11.18(수)
096	신소설 자료 입력 파일 관리 방법(안)	한국학중앙연구원 어문생활사연구소 국내학술회의 신소럴 어휘사전 편찬	한국학중앙연구원 운중관 회의실	2009.11.27(금)
097	한글 고문서의 연구 의의와 연구 방법	2009년 겨울 국어사학회 전국학술대회	한국학중앙연구원 한국학대학원	2010.1.7
098	국어학 연구를 통한 국어 문화 증진 방안 모색	제48회 국어문학회 학술대회 주제: 한국 언어 문학과 문화 콘텐츠	전주대학교 교수연구동 8층 세미나실	2010.2.26(금)
099	최근세 국어의 국어사적 위치와 연구 성과 및 연구 과제	용례기반 형태분석 프로그램 개발을 통한 19-20세기초 형태분석 말뭉치구축 및 어휘 변천 통합 검색 시스템 구축 연구 1차 연도 중간발표회 -역사자료의 처리와 언어학적 접근-	경희대 문과대 302호	2010.4.16(금)
100	북한의 조선어 정보화에 대하여	국제고려학회 서울지회 제7차 전국학술대회, 주제: 6.15 공동선언 10주년: 남북관계와 한반도	서울시립대학교 자연과학관 2층 국제회의장	2010.6.24(목)
101	인문학에서 자료의 구축과 활용	제26회 연세대 언어정보연구원 학술대회 주제: 복합지식 창출을 위한 인문자료 구축과 활용의 제 문제	연세대 학술정보원 장기원 국제회의실	2010.7.2(금)
102	국어 어휘사 관련 문헌 자료	전북대학교 국어연구회 여름 세미나, 전북대학교 국어연구회 주관	전북대학교 부안학술림 연수관	2010.7.16
103	어문 말뭉치 구축의 회고와 전망	차세대 어문 정보학의 전망, 어문생활사연구소 2010년 제2차 국내학술회의	한국학중앙연구원	2010.9.3
104	신소설 어휘사전 편집과 항목 구성 방안	2010 한국학중앙연구원 어문생활사연구소 학술회의 주제: 신소설 어휘사전 편찬 II	한국학중앙연구원 한국학대학원 강당	2010.11.26(금)
105	국어어휘사 연구 방법론과 어휘사 관련 문헌 자료	고려대학교 민족문화연구원 주최, 전문가 초청 강연	고려대학교 민족문화연구원	2011.2.22

			대회의실	
106	해외 한국어 교육에서 한국학 디지털 자료의 활용 방안	제1회 영월연세포럼, 주제: 세계 한국어 교육의 현황과 발전방향	강원도 영월군 동강시스타	2011. 5, 23.
107	국어 어휘사 문헌 자료에 대하여	제10차 코리아학 국제학술토론회	카나다 The University of British Columbia, Vancouver	2011.8.24.(수)
108	훈민정음의 과학성	2011년 제3기 전쟁기념관 호국문화대학	전쟁기념관	2011.10.11
109	한국 언어문학 새 자료의 발굴과 공유	제52차 한국언어문학회 정기 학술발표대회, 주제 한국언어문학 새 자료의 발굴과 공유	전북대학교 진수당 가인홀 253호	2011.11.11(금)
110	해외 한국어 교육에서 한국학 디지털 자료의 활용 방안	한국국어교육학회 · 한국중원언어학회 2011년 추계 공동학술대회 주제: 정보화 시대 언어교육	충북대학교	2011.11.12(토)
111	신소설 어휘사전의 항목과 그 기술 내용	2011 한국학중앙연구원 한국 문화심층연구과제 결과발표회, 신소설 어휘사전	한국학중앙연구원 한국학대학원 강당	2011.11.26(토)
112	훈민정음의 제자원리와 그 과학성	2011.12. 한국타이포그라피학회 학술대회	한성대학교 미래관 지하 1층 DLC	2011.12.17
113	한글의 역사와 완판본 한글 고전소설	2011년도 완판본문화관 학술회의, 주제: 완판본과 전주의 기록문화	전주 완판본문화관 印廳	2011.12.23(금)
114	국어학자가 본 한글서예계의 과제	제9회 학술발표회, (사) 갈물한글서회	AW컨벤션센타(구 하림각)	2011
115	한한대사전 보완 방법의 제안	제3회동양학연구원 사전학 학술회의, 주제: 동아시아 고유한자의 국제표준화와 사전편찬,	단국대학교 석주선기념박물관 2층 컨벤션홀	2012.2.10(금)
116	훈민정음에 대한 몇 가지 주장	사단법인 훈민정음학회 2012년 훈민정음학회 국내학술대회,	서울대학교 규장각한국학연구소 지하 강당	2012.5.17
117	한글 문헌의 편찬과 보급	토지주택박물관개학 제23기 전통문화과정 주제: 한글과 세종	토지주택박물관	2012.5.22
118	훈민정음체에서 궁체까지	갈물한글서회 제10회 학술대회	성균관대학교 다산경제관 32208호	2012.6.2(토)
119	훈민정음의 과학성	국립민속박물관 민속박물관대학(1)	국립민속박물관	2012.6.4
120	국어사 자료	2012년 국어학회 한국방언학회 공동학술대회	2012년 국어학회 한국방언학회 공동학술대회	2012.6.19
121	한글 생활사 - 한글과 한국인의	2012 LibArt 4 Engineer Camp	동국대학교	2012.8.20(월)

	삶-	나의 한글 이야기 (한글과 한국인의 사생활)		
122	훈민정음 창제와 한글이 걸어온 길	한스타일 학술대회 주제 한글의 세계화	전북대학교 박물관 강당	2012.9.24(월)
123	韓國語 硏究를 爲한 말뭉치의 蒐集과 管理 및 말뭉치의 韓中交流方案	圖們江學術論壇2012(Tumen River Academic Forum2012)	중국 연변대학 科技樓 8樓 第2會議室	2012.10.14
124	한글 서예에서 옛한글 사용의 문제	제15회 갈물한글서회 학술경연	HW컨벤션센터	2013.1.13(금)
125	物名攷에 대한 고찰	제41회 한국고전연구 심포지엄 "文通의 종합적 검토" 진단학회,	서울대학교 사범대학 교육정보관(10-1동) 101호	2013.5.10(금)
126	600년 한글생활의 역사와 전라북도	전라북도 교육, 역사, 문화의 세계화 방향(2013년 전북대학교 박물관 제7기 박물관대학)	전북대학교 박물관 강당	2013.6.3(월)
127	한국민족문화대백과사전의 '외국인', '외국 저술' 항목 수용 방안	2013년도 제1회 한국민족문화대백과사전 개정증보 콜로키움, 한국학중앙연구원 백과사전편찬실	한국학중앙연구원 장서각 강의실	2013.7.4(목),
128	남북한 언어의 통합적인 연구	제38회 한말연구학회 전국 학술대회,	대진대학교 대진교육관 103호, 2층 국제회의실	2013.7.19(금)
129	최근세 국어의 국어사적 위치와 특징	제11차 코리아학 국제학술토론회, 국제고려학회	중국 廣東外語外貿大學 東方言語文化學院	2013.8.22
130	국립한글박물관 건립의의	국립한글박물관 준공 한글날 기념 이야기 마당 '한글과 한글문화'	국립한글박물관 시청각실	2013.10.2
131	한글과 문화	전남대학교 567돌 한글날 기념 국립한글박물관 개관위원회 위원장 홍윤표 교수 초청 특강	전남대학교 국제회의실	2013.10.10(목)
132	한국 생활사 기록문화의 현황과 수집, 정리방안	한국의 기록문화 전국학술대회, 주제: 한국의 기록문화와 세계화 전망	전북대학교 박물관 강당	2013.10.18(금)
133	나의 '국어정보학'을 말한다-어문 정보처리의 한국적 여정-	2013 한국학중앙연구원 현대한국연구센터 국내학술대회, 주제: 한국 인문텍스트의 계량적 접근	한국학중앙연구원 대강당 세미나실(2층)	2013.12.14(토)
134	한글과 예술	2013 Designer's Day 초청강연 〈그 창조적 에너지를 위해〉,	토즈모임센터 신촌비즈센터	2013.12.27(금)
135	국어 어휘사 연구방법	2013년 겨울 구결학회 국어사학회 공동전국학술대회	고려대학교 서관 (문과대학) 132호	2014.1.14
136	한글	석학과 함께 하는 인문 강좌 7기, 교육부, 한국연구재단	서초구민회관	2014.5.31-6.21

137	북한의 사전 편찬동향	국제고려학회 서울지회 2014년도 학술대회 및 정기총회, 주제 북녘의 학문 분야별 연구동향 및 전망	건국대학교 문과대학 교수회의실(401호)	2014.6.20(금)
138	情報化 時代의 國語學의 使命과 그 硏究方法	제10회 韓國學 國際學術會議 주제: 21세기 정보화 시대의 한국학	한국학중앙연구원	2014.6.23(화)
139	국어어휘론	열린 우리말교육대학원 2014 여름학기(3학기) 강의	선문대학교	2014.8.1(금)
140	물명의 연구 방법과 과제	조선시대 물명 연구의 현황과 과제, 한국학중앙연구원 어문생활사연구소 공동주최 전통한국학연구센터 2014년도 제3차 국내학술회의	한국학중앙연구원 1층 소강당	2014.8.27(수)
141	중국 조선어 어문규범 제정을 위한 제언	2014 圖們江論壇	중국 연길 白山大廈 3樓 國際會見廳	2014.10.11
142	통일 시대를 위한 북한어 연구 방향	2014년 한국어문학회 전국학술대회 주제 통일 시대를 위한 한국 어문학의 성찰과 모색	영남대학교 법학전문대학원	2014.11.1(토)
143	한글에 대한 연구 과제	국립한글박물관 개관 기념 국제학술대회, 제: 국외 학자가 이야기하는 한글, 한글자료	국립한글박물관 강당	2014.12.5(금)
144	훈민정음의 다양한 표현 방식과 현대적 의미	2014년 제568돌 한글날 기념 세미나	한국폰트협회	2014.
145	국어의 한자 어휘 조사를 위한 문헌 자료에 대하여	한국한자연구소 2014년 선정 한국학 분야 토대연구지원사업 한국 근대시기 한자자전 콜로키움	경성대학교 12호관 301호	2014.?.?,
146	한글 서체명칭, 어떻게 통일할 것인가	제6차 서예진흥정책포럼 2단계 한글서체명칭통일 방안 모색	국회도서관 대강당	2015.2.27(금)
147	생활유물로 바라본 여성의 한글 문화,	공감을 위한 한글 문화, 국립한글박물관 주관	용산구청	2015.5.18
148	통일에 대비하기 위한 북한어 연구 방향	2015 復旦大學韓國語言文學硏究與敎育國際學術會議, 주제: 韓國語言文學硏究與 韓國語敎育	中國 上海 夏旦大學 逸夫樓 報告廳	2015.5.23
149	韓國漢字敎材-千字文類蒙書簡述	上海交通大學 第八屆大學人文藝暨 韓國文化周	上海交通大學 圖書館 一層 大廳	2015.5.25
150	국어사 연구의 문제점과 우리의 과제	2015년 여름 국어사학회 전국학술대회	충남대학교 인문대학 문원강당	2015.8.6(목)
151	한글(조선글) 자모의 명칭과 배열순서에 대한 역사적 연구,	제12차 코리아학 국제학술토론회	오스트리아 비엔나대학(University of Vienna)	2015.8.20

152	한글 서체의 변천 과정	대구한글서예협회 학술대회	대구문화예술회관 1층 아르떼	2015.10.6
153	문화로서의 한국어 및 한글 연구 방향	제569돌 한글날기념 국어사랑 한마당 한글날 기념 학술 심포지엄, 주제:융복합시대 한글 및 한국어의 발전 방향: 학제적 관점	영남대학교 경산캠퍼스 박물관 강당	2015.10.8(목)
154	해외 한국어 교육에서 한국학 디지털 자료의 활용 방안	復旦大學校 110周年 暨 韓國語言文學系建系20周年紀念 國際學術大會	중국 상해 復旦大學 逸夫科技樓報告廳.	2015.10.17
155	문자 연구의 필요성과 그 연구 내용	2015년 제2차 문자 연구 학술대회, 주제: 한글과 동아시아의 문자, 주최 국립한글박물관	서울대학교 규장각 신양인문학술정보관	2015.11.26(목)
156	한글과 문화	2015년 전국 국어문화원 연찬회	경기도 가평군 설악면 CASA32	2015.12.17(목)
157	텍스트 전달 매체의 다양성에 따른 텍스트의 변화 양상	한국텍스트언어학회 2016년 봄철 학술대회	서울대학교 신양인문학술정보관	2016.4.16(토)
158	한국어 교육에서 한국학 디지털 자료의 활용 방안	中國韓國(朝鮮)語 敎育硏究學會 2016年度 國際學術大會	中國 丹東市 진주도강반호텔	2016.5.6
159	한글을 통한 소통과 나눔	제11회 대한간학회 대전충청지회 춘계연수강좌	을지대학교병원 범석홀	2016.5.22(일)
160	훈민정음에 대한 종합적 고찰	제3회 경북대학교 국어국문학과 BK21플러스 사업단 국제학술대회, 주제: 언어생활과 문화	경북대학교 대학원동 학술회의실(2층)	2016.11.17 (목)-18(금)
161	'한글 역사 자료'에 대하여	제19회 한성어문학회 추계학술대회	한성대학교 미래관 ELC	2016.11.26(토)
162	한글 문헌 편집 및 출판의 발전 과정에 대하여	한중일 출판타이포그래피 학술회의, 사단법인 한국출판학회, 사단법인 한국출판학회	뉴국제호텔 16층 대회의실,	2017.2.18(토)
163	초학자회	국어사학회 월례강독회	국립한글박물관 별관 라 구역	2017.3.18(토)
164	훈민정음의 창제원리와 한글의 변화	2017년 성인문해교육 교원 보수교육, 재단법인 충청남도평생교육진흥원	충남개발공사 10층 대회의실	2017.3.22(수)
165	꽃뜰 이미경 선생의 한글서예사적 위치	제13회 갈물한글서회 학술강연회 주제: 꽃뜰 이미경의 삶과 예술	예술의 전당 컨퍼런스홀	2017.4.21(금)
166	남북한 언어통합의 과제와 방안	2017 통일연구네트워크 국제학술대회, 주제: 통일 이후를 만들어 가는 융복합적 통일 연구	건국대학교 새천년관 우곡국제회의장	2017.5.12(금)
167	한자 학습 문헌 자료에 대하여	경성대학교 한국한자연구소 초청강연회	경성대학교 12호관 301호	2017.6.30

168	정보사회와 디지털 시대의 한국어 연구 방법	南京大學第四屆(2017年度) 東亞視域下的韓國學研究 署期班, 南京大學韓國學硏究中心	중국 남경대학	2017.7.20
169	한자 학습서 천자문류에 대하여	국제고려학회 제13차 조선학 국제학술토론회	뉴질랜드 오클랜드대학, Pullman Hotel Auckland	2017.8.4
170	정보사회와 디지털 시대의 방언사전	전라북도, 전북대학교 국어국문학과, 전주대학교 국어문화원 주관, 전라북도 방언사전 어떻게 편찬할 것인가?	전북대학교 인문사회관 208 강의실	2017.10.11(수)
171	우리 시대의 언어와 문자, 그리고 복합지식	2017년 제12기 박물관문화대학	국립춘천박물관	2017.10.19
172	남북한 의학용어 통일의 과제와 방안	고려대학교 민족문화연구원 초청 특강	고려대학교 민족문화연구원	2017.11
173	물명의 연구 방법과 과제	한국학진흥사업단 토대연구지원사업 조선 후기 물명 집성과 db 구축 과제 제1차 컬러퀴엄	한국학중앙연구원 문형관 b1층 대회의실	2017.12.13(수)
174	훈민정음과 한글에 대한 연구 과제	우수학자 지원 사업 1차년도 세미나 주제: 훈민정음의 문화중층론: 관점의 전환과 새로운 해석	경북대학교 인문대학 213호 교수회의실	2018.1.29
175	한자 학습 문헌 자료에 대하여	용재상수상기념 강의	연세대학교	2018.3.23
176	韓國式 漢字字典 字會集과 音韻反切彙編	韓語史與漢語史的對話(II), 한국국어사연구회, 연세대학교 중국연구원, 공자학원 주관	연세대학교 上南經營院.	2018.6.15(금)
177	언어 문제에 대한 남북 학술교류의 역사와 앞으로의 과제	국제고려학회 서울지회 창립 20주년 기념 국제학술대회 주제: 한국학과 조선학, 그 쟁점과 코리아학의 모색	건국대학교 새천년관 우곡국제회의장	2018.7.14
178	남북 어문규범 통일에 대한 관견	화해 · 평화 · 번영을 위한 코리아학 국제워크숍, 심양 2018, 국제고려학회	中國 瀋陽 今旅酒店(Hotel Jen Shenyang, Shenyang)	2018.8.17(금)
179	한국의 종교와 한글 서체(韓國宗教とハングル書體)	일중한 타이포그래피 세미나 및 심포지엄(日 · 中 · 韓 タイポグラフィセミナ-&シンポジウム)	印刷博物館 グ-テンベルクルーム, 東京,	2018.9.1(토)
180	한국어 한자 학습서의 변천과정	圖們江論壇 2018(TUME RIVER FORUM 2018)	중국 延邊大學 東部教學樓 四樓 會議室	2018.10.13
181	남북 언어 통합을 위한 과제와 추진 방향	남북 언어 통합을 위한 과제와 추진 방향, 남북 · 국외 한국어 자원 수집 및 통합 방안 마련을	국회위원회관 제1세미나실	2018.11.22(목)

		위한 국회 좌담회, 주최: 우상호 의원실, 국립국어원		
182	국어사전, 그 가치와 역사 그리고 활용 방안	2018년 국립한글박물관 기획특별전 〈사전의 재발견〉 연계 강연	국립한글박물관 강당	2018.11.26(월)
183	국어 어원 연구의 성과와 과제	2018년 겨울 국어사학회 전국학술대회, 주제: 국어 어원 연구의 성과와 활용방안	고려대학교 운초우선교육관 203호	2018.12.8
184	남북 의학용어사전 편찬 사업 토론 지정토론문	〈남북의학용어사전〉 편찬 사업 추진을 위한 포럼	국회의원회관 제2세미나실	2019.1.17
185	中國 文獻이 韓國 文獻에 미친 影響 - 經書[四書]를 中心으로-	朝鮮漢字資源文獻整理與硏究 開題會 暨 漢字資源在朝鮮半島的影響與作用 學術硏討會	延邊大學 朝漢文學院	2019.3.9
186	中國 俗語 語彙集인 '語錄解'에 對한 考察,	韓語史與漢語史的對話(III), 國際學術硏討會, 臺灣 中央硏究院 語言學硏究所 주최	臺灣 中央硏究院 語言學硏究所,	2019.6.13
187	한글로 한자를 배우다	국립한글박물관 24번째 책사람 강연	국립한글박물관 강당	2019.8.11,
188	전달매체의 변화에 다른 국어텍스트의 변화	제14차코리아학 국제학술토론회, 카렐대학교 프라하 한국학연구소	체코 프라하, 카렐대학교 철학대학 첼레트나 20동	2019.8.19(월)
189	중동 아프리카의 한국학 발전을 위한 디지털 자료의 활용 방안	Korean Studies Seminar, The Fifth International Seminar on the Korean Studies in the Middle Eastand Africa	Ramses Ballroom Hall Ramses Hilton Hotel in Cairo, Egypt	2019.11.7(수)
190	17세기 국어사전의 온라인 편찬 연구에 대한 토론문	17세기 국어사전 온라인 편찬 연구 2019년도 공동연구과제 결과발표회	한국학중앙연구원 문형관 B107호	2019년 11월 28일
191	북한어의 특징과 남북한 언어통합 및 통일의 과제	불교여성개발원 행안부 공익사업 평화운동 여성리더 양성교육, 대한불교조계종 불교여성개발원	불교여성개발원 지하실	2020.9.23(수)
192	四法語諺解	구룡암 사법어 기초자료 정밀조사를 위한 연구원 발표 및 자문위원회	전북 완주군청 복합문화지구 누에 커뮤니티실	2021.3.25
193	미래 문화, 문명의 발전을 위한 한글 접근 방안	청주고인쇄박물관 주관, 한글과 미래 문명 토크 콘서트	청주시 동부창고 다목적홀,	2021.10.15(금)
194	한시 언해 자료 소개	2022년 고문헌연구회 학술대회	경북대학교 인문한국진흥관 B02호	2022.1.7
195	원각사 소장 능엄경의 어문생활사적 특징	제16회 구결학회 겨울전국학술대회(온라인)	온라인	2022.2.15
196	어문정보학의 과제,	제1차 한국어문정보학회 학술대회	줌 회의	2022.2.23(수)
197	국립 국어사전박물관	의령군 국립국어사전박물관	국회의원회관	2022.3.23

	건립의의와 과제,	건립추진위원회	대회의실	
198	정보사회와 디지털 시대의 방언사전	제19회 한국방언학회 전국학술대회 주제: 방언과 사전	경북대학교 박물관 시청각실	2022.7.1.(금)
199	정보사회와 디지털 시대의 방언사전	제15차 코리아학 국제학술토론회	하이브리트 오사카 및 온라인(줌)	2022.8.11.(목)
200	훈민정음체에서 궁체까지	2022년 한글서예학회 학술대회	경상남도 창녕군 대지면 석리 성씨고가	2022.9.24(토)
201	국립 국어사전박물관 건립의의와 과제	의령군 국립국어사전박물관 건립추진위원회	의령군민회관 공연장.	2022.10.6
202	21세기 한글의 미래	국립한글박물관X글로벌문화콘텐츠학회 2022 국제학술대회	국립한글박물관 강당	2022.10.22(토)
203	한글 서예에서 옛한글 사용의 문제	제15회 갈물한글서회 학술강연	서울 HW컨벤션센터	2023.1.13(금)
204	훈민정음이 걸어온 길과 정보사회와 디지털 시대의 한글	'훈민정음, 한글, 그리고 청주' 특별 초청 강연, 기록문화도시 청주 발전 연구회 주최	청주시의회 특별위원회실(1층)	2023.9.8(금)
205	漢字 硏究에 대한 管見	경성대학교 한국 한자연구소 주최	온라인 강연	2024.12.11(토)